ECONOMIA

Francisco Mochón Morcillo

Revisió tècnica

Mercedes Rosa Villanueva Jiménez

BARCELONA • MADRID • BOGOTÀ • BUENOS AIRES • CARACAS • GUATEMALA
MÈXIC • NOVA YORK • PANAMÀ • SAN JUAN • SANTIAGO • SÃO PAULO
AUCKLAND • HAMBURG • LONDRES • MILÀ • MONT-REAL • NOVA DELHI • PARÍS
SAN FRANCISCO • SYDNEY • SINGAPUR • SAINT LOUIS • TÒQUIO • TORONTO

Economia • Batxillerat

Totes les activitats d'aquest llibre s'han de resoldre en un quadern a part.

McGraw-Hill/Interamericana de España, S. L.
Edificio Valrealty, 1a planta
Basauri, 17
28023 Aravaca (Madrid)

ISBN: 978-84-481-8198-7
Dipòsit legal: M-10750-2012

Autors d'activitats finals: Francisco Mochón, José Luis Iranzo i Mercedes Rosa Villanueva
Editors del projecte: Marta Reyero, Alfredo Horas i Miguel Montanyà
Coordinació de la traducció: Esther Moreno
Traducció: Xavier Basora Rovira
Disseny de coberta: rload.es
Disseny interior: dfrente.es
Fotografies: 123rf i Arxiu McGraw-Hill
Il·lustracions: Rubén Jiménez
Maquetació: José Luis Román i Montserrat Gironès
Imprès a: RODONA Industria Gráfica, S.L.

Sistema de Gestión ISO 9001:2015 ISO 14001:2015
TÜVRheinland CERTIFICADO
www.tuv.com ID 9108639189

1023456789-2524232221

IMPRÈS A ESPANYA - PRINTED IN SPAIN

Presentació

És possible que aquest sigui el teu primer llibre d'economia. I amb aquest, pretenc ajudar-te a conèixer i a dominar conceptes com ara la *inflació,* el *creixement econòmic,* la *globalització* o la *desocupació,* així com que siguis capaç d'entendre les raons que expliquen per què succeeixen determinats esdeveniments econòmics i que, d'aquesta manera, puguis formar-te'n la teva pròpia opinió.

Pretenem oferir-te un marc conceptual amb què siguis capaç d'analitzar críticament els problemes econòmics del nostre entorn. Per a això, t'ofereixo una explicació clara i precisa del funcionament de l'economia.

En l'explicació dels conceptes i les teories, et presento els aspectes essencials sense emfatitzar en temes tècnics. Generalment, he recorregut a explicacions intuïtives basades en representacions gràfiques (taules i figures) i en esquemes.

Aquesta edició facilita l'aprenentatge dels conceptes mitjançant una lectura més «amigable». Les novetats es poden concretar en els punts següents:

- Estructura del llibre més racionalitzada, mantenint el nivell conceptual, però utilitzant un desenvolupament que n'afavoreixi el seguiment per part de l'alumne.
- Els continguts s'han presentat de manera clara i directa.
- La utilització de termes i conceptes nous es fa definint sempre els conceptes i utilitzant els titolets com a suport.
- Els conceptes i les teories presentats al llarg del text connecten amb aspectes pròxims de la vida real.
- Cada unitat s'obre amb una «Notícia» i es tanca amb un «Reportatge», extrets de la premsa econòmica, que a partir d'unes activitats associades et permetran reflexionar, posar en pràctica i debatre a classe els conceptes apresos en la unitat. Aquests continguts es presenten resumits i els textos complets els podràs trobar al CEO (Centre d'Ensenyament Online): **www.mhe.es/batxillerat/economia.**
- Les seccions finals de cada unitat («Mapa conceptual», «Activitats finals» i «Test de repàs») potencien l'anàlisi i la reflexió per part de l'alumne.

Finalment, cal assenyalar que el llibre es presenta com una finestra a les possibilitats que ofereix Internet. A més dels enllaços oportuns, referenciats en cada unitat, el llibre té una pàgina web (al CEO) plenament ajustada al seu contingut i concebuda com un instrument fonamental per a l'aprenentatge interactiu dels conceptes.

Tens els mitjans i les eines per a entendre el funcionament de l'economia. Espero que aquesta obra contribueixi també a augmentar la teva curiositat i interès pels temes econòmics.

L'autor

ÍNDEX

1

L'ECONOMIA: LA NECESSITAT D'ESCOLLIR

Els problemes bàsics de l'economia són els derivats de l'existència d'uns recursos escassos i d'unes necessitats pràcticament il·limitades. Els recursos, com ara el petroli, el treball, la maquinària, etc., estan disponibles en quantitats limitades. Amb aquests recursos es produeixen béns i serveis (aliments, habitatges, automòbils, educació, sanitat, oci...) per a cobrir les necessitats i els desitjos humans, sempre superiors als mitjans disponibles per a satisfer-los. Aquest fet comporta la necessitat d'escollir, i afecta individus, empreses i el mateix Estat. Podríem dir que l'economia és, des d'aquest punt de vista, la ciència de l'elecció.

Notícia

«Los tópicos sobre la rentabilidad del AVE», de Ginés de Rus Mendoza, *El Confidencial,* 15 de gener de 2011.

L'article analitza críticament la rendibilitat de l'AVE i permet il·lustrar la importància del concepte de cost d'oportunitat. Els projectes no han de valorar-se en termes absoluts, fixant-nos només en els recursos que necessiten per a dur-se a terme, sinó que han de comparar-se amb altres projectes alternatius que podrien haver-se fet amb aquests recursos (trobaràs el text complet a: **www.mhe.es/bachillerato/economia**).

Qüestions:

1> Quina és la crítica fonamental que se li pot formular a la construcció de l'AVE?

2> Des d'una perspectiva internacional, què és el que ha ocorregut en altres països?

3> És rendible l'AVE a Espanya? Es pot justificar en termes de creació d'ocupació o per raons mediambientals?

1 El concepte d'economia

L'**economia** estudia la manera en què els individus i la societat en general actuen perquè els recursos disponibles, sempre escassos, puguin contribuir de la millor manera possible a satisfer les necessitats individuals i col·lectives de la societat.

Exemple

Qualsevol estudiant ha de distribuir la seva assignació setmanal, que és limitada, en funció de les seves necessitats i preferències (transport, entrepans, begudes, cinema, roba, etc.). Ha d'ajustar les seves despeses de manera que satisfacin les seves necessitats de la millor manera possible: només podrà superar el seu pressupost si demana diners prestats.

> L'**economia** s'ocupa de com s'administren els recursos escassos, per produir béns i serveis i distribuir-los per al seu consum entre els membres de la societat.

1.1 La microeconomia i la macroeconomia

L'estudi de l'economia té lloc sota dos enfocaments: el *microeconòmic* i el *macroeconòmic*. La **microeconomia** estudia el mode en què prenen decisions els individus, les llars, les empreses i el **sector públic** i la manera en què interactuen. La **macroeconomia** analitza comportaments agregats o globals de la societat i s'ocupa de temes com ara l'ocupació, el creixement dels preus o el producte total d'una economia.

Vocabulari

Sector públic

Està format per l'Administració central (Estat, organismes autònoms i Seguretat Social), l'Administració territorial (comunitats autònomes i corporacions locals) i les empreses públiques.

> La **microeconomia** estudia el mode en què prenen decisions les famílies (consumidors), les empreses i el sector públic i la manera en què interactuen. La **macroeconomia** s'ocupa dels fenòmens que afecten el conjunt de l'economia.

La microeconomia estudia la manera en què els individus i les empreses es relacionen en els **mercats** i conjuntament determinen els preus dels béns i serveis. Un raonament típicament microeconòmic seria el següent: davant l'increment de la demanda de productes ecològics, el seu preu ha experimentat un augment.

Vocabulari

Mercat

Organització on es fan compres i vendes de béns i serveis i es posen en contacte els consumidors (demandants) i les empreses (oferents).

La macroeconomia, al contrari, se centra en el comportament global de l'economia reflectit en un nombre reduït de variables, com el producte total d'una economia, l'ocupació, la inversió, el consum, el nivell general de preus, etc.

Per exemple, si el Ministeri d'Economia assenyala que la inflació s'ha reduït respecte a l'any anterior en un 1,2 % i que el nombre d'empleats ha augmentat en 30 000 persones està destacant el que, segons la seva opinió, són els aspectes més significatius de l'evolució global de l'economia.

En el context d'aquest manual, les Unitats 3 a 7 presenten un enfocament pròpiament microeconòmic, mentre que les Unitats 8 a 16 aborden problemes macroeconòmics.

Exemple

Quan decideixo comprar una entrada per al cinema, si la meva família compra un cotxe nou o si una empresa decideix invertir en nova maquinària, es tracta de decisions microeconòmiques. Al contrari, si el Govern decideix reduir la despesa pública, estarà prenent mesures macroeconòmiques.

1.2 Els recursos o factors productius

La satisfacció de les necessitats humanes exigeix la producció de béns i serveis i, per a això, cal l'ús de recursos o factors productius i de béns elaborats.

> Els **recursos** són els elements bàsics utilitzats en la producció de béns i serveis, per la qual cosa se'ls pot anomenar *factors de la producció*.

Tradicionalment, els recursos o factors productius es classifiquen en tres grans categories: *terra, treball* i *capital.*

1. En economia, el factor **terra** s'utilitza en un sentit ampli, indicant no sols la terra que es pot conrear i la urbana, sinó tots els recursos naturals de la terra ferma i els del mar, com els minerals i la pesca.
2. El factor **treball** es refereix a les facultats físiques i intel·lectuals dels éssers humans que intervenen en el procés productiu. El treball és el factor productiu bàsic. Els treballadors se serveixen de les *primeres matèries* que s'obtenen de la natura. Amb l'ajuda de la maquinària apropiada les transformen fins a convertir-les en matèries bàsiques, aptes per a altres processos, o en béns de consum.
3. El **capital** comprèn les edificacions, les fàbriques, la maquinària i els equips, les existències de mitjans elaborats i la resta de mitjans utilitzats en el procés productiu. Aquest és l'anomenat **capital físic.**

En economia, si no és que s'especifiqui el contrari, el terme **capital** significa *capital físic*, és a dir, màquines i edificis, i no *capital financer*.

Unes accions, per exemple, no constitueixen un recurs productor de béns i serveis, i no són capital en sentit econòmic, sinó que són una forma de capital financer. De manera semblant, quan en economia parlem d'inversions ens referim a la inversió efectiva, és a dir, a l'acumulació de màquines i edificis, i no a la compra de béns financers.

Així mateix, en economia cal distingir el **capital físic,** al qual ens hem referit abans, del capital humà.

S'entén per **capital humà** l'educació i la formació professional que incrementen el rendiment del treball.

Les despeses d'educació i formació professional representen una inversió en capital, concretada en un període d'aprenentatge i estudi. Aquestes despeses contribueixen a incrementar la capacitat productiva de l'economia, perquè un treballador format i educat sol ser més productiu que un que no ho està.

Exemple

Quan una família estalvia una certa quantitat de diners i decideix invertir-la en accions d'una empresa, per exemple a Telefónica, en realitat no està duent a terme una inversió en sentit empresarial, sinó una inversió financera. La inversió en maquinària i equips, en aquest cas, la farà Telefónica.

L'educació és la clau per a acréixer el capital humà d'una societat.

Activitats

1> Una ONG està intentant dur a terme un projecte a Bolívia que consisteix a proveir d'aigua potable un petit poble situat a la muntanya. Per a això haurà d'adquirir uns terrenys on se sap que hi ha aigua subterrània i que costen 2 000 €. La maquinària requerida té un cost de 5 000 € i les despeses en mà d'obra s'estimen en 1 000 €. Si l'organització disposa de 6 500 €:

a) Determina el valor dels diversos recursos productius implicats en el projecte.

b) Especifica els diferents tipus de despeses.

2> Atès que l'ONG no té recursos financers suficients per a cobrir totes les despeses del projecte, els responsables han decidit sol·licitar una subvenció al Banc Mundial. De quina quantia haurà de ser aquest préstec?

3> Quan un empresari intenta maximitzar els beneficis de la seva empresa, estem davant un problema microeconòmic o macroeconòmic? I quan les autoritats econòmiques intenten controlar la inflació?

2 L'economia i la satisfacció de les necessitats

> **Important**
>
> La **distribució** també fa referència a com es reparteix el producte total d'una economia o renda nacional entre els individus.

Les persones necessitem alimentar-nos, vestir-nos, rebre educació, etc. Per a això disposem d'uns ingressos que sempre són insuficients per a aconseguir tots els béns i serveis que desitgem per a satisfer les nostres necessitats.

La societat, així com les persones, també té necessitats col·lectives, com les comunicacions, la defensa, la justícia, etc. La societat també té més necessitats que mitjans per a satisfer-les. L'economia s'ocupa de com se satisfan les necessitats dels individus i de la societat. La satisfacció de necessitats materials (aliments, vestit o habitatge) i no materials (educació, oci, etc.) d'una societat obliga que les empreses duguin a terme determinades activitats productives. Mitjançant aquestes activitats es produeixen els béns i els serveis que es necessiten i que, posteriorment, *es distribueixen* per al seu consum.

2.1 La producció, la distribució i el consum

Les activitats econòmiques bàsiques són la **producció,** la **distribució** i el **consum.**

	Producció (empresa)		Distribució		Consum (famílies)
	Què es produirà, en quina quantitat i amb quins mitjans.		Com posar els béns produïts a disposició dels consumidors.		Com es gastaran els ingressos familiars per a satisfer necessitats.

2.2 Les necessitats humanes

> **Important**
>
> **Les empreses**
>
> Utilitzen els recursos productius per a produir béns i serveis que permeten satisfer les necessitats de consum que tenen els individus.
>
> **Tipus de necessitats**
>
> **Primàries o bàsiques.** Són imprescindibles per a sobreviure.
>
> **Secundàries.** Sorgeixen amb l'evolució i el desenvolupament de la societat.

El concepte de **necessitat humana** és relatiu, perquè els desitjos dels individus no són una cosa fixa. La dita «Com més en tenen, més en volen» sembla reflectir fidelment l'actitud dels individus respecte als béns materials. Es pot dir que les necessitats són *il·limitades* o, dit d'una altra manera, que sempre hi haurà necessitats que no podran ser satisfetes, tot i que només sigui perquè els desitjos són susceptibles de ser *refinats.*

Quan intentem aconseguir béns per a remeiar les nostres necessitats, els primers que desitgem són els que satisfan **necessitats bàsiques o primàries,** com l'alimentació, el vestit o la salut (Esquema 1.1). Però, quan tenim satisfetes les necessitats primàries, volem intentar satisfer-ne d'altres de més refinades, com el turisme; o busquem una millor *qualitat* dels béns que satisfan les necessitats primàries, com un habitatge millor, vestits de determinades marques, etc., és a dir, les anomenades **necessitats secundàries.** Quan les necessitats humanes es classifiquen en funció de qui sorgeixin, cal distingir entre *necessitats de l'individu* i *necessitats de la societat* (Esquema 1.1).

> Una **necessitat humana** és la sensació de carència d'alguna cosa unida al desig de satisfer-la.

2.3 Tipus de béns

Un **bé** és tot mitjà capaç de satisfer, directament o indirectament, una necessitat tant dels individus com de la societat. Dels tipus de béns que recull el Quadre 1.1, la categoria més rellevant és la que els classifica en *béns econòmics* i *béns lliures.*

Els *béns econòmics* són aquells dels quals es disposa d'una quantitat limitada en relació amb els desitjos dels individus. Tots els béns que es comercialitzen en els mercats són béns econòmics (Quadre 1.1).

Els *béns lliures,* com per exemple l'aire, són els que es troben en quantitats il·limitades i són gratuïts. Es poden obtenir sense aplicació de recursos i estan disponibles en quantitats il·limitades.

Tipus de necessitats humanes

Segons de qui sorgeixen

- De l'*individu*
  - **Naturals:** per exemple, menjar.
  - **Socials:** es tenen per a viure en societat; per exemple, celebrar un casament.
- De la *societat*
  - **Col·lectives:** parteixen de l'individu i passen a ser de la societat; per exemple, el transport.
  - **Públiques:** sorgeixen de la mateixa societat; per exemple, l'ordre públic.

Segons la naturalesa

- **Bàsiques o primàries:** en depèn la conservació de la vida; per exemple, els aliments.
- **Secundàries:** són les que tendeixen a augmentar el benestar de l'individu i varien d'unes èpoques a unes altres amb el medi cultural, econòmic i social en què es mouen els individus; per exemple, el turisme.

Esquema 1.1. *Tipus de necessitats humanes.*

Tipus de béns	**Segons el caràcter**	*Lliures*	Són il·limitats en quantitat, o molt abundants, i no són propietat de ningú. Un exemple típic és l'aire.
		Econòmics	Són escassos, malgrat el desig d'«apropiar-se'n» de la màxima quantitat, com, per exemple, el menjar o l'habitatge. L'economia s'ocupa d'estudiar-los.
	Segons la materialitat	*Béns*	Materials: taula, ordinador.
		Serveis	Activitats: educació, seguretat.
	Segons la naturalesa*	*De capital*	No atenen directament les necessitats humanes. Per exemple, una excavadora.
		De consum	Es destinen a la satisfacció directa de necessitats. — Imperibles: permeten un ús prolongat. Per exemple, una rentadora. — Peribles: es veuen afectats directament pel transcurs del temps. Per exemple, el peix.
	Segons la funció*	*Intermedis*	Han de patir noves transformacions abans de convertir-se en béns de consum o de capital. Per exemple, l'acer.
		Finals	Ja han patit les transformacions necessàries per al seu ús o consum. Per exemple, un cotxe.
	Segons quin en sigui el consum*	*Privats*	Si són consumits per una persona, no poden ser consumits per una altra alhora.
		Públics	Si diversos individus els consumeixen simultàniament. Per exemple, l'enllumenat públic.

(*) Aquests tipus de béns s'aniran estudiant en les unitats següents.

Quadre 1.1. *Tipus de béns.*

Activitats

4> Classifica les necessitats i els béns que hi ha en la relació següent segons els criteris estudiats:

- Necessitats: oci, set, protecció enfront d'epidèmies, transport, protecció enfront d'invasions i guerres, celebració d'un naixement, reconeixement social.
- Béns i serveis: llibre, viatge amb autobús, aigua dolça, aigua mineral, cotxe, seient d'un cotxe, tornavís, equip de música, un quilo de peix.

5> Fes una llista dels béns que consumeixes habitualment. Analitza quin tipus de béns són i les característiques de les necessitats que satisfan.

3 El problema econòmic: el cost d'oportunitat i la frontera de possibilitats de la producció

L'*escassetat* és un concepte relatiu, ja que hi ha el desig d'adquirir una quantitat de béns i serveis superior a la disponible. Això no és un problema tecnològic, sinó de disparitat entre els desitjos humans i els mitjans disponibles per a satisfer-los.

Hi ha països on es té un nivell de vida més elevat que en d'altres. Als països on el nivell és més alt, hi ha abundants aliments i béns materials; tanmateix, als països en via de desenvolupament, milions de persones viuen en la més absoluta pobresa i fins i tot moltes moren de fam.

Tenint en compte aquesta situació, sembla estrany que en economia es parli de l'escassetat com d'un problema *universal,* és a dir, com un problema que afecta totes les societats. Això és pel fet que l'economia considera l'escassetat *relativa,* ja que els béns i els serveis són escassos respecte als desitjos dels individus. A més a més, en la mesura que augmenta la renda dels individus, els gustos es refinen i es desitgen béns de més qualitat, per la qual cosa es cau en el **consumisme.**

El consumisme se sol explicar com a conseqüència de la publicitat i del desig d'imitar els comportaments que s'observen en la societat, els amics, els veïns o determinats individus que actuen com a referent. Aquests comportaments consumistes es difonen pels mitjans de comunicació, especialment per la televisió, i tenen un efecte estimulador del consum.

Vocabulari

Consumisme

És el desig irracional i gairebé irrefrenable de comprar nous béns, un fenomen que apareix en les societats més desenvolupades.

3.1 Raonar en termes econòmics

Raonar en termes econòmics implica *una avaluació de les diverses alternatives*. En tots els àmbits es plantegen alternatives entre les quals cal escollir.

- En dates d'exàmens, a un estudiant se li planteja una alternativa entre sortir de festa, i córrer el risc d'obtenir una mala qualificació, o quedar-se a casa estudiant.
- Si un matrimoni jove pensa a donar l'entrada d'un pis, és probable que durant uns quants anys hagi de reduir les seves vacances d'estiu i que tampoc pugui renovar el seu cotxe.

Als països en via de desenvolupament, milions de persones viuen en la més absoluta pobresa, mentre que als països més desenvolupats, a mesura que augmenta la renda, es desitgen més béns de més qualitat i es cau en el consumisme.

Més informació

Les compres per impuls

Es fan de manera espontània, no planificada, i responen a capritxos més que a necessitats que existissin abans de veure l'objecte de la compra: veiem l'article, se'ns fica al cap i el comprem. Aquest tipus de compres s'associava tradicionalment a articles petits i de baix cost, però el cert és que actualment un terç de les nostres compres es fa per impuls. Segons diversos experts, aquesta manera de consumir en alguns casos pot resultar addictiva i crear trastorns personals. Pots aprendre més sobre la compra per impuls a través del treball *Mercadotecnia emocional,* publicat per Melissa Rodríguez a **www.gestiopolis.com.**

Consulta'n l'apartat «Consumo por impulso».

Activitats

6> El consum sempre es fa per a satisfer necessitats? Quins tipus de comportament com a consumidors ens porten a posseir béns que són innecessaris? Com creus que es podrien evitar?

- A un empresari que obté beneficis se li planteja l'alternativa de reinvertir-los a l'empresa, per possibilitar el seu creixement, o comprar-se un apartament a la platja.
- El Govern, quan elabora els pressupostos, sap que si destina gaires recursos a obres públiques, haurà de retallar altres partides de despesa com, per exemple, sanitat o educació.

3.2 L'escassetat i la necessitat d'escollir

En els quatre casos considerats, la **necessitat d'escollir** sorgeix perquè els recursos són escassos:

- L'estudiant: el que el força a escollir és el temps disponible, que ha d'administrar-lo entre sortir de festa o estudiar.
- En el cas del matrimoni jove, el recurs escàs són els seus ingressos anuals i els seus estalvis.
- L'empresari també s'enfronta a uns beneficis limitats, i si decideix reinvertir-los en el negoci, no podrà destinar-los a altres fins.
- I, en el cas del Govern, l'escassetat es manifesta en el pressupost de l'Estat. Encara que els polítics vulguin complaure tots els ciutadans, si decideixen prioritzar les obres públiques, no podran augmentar les despeses en altres partides.

@ *A Internet*

http://economiasinfronteras.wordpress.com/

En el bloc *Economía sin fronteras* trobaràs diversos recursos interessants que et serviran per a un primer contacte amb diversos aspectes fonamentals de l'economia. Si fas clic a Recursos/1.º Bachillerato/Vídeos, hi trobaràs un breu documental que introdueix el concepte d'economia.

3.3 La presa de decisions i el cost d'oportunitat

La moralitat que s'extreu d'aquests quatre exemples és que, quan es tria entre diverses alternatives, la decisió que es prengui sempre comportarà un cost, que en economia es coneix com a **cost d'oportunitat.** El cost d'oportunitat pot expressar-se en termes dels quatre exemples que considerem:

- Si l'estudiant decideix sortir de festa, el cost d'oportunitat serà no obtenir bones qualificacions.
- Si el matrimoni decideix comprar la casa, el seu cost d'oportunitat serà no poder sortir de vacances ni renovar el cotxe.
- Si l'empresari decideix invertir en el negoci, el seu cost d'oportunitat serà no poder comprar el xalet a la platja.
- I si el Govern decideix augmentar la xarxa de carreteres, el cost d'oportunitat seran, per exemple, els nous hospitals que no es podran construir.

El **cost d'oportunitat** d'una decisió és allò a què hem de renunciar per a obtenir alguna cosa. Més concretament, el cost d'oportunitat d'un bé o servei és la quantitat d'altres béns o serveis a què s'ha de renunciar per a obtenir-lo.

3.4 El cost d'oportunitat i la frontera de possibilitats de la producció (FPP)

Per a il·lustrar el concepte de cost d'oportunitat associat a tota decisió econòmica, recorrerem a un **model,** conegut com la *frontera de possibilitats de la producció.* Suposem que estem analitzant una economia molt simplificada i que aquesta disposa d'una quantitat fixa de factors productius, que suposarem tots emprats, i en la qual es produeixen només dos tipus de béns: ordinadors personals i telèfons mòbils.

abc *Vocabulari*

Model

És una simplificació de la realitat que permet explicar-ne el funcionament i fer prediccions.

Més dades

Quin és el sentit econòmic que per produir un ordinador (punt *B* de la Figura 1.1), s'hagi de sacrificar un telèfon mòbil, mentre que per produir el tercer ordinador (punt *D*) calgui renunciar a produir cinc ordinadors? La raó es troba en el fet que el **cost d'oportunitat** dels ordinadors, expressat en telèfons mòbils, depèn de quant estigui produint l'economia de cada tipus de bé, la qual cosa es reflecteix en la forma bombada de la frontera de possibilitats de la producció.

Si, a partir d'una situació donada, es decideix produir més ordinadors personals i s'orienten els esforços en aquesta direcció, s'haurà d'estar disposat a produir menys telèfons mòbils. Resulta, doncs, que, per poder cobrir millor les necessitats d'ordinadors personals, caldrà estar disposats a sacrificar una certa quantitat de telèfons mòbils, ja que s'ha suposat que només es produeixen dos béns.

Les diferents possibilitats que es presenten a l'economia en qüestió es poden reflectir acudint a un exemple numèric i a una representació gràfica. Les diferents opcions són les combinacions possibles d'ordinadors personals i telèfons mòbils, de les quals cinc es recullen en el Quadre 1.2 i en la Figura 1.1.

La Figura 1.1 és **la frontera de possibilitats de la producció** i està formada per les situacions recollides en el Quadre 1.2 i tots els punts intermedis.

La **frontera de possibilitats de la producció (FPP)** mostra la quantitat màxima possible d'un parell de béns o serveis que pot produir una determinada economia amb els recursos i la tecnologia de què disposa, tenint en compte les quantitats d'altres béns i serveis que també produeix.

En l'exemple del Quadre 1.2 partim d'una situació extrema *(A)*, perquè no es produeixen ordinadors, ja que tots els recursos s'empren en la producció de telèfons mòbils. A partir d'aquesta situació inicial i a mesura que ens movem cap avall en la taula, va augmentant la producció d'ordinadors a costa de reduir el nombre d'unitats de telèfons mòbils.

En termes del Quadre 1.2 i de la Figura 1.1, anomenem **cost d'oportunitat** d'un ordinador personal el nombre d'unitats de telèfons mòbils que cal deixar de produir per

Quadre 1.2. ***El cost d'oportunitat.*** *Exemple numèric del cost d'oportunitat.*

(1) Opcions	(2) Ordinadors personals (unitats)	(3) Telèfons mòbils (unitats)	(4) Cost d'oportunitat
A	0	18	—
B	1	17	1
C	2	14	3
D	3	9	5
E	4	0	9

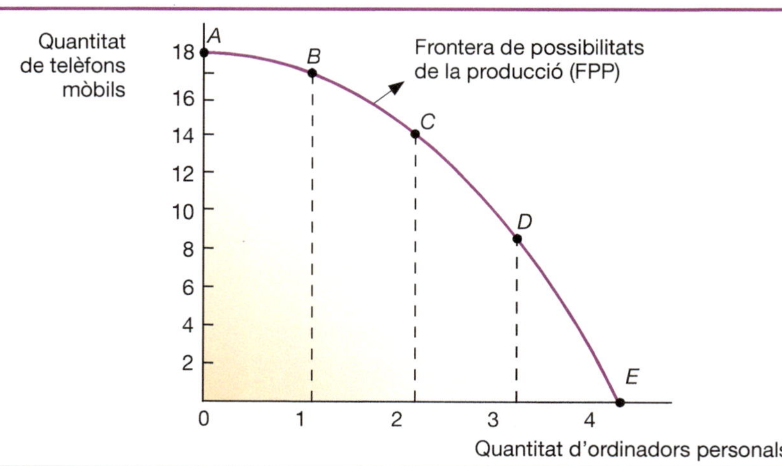

Figura 1.1. ***Frontera de possibilitats de la producció.*** *La frontera de possibilitats de la producció mostra el màxim de combinacions d'un parell de productes que l'economia pot produir utilitzant tots els recursos existents. Manifesta la disjuntiva a què s'enfronta l'economia, en el sentit que més quantitat produïda d'un bé, ordinadors personals, implica una disminució de l'altre, telèfons mòbils.*

obtenir-lo. Com mostra el Quadre 1.2, columna (4), els increments de la producció d'ordinadors que resulten d'anar-nos desplaçant des de *A* cap a *E* van elevant cada cop més el cost d'oportunitat.

Així, el cost d'oportunitat de produir un ordinador personal és un telèfon mòbil (la diferència entre 18 i 17, 18 – 17 = 1), que cal sacrificar per desplaçar-se des del punt *A* al *B*. L'ordinador següent té un cost d'oportunitat de tres telèfons mòbils (pas de *B* a *C*, 17 – 14 = 3) i el quart ordinador exigeix el sacrifici de nou telèfons mòbils.

La **frontera de possibilitats de la producció (FPP)** il·lustra tres conceptes essencials:

1. L'**escassetat de recursos.** Les quantitats que podem produir en un determinat període de temps amb els recursos i la tecnologia existents són limitades.
2. El **cost d'oportunitat.** Només podem obtenir quantitats addicionals de qualsevol bé que desitgem reduint la d'un altre. Els individus s'enfronten a alternatives. La frontera de possibilitats de la producció mostra una sèrie d'alternatives a què s'enfronta la societat.
3. La **producció potencial.** És la producció màxima que una economia pot obtenir amb uns determinats recursos productius i un nivell tecnològic donat.

Vocabulari

Frontera de possibilitats de la producció
La FPP il·lustra una característica fonamental i és que l'economia és la ciència de l'elecció. Cal optar entre diverses alternatives, perquè la vida real sempre planteja opcions entre les quals cal escollir.

4 Aplicacions de la frontera de possibilitats de la producció (FPP)

En aquest epígraf utilitzarem la FPP per a introduir dos conceptes importants, el d'**eficiència** i el de **creixement econòmic.**

4.1 L'eficiència econòmica

La FPP d'una economia, com el seu propi nom indica, és una frontera, perquè delimita dues regions: una en què l'economia està malgastant recursos (la que està situada sota de la FPP), com el punt *I*, i una altra que no és abastable (la situada per sobre de la FPP), com el punt *H* (Figura 1.2).

Quan una economia està situada sobre la seva frontera de possibilitats de la producció, es diu que l'economia és *eficient* productivament.

Vocabulari

Eficiència
És una propietat segons la qual la societat aprofita de la millor manera possible els seus recursos escassos.

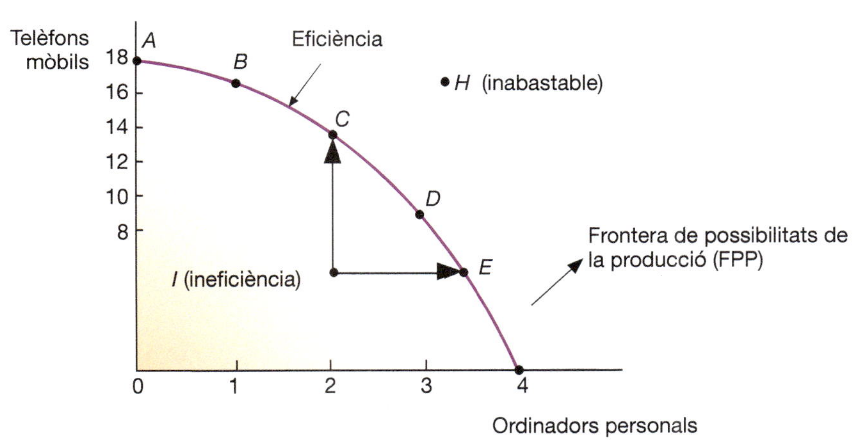

Figura 1.2. ***Situacions eficients i ineficients.*** *La frontera de possibilitats de la producció mostra les combinacions de productes en què la societat està produint* ***eficientment,*** *maximitzant la producció d'un bé amb un nivell donat de la producció de l'altre. Els punts situats sota la frontera representen una producció* ***ineficient,*** *mentre que hi haurà recursos ociosos o no utilitzats (punt I). A la frontera (punts A, B, C, D, E), la producció és* ***eficient.*** *Els punts més enllà d'aquesta (H) representen produccions* ***inabastables,*** *perquè la societat no té prou recursos per a produir aquesta combinació de béns.*

Més informació

El terme **eficient** o **eficiència** és una altra de les grans aportacions de l'economia. El seu ús s'ha generalitzat en altres camps: així, es parla d'*eficiència energètica* quan, per exemple, una innovació tecnològica permet que una màquina o un edifici generi un estalvi energètic. De manera semblant, es diu que un determinat cotxe permet una *conducció eficient* quan genera un determinat estalvi en el consum de gasolina.

Els punts situats en la FPP representen posicions **eficients,** en el sentit que la societat no pot produir més quantitat d'un bé sense produir-ne una de menor d'un altre. Els punts situats per sota de la FPP (com el punt *I* de la Figura 1.2) representen posicions ineficients, perquè s'estan malgastant recursos. Amb els mitjans disponibles, l'economia podria produir més ordinadors personals i més telèfons mòbils. Tota reassignació dels recursos de *I* a un punt de la zona delimitada per les fletxes generaria més quantitat de tots dos béns.

En altres paraules, partint del punt *I,* podríem produir més ordinadors personals i més telèfons mòbils simplement utilitzant els recursos no emprats.

4.2 El creixement econòmic

La FPP traça el límit de les opcions abastables; amb els recursos disponibles, els nivells de producció per sobre de la FPP són inabastables. Amb el transcurs del temps, tanmateix, aquests punts poden estar al nostre abast si l'economia experimenta una fase de **creixement econòmic,** és a dir, si la FPP es desplaça a la dreta (Figura 1.3).

El **creixement econòmic** representa l'augment de la capacitat productiva de l'economia i gràficament es pot representar mitjançant un desplaçament cap amunt i a la dreta de la FPP.

Vocabulari

Creixement econòmic

Procés sostingut al llarg del temps en què els nivells d'activitat econòmica augmenten i generen més béns i serveis.

El **creixement econòmic** pot tenir lloc per qualsevol dels fets següents (vegeu la Unitat 16):

- Millora tècnica en el sentit de nous i millors mètodes per a produir béns i serveis.
- Augment del volum de capital (màquines i equips), fruit de l'increment en l'estalvi i la inversió.
- Augment del nombre de treballadors.
- Descobriment de nous recursos naturals.

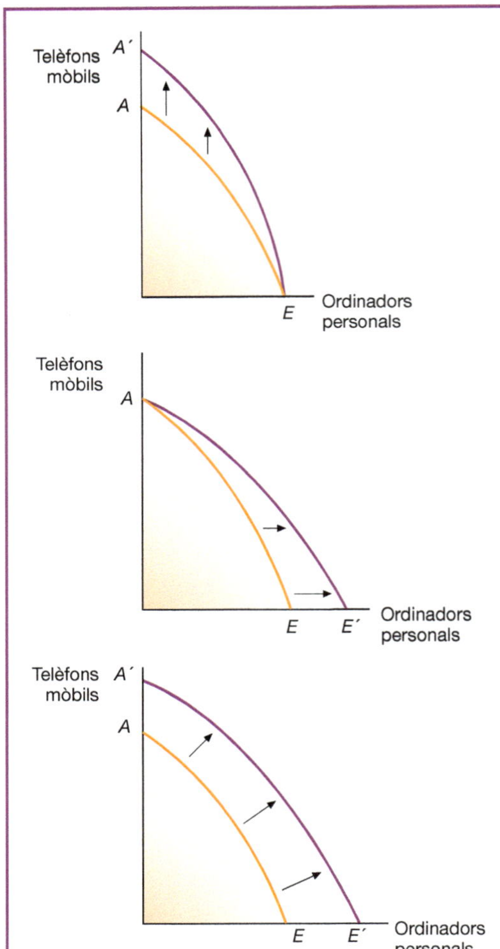

Figura 1.3. *El creixement econòmic, les millores tecnològiques.* *Una millora o perfeccionament en la producció d'un dels béns implica un desplaçament de la frontera en la direcció marcada per l'eix en què es representa el bé. En el cas de millores tecnològiques en la producció d'ambdós béns, la frontera es desplaça paral·lelament allunyant-se de l'origen de coordenades.*

A Internet

www.cotec.es

Les millores en la tecnologia disponible contribueixen a expandir la FPP. La Fundació per a la Innovació Tecnològica (Cotec) es dedica a promoure la tecnologia. Entre altres activitats, elabora un informe anual sobre l'estat de la innovació a Espanya. S'hi analitzen els èxits assolits i els reptes que caldrà superar.

Un *desplaçament* cap enfora de la corba de possibilitats de la producció es pot aconseguir, per exemple, a través d'una innovació tecnològica que permeti obtenir, amb els recursos existents, un augment en la capacitat productiva de l'economia. Així, per exemple, nous mètodes de producció o la utilització de noves tecnologies poden aconseguir que, amb l'ús de la mateixa quantitat de treball, capital i terra, es produeixi més quantitat d'ordinadors personals sense necessitat de reduir la quantitat produïda de telèfons mòbils.

Activitats

7> El concepte de cost d'oportunitat potser és l'aportació més important que ha fet l'economia a la societat. La millor manera d'avaluar un projecte qualsevol és qualificar-lo en termes de què s'ha deixat de fer per haver dut a terme el projecte en qüestió. Planteja alguns exemples en l'àmbit personal, familiar, municipal, autonòmic o nacional de projectes duts a terme i les seves possibles alternatives. El vídeo d'*Economía sin fronteras* pot servir-te com a referència per a basar els teus arguments.

8> La frontera de possibilitats de la producció (FPP) d'una economia que només produeix dos béns, vestits i aliments, és donada pels parells de valors següents: (0, 7), (1, 6), (2, 5), (3, 4), (5, 2), (6, 1), (7, 0).

a) Representa gràficament la FPP d'aquesta economia.

b) Determina el cost d'oportunitat de passar de produir set unitats d'aliments a produir-ne sis.

5 Els sectors productius i l'intercanvi

Els protagonistes o agents principals de l'activitat econòmica són **les famílies, les empreses** i **el sector públic.** Amb aquests tres agents també cal citar les **institucions financeres,** bancs i caixes, fonamentalment. Aquestes institucions aporten recursos financers a les famílies i a les empreses (vegeu la Unitat 2), i al **sector exterior** o resta del món (Unitats 13 i 14), perquè tot país fa compres de béns i serveis en altres països (importacions) i alhora ven béns i serveis a la resta dels països (exportacions).

Important

Sectors econòmics

Primari: agricultura, pesca i mineria.

Secundari: indústria i construcció.

Terciari: serveis (comerç, transports, banca, publicitat, turisme, etc.).

5.1 Els sectors productius

La diversitat d'activitats productives que exerceixen els agents econòmics es pot classificar en tres grans **sectors econòmics:** *el sector primari*, *el sector secundari* i *el sector terciari* o *de serveis*.

- El **sector primari** comprèn les activitats relacionades amb la natura, com l'agricultura, la pesca, la ramaderia i les explotacions forestals. En el cas de l'economia espanyola, aquest sector representa aproximadament el 3 % del producte nacional o PIB (vegeu la Unitat 8).
- El **sector secundari** o **indústria** comprèn la indústria en sentit estricte, la mineria, la construcció i el sector energètic. Recull les activitats industrials, és a dir, aquelles dedicades a transformar les primeres matèries en productes manufacturats, ja siguin per al consum final o per a ser utilitzats en la producció d'altres béns.

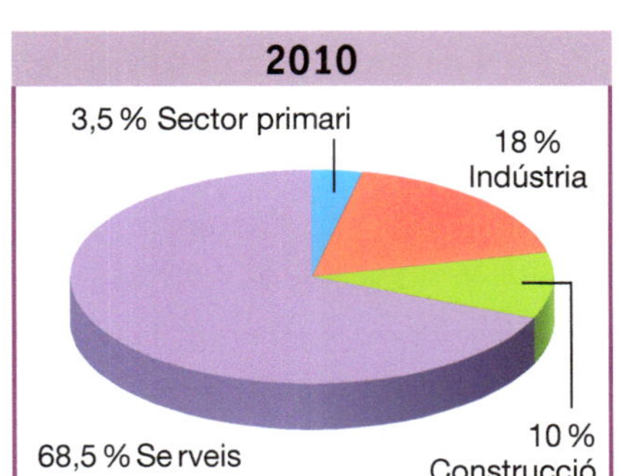

Figura 1.4. *Estructura sectorial del PIB espanyol.*

Important

Tot i que en un sentit econòmic és freqüent englobar la construcció dins el sector secundari, en les dades de l'Institut Nacional d'Estadística surten separats.

@ *A Internet*

www.ine.es

L'Institut Nacional d'Estadística (INE) és la institució responsable d'elaborar les estadístiques fonamentals d'Espanya. Ofereix informació sobre població i demografia, societat, ciència i tecnologia, relacions internacionals, economia i sectors productius. També disposa de la informació necessària per a elaborar els censos electorals.

Generalment, s'utilitza el terme *sector industrial* com a sinònim del sector secundari, tot i que, com s'ha assenyalat, aquest segon terme té un caràcter més ampli.

- El **sector terciari** o **de serveis** està format per una àmplia gamma d'activitats de serveis que ofereixen un producte intangible, a diferència de l'agricultura o la indústria, la producció de les quals és material. Comprèn activitats com, per exemple, transports, educació, sanitat, turisme o serveis financers. El sector serveis és el de més pes relatiu en el producte total espanyol: més del 68 %.

Privats	*Dirigits a particulars*	Comerç, hoteleria, restaurants, oci i entreteniment, etc.
	Dirigits a empreses	Informàtics, de selecció i formació de personal, d'enginyeria, de consultoria de gestió, etc.
Públics		Administració pública, defensa i ordre públic, ensenyament, sanitat, serveis socials en general, transports, comunicacions.

Esquema 1.2. *Classificació dels serveis.*

En l'Esquema 1.2 es classifiquen els serveis més representatius, segons si els ofereix el sector privat o públic. Els **serveis privats** són aquells que poden comercialitzar-se en el mercat, mentre que els **serveis públics,** per la seva importància per a la comunitat, són produïts directament per l'Estat o estan subjectes a una especial tutela per part d'aquest.

Els serveis públics que recull l'Esquema 1.2, com la defensa i l'ordre públic, els assumeix directament l'Estat, mentre que la tendència en la resta de les activitats apunta cap a la privatització dels serveis en més o menys grau.

El sector serveis ha experimentat un creixement notable durant els darrers anys, en gran manera encoratjat pel creixement del turisme. L'obertura i la integració de l'economia espanyola en un món cada cop més global està generant un procés de dinamització i modernització del sector.

5.2 L'intercanvi, l'especialització i la divisió del treball

Un individu aïllat ha d'obtenir per si mateix tot el que necessita, per la qual cosa el seu consum estarà restringit al que té al seu abast o al que pot transformar pels seus propis mitjans. Això és el que passava en les societats molt primitives, en què la família tenia una vida d'autosuficiència.

Cada subjecte desitja consumir béns diversificats i, per això, la tendència natural és posar-se en contacte amb altres individus per canviar allò que es té en abundància pel que no es té i així beneficiar-se mútuament de l'intercanvi.

L'**intercanvi** és avantatjós perquè ambdues parts hi surten guanyant, ja que poden especialitzar-se en l'obtenció d'uns quants béns i augmentar-ne l'eficiència, és a dir, obtenir més per unitat d'esforç.

En les societats modernes, l'empresa, en incorporar la tecnologia als processos productius, ha propiciat l'intercanvi i ha fet possible l'*especialització* i la *divisió del treball.* Aquest fet contribueix a l'eficiència, entesa en el sentit d'obtenir amb la mínima quantitat de recursos el màxim volum de producció possible (vegeu l'Esquema 1.3).

Intercanvi

↓

Divisió del treball

↓

Especialitat en tasques:
- Increment del producte per treballador.
- Introducció d'eines específiques.

↓

Més eficiència

Esquema 1.3. *Intercanvi, divisió del treball i eficiència.*

> L'**intercanvi** permet la divisió del treball i l'especialització dels treballadors en tasques més concretes. D'aquesta manera és més fàcil la mecanització del treball.

L'increment en la producció per treballador s'aconsegueix perquè la **divisió del treball** permet l'especialització dels treballadors i la introducció de maquinària especialitzada.

5.3 El bescanvi

La forma més primitiva d'intercanvi és el **bescanvi.** Aquest implica una transacció en què dos individus intercanvien entre si un bé per un altre. Com és lògic, es desprenen del producte del qual tenen excedents i adquireixen els productes que necessiten.

> El **bescanvi** és l'intercanvi d'un bé o servei per un altre.

Suposem el cas d'un agricultor: el normal és que, com a fruit de la seva especialització, es trobi amb més productes agrícoles dels que desitja i que vulgui variar la seva dieta alimentària i adquirir carn. Perquè es doni l'intercanvi, l'agricultor haurà de trobar un ramader que estigui disposat a donar, a canvi d'una certa quantitat de productes agrícoles, part de la seva producció ramadera (Esquema 1.4).

Els **inconvenients del bescanvi** es poden concretar en els punts següents:

1. Requereix molt de temps. Si tens dos quilos de patates i vols carn, has de trobar un ramader que precisament necessiti patates.
2. Alguns béns són indivisibles. Si els teus dos quilos de patates només es valoren per mig pollastre, serà difícil fer la transacció.
3. Resulta intractable si hi ha molts participants. Quan són moltes les persones que participen en el mecanisme de bescanvi, aquest resulta pràcticament intractable.

Esquema 1.4. *Intercanvi sense diners. El bescanvi és la forma més primitiva d'intercanvi; consisteix a canviar un bé per un altre, sense intervenció dels diners.*

+ *Més dades*

Per què més divisió del treball provoca un augment de la productivitat i de la riquesa? A la seva obra *La riquesa de les nacions* (1776), Adam Smith donava tres arguments que explicaven aquest fet:

- S'incrementa la destresa de cada obrer.
- S'estalvia temps, ja que no cal passar d'una tasca a una altra.
- Es facilita la mecanització dels processos.

Activitats

9> El sector primari té un gran pes en l'economia dels països menys desenvolupats. Quins factors poden ser més abundants en aquests països: la terra, el treball o el capital? Creus que això pot influir en la composició sectorial de l'economia?

10> Malgrat els seus desavantatges, no es pot dir que el bescanvi sigui cosa del passat, ni de bon tros. Busca exemples actuals de bescanvi en el comportament de les famílies, en el mercat dels fitxatges de futbol o en el de l'art (pots cercar-ho a Internet). Quines raons motiven el bescanvi en aquests casos? Quins avantatges presenta aquest mecanisme?

5.4 L'intercanvi i els diners

Les limitacions del bescanvi desapareixen quan l'intercanvi es fa amb la intervenció dels **diners** (vegeu la Unitat 12). Quan hi intervenen els diners, l'intercanvi és fàcil i eficient, ja que no es requereix que coincideixin les necessitats. El ramader, llavors, pot canviar els seus animals per *diners,* i el mateix farà l'agricultor. Tots dos satisfaran les seves necessitats sense patir perquè algú vulgui precisament el que ells pretenen intercanviar: d'aquesta manera, es faciliten les transaccions multilaterals.

> Anomenem **diners** tot mitjà de pagament generalment acceptat que pot canviar-se per béns o serveis i que afavoreix l'intercanvi.

En introduir els diners, no sols desapareix l'estreta relació bilateral entre els participants en l'intercanvi, sinó que també s'eliminen els problemes derivats de la indivisibilitat d'alguns béns.

En l'exemple considerat en l'Esquema 1.5, el ramader pot canviar els seus caps de bestiar per diners i el mateix poden fer l'agricultor i el ferrer. Tots satisfaran les seves necessitats sense patir perquè algú vulgui precisament allò que ells pretenen intercanviar. Tots venen els seus béns per diners.

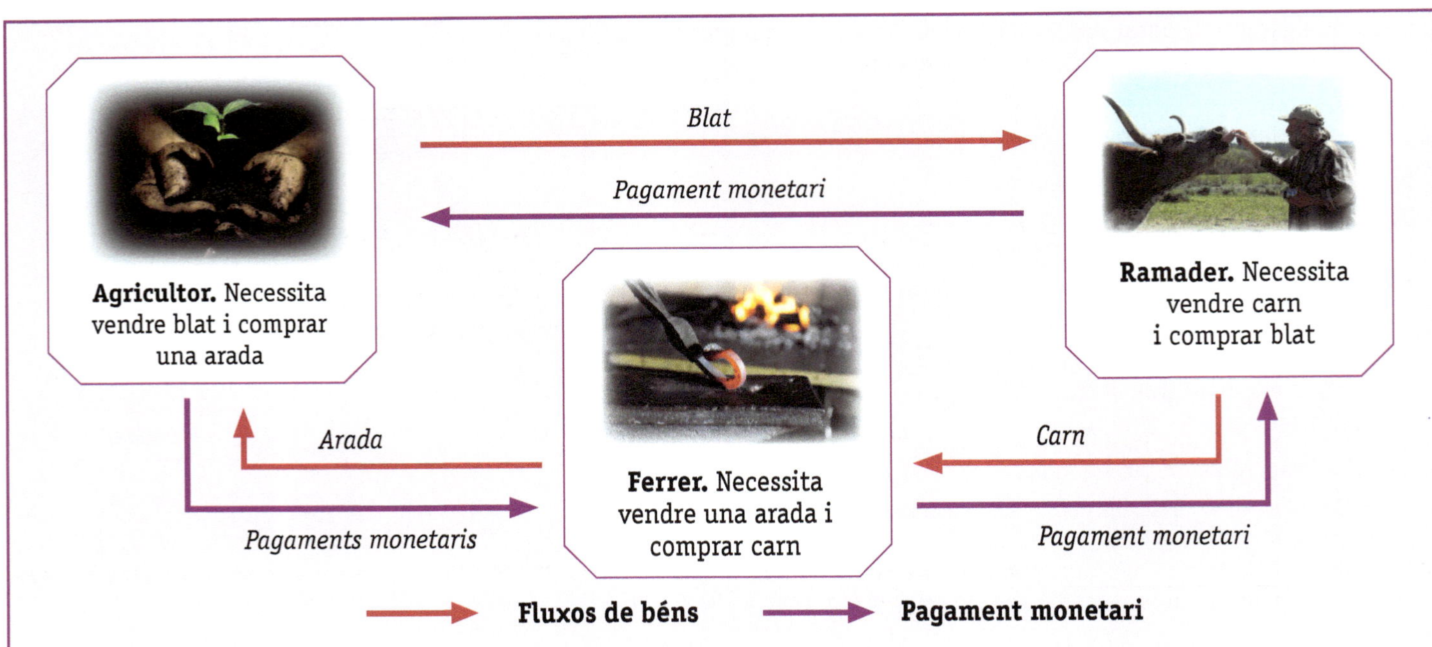

Esquema 1.5. *Intercanvi de diner.*

Activitats

11> Observeu el material escolar que teniu a mà el teu company i tu i intenteu arribar a un acord per a intercanviar els vostres bolígrafs, llapis, maquineta de fer punta, etcètera. A quins acords de bescanvi podríeu arribar? Quines dificultats hi trobeu? Ara suposeu que poguéssiu comprar-vos i vendre-us per diners aquest mateix material, i intenteu negociar un preu per a cada objecte. Podríeu arribar a més acords? Per què?

Mapa conceptual

- **Economia** — Administració de recursos escassos
  - **Microeconomia** — Decisions d'agents econòmics
  - **Macroeconomia** — Comportament agregat de la societat
  - Utilització de **recursos o factors productius**
    - **Terra**
    - **Treball**
    - **Capital**
  - **Producció de béns i serveis**
    - **Lliures / Econòmics**
    - **Béns / Serveis**
    - **De capital / De consum**
    - **Intermedis / Finals**
    - **Privats / Públics**
    - **Distribució**
      - **Consum**
  - Satisfacció de **necessitats**
    - **De l'individu / De la societat**
    - **Bàsiques / Secundàries**
  - **Escassetat**
    - **Relativa**
    - **Necessitat d'escollir**
    - **Cost d'oportunitat** — Allò al qual hem de renunciar
  - **Frontera de possibilitats de la producció (FPP)**
    - **Eficiència**
    - **Creixement**
  - **Sectors productius**
    - **Primari / Secundari / Terciari**
    - **Divisió del treball**
    - **Intercanvi**
      - Sense diners — **Bescanvi**
      - Amb diners — **Mercat**

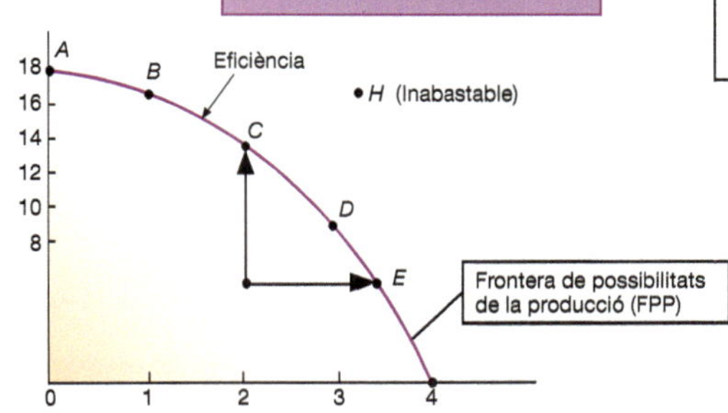

Activitats finals

1> Quin és el problema bàsic del qual s'encarrega l'estudi de l'economia? Explica-ho raonadament i il·lustra-ho amb un exemple.

2> Explica la diferència que hi ha entre un bé econòmic i un bé lliure amb un exemple. Creus que l'aigua és un bé lliure? Per què?

3> Per què es pot dir que l'escassetat és present tant als països rics com als països pobres? Per què es diu que l'escassetat és un fenomen relatiu?

4> Elabora una llista de deu de les teves necessitats, classificant-les degudament. Quins criteris segueixes per prioritzar entre les unes i les altres? Explica el concepte de cost d'oportunitat a partir d'una de les teves eleccions.

5> Fes una comparació de les necessitats anteriors amb les dels teus companys. Coincideixen majoritàriament? De què depèn que els individus tinguin unes necessitats o unes altres?

6> Actualment, hi ha més telèfons mòbils que habitants a Espanya. Creus que el telèfon mòbil és un bé necessari? Argumenta-ho degudament.

7> Classifica els béns següents en funció de tots els criteris estudiats en la unitat: ordinador, farina, motocicleta, excavadora, formatge, aigua, rellotge d'or, telèfon mòbil, sabatilles esportives, camió.

8> Analitza els diferents tipus de factor productiu capital que són utilitzats en la producció d'un automòbil. Per què uns països estan més especialitzats en la producció de cotxes que altres?

9> L'Anna és una alumna que en acabar 4t de l'ESO té diferents alternatives per a continuar la seva vida: estudiar 1r de batxillerat, un cicle formatiu de grau mitjà o començar a treballar. Quins creus que són els criteris que utilitzarà l'Anna per a triar el seu futur? Quin és el cost d'oportunitat en cada alternativa escollida?

10> En parelles o en grups reduïts, feu una llista de tota mena de necessitats que se us acudeixin i plantegeu un debat sobre les dues qüestions següents: quines considereu que són més importants? Per què? Considereu una de les necessitats més importants: quins mitjans se us acudeixen per a satisfer-la?

11> Suposem que en una economia només es produeixen dos béns: roba i aliments, i les diferents combinacions de producció són les següents:

Combinació	Roba	Aliments
A	50	0
B	42	6
C	36	15
D	25	20
E	16	30
F	8	38
G	0	45

a) Elabora la frontera de possibilitats de la producció.

b) Quin és el cost d'oportunitat de passar de la combinació D a E en termes de roba?

c) En aquesta economia, és possible produir aquestes combinacions de roba i aliments: (45, 0), (36, 20), (20, 20) (8, 38)? Quines són eficients, quines ineficients i quines inabastables?

d) Suposem que en l'economia es produeix una millora en el procés de fabricació tèxtil, sense modificar-se per a res el sector de l'alimentació. Què passaria amb la frontera de possibilitats de la producció? Representa-ho gràficament amb l'apartat *a* per poder veure els canvis.

12> Un tsunami ha afectat dues centrals nuclears d'un país, fet que ha reduït el seu potencial energètic i, amb això, la seva capacitat de producció. En termes de la frontera de possibilitats de la producció, com es podria representar aquest fet?

13> La crisi financera internacional iniciada el 2007 va impactar especialment en les economies dels països occidentals. Això ha permès que alguns països emergents aprofitin l'oportunitat per potenciar la seva posició relativa al món mitjançant un agressiu programa d'inversions. Com es podria representar aquest fet en termes de la frontera de possibilitats de la producció en aquests països emergents?

14> La crisi financera internacional va afectar especialment Espanya a partir de 2008 i va posar de manifest els forts desequilibris de la nostra economia (excessiu pes del sector immobiliari i de la construcció, baixa productivitat i escassa competitivitat, marc laboral molt rígid i amb una forta dualitat entre treballadors fixos i temporals, economia fortament endeutada i dèficit comercial elevat amb l'exterior), fent que la desocupació augmentés de forma escandalosa. Com es pot representar aquesta situació en termes de la frontera de possibilitats de la producció?

15> Una manera d'elevar la competitivitat d'una economia consisteix a revisar el sistema educatiu, procurant ajustar l'oferta formativa a les necessitats del mercat de treball, és a dir, a allò que demanen les empreses. Quin efecte tindria a mitjà termini aquesta política sobre la frontera de possibilitats de la producció (FPP)?

16> Justifica en el teu quadern la veracitat o falsedat de les afirmacions següents:

a) El cost d'oportunitat només s'aplica en economies amb escassetat.

b) Quan la producció d'un bé es fa a gran escala, el cost de producció unitària deixa de ser representatiu i el bé passa a ser un bé lliure.

c) En economia, el concepte de capital s'aplica als béns físics que serveixen per a produir.

d) Les necessitats humanes són sempre les mateixes i se satisfan de la mateixa manera.

e) Una economia és eficient si està situada per sobre de la FPP.

f) Un model econòmic és una simplificació de la realitat.

17> Un agricultor té uns terrenys que són aptes per a produir vi i cereals. Tenint en compte les característiques del terreny i la seva experiència, s'havia especialitzat prioritàriament en la producció de cereals, però les tendències del mercat li indiquen que seria més rendible reorientar la seva activitat cap al vi. De fet, una hectàrea de cereals li genera uns ingressos nets (ingressos menys costos) de 50 €, mentre que amb una hectàrea de vi, si aconsegueix que sigui de bona qualitat, podria obtenir uns ingressos nets de 75 €. Analitza la decisió que haurà de prendre en termes del cost d'oportunitat.

18> A un nàufrag que viu en una illa se li plantegen les dues alternatives següents:

1a Romandre a la costa alimentant-se de cocos i alguns crancs que troba a les roques, però estant atent per si veu algun vaixell i poder fer-li senyals.

2a Dedicar part del seu temps a conrear un cert tipus de cereal en una vall de l'interior, de manera que aconseguiria tenir una dieta alimentària més variada.

En quins termes es planteja el cost d'oportunitat de les dues possibles decisions del nàufrag?

19> Quines són les activitats econòmiques bàsiques?

20> Per què els béns lliures no són objecte d'estudi per part de l'economia?

21> Per analitzar la divisió del treball no cal anar a una fàbrica. Explica com es divideix el treball en els dos casos següents: el funcionament d'una hamburgueseria i la tasca dels integrants d'un equip de futbol.

Reportatge: Revisant el paper de l'economia i els economistes

Et proposem la lectura de l'article «La ciencia económica en crisis», escrit per J. Bradford DeLong i publicat a *El País (Negocios)* el 22 de maig de 2011.

En aquesta primera unitat introductòria hem vist que l'economia és la ciència de l'elecció i que la seva funció és ajudar a prendre decisions. Els conceptes de cost d'oportunitat i frontera de possibilitats de la producció són molt importants, però l'economia sobretot ha d'explicar el que passa al món i oferir solucions. Aquest article, en vista de la crisi financera internacional iniciada el 2007, presenta una visió crítica de l'economia i dels problemes que ha d'explicar i contribuir a solucionar (trobaràs el text complet a: **www.mhe.es/bachillerato/economia**).

Preguntes:

1> Segons assenyala l'article, quins temes van ser els que els economistes no van entendre?

2> Què és el que més ha sorprès l'autor d'allò que ha ocorregut en la crisi recent?

3> Quines propostes s'hi formulen?

Test de repàs

1> L'escassetat implica que:

a) El Govern ha de distribuir els béns.

b) Les persones tenen desitjos il·limitats en relació amb l'existència dels béns.

c) El cost d'oportunitat sempre és creixent.

d) Hi ha pocs béns lliures en l'economia.

2> En economia, la definició de bé és:

a) Tot allò moralment bo.

b) Tot el que té un preu i podem comprar.

c) Tot allò que satisfà les necessitats dels éssers humans.

d) El que els individus escullen quan prioritzen entre les seves necessitats.

3> Quins dels béns següents no són lliures?

a) Els cotxes.

b) L'aire.

c) El petroli.

d) Són certes *a* i *c*.

4> L'escassetat de recursos implica que:

a) Hi hagi d'haver gent que passi necessitat.

b) Cada recurs té un ús determinat.

c) Cal un criteri per a escollir l'ús que s'ha de donar als recursos.

d) Alguna vegada van ser il·limitats i s'han anat exhaurint al llarg del temps.

5> Un exemple de bé intermedi és:

a) Petroli.

b) Rentadora.

c) Poma.

d) Aigua.

6> Podem classificar el pa com un bé:

a) Lliure.

b) De capital.

c) Intermedi.

d) Econòmic.

7> Quines són les necessitats primàries que tenen els individus?

a) Les que cal satisfer per a poder viure dignament.

b) Les que tenen els nens i han de satisfer per a poder créixer.

c) Les primeres que se'ns acudeixen quan comprem.

d) Les que tenen els animals i els éssers irracionals.

8> La microeconomia s'ocupa de qüestions com:

a) Per què una truita de patates val més o menys que un entrepà de calamars.

b) La incidència de les exportacions en l'economia nacional.

c) El percentatge de renda nacional gastat pel sector públic.

d) La incidència dels impostos en els nivells de producció i ocupació.

9> Si, tenint un partit de futbol l'endemà al matí, decideixo sortir a sopar en lloc de descansar i em gasto 4,81 €, el cost d'oportunitat del sopar seria:

a) Només els 4,81 €.

b) Depèn del resultat del partit de futbol.

c) Depèn únicament del temps que he perdut de descans sortint a sopar.

d) És el que em podia haver comprat amb els 4,81 €, a més del temps que he perdut de descans.

10> En el model de la frontera de possibilitats de la producció, una combinació de béns inabastable és:

a) Aquella que està per sota de la frontera.

b) Una combinació de béns i serveis que l'economia no està interessada a produir perquè no agrada als individus.

c) Una combinació que no es podrà produir, ja que els recursos amb què compta l'economia són insuficients per a produir aquesta quantitat de béns.

d) Una combinació de béns i serveis que considerem eficient i que utilitza tots els recursos disponibles.

Solució: 1. b; 2. c; 3. d; 4. c; 5. a; 6. d; 7. a; 8. a; 9. d; 10. c.

2

FACTORS PRODUCTIUS I SISTEMES ECONÒMICS

L'activitat econòmica es du a terme pels anomenats agents econòmics, que són les *famílies*, les *empreses* i el *sector públic*. En aquesta unitat es presenten les característiques fonamentals dels tres tipus d'agents esmentats i s'estudia la manera en què es relacionen entre si. Per a això, estudiarem els diferents *sistemes econòmics*, és a dir, les diverses maneres en què s'organitzen les societats per fer front als problemes econòmics i respondre a les tres preguntes següents: què produir?, com produir? i per a qui produir?

Notícia

«Los tres consejos de un economista a los "indignados": contrato único, fin de las viviendas vacías y educación global », de Luis Garicano, *El Confidencial*, 19 de maig de 2011.

Aquest article aspira a prendre part en el debat que es va generar en el si del moviment 15-M sobre el sistema econòmic. El seu autor sosté que, malgrat els defectes, l'economia de mercat ha permès un desenvolupament sense precedents de la societat, i atribueix la crisi econòmica de la qual va sorgir el 15-M no al sistema de mercat, sinó a un mal funcionament dels mercats (trobaràs el text complet a: **www.mhe.es/bachillerato/economia**).

Qüestions:

1> Segons l'autor, quins són els èxits principals del sistema d'economia de mercat?

2> Quins tipus d'errors veu l'autor en el funcionament actual dels mercats?

3> Busca a Internet notícies relacionades amb la consigna «No som *antisistema*: el sistema és *antinosaltres*», habitual entre els «indignats». A quins defectes del sistema de mercat creus que pot referir-se?

1 Les empreses

En les societats modernes, la pràctica totalitat dels béns i serveis, com el pa, els cotxes, les sabates, l'organització de viatges, etc., els produeix i els ofereix l'**empresa** (Unitat 3).

> L'**empresa** és la unitat de producció bàsica. Contracta treball i compra o lloga altres factors per a elaborar i vendre béns i serveis.

El comportament de l'empresa està condicionat pels objectius que la guien. L'objectiu bàsic de l'empresa és maximitzar els **beneficis,** la qual cosa aconsegueix quan la diferència entre els **ingressos** i els **costos** és la màxima possible.

Maximitzant els *beneficis,* l'empresa pretén obtenir els recursos necessaris per a retribuir els **factors de producció** que utilitza, bàsicament el **treball** que empra i el **capital** o recursos financers que els propietaris han invertit. I és que els propietaris de l'empresa pretenen obtenir la màxima *rendibilitat* possible dels diners que han invertit. Quan es parla de *beneficis* i de *rendibilitat,* hem de definir ambdós conceptes per poder precisar la diferència existent entre l'un i l'altre:

- El **benefici** es calcula com la diferència entre el total d'ingressos i el de costos:

$$\text{Benefici} = \text{Ingressos} - \text{Costos}$$

- La **rendibilitat** és la relació entre allò guanyat i allò invertit, en percentatge. Les dades de rendibilitat permeten comparacions immediates, perquè és el benefici relatiu. La rendibilitat es calcula dividint el benefici entre el capital de l'empresa:

$$\text{Rendibilitat} = \frac{\text{Benefici}}{\text{Capital de l'empresa}} \cdot 100$$

Important

Les empreses

- Es doten de recursos financers.
- Gestionen i controlen la producció.
- Procuren l'eficiència mitjançant la reducció de costos.

Exemple

Les dades bàsiques de les empreses A i B, en milions d'euros, són les següents:

	Ingressos	Costos	Capital social
A	900	800	1 000
B	80	40	200

Amb aquestes dades, l'empresa A tindrà més beneficis, però l'empresa B serà més rendible:

	Benefici	Rendibilitat
A	100	10 %
B	20	20 %

1.1 Altres objectius de l'empresa

Tot i que el benefici és un objectiu bàsic per a tota empresa, la realitat empresarial ens diu que es guien també per un conjunt d'objectius, entre els quals destaquen:

- **Objectius estratègics:** creixement i poder de mercat. El creixement enforteix la posició de l'empresa en el seu sector i li permet millorar les seves possibilitats d'obtenir més beneficis i rendibilitat. D'altra banda, el creixement permet que l'empresa augmenti el seu **poder de mercat**, és a dir, la capacitat per a influir en els preus.
- **Objectius socials:** l'empresa és un agent social, i ha de tenir en compte aquesta naturalesa quan fixi els seus objectius. A més a més, ha de valorar que, si bé els beneficis retribueixen el capital, el seu altre gran factor productiu és el treball. Per això, gairebé totes les empreses, a més dels salaris, efectuen una sèrie de despeses de caràcter social destinades als empleats. Per això es parla de la *responsabilitat social de l'empresa*.
- **Objectius mediambientals:** quan pren decisions i estableix els seus objectius, l'empresa ha de tenir en compte el medi ambient, ja que la seva pròpia continuïtat requereix mantenir l'entorn en què es desenvolupa.

Vocabulari

Poder de mercat

Capacitat d'una empresa per a incrementar el preu del producte que ven.

1.2 Tipus d'empreses segons l'activitat

Des d'un punt de vista empresarial, un sector econòmic està integrat per un grup d'empreses que duen a terme una activitat similar. En aquest sentit, les empreses s'emmarquen en algun dels sectors següents:

- **Sector primari** o de producció i extracció de **recursos naturals:** agricultura, ramaderia, pesca i mineria.
- **Sector secundari** o de **transformació** dels recursos naturals. Comprèn:
  - — **Construcció** d'habitatges o infraestructures.
  - — **Indústria:** engloba empreses que es dediquen a activitats transformadores o industrials en sectors com ara l'energètic, l'automobilístic, el de béns de consum, el farmacèutic, el químic, la siderúrgia, la metal·lúrgia i la indústria aeronàutica.
- **Sector terciari** o de **serveis:** comprèn les empreses **comercials,** que es dediquen a la venda d'articles sense transformar-los o modificar-los (supermercats, grans magatzems, botigues, etc.), i les empreses de serveis com ara les financeres (bancs, caixes d'estalvi i altres intermediaris financers) o les empreses de transport, d'hoteleria i turisme, d'assegurances o de telecomunicacions, entre d'altres.

1.3 Personalitat física i personalitat jurídica

Per la seva forma jurídica o marc legal, les empreses es poden dividir en **persones físiques** o **persones jurídiques.** Dins les empreses que són persones físiques cal destacar l'*empresari individual.* D'entre les empreses que són persones jurídiques estudiarem la *societat de responsabilitat limitada*, la *societat anònima* i la *societat laboral.* També estudiarem les *societats cooperatives.*

- L'**empresari individual** és aquella persona física que, en nom propi o per mitjà d'una empresa, du a terme una activitat comercial, industrial o professional. Per a ser empresari cal ser major d'edat. L'empresari respon personalment de totes les obligacions que contregui l'empresa amb el seu patrimoni personal present i futur. Aquesta és una forma empresarial idònia per a empreses de grandària molt reduïda, perquè és la que requereix menys gestions i tràmits per a dur a terme la seva activitat. Molts petits negocis en què treballa l'amo empresari adopten aquesta forma jurídica, com un bar o una botiga petita.
- Una **societat de responsabilitat limitada** (SRL o SL) és una societat en què el **capital social** està dividit en **participacions** socials individuals i acumulables. Aquest capital s'integrarà per les aportacions dels socis, els quals no respondran personalment dels deutes socials. Aquest tipus de societat és el més utilitzat per les empreses de grandària petita o mitjana perquè és molt flexible. És el més apropiat per a empreses amb pocs socis i que no necessiten una xifra elevada de capital.
- Una **societat anònima** (SA) és una societat en què el capital social, que està dividit en **accions,** s'integra per les aportacions dels socis, els quals no respondran personalment dels deutes socials. La responsabilitat dels socis està limitada al capital aportat. És el tipus de societat que s'adapta millor a les necessitats de les grans empreses. Totes les empreses que cotitzen en borsa necessàriament han d'adoptar la forma de societat anònima.
- Una **societat cooperativa** està formada per diverses persones que s'associen per dur a terme una activitat econòmica beneficiosa per a totes elles. Són molt freqüents en l'agricultura i en la pesca.

@ *A Internet*

www.ine.es

L'**Institut Nacional d'Estadística** disposa d'informació molt valuosa sobre les empreses espanyoles. Si entres en la seva pàgina i col·loques el punter del ratolí sobre la pestanya *INEbase*, i dins l'apartat «Economia» cliques a «Empreses», tindràs accés a estadístiques sobre la quantitat d'empreses que existeixen en funció de l'activitat econòmica, el nombre de treballadors i la forma jurídica.

abc *Vocabulari*

Acció: cadascuna de les parts iguals en què es divideix el capital social d'una societat anònima.

Capital social: recursos aportats pels socis accionistes.

Participacions: parts iguals, acumulables i individuals en què es divideix el capital social d'una societat limitada.

Persona física: des d'un punt de vista jurídic, és tot membre de l'espècie humana capaç d'adquirir drets i contreure obligacions.

Persona jurídica: és una organització de persones a qui la llei reconeix capacitat unitària d'exercir drets i contreure obligacions.

Exemple

La cooperativa espanyola amb més poder econòmic és la Cooperativa de Mondragón, que ha creat un grup d'empreses amb activitat en sectors molt diversos.

1.4 El finançament de l'empresa

Tant per a crear una empresa com per a propiciar-ne el funcionament i creixement, cal comptar amb **recursos financers.** Depenent del seu origen, es classifiquen en dues grans categories: *recursos propis* i *recursos aliens.*

A. Finançament propi

El **finançament propi** integra els anomenats **recursos propis.** Aquests són els que aporten els propietaris o socis de l'empresa quan constitueixen *el capital,* així com la part dels beneficis que no es distribueixen entre els propietaris (els *beneficis no distribuïts*) i que, per tant, es queden a l'empresa per a cobrir les seves necessitats financeres. Quan l'empresa reinverteix els beneficis en si mateixa, s'està *autofinançant,* és a dir, està utilitzant els guanys obtinguts per a invertir a ampliar l'empresa o modernitzar-la.

Les grans empreses poden obtenir finançament mitjançant l'emissió d'*accions* generalment en els mercats o borses de valors. Aquesta fórmula permet a les societats anònimes reunir grans quantitats de capital a través de multitud de petits inversors (accionistes). Quan les societats amplien el seu capital mitjançant l'emissió de noves accions, i venen aquestes participacions en forma d'accions, les empreses accepten nous socis a canvi del finançament que han aportat.

L'accionista rep una participació en els beneficis de l'empresa segons el nombre d'accions comprades. Atès que els beneficis varien d'uns anys a uns altres, la renda o els dividends que obtenen els accionistes seran variables. Les **accions** són *títols de renda variable.*

> Una **acció** és un títol que representa una part alíquota de la propietat d'una empresa. Les accions són títols de renda variable, ja que el seu rendiment depèn dels beneficis que es reparteixin entre els accionistes.

B. Finançament aliè

Les vies per a obtenir recursos financers aliens a l'empresa són fonamentalment tres:

a) Els bancs, caixes d'estalvi i la resta d'entitats financeres, mitjançant *préstecs* i *crèdits* (vegeu la Unitat 11). L'empresa es compromet a tornar la quantitat rebuda més el preu del préstec, és a dir, uns interessos que fixa el banc. En els préstecs, l'empresa rep la quantitat sol·licitada de manera immediata, mentre que el crèdit significa que es posa a disposició de l'empresa una quantitat determinada de la qual anirà retirant el que necessiti, pagant interessos només per la quantitat que realment empri.

b) L'emissió de **bons** o *obligacions*. En aquest cas, l'empresa divideix la totalitat dels diners que necessita en petites quantitats iguals i emet títols per aquest valor i els posa a la venda. Aquests títols s'anomenen *obligacions* o *bons,* i les persones que els compren reben el nom d'*obligacionistes,* i es converteixen en creditors de l'empresa pel valor dels títols comprats.

Com a prestadors que són, els obligacionistes tenen dret a percebre un determinat interès, que ja està fixat des del moment de l'emissió i que no es pot variar. Per això, les obligacions s'anomenen també *títols de renda fixa.*

! *Important*

Finançament aliè

Integra els recursos que s'obtenen fora de l'empresa, com ara préstecs, crèdits, bons o obligacions, crèdits comercials, etc.

! *Important*

El principal i els interessos

Tant en el cas dels préstecs i crèdits com en el dels bons o obligacions, l'empresa ha de tornar més quantitat de la que rep (principal), i aquesta diferència (interessos) és el pagament que rep qui li presta pel finançament que ha concedit.

abc *Vocabulari*

Creditor

Persona amb dret a cobrar un deute determinat.

Bo

Títol emès per les empreses que concedeix a un comprador el dret a cobrar uns interessos, juntament amb l'import pagat per aquest bo, en el moment del venciment.

c) El *crèdit comercial* concedit pels proveïdors o subministradors de l'empresa. Una pràctica comercial freqüent és que les empreses no paguen al comptat les matèries que els subministren els seus proveïdors. Aquesta pràctica equival, de fet, a l'obtenció d'un crèdit que els proveïdors concedeixen a l'empresa pel temps que es retarda el pagament.

Activitats

1> L'empresa Lagurisa, SA, amb un capital de 100 milions d'euros, va obtenir el 2011 uns ingressos de 20 milions d'euros i els seus costos totals van ser de 15 milions d'euros. D'altra banda, l'empresa Distribuïdora, SA, amb un capital d'1 milió d'euros, va generar uns ingressos de 800 000 € amb uns costos de 400 000 €. A partir d'aquestes dades:

a) Calcula els beneficis d'ambdues empreses el 2011.

b) Quina de les dues empreses va ser més rendible el 2011?

2> Quina forma jurídica seria la més adequada per a una gran empresa que fabrica cotxes: empresari individual o societat anònima? I per a una parada de gelats? Per què?

3> Confecciona un quadre amb els avantatges i inconvenients de cada tipus d'empresa segons la forma jurídica.

2 Les famílies o economies domèstiques

Les famílies o economies domèstiques decideixen sobre quins béns i serveis consumir per satisfer de la millor manera possible les seves necessitats, d'acord amb les seves preferències o gustos i el seu nivell de renda o d'ingressos.

En economia se suposa que les famílies, així com la resta dels agents econòmics, actuen *racionalment*. La **racionalitat econòmica** vol dir que quan s'escull entre les diverses alternatives possibles, es tria aquella que produeix més satisfacció o **utilitat.** Així, les famílies prendran les seves decisions de consum racionalment quan procurin maximitzar la seva satisfacció o utilitat.

Pensem en el cas de la Laia. D'aquí a unes setmanes es traurà el seu permís de conduir i està pensant a comprar-se un cotxe petit de segona mà. Per maximitzar la utilitat que li reportarà aquesta decisió de consum, tindrà en compte els elements següents:

- Les seves **preferències:** optarà per un cotxe o un altre en funció de característiques que per a ella són rellevants, com que sigui de gasolina o gasoil, el preu, l'any en què ha estat matriculat, la quantitat de portes o el color.
- **Diners disponibles:** encara que tingui tots els elements ben definits i sàpiga molt bé el que prefereix, potser els diners que té disponibles no li arriben per a comprar el que seria la seva primera elecció. Això és un exemple de com el nivell de renda disponible condiciona el consum. En aquest cas, la Laia haurà d'escollir entre els cotxes que la seva capacitat econòmica li permeti adquirir.

La nota característica del comportament de les famílies és el consum, però no tots els seus membres exerceixen el mateix paper. Segons el tipus de participació de les famílies o els seus membres en l'activitat econòmica, poden classificar-se en:

- **Consumidors purs:** no participen en el procés productiu, i des d'una perspectiva econòmica es limiten a consumir. Aquesta categoria inclou els estudiants, els jubilats, els nens i les persones que es dediquen a les feines de la llar.
- **Empleats i treballadors:** exerceixen una activitat fonamental en el procés productiu, aportant el seu treball a les empreses. Reben una remuneració o salari pels serveis que presten: aquesta és la font d'ingressos principal per a la majoria de les famílies.

! *Important*

Consumidor racional

Es diu que el consumidor és racional quan actua maximitzant la utilitat derivada del consum dels béns preferits per ell, tenint en compte la restricció que li imposen els diners disponibles.

abc *Vocabulari*

Treball remunerat i no remunerat

L'activitat de les persones que es dediquen a les feines de la llar no està remunerada: per això se les considera consumidores pures, i, com es veurà en la Unitat 8, la seva activitat no s'inclou en el PIB.

- **Empresaris:** són els responsables d'organitzar i coordinar l'activitat productiva. Com es veurà en la Unitat 4, a les empreses petites la figura del propietari coincideix amb la del gestor, i es parla generalment dels *autònoms*. En les grans empreses, tanmateix, la propietat està separada de la figura de l'empresari.
- **Rendistes:** amb el treball, els factors principals de la producció són el capital i els recursos naturals. Aquests factors també generen ingressos o rendes per a les famílies que en són propietàries. Les persones que no viuen de la seva feina, sinó de les rendes generades pels altres factors de la producció, es coneixen com a rendistes. Aquest seria el cas d'una persona que viu de les rendes generades per uns edificis o unes naus industrials que té llogades.

Activitats

4> Si les empreses obtenen més beneficis i paguen salaris més elevats, com creus que afectaran el consum de les famílies? Per què?

5> Una família formada per quatre membres es troba en aquesta situació:

- — La mare va heretar dels seus pares un pis que té llogat per 600 € al mes.
- — El pare treballa en una multinacional com a administratiu i rep un salari de 1 500 € al mes.
- — El fill gran, davant les dificultats per a trobar feina, ha creat recentment una empresa de serveis informàtics, i aquest ha estat el primer mes que ha aconseguit cobrir costos, i li ha quedat un excedent positiu de 100 €.
- — La filla està fent l'últim curs de la carrera.

A partir d'aquesta informació:

a) Classifica els diversos membres de la família segons les funcions que duen a terme.

b) Si la família viu en un pis de lloguer pel qual paga 800 € al mes, quina és la renda que li queda per a dedicar-la al consum en el mes considerat? I si dediqués un 15 % dels ingressos a estalviar, quina seria la quantitat que la família podria destinar a consumir, un cop pagat el lloguer?

3 El sector públic

Per **sector públic** s'entén un àmbit més ampli que el d'estat nació de les modernes organitzacions polítiques. Diríem que es compon d'un conjunt d'òrgans i administracions públics amb, com a mínim, tres nivells de govern (Esquema 2.1): les administracions locals (ajuntaments i diputacions provincials), les administracions regionals o autonòmiques i l'Administració central (Govern, ministeris i la resta d'organismes de caràcter nacional).

Un cop feta aquesta precisió, a partir d'ara i per abreujar, parlarem indistintament d'Estat o sector públic.

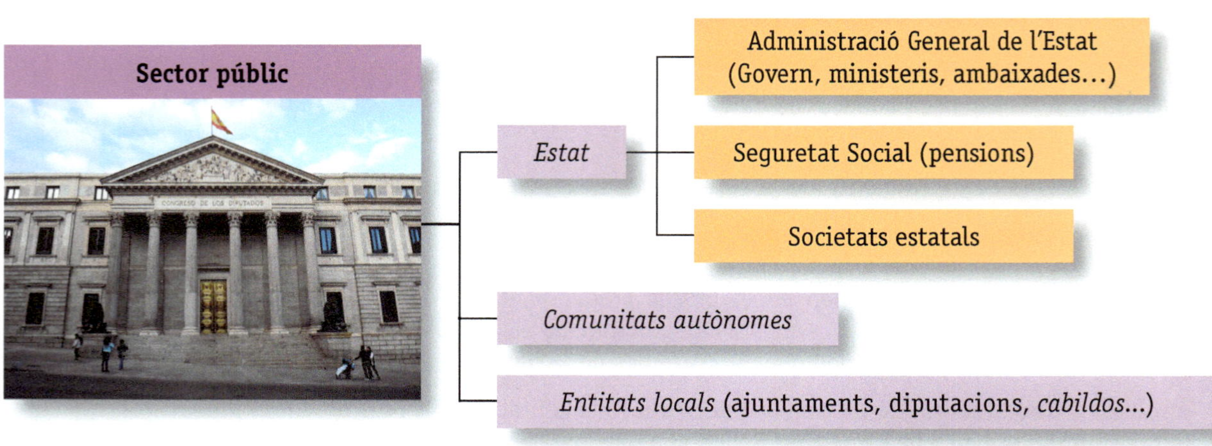

Esquema 2.1. *El sector públic espanyol.*

3.1 El desenvolupament del sector públic

Al llarg del segle xx, les funcions públiques s'han ampliat i diversificat en matèries com ara sanitat, educació i la resta de serveis públics. Els **instruments del sector públic** per a dur a terme la seva activitat són els impostos, la despesa pública i la regulació. Ben sovint, el sector públic ofereix certs béns, els anomenats *béns públics* (vegeu la Unitat 7). Un exemple típic de **bé públic** és el servei de defensa nacional que l'empresa privada no pot oferir i que proporciona l'Estat.

El sector públic, així mateix, coordina i regula el mercat alhora que estableix la **política macroeconòmica,** tractant d'aconseguir uns objectius generals, com poden ser un creixement estable del producte nacional, el ple ús dels recursos i l'assignació eficient d'aquests, l'estabilitat dels preus i una justa distribució de la renda (Unitats 8 a 16). Ben sovint, el sector públic acaba gastant més que no ingressa, i incorre en dèficit, tant en l'àmbit de l'Estat com de les comunitats autònomes (Unitat 10).

El **sector públic** estableix el marc de lleis i d'institucions en què es regula l'exercici de l'activitat econòmica. La *regulació econòmica* generalment incideix sobre els preus o el servei d'alguna indústria o sector. La *regulació social* s'ocupa de temes laborals i socials, mentre que la *regulació mediambiental* intenta corregir els efectes externs (vegeu la Unitat 7) que generen certes activitats.

! Important

Els instruments del sector públic són:

- Els impostos.
- La despesa pública.
- La regulació.

3.2 El sector públic i l'activitat econòmica

Els instruments o les eines bàsiques que utilitza el sector públic per a influir en l'activitat econòmica privada són: els *impostos,* les *despeses* i la **regulació,** que porta els individus a fer determinades activitats o a abstenir-se de fer-les.

Vocabulari

La regulació

És el conjunt de lleis i normes governamentals destinades a controlar el comportament dels individus i les empreses.

A. Els impostos

Els impostos s'estableixen sobre la renda i sobre els béns i serveis i, per tant, redueixen la renda privada i la despesa privada, i al seu torn són font de recursos per al sector públic. El *sistema tributari,* és a dir, el conjunt d'impostos, també serveix per a reduir els incentius per a dur a terme determinades activitats subjectes a impostos, com contaminar o fumar, i fomentar-ne d'altres que estiguin menys gravades, com són comprar un habitatge, estudiar o investigar, etc.

B. Les despeses

Les despeses de l'Estat en certs béns i serveis, com en sanitat, educació o defensa, juntament amb les *transferències,* proporcionen recursos als individus. Les **transferències** són els pagaments fets pel sector públic a les famílies i no són resultat de l'activitat econòmica corrent (com, per exemple, una pensió de viduïtat). La despesa pública comprèn des de les compres de béns i serveis per part del sector públic fins als sous dels funcionaris públics, la Seguretat Social i altres transferències i els interessos del deute.

Activitats

6> Si es volgués desanimar el consum de tabac, quines mesures podria prendre el sector públic? I si es pretengués reduir el consum d'energia?

7> Si les autoritats volguessin utilitzar els impostos per a incentivar la creació d'ocupació, quines mesures podrien prendre?

8> Si el que es pretengués fos redistribuir l'impacte d'una crisi, en el sentit de donar suport a les classes menys afavorides, quines mesures es podrien prendre? Quins efectes perjudicials podrien tenir aquestes mesures?

4 Els sistemes econòmics i les decisions bàsiques

A Espanya, l'economia, considerada des d'un punt de vista global, funciona d'una manera diferent de la d'altres països com ara Rússia, els EUA o Etiòpia. La manera de comprar i vendre determinats béns, els impostos que cal pagar, el tipus de maquinària que utilitzen les empreses i moltes coses més són diferents. També podem apreciar que, malgrat les diferències, la nostra economia s'assembla més a la d'uns països (com Itàlia) que a la d'altres (com Cuba), i que, en integrar-nos en la Unió Europea, les diferències amb els països que la formen es van reduint a poc a poc.

Els economistes expliquen aquestes diferències o similituds en el funcionament global de l'economia utilitzant el concepte de *sistema econòmic*.

Un **sistema econòmic** és la manera en què s'organitzen els individus d'una societat per solucionar els seus problemes econòmics bàsics.

4.1 Els problemes econòmics bàsics

Tot sistema econòmic ha d'intentar donar resposta als tres problemes econòmics bàsics: *Què produir? Com produir-ho? Per a qui produir?* (Esquema 2.2).

A. Què produir?

Quins béns i serveis es produiran i en quina quantitat? Es produiran molts béns de consum, com ara vestits, o es prestarà més atenció als béns d'inversió, com ara fàbriques, que permetran incrementar el consum en el futur?

B. Com produir-ho?

Com es produiran els béns i serveis? Amb quins recursos i amb quina tècnica produiran les empreses? Quines persones desenvoluparan cadascuna de les diverses activitats?

C. Per a qui produir?

Per a qui serà la producció? Qui consumirà els béns i serveis produïts? Com es distribuirà la totalitat de la producció nacional entre els diferents individus i famílies?

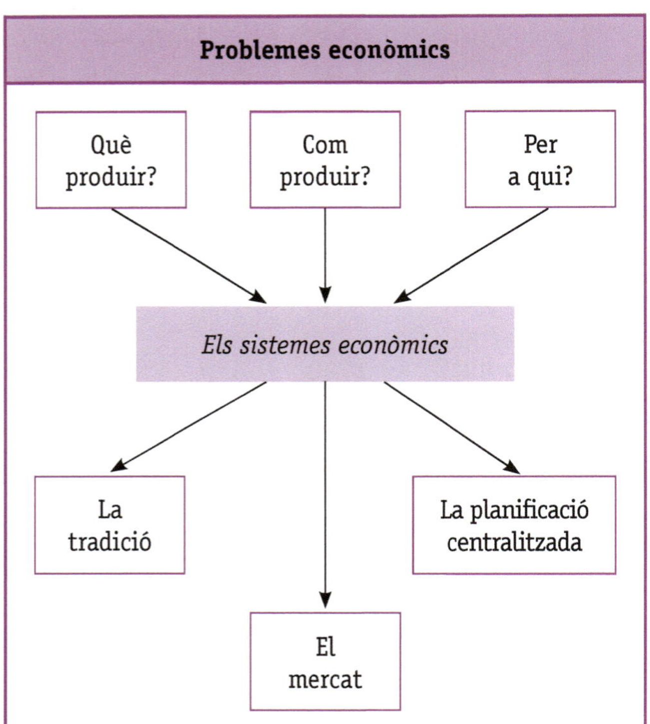

Esquema 2.2. *Els problemes econòmics es poden resoldre per via de la tradició, el mercat o la planificació centralitzada.*

Per a intentar donar resposta als tres problemes bàsics, hi ha, fonamentalment, tres mecanismes o sistemes econòmics: la *tradició*, el *sistema d'economia de mercat* i el *sistema de planificació central* o *socialista*.

Les societats sempre s'han plantejat aquestes tres preguntes bàsiques, i els diversos sistemes econòmics hi troben respostes diferents.

Activitats

9> En Miquel, cansat de viure en una gran ciutat i d'aguantar els seus caps, decideix fer un gir radical a la seva vida: se'n va a un petit poble i arrenda un terreny en una zona de regadiu. A partir d'aquesta situació, reflexiona sobre les qüestions següents:

a) Quines són les preguntes a què haurà de fer front per explotar de manera racional el seu terreny?

b) En quin sentit els problemes que se li plantegen són similars als que ha d'afrontar tot sistema econòmic?

4.2 Les doctrines econòmiques i els sistemes econòmics

Doctrina econòmica és el conjunt d'idees o opinions d'un grup d'economistes importants.

Les **doctrines econòmiques** han condicionat els esdeveniments i han influït decisivament en els canvis, les reformes i les revolucions que han tingut lloc en el món des de, com a mínim, mitjan del segle XVIII.

Es pot parlar de dues grans doctrines econòmiques: el *liberalisme* i el *marxisme*.

El **liberalisme** atorga una preeminència absoluta al funcionament del mercat. Segons **Adam Smith**, fundador del liberalisme econòmic i generalment considerat pare de l'economia, cada ciutadà és el millor jutge del seu propi interès i ha de donar-se-li llibertat per a satisfer-lo, ja que així, en una mena d'harmonia natural, impulsarà el bé comú. Cada individu, en cercar el seu propi interès, contribueix al benestar de la col·lectivitat.

El **marxisme** representa el pol oposat del liberalisme econòmic. Si Adam Smith va ser el profeta de la Revolució Industrial i del desenvolupament del capitalisme, **Karl Marx** va ser-ne el crític més profund. Per afrontar els problemes econòmics de la societat, el marxisme confia en la planificació central i en la potenciació de l'Estat.

Important

Principals doctrines econòmiques

- **Liberalisme:** defensa el funcionament del lliure mercat.
- **Marxisme:** confia en la intervenció de l'Estat i en la planificació centralitzada.

5 El funcionament d'una economia de mercat

Una **economia de mercat** és aquella en què els problemes econòmics bàsics es determinen principalment per l'oferta i la demanda en els mercats. Els mitjans de producció són propietat dels individus (els capitalistes).

El funcionament d'una **economia de mercat,** com és el cas de l'economia espanyola, descansa sobre un conjunt de **mercats** on es compren i venen els béns i serveis, així com els factors productius.

Un **mercat** és tota institució social en què els béns i serveis, així com els factors productius, s'intercanvien lliurement.

Vocabulari

Economia de mercat

Una economia en què els problemes econòmics bàsics es determinen principalment per l'oferta i la demanda en els mercats. Els mitjans de producció són propietat dels individus (els capitalistes).

> **Important**
>
> L'essencial en tot mercat és que els compradors i els venedors d'un bé o servei entrin en contacte lliurement per a comercialitzar-lo. Sempre que es doni aquesta circumstància, podrem dir que som davant un **mercat.**

Alguns mercats són llocs concrets als quals acudeix la gent a comprar béns, com, per exemple, una llotja de peix i els mercats centrals de fruites i verdures que hi ha en la majoria de les ciutats. En altres casos, com passa als mercats de serveis de jugadors professionals de futbol i de bàsquet, o en el cas dels bons de l'Estat, unes quantes persones fan una gran part de la seva activitat a vegades per telèfon o Internet. Així mateix, hi ha mercats, com els de pisos de lloguer o de cotxes antics, que estan menys organitzats.

5.1 L'economia de mercat i el flux circular de la renda

Els *agents econòmics* no viuen aïllats, sinó que estan permanentment relacionats. Entre ells hi ha l'anomenat ***flux circular de la renda***, és a dir, un flux continu de béns i serveis i, com a contraprestació, el pagament de diners i renda (Esquema 2.3).

> El **flux circular de la renda** és el corrent de béns i serveis i pagaments entre les economies domèstiques, les empreses i el sector públic. Aquest flux il·lustra el funcionament d'una economia de mercat.

> **Important**
>
> **Mercats i economia de mercat**
>
> Els mercats com a institucions són molt antics, però les economies de mercat són relativament recents (cap a mitjan del segle XVIII): en l'antiguitat els aspectes essencials de l'economia es regien per la tradició, no com avui dia, en què el mercat és l'instrument central pel qual es dóna resposta a les tres preguntes bàsiques.

En el flux circular de la renda hi ha dos tipus de transaccions:

1. L'*originada per la compra i venda de béns i serveis:* les economies domèstiques demanen béns i serveis a les empreses i paguen per aquests en diners un preu determinat.
2. La *generada per la compra i venda dels factors de producció:* les empreses demanen els factors que els ofereixen les economies domèstiques a canvi d'unes *rendes*.

Els membres de les famílies en edat de treballar canvien el seu treball per diners que, posteriorment, tornaran a canviar per béns de consum. Les empreses venen la seva producció canviant béns per diners, i part dels seus ingressos els destinen a pagar els seus empleats, és a dir, intercanviaran diners per treball.

En l'Esquema 2.3 també es representa la incidència del sector públic en el flux circular, en el qual intervé establint impostos i efectuant despeses.

5.2 Els mercats i els preus

Els compradors (demandants) i els venedors (oferents) es posen d'acord en els diversos mercats sobre el **preu** d'un bé o servei, de manera que es produirà l'intercanvi de quantitats determinades d'aquest bé per una quantitat de diners també determinada.

> El **preu** d'un bé és la seva relació de canvi per diners, és a dir, el nombre d'euros que cal per a obtenir a canvi una unitat del bé.

Les interrelacions de l'oferta de les empreses i les demandes de les famílies determinen els preus i les quantitats dels béns.

Fixant preus per a tots els béns i serveis (i passa el mateix en el cas dels factors), el mercat permet la coordinació dels compradors i els venedors i, per tant, assegura la viabilitat d'un sistema de mercat.

+ *Més dades*

La Constitució espanyola i el sistema d'economia de mercat

Article 38

Es reconeix la llibertat d'empresa dins el marc de l'economia de mercat. Els poders públics en garanteixen l'exercici i el protegeixen; protegeixen també la defensa de la productivitat, d'acord amb les exigències de l'economia general i, si s'escau, de la planificació.

Article 131

1. L'Estat, mitjançant una llei, podrà planificar l'activitat econòmica general per a atendre les necessitats col·lectives, equilibrar i harmonitzar el desenvolupament regional i sectorial i estimular el creixement de la renda i de la riquesa i la distribució més justa d'aquesta darrera.
2. El Govern elaborarà els projectes de planificació d'acord amb les previsions que li siguin subministrades per les comunitats autònomes i l'assessorament i la col·laboració dels sindicats i de les altres organitzacions professionals, empresarials i econòmiques. Amb aquesta finalitat es constituirà un Consell, la composició i les funcions del qual desenvoluparà una llei.

Constitució espanyola, 1978

5.3 La mà invisible

El *mecanisme de mercat* és la *mà invisible* a què Adam Smith es referia el 1776. És el *mercat* el que decideix si la fàbrica SEAT ha de produir 150 000 o 200 000 cotxes l'any. Les persones, mitjançant les seves compres, indiquen als productors el que cal produir. Si els consumidors demanen menys cotxes i més quantitat d'altres béns, es reduirà la producció de cotxes i se n'incrementarà la d'altres béns.

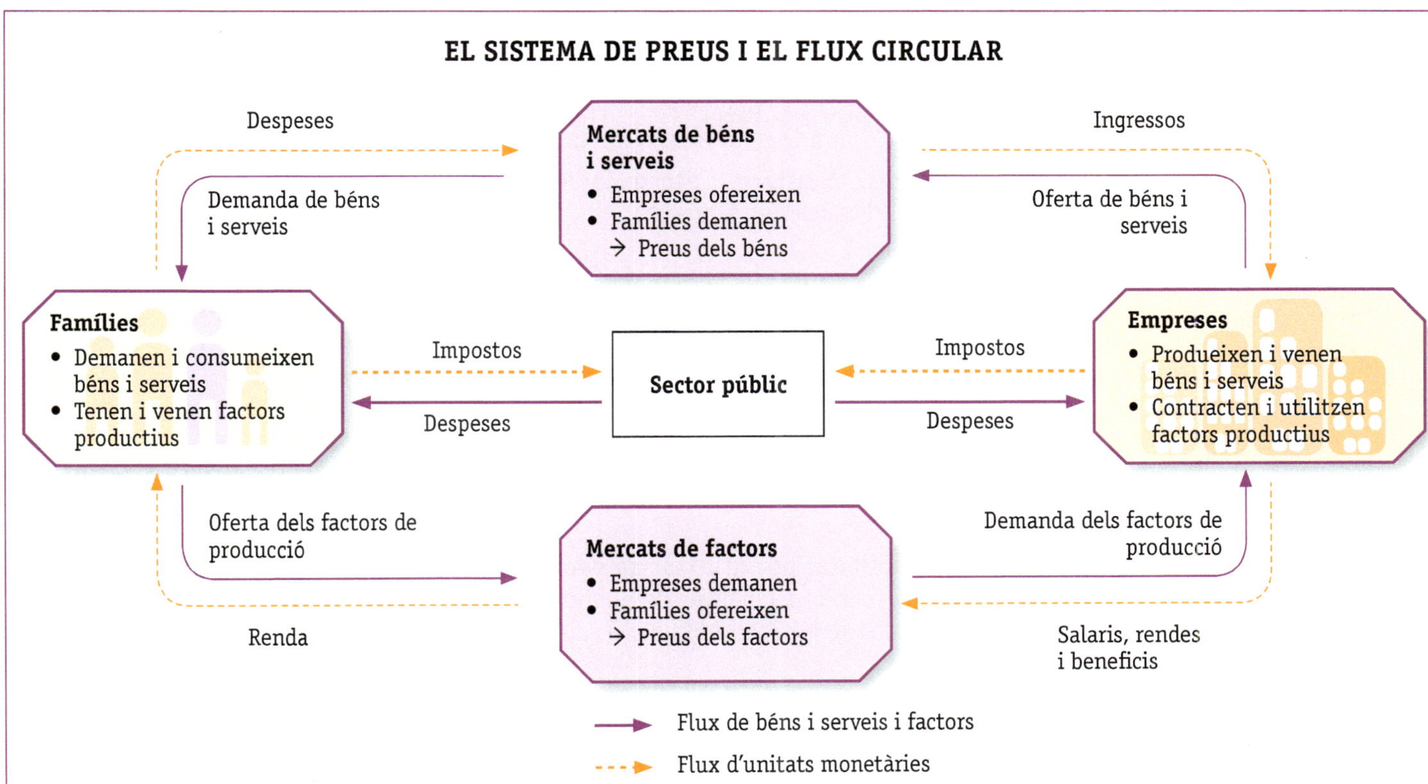

Esquema 2.3. ***El flux circular de la renda.*** *El flux circular representa esquemàticament el funcionament d'una economia. Les empreses i les economies domèstiques prenen les decisions quan interactuen en els mercats de béns i factors. També es recull l'impacte del sector públic en el flux circular, com a conseqüència d'efectuar despeses i establir impostos.*

Important

Mecanisme de mercat

La clau són els senyals que proporcionen els preus. Les decisions descentralitzades (independents) de moltes empreses i famílies quan interactuen en els mercats determinen els preus.

El **mecanisme de mercat** no requereix el contacte directe entre consumidors i productors. De fet, la relació sol ser indirecta i es fa a través dels preus i els mercats. La clau són els senyals que proporcionen els preus. Si al preu de mercat es desitja alguna cosa i es tenen prou diners, es compra, i si hi ha un nombre suficient de persones que fan el mateix, les vendes totals d'aquest bé o servei augmentaran i, probablement, també el seu preu.

Paral·lelament, els productors, en veure que augmenten les vendes i els preus, incrementaran la producció d'aquest bé i empraran més recursos (capital i treball). Així doncs, no cal una comunicació directa entre els consumidors i els productors; les *vendes* i els *preus* transmeten el missatge i dirigeixen el mercat, com ho faria una *mà invisible* (Esquema 2.3).

5.4 Valoració del sistema d'economia de mercat

Important

Errors de mercat

El mercat falla a causa de l'existència de competència imperfecta (monopolis), externalitats (contaminació) o informació imperfecta (de vegades, els compradors no coneixen les característiques del que compren, com va passar el 2007 amb les hipoteques *subprime*).

El sistema d'economia de mercat presenta en el seu funcionament avantatges i inconvenients que convé analitzar. Funciona amb un alt grau d'eficiència i de llibertat econòmica. L'eficiència, entesa com a produir el màxim possible amb el menor ús de recursos productius, és una cosa que el sistema d'economia de mercat propicia gràcies a la competència entre les empreses. Els agents econòmics, tant les empreses com les persones individuals, actuen guiats pel seu propi interès i de forma lliure.

El **sistema de preus** estimula els productors a fabricar els béns que el públic desitja. Els moviments dels preus actuen com a senyals que indueixen els productors a comportar-se d'una manera correcta, alhora que tracten d'aconseguir el seu propi interès. En un sistema d'economia de mercat tot té un preu, i el desig dels consumidors de pagar el mínim possible i la competència entre les empreses per a aconseguir els clients pressiona els preus a la baixa.

En tot cas, el sistema d'economia de mercat presenta algunes limitacions, entre les quals cal destacar les següents:

- **La renda no es distribueix de forma equitativa.** La renda es reparteix en funció de com estigui distribuïda la propietat dels recursos i dels salaris vigents. El resultat és que apareixen unes diferències de renda molt grans (vegeu la Unitat 6).

- **Hi ha errors de mercat.** Per diverses causes, de vegades el mercat falla en el seu intent d'aconseguir l'eficiència econòmica (Unitat 7). El mercat falla quan hi ha mercats en què la competència és imperfecta (Unitat 5), quan apareixen efectes externs (Unitat 7) o quan hi ha informació imperfecta (Unitat 7).

- **La publicitat pot utilitzar-se per a manipular els consumidors.** Les grans empreses fan servir campanyes de publicitat que poden manipular els desitjos dels consumidors i crear necessitats artificialment (Unitat 5).

- **Les economies de mercat tendeixen a ser inestables.** Les economies de mercat estan a les mans de la iniciativa de les empreses privades i tendeixen a ser inestables, i pateixen periòdicament fases de fort creixement seguides de crisis pronunciades, com la iniciada el 2007 (Unitats 9 i 16).

Els problemes relacionats amb la distribució de la renda i la desatenció als més necessitats són els que tenen més rellevància, i els que amb més força han assenyalat els crítics de l'economia de mercat.

A Internet

http://www.rtve.es/television/documentales/comprar-tirar-comprar/

El documental *Comprar, tirar, comprar*, emès per Televisió Espanyola, recull un fenomen relacionat amb el consumisme: l'obsolèscencia programada. Aquesta estratègia empresarial, que es fa evident en molts sectors, consisteix a planificar la vida útil dels productes de manera que es tornin inservibles o obsolets en un termini previsible i curt (fabricant-los de pitjor qualitat, creant modes passatgeres, etc.); així, es crea la necessitat de comprar-ne uns altres de nous al poc temps.

En tot cas, l'evidència ha demostrat que, malgrat les limitacions, l'economia de mercat presenta un saldo clarament favorable (Quadre 2.1), en el sentit que proporciona millors solucions als tres problemes econòmics que altres sistemes, com l'economia centralitzada, que veurem tot seguit.

Aspectes essencials	Avantatges i inconvenients
• Els productors oferiran aquells béns i serveis que són rendibles i per als quals hi ha demanda. • Els consumidors poden escollir el que compren, dins les seves possibilitats de renda. Els consumidors intenten maximitzar la satisfacció total, és a dir, que gasten la seva renda de la manera en què els reporti la màxima satisfacció possible. • Els individus poden comprar o llogar els factors de producció i, d'aquesta manera, convertir-se en productors i oferir els béns i serveis demanats pel mercat. • Els canvis en la demanda o en l'oferta de béns comporten canvis en el preu dels béns. Els preus aconsegueixen equilibrar l'oferta i la demanda.	*Avantatges* • Els individus poden escollir, produir i consumir segons les seves preferències i disponibilitats. • El sistema de preus farà possible que els excedents i les escassetats de béns i serveis no durin gaire. • Per a decidir què s'ha de produir, no cal que intervingui l'Estat. • Els individus i les empreses tenen incentius per a actuar de manera eficient. Si els productors llancen al mercat el que els consumidors desitgen, poden obtenir grans beneficis. *Inconvenients* • Errors del mercat que en dificulten el funcionament. • Grans diferències de renda que plantegen problemes d'equitat. • Crisis periòdiques que generen desocupació i destrueixen riquesa.

Quadre 2.1. *Aspectes bàsics i avantatges i inconvenients de l'economia de mercat.*

+ *Més dades*

L'escassetat i els excedents

La manera més simple d'evidenciar les carències de funcionament d'una economia planificada, i la raó de ser del seu abandó en la pràctica, és l'escassetat de productes bàsics i l'aparició d'excedents d'altres productes. La imatge de llargues cues per intentar aconseguir productes com la llet o les sabates era un fet comú a la Unió Soviètica. D'altra banda, podien aparèixer excedents d'acer, perquè l'organisme de planificació havia fet una previsió errònia.

Activitats

10> Els dos textos següents recullen reflexions sobre els avantatges i inconvenients del sistema de mercat. A quins avantatges es refereix Adam Smith? A quins inconvenients es refereix Karl Marx?

a) «No hem d'esperar que el nostre menjar provingui de la benevolència del carnisser, ni del cerveser, ni del forner, sinó del seu propi interès. No apel·lem al seu humanitarisme, sinó al seu amor propi.» Adam Smith, *La riquesa de les nacions,* 1776.

b) «El monopoli exercit pel capital es converteix en trava del mode de producció que ha florit per aquest i sota seu. La concentració dels mitjans de producció i la socialització del treball aconsegueixen un punt en què són incompatibles amb la seva escorça capitalista.» Karl Marx, *El capital* (Llibre I), 1867.

6 El funcionament d'una economia centralitzada

Vocabulari

Economia centralitzada o autoritària

Forma d'organització econòmica en què les funcions econòmiques clau (el què, el com i el per a qui) són exercides principalment per l'Estat.

Aquest sistema va estar vigent a la Unió Soviètica, als països socialistes de l'Est d'Europa i a la Xina fins a finals dels anys vuitanta. Actualment, el sistema està vigent a Cuba i a Corea del Nord.

Un tret comú a totes les economies planificades ha estat l'acumulació del poder econòmic a les mans de l'Estat, que, a més de ser el propietari dels mitjans de producció, és qui regeix, en definitiva, el funcionament de l'economia. Els agents econòmics no tenien iniciativa, es limitaven a complir les directrius assignades per l'Estat. Però, com que no hi ha mercats, els preus no són rellevants per a prendre decisions.

En les **economies centralitzades,** els mitjans de producció són propietat estatal i les decisions clau corresponen a *l'agència de planificació*, o *poder central.*

El poder central, o **agència de planificació**, distribueix no sols les tasques del pla, sinó també els mitjans de producció, tant materials com financers. El centre de planificació determina com assignar la producció a les diferents fàbriques i procura que cada fàbrica disposi dels factors de producció que necessita per a poder obtenir la quantitat que se li exigeix.

El control del poder econòmic per part de l'Estat permet dur a terme una distribució de la renda més igualitària.

6.1 El funcionament de les empreses

Les empreses no basen la seva actuació en el càlcul econòmic, és a dir, en la maximització dels beneficis o, el que és el mateix, en la minimització dels costos, sinó en l'acompliment del pla concretat en **directives.**

En les economies planificades, els gerents no intenten minimitzar els costos, sinó assegurar-se la màxima quantitat possible de recursos, molt per sobre de les seves necessitats, per a assolir els objectius fixats en el pla sense córrer riscos. Es limiten a complir les directrius.

En la pràctica, la manca d'incentius per a procurar l'eficiència va ser el que va determinar la inviabilitat del sistema. Si no hi ha incentius per a actuar estalviant costos, les empreses cada cop tindran menys capacitat de producció i acabaran destruint riquesa en lloc de crear-la.

Sistemes econòmics

- *Economia de mercat*
- *Economies mixtes*
- *Planificació centralitzada*

Esquema 2.4. *Els sistemes econòmics.*

Entrada a una fàbrica a l'antiga Unió Soviètica. En les economies planificades, les decisions de producció es prenen de manera centralitzada.

6.2 El creixement de la burocràcia

El flux d'informació entre empreses requereix un **sistema burocràtic** que, necessàriament, ha de ser ampli i complicat. De fet, l'anomenat **infern burocràtic** va ser un dels fets que van determinar la inviabilitat del sistema de planificació centralitzada.

+ *Més dades*

El fracàs del sistema d'economia centralitzada

Els elements negatius del sistema de planificació centralitzada apuntats es van acumular durant diverses dècades. Es van posar de manifest en els anys setanta i van esclatar en la dècada següent, i es van concretar en l'esfondrament de les economies de l'Europa de l'Est. Les agències centrals, ben sovint, s'equivocaven en les seves previsions i no tenien en compte les necessitats reals de la societat.

El creixement enorme de l'aparell burocràtic, la falta d'informacions vàlides i d'incentius efectius que guiessin el sistema cap a l'eficiència econòmica originaven el malbaratament de recursos, i van ser les raons que expliquen el fracàs de la planificació centralitzada.

! *Important*

La ineficiència de les economies centralitzades

No hi ha cap mecanisme centralitzat que sigui capaç de transmetre amb eficàcia la informació i els incentius requerits per al funcionament d'una economia.

Anàlisi comparativa dels sistemes econòmics

	Economia de mercat	*Economia planificada*
Propietat dels mitjans de producció	Els individus	L'Estat
Produir i quina quantitat?	Els mercats a través dels preus	L'agència de planificació
Com produir?	Les empreses, buscant minimitzar costos	Les agències de planificació
Per a qui produir?	Els mercats de factors	Els òrgans de planificació
Quant créixer?	Les empreses determinen la inversió	Els òrgans de planificació

Quadre 2.2. *Anàlisi comparativa dels sistemes econòmics.*

Activitats

11> Fes una anàlisi comparativa dels avantatges i inconvenients dels dos arquetips de sistemes econòmics: el d'economia de mercat i el d'economia centralitzada.

12> Qualsevol empresa que vulgui produir béns o serveis a Espanya té un incentiu fonamental per a augmentar-ne la producció i controlar-ne els costos. Quin és aquest incentiu? Existia aquest incentiu en les economies planificades?

13> Busca informació sobre la Xina i la seva economia. Com definiries el sistema econòmic d'aquell país? L'economia xinesa ha experimentat un creixement molt fort en els darrers anys. Quines han estat les claus per a aconseguir aquesta bonança econòmica?

7 Les economies mixtes de mercat

Les limitacions de les economies capitalistes i la ineficiència de la planificació centralitzada expliquen la primacia d'un sistema intermedi, que se sol anomenar d'economia mixta.

> En una **economia mixta** el sector públic col·labora amb la iniciativa privada en la resposta a les preguntes sobre el **què**, el **com** i el **per a qui** del conjunt de la societat.

L'economia mixta es basa en el sistema de preus per a la seva organització. Les tasques més importants de l'Estat en una economia mixta es concreten en:

- **Mantenir un marc jurídic i institucional estable i eficient:** l'Estat ha de procurar que el conjunt de lleis i normes regulin l'activitat i inspirin confiança i donin seguretat als agents econòmics nacionals i estrangers.
- **Oferir béns públics:** un dels errors del sistema d'economia de mercat és la seva incapacitat per a oferir en quantia suficient *béns públics.* Es tracta de béns com la sanitat, l'educació o les infraestructures portuàries, el consum dels quals es du a terme de manera simultània per diversos individus. Això limita els incentius de les empreses privades per a oferir-los: sense intervenció pública no els oferirien, o ho farien en quantia insuficient o a un preu molt elevat. També hi ha certs serveis, com la justícia, la defensa o la policia, que, atesa la seva naturalesa estratègica, ha d'oferir el sector públic.
- **Redistribuir la renda:** l'Estat ha de procurar que les diferències de renda entre els individus siguin èticament acceptables. Per a això du a terme polítiques redistributives orientades a aconseguir un nivell de benestar mínim per a tots. Dins aquestes iniciatives cal esmentar les pensions de jubilació, les ajudes a les famílies nombroses o les desgravacions fiscals a les persones amb nivells de renda més baixos.
- **Establir polítiques estabilitzadores:** l'evolució de l'activitat econòmica presenta un perfil cíclic, i els governs solen recórrer a la política monetària o a la política fiscal per intentar estabilitzar l'economia. La idea és que quan l'economia entri en una fase de recessió, les autoritats econòmiques engeguin polítiques compensatòries (augmentant la quantitat de diners per estimular el consum i la inversió o duent a terme projectes d'infraestructures) encaminades a estabilitzar l'economia. Alternativament, si l'economia està en una fase expansiva, les autoritats haurien de reduir la quantitat de diners i apujar els tipus d'interès per «refredar» l'economia i evitar que acabi pujant el nivell de preus.

La idea de posar en pràctica polítiques d'estabilització no és un fet unànimement acceptat: els economistes que es mostren més partidaris de la intervenció de l'Estat per a estabilitzar l'activitat són coneguts com a **keynesians.** Enfront seu hi ha els que, seguint els **economistes clàssics,** defensen que l'Estat no hi ha d'intervenir, perquè l'economia de mercat s'ajusta per si sola.

Més dades

L'Índex de Competitivitat Global

Aquest índex (en anglès *Global Competitiveness Index*, GCI) el desenvolupa i publica anualment el Fòrum Econòmic Mundial, i mesura l'habilitat dels països de proveir alts nivells de prosperitat als seus ciutadans. També és útil per a mesurar la idoneïtat del marc jurídic i institucional d'un país. Per a això, té en compte un conjunt d'institucions, polítiques i factors que defineixen els nivells de prosperitat econòmica sostenible avui i a mitjà termini. A partir de la crisi de 2007, Espanya va començar a perdre competitivitat. El 2010 ocupava el lloc 42, empatada amb Puerto Rico i precedint Barbados. Suïssa, Suècia i Singapur lideraven el rànquing.

Important

Clàssics i keynesians

L'economia clàssica va ser fundada per **Adam Smith** en la segona meitat del segle XVIII. Defensa que no és necessària la intervenció de l'Estat, perquè les recessions són esporàdiques gràcies al fet que la flexibilitat dels preus i els salaris actua com a mecanisme d'ajust. Els keynesians són els seguidors de **John M. Keynes**, el qual proposava una actitud activa per part dels governs davant les crisis econòmiques, i defensava la despesa pública com a manera de combatre la depressió.

Activitats

14> Comenta les formes que coneguis d'intervenció de l'Estat en l'economia per a intentar millorar el sistema de mercat. Quins exemples d'actualitat podries citar de cada cas?

15> En vista de les idees exposades pels clàssics i els keynesians, quins avantatges i quins inconvenients creus que té una economia mixta de mercat?

Mapa conceptual

- **Agents econòmics**
  - **Empresa** — Unitat de producció bàsica de l'economia
    - Segons l'activitat
      - Industrial
      - Comercial
      - De serveis
    - Segons la naturalesa jurídica
      - Individual
      - Social
      - Limitada
      - Anònima
      - Anònima laboral
      - Cooperativa
  - **Famílies**
    - Demanen béns i serveis per a consumir-los
    - Ofereixen a les empreses els recursos productius
  - **Sector públic** — Estableix impostos, fa despeses i regula l'activitat
    - Administració central
    - Administracions autonòmiques
    - Administracions locals

- **Sistemes econòmics** — Forma en què s'organitzen els individus en una societat per solucionar els seus problemes econòmics
  - **Responen als problemes bàsics**
    - Què produir? Com produir? Per a qui produir?
  - **Estudiats per les doctrines econòmiques**
  - **Economia de mercat** — El mercat resol els problemes econòmics
    - Les **famílies** amb les seves rendes dels factors acudeixen als mercats i determinen les demandes dels béns i serveis.
    - Les **empreses** maximitzen beneficis, compren factors i produeixen béns i serveis. Els preus faciliten la informació i els incentius requerits.
  - **Economia centralitzada** — L'Estat exerceix les funcions econòmiques clau
    - Els mitjans de producció són propietat de l'Estat.
    - El poder central distribueix les tasques del pla i els mitjans de producció.
  - **Economia mixta**
    - Funcionament basat en el sistema de preus.
    - L'Estat intervé regulant l'activitat econòmica.

Activitats finals

1> Fes una classificació de les empreses tenint en compte l'activitat i la naturalesa jurídica, i enumera els diferents tipus existents. A més a més, com a exemple, localitza una empresa de cada tipus que hi hagi a la teva localitat.

2> Quina és l'empresa més gran que hi ha a la teva localitat? A quin sector d'activitat es dedica? De quin sector hi ha un nombre més gran d'empreses al teu municipi? Esbrina quina naturalesa jurídica té l'empresa més gran i quina sol ser la de les empreses del sector amb un nombre més gran d'establiments. És la mateixa? A què es deu?

3> Enumera tres situacions de la vida quotidiana del teu entorn en què algun membre de la teva família actuï com a propietari dels factors productius i unes altres tres en què actuï com a demandant de béns i serveis.

4> El Govern espanyol presenta cada any els Pressupostos Generals de l'Estat, en què es reflecteixen els ingressos i les despeses de l'exercici en curs, a més del destí. Esbrina a quant ascendeixen els ingressos i les despeses de l'últim any a Espanya i explica quins són els apartats més importants.

5> Entre el 7 de març i l'1 de juliol de 2011, el Govern espanyol va limitar la velocitat màxima a les autopistes a 110 km/h, amb l'objectiu principal de limitar la despesa en combustible. El consum de gasolina representa ingressos per al sector públic, però conduir a velocitats elevades fa augmentar el nombre d'accidents i la contaminació. Creus que la limitació de velocitat implica una millora de la situació del sector públic, en el sentit de representar-li més ingressos que despeses? Raona la teva resposta, fent una llista de les fonts d'ingrés i de despesa que es redueixen amb aquesta mesura.

6> Quins són els agents econòmics bàsics? Quin és el seu paper dins l'economia?

7> Analitza l'evolució dels pressupostos del teu Ajuntament centrant-te en l'impacte de la crisi sobre els ingressos municipals. En quina mesura l'esfondrament de la construcció ha impactat en els comptes del teu Ajuntament?

8> Classifica entre els diversos agents econòmics que has estudiat les organitzacions següents:

a) Govern d'Aragó.

b) General Motors.

c) Correus.

d) Una estudiant de l'ESO.

e) Greenpeace.

f) Ajuntament de la teva localitat.

9> Digues en quin sector productiu s'engloben les activitats següents: agricultura, pesca, construcció de cotxes, activitats financeres i d'assegurances, agències de viatges.

10> Les dues funcions bàsiques de les llars són: *a)* consumir béns i serveis i *b)* oferir els seus serveis (treball i capital) a les empreses. Classifica les activitats següents dels membres d'una família en l'apartat *a)* o en el *b):*

a) Anar a comprar a un supermercat.

b) Anar al cinema.

c) Dipositar diners en un banc.

d) Contractar una empleada de la llar.

e) Agafar un autobús.

f) Treballar en una fàbrica.

g) Anar de vacances a un hotel.

h) Comprar un habitatge.

11> Quan s'analitzen les empreses segons la seva activitat, es pot pensar que aquestes es dediquen a un únic sector, però això no sempre passa així en la pràctica empresarial.

a) Esmenta alguna empresa que es dediqui a més d'un sector. A què creus que es deu?

b) Esbrina a quin sector pertanyen les empreses següents: Abengoa, Abertis, Repsol, Viscofan, Campofrío, Indra.

12> Davant una crisi com la iniciada arreu del món a partir de l'any 2007, quines serien les recomanacions segons els economistes clàssics? I segons els keynesians? Què és el que s'ha observat en la realitat?

13> Suposa que et plantegen tres negocis i te n'ofereixen les dades següents:

- Negoci A: capital de 6 000 €, beneficis anuals previstos de 1 000 €.
- Negoci B: capital de 20 000 €, beneficis anuals previstos de 30 000 €.
- Negoci C: capital de 12 000 €, beneficis previstos de 18 000 €.

A partir d'aquestes dades:

a) Determina la rendibilitat de cadascun dels negocis que et proposen.

b) Contesta: amb quin dels negocis et quedaries?

14> Identifica l'objectiu (a banda del benefici) que cerca cadascuna de les empreses següents en dur a terme les actuacions que s'esmenten a continuació:

a) El banc Santander intenta aconseguir la Caja de Ahorros del Mediterráneo, ja que a la zona de Llevant no té gaires oficines.

b) La caixa d'estalvis Unicaja decideix continuar donant suport financer al seu equip de bàsquet.

c) La Caixa ha decidit donar suport a la construcció de 25 noves llars del jubilat a Andalusia.

d) L'empresa Gamesa, constructora d'aerogeneradors per a la producció d'energia elèctrica mitjançant el vent, ha patentat un nou model més silenciós i eficient.

e) Telefónica ha decidit rebaixar el preu de la seva ADSL.

f) Ibercaja ha decidit fusionar-se amb Unicaja.

15> Justifica la veracitat o falsedat de les frases següents referides als sistemes econòmics:

a) En un sistema de planificació centralitzada es produeix la intervenció més important de l'Estat en el procés econòmic.

b) En un sistema d'economia mixta de mercat no hi ha fluctuacions cícliques al llarg del temps.

c) En un sistema d'economia de mercat, l'estat del benestar aconsegueix la seva màxima plenitud.

d) En un sistema de planificació centralitzada, hi ha una baixa eficiència en la utilització dels recursos.

16> Tenim disponibles les dades sobre ingressos i costos de les dues empreses següents:

- Autocar, SA: ingressos per vendes, 27 000 euros; despeses de personal, 20 000 euros; despeses de lloguer, 1 000 euros; altres despeses, 4 000 euros.
- Noves Tecnologies, SL: ingressos per vendes, 5 000 euros; subvencions per R + D + I, 1 000 euros; despeses de personal, 2 000 euros; despeses en R + D + I, 1 500 euros; altres despeses, 500 euros.

Calcula el benefici de les dues empreses. Tot i que no tenim informació per a prendre una decisió en termes financers, si en ambdues empreses t'oferissin la possibilitat d'incorporar-t'hi com a accionista, en quina empresa invertiries?

Reportatge: Un sistema econòmic d'un sol ús

Et proposem la lectura de l'article «Un sistema económico de usar y tirar», escrit per Kike Vázquez i publicat a *Cotizalia* el 12 de gener de 2011.

Aquest article critica un fet que passa amb massa freqüència, però que no s'acaba de valorar en la seva justa mesura: que algunes empreses fabriquen productes (neveres, fotocopiadores, rentadores, etc.) programats perquè fallin un cop transcorregut un període de temps relativament breu. Aquest fet es presenta com un mal del sistema capitalista que no hauríem d'acceptar (trobaràs el text complet a: **www.mhe.es/bachillerato/economia**).

Preguntes:

1> La reducció en l'esperança de vida de certs productes es deu a la disminució dels costos?

2> Segons l'autor de l'article, aquesta conducta s'explica únicament pel comportament pervers d'algunes empreses o indústries, o hi té alguna cosa a veure la manera en què funciona el sistema d'economia de mercat?

3> En quin sentit fabricar productes perquè fallin està lligat amb un consumisme insà?

Test de repàs

1> Una botiga dedicada a la venda de roba de moda és una empresa:

a) Industrial.

b) Comercial.

c) De serveis.

d) De transformació.

2> Les empreses necessiten una sèrie de recursos per a fer les seves inversions. Aquests recursos provenen de:

a) Crèdits i préstecs.

b) Reserves generades per l'empresa.

c) Emissió de bons.

d) Totes les anteriors són fonts d'obtenció de recursos per a l'empresa.

3> A les empreses individuals una característica fonamental és la següent:

a) El propietari respon dels deutes de l'empresa únicament amb allò que hi ha aportat.

b) Hi ha una diferenciació clara entre la figura del propietari i el directiu de l'empresa.

c) El propietari respon dels deutes de l'empresa amb tot el seu patrimoni.

d) S'exigeix una aportació mínima en iniciar el negoci de 15 000 €.

4> Les economies domèstiques intervenen de la manera següent en l'economia d'un país:

a) No hi participen, ja que només ho fan les empreses.

b) Només consumint béns i serveis.

c) Consumint béns i serveis i prestant factors productius a les empreses i el sector públic.

d) Prestant factor productiu treball a les empreses.

5> Des del punt de vista econòmic, el sector públic és:

a) L'agent econòmic més eficient de l'economia.

b) Qui té el poder econòmic absolut en una economia.

c) Qui intervé, entre altres coses, per resoldre els errors del sistema d'economia de mercat.

d) On treballen els funcionaris.

6> Quina de les organitzacions següents pertany al sector públic?

a) La Seguretat Social.

b) L'ONG Economistes sense Fronteres.

c) La família del president del Govern.

d) Telefónica.

7> Les economies domèstiques:

a) Actuen guiades per la nacionalitat econòmica.

b) Procuren maximitzar la satisfacció derivada del consum.

c) A més de consumidors són empleats, empresaris o rendistes.

d) Totes les respostes anteriors són correctes.

8> En un sistema d'economia de mercat:

a) Les empreses busquen satisfer el bé comú de tota la societat.

b) Les empreses produeixen els béns i serveis sense tenir en compte les necessitats de les famílies.

c) Tot és perfecte i surten beneficiats tots els consumidors i totes les empreses.

d) Els preus actuen limitant les quantitats dels béns i serveis.

9> En un sistema d'economia de planificació centralitzada, les empreses basen les seves actuacions en:

a) L'objectiu fonamental de maximitzar el benefici.

b) Realitzar els objectius imposats per l'Estat.

c) Donar feina a tots els ciutadans del país.

d) Aconseguir la màxima productivitat per treballador.

10> L'economia espanyola actual es regeix per un sistema d'economia:

a) Mixta.

b) De mercat.

c) De planificació centralitzada.

d) Com el dels països de l'Est en els anys seixanta.

Solució: 1. b; 2. d; 3. c; 4. c; 5. c; 6. a; 7. c; 8. d; 9. b; 10. a.

3

LA PRODUCCIÓ I L'EMPRESA

Les empreses són les encarregades de la producció, és a dir, dels béns i serveis que s'ofereixen en el mercat. L'activitat econòmica productiva consisteix en la transformació de primeres matèries i productes semielaborats en béns, mitjançant l'ús del treball, el capital i altres factors.

Es considera activitat productiva no sols la producció de béns físics (aliments, vestits, cotxes, etc.), sinó també la prestació de serveis (comercialització, sanitat, ensenyament, transports, recerca, etc.).

Notícia

«Emprendedores, empresarios, especuladores... ¿Quién es quién en el mundo empresarial?», de C. Otto, *Cotizalia*, 11 de juliol de 2011.

Aquest article s'encarrega de presentar els conceptes d'*empresari, emprenedor* i *especulador* utilitzant un llenguatge col·loquial i sense tecnicismes. Quan es desenvolupen aquests conceptes, implícitament s'ofereixen les raons que expliquen la bona imatge de l'emprenedor i la seva actualitat (trobaràs el text complet a: **www.mhe.es/bachillerato/economia**).

Qüestions:

1> En què es diferencia un emprenedor d'un empresari?

2> Tot emprenedor és empresari? Tot empresari és emprenedor?

3> Es pot ser emprenedor i especulador?

1 L'empresa i la figura de l'empresari

Les bombetes de baix consum produeixen llum de forma eficient, ja que són les que menys electricitat necessiten.

L'**empresa** és la responsable bàsica de la producció i la distribució. És l'encarregada de produir i posar a les mans dels consumidors els béns i serveis que demanen.

> L'**empresa** és l'agent econòmic encarregat de la producció i la distribució dels béns i serveis als consumidors.

En la societat moderna, caracteritzada per la producció en massa i per una competència globalitzada, només les empreses tenen la capacitat d'organitzar la producció amb **eficiència**, és a dir, utilitzant la menor quantitat possible de recursos, i de reunir els recursos financers que es requereixen.

> L'**eficiència** en la producció representa utilitzar i combinar els factors productius de manera que s'empri la menor quantitat de factors i al menor cost possible.

Exemple

IDEA

Crear un requadre d'Exemple en què es mostrin exemples d'empresari pròxims a l'alumne: un forner que ha de decidir quant de pa fabrica i a quin preu el ven: si s'equivoca haurà de llençar el pa que li sobri o deixar insatisfets els seus clients si se li acaba el pa.

Fins i tot, pot buscar-se un exemple en què es vegi més clar l'esperit emprenedor, però hauria de ser pròxim a l'alumne.

1.1 L'empresari

Tot **empresari** pren decisions contínuament sobre com organitzar els factors i assumir riscos. Els canvis en les condicions del mercat l'obliguen a innovar i a emprendre nous projectes amb l'objectiu últim de procurar la supervivència de l'empresa.

A mesura que sorgeixen empreses de grans dimensions, es produeix una separació entre les funcions clàssiques de l'**empresari.** D'una banda, hi ha la figura de l'*inversionista*, que assumeix els riscos lligats a la promoció i la innovació mitjançant l'aportació de capital. Per una altra, es consolida el paper del *directiu professional*, especialitzat en la gestió i l'administració d'empreses. D'aquesta manera, es produeix una clara separació entre la *propietat* i la *gestió* efectiva de l'empresa.

> L'**empresari** estableix els objectius de l'empresa, negocia amb els diversos factors d'aquesta i coordina les relacions amb l'entorn en què aquesta es desenvolupa.

Important

L'empresari **tradicional** és la persona que aporta el capital i fa alhora les funcions pròpies de la direcció: organitzar, planificar i controlar.

En les grans empreses, la funció directiva es fa col·legiadament per un grup de directius. Aquests no tenen un poder il·limitat, ja que només mantindran la seva posició mentre siguin capaços de satisfer els agents dels quals depèn l'empresa: obtenint beneficis suficients per a retribuir el capital, atenent la demanda dels clients, complint amb els seus compromisos amb els proveïdors i duent a terme una tasca acceptada per la societat.

Empresari	Decisions que ha de prendre
Forner	Relació entre forns i treballadors.
Taxista	Fer servir ell sol el taxi o contractar un conductor.
Fàbrica de ciment	Tipus i quantitat de màquines trituradores i nombre de treballadors.
Botiguer	Grandària del local i nombre d'empleats.

Quadre 3.1. *Tots els empresaris s'enfronten a problemes similars.*

1.2 Les decisions clau de l'empresa

Tots els empresaris que hi ha en el Quadre 3.1 han de prendre el mateix tipus de decisions: què produir i en quina quantitat, com i a quin preu vendre el que produeixen. Així, pensem en el forner del barri. Ha de decidir la combinació eficient de forns i treballadors que farà servir i la quantitat de pa que fabricarà. Si s'equivoca, perquè produeix massa pa, haurà de llençar el que li sobri, mentre que si produeix molt poc pa, no podrà atendre part de la seva clientela.

L'empresari haurà de decidir com produir, escollint els mètodes eficients tècnicament i seleccionant les proporcions adequades de factors de producció. La seva decisió es basarà en els costos dels diversos factors productius emprats, que determinaran quina és la tècnica econòmicament eficient.

La **producció** consisteix a obtenir béns i serveis i apropar-los als consumidors perquè puguin satisfer les seves necessitats. Per això, les activitats de la producció són la *fabricació*, el *transport*, l'*emmagatzemament* i la *comercialització*.

L'activitat fonamental que du a terme tota empresa és la **producció,** que consisteix en la utilització dels factors productius i dels *inputs* intermedis per a obtenir béns i serveis.

2 La producció en el curt termini

Considerant que comptem amb una quantitat fixa de factors, la quantitat de producte o *output* que podrem obtenir dependrà de la tecnologia que utilitzem. Podem descriure la **tecnologia**, és a dir, l'estat dels coneixements tècnics de la societat, en un moment determinat, mitjançant el concepte de **funció de producció.**

La **funció de producció** especifica la relació entre la quantitat de factors utilitzats, és a dir, treball *(L)* i capital *(K)*, per a produir un bé i la quantitat produïda d'aquest bé *(q)*. Analíticament, la funció de producció pot expressar-se així: $q = f(L, K)$.

Per analitzar la producció prenguem com a referència el cas d'una empresa que utilitza dos factors productius *(inputs):* el treball i el capital, aquest últim concretat en el local i l'equipament necessari per a fabricar gelats, que és el producte o *output*. L'empresari procurarà produir la quantitat màxima de gelats, amb una quantitat donada de factors productius. Aquesta informació és la facilitada per la funció de producció.

2.1 La producció i el curt termini: factors fixos i variables

Les empreses empren factors molt diversos, que poden englobar-se en dues categories. Els uns són els factors variables, la quantitat dels quals es pot canviar segons com varia la producció. En el cas d'un fabricant de gelats, per a augmentar la quantitat de gelat haurà d'ocupar més treballadors i consumirà més energia elèctrica i primeres matèries, exemples de **factors variables.** Però, juntament amb aquests, en el **curt termini**, hi ha altres factors la quantitat dels quals no pot canviar-se. Aquests són els factors fixos. Així, el fabricant de gelat haurà comprat o llogat una nau per a dur a terme la producció que no podrà canviar fàcilment, i el mateix li passarà amb la maquinària que hagi instal·lat. Aquests serien uns exemples de **factors fixos.**

Vocabulari

Activitats de producció
- Fabricació.
- Transport.
- Emmagatzemament.
- Comercialització.

Important

La **tecnologia** comprèn no sols la maquinària emprada per les empreses, sinó també la manera de combinar els mitjans humans i materials per a elaborar béns i serveis. És el conjunt de processos, procediments, equips i eines utilitzats per a produir béns i serveis.

Important

Al llarg de tot el capítol s'utilitzarà la lletra L per a *treball,* la K per a *capital* i la q per a *l'output* o *producció total.*

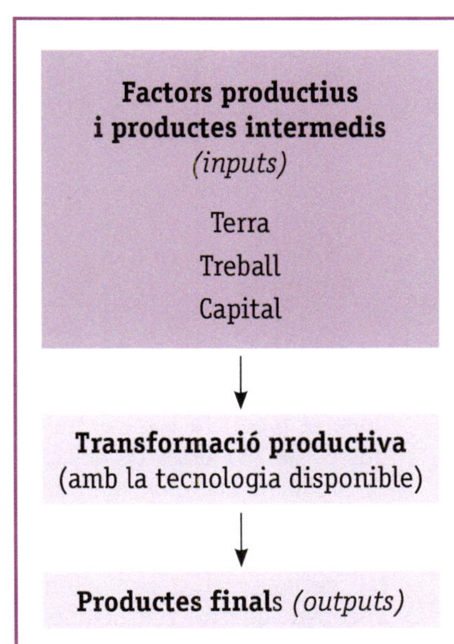

Esquema 3.1. *La funció de la producció.*

Més dades

És habitual referir-se a la productivitat mitjana del treball com a simplement, **productivitat.** És un indicador excel·lent de la capacitat productiva de l'empresa i, per tant, de l'economia. Com més gran sigui la productivitat de les empreses, més serà la quantitat de béns i serveis amb què comptarà una economia, i millor serà el seu benestar econòmic.

A més a més, la productivitat està estretament lligada amb la **competitivitat.** Si els treballadors d'una economia són més productius, més facilitat tindran les empreses d'aquest país per a competir en els mercats internacionals i poder col·locar els seus productes, la qual cosa equival a crear ocupació i riquesa al país. El concepte de **producte marginal** és fonamental per a l'empresa a l'hora de decidir quina quantitat produirà. Per prendre aquesta decisió, l'empresari haurà de comparar els ingressos i els costos que li representa contractar un treballador addicional.

El **curt termini** és un període de temps al llarg del qual les empreses poden alterar la producció canviant els **factors variables,** com ara el treball i els materials. En el curt termini, els **factors fixos,** com ara els edificis i els equips, no poden alterar-se plenament.

2.2 El producte total i el producte marginal

La producció o **producte total** *(q)* és la quantitat total produïda. Com s'observa en el Quadre 3.2, per a diverses quantitats emprades de treball s'obté una quantitat diferent de producte total, és a dir, gelat. Així, amb un treballador es produeixen 55 litres de gelat, mentre que amb dos treballadors la quantitat produïda és de 142 litres (segona columna del Quadre 3.2). La variació del producte total que s'obté utilitzant una unitat addicional de treball és la *productivitat marginal del treball.*

El **producte marginal del treball** ***(PML)*** és la variació del producte, o el producte extra que s'obté, quan la quantitat de treball utilitzada s'incrementa en una unitat: $PML = \Delta PT/\Delta L$

Així, el producte marginal del primer treballador és (55 − 0)/1 = 55 litres, i el del segon és 142 − 55 = 87 litres (tercera columna del Quadre 3.2). El producte marginal del treball mesura el que aporta a la producció l'últim treballador que s'incorpora a produir. Un altre concepte important és la *productivitat mitjana del treball.*

La **productivitat mitjana del treball** ***(PMiL)*** és el quocient del producte total i la quantitat de treball emprada: $PMiL = q/L$

Aquesta variable ens informa del producte que s'obté per unitat de treball emprada. La quarta columna del Quadre 3.2 recull els valors de la productivitat mitjana del treball per a les diverses unitats de treball emprades. Quan hi ha un sol treballador, la productivitat mitjana és de 55 litres de gelat, i quan hi ha dos treballadors, la productivitat és de 71 litres de gelat. La productivitat indica el nombre de litres de gelat que produeix el treballador mitjà.

Exemple

En l'exemple de la gelateria, quan s'ocupen quatre treballadors, el producte total obtingut és de 381 litres de gelat. El producte marginal aportat pel quart treballador és de 131 litres de gelat. La productivitat mitjana del treball quan s'ocupen quatre treballadors és de 95 litres de gelat.

Quantitat de treball (treballadors a la setmana)	Producte total (litres de gelat a la setmana)	Producte marginal (litres de gelat per treballador)	Producte mitjà (litres de gelat per treballador)
(L)	*(PT)*	*(PML)*	*(PMiL)*
0	0	0	0
1	55	55 − 0 = 55	55
2	142	142 − 55 = 87	71
3	250	250 − 142 = 108	83
4	381	381 − 250 = 131	95
5	500	500 − 381 = 119	100
6	580	580 − 500 = 80	97
7	653	653 − 580 = 73	93
8	695	695 − 653 = 42	87

Quadre 3.2. *Producte total, marginal i mitjà del treball.*

2.3 La llei dels rendiments decreixents

La representació gràfica dels valors del producte marginal i de la productivitat mitjana del treball del Quadre 3.2 es recull en la Figura 3.1. Els valors que van prenent tant el producte marginal com la productivitat mitjana inicialment creixen, arriben a un màxim i després decreixen. Que el producte marginal del treball decreixi a partir d'un cert nivell d'ocupació del factor treball es pot justificar per la *llei dels rendiments decreixents*. A partir d'un cert nivell d'ocupació (a partir del 4t treballador), s'obtenen quantitats addicionals de producte (gelat) successivament menors (el producte marginal disminueix a partir d'un valor màxim de 131 litres de gelat), en afegir quantitats iguals del factor variable (cada cop que s'hi afegeix un treballador) a una quantitat fixa d'un factor fix (el capital, és a dir, l'edifici i la maquinària).

La **llei dels rendiments decreixents** estableix que, si en la producció hi ha com a mínim un factor fix i es van afegint unitats successives del factor variable, arribarà un moment a partir del qual els increments de la producció seran cada cop menors.

Aquesta llei es pot justificar argumentant que el factor variable (el treball) té cada cop menys quantitat de factor fix (local i equipament de la fàbrica de gelat) amb què operar, per la qual cosa, a partir d'un determinat moment, es van generant increments en el producte total (gelat) cada cop menors.

Exemple

La *llei dels rendiments decreixents* explica la forma de les corbes del producte marginal i del producte mitjà o productivitat. En l'exemple que s'analitza, aquesta llei explicaria per què el producte marginal arriba a un màxim en 131 litres de gelat i després decreix.

Figura 3.1. *Producte total, mitjà i marginal.* *Com es dedueix dels valors continguts en el Quadre 3.2, el producte total inicialment augmenta a un ritme creixent i posteriorment ho fa de manera decreixent fins a aconseguir un màxim, a partir del qual decreix. En conseqüència, el producte mitjà i el producte marginal primer creixen, arriben a un màxim i després decreixen. El màxim de la corba del producte mitjà s'anomena* òptim tècnic.

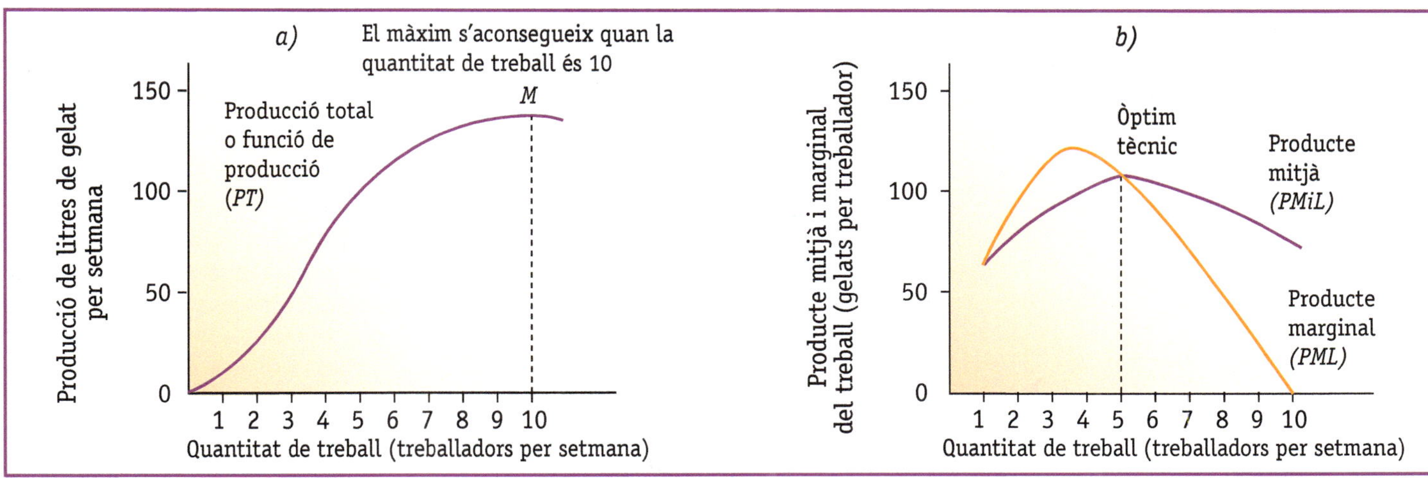

Activitats

1> L'amo d'una fàbrica de teixits té en propietat un terreny sobre el qual ha edificat una nau, on ha instal·lat tota la maquinària necessària per a produir. En el quadre adjunt es recull la informació disponible sobre diverses quantitats emprades de treball i el producte total corresponent.

a) Identifica els factors fixos i variables.

b) Calcula el producte marginal del treball i la productivitat mitjana del treball.

c) La producció de teixit presenta rendiments decreixents? A partir de quin nivell d'ocupació apareixen els rendiments decreixents?

Nombre de treballadors ***(L)***	0	1	2	3	4	5	6	7	8	9	10
Producte total ***(q)***	0	50	126	216	316	410	480	539	576	603	580

Exemple

La importància dels preus per als consumidors, i per tant dels costos per a les empreses, és un fet que es pot comprovar en el nostre comportament diari. Si pensem en el supermercat on comprem, o en la botiga on comprem la roba o en el bar on fem el vermut, comprovarem que una variable molt important per a decidir on fem aquestes despeses és el preu, o almenys la relació qualitat-preu. Però el que hem de pensar és que una empresa només podrà fixar uns preus baixos si els seus costos també ho són.

3 Els costos de producció en el curt termini

La producció comporta la utilització d'*inputs* (factors productius, primeres matèries i productes intermedis), la qual cosa genera un **cost.** Segons quina sigui la retribució dels factors que s'empren en la producció, així seran els costos a què s'enfronta l'empresari.

El **cost** està determinat pel valor dels factors utilitzats per l'empresa per a produir els béns i serveis.

En un entorn cada cop més competitiu, la reducció dels costos és un element clau per a poder fixar el preu a un nivell que permeti competir en el mercat. Així, cal pensar en el cas de la fàbrica de gelat que s'està considerant: la manera de competir amb altres de la mateixa categoria i amb una qualitat similar és a través del preu. Per això, el cost és una variable estratègica per a l'empresa.

3.1 Costos comptables i costos implícits

El concepte de cost utilitzat en comptabilitat es correspon amb la despesa monetària que s'efectua per la utilització dels factors productius. En economia, el concepte de cost rellevant és el cost d'oportunitat i inclou els **costos comptables** i els **costos implícits** o costos dels factors que no exigeixen un desembossament en diners. Quan l'empresa contracta els recursos en el mercat, el cost monetari d'aquests coincideix amb el cost d'oportunitat, però quan s'obtenen en el si de l'empresa, el cost comptable pot ser inferior al cost d'oportunitat, perquè el factor productiu en qüestió podria utilitzar-se en una altra activitat alternativa.

Important

Costos comptables
\+ Costos implícits

Cost d'oportunitat

Els **costos comptables** o **costos explícits** són els costos dels factors que exigeixen a l'empresa un desembossament de diners, mentre que els **costos implícits** són els costos dels factors que no exigeixen a l'empresa un desembossament de diners.

A. Costos econòmics i costos d'oportunitat: un exemple

Pensem en un petit fabricant de gelat que al mes paga, entre primeres matèries i els sous d'un empleat, 10 000 €. Atès que utilitza un local de la seva propietat, no ha de desembossar diners en concepte de lloguer, però la renda mensual que paguen altres empreses per locals similars és de 5 000 €. D'altra banda, el petit empresari treballa per a la seva pròpia empresa, però sap que si ho fes com a electricista, que era la seva professió, guanyaria 2 000 € al mes.

Per calcular els costos totals en què incorre l'empresa, comencem pels costos explícits, és a dir, les primeres matèries i els sous que paga mensualment, i que són de 10 000 €. Per tant, aquests són els costos comptables:

Costos comptables = 10 000 €

Tanmateix, aquests no són tots els costos en què incorre. L'empresa no paga per utilitzar el local, però està refusant els 5 000 € que podria obtenir per llogar el local, la qual cosa representa un cost d'oportunitat. A més a més, l'empresari està refusant 2 000 € al mes per treballar en la seva pròpia empresa en lloc de treballar com a electricista. Per tant, els costos implícits en què mensualment incorre per dedicar-se a fabricar gelat serien els següents:

Costos implícits = 5 000 € + 2 000 € = 7 000 €

El cost d'oportunitat en què l'empresari incorre per dedicar-se a produir gelat, és a dir, el cost econòmic, serà la suma dels costos explícits i els costos implícits:

Cost econòmic = Costos comptables + Costos implícits =
= 10 000 € + 7 000 € = 17 000 €

Aquest cost econòmic inclou tant els costos explícits com els costos implícits, valorant els factors productius pel criteri del cost d'oportunitat. I serà el concepte que utilitzarem per a analitzar els costos de producció en la resta del capítol.

La maquinària és un cost fix, ja que l'empresa hi ha d'efectuar per a poder produir i és independent del nivell de producció.

3.2 Els costos fixos, variables i totals

El curt i el llarg termini es refereixen a la perspectiva temporal en què s'estenen els plans de l'empresa i tenen relació amb la possibilitat de modificar els factors fixos i reduir els costos de producció.

Les instal·lacions on s'ubica la fàbrica de gelat que estem considerant i l'equip necessari (maquinària, mobiliari, instal·lacions, etc.) són factors fixos, perquè no poden adaptar-se amb facilitat en un curt termini de temps a les fluctuacions de la producció i a més requereixen un manteniment. Els costos que generen els factors fixos i que no depenen del volum de producció s'anomenen **costos fixos *(CF)*.**

Els costos que varien amb el nivell de producció i estan associats als factors variables són els **costos variables *(CV)*.** Aquests costos estan associats a factors variables com la mà d'obra i les primeres matèries. El **cost total *(CT)*** és la suma dels costos fixos i els costos variables:

$$CT = CF + CV$$

A la fàbrica de gelats del nostre exemple, l'estructura dels costos seria la següent:

- **Costos fixos:** el solar on és la fàbrica, la nau de la fàbrica amb el seu equipament i la maquinària. Es va haver de fer front a tots aquests costos al principi, abans de començar a produir, i no depenen de la quantitat de gelat que es fabriqui en cada moment. A més a més, a curt termini, no es poden reduir perquè hagi caigut la demanda de gelat i es disminueixi la producció. Per això, en l'exemple del Quadre 3.3 (vegeu la pàgina següent), els costos fixos sempre adopten el mateix valor.
- **Costos variables:** són els que depenen de la quantitat produïda de gelat, com la quantitat de mà d'obra que s'empra, l'energia que es consumeix o la quantitat de llet, sucre i la resta d'ingredients que es necessiten per a produir gelat. Aquests costos varien amb la producció i només s'hi incorre si es produeix. En l'exemple del Quadre 3.3, els costos variables són zero quan no es produeix res, i després augmenten d'acord amb l'increment de la quantitat produïda.
- **Costos totals:** són la suma dels costos fixos, que sempre seran una quantitat fixa, més els costos variables, que tindran un valor diferent per a cada quantitat de l'*output* produït. En l'exemple del Quadre 3.3, coincideixen amb els costos fixos quan no es produeix res, i a partir de la primera unitat de producte són iguals als costos variables més la quantitat constant dels costos fixos.

3.3 Els costos marginals i els costos mitjans

El **cost marginal** ***(CM)*** és la variació que experimenta el cost total *(CT)* quan la quantitat produïda s'incrementa una unitat ($CM = \Delta CT/\Delta q$). Així, el cost marginal de produir un litre de gelat és 67,5 − 45,0 = 22,5 €, que és la diferència entre el cost total de produir un litre de gelat i el cost total incorregut quan no es produeix res (que és el cost fix).

El **cost marginal** ***(CM)*** és el cost addicional o extra lligat a la producció d'una unitat addicional de l'*output*. La corba del **CM** té un tram decreixent, arriba a un mínim i posteriorment té un tram creixent.

$$CM = \frac{\Delta CT}{\Delta q}$$

Els valors del cost marginal són en la cinquena columna del Quadre 3.3. Com es pot observar, el valor del cost marginal inicialment es va reduint, fins a arribar a un valor mínim de 7,5 € quan es produeixen 4 litres de gelat. A partir d'aquest valor, el cost marginal augmenta. Aquesta forma en «U» de la corba representativa del cost marginal es recull en la Figura 3.2.

Producte total Producció (litres de gelat)	Cost fix (euros)	Cost variable (euros)	Cost total (euros)	Cost marginal (euros)	Cost total mitjà (euros)
q	*CF*	*CV*	*CT*	*CM*	*CTMi*
0	45,00	0,00	45,0		
1	45,00	22,50	67,5	22,50	67,50
2	45,00	35,00	80,0	12,50	40,00
3	45,00	45,00	90,0	10,00	30,00
4	45,00	52,50	97,5	7,50	24,30
5	45,00	62,50	107,5	10,00	21,50
6	45,00	77,50	122,5	15,00	20,40
7	45,00	93,70	138,7	16,20	19,80
8	45,00	115,00	160,0	21,20	20,00

Quadre 3.3. *Els costos de la producció de gelat.*

El **cost mitjà** ***(CMi)*** o cost unitari és el quocient entre el cost total i la quantitat produïda ($CMi = CT/q$). La sisena columna del Quadre 3.3 recull els valors del cost mitjà o unitari que resulta de dividir el cost total per la quantitat produïda. Així, el cost total de produir 2 litres de gelat (80/2 = 40) és 40 €. De manera semblant al que passa en el cost marginal, inicialment disminueix (passant de 67,5 € quan es produeix 1 litre de gelat fins a arribar a un mínim quan es produeixen 8 litres de gelat) i a partir d'aquest nivell de producció creix. La representació gràfica del cost mitjà es recull també en la Figura 3.2.

+ *Més dades*

En el Quadre 3.3 es presenten els valors dels diferents tipus de costos. En la taula s'avaluen per al cas que es produeixin 2 litres de gelat. En el cas del CM, el que es mesura és l'increment en el cost total en passar de produir 1 litre de gelat a produir 2 litres de gelat.

$CF = 45$ €

$CV = 35$ €

$CT = CF + CV = 45 + 35 = 80$ €

$CM = \Delta CT/\Delta q = (80 - 67{,}5) = 12{,}5$ €

$CTMi = CT/q = 80/2 = 40$ €/l

Les dades d'aquest quadre són coherents amb les del Quadre 3.2, si bé en el present quadre la magnitud que varia de manera unitària és la producció, i en el Quadre 3.2 era la quantitat de treball.

El **cost mitjà** es calcula dividint el cost total *(CT)* per la quantitat produïda.

$$CMi = \frac{CT}{q}$$

L'evolució del cost mitjà és similar a la del cost marginal: durant la fase decreixent arriba a un mínim i després creix (Figura 3.2).

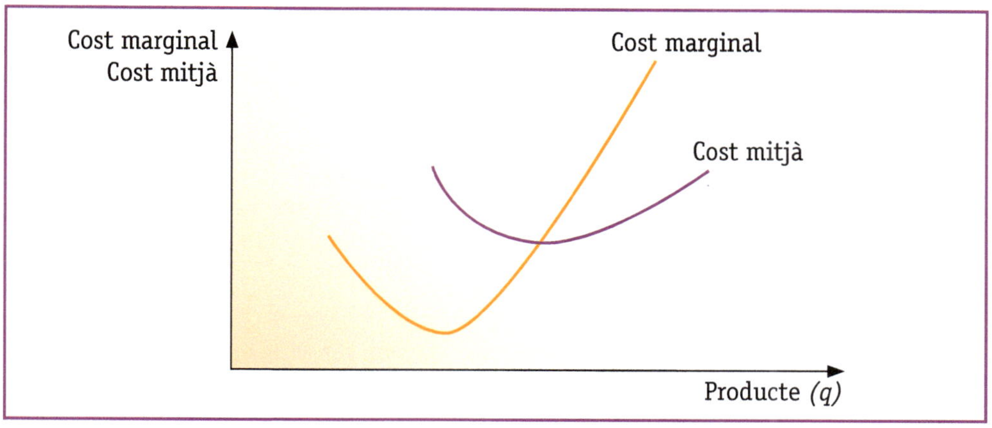

Figura 3.2. ***El cost marginal (CM) i el cost mitjà.*** *Ambdós costos decreixen, arriben a un mínim i després creixen.*

A. La forma en «U» de les corbes del cost marginal i mitjà

Una explicació intuïtiva de la forma en «U» de les corbes del cost marginal i del cost mitjà és que aquestes són l'altra cara de la moneda de la forma de les corbes del producte marginal i de la productivitat. Així, quan el cost marginal es redueix, es deu al fet que augmenta el producte marginal, mentre que quan el cost marginal s'incrementa és perquè el producte marginal es redueix. Aquesta relació està recollida en l'evolució dels valors del Quadre 3.2 i del Quadre 3.3. Així, d'una banda, el producte marginal (Quadre 3.2) inicialment va augmentant fins a arribar a un valor màxim de 131 litres de gelat per al cinquè treballador, i a partir d'aquest nivell d'ocupació, el producte marginal decreix. De manera paral·lela, el cost marginal (Quadre 3.3) inicialment es redueix fins a arribar a un valor mínim de 7,5 € per a un *output* de 4 litres de gelat, i a partir d'aquest nivell d'*output,* el cost mitjà augmenta. Per tant, és l'evolució del producte marginal i de la productivitat, és a dir, les condicions de la producció en el curt termini, la que determina la forma de les corbes de cost marginal i cost mitjà.

Vocabulari

Llei dels rendiments decreixents

El producte marginal del factor variable disminueix passat un determinat punt i, conseqüentment, el cost marginal augmenta.

Activitats

2> Les dades de l'empresa Nordex, fabricant de cafè soluble, sobre unitats de producció i costos variables (en euros) són les que recull el quadre adjunt. Si sabem que els costos fixos són de 36 000 €:

a) Calcula el cost total *(CT)* per a cada nivell de producció i representa'l gràficament.

b) Calcula el cost total mitjà *(CTMe* o *CMi)* per a cada quantitat de producte i el cost marginal *(CM)* i representa'ls gràficament.

Unitats produïdes *(PT)* (kg de cafè soluble)	0	1	2	3	4	5	6	7	8	9	10
Cost variable *(CV)* (milers d'euros)	0	12,25	22,00	30,75	40,00	51,25	66,00	85,75	112,00	146,25	180,00

4 La producció i el llarg termini

Exemple

Un exemple de **rendiments a escala decreixents**, el tenim en la indústria de l'automòbil. A mesura que va créixer la demanda, es va poder ampliar la grandària de les plantes i mecanitzar més la producció. No obstant això, des de la dècada dels setanta del segle passat, la grandària de les plantes de producció deixa de créixer, en part pel fet que el mercat va començar a demandar cotxes més «personalitzats», tractant d'ajustar-se més a les demandes específiques de certs col·lectius, amb la qual cosa els rendiments van decréixer.

El fenomen dels **rendiments constants** no és tan improbable com pot semblar a primera vista, ja que una empresa pot fer una rèplica exacta de si mateixa. La «nova» empresa produirà exactament el mateix, de manera que s'utilitzarà el doble de factors de producció i es produirà el doble. Un cas de tecnologia que presenta **rendiments creixents a escala** és un oleoducte. Si dupliquem la quantitat de materials utilitzada per a construir-lo, la quantitat de petroli que pot transportar es multiplica per un nombre més gran.

Si la demanda de gelat experimenta un fort augment, el fabricant del qual parlem farà el que es pugui per intentar atendre-la. A *llarg termini*, i si segueix la pressió de la demanda, els gerents de l'empresa es plantejaran la conveniència d'ampliar les instal·lacions, i fins i tot de construir una nova fàbrica.

El **llarg termini** és un horitzó temporal ampli en el qual les empreses tenen la possibilitat d'alterar la quantitat de qualsevol dels factors que empren en la producció, inclòs el capital.

En economia, la distinció entre curt i llarg termini s'estableix únicament atenent l'existència o no de factors fixos. Les propietats tècniques de la producció a llarg termini s'estableixen entorn del concepte de **rendiments a escala** o **economies d'escala. Escala** es defineix com la grandària de l'empresa mesurada per la seva producció.

Els **rendiments a escala** o **economies d'escala** reflecteixen la resposta del producte total quan *tots* els factors s'incrementen proporcionalment. Els rendiments a escala poden ser **creixents, constants** o **decreixents.**

Hi ha **rendiments** o **economies a escala creixents** quan en variar la quantitat utilitzada de tots els factors, en una determinada proporció, la quantitat obtinguda del producte varia en una proporció més gran. Aquest seria el cas si en doblar les quantitats utilitzades de tots els factors, obtenim més del doble del producte. En l'exemple considerat (Quadre 3.4), es passa de comptar amb una fàbrica (capital físic) i 16 empleats al doble, és a dir, dues fàbriques i 32 treballadors, i la quantitat produïda de gelat passa de 1 000 a 2 200 litres de gelat.

Rendiments a escala: un exemple

Factor capital (*)	Factor treball	Nivell de producció		Rendiments
1	16	1 000		
2	32	2 000	⟶	Constants
		1 700	⟶	Decreixents
		2 200	⟶	Creixents

(*) Unitats físiques de factor: en el nostre cas, l'edifici de la fàbrica i l'equip necessari per a produir gelat.

Quadre 3.4. *Rendiments a escala.*

Hi ha **rendiments constants a escala** quan la quantitat utilitzada de tots els factors i la quantitat obtinguda de producte varien en la mateixa proporció.

Hi ha **rendiments a escala decreixents** o deseconomies d'escala quan en variar la quantitat utilitzada de tots els factors en una proporció determinada, la quantitat obtinguda de producte varia en una proporció menor.

Els rendiments o les economies d'escala també es poden conèixer a partir de l'anàlisi de la corba dels **costos mitjans a llarg termini *(CMiL)*.** En la Figura 3.3 es presenten els tres tipus possibles de rendiments (creixents, decreixents i constants) en funció de l'evolució dels *CMiL:*

— **Costos mitjans a llarg termini decreixents:** en aquest cas, direm que l'empresa experimenta **rendiments** o **economies d'escala creixents.** Aquest seria el cas d'una empresa d'autobusos que es dedica a organitzar excursions. Si només es compta amb deu alumnes, s'empra un microbús; si són 40 alumnes, s'utilitza un autobús, que surt més barat per estudiant.

— **Costos mitjans a llarg termini constants:** en aquest cas l'empresa experimentarà economies d'escala constants. En la pràctica sol ser freqüent que els costos mitjans es redueixin durant un cert tram de la producció, però que a partir d'un determinat moment, els problemes de coordinació, control i comunicació compensin els avantatges lligats a la grandària i els costos siguin constants. Les indústries de béns per a la llar solen presentar aquest perfil de costos.

— **Costos mitjans a llarg termini creixents:** davant aquesta evolució dels costos, es diu que l'empresa experimenta **rendiments a escala decreixents** o **deseconomies d'escala.** Aquest sol ser el cas en què apareixen problemes d'organització i comunicació que pressionen a l'alça els costos. En determinades indústries manufactureres, com la tèxtil, poden aparèixer aquest tipus de situacions.

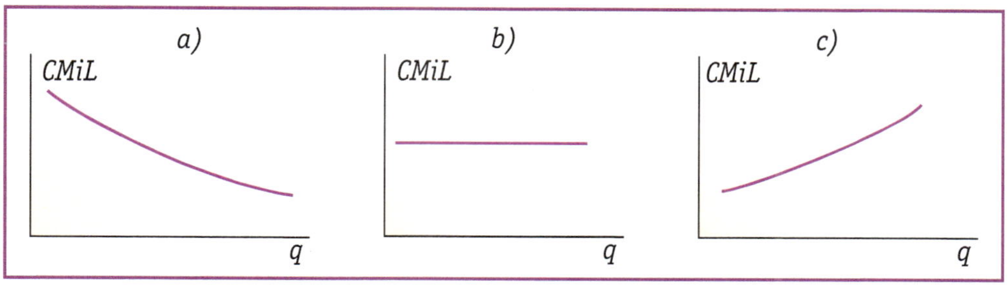

Figura 3.3. *Els rendiments d'escala i els costos mitjans a llarg termini. Quan hi ha rendiments creixents, els CMiL decreixen (gràfic* a*); si hi ha rendiments constants, els CMiL són constants (gràfic* b*); si els rendiments són decreixents, els CMiL creixen (gràfic* c*).*

Activitats

3> Què és el que explica l'aparició dels rendiments a escala? Tenen alguna cosa a veure amb l'especialització?

4> Té alguna cosa a veure la coordinació en les organitzacions amb l'aparició de rendiments decreixents a escala? Justifica-ho intuïtivament.

5> Quines conseqüències té l'aparició de rendiments creixents a escala sobre la decisió que ha de prendre una empresa sobre la seva pròpia grandària? I l'aparició de rendiments a escala decreixents?

6> Cita exemples de rendiments constants a escala.

5 L'empresa i la maximització dels beneficis

La decisió bàsica que tota empresa ha de prendre és la quantitat que produirà. Aquesta decisió dependrà del preu al qual pugui vendre i del cost de producció. En el procés que tota empresa segueix per determinar la quantitat de producte que col·locarà en el mercat es guia pel desig de maximitzar els beneficis, definits com la diferència entre els ingressos totals i els costos totals:

El **benefici econòmic** és l'ingrés total menys el cost total.

$$\text{Benefici } (B) = \text{Ingressos totals } (IT) - \text{Costos totals } (CT)$$

L'ingrés total $(IT = P \cdot q)$ es calcula multiplicant el preu de venda del producte o servei (P) pel nombre d'unitats venudes (q).

5.1 La maximització dels beneficis: decisió en termes marginals

Les persones i les empreses racionals prenen decisions en termes marginals. Pensem en el cas d'un petit empresari que produeix videojocs i que té cinc empleats. Atès que els seus videojocs s'estan venent sense dificultat, s'està plantejant llançar al mercat un videojoc més, per a la qual cosa hauria de contractar un empleat addicional. Si l'empresari actua racionalment, el que haurà de fer serà comparar el que el nou empleat li aporta als ingressos, és a dir, l'ingrés marginal, amb el cost addicional en què incorreria si el contracta, és a dir, amb el cost marginal, que és el cost addicional derivat de produir una unitat addicional d'*output*.

Pensem en el cas d'una estudiant que ha acabat batxillerat i s'està plantejant la possibilitat de començar a treballar o completar els seus estudis durant dos anys més fent un cicle formatiu de grau superior. Si aquesta jove actua racionalment, haurà de considerar els ingressos addicionals que deriven d'una feina millor i veure si compensen l'augment de despeses que li causarà continuar estudiant. Meditant la seva elecció d'aquesta manera, estarà prenent la seva decisió en termes marginals.

L'ingrés marginal *(IM)* és el canvi en l'ingrés total produït com a conseqüència d'incrementar en una unitat la quantitat produïda.

$$IM = \frac{\Delta IT}{\Delta q}$$

L'empresari dels videojocs compararà l'ingrés marginal derivat de produir un videojoc addicional amb el cost marginal associat a la producció d'aquest videojoc addicional. El racional serà que si l'ingrés marginal del videojoc addicional és superior al cost marginal, decideixi produir-lo. Al contrari, si el cost marginal del videojoc «extra» és superior a l'ingrés marginal, l'empresari decidirà no produir-lo.

Aquesta serà la lògica del comportament de tota empresa. Per intentar maximitzar el benefici, compararà l'ingrés marginal amb el cost marginal. A on la conduirà aquest tipus de plantejaments? Tota empresa que intenti maximitzar els beneficis seguirà una regla de comportament molt simple: quan per a una unitat de producte determinada l'ingrés marginal sigui superior al cost marginal, li convindrà produir aquesta unitat d'*output*. Si, al contrari, el cost marginal és superior a l'ingrés marginal, no li resultarà convenient produir aquesta unitat d'*output*. La conseqüència d'aquesta regla de decisió serà que l'empresa continuarà incrementant la seva producció fins aquella unitat per a la qual l'ingrés marginal sigui igual al cost marginal.

Per tant, la **regla de comportament de l'empresa maximitzadora de beneficis** és donada per la igualtat:

Ingrés marginal = Cost marginal

Activitats

7> La Naomi ha muntat una empresa que serveix menjar japonès a domicili. Com que prepara el menjar a casa seva, no incorre en costos fixos. Calcula l'evolució del cost marginal, sabent que l'evolució entre el nombre de menjars servits i els costos totals és la següent:

Nombre de menjars servits	0	1	2	3	4	5
Cost total (€)	0	30	65	105	150	210

8> Continuant amb el cas anterior, i suposant que l'ingrés total per a cada menjar servit és el que recull el quadre adjunt, es demana:

a) Calcula l'evolució de l'ingrés marginal.

b) Quants menjars haurà de servir la Naomi si vol maximitzar els seus beneficis?

Nombre de menjars servits	0	1	2	3	4	5
Ingrés total (€)	0	60	115	165	200	235

Mapa conceptual

- **Curt termini**
  - Factors fixos — No es poden canviar a curt termini
  - Factors variables — Es poden ajustar
  - Producte marginal — $PML = \frac{\Delta PT}{\Delta L}$
  - Llei dels rendiments decreixents — A partir d'un moment determinat, els increments de la producció són menors
  - Producte mitjà — $PMiL = \frac{PT}{L}$
  - Estructura de costos
    - Costos fixos *(CF)*
    - Costos variables *(CV)*
    - Costos totals *(CT = CF + CV)*
- **Decisió de producció**
  - **Empresa** — Fa la producció
  - **Empresari** — Organitza, planifica i controla
  - **Maximització del benefici**
    - Benefici = Ingrés total – Cost total
    - El benefici màxim s'aconsegueix quan: Ingrés marginal = Cost marginal
- **Llarg termini**
  - Tots els factors són variables
  - Rendiments a escala
    - Creixents
    - Constants
    - Decreixents
  - Estructura de costos — Costos mitjans a llarg termini *(CMiL)*: creixents, constants i decreixents

Activitats finals

1> Tot i que no sempre és així, en la majoria dels casos, les societats anònimes solen tenir més grandària com a empreses que les societats limitades, i aquestes solen tenir més volum que les empreses individuals. A què creus que es pot deure?

2> La distinció entre cost explícit i cost implícit és un pas important per a poder gestionar amb rigor el funcionament d'una empresa. Per al cas d'una empresa de serveis informàtics creada per l'Eva, una jove emprenedora, determina quins dels costos següents representen un cost explícit del negoci, i quins, un cost implícit.

a) Els ordinadors i els sistemes informàtics.

b) L'apartament que s'utilitza com a lloc per al desenvolupament de l'activitat.

c) El sou que es paga a un informàtic que treballa a l'empresa.

d) Una furgoneta que van regalar a l'Eva, però que s'utilitza només per a portar els equips quan es treballa als locals dels clients.

e) El salari que l'Eva rebia a la feina que ha hagut de deixar per muntar l'empresa.

3> Elabora una llista amb els costos que té una empresa dedicada a la producció de mobles, diferenciant entre costos fixos i costos variables.

4> Un empresari individual inverteix els seus estalvis de 300 000 € en una màquina i un local per muntar una impremta. Per tirar endavant el treball, contracta un amic amb experiència en el sector. Ell mateix treballa buscant clients i dedica tot el dia al negoci. Al final del primer any obté uns ingressos de 200 000 €, i en la seva comptabilitat anota com a costos els 100 000 € de les mercaderies comprades més els 40 000 € pagats al treballador.

a) Si l'empresari autònom no coneix el concepte de cost d'oportunitat, quin serà el benefici que anotarà en la seva comptabilitat?

b) Si l'empresari individual sap quin és el concepte de cost d'oportunitat, ho tindrà en compte en el càlcul dels beneficis. Si en lloc de comprar el local amb els seus estalvis, els hagués dipositat en un banc al 5 % d'interès, estaria obtenint un rendiment de 15 000 €, rendiment al qual està renunciant i que cal comptabilitzar com un cost del negoci. A més a més, el seu treball com a comercial i responsable de la impremta també mereix un sou, perquè una altra empresa podria contractar-lo i pagar-li, diguem, 60 000 € per fer una feina similar, de manera que en dedicar el seu temps al seu negoci, està renunciant a aquest sou. Utilitzant el concepte econòmic de cost, quins serien els comptes del seu negoci tenint en compte aquests fets?

5> Suposem una empresa dedicada a la producció de cotxes. Cada dia es fabriquen 100 cotxes amb una plantilla de 20 treballadors. Quina és la productivitat mitjana? Com es podria incrementar aquesta productivitat?

6> Una fàbrica de farina sense gluten utilitza una màquina i treball. La quantitat produïda, mesurada en quilos de farina, està recollida en la taula següent:

a) Quin és el factor productiu fix? I el variable?

b) Construeix una taula que mostri l'evolució del producte marginal del factor variable. Presenta rendiments marginals creixents o decreixents?

Hores de treball	0	1	2	3	4
Quantitat de farina (kg)	0	300	500	650	750

7> El concepte de productivitat generalment s'associa amb la capacitat que tenen els factors productius de generar béns o serveis, però en el llenguatge comú té altres usos. Així, d'un escriptor que té la capacitat d'escriure una novel·la d'aventures al mes es diu que és molt productiu. El mateix passa en el cas d'un estudiant que té una alta capacitat de concentració i és capaç de preparar-se tota una assignatura en pocs dies. Amb aquesta idea com a referència, determina la productivitat de dues estudiants de qui tenim la informació següent:

a) La Marta dedica 12 hores a estudiar, i el nombre de folis que aconsegueix assimilar és 24.

b) La Núria dedica a l'estudi 6 hores, i el nombre de folis que estudia és 18.

8> Per què es diu que la producció total és un concepte absolut mentre que la productivitat és un concepte relatiu?

9> Pensem en el cas d'una companyia d'autobusos que ha de decidir quant ha de cobrar als passatgers que viatgin sense haver fet una reserva prèvia. Suposem que haver de noliejar un autobús de 40 places que viatgi per tot el país costa a la companyia 6 000 €. Quin serà el cost mitjà de cada plaça a l'autobús? A quin preu han de vendre un bitllet? Tindria sentit que alguns bitllets es venguessin a 60 €?

10> A partir de l'exemple que conté el Quadre 3.3 d'aquesta unitat calcula la productivitat mitjana dels dos factors productius emprats: capital i treball. Per facilitar els càlculs, suposem que la unitat de producció (en aquest cas també és la quantitat produïda) és 100 kg de gelat. La informació de què disposem és la que presenta el quadre següent:

	Unitats de factor per 100 kg de gelat		Producció de gelats *(PT)*
	Capital	Treball	
Tècnica A	2	16	100 kg
Tècnica B	4	8	100 kg
Tècnica C	3	17	100 kg

La taula recull les unitats físiques de factor: màquines (batedores congeladores), en el cas del capital, i hores, en el cas del treball. Així, la tècnica A utilitza dues màquines i 16 hores de treball per a produir 100 kg de gelat.

11> La taula següent conté dades d'una empresa de ceràmica, i recull les diverses hores de treball emprades i el producte total obtingut —gerros— per a cada quantitat de factor utilitzada. Calcula la productivitat mitjana i el producte marginal de cadascuna de les unitats de treball emprades.

Hores de treball *(L)*	0	1	2	3
Producte total *(PT)*: gerros	0	5	15	30

12> Una empresa presenta la relació següent a llarg termini entre les quantitats emprades de factors (hores de treball i nombre de màquines) i el producte total:

Tècnica	Capital (màquines)	Treball (hores)	Producte total (totxos)
A	3	24	1 500
B	6	48	3 000

a) Quin tipus de rendiments a escala experimenta la fàbrica de totxos?

b) Si el cost d'ús del capital és 15 € per màquina i el cost del factor treball és de 3 € per hora de treball, calcula el cost total resultant d'aplicar cada tècnica.

13> Una empresa pot utilitzar alternativament dos mètodes de producció que són tècnicament eficients i que estan definits per aquestes dades:

Tècnica	Unitats de capital	Unitats de treball
A	3	24
B	6	12

Tenint en compte que el cost del factor capital és de 15 000 € la setmana per màquina, i el cost del treball, de 3 000 € la setmana per treballador:

a) Calcula el cost total resultant d'aplicar cada tècnica. Quina de les dues tècniques és econòmicament eficient?

b) Suposem que s'altera el preu relatiu dels factors de producció emprats en els dos processos, de manera que s'eleven els salaris en un 33,3 %, romanent inalterat el preu del capital. Calcula els nous costos totals de cada tècnica de producció. Quina és ara econòmicament eficient?

Reportatge: Genesis: lliçons d'adaptació al canvi en el món de la música

Et proposem la lectura de l'article «Genesis: lecciones de adaptación al cambio en el mundo de la música», escrit per Salva López i publicat a *Expansion.com* el 7 de juliol de 2011.

Aquest article pot resultar destrossador, perquè el seu missatge és que per obtenir ensenyaments sobre com gestionar una empresa, no cal analitzar el cas d'una gran multinacional. En concret, l'article demostra que del comportament del grup musical Genesis es pot aprendre molt sobre gestió d'empreses (trobaràs el text complet a: **www.mhe.es/bachillerato/economia**).

Preguntes:

1> Quins exemples destacaries del comportament del grup Genesis com a indicatius de la seva capacitat de superar els canvis?

2> En el seu comportament hi ha algun exemple de promoció interna com a via per a resoldre necessitats de personal?

Test de repàs

1> Quina de les activitats següents no és relativa a la producció d'una empresa?

a) Fabricació.

b) Transport.

c) Inversió.

d) Comercialització.

2> Un exemple de cost fix en una empresa de fabricació de bolígrafs és:

a) El cost del plàstic amb què s'elabora el bolígraf.

b) El sou de l'administratiu de l'empresa.

c) La tinta per a fabricar els bolígrafs.

d) El cost de les peces de metall que porta cada bolígraf.

3> La funció de producció relaciona:

a) Els costos i beneficis d'una empresa.

b) El factor productiu treball i el volum de vendes.

c) La producció màxima obtenidora i el cost dels factors emprats.

d) La producció màxima obtenidora i la quantitat de factors emprats.

4> Quan una empresa produeix a curt termini:

a) Hi ha factors fixos i factors variables.

b) Només hi ha factors variables.

c) Només hi ha factors fixos.

d) Els factors variables són sempre més cars que els fixos.

5> Una empresa tindrà rendiments a escala creixents quan:

a) Augmenta la producció període rere període.

b) En incrementar l'ús de tots els factors, la producció augmenta en més proporció.

c) Augmenta la producció en incrementar l'ús d'un factor.

d) El cost mitjà augmenta a mesura que creix la producció.

Solució: 1. c; 2. b; 3. d; 4. a; 5. b; 6. a; 7. d; 8. a; 9. b; 10. a.

6> Quin element dels següents augmentarà la productivitat del factor treball?

a) La utilització de màquines més eficients.

b) La implantació de pagues extraordinàries.

c) La realització d'hores extraordinàries pels treballadors.

d) L'augment de la jornada laboral.

7> Per a produir 500 pantalons al dia es poden utilitzar dos mètodes. El primer empra tres unitats de capital i quatre de treball, mentre que el segon n'utilitza dos i sis, respectivament. Si el cost del treball és de 2 000 um al dia, i el del capital, de 3 000 um al dia:

a) El primer mètode té un cost més gran que el segon.

b) El primer mètode és més eficient tècnicament que el segon.

c) El segon mètode és més eficient tècnicament que el primer.

d) El primer mètode és més eficient econòmicament que el segon.

8> Un exemple de cost fix és:

a) El lloguer d'una nau industrial.

b) El cost d'oportunitat.

c) Les primeres matèries.

d) El cost d'amortització.

9> L'augment del cost per a produir una unitat addicional és:

a) El cost mitjà.

b) El cost marginal.

c) El cost fix.

d) El cost variable.

10> Suposem una empresa que es dedica a la fabricació de rellotges. En la producció té uns costos fixos diaris de 1 000 € i uns costos variables unitaris per rellotge de 50 €. Si l'empresa ven 50 rellotges al dia a 120 €, quin és el seu benefici diari?

a) 2 500 €.

b) 6 000 €.

c) 7 500 €.

d) 4 000 €.

4

L'OFERTA, LA DEMANDA I EL MERCAT

Durant els mesos d'estiu, el preu de lloguer dels apartaments que es troben a la costa augmenta. Quan arriben les festes de Nadal, alguns aliments pugen de preu ràpidament. En canvi, a mitjan estiu el preu de les hortalisses acostuma a arribar als seus nivells més baixos.

Aquests fets i altres de semblants que podríem esmentar tenen en comú una sèrie de factors que actuen mitjançant l'oferta i la demanda i que es palesen en el funcionament dels mercats.

Notícia

«La ley antitabaco y la crisis rebajan un 8 % las ventas de los restaurantes», d'Europa Press, *El Mundo*, 13 de juliol de 2011.

Aquesta notícia analitza l'impacte de la llei antitabac sobre les vendes dels restaurants. Aquest cas real permet il·lustrar un dels temes presentats en aquesta unitat: els efectes d'una pertorbació externa que desplaça la corba de demanda d'un bé o servei (trobaràs el text complet a: **www.mhe.es/bachillerato/economia**).

Qüestions:

1> Quins són els possibles factors explicatius de la reducció en les vendes dels restaurants?

2> En termes dels conceptes presentats en la unitat, a què pot equiparar-se l'aprovació de la llei antitabac?

Important

Mercat d'un bé

En teoria econòmica, el mercat d'un bé o servei està format per tots els compradors i venedors d'aquest bé o servei.

Exemple

El mercat dels cotxes tot terreny està format per tots els consumidors que volen demanar aquest tipus de cotxes i pels fabricants que proveeixen el mercat d'aquest tipus d'automòbils.

1 El funcionament dels mercats

L'*oferta* i la *demanda* són les forces que fan que les *economies de mercat* o capitalistes funcionin. L'oferta i la demanda determinen la quantitat que es produeix de cada bé i el preu a què cal vendre'l. I això ho fan interactuant en els mercats, entenent per **mercat** tota institució social en què els béns i serveis, així com els factors productius, s'intercanvien.

Els compradors i venedors es posen d'acord sobre el **preu** d'un bé o un servei. Al preu acordat es produirà l'intercanvi de quantitats determinades d'aquest bé o servei per una quantitat de diners també determinada. Els preus coordinen les decisions dels productors i els consumidors en el mercat. Els preus baixos estimulen el consum i desanimen la producció, mentre que els preus alts tendeixen a reduir el consum i estimulen la producció. Els preus actuen com el mecanisme equilibrador del mercat.

Fixant preus per a tots els béns, el mercat permet la coordinació de compradors i venedors i, per tant, assegura la viabilitat d'un sistema d'economia de mercat. Quan es prohibeix l'intercanvi privat, com seria el cas de la droga, es crea una escassetat del producte en qüestió i apareixen els «mercats negres».

2 La demanda

La demanda té a veure amb el que els consumidors volen adquirir. Demanar significa estar disposat a comprar, mentre que comprar és fer realment l'adquisició. La *demanda* reflecteix una intenció, mentre que la compra constitueix una acció.

Les quantitats demanades d'un bé que els consumidors volen i poden comprar s'anomenen **demanda** d'aquest bé.

2.1 La taula de demanda

La quantitat que un individu demanarà d'un bé dependrà fonamentalment del preu. Com més baix sigui el preu, més serà la quantitat demanada. La informació sobre la quantitat demanada i el preu es recull a la *taula de demanda*.

La **taula de demanda d'un consumidor** recull les diverses quantitats que vol demanar per a cada preu.

Quadre 4.1. ***Taules de les demandes individuals i del mercat.*** *La demanda del mercat és la suma de totes les demandes individuals d'un determinat bé o servei. Suposant que el mercat de discos compactes estigui integrat únicament per dos individus, en Miquel i en Víctor, el quadre adjunt mostra les taules de demanda de discos compactes d'en Miquel, d'en Víctor i del mercat.*

Preu d'un CD (en euros)	Quantitat de CD demandada per en Miquel		Quantitat de CD demandada per en Víctor		Demanda del mercat
1,0	8		5		13
1,5	6		4		10
2,0	4	+	3	=	7
2,5	2		2		4
3,0	0		1		1

En el Quadre 4.1 hi ha les taules de demanda d'en Miquel i d'en Víctor, que suposem que són els dos únics integrants d'un mercat de discos compactes molt simplificat. Per a cada preu hi ha la quantitat demanada per cadascun d'ells, i sumant ambdues s'obté la *taula de demanda del mercat*. Així, quan el preu és 1 €, en Miquel demana vuit CD, i en Víctor, cinc, i per tant la demanda del mercat és de 13 unitats.

La **taula de demanda del mercat** recull les diverses quantitats que, per a cada preu, volen demanar els consumidors que integren el mercat.

La **demanda del mercat** mostra, per a cada preu, la quantitat que els demandants estaran disposats a demanar. A preus baixos, les quantitats que els consumidors voldran demanar seran elevades, i segons el preu va augmentant, la quantitat que voldran demanar serà menor.

La **demanda del mercat** és la suma de les quantitats demanades pels individus que l'integren.

Exemple

Com recull el Quadre 4.1, per a qualsevol preu dels discos compactes, la demanda del mercat és la suma de les demandes dels dos individus que integren el mercat. Així, quan el preu és de 2 €, la demanda d'en Miquel és de quatre discos compactes, i la d'en Víctor, de tres, de manera que la demanda del mercat serà de set discos compactes.

2.2 La corba de demanda i la llei de la demanda

La representació gràfica de les taules de demanda del Quadre 4.1 es recull en la Figura 4.1. Hi ha les *corbes de demanda* d'en Miquel i en Víctor i la corba de demanda del mercat. Aquestes corbes s'han traçat en un sistema de coordenades en què les úniques variables són la quantitat demanada i el preu; per tant, s'ha suposat que l'única variable que incideix en la demanda és el preu.

La **corba de demanda** és la representació gràfica de la relació existent entre el preu d'un bé i la quantitat demanada. Quan es traça la corba de demanda, se suposa que es mantenen constants tots els altres factors que poden afectar la quantitat demanada, excepte el preu.

Segons la llei de la demanda, a mesura que augmenta el preu d'un bé, la quantitat que se'n demana disminueix.

La corba de demanda reflecteix gràficament la relació inversa existent entre el preu i la quantitat demanada, que es coneix com a *llei de la demanda*.

La **llei de la demanda** és la relació inversa existent entre el preu d'un bé i la quantitat demanada, en el sentit que quan es redueix el preu, augmenta la quantitat demanada, mentre que quan augmenta el preu, disminueix la quantitat demanada.

A. Efecte substitució i efecte renda

Per explicar la relació inversa existent entre el preu i la quantitat es pot recórrer a l'*efecte substitució* i a l'*efecte renda*.

Quan augmenta el preu d'un bé, alguns consumidors que prèviament l'adquirien deixaran de fer-ho o el compraran en menor quantitat, i el substituiran per un altre bé que no s'hagi encarit. Si augmenta el preu del metro, la gent utilitzarà més l'autobús, perquè el metro ara resulta més car amb relació al preu de l'autobús. Aquest fet es coneix com a **efecte substitució** i reflecteix la incidència d'un canvi en el preu relatiu, és a dir, el preu d'un bé respecte al preu d'un altre bé.

L'**efecte substitució** recull la incidència d'un canvi en els preus relatius, de manera que quan augmenta el preu d'un bé, la quantitat demanada d'aquest bé es reduirà, perquè el seu consum se substituirà pel d'un altre que s'ha abaratit relativament.

A Internet

www.economiavisual.com

La pàgina *Economía visual* conté dos vídeos molt senzills que expliquen com es construeix la funció de demanda individual i la del mercat.

Quan augmenta el preu d'un bé, a més de consumir menys d'aquest bé perquè se substitueix per altres, els consumidors en demanaran menys unitats perquè la capacitat o el poder adquisitiu de la renda de què disposen es reduirà com a conseqüència de la pujada del preu. Si el preu de la carn s'eleva un 30 % i en el nostre pressupost per a la setmana la despesa en carn era de 100 €, ara tindrem 30 € menys per a fer front a totes les nostres despeses (suposant que consumim la mateixa quantitat de carn). La conseqüència serà que, a causa de l'augment del preu de la carn, tindrem una menor capacitat adquisitiva (menor renda real) i consumirem una menor quantitat de tots els béns, inclosa la carn. Això es coneix com a **efecte renda.**

L'**efecte renda** reflecteix la incidència d'un canvi en la renda real dels consumidors, de manera que davant l'augment del preu d'un bé es consumirà una menor quantitat de tots els béns, inclòs el bé que s'ha encarit.

Important

Quan representem gràficament una funció de demanda, com en la Figura 4.1, suposem que totes les variables, excepte el preu del bé, romanen constants.

2.3 La funció de demanda

En la demanda d'un bé no sols influeix el preu. En presentar l'efecte renda, ja s'ha reconegut que les alteracions de la renda incideixen en la demanda. Però també ho fan els preus d'altres béns. De fet, en parlar sobre l'efecte substitució, s'ha vist com l'augment del preu d'un bé (viatge amb metro) incidia en la demanda d'altres béns (viatges amb autobús). A més a més, la demanda que qualsevol individu farà estarà condicionada pels seus gustos. La *funció de demanda* (Figura 4.1) recull aquesta relació entre la quantitat demanada d'un bé i les variables que influeixen en el seu consum.

La **funció de demanda** és la relació matemàtica existent entre la quantitat demanada d'un bé (Q_A), el seu preu (P_A), la renda (Y), els preus d'altres béns relacionats (P_B) i els gustos (G): $Q_A = D(P_A, Y, P_B, G)$.

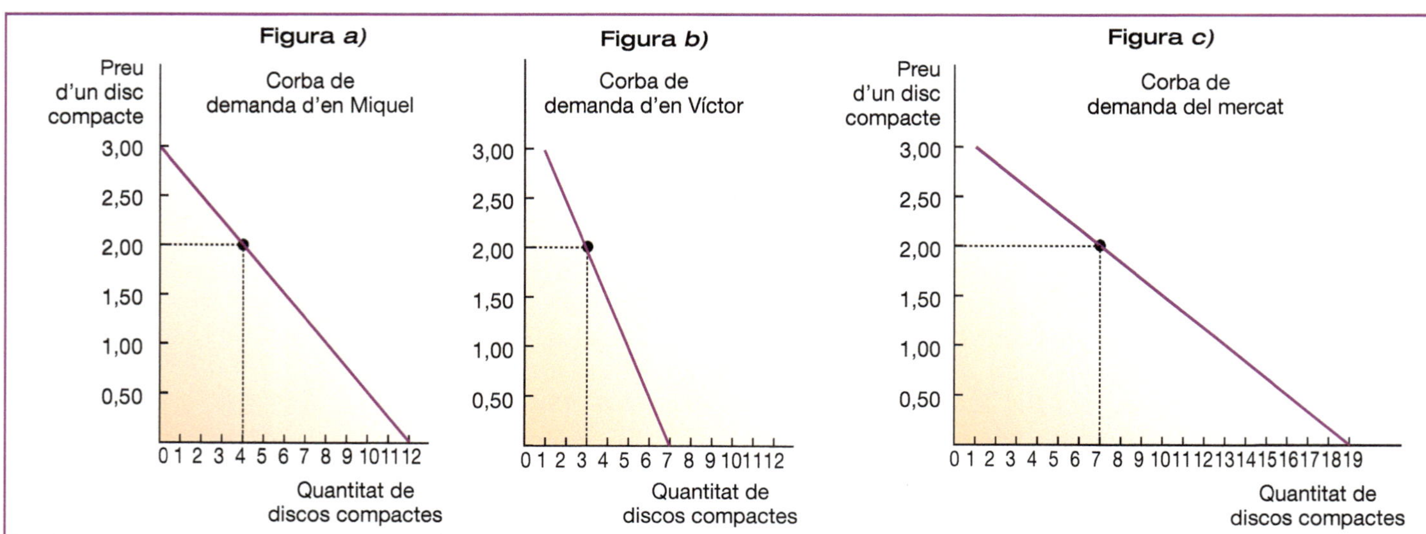

Figura 4.1. *Corbes de demanda individual i del mercat.* *La demanda del mercat és la suma de les demandes individuals. Les Figures* a, b *i* c *mostren les corbes de demanda que corresponen a les taules de demanda (Quadre 4.1). La corba de demanda del mercat s'obté sumant horitzontalment les corbes de demanda individuals, és a dir, per trobar la quantitat total demanada a un preu qualsevol, sumem les quantitats individuals que hi ha en l'eix d'abscisses de les corbes de demanda individuals.*

Activitats

1> Quan el preu dels préssecs es redueix, quines dues raons són les que expliquen que s'incrementi la demanda de préssecs? Com s'anomenen en economia aquests dos efectes?

2> Aniries més sovint al cinema si baixés el preu de les entrades? I si baixés l'entrada dels cinemes 3D, aniries més al cinema convencional o menys? Explica el teu comportament en termes d'efecte renda i efecte substitució.

3> Suposem que la demanda d'entrepans està integrada únicament per dos consumidors, en Pau i en Joaquim, i que al preu de 0,5 € demanen, respectivament, dues i quatre unitats la setmana. Si el preu disminueix fins a 0,25 €, en Pau demanarà tres unitats, i en Joaquim, sis unitats. Representa gràficament les corbes de demanda individuals i del mercat d'entrepans.

3 L'oferta

El costat de l'oferta té a veure amb els termes en què les empreses volen produir i vendre els seus productes. Així com hem fet en el cas de la demanda, distingint entre demanar i comprar, ara hem de precisar la diferència entre *oferir* i *vendre*. *Oferir* és tenir la intenció o estar disposat a vendre, mentre que *vendre* és fer-ho realment. L'oferta recull les intencions de venda dels productors.

3.1 La taula d'oferta

La informació sobre la **quantitat oferta** d'un bé i el preu està recollida en la taula d'oferta. La **taula d'oferta individual** recull les diverses quantitats que un productor vol oferir per a cada preu, per unitat de temps, romanent els altres factors constants.

La **taula d'oferta individual** mostra les diverses quantitats que una empresa vol oferir per a cada preu.

En el Quadre 4.2 hi ha les taules d'oferta individuals de les dues empreses que integren el mercat de discos compactes que estem simplificant, així com la **taula d'oferta del mercat.** En termes generals, l'*oferta global* o *del mercat* s'obté a partir de les ofertes individuals sumant per a cada preu les quantitats que tots els productors d'aquest mercat volen oferir.

La **taula d'oferta del mercat** recull les diverses quantitats que els productors volen oferir per a cada preu.

Una **taula d'oferta del mercat** representa, per a uns preus determinats, les quantitats que els productors estarien disposats a oferir. A preus molt baixos, els costos de producció no es cobreixen i els productors no produiran res; segons els preus vagin augmentant, es començaran a llançar unitats al mercat, i a preus més alts, la producció serà més gran, perquè s'obtindran beneficis. Amb preus elevats, noves empreses podrien considerar interessant produir el bé, fet que també contribuiria a més oferta en el mercat.

Vocabulari

Quantitat oferta

La quantitat oferta d'un bé és la que els venedors volen i poden vendre.

Exemple

Pensem en el cas d'un petit empresari agrícola que ha de decidir quina quantitat produirà. Quan el preu és de 10 € per unitat de producció, llança 90 unitats al mercat. Si les condicions de mercat fan augmentar a 20 € el preu, estarà disposat a treballar hores extra per llançar 110 unitats. Si el preu continua pujant fins als 30 €, l'agricultor treballarà els caps de setmana per produir 140 unitats. Aquestes decisions possibles conformen la taula d'oferta de l'empresari agrícola.

Preu (€)	Quantitat produïda
10	90
20	110
30	140

Preu d'un CD (en euros)	Quantitat de CD oferta per Disc Jove		Quantitat de CD oferta per Disc Fun		Oferta del mercat
3,0	8		5		13
2,5	6		4		10
2,0	4	+	3	=	7
1,5	2		2		4
1,0	0		1		1

Quadre 4.2. ***La taula d'oferta individual i del mercat.*** *Les taules d'oferta dels venedors Disc Jove i Disc Fun indiquen tots els discos compactes que ofereix cadascun. L'oferta del mercat, que en el nostre cas només està integrat per les dues empreses, Disc Jove i Disc Fun, és la suma de les dues ofertes dels venedors.*

3.2 La llei de l'oferta

Com es dedueix de la taula d'oferta (Quadre 4.2), com més alt és el preu dels béns i serveis, més són els desitjos de venda d'aquests. Aquesta relació directa entre preu i quantitat oferta es fonamenta en el cas que els béns i serveis són produïts per empreses amb l'objectiu fonamental d'obtenir beneficis. I *el preu relatiu* d'un producte respecte als altres béns és un determinant dels beneficis. Com més alt sigui el preu d'un bé o servei, més beneficiosa serà la seva producció i més la quantitat oferta. Aquest principi es coneix com la **llei de l'oferta**.

> *Important*
>
> Segons la **llei dels rendiments decreixents,** a partir d'un determinat nivell, si es vol augmentar la producció d'un bé, caldrà afegir-hi més quantitats relatives de mà d'obra, la qual cosa farà que augmentin els costos i, per tant, el preu que ha de fixar l'empresa perquè li resulti interessant augmentar la producció.

> La **llei de l'oferta** expressa la relació directa que hi ha entre el preu i la quantitat oferta: en augmentar el preu, s'incrementa la quantitat oferta.

El fet que la corba d'oferta tingui pendent creixent també es pot justificar apel·lant a la **llei dels rendiments decreixents** (vegeu Epígrafs 3.2 i 3.4).

3.3 La corba d'oferta

La **corba d'oferta** de l'empresa o del mercat és la representació gràfica de la taula d'oferta respectiva i mostra les quantitats del bé que s'oferiran a la venda durant un període de temps específic a diversos preus de mercat. Aquesta corba es traça suposant que romanen constants els altres factors (o variables explicatives) diferents del preu que incideixen en l'oferta del bé, com ara els *preus d'altres béns*, els *preus dels factors productius* o la *tecnologia*.

Així, la corba d'oferta de discos compactes mostra la relació entre el preu i la quantitat oferta de discos compactes. A cada preu li correspon una quantitat oferta, i unint els diferents punts obtenim la corba d'oferta (Figura 4.2).

> La **corba d'oferta** és la representació gràfica de la relació entre el preu d'un bé i la quantitat oferta. En traçar la corba d'oferta, suposem que es mantenen constants totes les altres variables diferents del preu que poden afectar la quantitat oferta, com, per exemple, els preus dels factors productius.

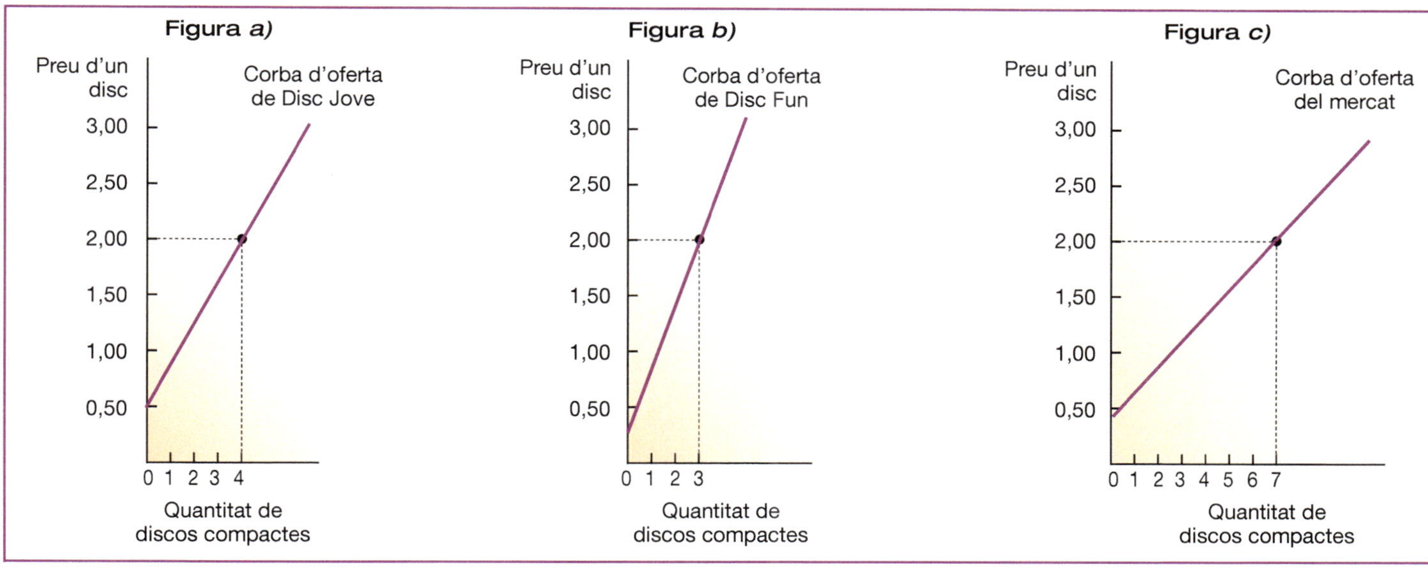

Figura 4.2. ***Corbes d'oferta individual i del mercat.*** *La corba d'oferta del mercat es troba sumant horitzontalment les corbes d'oferta individuals, en el nostre cas, dels venedors Disc Jove i Disc Fun.*

3.4 La funció d'oferta

Per traçar la corba d'oferta ens centrem en la quantitat i el preu del producte ofert, suposant que les altres variables explicatives romanen constants. En termes matemàtics, la relació entre la quantitat oferta d'un bé, el seu preu i la resta de variables explicatives es coneix com a **funció d'oferta.**

La funció d'oferta estableix que la quantitat oferta del bé en un període de temps concret *(Q_A)* depèn del preu d'aquest bé *(P_A)*, dels preus dels factors productius *(r)*, de la tecnologia *(z)* i del nombre d'empreses que actuen en aquest mercat *(H)*. D'aquesta manera, podem escriure la funció d'oferta següent:

$$Q_A = O\,(P_A, r, z, H)$$

La **funció d'oferta** recull la relació matemàtica existent entre la quantitat oferta d'un bé, el seu preu i les altres variables que influeixen en les decisions de producció.

Suposant que en la funció d'oferta anterior totes les variables romanen constants, excepte la quantitat oferta del bé *A* i el preu del mateix bé, s'obté la *corba d'oferta*, que no és sinó l'expressió gràfica de la funció d'oferta.

Activitats

4> Quines raons poden justificar que la corba d'oferta sigui creixent? Quins altres factors a més del preu poden incidir en la corba d'oferta? Explica mitjançant algun exemple la incidència d'aquests altres factors.

5> El mercat de sabates està integrat per tres empreses. Quan el preu és d'1 €, l'empresa Avarca, SL, n'ofereix 20 parells, l'empresa Betum, SA, n'ofereix 10 parells i l'empresa Cordó, s. coop., n'ofereix 10 parells. Si el preu és de 2 €, les quantitats ofertes per les tres empreses són 40, 20 i 20 parells, respectivament. Quan el preu puja a 3 €, les tres empreses ofereixen 65, 22 i 22 parells, respectivament. Per a un preu de 4 € les quantitats ofertes són 75, 25 i 25 parells, respectivament. I quan el preu puja fins a 5 €, les tres empreses ofereixen 100, 50 i 50 parells, respectivament. A partir d'aquesta informació, calcula la taula d'oferta del mercat i representa gràficament la corba d'oferta.

4 L'oferta i la demanda: l'equilibri del mercat

Quan posem en contacte consumidors i productors amb els respectius plans de consum i producció, és a dir, amb les respectives corbes de demanda i oferta en un mercat particular, podem analitzar com es du a terme la coordinació d'ambdós tipus d'agents (Quadre 4.3 i Figura 4.3). S'observa com, en general, un preu arbitrari no aconsegueix que els plans de demanda i d'oferta coincideixin. Només en el punt de tall de les corbes d'oferta i demanda es produirà aquesta coincidència i només un preu podrà propiciar un ple acord entre productors i consumidors. Aquest preu rep el nom de **preu d'equilibri,** i la quantitat oferta i demanada, comprada i venuda a aquest preu, **quantitat d'equilibri.**

Important

Ni la corba de demanda ni la d'oferta ens diran fins on pot arribar el preu o quina quantitat es produirà i consumirà. Per a això hem de fer un estudi conjunt de les dues corbes i procedir per «tempteig».

El **preu d'equilibri** o preu que buida el mercat és aquell per al qual la quantitat demanada és igual a l'oferta. Aquesta és la **quantitat d'equilibri**. L'equilibri es troba en la intersecció de les corbes d'oferta i demanda.

4.1 Excés d'oferta i de demanda: excedent i escassetat

En termes de la Figura 4.3 i del Quadre 4.3 veiem com en la situació d'equilibri, és a dir, per a $P_E = 2$, s'igualen les quantitats ofertes i demanades.

A qualsevol preu més alt que el d'equilibri, per exemple, per a $P = 2{,}5$, la quantitat que els productors volen oferir excedeix la quantitat que els demandants volen adquirir i, a causa de la pressió de les existències no venudes, la competència entre els venedors farà que el preu descendeixi fins a la situació d'equilibri. Les fletxes indiquen el sentit descendent en què tendeix a variar el preu quan hi ha un **excedent** o **excés d'oferta** en el mercat.

Important

Excedent

Hi ha oferents que al preu vigent en el mercat no poden vendre el que volen.

Un **excés d'oferta** o **excedent** és la situació en què la quantitat oferta és superior a la demanada.

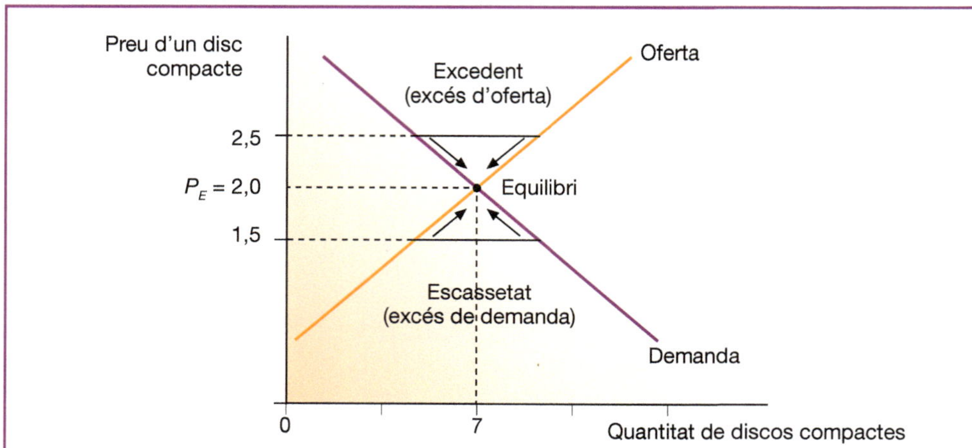

Figura 4.3. ***Determinació de l'equilibri en el mercat.*** *Tenint en compte el preu d'equilibri, quan el preu és inferior, hi ha un excés de demanda (escassetat), la qual cosa tendeix a elevar-lo. Quan és superior, hi ha un excés d'oferta (excedent) i això tendeix a baixar-lo. En un mercat lliure, els preus tendeixen a desplaçar-se cap al nivell d'equilibri.*

Preu (P)	Quantitat demandada (D)	Quantitat oferta (O)	Escassetat o excedent	Pressió sobre el preu
1,5	10	4	Escassetat	Alça
2,0	7	7	—	—
2,5	4	10	Excedent	Baixa

Quadre 4.3. ***L'equilibri del mercat.*** *Al preu de 2 € hi ha equilibri. A preus superiors, hi ha excedent, i a preus inferiors, hi ha escassetat.*

Al contrari, si el preu és menor que el d'equilibri, per exemple per a $P = 1{,}5$, atès que la quantitat que els demandants volen adquirir és superior a l'oferta pels productors, els compradors que no hagin pogut obtenir la quantitat desitjada del producte pressionaran a l'alça el preu tractant d'adquirir la quantitat desitjada. L'escassetat genera una pressió ascendent en el preu, tal com indiquen les fletxes.

Un **excés de demanda** o **escassetat** és la situació en què la quantitat demanada és superior a l'oferta.

Només al preu d'equilibri ($P_E = 2$) s'igualen les quantitats demanada i oferta, és a dir, el mercat es buida. Si el preu fos més alt que P_E, l'excés d'oferta o excedent faria baixar el preu fins a P_E, i si fos menor, l'excés de demanda o escassetat, segons la terminologia de la taula, el faria pujar. Això es coneix com la **llei de l'oferta i la demanda.**

La **llei de l'oferta i la demanda** estableix que el preu d'un bé s'ajusta per a equilibrar l'oferta i la demanda.

4.2 El concepte d'equilibri

En economia entenem per **equilibri** aquella situació en què no hi ha forces inherents que incitin al canvi. Els canvis a partir d'una situació d'equilibri ocorreran només com a resultat de factors exògens que alterin *l'statu quo*. Així doncs, es tindrà una combinació d'equilibri de preu, quantitat oferta i demanada quan regeixi en el mercat un preu per al qual no hi hagi ni compradors ni venedors frustrats que tendeixin a empènyer els preus a l'alça o a la baixa per adquirir les quantitats desitjades o estimular-ne les vendes.

En la Figura 4.3, P_E és un preu d'equilibri, perquè és l'únic preu que pot durar, ja que només a P_E s'igualen les quantitats demanades i ofertes voluntàriament. Per tant, l'equilibri es troba en el punt d'intersecció de les corbes d'oferta i de demanda, és a dir, en què s'igualen les quantitats ofertes i demanades.

Important

Escassetat

En una situació d'**escassetat** hi ha demandants frustrats que al preu vigent no poden comprar el que volen.

Exemple

Un exemple de com s'arriba a l'equilibri és el d'una llotja de peix. En cada llotja hi ha un subhastador la missió del qual és propiciar l'acord dels oferents i els demandants via preu. Per a cada lot de peix va cantant uns preus cada cop menors: el comprador que, mitjançant un senyal, para la subhasta s'emporta el lot a l'últim preu cantat. A preus alts potser no hi ha demanda, però si deixem que el preu baixi excessivament, ens quedarem sense comprar res.

Activitats

6> Les dades sobre el mercat de samarretes esportives són les que recull la taula adjunta. Completa en el teu quadern les dues últimes columnes, indicant la situació de mercat (excés d'oferta, equilibri o excés de demanda) i la pressió exercida sobre els preus (descendent, nul·la o ascendent).

Preu (€ per samarreta)	Quantitat demanada	Quantitat oferta	Situació de mercat	Pressió sobre els preus
50	90	180		
40	100	160		
30	120	120		
20	150	70		
10	200	0		

5 Canvi en les condicions de mercat

Fins ara hem estudiat el mecanisme de mercat centrant-nos en com l'oferta i la demanda d'un determinat bé s'ajusten en funció del preu per a aconseguir l'equilibri.

Hem suposat que tots els factors que incideixen sobre la demanda i l'oferta, excepte el preu, romanien constants. Però ara analitzarem els efectes sobre el preu i la quantitat d'equilibri d'alteracions en factors, com ara la renda o els preus de béns relacionats.

5.1 Desplaçaments de la corba de demanda

La corba de demanda d'un bé, com ja hem vist, es traça mantenint constants tots els factors que incideixen sobre la demanda, excepte el preu del bé considerat. Per exemple, en determinar quina quantitat de mantega es vol demanar a diferents preus, suposem que els factors, a excepció del preu, que afecten la demanda de mantega romanen constants. No obstant això, és freqüent que els altres factors no romanguin inalterats, fet que motivarà **desplaçaments de la corba de demanda** de mantega.

Important

La **corba de demanda** d'un bé **es desplaça** quan s'altera qualsevol dels factors diferents del preu que incideixen en la demanda. Quan s'altera el preu, el que té lloc és un *moviment al llarg de la corba de demanda*, no un desplaçament.

D'aquests factors, els més importants són els següents:

- La renda dels consumidors.
- Els preus dels béns relacionats.
- Els canvis en els gustos o les preferències dels consumidors.

Vocabulari

Tipologia de béns segons la seva relació amb la renda

- Normal:
  - Primera necessitat.
  - Luxe.
- Inferior.

A. La renda dels consumidors

Si la renda d'un consumidor s'incrementa, aquest individu normalment voldrà gastar més diners i demanarà una quantitat més gran de molts dels béns (però no de tots). Precisament, aquest fet ens permet establir la distinció entre *béns normals* i *béns inferiors*.

Exemple

El normal és que quan una persona té més diners, consumeixi més quantitat del que consumia. Així, si a un estudiant els seus pares li augmenten la quantitat de diners que li assignen setmanalment, el normal serà que augmenti la quantitat dels béns que generalment compra (entrepans, refrescos, tabac, oci...) i potser incorpori algun bé nou en els seus plans de compra. Per això, els béns el consum dels quals augmenta amb la renda s'anomenen **béns normals.**

Béns normals i béns inferiors

Un **bé normal** és aquell la quantitat del qual demanada per a cadascun dels preus s'incrementa quan augmenta la renda.

Un **bé inferior** és aquell la quantitat del qual demanada disminueix quan augmenta la renda.

Quan es tracta d'un **bé normal,** l'augment de la renda dels consumidors eleva la quantitat demanada a cadascun dels preus. Aquest canvi es representa gràficament com un desplaçament de la corba de demanda de béns normals cap a la dreta (Figura 4.4).

Així, per exemple, quan es produeix un augment de la renda de les famílies, aquestes poden consumir més mantega per a cadascun dels preus possibles d'aquesta, per la qual cosa la corba de demanda es desplaçarà cap a la dreta.

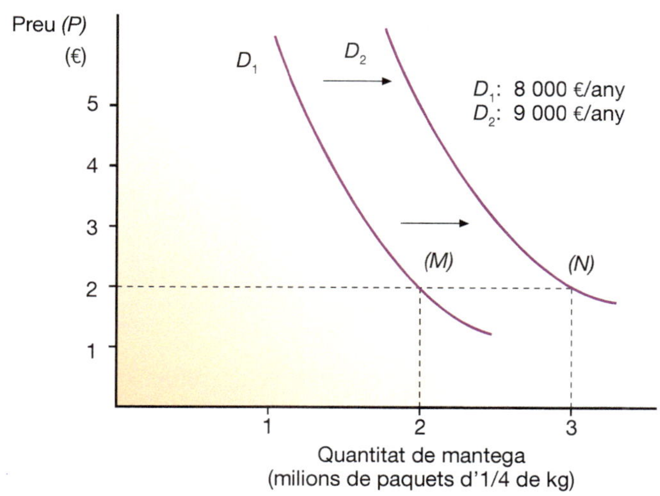

Figura 4.4. ***Desplaçament de la corba de demanda de mantega.*** *El desplaçament cap a la dreta de la corba de demanda originat per algun dels factors analitzats en el text (augment de la renda, pujada del preu d'un bé substitutiu de la mantega o augment de les preferències dels consumidors per la mantega) implica que la quantitat demanada augmenta per a cadascun dels preus.*

La nova corba de demanda de mantega, D_2, es troba en tots els seus punts a la dreta de l'antiga D_1. Per exemple, al preu de 2 € el paquet d'1/4 de kg de mantega, la quantitat demanada en el mercat és de 2 milions de paquets de mantega *(M)*, quan la renda mitjana anual de les famílies és de 8 000 € l'any, i de 3 milions de paquets, quan la renda mitjana familiar és de 9 000 € l'any *(N)*.

Els **béns inferiors** solen ser béns per als quals hi ha alternatives de més qualitat. Quan augmenta la renda dels individus, generalment disminueix el consum d'aquests béns.

Béns de luxe i béns de primera necessitat

Dins els béns normals cal distingir entre *béns de luxe* i *béns de primera necessitat.*

Un bé és de **luxe** quan en augmentar la renda, la quantitat demanada del bé augmenta en més proporció que la renda.

Un bé és de **primera necessitat** quan en augmentar la renda, la quantitat demanada del bé augmenta en menor proporció que l'augment de la renda.

Exemple

Exemples de **béns inferiors** podrien ser la mortadel·la, la margarina o el transport amb autobús. Quan augmenta la renda dels individus, generalment disminueix el consum d'aquests béns.

Un exemple de **bé de primera necessitat** podria ser la llet, mentre que un **bé de luxe** seria un cotxe esportiu.

B. Els preus dels béns relacionats

La quantitat demanada d'un bé depèn de les variacions dels preus dels béns que hi estan relacionats. Per exemple, les variacions del preu de la margarina afectaran la quantitat demanada de mantega, ja que la margarina i la mantega són dos béns que poden satisfer una mateixa necessitat en el consum.

Així, per exemple, una pujada del preu de la margarina induirà alguns consumidors a demanar més mantega i menys margarina, de manera que els consumidors substitueixen en la seva dieta la margarina per la mantega, pel fet que la margarina s'ha encarit.

En termes gràfics, l'augment del preu de la margarina provoca un desplaçament de la corba de demanda de mantega similar al provocat per un augment de la renda dels consumidors (Figura 4.4).

Ara bé, la influència d'una variació del preu d'un bé en la corba de demanda d'un altre bé depèn que tots dos siguin *substitutius* o *complementaris*.

Béns substitutius i béns complementaris

Important

Tipologia de béns segons la seva relació amb el preu de l'altre bé

- Substitutius.
- Complementaris.

Els béns són **substitutius** si la pujada del preu d'un d'aquests eleva la quantitat demanada de l'altre, sigui quin en sigui el preu.

Els béns són **complementaris** si la pujada del preu d'un d'aquests redueix la quantitat demanada de l'altre.

En el cas de la mantega i la margarina, es tracta de dos **béns substitutius.** La carn de porc i la de vedella, el te i el cafè, els taxis i els autobusos, són també parelles de béns substitutius i, com aquests, n'hi ha un nombre gairebé infinit.

Exemples de béns que tendeixen a utilitzar-se conjuntament, és a dir, que són **complementaris** en el consum, poden ser: els cotxes i la gasolina, el cafè i la llet, les sabates i els cordons, la cervesa i les olives.

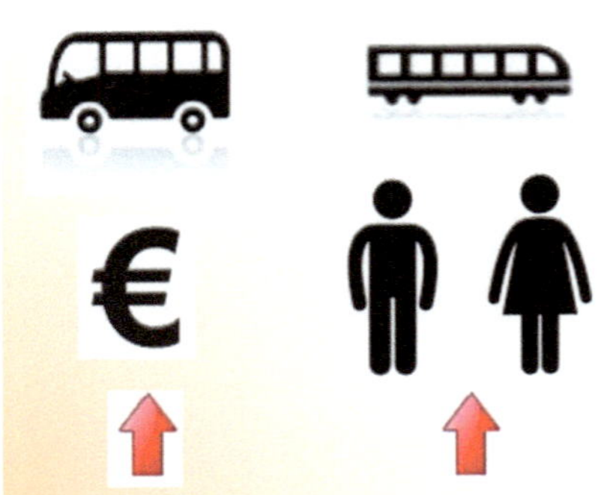

Si augmenta el preu del bitllet d'autobús, augmentarà la demanda de viatges amb tren.

Mentre que la pujada del preu d'un bé substitutiu desplaça la corba de demanda de l'altre bé cap a la dreta, la pujada del preu d'un bé complementari la desplaça cap a l'esquerra. Així, en augmentar el preu de la gasolina, els consumidors reduiran la seva demanda de cotxes, per a tots els preus.

C. Els canvis en els gustos o les preferències dels consumidors

Els gustos també experimenten alteracions que poden provocar desplaçaments en la corba de demanda. Les preferències dels consumidors es poden alterar simplement perquè els gustos es modifiquin amb el transcurs del temps, o bé per campanyes publicitàries dirigides a aconseguir aquest objectiu.

Per això, si varien els gustos en el sentit que es vulgui demanar més quantitat d'un determinat producte, s'originarà un desplaçament de la corba de demanda cap a la dreta (Figura 4.4), mentre que si la modificació de les preferències és en sentit contrari, el desplaçament serà cap a l'esquerra.

Hi ha molts factors que influeixen en les preferències del consumidor.

5.2 Desplaçaments de la corba d'oferta

La corba d'oferta d'un bé, que ja hem estudiat en aquesta unitat, es traça mantenint constants els factors diferents del preu del bé.

D'aquests, els més significatius són:

- Els **preus** dels **factors productius.**
- La **tecnologia** disponible.
- Les **expectatives** sobre el futur del mercat.
- El **preu** dels **altres béns.**

Les variacions de qualsevol d'aquests elements alteren la quantitat oferta a cadascun dels preus i, per tant, fan que es desplaci la corba d'oferta.

La **corba d'oferta** d'un bé **es desplaça** quan s'altera qualsevol dels factors que incideixen en l'oferta diferents del preu en qüestió, per exemple: els preus d'altres béns, els preus dels factors productius o la tecnologia. Quan s'altera el preu, el que té lloc és un **moviment** al llarg de la corba d'oferta, no un **desplaçament.**

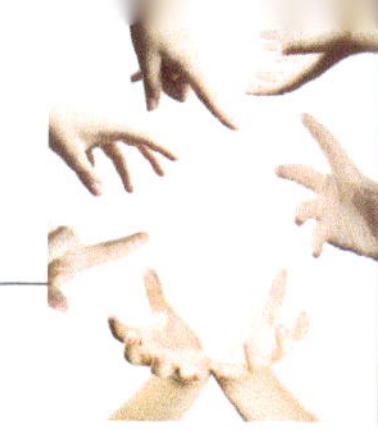

A. Els preus dels factors productius

Una reducció en els salaris dels treballadors ocupats en una fàbrica de mantega permetrà que les mateixes quantitats de mantega que abans es fabricaven es puguin produir a uns preus menors. En termes gràfics, la caiguda dels preus, sigui quina sigui la quantitat produïda de mantega, provocarà un desplaçament cap a la dreta de la corba d'oferta de mantega (Figura 4.5).

B. La tecnologia disponible

Una millora en la tecnologia utilitzada en la fabricació de pneumàtics de cotxes pot reduir els costos de producció. Això permetrà que les empreses puguin oferir les mateixes quantitats de pneumàtics que abans, a uns preus menors. En termes gràfics, aquest fet implica un desplaçament de la corba d'oferta cap a la dreta.

C. Un augment en el nombre d'empreses oferents

La millora de les expectatives en un sector determinat, com pot ser en el de la producció d'energia fotovoltaica, pot impulsar l'entrada d'empreses en aquest sector, la qual cosa es traduirà en un augment en l'oferta d'energia fotovoltaica. En termes gràfics, l'oferta d'aquest tipus d'energia experimentarà un desplaçament cap a la dreta.

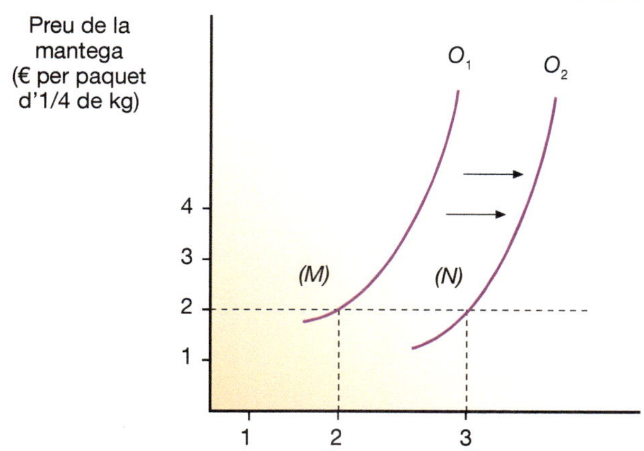

Figura 4.5. *Desplaçament de la corba d'oferta.* *Quan s'altera algun dels factors diferents del preu que incideixen en l'oferta, aquesta es desplaça, com, per exemple, quan té lloc una millora tecnològica.*

Exemple

Una crisi com la viscuda a Espanya des de 2008 ha fet que moltes empreses de la construcció es vegin obligades a tancar a causa de les pèrdues acumulades. En termes gràfics, aquesta destrucció d'empreses implica un desplaçament a l'esquerra de la corba d'oferta en el sector de la construcció.

Activitats

7> Quina és l'explicació teòrica dels desplaçaments de la corba d'oferta quan s'altera alguna variable que incideix en la quantitat oferta diferent del preu del bé en qüestió?

8> Quin efecte tindria sobre la corba d'oferta de cotxes elèctrics un descobriment que permetés utilitzar unes bateries que es poguessin recarregar en pocs segons?

9> La crisi financera internacional iniciada el 2007 va impactar en l'economia amb molta severitat. Quin efecte va tenir sobre la indústria auxiliar de la construcció en termes de la corba d'oferta?

10> Davant l'auge de les xarxes socials, una empresa de publicitat decideix crear una unitat especialitzada per a aquest tipus de mitjans, utilitzant una nova tecnologia que redueix significativament els costos de producció. Com evolucionarà l'oferta d'aquest tipus de serveis?

5.3 Desplaçaments d'una corba i moviments al llarg d'aquesta

Important

Moviment al llarg d'una corba de demanda o d'oferta: quan s'altera el preu.

Desplaçament d'una corba de demanda o d'oferta: quan canvia una altra variable que no és el preu.

Centrant-nos inicialment en el cas de la demanda, convé destacar la diferència entre un *desplaçament de la corba de demanda* respectiva i un *augment de la quantitat demanada.*

Els **moviments al llarg de la corba de demanda** d'un bé, com, per exemple, la mantega, es produeixen com a conseqüència d'un canvi en el preu de la mantega.

Els **desplaçaments de la corba de demanda** (de mantega) es deuen a alteracions d'alguns dels altres factors diferents del preu de la mantega, com, per exemple, la renda dels consumidors.

La corba de demanda de la Figura 4.6 il·lustra la distinció entre els dos tipus de canvis.

L'Esquema 4.1 també recull la diferència entre els canvis o desplaçaments de la corba de demanda i els canvis en la quantitat demanada.

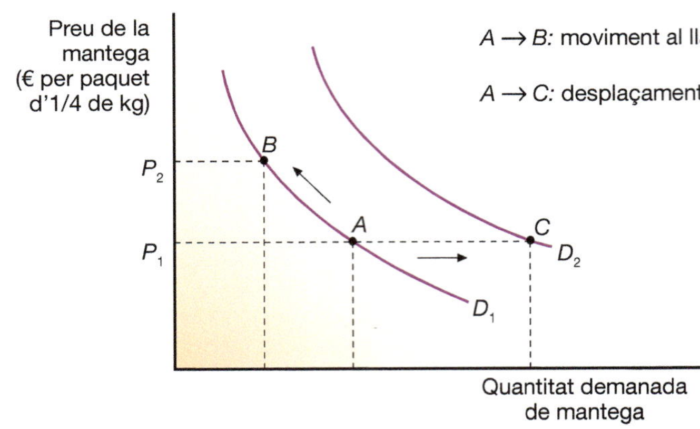

Figura 4.6. ***Canvis en la demanda.*** *Els* moviments al llarg d'una corba de demanda *de mantega tenen lloc quan se n'altera el preu (pas de* A *a* B*), mentre que els* desplaçaments de la mateixa corba *es produeixen quan canvia algun dels factors diferents del preu, com, per exemple, la renda (pas de* A *a* C*).*

A. Els desplaçaments de la corba d'oferta i la seva incidència sobre el preu i la quantitat d'equilibri

Analitzarem la incidència sobre el preu i la quantitat d'equilibri d'un desplaçament de la corba d'oferta en dos mercats diferents, per exemple: el del blat i el de l'ordi.

Suposem que disminueix el preu del capital financer (interessos que es paguen pels préstecs), la qual cosa implicaria una reducció en els costos de producció del blat i de l'ordi.

La incidència d'una reducció del preu del capital financer es representa mitjançant un **desplaçament cap a la dreta de la corba d'oferta** de O_0 a O_1 en els dos gràfics de la Figura 4.7. Com que els determinants de la demanda no han variat i les quantitats demanades a tots els preus no resulten afectades per la reducció dels costos de producció, les corbes de demanda no es desplacen. Com mostra la Figura 4.7, els preus d'equilibri descendeixen de P_0 a P_1 i les quantitats d'equilibri augmenten de Q_0 a Q_1.

Un **desplaçament de la corba d'oferta cap a la dreta** implica una reducció del preu d'equilibri i un augment de la quantitat d'equilibri.

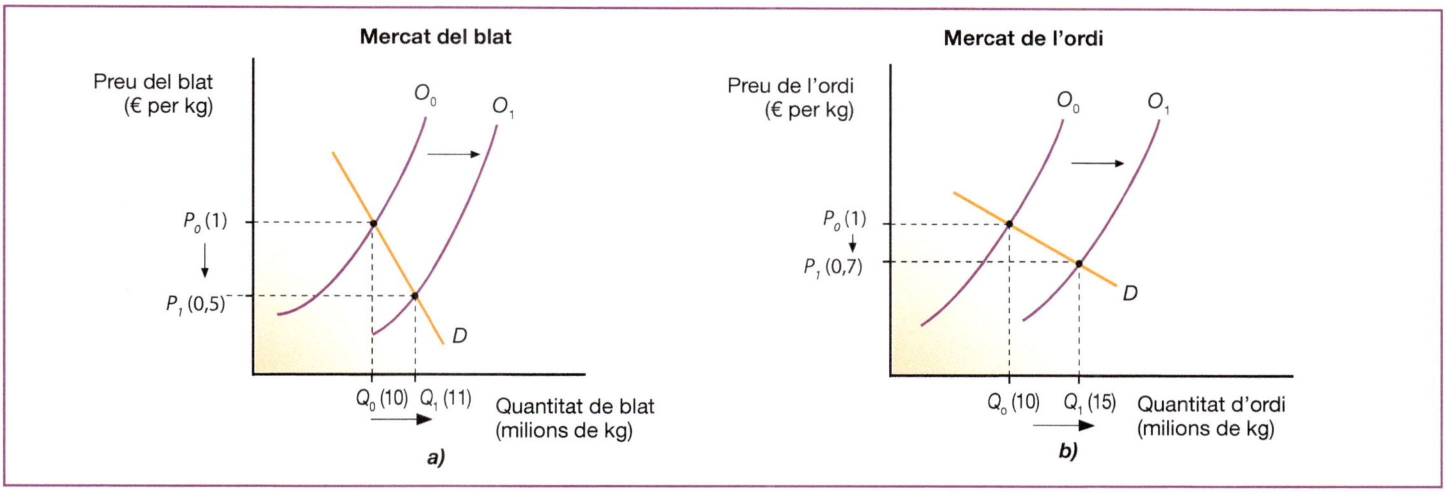

Figura 4.7. *Desplaçament de la corba d'oferta i els seus efectes sobre el preu i la quantitat d'equilibri.* *Quan es redueix el preu del capital, els costos de producció disminueixen i la corba d'oferta es desplaça cap a la dreta des de O_0 fins a O_1. La incidència sobre el preu i la quantitat d'equilibri de cada mercat depèn de la inclinació de la corba de demanda.*

Com es pot observar en la Figura 4.7, si inicialment suposem que el preu del blat i de l'ordi és d'1 €/kg, i si les corbes d'oferta del blat i de l'ordi experimenten un desplaçament similar, l'efecte sobre el preu i la quantitat d'equilibri de tots dos mercats és ben diferent.

Així, atès que la corba de demanda del blat és més vertical que la de l'ordi, el canvi experimentat pel preu d'equilibri del blat és notablement més acusat que el de l'ordi.

El preu del blat passa d'1 a 0,5 €, i el de l'ordi, d'1 a 0,7 €, mentre que la variació experimentada per la quantitat d'equilibri és molt menor en el cas del blat que en el de l'ordi (de 10 milions a 11 milions de quilograms, en el cas del blat, i de 10 milions a 15 milions de quilograms, en el cas de l'ordi).

Com podem comprovar, el factor clau de la superior o inferior *sensibilitat* dels preus i la quantitat d'equilibri davant un desplaçament de la *corba d'oferta* descansa en la inclinació que tingui la corba de demanda.

La sensibilitat de la quantitat demanada davant una variació del preu es mesura en economia mitjançant el concepte d'**elasticitat** de la demanda, que s'analitza en l'epígraf següent.

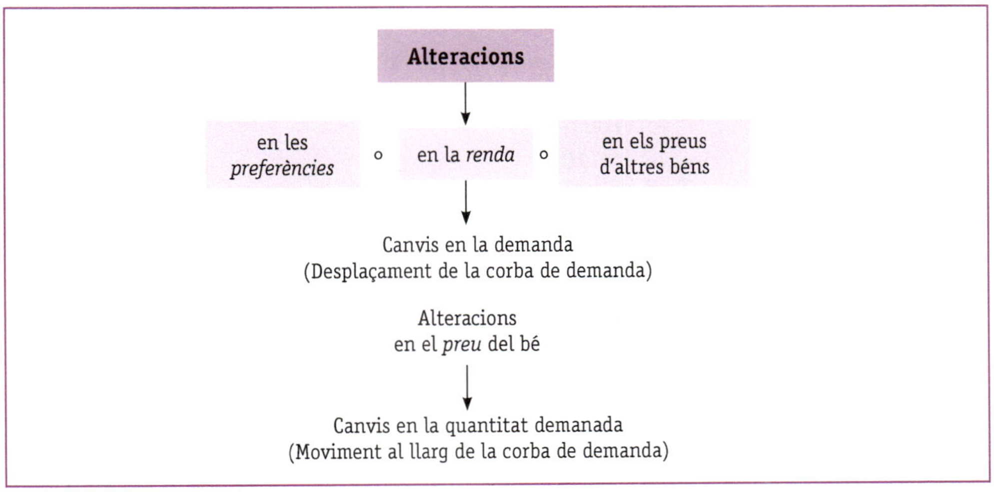

Esquema 4.1. *Canvis en la demanda i canvis en la quantitat demanada.*

Activitats

11> Què passarà amb la demanda de Coca-Cola si el preu de Pepsi s'ha reduït en un 15 %? Quin tipus de desplaçament experimenta la corba de demanda de Coca-Cola?

12> Com es veurà afectada la demanda de pilotes de tennis si el seu preu s'incrementa en un 20 %? La corba de demanda experimenta algun tipus de desplaçament?

13> Un institut està situat en un barri perifèric de la ciutat, i els estudiants acostumen a anar-hi amb metro i/o autobús. Què passarà amb la demanda d'aquest últim mitjà de transport si el preu del metro augmenta en un 15 %?

14> Analitza l'efecte sobre la corba d'oferta de pilotes de cuir dels fets següents:

a) Una disminució del preu de la pell utilitzada per a fabricar les pilotes.

b) Una innovació tecnològica que incrementa l'eficiència en la fabricació de les pilotes.

c) L'aparició d'un nou tipus de pilota sintètica.

15> Consulta l'article «¿El principio de la decadencia para Blackberry?», publicat per Kike Vázquez en el diari digital *El Confidencial* el dia 26 de juliol de 2011. S'hi assenyala que, a causa de la competència dels telèfons intel·ligents, Research in Motion (RIM), empresa més coneguda per donar vida a la popular Blackberry, acomiadaria una mica més del 10 % de la seva plantilla. Com es pot interpretar aquesta notícia en termes de l'esquema de les corbes d'oferta i demanda?

6 Elasticitat-preu de la demanda i elasticitat de l'oferta

L'**elasticitat-preu de la demanda *(E_p)*** mesura el grau en què la quantitat demanada, és a dir, els consumidors, respon a les variacions del preu de mercat. S'expressa com el quocient entre la variació percentual de la quantitat demanada del bé produïda per una variació del seu preu en un 1 %, mantenint-se constants tots els altres factors que afecten la quantitat demanada.

Per a calcular l'**elasticitat-preu de la demanda *(E_p)*** pot utilitzar-se l'expressió següent:

$$\text{Elasticitat de la demanda } (E_p) = \frac{\text{Variació percentual de la quantitat demanada}}{\text{Variació percentual del preu}} = \frac{\frac{\Delta Q}{Q} \cdot 100}{\frac{\Delta P}{P} \cdot 100}$$

Aplicant aquesta fórmula al canvi que té lloc entre els punts *A* i *B* de la Figura 4.8.*a*, obtenim l'aproximació següent al valor de l'elasticitat:

$$E_p = \frac{\frac{100 - 180}{100}}{\frac{5 - 3}{5}} = \frac{-80/100}{2/5} = -2$$

De manera semblant es calculen els valors de l'elasticitat de la demanda de les Figures 4.8.*b* i 4.8.*c*.

Atès que el preu i la quantitat demanada sempre varien en sentit contrari, l'elasticitat de la demanda *(E_p)* sempre és negativa. Tanmateix, normalment, l'elasticitat-preu de la demanda *(E_p)* s'expressa en termes absoluts, és a dir, sense el signe negatiu. És com si multipliquéssim el resultat d'aplicar la fórmula per –1 per fer que sempre sigui positiu.

Exemple

El responsable d'una editorial està intentant determinar el preu de venda dels llibres. Que el director comercial li digui que si en redueix el preu, la quantitat venuda de llibres augmentarà, i que si, al contrari, n'incrementa el preu, es reduiran les vendes li serà de molt poca ajuda. L'empresa està interessada a saber com evolucionarà l'ingrés total *($IT = P \cdot q$)* segons el preu de venda que es fixi. Per obtenir aquesta informació cal calcular l'elasticitat de la demanda.

Important

Elasticitat de la demanda: categories i casos extrems

Elàstica: $E_p > 1$

Elasticitat unitària: $E_p = 1$

Inelàstica: $E_p < 1$

Completament rígida: $E_p = 0$

Perfectament elàstica: $E_p = \infty$

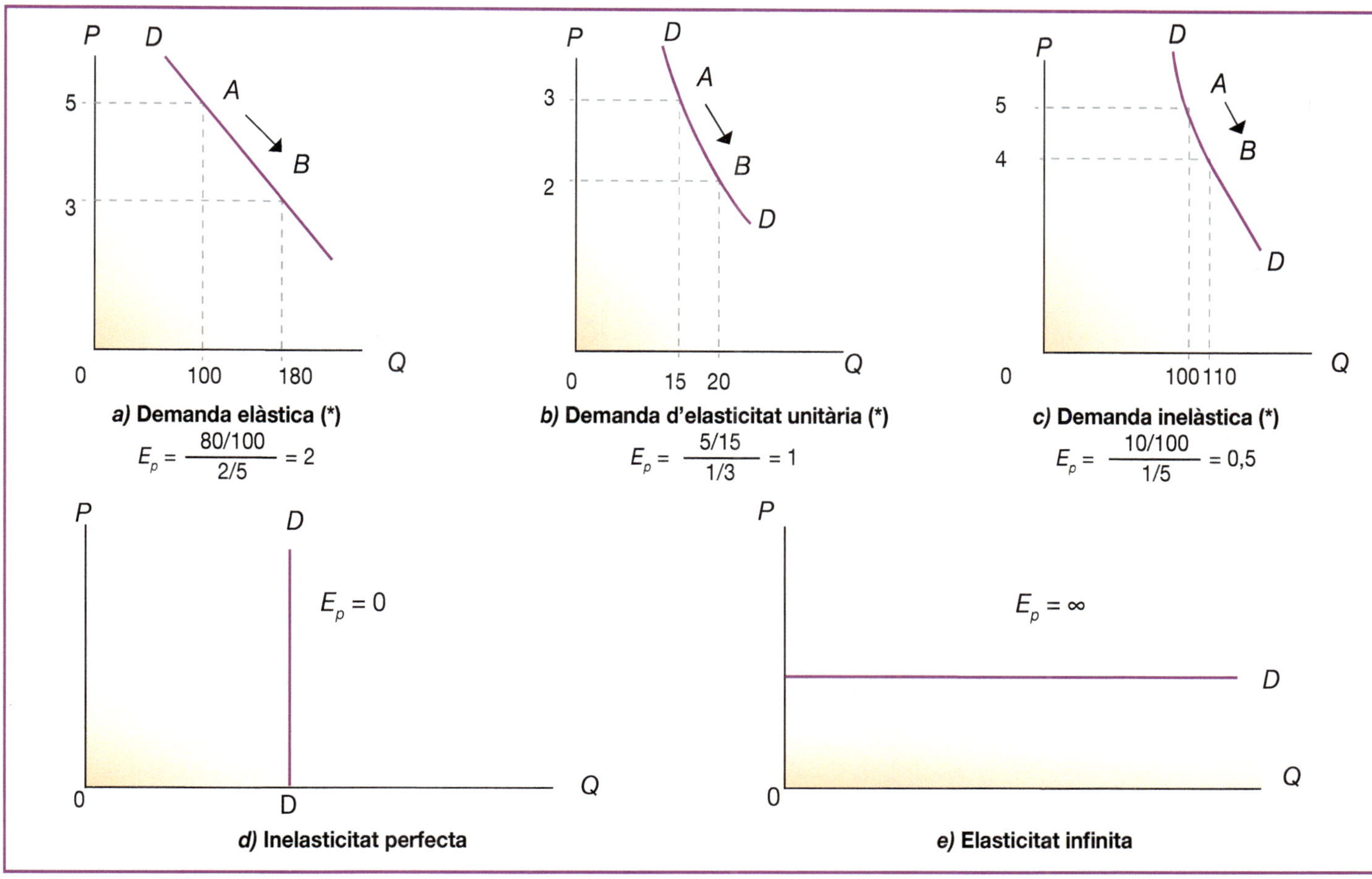

Figura 4.8.
Elasticitat de la demanda.
L'elasticitat de la demanda permet establir tres categories fonamentals i dos casos extrems:

a) *La demanda serà elàstica quan una reducció percentual del preu generi un augment percentual superior de la quantitat [E_p = 2].*

b) *Serà unitària quan la reducció percentual del preu i l'augment percentual de la quantitat siguin iguals [E_p = 1].*

c) *Serà inelàstica quan una reducció percentual del preu impliqui un augment percentual menor de la quantitat [E_p = 0,5].*

d) *La corba de demanda serà perfectament inelàstica o rígida quan una reducció percentual del preu no impliqui cap variació en la quantitat [E_p = 0].*

e) *Serà perfectament elàstica quan el pendent de la corba sigui infinit [$E_p = \infty$].*

* *En les Figures* a, b *i* c *suposem que es parteix del punt A i es va al B.*

L'**elasticitat-preu** mesura la sensibilitat de la quantitat demanada davant alteracions en el preu. Atès que la corba de la demanda té pendent negatiu, l'elasticitat-preu de la demanda sempre té signe negatiu.

El càlcul de l'elasticitat-preu de la demanda permet establir la tipologia següent:

- Quan una variació del preu d'un 1 % provoca una variació de la quantitat demanada superior a aquest percentatge, diem que la demanda és **elàstica** respecte al preu.
- Quan una variació del preu d'un 1 % provoca una variació de la quantitat demanada inferior a aquest percentatge, diem que la demanda és **inelàstica** respecte al preu.
- Quan una variació del preu d'un 1 % provoca una variació de la quantitat demanada d'aquest mateix percentatge, diem que la demanda té **elasticitat unitària.**

La **demanda és elàstica** si l'elasticitat-preu de la demanda és superior a 1; és **inelàstica** si és inferior a 1, i és d'**elasticitat unitària** si és igual a 1.

Altres casos singulars de corba de demanda segons el valor de l'elasticitat-preu de la demanda són: 1) la demanda **perfectament elàstica** o **elàstica infinita,** que té lloc quan la corba de demanda és horitzontal, i 2) la demanda **perfectament inelàstica,** quan la corba de demanda és una línia vertical.

Activitats

16> En quin sentit l'anàlisi de la demanda presentada en l'Epígraf 2 és qualitativa però no quantitativa?

17> Si l'elasticitat-preu de la demanda de llibres és 2, en quin percentatge s'incrementarà la quantitat demandada si el preu de venda passa de 20 a 18 €?

18> Calcula l'elasticitat de la demanda d'un bé quan es redueix el preu de 22,5 a 20 € i la quantitat demandada augmenta de 10 a 20 unitats.

Important

Ingrés total =
= preu · quantitat

6.1 L'elasticitat de la demanda i l'ingrés total

L'elasticitat de la demanda és un concepte important per als venedors perquè els permet saber si, en reduir o augmentar el preu en un determinat percentatge, l'**ingrés total,** és a dir, el preu multiplicat per la quantitat venuda, augmentarà, disminuirà o romandrà inalterat. Coneixent l'elasticitat de la demanda d'un bé, podrem saber en quin sentit variarà l'ingrés quan ho fa el preu.

- Si la **demanda és elàstica (E_p > 1),** el canvi percentual en la quantitat demandada serà superior al produït en el preu. Així, per exemple, si aquest es redueix en un 10 %, la quantitat demandada s'incrementarà en més d'un 10 % i l'ingrés total augmentarà. D'altra banda, si el preu augmenta en un 10 %, la quantitat demandada es reduirà en més d'un 10 % i l'ingrés total disminuirà (Figura 4.8.*a*).

Quan la **demanda és elàstica,** una **reducció del preu incrementarà l'ingrés total** i **un augment el reduirà.**

- Si la **demanda és inelàstica (E_p < 1),** el canvi percentual en la quantitat demandada és menor que el canvi percentual en el preu. D'aquesta manera, si el preu es redueix en un 10 %, la quantitat demandada augmentarà en menys d'un 10 %, per la qual cosa l'ingrés total disminuirà (Figura 4.8.*c*).

Quan la **demanda és inelàstica,** una **reducció en el preu disminuirà l'ingrés total** i **un augment l'incrementarà.**

Destrucció d'una collita de cacau. En els mercats amb demanda inelàstica, com molts agraris, de vegades els preus pagats al productor fan que el compensi destruir la producció en lloc de llançar-la al mercat.

Això explica el comportament de certs agricultors que, de vegades, prefereixen cremar o destruir part de les seves collites. D'aquesta manera aconsegueixen que pugin els preus dels seus productes i que els ingressos totals augmentin, perquè la demanda de productes agrícoles sol ser inelàstica. La Figura 4.9 il·lustra la relació entre l'elasticitat de la demanda i l'ingrés total.

A. Anàlisi gràfica

Tenint en compte un preu qualsevol, l'ingrés total es pot representar mitjançant el rectangle sota la corba de demanda. L'altura del rectangle és el preu, i la base, la quantitat demanada. Ja que *l'ingrés total = quantitat venuda · preu*, l'àrea del rectangle és la representació de l'ingrés total.

- En la Figura 4.9.*a*, la demanda és elàstica per als preus referits i, com es pot observar, l'ingrés total augmenta quan el preu es redueix. Quan el preu és 5 €, i la quantitat venuda, 100, l'ingrés és de 500 € (500 = 5 · 100), mentre que quan el preu és 3 €, i la quantitat, 180, l'ingrés total és de 540 €. Així doncs, quan el preu es redueix, l'ingrés total augmenta.
- En la Figura 4.9.*b* la corba de demanda és inelàstica per als preus considerats i l'ingrés total disminueix quan el preu es redueix. Així, al preu de 5 € i amb unes vendes de 100 unitats, l'ingrés total és de 500 €, mentre que quan el preu és de 4 €, i la quantitat venuda, 110, l'ingrés total és de 440 €. Per tant, en aquest cas, en reduir-se el preu, l'ingrés també es redueix. Generalment, la demanda dels productes agrícoles sol ser inelàstica, la qual cosa justifica que de vegades els agricultors, quan la collita és molt gran i el preu baixa, vegin reduir els seus ingressos totals.

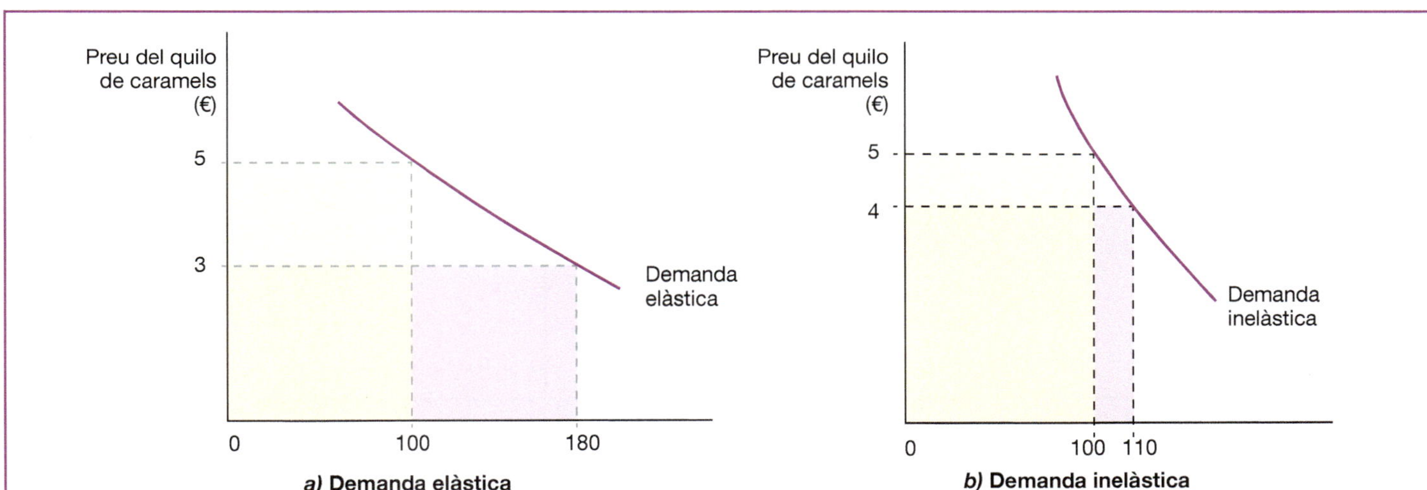

Figura 4.9. *L'elasticitat de la demanda i l'ingrés total.* *En la Figura* a, *quan el preu és de 5 €, l'ingrés total és 500 €, de manera que en baixar el preu a 3 €, augmenta l'ingrés total. En la Figura* b, *tanmateix, l'ingrés total es redueix (a 440 €) quan disminueix el preu.*

Activitats

19> Com es pot explicar, des del punt de vista de la racionalitat econòmica, que els agricultors, amb una certa freqüència, quan els preus dels seus productes són baixos destrueixin part de les seves collites?

20> Com variarà l'ingrés d'un fabricant de colònia si a un preu de 4 € en ven 50 litres i si incrementa el preu a 5 € la quantitat venuda és de 20 litres? Explica la raó econòmica d'aquest comportament.

6.2 Elasticitat de l'oferta

Important

L'**elasticitat de l'oferta** reflecteix la flexibilitat dels venedors per a alterar la quantitat que produeixen del bé.

L'**elasticitat de l'oferta** és la variació percentual que experimenta la quantitat oferta d'un bé quan varia el seu preu un 1 %, romanent els altres factors constants. Depèn de la flexibilitat dels venedors per a alterar la quantitat que produeixen del bé.

Càlcul de l'elasticitat de l'oferta:

$$\text{Elasticitat de l'oferta} = \frac{\text{Canvi percentual en la quantitat oferta}}{\text{Canvi percentual del preu}}$$

Tenint en compte la seva similitud amb l'elasticitat de la demanda, només comentarem els casos extrems:

- L'elasticitat de l'oferta és zero, és a dir, l'oferta és perfectament inelàstica, quan la corba d'oferta és vertical (Figura 4.10.*a*). En aquest cas, la quantitat oferta no augmenta, independentment del que en pugi el preu. Així, per exemple, la corba d'oferta de *Las meninas* de Velázquez és perfectament inelàstica. Hi ha una quantitat fixa (única) que no pot augmentar, per molt que en pugi el preu.
- L'elasticitat de l'oferta és infinita, és a dir, l'oferta és perfectament elàstica, quan la corba d'oferta és horitzontal (Figura 4.10.*b*). En aquest cas, el preu és com a mínim P_0, si bé a aquest preu els oferents estan disposats a vendre tota la quantitat que se'n demani.

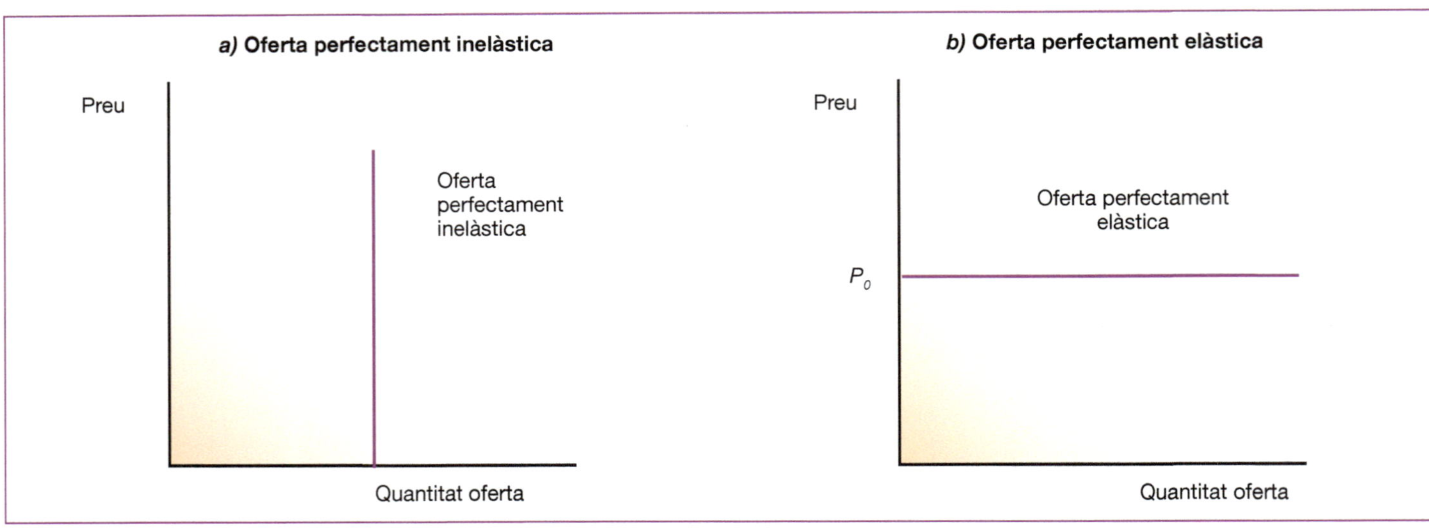

Figura 4.10. *Corba d'oferta perfectament inelàstica i elàstica.*

a) *Quan l'oferta és completament inelàstica, la quantitat oferta no augmenta, independentment del preu.*

b) *Quan l'oferta és perfectament elàstica, els oferents estan disposats a vendre la quantitat que se'n demani al preu* P_0.

Activitats

21> Podries posar tres exemples de béns la corba d'oferta dels quals sigui perfectament inelàstica? I tres exemples de béns o serveis la corba d'oferta dels quals sigui perfectament elàstica? Justifica les teves respostes.

Mapa conceptual

Mercat

Compradors - Demanda
- Taula de demanda
- Corba de demanda
- La llei de la demanda: relació inversa entre el preu i la quantitat demanada

Venedors - Oferta
- Corba d'oferta
- Taula d'oferta
- La llei de l'oferta: relació directa entre el preu i la quantitat oferta

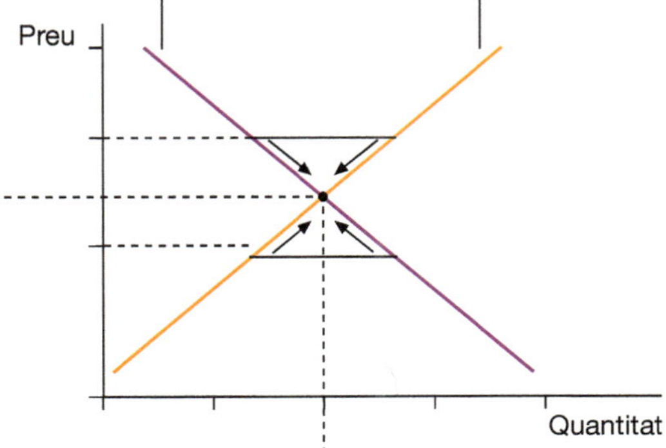

Preu d'equilibri

Equilibri

Quantitat d'equilibri

Desplaçaments de la corba de demanda

A la dreta si:
- Augmenta la renda
- Baixa el preu de béns complementaris
- Puja el preu de béns substitutius
- Canvi favorable de preferències

Desplaçaments de la corba d'oferta

A la dreta si:
- Baixa el preu dels factors
- Baixa el preu de béns complementaris
- Puja el preu de béns substitutius
- Millora la tecnologia

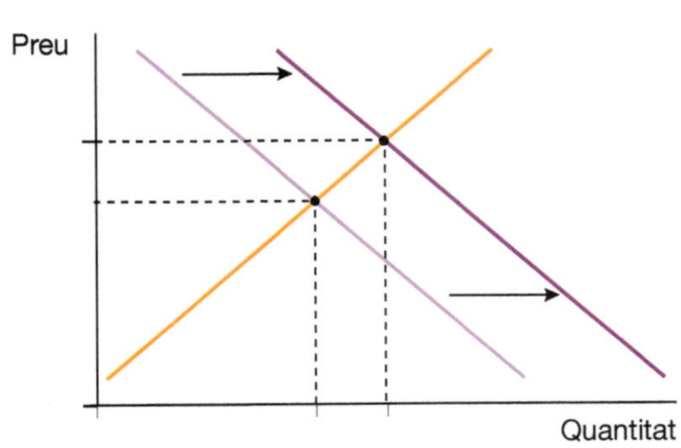

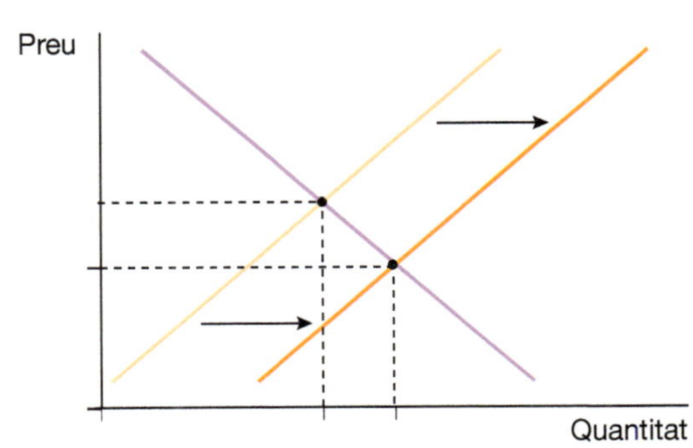

Elasticitat de la demanda
- Elasticitat ($E_p > 1$): una reducció del preu causa un augment en l'ingrés total
- Inelasticitat ($E_p < 1$): una reducció del preu causa una reducció en l'ingrés total

Activitats finals

1> Quan l'intercanvi es fa sense diners, cal distingir la figura del comprador i del venedor? Per què?

2> En quin sentit el mercat és un instrument de coordinació d'interessos contraposats?

3> Què cal esperar que passi amb la quantitat produïda de vídeos si hi ha un excés de demanda?

4> Si en el mercat de blat hi ha un excés d'oferta, què passarà amb el preu?

5> Què s'entén per preu d'equilibri?

6> Suposem el mercat de cafè. S'hi produeixen simultàniament els esdeveniments següents:

a) Una disminució del preu del te (suposant que són béns substitutius).

b) Apareix un equip ciclista que posa de moda la marca de cafè X.

Mostra raonadament amb gràfics d'oferta i demanda com afecten aquests fets al mercat de cafè.

7> Una família percep uns ingressos mensuals de 2 000 €. A causa de les millores professionals aquests ingressos s'incrementaran fins a 5 000 € mensuals. Explica com influirà aquest fet en el consum dels béns i serveis següents: sal, margarina, marisc, llibres, cinema, roba, viatges, gasolina, pa, llet, cotxes.

8> Suposa que el preu de les entrades per a veure partits de bàsquet a la teva localitat depèn de les forces de mercat. Actualment, les taules de demanda i oferta són les següents:

Preu	Quantitat demanada	Quantitat oferta
3 €	1000	800
4 €	800	800
5 €	600	800
6 €	400	800
7 €	200	800

a) Traça les corbes de demanda i d'oferta. Què té d'excepcional aquesta corba d'oferta? Per què podria ser cert?

b) Quins són el preu i la quantitat d'entrades d'equilibri?

9> Suposem que la selecció espanyola de bàsquet guanya el Campionat del Món i que simultàniament es produeix un avanç en la tecnologia de la indústria tèxtil. Quins efectes produiran aquests dos esdeveniments en el mercat de samarretes de bàsquet de la selecció? Explica-ho raonadament acompanyant amb gràfics l'explicació.

10> Dels esdeveniments següents digues quins representen un desplaçament i quins un moviment al llarg de la corba de demanda:

a) El propietari d'una botiga de refrescos ubicada prop d'un estadi de futbol observa que els seus clients estan disposats a pagar més pels refrescos els dies que hi ha partit.

b) Quan el responsable d'un taller de fotografia va promocionar a Internet preus més baixos per als reportatges de les primeres comunions, el nombre de reportatges va augmentar apreciablement.

c) Durant la campanya de Nadal es venen més llibres, encara que els preus siguin més alts que en qualsevol altra data.

d) Un augment brusc del preu de l'energia elèctrica va provocar que la gent apagués els llums de les habitacions no ocupades.

11> Analitza els esdeveniments següents i digues quins representen un desplaçament de la corba d'oferta i quins impliquen un moviment al llarg de la corba:

a) Es redueix el nombre d'habitatges posats a la venda com a conseqüència de la punxada d'un *boom* immobiliari i la dràstica caiguda del preu de l'habitatge.

b) Encara que els preus siguin generalment més baixos que en altres èpoques de l'any, els productors de cireres obren punts de venda a les carreteres i a les gasolineres durant l'època de la collita.

c) Quan arrenca la temporada turística augmenta el preu del lloguer de gandules a la platja.

d) Les noves tecnologies han permès construir creuers més grans, i davant l'abaratiment dels costos, les línies de creuers han ofert un nombre més gran de places a un preu més reduït que abans.

12> Suposem que, en els tres casos que analitzarem, inicialment el mercat està en equilibri. Després de cada esdeveniment que descriurem a continuació, hi haurà un excedent o una escassetat respecte a la situació d'equilibri inicial? Què passarà amb el preu d'equilibri?

a) La collita d'oli de 2009 va ser molt bona, i la quantitat d'oli produïda, molt gran.

b) A causa del mal temps, durant les vacances de Setmana Santa molta gent decideix cancel·lar les seves reserves, deixant les habitacions dels hotels buides.

c) A causa d'uns dies continuats de fortes pluges en una zona de vacances, molts turistes decideixen comprar paraigües.

13> Per a cadascun dels esdeveniments que tot seguit presentarem, determina el mercat en qüestió, si ha tingut lloc un desplaçament de l'oferta o de la demanda, la direcció del desplaçament, la causa que provoca el desplaçament i l'efecte del desplaçament sobre el preu i la quantitat d'equilibri:

a) Pel fet que el preu de la gasolina va augmentar de manera important fins a l'aparició de la crisi financera internacional, molta gent va començar a comprar cotxes híbrids: elèctrics i de gasolina.

b) Gràcies a l'abaratiment del cost a causa de les noves tecnologies, el reciclatge de vidre és cada dia més freqüent.

c) Des que la televisió pública ofereix pel·lícules sense anuncis, les sales de cinema han perdut bona part de la seva clientela.

14> Esmenta alguns béns complementaris i substitutius dels béns següents:

a) Consola de videojocs.

b) Reproductor de DVD.

c) Fulles d'afaitar.

d) Llum.

e) Motocicleta.

f) Ulleres.

15> Els taxistes d'una ciutat han comprovat que quan la baixada de bandera és a 6 € fan 25 viatges diaris de mitjana, mentre que a 4 € aconsegueixen fer 30 viatges.

a) Quina és l'elasticitat-preu de la demanda del servei de taxis? Com és la demanda en aquest tram?

b) Interpreta el valor obtingut de l'elasticitat.

16> En Josep Lluís està buscant algú que li canviï els seus texans de color blau marí per uns altres de color blanc. De moment, no ha trobat ningú.

a) De quin tipus d'intercanvi s'està tractant?

b) En Josep Lluís és comprador o venedor en aquesta transacció que vol fer?

c) Quin inconvenient té en Josep Lluís per a aconseguir el seu objectiu?

d) Avui dia hi ha sistemes per a fer aquest tipus d'intercanvis a través d'Internet?

Reportatge: El lent procés de digestió de l'habitatge a Espanya: la caiguda de preus no s'ha acabat

Et proposem la lectura de l'article «El lento proceso de digestión de la vivienda en España: la caída de precios no ha terminado», escrit per Elena Sanz i publicat a *Cotizalia* el 4 de juliol de 2011.

Aquest article analitza algunes de les característiques del funcionament de l'habitatge a Espanya. L'autora intenta explicar com és que, malgrat que hi ha un important excedent d'habitatges sense vendre, i en contra del que assenyala la unitat, els preus no es desplomen davant la pressió de les forces del mercat, sinó que baixen lentament (trobaràs el text complet a: **www.mhe.es/bachillerato/economia**).

Preguntes:

1> El mercat de l'habitatge a Espanya ha funcionat de manera semblant a com ho han fet els mercats d'altres països que també han experimentat una bombolla borsària?

2> Com s'explica en la unitat, els ajustos als mercats es produeixen via preus: si hi ha escassetat, els preus s'incrementen, i si apareixen excedents, els preus es redueixen. És així com funciona el mercat de l'habitatge a Espanya? Si és així, com és que l'excedent d'habitatges sense vendre es mantenia el juliol de 2011?

Test de repàs

1> La demanda d'un bé no depèn de:

a) La renda dels consumidors.

b) El seu preu.

c) El preu d'altres béns.

d) La tecnologia.

2> El mercat de videojocs estarà en equilibri sempre que:

a) No hi hagi excés d'oferta.

b) S'igualin oferta i demanda a un preu determinat.

c) A cada preu li correspongui una quantitat demanada.

d) Hi hagi prèviament un equilibri en el mercat de factors.

3> Tenint en compte els gustos, la renda i el preu dels altres béns, la relació entre la quantitat de taronges que tots els individus estan disposats a comprar a cada preu defineix:

a) La corba de demanda del mercat de taronges.

b) La corba d'oferta del mercat de taronges.

c) El preu d'equilibri del mercat de taronges.

d) La corba de demanda individual de taronges.

4> L'oferta d'un bé depèn:

a) Del nivell de renda.

b) Del procés tecnològic.

c) Dels gustos dels consumidors.

d) De la població.

5> Si es redueix el preu dels cotxes, passarà:

a) Que, a mesura que baixi el preu, els consumidors deixaran de comprar altres productes que els substitueixin.

b) Que hi haurà més individus disposats a demanar automòbils.

c) Que la reducció de preu augmentarà el poder adquisitiu dels consumidors.

d) Totes les anteriors.

Solució: 1. d; 2. b; 3. a; 4. b; 5. d; 6. d; 7. a; 8. b; 9. d; 10. c.

6> Un canvi en els gustos dels consumidors que modifiqui les seves preferències a favor de les bicicletes, en detriment dels cotxes, produirà invariablement:

a) Un descens en el cost de producció dels cotxes.

b) Un augment en el preu de les bicicletes.

c) Una disminució de la venda de bicicletes.

d) Una disminució de les vendes de cotxes.

7> Per què la corba d'oferta té pendent positiu?

a) Perquè com més baix sigui el preu, més quantitat estan disposats a produir els oferents.

b) Perquè per a cada preu hi ha una certa quantitat que els consumidors estan disposats a comprar.

c) Perquè com més alt sigui el preu, més serà la competència del mercat.

d) Perquè com més baix sigui el preu, més quantitat estan disposats a comprar els consumidors.

8> Quin dels factors següents fa desplaçar la corba d'oferta cap a la dreta?

a) Un increment en el preu del petroli.

b) Una millora tecnològica en els mètodes de producció utilitzats.

c) El producte «es posa de moda».

d) Un increment de l'impost sobre beneficis.

9> S'anomena elasticitat-preu de la demanda:

a) La variació percentual de la quantitat demanada quan varia percentualment la renda.

b) La variació que s'obté en la quantitat oferta quan varia el preu.

c) La quantitat demanada dividida pel preu.

d) Cap resposta és correcta.

10> La demanda d'un bé de luxe és:

a) Inelàstica.

b) Perfectament rígida.

c) Molt elàstica.

d) Independent del preu.

5

MODELS DE MERCAT

En els mercats de competència perfecta, l'existència de molts venedors i compradors fa que cap productor no pugui influir en el preu del mercat. La competència perfecta força les empreses a buscar la minimització dels costos i a aconseguir l'eficiència productiva. En el món real no és freqüent que es doni la competència perfecta, perquè hi ha forts incentius per a trencar-la i aconseguir controlar els preus.

El cas oposat a la competència perfecta és el monopoli. Aquest té lloc quan només hi ha un únic oferent, de manera que té capacitat per a fixar el preu. Una situació intermèdia entre el monopoli i la competència perfecta es produeix en els mercats oligopolístics, és a dir, quan hi ha un nombre reduït de productors, i en la competència monopolística.

Notícia

«La política de reducción de precios es suicida», entrevista feta per Silvia Hernando per a *Cincodias.com* i publicada el 25 de juliol de 2011.

L'article entrevista a Javier Candela i Antonio Fernández, president i director general de High Tech Hoteles, respectivament, permet il·lustrar sobre els problemes que preocupen molts empresaris que exerceixen la seva activitat en mercats poc competitius: els entrevistats es queixen que la dinàmica del mercat força a abaixar els preus, però precisament aquesta és la característica fonamental dels mercats competitius (trobaràs el text complet a: **www.mhe.es/bachillerato/economia**).

Qüestions:

1> Segons afirmen els empresaris entrevistats, quina és l'amenaça principal que plana sobre el sector hoteler? En quin tipus de mercats se sol presentar aquest problema?

2> Quina és la solució que proposen? Es pot considerar legal aquesta proposta?

3> Cap on podrien encaminar els seus esforços les empreses que competeixen en aquest tipus de mercats?

1 Tipus de mercat

Important

Quan té lloc una alteració del preu de mercat, els efectes sobre l'empresa que decideix canviar-los seran molt diferents segons quin sigui el tipus de mercat.

Com vam assenyalar en la Unitat 3, la recerca de beneficis és l'objectiu comú de les empreses. Però no totes tenen la mateixa oportunitat d'obtenir beneficis. Les *petites empreses* no tenen capacitat per a incidir en els preus i es mostren molt sensibles als canvis del mercat.

Una petita reducció del preu de mercat del seu producte pot significar una pèrdua econòmica molt significativa. Fins i tot quan aquestes empreses obtenen beneficis, han d'estar molt atentes a la nova competència, als nous productes o als canvis de la tecnologia.

Aquesta situació sol ser bastant diferent per a les *grans empreses*. Aquest tipus de companyies té poder per a apujar els preus, modelar els gustos dels consumidors mitjançant la publicitat o fins i tot impedir que els possibles competidors entrin en el mercat que dominen. Per això, les grans empreses tenen més capacitat per a protegir i perpetuar els seus beneficis. De vegades, tenen més probabilitats d'aconseguir dominar els mercats que d'estar al seu servei.

Vocabulari

Poder de mercat

Capacitat per a influir sobre els preus.

En el món real no sols hi ha empreses grans i petites; aquests són els extrems de l'**estructura de mercat** que il·lustren el grau de **poder de mercat** que té una empresa.

> L'**estructura de mercat** es refereix al nombre d'empreses que hi ha en una indústria (entesa aquesta com un grup d'empreses d'activitat econòmica semblant) i la seva grandària relativa.

En un extrem es troben les empreses que no tenen cap poder sobre el preu dels béns que produeixen, és a dir, són *preu-acceptants;* aquestes són les **empreses competitives.**

> Un mercat integrat totalment per un gran nombre d'empreses, que accepten el preu que resulta del lliure joc de l'oferta i la demanda, es coneix com a **mercat competitiu** o de competència perfecta.

Una empresa tindrà poder de mercat si la seva grandària és prou important en comparació amb la del sector.

En l'altre extrem es troben els **monopolis.** El monopolista, com que és l'únic oferent, té poder per a fixar els preus de mercat, és a dir, té poder de mercat i no es limita a acceptar-los.

> Un **mercat és monopolístic** quan està integrat per una única empresa que produeix tota l'oferta d'un determinat bé.

Entre el monopoli i la competència perfecta hi ha dos altres tipus de mercat: **l'oligopoli** (quan hi ha pocs venedors) i la **competència monopolística** (moltes empreses que venen productes semblants però no idèntics). En resum, els diversos tipus de mercat es recullen en el Quadre 5.1.

Caràcter del producte	Nombre de productors: Molts	Nombre de productors: Pocs	Nombre de productors: Un
Homogeni	• **Competència perfecta** Cap productor té control sobre el preu, que fixa de manera impersonal el mercat. Més freqüent en els productes agrícoles, les primeres matèries i els béns comercialitzats en mercats organitzats.	• **Oligopoli** Apareix quan hi ha pocs productors d'una primera matèria o de mercaderies similars. També inclou molts productes manufacturats i d'altres com els vehicles de motor i els detergents, així com els serveis de les companyies aèries o de telecomunicacions. Els productors tenen control sobre els preus, però han de tenir en compte les probables reaccions dels seus rivals. De vegades es prefereix una certa rigidesa en els preus (o uns acords) abans que les guerres de preus.	• **Monopoli** Apareix rarament, però en són exemples el servei de gas, el subministrament d'aigua i alguns serveis públics. El productor té poder sobre el preu (o la producció), normalment limitat en la pràctica per la regulació del Govern o pel temor a l'opinió pública.
Diferenciat	• **Competència monopolística** Inclou moltes empreses que produeixen béns i serveis semblants però diferenciats, per exemple: productes alimentaris que puguin distingir-se per la seva marca, electrodomèstics, etc. L'empresa té un petit grau de control sobre el preu, a causa de la diferenciació. La competència adopta la forma de marques comercials i publicitat, així com de variacions en el preu.		

Quadre 5.1. *Formes bàsiques de mercat.*

Els tipus de mercat que hi ha són: monopoli, oligopoli, competència perfecta i competència monopolística.

Vocabulari

Bé homogeni

En economia es diu que un producte o un bé produït per una empresa és homogeni quan és pràcticament idèntic, amb la mateixa naturalesa i qualitat, al produït per altres empreses. Aquest seria el cas de la llet, el blat, la gasolina o el blat de moro.

Activitats

1> Tenint en compte la informació que conté el Quadre 5.1, identifica i caracteritza els mercats següents, atenent el tipus de producte i el nombre de productors:

a) El format per les granges productores de llet.

b) El mercat del sistema operatiu Windows.

c) El mercat de les pilotes de tennis.

d) El mercat dels llibres.

2> Dóna un exemple dels quatre tipus de mercat que hem estudiat: competència perfecta, monopoli, oligopoli i competència monopolística. Justifica la teva elecció en termes de les variables incloses en el Quadre 5.1.

3> En què es manifesta el poder de mercat d'una empresa?

4> Si el mercat de blat és competitiu, què li passarà a un agricultor que pretén vendre blat un 5 % per sobre del preu de mercat?

2 La competència perfecta

Un **mercat de competència perfecta** és aquell en què hi ha molts compradors i molts venedors, de manera que cap productor té capacitat per a influir en el preu de mercat.

Una empresa perfectament competitiva és aquella la producció de la qual és tan petita en relació amb el volum del mercat que les seves decisions de producció no exerceixen cap influència perceptible en el preu.

2.1 Condicions de la competència perfecta

Les condicions essencials dels mercats competitius són dues:

- Hi ha molts compradors i molts venedors en el mercat.
- Els béns oferts pels diversos venedors són, en gran manera, idèntics o homogenis.

A causa d'aquestes condicions, les accions en el mercat d'un comprador o d'un venedor qualsevol produeixen un efecte insignificant en el preu de mercat.

Important

Característiques dels mercats competitius

- Les empreses són preu-acceptants.
- Hi ha un nombre elevat d'oferents i demandants.
- El producte és homogeni.
- Informació perfecta.
- Llibertat d'entrada i sortida d'empreses.

Un **mercat competitiu** és aquell en què hi ha molts compradors i venedors que intercanvien productes idèntics, per la qual cosa cadascun d'ells és un preu-acceptant, és a dir, agafa el preu com una dada sobre la qual no pot influir.

Un exemple de mercat competitiu és el del blat. Cap comprador de blat (les fàbriques de farina) té capacitat per a influir en el seu preu, ja que cadascú compra una quantitat molt petita en relació amb la grandària del mercat. De la mateixa manera, cap venedor de blat té control sobre el preu, perquè el blat que ofereixen molts agricultors és essencialment idèntic. Cada agricultor pot vendre tot el blat que vulgui al preu vigent en el mercat, però no té sentit que el vengui a un preu inferior, i si pretén cobrar més, els compradors l'adquiriran a un altre agricultor. Per això, en els mercats competitius els compradors i els venedors han d'acceptar el preu que determina el mercat, és a dir, actuen com a preu-acceptants.

Exemple

Una llotja de peix funciona de forma semblant a com ho fa un mercat competitiu. Trobem altres exemples de mercats competitius en els mercats de productes agrícoles, com el dels tomàquets, els cereals o el de les patates. Així mateix, el mercat de valors, la borsa, pot presentar algunes característiques de mercat de competència perfecta.

Una altra condició que caracteritza els mercats competitius és la següent: les empreses poden entrar o sortir lliurement del mercat. Qualsevol persona pot decidir comprar un terreny i conrear blat, i qualsevol agricultor pot deixar de conrear blat, de manera que el mercat del blat compleix aquesta condició de llibertat d'entrada i sortida del mercat.

En tot cas, l'anàlisi del comportament de les empreses competitives no requereix el supòsit de lliure entrada i sortida del mercat, ja que aquesta condició no és necessària

Un exemple de mercat amb característiques similars a la competència perfecta són les llotges de peix. En aquestes l'intercanvi es fa mitjançant una subhasta en què participen nombrosos compradors i un gran nombre de venedors o pescadors. Determinats mercats agrícoles també reuneixen les condicions de la competència perfecta.

Activitats

5> El 8 de juliol de 2011 va sortir al diari *Cincodias.com* la notícia següent: «Philip Morris va anunciar ahir que apujarà entre 15 i 25 cèntims d'euro el preu de les principals marques de cigarrets com ara Marlboro, Chesterfield i L&M. La tabaquera segueix els passos d'Altadis, que dissabte passat va encarir els seus cigarrets fins a 30 cèntims després d'una baixada generalitzada de preus des del mes de maig». Creus que això podria passar en un mercat competitiu? En quina mesura aquest tipus de comportament s'explica per ser un mercat en què hi ha pocs venedors i molts compradors?

6> D'entre les condicions que han de reunir els mercats per a ser de competència perfecta, quina creus que és la més determinant? Per què?

perquè les empreses siguin preu-acceptants, que és el tret distintiu fonamental dels mercats competitius.

2.2 El funcionament dels mercats en competència perfecta

El funcionament d'aquest tipus de mercats es pot esquematitzar de la manera següent: l'oferta i la demanda del mercat determinen un preu d'equilibri (com acabem de veure en la Unitat 4) i a aquest preu les empreses decideixen lliurement quina quantitat produir. Per tant, el mercat determina el preu i cada empresa l'acceptarà com una dada fixa sobre la qual no pot influir. Les **empreses** són **preu-acceptants.**

La distinció fonamental entre, per exemple, la multinacional Ford i un petit agricultor que produeix tomàquets es deu a la capacitat de la primera per a alterar els preus del mercat. Ambdós tenen la mateixa motivació: produeixen per guanyar diners i, per tant, intenten produir la quantitat que maximitzi el benefici.

Les **empreses competitives** són **preu-acceptants,** perquè consideren el preu que percebran pel seu producte com una dada determinada pel mercat.

La diferència es troba en el fet que les decisions de producció del petit agricultor no influeixen en el preu dels tomàquets. Per molt que procuri augmentar la seva producció, els tomàquets són un producte bastant homogeni i tindran el mateix preu que el dels altres agricultors.

Per maximitzar el benefici, l'agricultor només pot esforçar-se a ser eficient i produir amb els menors costos possibles. L'agricultor és un preu-acceptant que considera que el preu de mercat dels tomàquets és una dada que li és donada pel mercat.

Si l'agricultor intenta augmentar els seus beneficis apujant el preu dels seus tomàquets per sobre dels nivells de mercat, es trobarà sense clients, perquè els demandants aniran a altres agricultors a comprar-los.

Els mercats de cereals es caracteritzen perquè hi ha molts oferents, de manera que individualment cap té capacitat per a incidir sobre el preu, d'una manera semblant als mercats competitius.

La decisió clau que ha de prendre l'empresa competitiva és si ha de produir o no i, en cas afirmatiu, quina quantitat ha de llançar al mercat. Atès que al preu de mercat un empresari individual pot vendre tot el que vulgui, la quantitat que decideixi produir dependrà exclusivament de la seva capacitat productiva i que recull la seva corba d'oferta.

! *Important*

En els **mercats competitius:**

- Les empreses són preu-acceptants. Consideren el preu com una dada.
- La corba de demanda de l'empresa és horitzontal o completament elàstica: al preu de mercat l'empresa competitiva pot oferir tot el que vulgui, però no pot apujar aquest preu.

Per precisar el tret diferenciador de la competència perfecta, hem de distingir entre la **corba de demanda del mercat** i la **corba de demanda a què s'enfronta una empresa** (Figura 5.1). La corba de demanda de tomàquets del mercat continua tenint pendent negatiu (Figura 5.1); no obstant això, el senyor Mateu, agricultor que produeix tomàquets, s'enfronta a una corba de demanda horitzontal pel fet que la seva quota de mercat és tan petita que les variacions de la seva producció no alteren l'equilibri del mercat. Així doncs, una **corba de demanda horitzontal** és el tret principal de les empreses perfectament competitives. Una corba de demanda individual horitzontal indica que l'empresa, com que és tan petita respecte al mercat, pot tenir tot el que vulgui al preu de mercat.

Per explicar la corba de demanda d'un empresari individual recorrerem a un exemple numèric. Suposem que a Espanya es produeixen a l'any 900 000 tones de tomàquets. Tenint en compte aquesta quantitat, en el mercat (que lògicament té una corba de demanda decreixent) s'estableix un preu per al tomàquet, diguem 2 € el quilo. Quina serà la corba de demanda del senyor Mateu, productor de tomàquets? El senyor Mateu s'enfronta a una demanda que té un preu fix de 2 €. La seva demanda individual, sigui quina sigui la quantitat que ell pugui admetre, sempre s'atendrà a 2 €, tant si ho fa produint 1, 10 o 100 tones. En termes gràfics, això implica que s'enfronta a una demanda horitzontal de 2 € per quilo de tomàquets.

Més dades

En una economia de mercat la competència fa que, a llarg termini, els beneficis extraordinaris desapareguin. La raó és que si hi ha llibertat d'entrada al mercat, quan en una indústria hi hagi beneficis per sobre d'allò considerat com a «normal», això incentivarà l'entrada de noves empreses. En incorporar-se nous competidors, el mercat que presentava beneficis extraordinaris començarà a perdre el seu atractiu, i el procés continuarà fins que s'obtinguin uns beneficis normals. Un exemple extrem d'aquesta dinàmica seria allò ocorregut en el sector immobiliari. Els beneficis que s'obtenien van animar l'entrada de nous competidors fins que el mercat va acabar saturant-se, i va fer esclatar la bombolla que s'havia anat creant.

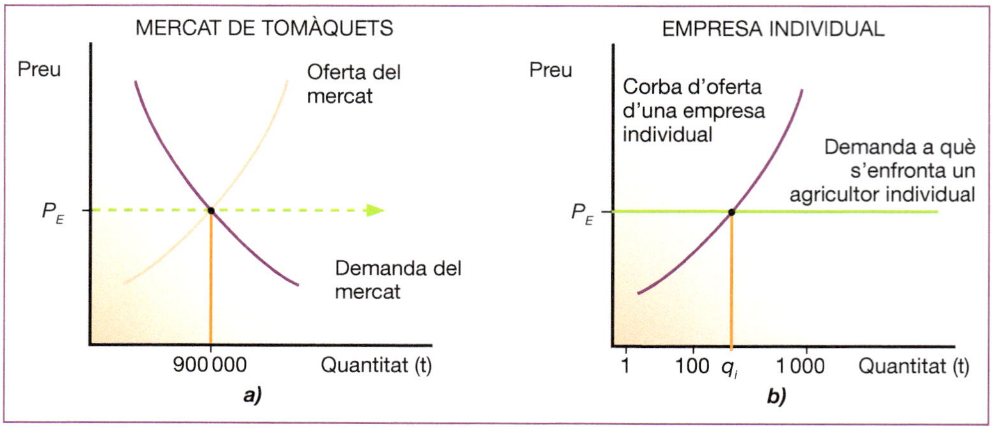

Figura 5.1. ***El funcionament de la competència perfecta.*** *El mercat, mitjançant la conjunció de l'oferta i la demanda, determina el preu d'equilibri (P_E). A aquest preu, que és una dada per a les empreses individuals, cada empresa produirà la quantitat (q_i) que li indiqui la seva corba d'oferta.*

2.3 La competència perfecta i els beneficis

Encara que el *preu d'equilibri competitiu* és el mateix per a totes les empreses, els *beneficis* no ho són. Això es deu al fet que les instal·lacions, la maquinària i l'organització i la gestió de les diferents empreses seran diferents. També ho seran els costos en què incorren i, per tant, els beneficis. Aquesta situació només pot existir **a curt termini,** quan no és possible la remodelació de les empreses.

Amb el transcurs del temps, les empreses que no arribin a obtenir els **beneficis normals** faran una d'aquestes dues coses:

- Readaptar els seus processos productius per augmentar els beneficis.
- Liquidar les seves instal·lacions i traslladar-se a un altre sector més rendible.

En els mercats de *competència perfecta* hi ha una tendència al fet que, a llarg termini, els **beneficis extra** desapareguin i s'obtinguin **beneficis normals,** o beneficis nuls, és a dir, que els ingressos que obtinguin les empreses només permetin cobrir tots els costos.

Justificarem la tendència al fet que els beneficis «extra» desapareguin en un mercat perfectament competitiu. Pensem que un agricultor representatiu que produeix tomàquets obté beneficis per sobre dels normals.

Important

L'empresa competitiva i els beneficis

- Si hi ha beneficis extraordinaris, entren noves empreses.
- Si apareixen pèrdues, surten empreses.
- A llarg termini no hi haurà beneficis «extra» ni pèrdues.

Més dades

La llibertat d'entrada i sortida o barreres d'entrada i sortida?

En alguns mercats entrar o sortir no és gens fàcil, perquè hi ha barreres o obstacles que dificulten tant la incorporació de noves empreses com la sortida de les ja existents. Per això es diu que hi ha *barreres d'entrada* i *barreres de sortida*.

Les **barreres d'entrada** són els fets que dificulten o impedeixen l'entrada de noves empreses a un mercat. Les barreres d'entrada poden ser:

- *De caràcter legal:* les disposicions legals, com les franquícies o patents o les autoritzacions administratives i llicències que concedeixen les administracions públiques. Així, el sistema operatiu Windows està protegit pel *copyright*.
- *Grans necessitats d'inversions de capital:* certs mercats requereixen fortes inversions que actuen com una barrera financera, com en els alts forns o les drassanes.
- *Avantatges en costos:* algunes empreses, com, per exemple, una gran companyia elèctrica, a causa de la seva grandària, són capaces de produir a un cost inferior que qualsevol altra del sector, la qual cosa és un problema per a les empreses que ja són al mercat, i actua com una barrera per a les noves que vulguin accedir-hi.
- *Diferenciació del producte:* algunes empreses, com, per exemple, la fàbrica de cotxes Mercedes, fruit d'una política d'anys, dirigida a cuidar la qualitat, el disseny i l'atenció al client, aconsegueixen fidelitzar els consumidors, fet que actua com una barrera per a l'entrada de noves empreses.

Les **barreres de sortida** deriven dels costos que tindria qualsevol empresa que pretén deixar l'activitat. Les possibles pèrdues acumulades no permetran recuperar el capital invertit. Així, si els responsables d'un hotel en una determinada capital es plantegen la possibilitat de tancar, saben que hauran de fer front a una quantitat important de costos. Aquest fet pot explicar que algunes empreses, encara que durant una sèrie d'anys incorrin en pèrdues, decideixin continuar produint, esperant que en el futur les coses millorin.

És probable que aquesta situació es mantingui a curt termini, però, amb el transcurs del temps, els agricultors que continuen conreant altres productes observaran els beneficis dels productors de tomàquets i començaran a conrear tomàquets (hi ha la possibilitat, fins i tot, que empresaris que desenvolupen la seva activitat en altres sectors es decideixin a comprar terra, sembrar tomàquets o rompre nous terrenys i dedicar-se a conrear tomàquets). L'entrada de nous productors de tomàquets farà que el preu dels tomàquets es redueixi (la corba d'oferta es desplaçarà cap a la dreta) (vegeu l'apartat *Més dades* de la pàgina següent).

L'existència de **beneficis extra** en un mercat competitiu provoca l'entrada dels nous oferents, mentre que l'existència de pèrdues en una indústria competitiva provoca la sortida d'empreses.

L'entrada de nous oferents en el mercat de tomàquets dependrà de quina sigui l'opinió sobre la perspectiva d'obtenir beneficis. El preu dels tomàquets continuarà baixant fins que només es cobreixin tots els costos, és a dir, fins que es cobreixin tots els costos, inclosa una lògica retribució per la feina dels empresaris agrícoles.

A llarg termini el **mercat competitiu** s'estabilitzarà en aquell punt en què no hi hagi ni pèrdues ni beneficis extraordinaris, és a dir, en què es cobreixin tots els costos de producció i només s'obtinguin beneficis normals.

Important

En un **mercat competitiu** amb moltes empreses idèntiques que poden entrar i sortir lliurement, la condició d'equilibri a llarg termini és de benefici econòmic nul.

Activitats

7> En un mercat competitiu, quan poden tenir lloc entrades d'empreses? Quin efecte tindran aquestes entrades? Quan tindran lloc sortides d'empreses? Quins efectes tindran aquestes sortides?

8> «La crisi financera internacional ha provocat que més de 400 000 empreses espanyoles s'hagin vist forçades a tancar.» Comenta la frase en termes de la lògica del funcionament dels mercats.

Més dades

Els beneficis a curt i a llarg termini en els mercats competitius

Atès que l'entrada i la sortida d'empreses té lloc a llarg termini, no a curt termini, la resposta del mercat depèn de l'horitzó temporal.

Suposem que inicialment un mercat està en equilibri a llarg termini. Les empreses estan obtenint uns beneficis nuls, de manera que el preu és igual al cost total mitjà mínim (Figura 1). L'equilibri del mercat s'aconsegueix en el punt 1 (Figura 2). Si, a causa d'un canvi en els gustos, la demanda experimenta un desplaçament cap a la dreta, de D_0 a D_1, tal com recull la Figura 4, a curt termini l'equilibri es trasllada al punt 2; el preu puja de P_0 a P_1 i la quantitat venuda en el mercat augmenta de Q_0 a Q_1 (Figura 4). Com que ara el preu és superior al cost total mitjà (Figura 3), les empreses obtenen beneficis, fet que animarà noves empreses a entrar en el mercat. Aquesta entrada desplaçarà la corba d'oferta a curt termini cap a la dreta, de O_0 a O_1, tal com recull la Figura 6. En el nou equilibri a llarg termini, punt 3, el preu ha tornat al nivell inicial, però la quantitat venuda ha augmentat fins a Q_2. El benefici torna a ser nul, i el preu torna a igualar-se al cost total mitjà mínim, però en el mercat hi ha més empreses per a atendre una demanda més gran.

***a)* Situació inicial**

Figura 1

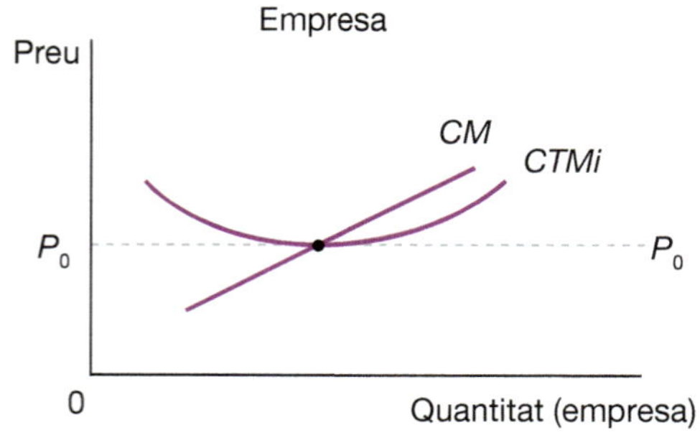

Figura 2

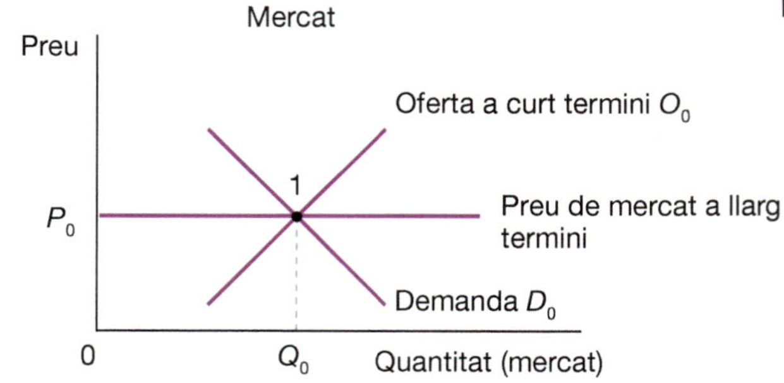

***b)* Situació a curt termini**

Figura 3

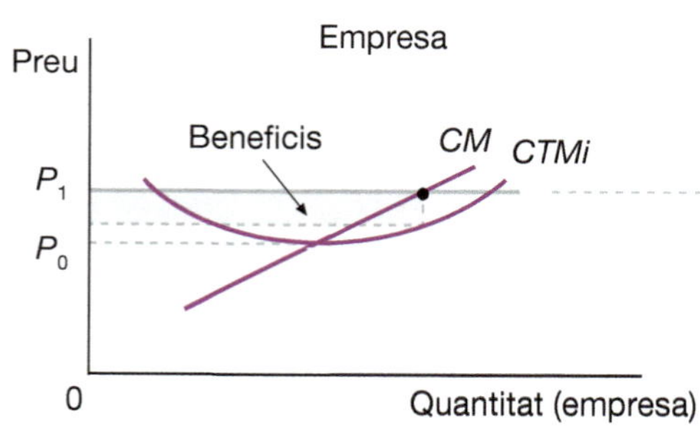

Figura 4

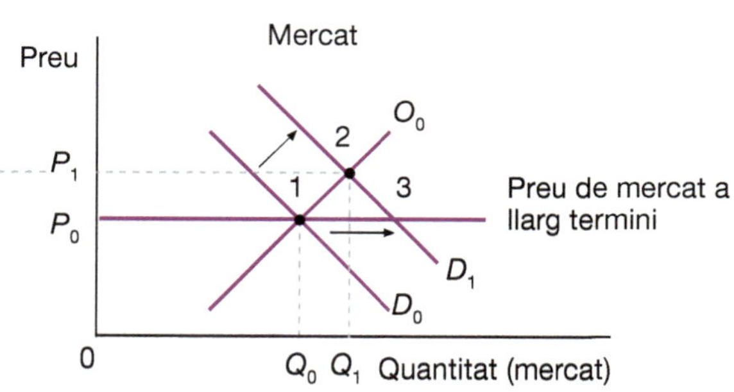

***c)* Resposta a llarg termini**

Figura 5

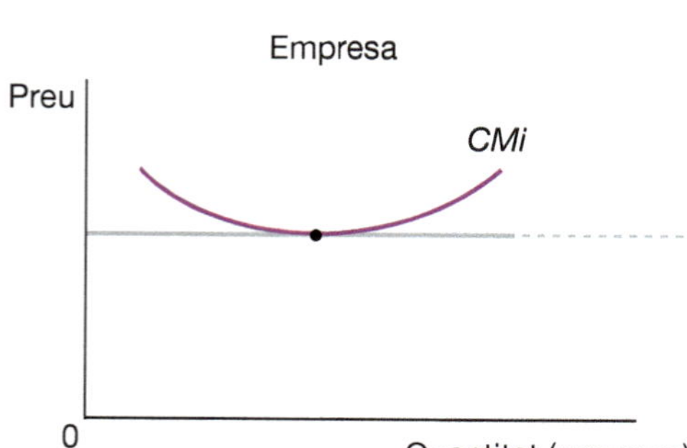

Figura 6

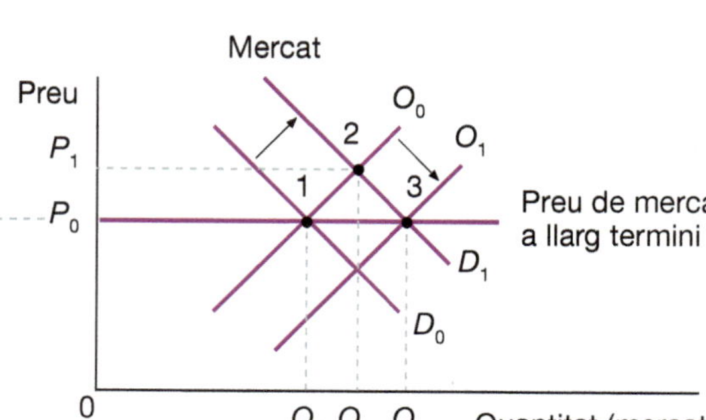

3 La competència imperfecta: el monopoli

3.1 La competència imperfecta

En la vida real és poc freqüent trobar mercats perfectament competitius. D'una banda, el normal és que els mercats no reuneixin alguna de les característiques exigides per la competència perfecta. Així, generalment, els productes venuts per les empreses que integren un mercat *no són homogenis*. Pot ser que tinguin la mateixa funció, però hi ha diferències que depenen de l'empresa que subministra el bé.

D'altra banda, és freqüent que hi hagi *barreres a l'entrada* de noves empreses a determinats mercats. En uns casos, a causa de la tecnologia requerida, i, en d'altres, per la dificultat d'accedir a determinats factors productius. Així mateix, és freqüent que les empreses tinguin un cert marge de maniobra per a alterar el preu. En aquests casos, diem que estem davant d'un **mercat de competència imperfecta.**

Un **mercat de competència imperfecta** existeix quan les empreses que l'integren tenen la capacitat d'influir en el preu del mercat actuant individualment.

Els mercats no perfectament competitius són aquells en què el productor o els productors són prou grans per a tenir un efecte notable sobre el preu.

En aquests mercats el preu no s'accepta com una dada aliena, sinó que els oferents intervenen activament en la seva determinació. Els tipus de mercats de competència imperfecta que estudiarem són el monopoli, l'oligopoli i la competència monopolística.

3.2 El monopoli

En el cas concret del **monopoli** desapareix la distinció entre la corba de demanda de la indústria i la corba de demanda a què s'enfronta l'empresa. Cal tenir en compte que una empresa monopolista de fet és tota la indústria. Per tant, només hi ha una corba de demanda de què preocupar-se, i és la corba de demanda del mercat. En les situacions monopolistes, la corba de demanda a què s'enfronta l'empresa, és a dir, el monopoli, és idèntica a la corba de demanda del mercat d'aquest producte.

El **monopoli** és aquell mercat en què hi ha un sol oferent que té capacitat plena per a determinar el preu.

! *Important*

Els **mercats monopolistes** es caracteritzen per:

- L'existència d'un únic oferent.
- L'homogeneïtat del producte.
- L'existència de barreres a l'entrada.

Activitats

9> Fixa't en la frase següent: «El millor de tots els beneficis d'un monopoli és una vida tranquil·la». A qui creus que se li pot aplicar amb més sentit, al responsable d'una fàbrica de llet o al gerent de l'empresa que subministra aigua a la ciutat?

10> Quin tipus de mercat és el de la telefonia mòbil? Amb quins criteris se sol triar entre una empresa o una altra?

11> Quin tipus de mercat és el format per les companyies d'electricitat?

Gràficament, la diferència bàsica entre la competència imperfecta i la competència perfecta es recull en la Figura 5.2. En el cas de la competència perfecta, l'empresa s'enfronta a una demanda que és horitzontal, és a dir, completament elàstica, que indica que pot vendre tot el que vulgui al preu de mercat. En el cas de l'**empresa no competitiva,** la demanda a què s'enfronta té pendent negatiu, de manera que per poder incrementar les seves vendes, necessàriament haurà de reduir el preu del seu producte.

En el cas del **competidor imperfecte,** el pendent de la corba de demanda és negatiu.

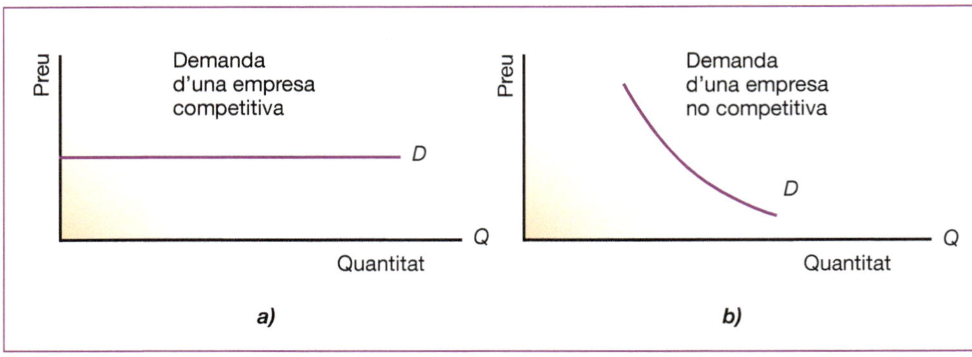

Figura 5.2. ***Corba de demanda d'una empresa competitiva i d'una altra no competitiva.***

a) *En competència perfecta, la corba és totalment horitzontal. L'empresa pot vendre tot el que vol al preu de mercat.*

b) *En competència imperfecta, l'empresa s'enfronta a una demanda que té pendent negatiu: per poder incrementar les vendes ha de reduir el preu.*

Per analitzar el funcionament del monopoli recorrem a un exemple. Pensem en la situació a què s'enfronta un monopolista productor de mercuri la corba de demanda del qual és la corba de demanda del mercat. Si vol col·locar un determinat volum de producció (20 milions de tones), només ho aconseguirà a un cert preu (100 €), i si vol augmentar el volum, haurà de disminuir el preu de venda. El monopolista té present que com més elevat sigui el preu, menor quantitat estaran disposats a demanar els compradors, ja que s'enfronta a una corba de demanda amb pendent negatiu. Per això, el monopolista sempre es fa la pregunta següent: quant produir i a quin preu? Això equival a preguntar-se: quin punt de la corba de demanda escollir? Sí, funciona?

Hi ha nombrosos exemples de monopolis, com són Renfe, Correus, l'empresa de neteja d'una ciutat o una empresa minera que sigui l'única productora d'un mineral determinat. Les causes que justifiquen l'existència d'una empresa monopolista són ben diferents, i és a l'estudi d'aquestes que dediquem l'apartat següent.

! *Important*

En el monopoli hi ha un sol oferent que té capacitat plena per a determinar el preu. En aquest mercat:

- La corba de demanda del mercat és la corba de demanda de l'empresa.
- Si vol vendre més quantitat, ha de reduir el preu.

3.3 Causes que expliquen l'aparició del monopoli

Entre els factors que intervenen en l'aparició dels monopolis, podem destacar els següents:

- El *control exclusiu d'un factor productiu* per una empresa o el domini de les fonts més importants de la primera matèria indispensable per a la producció d'un bé determinat. Així, una empresa que controla l'única mina de diamants que hi ha en un país actuarà d'una manera monopolística.
- La *concessió d'una patent* també genera una situació monopolística, tot i que de caràcter temporal. Hem de tenir en compte que una patent confereix a un inventor el dret a fabricar en exclusiva un cert producte durant un temps determinat.

- El *control estatal de l'oferta* de determinats serveis origina els monopolis estatals, com són el servei de correus, el de ferrocarril, etc. Aquests solen ser subministrats per empreses concessionàries.
- *L'existència d'un mercat de mida gran* i *una estructura de costos* de la indústria peculiar poden donar lloc a un **monopoli natural.** Les raons tecnològiques de la seva existència es concreten en el fet que els costos mitjans disminueixen a mesura que augmenta la quantitat produïda del bé, és a dir, hi ha rendiments a escala creixents. Així, l'existència de dues o tres xarxes de distribució elèctrica o d'aigua en una mateixa localitat representaria un malbaratament de recursos considerable.

Un **monopoli natural** apareix quan en l'empresa productora el cost mitjà per unitat de producció disminueix indefinidament.

Exemple

Comparació entre un mercat competitiu i un monopoli

Productor de gerds (empresa competitiva):

- **Nombre de compradors i venedors:** hi ha molts fabricants i molts compradors.
- **Producte idèntic:** els gerds són idèntics de cara al consumidor, per la qual cosa es tracta d'un producte homogeni. No hi ha diferenciació.
- Hi ha **llibertat d'entrada i sortida:** molta gent pot decidir produir gerds.

Com a conseqüència de les condicions vigents en el mercat de gerds, els venedors i els compradors accepten el preu que determina el mercat; són preu-acceptants.

Empresa local d'escombraries (monopoli):

- **Nombre de compradors i venedors:** hi ha una empresa única que presta el servei de recollida d'escombraries a tot el municipi.
- El **servei** prestat a tots els habitants és **equivalent**, tot i que en aquest cas no és un fet rellevant.
- **Entrada i sortida del mercat:** l'Ajuntament determina quina empresa prestarà el servei. La barrera a l'entrada s'estableix mitjançant una concessió administrativa atorgada per aquest organisme.

L'empresa determina el preu mitjançant un acord amb l'Ajuntament. El grau d'influència de l'empresa sobre el preu (concretat en els seus costos de producció) és molt elevat.

Activitats

12> Un cas de monopoli originat per la propietat d'un recurs clau és el monopoli dels diamants de l'empresa sudafricana De Beers, que controla al voltant del 80 % de la producció mundial de diamants. Aquesta quota de mercat és prou gran per a influir en el preu i actuar com un monopolista. Però sorprèn que De Beers gasti grans quantitats en publicitat. Quin sentit econòmic pot tenir això últim?

13> Els consumidors poden crear un monopoli? Per contestar a aquesta pregunta, pren com a referència la frase següent:

«Al final el paradoxal és que entre tots hem construït un monopoli, almenys en el cas de Facebook. Com hem fet amb Google en els cercadors, el seu gran rival d'altra banda.» (S. McCoy, «Sobre burbujas y manipulaciones, las dos lecciones que aprendí ayer», *Cotizalia*, 8 de juliol de 2011.)

Objectius per a regular els monopolis

- Dividir el monopoli en dues empreses o més.
- Intentar impedir que es formin monopolis augmentant la competència mitjançant lleis antimonopoli.
- Regular els monopolis existents:
  - Deixar que funcioni amb una regulació mínima i establir impostos.
  - Obligar el monopoli a fixar un preu que elimini els beneficis extra.
  - Obligar el monopoli a fixar un preu que situï l'empresa en una posició semblant a la de competència perfecta.

Esquema 5.1. *Els objectius de les polítiques de regulació del monopoli.*

3.4 Anàlisi comparativa del monopoli i la competència perfecta

En les indústries monopolistes, el *preu de venda serà més alt* que el que el mercat fixaria lliurement en competència perfecta, i el *nivell de producció, més baix*. Per tant, l'empresa monopolística obtindrà, generalment, més beneficis que en condicions de competència perfecta i els consumidors es veuran perjudicats per pagar un preu superior i veure reduïda la quantitat oferta del bé. A causa d'aquests efectes, els governs solen establir polítiques reguladores en relació amb els monopolis, en un intent de protegir consumidors i empreses competidores (Esquema 5.1).

Activitats

14> Compara les característiques del mercat de competència perfecta amb les del monopoli, mitjançant un exemple il·lustratiu.

15> En la majoria dels països, i en concret a la Unió Europea, els acords entre empreses per a fixar preus són il·legals. Així mateix, els abusos de les posicions dominants per part de les empreses de poder monopolístic són perseguits. D'altra banda, les mateixes empreses són les que a vegades demanden altres organitzacions davant els organismes de defensa de la competència per pràctiques abusives. Busca a la premsa exemples dels tres tipus de situacions i comenta'n les principals implicacions.

+ *Més dades*

L'evolució de la societat cap a plantejaments més liberalitzadors, unida als avanços de la tecnologia, ha determinat que l'existència de monopolis naturals s'hagi anat estrenyent. A això s'ha unit la percepció dels monopolis com a empreses poc eficients i propícies a l'aparició de situacions abusives per part dels responsables i dels empleats en aquests mercats. Aquests fets han conduït, per una banda, a una tendència concretada a minimitzar en la mesura que sigui possible l'existència de situacions monopolístiques, i, per una altra, a regular els monopolis, procurant estimular l'eficiència en la gestió dels serveis.

4 Els mercats oligopolístics i la competència monopolística

4.1 Els mercats oligopolístics

Un **mercat oligopolístic** és aquell en què hi ha un nombre reduït de venedors (oferents) que fabriquen uns productes bastant homogenis i s'enfronten a una gran quantitat de compradors. Els escassos venedors fan que puguin exercir algun tipus de control sobre el preu i que les actuacions d'uns afectin la resta d'integrants del mercat.

> Els **mercats oligopolístics** es caracteritzen per l'existència d'un nombre reduït d'oferents que exerceixen un cert control sobre el preu i que són mútuament interdependents.

La característica bàsica de l'oligopoli és la **interdependència estratègica.** Com que hi ha poques empreses en el mercat, les reaccions i decisions d'una d'aquestes afecten i es veuen afectades per les accions i decisions de les altres participants.

> La **interdependència estratègica** sorgeix quan només hi ha unes quantes empreses en un mercat, de manera que els plans d'una empresa depenen de la conducta de les seves rivals.

Un exemple típic de mercat oligopolístic és el financer. A Espanya, un nombre reduït de grans bancs, cada un amb els seus bancs filials, controla el mercat.

A. La fixació de preus en l'oligopoli

Les empreses miren de determinar els preus basant-se en les previsions de la seva funció de demanda (el que esperen vendre), tenint en compte alhora les reaccions de les seves rivals, per la qual cosa hi ha implícita una dosi alta d'incertesa. Per a pal·liar-la, hi ha diferents possibilitats:

- Intentar *endevinar* les accions de les rivals i *dissenyar estratègies* en conseqüència.
- *Arribar a acords* i formar un *càrtel*, és a dir, cooperar, en lloc de competir. En aquest cas, hi ha dues possibilitats: repartir-se el mercat, actuant de fet com si fossin un monopoli, o simplement posar-se d'acord en els preus.
- Iniciar *guerres de preus*. Aquestes sorgeixen quan les empreses integrants d'un oligopoli intenten incrementar la seva quota de mercat duent a terme reduccions de preus successives.

Probablement el càrtel més conegut internacionalment sigui l'Organització de Països Exportadors de Petroli (OPEP). Els països integrants es reuneixen regularment per fixar els preus de venda del petroli i limitar-ne la producció.

La maximització dels beneficis en els mercats oligopolístics, els partícips dels quals opten per arribar a acords, s'aconsegueix fent que la producció total de les empreses que integren l'oligopoli sigui exactament igual a la que produiria un monopoli. És a dir, els participants es posen d'acord per limitar les seves vendes.

Perquè un **càrtel** sigui viable cal que s'arbitri algun mecanisme que serveixi per a detectar i castigar les violacions dels acords, ja que en cas contrari les empreses es veuran motivades a trencar unilateralment aquests acords.

Les empreses tenen incentius per a trencar els acords que van servir per a constituir-lo, perquè si qualsevol d'aquestes decideix abaixar els preus i augmentar el seu nivell de producció, i s'apodera de part de la quota de mercat de l'altra empresa, els seus beneficis augmentaran. Aquest és l'origen de les guerres de preus.

B. Les guerres de preus

Una *guerra de preus* és una situació en què les empreses integrants d'un mercat oligopolístic decideixen entrar en una guerra econòmica de preus ruïnosament baixos.

Si una empresa oligopolística redueix el preu de venda i les altres no ho fan, la seva demanda s'incrementarà a costa de les altres i els seus ingressos augmentaran. Aquest tipus d'iniciatives sol originar una guerra de preus entre les empreses oligopolístiques, perquè quan una la inicia, les altres es veuen d'alguna manera forçades a respondre amb intenció de mantenir o incrementar el seu percentatge de participació en el total de vendes del mercat.

Si totes les empreses abaixen el preu en la mateixa proporció, el resultat final de la guerra de preus serà que la **quota de mercat** de les empreses no es veurà modificada i disminuiran els ingressos obtinguts. En aquest cas, els únics que es veuran afavorits seran els consumidors. Aquest tipus de resultats justifica que les empreses oligopolístiques procurin adoptar acords per a evitar la competència excessiva i intentin formar càrtels.

Activitats

16> En un mercat amb pocs competidors, com el subministrament d'electricitat o gas, què creus més probable, que hi hagi una guerra de preus o un acord entre els productors? Per què? En quin sentit diem que en aquests casos el comportament dels competidors és interdependent?

Important

En tots els països de la Unió Europea estan prohibits els acords entre productors per a fixar els preus.

A Espanya, el Tribunal de Defensa de la Competència és qui vigila que això no passi.

Vocabulari

Càrtel

Grup d'empreses que actuen a l'uníson.

Vocabulari

Quota de mercat

Percentatge de participació d'una empresa en el total del mercat.

4.2 La competència monopolística i la diferenciació del producte

De les condicions exigides perquè es doni la competència perfecta, la que més sovint s'incompleix en la vida real és el supòsit d'homogeneïtat dels béns i serveis intercanviats en un mercat. En nombrosos mercats de béns i serveis els oferents són molts, les empreses i els compradors disposen de prou informació i hi ha llibertat d'entrada i sortida dels mercats, però tot i això les empreses tenen un cert control sobre el preu pel fet que el producte no és homogeni.

Important

La **competència monopolística** es caracteritza pel següent:

- Hi ha molts oferents.
- El producte és diferenciat.
- No hi ha barreres d'entrada.

La diferenciació del producte constitueix un factor important de creació de situacions no competitives i, en particular, de la **competència monopolística.**

La **competència monopolística** és l'estructura de mercat en què moltes empreses venen productes similars, però no idèntics. La diferenciació entre béns i serveis és la clau de l'aparició de la competència monopolística.

L'àmplia heterogeneïtat entre els diversos béns i serveis oferts pels agents que competeixen entre si en els mercats pot tenir el seu origen tant en causes reals com aparents, perquè, juntament amb les diferències objectives en les característiques físiques dels béns, els oferents, mitjançant la publicitat o un tracte personalitzat al client, intenten generar diferències subjectives que ampliïn i potenciïn en el mercat l'heterogeneïtat dels productes.

En els mercats de competència monopolística, l'heterogeneïtat o la diferenciació entre béns i serveis oferts és la clau de situacions no competitives.

La competència monopolística es desenvolupa en mercats en què hi ha possibilitats de diferenciar el producte, com és el cas de la roba o el calçat. Tots els productors ofereixen béns semblants, però cada fabricant intenta donar al seu producte alguna característica que permeti percebre'l com una cosa diferent.

A. Política de marques i llibertat d'entrada i sortida

En els mercats de competència monopolística, encara que hi ha molts venedors, cadascun d'aquests és capaç de diferenciar el seu producte d'aquell que ofereixen els seus competidors, de manera que actua de fet com a monopolista d'una marca determinada i, per tant, s'enfronta a una corba de demanda amb inclinació negativa. La fidelitat a la marca d'un grup de clients atorga a l'empresa un cert poder per a apujar o abaixar els preus, dins uns límits, actuant en la seva part de mercat com si es tractés d'un petit monopolista de la seva pròpia marca. Els mercats de roba, electrodomèstics, els hotels, els restaurants o els bars de copes són exemples de competència monopolística. En aquests mercats la publicitat i el tracte personalitzat tenen un paper molt important, intentant mantenir i crear diferències entre els productes i absorbir la clientela. Es parla també de **mercat de clienteles,** entenent per tal un conjunt de mercaderies que satisfan un mateix tipus de necessitat, però diferenciadament.

Atès que hi ha molts oferents, resulta molt difícil que arribin a acords entre ells per a controlar el mercat i impedir l'entrada de nous competidors. Com que les empreses són petites, aquestes ignoren els efectes de les seves accions sobre altres empreses. Per aquestes raons, suposarem l'existència de lliure entrada i sortida d'empreses.

B. Els fets clau de la competència monopolística

Els aspectes clau de la competència monopolística són quatre:

1. **El mercat està atomitzat.** El sector està format per moltes empreses i cap d'aquestes comprèn una part substancial del mercat. Per tant, el mercat està *atomitzat*.
2. **Els béns produïts per totes les empreses estan diferenciats.** Els consumidors són capaços de distingir els que fabrica una empresa dels que fabrica una altra per l'existència de marques comercials, o altres signes, que reflecteixen diferències entre els productes, ja siguin aquestes reals o suposades. Cada empresa és un monopoli en la seva marca, però hi ha moltes altres empreses que fabriquen un producte semblant amb altres marques.
3. **Cada empresa té poder, però limitat, per a fixar el preu del producte quan actua individualment.** Els productes estan diferenciats, és a dir, són molt semblants per al consumidor, però no exactament iguals. Per això, l'empresa pot vendre el seu producte una mica més car que el dels seus competidors sense perdre tots els seus clients, ja que sempre hi ha gent disposada a pagar un preu superior per la marca preferida. Però aquest poder és limitat: fins i tot els clients més fidels desapareixen quan la diferència de preu és excessiva.
4. **No hi ha barreres d'entrada i sortida del sector.** Hi ha llibertat per a l'entrada de noves empreses o lliure concurrència, és a dir, no hi ha barreres a l'entrada.

abc ***Vocabulari***

Fets clau de la competència monopolística

- Mercat atomitzat.
- Béns diferenciats.
- Poder de mercat limitat.
- No hi ha barreres d'entrada i sortida.

C. El debat sobre la publicitat

La quantitat que es gasten les empreses en publicitat depèn molt del tipus de productes i serveis que ofereixin. Les empreses que venen productes molt diferenciats, com els perfums, els cotxes o els medicaments sense recepta, normalment dediquen entre el 10 i el 20 % dels seus ingressos a publicitat. Les que venen productes industrials, com ara martells o elevadors, gasten molt poc en publicitat. I les que venen productes homogenis, com ara blat o ordi, no hi gasten res.

Les **crítiques a la publicitat** es concreten en els punts següents:

- La publicitat s'utilitza per a manipular el gust dels consumidors.
- El seu objectiu és crear un desig de compra que sense la publicitat no hi hauria.

! ***Important***

La **publicitat** està relacionada estretament amb l'existència de marques i la conveniència de transmetre informació sobre la qualitat.

! ***Important***

Les **marques** accentuen la diferenciació dels productes i transmeten informació sobre aquests.

La publicitat ha adquirit un gran protagonisme en la conformació dels gustos del consumidor.

- La publicitat, més que informar sobre els preus i la qualitat dels productes, recorre a la psicologia positiva i, utilitzant el subconscient, pretén que s'associïn certs productes amb la felicitat i l'amistat. Mitjançant aquesta associació d'idees es pretén crear vincles de fidelitat amb certs productes.
- Impedeix la competència: mitjançant la publicitat els productes es fan aparèixer com si fossin més diferents del que realment són, i es creen barreres artificials.

Els principals **arguments a favor de la publicitat** són aquests:

- Facilita informació sobre els preus, els nous productes i els llocs on comprar-los.
- Fomenta la competència, pel fet que informa millor sobre les empreses i els productes. A més a més, facilita que entrin noves empreses.
- És un senyal de la qualitat dels productes. La informació no es troba en el contingut de l'anunci, sinó en la mateixa existència de l'anunci; si una empresa s'ha gastat tants diners en un anunci, és que el producte valdrà la pena.

La publicitat està relacionada estretament amb l'existència de **marques,** ja que:

- Les marques transmeten informació als consumidors de forma directa i ràpida i alhora són un incentiu per a mantenir la bona qualitat i la fama adquirida amb els anys.
- Moltes empreses consideren que una estratègia clau en el desenvolupament del seu negoci és la creació d'una marca de prestigi i ben coneguda pel públic.
- Alguns, tanmateix, les critiquen, argumentant que s'utilitzen per a intentar que els consumidors percebin diferències entre els productes que en realitat no hi són, la qual cosa és una irracionalitat i un malbaratament.

+ *Més dades*

Algunes marques, com Coca-Cola, Nestlé o Danone, són associades pels consumidors amb la felicitat. En part, això és producte de la publicitat.

Activitats

17> Dues empreses, Blue Jean i Old Rock, venen pantalons texans, i totes dues acaben de dissenyar un nou model de pantalons que pensen vendre a 5 €. Les dues empreses s'estan plantejant fer una campanya de publicitat bastant cara, en què es gastarien 10 milions d'euros, i amb la qual aconseguirien que 1 milió de clients compressin els nous models de pantalons. Per a valorar si convindria dur a terme la campanya o no, sabem que Blue Jean és conscient que la qualitat del material emprat no és gaire bona, per la qual cosa els clients en el futur difícilment tornaran a comprar pantalons d'aquesta marca, ni tampoc els recomanaran als seus amics. Tanmateix, Old Rock confia en la qualitat del seu producte i creu que els clients se sentiran satisfets, tornaran a comprar la marca i la recomanaran als seus amics.

Quina de les dues empreses creus que es decidirà a fer la campanya? En quin sentit una campanya cara pot estar associada a la qualitat del producte? Què passaria si el cost de la campanya hagués estat de 2 milions d'euros? En quina mesura una campanya barata podria contribuir a confondre els consumidors?

18> Quina és la teva marca de sabatilles preferida? Digues el nom d'altres marques semblants, i intenta explicar per què no les prefereixes. Feu una posada en comú a classe de les marques i de les raons que donen els companys per a escollir-les.

19> Suposem que l'Eva compra a Zaida's perquè creu que la roba d'aquesta cadena de botigues respon millor al seu estil de vida i els seus gustos. Però no fa gaire Mingo's, la cadena rival, ha fet una campanya publicitària per a anunciar que rebaixava el preu de tots els seus models de pantalons. Com a conseqüència, l'Eva se'n va anar a Mingo's per comprar-se uns pantalons i, de pas, una samarreta. Quins fets clau de la competència monopolística pots identificar en aquest sector? Justifica la teva resposta.

20> Comenta la frase següent: «La disposició dels consumidors a pagar més pel producte de marca és una irracionalitat fomentada per la publicitat».

Mapa conceptual

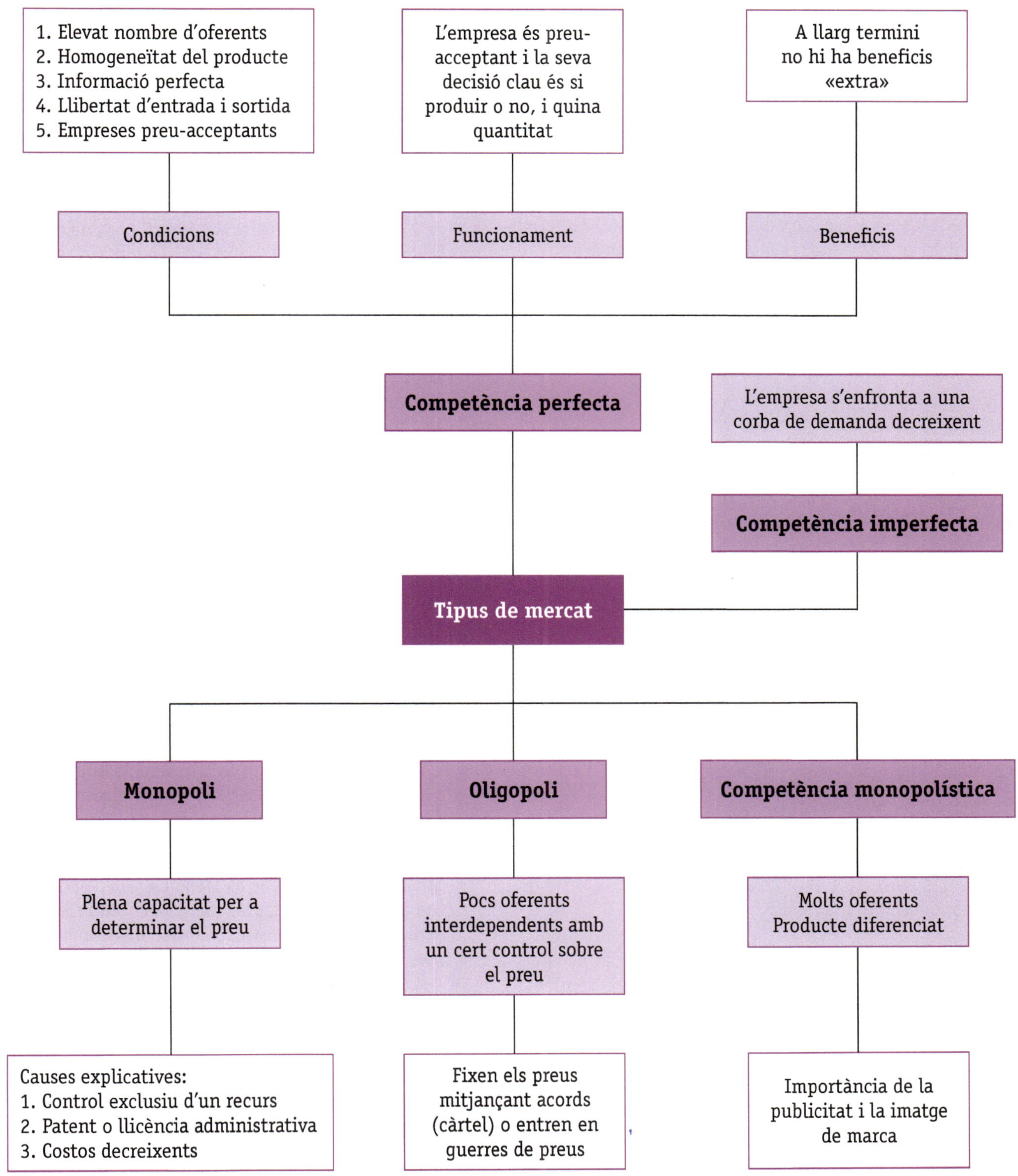

Activitats finals

1> Cada Nadal, a la plaça de la Catedral de Barcelona es reuneixen desenes de venedors d'articles nadalencs per oferir als consumidors aquests productes per a casa seva. Gairebé totes les parades venen els mateixos articles. Què passaria si una de les parades abaixa el preu un 5 %? I si l'apuja?

2> Si les empreses components d'un oligopoli poguessin arribar a un acord sobre la quantitat total produïda per aquestes empreses, quina quantitat escollirien? Com que normalment cada empresa pren independentment les decisions, produiran una quantitat superior o inferior a la de la resposta anterior? Raona-ho.

3> Quins són els objectius que persegueix l'Estat amb les lleis antimonopoli? En quins sectors seria més convenient que l'Estat impedís tot tipus de monopoli?

4> Als hipermercats es poden comprar gran quantitat de productes que satisfan les necessitats dels consumidors i en podem trobar de moltes marques, algunes de més conegudes, i d'altres, menys. A quin tipus d'estructura de mercat corresponen els diferents productes?

a) Llet.

b) Refrescos de cola.

c) Colònies.

d) Sabó de dutxa.

e) Cacau en pols.

5> Què s'entén per mercat? Amb quin criteri es poden classificar els mercats?

6> Quina diferència hi ha entre un mercat de competència perfecta i un mercat oligopolístic? I entre un monopoli i un oligopoli?

7> Quines són les característiques d'un mercat de competència perfecta? Quin dels productes següents creus que és descrit millor per aquestes característiques? Per què els altres no?

a) Aigua de l'aixeta.

b) Caragols.

c) Blat.

d) Begudes de cola.

8> Explica a partir d'un exemple senzill per què els beneficis extraordinaris de les empreses en un mercat de competència perfecta a llarg termini tendeixen a anul·lar-se.

9> Explica el concepte de la guerra de preus i identifica en la publicitat que hagis vist darrerament en els diferents mitjans casos de guerres de preus al nostre país.

10> El 1985, quan el preu del petroli als Estats Units era de 27 $ el barril, hi havia uns 35 000 pous de petroli en explotació. El 1986, quan el preu es va situar en 14 $ el barril, el nombre de pous era inferior a 19 000. Com pots explicar aquest canvi tan brusc utilitzant la lògica dels mercats competitius? A partir de l'anomenada crisi de l'energia dels anys seixanta del segle passat, el preu del petroli es va disparar. Què creus que va passar com a conseqüència de la crisi de l'energia? Creus que la dinàmica propiciada per aquesta crisi es va mantenir de manera continuada al llarg del temps?

11> Malgrat com són d'atractius en els mercats oligopolístics els acords de preus, aquests són molt difícils de mantenir en la pràctica. Pensem en el cas de dues marques de refrescos de cola conegudes i suposem que siguin les dues úniques del mercat. Si establissin una aliança de preus, creus que aquesta seria estable? Quin seria el comportament més convenient per als dos integrants de l'oligopoli? Què és el que en la pràctica solen fer les empreses integrants dels oligopolis? En quin sentit el dilema del presoner pot il·lustrar els comportaments observats en els mercats oligopolístics? Pots recórrer a un exemple numèric per il·lustrar el dilema del presoner?

Per respondre a les dues últimes preguntes has de consultar el document de treball «¿Puede sostenerse una alianza de precios?», escrit per Pablo Lledó i disponible a la pàgina web de MasConsulting (**http://www.masconsulting.com.ar/publicaciones.htm**).

12> Pensa en el mercat de roba esportiva i enumera cinc marques d'aquest tipus de productes:

a) Quines diferències trobes entre un xandall d'una marca de prestigi i un altre d'un fabricant desconegut?

b) Què és el que et porta a escollir una determinada marca quan adquireixes roba o calçat esportiu?

13> Identifica quatre grans cadenes d'establiments dedicats al menjar ràpid o *fast food*, i contesta a les preguntes següents:

a) Venen un producte homogeni? Quines similituds tenen els productes d'aquestes grans cadenes? I quines diferències?

b) Competeixen pels mateixos clients?

c) Creus que són realment competència per als bars i restaurants del seu voltant?

d) Darrerament, s'estan veient alguns establiments que venen menjar tradicional per a emportar-se a casa. Què diferencia el seu producte del de les grans cadenes de menjar ràpid? Poden arrabassar clientela als consumidors del menjar ràpid?

14> Tant les farmàcies com les gasolineres requereixen autorització administrativa per a instal·lar-se. Considera els efectes d'aquest requisit legal sobre l'estructura d'ambdós mercats:

a) Quin tipus de barrera és?

b) Amb aquesta actuació de l'Administració pública, creus que es pot encoratjar la creació o consolidació de formes de competència imperfecta? Per què?

15> Habitualment, la producció de roba es fa en mercats perfectament competitius o de competència monopolística, mentre que el subministrament d'aigua corrent se sol dur a terme des de monopolis controlats o regulats per l'Estat. Quins fets, relacionats amb la naturalesa del bé que s'ofereix en cada cas, poden explicar que aquests mercats funcionin de manera tan diferent? Quines raons pot haver-hi relacionades amb les diferents estructures de costos?

16> Investiga a Internet quines són les normes de conducta que defineixen el consum responsable i quins són els principis del comerç just. Creus que el consum responsable i el comerç just poden ajudar a disminuir el poder de mercat de les empreses? Per què?

17> Tenim les dades següents de dues empreses que actuen en mercats diferents:

a) L'empresa Dolça Badana, SA, desenvolupa la seva activitat en el mercat dels cosmètics. El 2012 va facturar 500 000 €, mentre que la xifra de vendes del total del mercat va ser 20 000 000 €.

b) L'empresa Luxus, SA, ven electrodomèstics. El 2012 va facturar 1 000 000 €, mentre el total de vendes del mercat va ser de 33 000 000 €.

Determina quina de les dues empreses va tenir el 2012 més quota de mercat.

18> Quan arriba la temporada de la recollida de patates sovint trobem a les carreteres petits punts de venda de patates que només estan oberts al públic en aquesta època de l'any. Justifica per què és un comportament econòmicament raonable per a aquests establiments obrir només durant aquesta època de l'any.

Reportatge: Cola Cao, Dodot i Danacol, les marques més valorades entre els consumidors

Et proposem la lectura de l'article «Cola Cao, Dodot y Danacol, las marcas más valoradas entre los consumidores», escrit per Patricia Alfaro i publicat a *El Mundo* el 13 de juliol de 2011.

L'article analitza la importància de la imatge que transmeten les marques i assenyala els aspectes més valorats pels consumidors. El que tota empresa pretén és que els consumidors valorin els productes que ofereix i que els considerin com una peça imprescindible del seu carret d'anar a comprar. La clau es troba a saber què fer per aconseguir-ho (trobaràs el text complet a: **www.mhe.es/bachillerato/economia**).

Preguntes:

1> Quin és l'avantatge més rellevant que presenta de cara a l'empresa el fet que els consumidors la considerin com una marca preferida?

2> Quins són els atributs amb què identifiquen les marques preferides?

3> Cal invertir sempre per crear una marca o les marques blanques també poden ser preferides? Justifica la teva resposta.

Test de repàs

1> Un mercat en què alguns dels participants, tant pel costat de l'oferta com pel de la demanda, poden incidir considerablement sobre els preus és:

a) Un mercat de competència perfecta.

b) Un mercat de competència imperfecta.

c) Un monopoli.

d) Un oligopoli.

2> Quina de les condicions següents és necessària perquè hi hagi competència perfecta?

a) Empreses amb estructures de costos idèntiques.

b) Béns diferents.

c) Llibertat d'entrada i sortida d'empreses.

d) Molts compradors i pocs venedors.

3> En un mercat de competència perfecta en equilibri, una empresa fabricant de corbates produirà una quantitat que serà determinada per:

a) La seva corba de demanda per al preu d'equilibri.

b) Els seus ingressos.

c) La corba d'oferta per al preu d'equilibri.

d) Cap de les respostes anteriors.

4> En una indústria monopolística el preu de venda serà, respecte a un mercat de competència perfecta:

a) Inferior.

b) No es pot saber.

c) Igual.

d) Superior.

5> En un mercat oligopolístic, la guerra de preus és una situació en què:

a) Una empresa abaixa el preu i això implica que les altres empreses abaixaran també els preus i s'arribarà a una situació similar a l'anterior amb beneficis inferiors.

b) Les empreses apugen els preus per augmentar els costos i amb això expulsar altres empreses del mercat.

c) Una empresa apuja el preu perquè l'apugin totes les altres.

d) Una empresa fixa els preus igual que els de les empreses competidores per originar conflictes legals per haver copiat els preus.

6> Un dels càrtels més coneguts és:

a) La Unió Europea.

b) El G-7.

c) L'Organització de Països Exportadors de Petroli.

d) L'OCDE.

7> El mercat de competència monopolística i el de competència perfecta s'assemblen en el fet que:

a) Tenen un nombre semblant de demandants.

b) En tots dos tipus de mercats les empreses poden influir sobre els preus de mercat.

c) Les empreses que actuen en aquests mercats són preu-acceptants.

d) Tenen un nombre semblant d'oferents.

8> En quin mercat dels següents hi ha més barreres a l'entrada d'empreses en la indústria?

a) Canals de televisió digital.

b) Productes agrícoles.

c) Productes de neteja de la llar.

d) Bars i restaurants.

9> En l'equilibri d'un mercat en situació de monopoli, els nivells de preus i producció en l'equilibri en relació amb el mercat de competència perfecta seran:

a) Inferiors, tant preus com producció.

b) Preu superior i el mateix nivell de producció.

c) Superiors, tant preus com producció.

d) Preu superior i inferior nivell de producció.

Solució: 1. c; 2. b; 3. c; 4. c; 5. c; 6. c; 7. d; 8. a; 9. d.

6

LA RETRIBUCIÓ DELS FACTORS: EL MERCAT DE TREBALL

En una economia de mercat, els preus dels diferents factors productius es determinen en els mercats corresponents. En assignar preus a tots els factors que participen en la producció, paral·lelament es distribueix la renda nacional. Per tant, l'anàlisi dels mercats de factors és, alhora, l'anàlisi de la distribució de la renda entre els diferents propietaris dels factors. La renda que rebi cada factor productiu dependrà del preu que es paga per aquest factor i de la quantitat emprada. Des d'aquesta perspectiva, el problema de la distribució es redueix a estudiar els determinants de la demanda i de l'oferta de factors de producció.

Notícia

«La reforma laboral: inevitable e insuficiente», de Francisco Mochón, *El Notario del Siglo* XXI, 19 d'octubre de 2010.

Aquest article analitza el problema més greu de l'economia espanyola: el funcionament deficient del mercat de treball. Partint d'aquest fet, s'avalua la reforma del mercat de treball duta a terme pel Govern espanyol el 2010, i es qualifica de necessària però insuficient (trobaràs el text complet a: **www.mhe.es/bachillerato/economia**).

Qüestions:

1> Segons l'article, quins factors expliquen que els joves siguin un dels col·lectius afectats especialment per la desocupació a Espanya?

2> Quines són les rigideses principals del mercat de treball espanyol? Quins efectes tenen?

3> Segons s'exposa en l'article, la reforma del mercat de treball feta pel Govern espanyol el 2010 va en la direcció apropiada? És suficient? Quins arguments esgrimeix l'autor?

1 La retribució dels factors i la distribució de la renda

La **renda** és el total d'ingressos que reben els propietaris dels factors productius. La **distribució de la renda** analitza la manera en què es reparteix la renda entre els propietaris dels factors de producció en forma de salaris, rendes de la terra, interessos i beneficis.

Renda. Són totes les entrades financeres que rep una persona, una família, una empresa, una organització, un govern, etc.

Distribució de la renda. La distribució de la renda és la manera en què es reparteixen els recursos materials fruit de l'activitat econòmica en els diversos estrats socioeconòmics.

Tal com recull l'Esquema 6.1, la distribució de la renda es pot analitzar des d'un punt de vista funcional, sectorial, espacial o personal. En aquesta unitat ens centrem en la *distribució funcional de la renda.*

La **distribució de la renda** d'un país depèn fonamentalment de dos factors:

- Les *diferències salarials:* quan aquestes són molt importants, el resultat serà una distribució poc igualitària de la renda.
- El *repartiment de la riquesa:* com menor sigui el percentatge de població amb accés a la riquesa d'un país, més gran serà la diferència de renda dins d'una **societat.**

L'economia de mercat obeeix a un **principi bàsic de la distribució**, segons el qual els propietaris dels factors productius obtenen una remuneració pel seu ús igual al valor que afegeixen aquests quan presten serveis productius. Aquest principi bàsic associa estretament la producció i la distribució de la riquesa, ja que les identifica com les dues cares d'una mateixa moneda (Esquema 6.2 i Epígraf 4).

Criteris	Característiques
Funcional	Entre els propietaris dels factors de producció en forma de salaris, rendes de la terra, interessos i beneficis.
Sectorial	Entre els tres sectors productius.
Espacial o geogràfic	Per zones, regions, províncies, etc.
Personal	Entre els habitants.

Esquema 6.1. *Criteris de distribució de la renda.*

! *Important*

La **distribució de la renda** està condicionada per:

- Les diferències salarials.
- El repartiment de la riquesa.

! *Important*

Cal distingir els conceptes de *renda* i *riquesa*.

La **renda** d'una persona és el total d'ingressos que rep en un període determinat, generalment un any. Així, per exemple, la senyora Balcells té una renda anual de 60 000 €, fruit del seu salari i del que li genera un pis que té llogat.

La **riquesa** és el valor de les propietats o actius que té una persona en un moment determinat, com ara pisos, accions i terrenys.

Vocabulari

Principi de la distribució

Els propietaris dels factors productius obtenen una remuneració pel seu ús igual al valor dels serveis prestats.

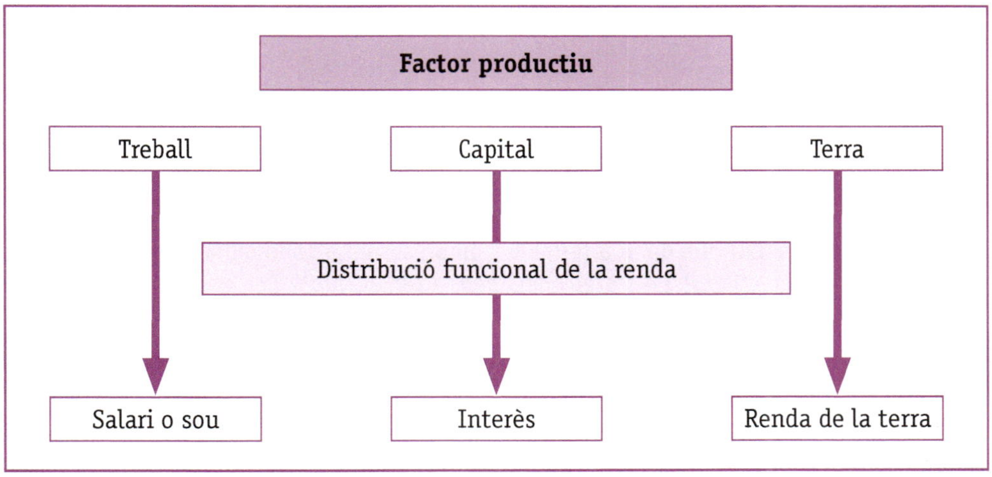

Esquema 6.2. *Remuneració dels factors productius.*

La remuneració als propietaris dels *factors productius,* és a dir, de la terra, del treball i del capital, es determina segons la contribució a la producció dels serveis que presten els factors.

Quan vam analitzar el funcionament de l'economia de mercat, en la Unitat 2, vam veure com els *mercats de factors* estan connectats amb els *mercats de béns i serveis*. Per a una determinada distribució de la **riquesa**, els ingressos o la renda de cadascuna de les economies domèstiques dependran de les quantitats de recursos que tinguin, de la fracció d'aquests que venguin en el mercat i dels preus a què arribin. Tanmateix, cal distingir entre *distribució de la renda* i *distribució de la riquesa.*

La **riquesa** d'un país és el valor net dels seus actius tangibles o físics i financers.

+ *Més dades*

La renda dels factors i el flux circular de la renda

Com vam veure en la Unitat 2, els factors productius reben una remuneració o *renda* per la seva participació en l'activitat econòmica i productiva d'una societat. Aquesta **renda** és el valor dels serveis prestats per un factor productiu en un període de temps determinat. Segons quin sigui el factor productiu, aquesta renda rep diferents noms: salari, en el cas del treball; interès, en el cas del capital, i lloguer, en el cas dels immobles, la terra o els recursos naturals. El flux circular de la renda és el corrent de béns i serveis i els pagaments corresponents entre les famílies, les empreses i el sector públic. Aquest flux articula la relació entre el mercat de béns i serveis i el mercat dels factors productius.

Activitats

1> Comenta aquesta frase: «La suma de tot el que es produeix és igual a la suma de tot el que es distribueix, i per tant igual a la suma de totes les rendes». Et sembla certa? Per què?

2> En quin sentit la relació entre la producció i la distribució són dues fases d'un mateix procés, tal com es va assenyalar en el flux circular de la renda?

2 El mercat de treball i els salaris

El **salari** (preu del treball) es determina en el mercat de treball mitjançant l'acció conjunta de l'oferta i la demanda. Una empresa contractarà treballadors sempre que això afegeixi més als seus ingressos que als seus costos. Això vol dir que l'empresa compararà el valor del que produeix un treballador per unitat de temps, per exemple, en una hora, amb el que li costa contractar-lo. L'empresa només es decidirà a contractar un treballador en el cas que el **valor d'allò que produeix el treballador sigui superior al cost** en què incorre contractant-lo.

Vocabulari

Salari

És el preu del treball. L'empresa haurà de contractar treballadors, sempre que el salari sigui inferior al valor d'allò que produeix el treballador.

2.1 La demanda de treball: factors determinants

Important

La **demanda de treball** feta per les empreses depèn de:

- Els salaris.
- La productivitat.
- Els preus dels béns produïts.

El factor determinant tant de la demanda com de l'oferta de treball és el salari. Si a partir d'una determinada situació el salari es redueix, els empresaris estaran disposats a demanar més quantitat de treball; per tant, la corba de demanda de treball tindrà inclinació descendent, com surt representada en la Figura 6.1.

La **demanda de treball** que duen a terme les empreses està condicionada, a més de pels **salaris,** per la *productivitat* i els *preus dels béns i serveis produïts.*

La **demanda de treball** és el nombre de persones que estan disposades a contractar les empreses en cada nivell de salaris.

- La demanda de mà d'obra que fan les empreses depèn fonamentalment del nivell de **salaris.** Si els salaris augmenten, la demanda de treball es reduirà, ja que resultarà més car contractar mà d'obra.

El **salari monetari** ***(W)*** és el conjunt d'ingressos que reben els treballadors, en diners o en espècie, per la prestació dels seus serveis laborals per compte d'altri. El **salari real** és igual al salari monetari *(W)* dividit pel preu *(P)*.

- La demanda de mà d'obra també depèn de la **productivitat** del treball, de manera que un salari més elevat pot compensar-se amb una productivitat superior. Així, en el Quadre 6.1 es posa de manifest com, dels dos treballadors considerats, aquell que té més salari per dia de treball representa un menor cost per unitat de producte, ja que té més productivitat.

- Els **preus dels béns i serveis produïts** pel treball també incideixen sobre la demanda de treball. Així, si augmenta el preu dels habitatges, les empreses constructores incrementaran la seva activitat i demanaran més mà d'obra.

	Salari per dia	Producció/hora	Costos laborals per unitat de producte
Treballador 1	27 €	9 unitats	$\frac{27}{9} = 3$ €
Treballador 2	16 €	4 unitats	$\frac{16}{4} = 4$ €

Quadre 6.1. *Salari, productivitat i costos.*

Un augment en la productivitat del treball permet una reducció del cost laboral per unitat de producte.

2.2 L'oferta de treball

L'**oferta de treball individual**, és a dir, el nombre d'hores treballades, està condicionada fonamentalment per dos factors: *l'elecció entre el treball i l'oci* i el *cost d'oportunitat d'una hora d'oci,* és a dir, el salari. Cal assenyalar que com més hores decideixi treballar un individu, menys temps tindrà per dedicar-lo a les seves aficions preferides: fer esport, sortir amb els amics o quedar-se a casa llegint i mirant la televisió.

Pel que fa al segon dels factors assenyalats, el cost d'oportunitat d'una hora d'oci correspon a una hora de treball. Allò a què es renuncia per aconseguir una hora d'oci correspon a una hora de treball, que al seu torn equival a una hora de salari. Així, si el salari d'una persona és de 20 € per hora, el cost d'oportunitat d'una hora d'oci seran els 20 € que es deixen de guanyar.

L'**oferta individual de treball** mostra el nombre d'hores que un individu està disposat a dedicar a les activitats remunerades en el mercat, segons quin sigui el salari per hora.

2.3 L'oferta de treball del mercat

En economia, quan es parla del factor productiu treball, pot mesurar-se en hores o en treballadors. Quan analitzem l'oferta agregada de treball convé considerar el treball com a nombre de persones que volen una feina i per això van al mercat.

La **corba d'oferta de treball de mercat** es pot definir com el nombre total de persones disposades a treballar per a cada nivell del salari. Aquesta corba té pendent positiu, ja que en incrementar-se el salari que paguen les empreses, augmenta el nombre de persones que volen treballar (Figura 6.1).

La **corba d'oferta de treball de mercat** representa, per a cada nivell del preu, el nombre total de persones disposades a treballar en el sector.

La corba d'oferta de treball de l'economia en el seu conjunt és creixent, si bé és bastant inelàstica o vertical i respon poc a les variacions dels salaris.

2.4 L'oferta de treball, la taxa d'activitat i la demografia

Per a una economia en el seu conjunt, l'estudi de l'oferta de treball requereix analitzar, a més dels salaris, altres variables com ara la **taxa d'activitat** i els *factors demogràfics*. Un dels fets més significatius del mercat de treball espanyol durant els darrers anys ha estat l'augment de la **taxa d'activitat**, en gran manera fruit de la incorporació creixent de la dona al mercat de treball.

La **taxa d'activitat** és el percentatge de *població activa* respecte a la *població en edat de treballar*.

$$T_{activitat} = \frac{\text{Població activa}}{\text{Població en edat de treballar}} \cdot 100$$

Segons les dades de l'enquesta de població activa (INE), la taxa d'activitat de l'economia espanyola el 2010 va ser:

$$T_{activitat\ 2010} = \frac{23\,088\,900}{35\,828\,100} \cdot 100 = 64{,}44\ \%$$

Aquest valor de la taxa d'activitat ens diu que de cada 100 habitants, 64,44 estaven el 2010 disposats a exercir un treball remunerat.

! Important

L'**oferta de treball** reflecteix com responen els treballadors a la disjuntiva entre el treball i l'oci davant una variació del salari.

+ Més dades

Factors demogràfics que condicionen l'oferta de treball

- **Població en edat de treballar:** totes les persones amb edat igual a 16 anys o més que encara no s'hagin jubilat.
- **Població activa:** persones que estan ocupades o a la recerca d'ocupació. Està integrada per la **població ocupada** i la **població desocupada.**
- **Població inactiva:** persones que no cerquen ocupació remunerada, encara que estiguin en edat de treballar. Està formada per mestresses de casa, estudiants, jubilats, pensionistes per invalidesa i incapacitats per a treballar.

+ Més dades

Fonts d'informació sobre ocupació

- Enquesta de població activa (EPA). La publica trimestralment l'INE.
- Dades del Servei Nacional d'Ocupació (SNE), antic INEM.
- Afiliats a la Seguretat Social. La font d'informació són els contractes de treball registrats.
- Enquesta de conjuntura laboral. L'elabora trimestralment el Ministeri d'Ocupació i Seguretat Social.

Més dades

La corba d'oferta de treball i l'elecció entre treball i oci

Com es pot observar, la corba d'oferta de treball s'ha traçat gairebé vertical. Això indica que quan augmenta el salari, especialment a partir d'un cert nivell (W_E en la Figura 6.1), la quantitat oferta d'ocupació augmenta molt poc, i es fa pràcticament vertical. La raó que explica aquest comportament és l'elecció entre oci i treball. L'argument és que en augmentar el salari, especialment quan aquest arriba a uns nivells relativament elevats, la gent comença a valorar més l'oci i prefereix treballar menys.

Important

La demanda i l'oferta de treball conjuntament determinen l'**equilibri en el mercat** de treball. Quan no s'arriba a aquest equilibri, apareix la desocupació.

L'oferta de treball també es veu afectada per **factors demogràfics** com ara la **taxa de natalitat,** amb el lògic desfasament temporal, i els **moviments migratoris.** En la dècada dels noranta, l'oferta de treball espanyola va estar pressionada per les taxes de natalitat elevades que van caracteritzar l'economia espanyola durant els anys vuitanta. En dècades posteriors, la taxa de natalitat s'ha anat reduint i actualment és una de les més baixes del món.

Un altre canvi estructural experimentat per l'economia espanyola ha estat en relació amb el signe dels moviments migratoris. A l'entorn de la dècada dels seixanta, Espanya era un país amb un saldo migratori negatiu. Els destins més freqüents eren els països del centre d'Europa. Des de fa unes dècades, el signe dels moviments migratoris s'ha alterat, i Espanya s'ha convertit en un país receptor d'emigrants. L'origen d'aquests fluxos migratoris és el Nord d'Àfrica, l'Amèrica Llatina i els països de l'Est d'Europa. En tot cas, la crisi financera internacional iniciada el 2007 ha reduït dràsticament aquests fluxos migratoris.

2.5 L'equilibri del mercat de treball

En la Figura 6.1 es recull la situació d'**equilibri d'un mercat** perfectament competitiu, determinada pel punt de tall de les corbes de demanda i d'oferta de treball.

Si el salari fos flexible, i el mercat, competitiu, el lliure joc de les forces de l'oferta i la demanda determinarien el salari, W_E, i el nivell d'ocupació d'equilibri, L_E. Si tota l'economia actués en les condicions esmentades, la remuneració total del factor treball (ingressos totals de tots els treballadors) seria el resultat de multiplicar el salari d'equilibri pel nivell d'ocupació d'equilibri. El salari es determina per l'acció conjunta de l'oferta i la demanda de treball i s'estableix en el punt d'equilibri.

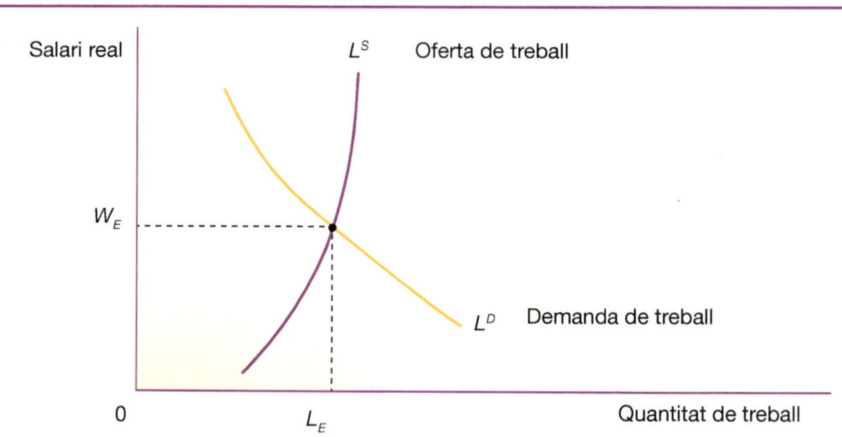

Figura 6.1. ***L'equilibri del mercat de treball.*** *El nivell d'ocupació d'equilibri* (L_E) *i el salari d'equilibri* (W_E) *es determinen mitjançant la intersecció de la corba d'oferta de treball* (L^S) *i la corba de demanda de treball* (L^D).

Activitats

3> Comenta la frase següent:

«A les empreses sempre els resulta més convenient contractar els treballadors amb salaris menys elevats».

4> Quin efecte té sobre l'oferta de treball un augment de la taxa d'activitat de les dones? I sobre el salari d'equilibri?

5> Amb les dades de l'últim trimestre disponible de l'enquesta de població activa (EPA), calcula la taxa d'activitat i la taxa d'ocupació. Calcula també les dues dades per al trimestre anterior i digues quant han canviat.

3 Desequilibri en el mercat de treball: la desocupació

En el món real, el funcionament del mercat de treball s'allunya molt de les condicions pròpies d'un mercat competitiu i sovint està en **desequilibri**. La realitat ens diu que els salaris no són flexibles, sinó rígids, de manera que els ajustos es produeixen a poc a poc; que les empreses es troben amb dificultats per a variar el seu nivell de contractació; que els treballadors i les empreses tenen *poder de mercat,* és a dir, capacitat per a incidir en el salari, i que els poders públics solen intervenir en el funcionament del mercat de treball.

Centrant-nos en la intervenció dels poders públics, cal assenyalar que tots els països disposen d'una *legislació laboral* que, generalment, estableix una sèrie de drets que tendeixen a afavorir els treballadors. Així, per exemple, és freqüent que s'estableixi un *salari mínim,* per sota del qual les empreses no poden contractar. La legislació laboral també sol preveure l'obligació que tenen les empreses d'indemnitzar els treballadors quan volen prescindir dels serveis d'aquests. La *indemnització per acomiadament* o el *cost de l'acomiadament,* si bé redueix la incertesa dels treballadors sobre el seu futur, accentua la rigidesa del mercat de treball, és a dir, la dificultat de les empreses per a ajustar la quantitat de treball que contracten a la que necessiten en cada moment.

> **Important**
>
> El **desequilibri en el mercat** de treball s'explica per: les imperfeccions (els sindicats i les empreses tenen poder de mercat), les rigideses (les empreses no decideixen cada dia quants treballadors contractaran) i les intervencions del sector públic (la legislació laboral interfereix).

3.1 L'establiment d'un salari mínim i els sindicats

L'establiment d'un *salari mínim* per part del Govern o un altre organisme públic impedeix contractar treballadors a un salari inferior al fixat. La conseqüència d'això sobre el mercat de treball, quan el salari fixat és superior al d'equilibri, és l'aparició d'un *excés d'oferta de treball* que es manté de manera indefinida (Figura 6.2). Aquesta situació de desequilibri genera desocupació en el mercat de treball en la quantia en què l'oferta d'ocupació és superior a la demanda d'ocupació, al nivell del salari mínim fixat. En termes de la Figura 6.2, la desocupació generada es representa mitjançant el segment $L^d\,L^s$.

L'acció dels **sindicats** per a elevar els salaris i mantenir-los per sobre del nivell d'equilibri és una altra causa de rigidesa salarial. Tot i que els treballadors, considerats individualment, no tenen poder de mercat, quan actuen conjuntament mitjançant els seus sindicats, tenen capacitat per a fixar els salaris i poden fer-ho per sobre del nivell d'equilibri. En aquest cas els sindicats es converteixen en una causa de rigidesa salarial i el seu efecte sobre el mercat de treball és semblant al de l'establiment d'un salari mínim.

> **Més dades**
>
> **L'atur keynesià**
>
> L'explicació que s'ofereix en aquest epígraf de la desocupació és *microeconòmica*, centrada en l'existència d'un salari per sobre del salari d'equilibri. Però aquesta no és l'única causa explicativa de la desocupació. En la Unitat 9 veurem que si l'economia entra en una crisi i cau la demanda del conjunt de l'economia, la demanda de treball es reduirà i apareixerà desocupació. Aquests fets tenen poc a veure amb els salaris vigents en el mercat de treball. La desocupació causada d'aquesta manera s'acostuma a anomenar **atur keynesià**, en contrast amb el tipus de desocupació que estudiem en aquesta unitat, que sovint es coneix com a **atur clàssic.**

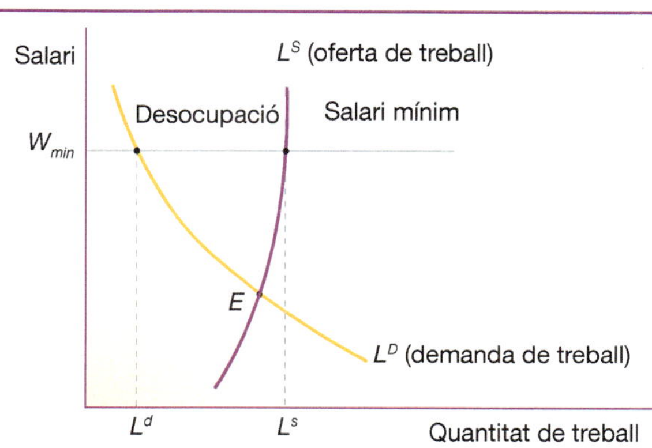

Figura 6.2. *Salari mínim.* *La fixació d'un salari mínim en un mercat genera un excés d'oferta, amb la qual cosa apareixerà un excedent, és a dir, augmentarà la desocupació.*

Els treballadors, quan actuen agrupadament mitjançant els **sindicats**, tenen poder de mercat i poden establir salaris per sobre del nivell d'equilibri i causar desocupació.

Important

La **desocupació friccional** (per rotació i recerca) i la desocupació per **desajust laboral** (a causa de les discrepàncies entre les característiques dels llocs de treball i dels treballadors) apareixen tot i que el nombre de llocs de treball coincideixi amb el nombre de persones disposades a treballar.

3.2 La desocupació friccional i el desajust laboral

Tot i que el nombre de llocs de treball coincideixi amb el nombre de persones disposades a treballar, pot aparèixer desocupació, fonamentalment per dues raons. En primer lloc, perquè els llocs de treball vacants triguen temps a ser ocupats a causa dels processos de *recerca* d'ocupació i de la *rotació* motivada pel canvi d'uns llocs de treball a uns altres, i d'aquesta manera apareix la **desocupació friccional.** En segon lloc, perquè les característiques necessàries per a cobrir els llocs de treball, a vegades, no s'ajusten plenament a les que tenen els treballadors, i així apareix la desocupació per **desajust laboral.**

A. La desocupació friccional

Els fenòmens de recerca i rotació sorgeixen perquè sempre hi ha treballadors que deixen el seu lloc de treball, voluntàriament o involuntàriament, i es veuen forçats a emprendre un procés de recerca fins a trobar una altra feina que s'ajusti al seu perfil i a les seves expectatives. Les empreses també emprenen processos de recerca i de selecció tendents a trobar els treballadors que s'adeqüen a les vacants que tenen. Aquests processos de rotació i recerca d'ocupació generen la **desocupació friccional**, que són els treballadors que estan desocupats per aquest motiu. Aquestes friccions en el funcionament normal del mercat fan que temporalment un determinat percentatge de la població activa estigui en atur.

Important

En el marc de negociació col·lectiva en què es desenvolupa la fixació dels salaris a Espanya, els sindicats negocien amb la **patronal**. Aquesta representa les associacions empresarials, que són la contrapart dels sindicats.

Més dades

La determinació dels salaris a Espanya: la negociació col·lectiva

La *negociació col·lectiva* és una mostra de l'existència d'imperfeccions en el mercat de treball.

La **negociació col·lectiva** consisteix en la fixació de les condicions de treball, no només quant a salaris, sinó pel que fa a multitud d'aspectes com ara vacances, ascensos, etc., mitjançant la negociació entre treballadors i empresaris.

Els sindicats procuren influir sobre els salaris intentant elevar-los i establir «salaris tipus» en els convenis col·lectius i també es preocupen per mantenir el nivell d'ocupació.

En el desenvolupament d'una negociació col·lectiva els arguments que esgrimeixen un costat i l'altre són nombrosos. Generalment, els arguments bàsics són la capacitat adquisitiva dels treballadors, les referències en l'àmbit nacional als possibles convenis marc, el manteniment del nivell d'ocupació, l'evolució de la productivitat i, en menor mesura, el nivell de vida dels treballadors i les possibilitats i la situació econòmica de l'empresa o la indústria.

En termes generals, en tota negociació col·lectiva les peticions inicials solen ser exageradament diferents per a, posteriorment, arribar als acords esperats. Un cop que s'ha iniciat el procés de negociació, hi ha dues possibilitats: que no s'assoleixin els punts d'acord esperats o que sí s'assoleixin. En el primer cas es produirà un conflicte en què la vaga surt com a última arma de la negociació. Si tot i així no s'arriba a un acord, s'acudirà a algun tipus d'arbitratge. El segon cas finalitzarà amb la signatura del **conveni col·lectiu**, en què es regulen molts detalls sobre les condicions de treball.

Convenis col·lectius

Els **convenis col·lectius** són els acords a què s'arriba en les negociacions col·lectives. Són documents en què s'especifiquen tots els aspectes de la negociació sobre els quals s'ha arribat a un acord, així com les condicions d'aquest acord. Delimiten un contracte tipus del sector que proveeix el marc dins del qual s'establiran els contractes particulars que l'empresa fa a cadascun dels treballadors.

En la literatura econòmica hi ha nombrosos estudis que relacionen *l'assegurança de desocupació* amb el procés de recerca i, més concretament, amb els incentius per a acceptar ràpidament una nova feina. Els desocupats que perceben prestacions per desocupació busquen feina amb menys intensitat que aquells que no les perceben.

D'altra banda, els qui no perceben prestació per desocupació estan més disposats a acceptar feines de menor qualificació i, per tant, menys productives, la qual cosa pot implicar una pèrdua d'eficiència per a la societat.

B. El desajust laboral

El **desajust laboral** sorgeix quan els llocs de treball vacants no es cobreixen pel fet que les característiques dels desocupats són diferents de les que es requereixen per a ocupar els llocs de treball vacants. Aquest tipus de desajustos solen aparèixer per canvis en l'estructura productiva dels països i generalment sorgeixen lligats als canvis tecnològics. I són més duradors que la *rotació* i la *recerca*. Així, quan un treballador perd la seva feina en una mina de carbó perquè tanca, la recerca d'ocupació el forçarà a canviar de sector i probablement a readaptar la seva pròpia capacitació laboral. Aquests desajustos generen una desocupació estructural.

Vocabulari

Desajust laboral

Es produeix quan les característiques dels llocs de treball no s'ajusten plenament a les que tenen els treballadors.

C. Tipus de desocupació

La desocupació es mesura per la taxa d'atur o de desocupació. Els tipus de desocupació que hem presentat són dos:

- La **desocupació friccional** és la motivada per la rotació entre els llocs de treball i la recerca d'ocupació, i sol tenir una durada curta.
- La **desocupació estructural** deriva dels canvis en l'estructura productiva i es plasma en els desajustos entre els llocs de treball que ofereixen les empreses i les característiques dels qui demanen feina. Aquest tipus de desocupació sol tenir una durada relativament llarga.

La **taxa d'atur** o de desocupació és el percentatge que representa la població desocupada sobre la població activa.

$$T_{atur} = \frac{\text{Població desocupada}}{\text{Població activa}} \cdot 100$$

Exemple

La taxa d'atur de l'economia espanyola durant el segon trimestre de 2011 va ser:

$$T_{atur} = \frac{4\,833\,700}{23\,136\,700} \cdot 100 =$$
$$= 20{,}89\ \%$$

Dos altres tipus de desocupació, que tenen un enfocament macroeconòmic, i que veurem a partir de la Unitat 9, són els següents (vegeu el Quadre 6.2):

- La **desocupació cíclica** es deu a les fluctuacions que experimenta l'activitat econòmica: s'observen fases d'expansió seguides d'unes altres de recessió o contracció. En les fases de contracció, la desocupació cíclica augmenta, mentre que en les expansions, disminueix.
- La **desocupació estacional** es deu al fet que certes activitats s'intensifiquen o només es duen a terme en determinades estacions de l'any, com passa amb el turisme de platja o amb la collita dels productes agraris.

Tipus	Característiques	Causes
Desocupació friccional	Curta durada	Rotació i recerca
Desocupació estructural	Llarga durada	Canvis en el sistema productiu i desajust laboral
Desocupació cíclica	Condicionada al cicle econòmic	Fluctuacions de la demanda
Desocupació estacional	Curta durada	Lligada a les estacions de l'any

Quadre 6.2. *Tipus i causes de la desocupació.*

Important

Les diferències salarials tenen el seu origen en els diversos nivells d'estudis i l'experiència en el treball (capital humà), en el fet que els llocs de treball són diferents i en la discriminació.

Més informació

Alguns autors defensen que les empreses utilitzen el nivell d'estudis com a «senyal» per a distingir entre els treballadors que tenen molta capacitat i els que en tenen poca. Segons aquesta teoria, una titulació universitària no fa més productiva la persona que l'obté, sinó que és un senyal de la seva capacitat de treball i potencial.

Vocabulari

Diferències compensatòries
Són les diferències salarials que hi ha per a compensar les característiques no monetàries dels diferents llocs de treball.

4 Les diferències salarials

Les **diferències en els salaris** que reben pels seus serveis els treballadors tenen el seu origen fonamentalment en la formació i qualificació dels treballadors, és a dir, en el *capital humà* acumulat i en la diferent *naturalesa dels llocs de treball.* Les diferències salarials també es poden deure a la *discriminació.*

4.1 El capital humà

Els treballadors amb *capital humà* més elevat solen percebre salaris superiors als qui han cursat menys estudis. L'educació, l'experiència professional i la formació en general contribueixen a crear en els treballadors capital humà, és a dir, qualitats i destreses que s'utilitzen en les activitats professionals, de manera que s'incrementa la productivitat dels treballadors i, per tant, el seu salari. Els treballadors també adquireixen capital humà mitjançant l'experiència en el lloc de treball. Per això, cal afirmar que les diferències salarials entre els treballadors poden explicar-se per la diferent acumulació de **capital humà** (educació més formació en el treball) que té cada persona.

El **capital humà** és l'acumulació d'inversions en persones, principalment, en forma d'educació i formació en el treball.

4.2 La naturalesa dels llocs de treball

Les diferències salarials també es deuen al fet que els llocs de treball són diferents. Hi ha feines còmodes, sense risc i amb condicions laborals agradables, mentre que en altres casos passa tot el contrari. Si es pagués el mateix per una feina penosa que per una altra d'agradable, i si les dues requereixen la mateixa qualificació, tots els individus voldrien fer la feina agradable. A fi d'aconseguir treballadors per a les feines desagradables, les empreses hauran de pagar salaris superiors com a manera de compensar les molèsties i els inconvenients.

Aquests sobresous es coneixen com a **diferències compensatòries** i l'objectiu és que tots els tipus de treball resultin igualment atractius quan se sospesen les diferències salarials amb la resta de les condicions.

4.3 La discriminació

Un altre factor explicatiu de les diferències salarials és la discriminació. **La discriminació** té lloc quan el mercat ofereix diferents oportunitats a persones similars que només es diferencien per la seva raça, grup ètnic, sexe, edat o altres característiques

Activitats

6> El 2009 un miner podia cobrar de mitjana 27 000 euros l'any, enfront dels gairebé 24 000 que cobrava un treballador a la indústria manufacturera. A què es pot deure aquesta diferència de salari?

7> Fruit de la crisi iniciada des de 2007, la taxa d'ocupació de les dones va començar a augmentar molt més que la dels homes, i aquest fet és especialment evident amb les dades del segon trimestre de 2011. Com es podria explicar aquest fet? Representa algun tipus de discriminació?

personals. La discriminació té el seu origen en els prejudicis d'algunes persones contra certs grups de la societat.

Aïllar en els mercats de treball l'efecte de la discriminació sobre els ingressos dels diversos grups no és fàcil. Moltes vegades l'explicació de les diferències observades i que a primer cop d'ull semblen discriminatòries es pot trobar, almenys en part, en algunes de les dues causes que abans s'han assenyalat com a justificadores de l'existència de diferències salarials: el *capital humà* i les *diferències compensatòries*.

5 L'interès i el capital

Com s'ha assenyalat (vegeu la Unitat 1), el factor productiu capital és el *capital físic,* és a dir, l'estoc de béns d'equip fabricats en el passat que s'empren per a produir els béns i serveis.

El **capital financer** són els recursos de què disposen les empreses que els permeten finançar l'adquisició de tot el que cal per a poder desenvolupar la seva activitat, entre altres coses, les adquisicions de capital físic. En aquest epígraf l'anàlisi se centra en el funcionament del mercat de capital financer, perquè en definitiva el cost del capital invertit, és a dir, el tipus d'interès, es determina en els mercats financers. La retribució del factor productiu capital s'anomena **rendiment** o **interès.**

L'**interès** es pot definir com el pagament pels serveis del capital o, més concretament, com el preu d'un préstec.

Qui disposa de diners en efectiu té la possibilitat de consumir tant com vulgui. Si alternativament decideix prestar-los, posposa les possibilitats de consumir immediatament, per la qual cosa demanarà algun tipus de compensació pel sacrifici que està fent. Aquesta compensació és l'interès que rep pel seu préstec, la qual cosa li ofereix l'oportunitat d'obtenir nivells superiors de consum en el futur.

Si algú presta 100 € durant un any, amb la condició que li tornin 110 € al final de l'any, el tipus d'interès demanat és del 10 %. Aquest es pot considerar com una mesura de la compensació exigida pel prestador, ja que ha perdut l'oportunitat de consumir ara béns per valor de 100 €.

A. El mercat de capitals

El preu del diner, és a dir, el tipus d'interès, es determina en el mercat de capitals per l'acció conjunta dels demandants de capital (els prestataris) i els oferents (els prestadors). Els prestataris demanen capital per a satisfer les seves necessitats de consum (les famílies), d'inversió (les empreses) o de despesa pública (les administracions públiques).

Atès que la demanda de capital augmentarà quan baixi el tipus d'interès que es cobra per demanar un préstec, la corba de demanda de capital serà decreixent (Figura 6.3).

L'oferta de capital està formada per l'estalvi de les famílies, els beneficis no distribuïts i altres fons de les empreses, el superàvit de les administracions públiques i l'estalvi de la resta. La forma de la corba d'oferta serà creixent, ja que en pujar el tipus d'interès, augmentaran els fons que els prestadors estaran disposats a oferir; un tipus d'interès més alt estimula l'estalvi.

Més informació

El benefici i l'interès del capital

El benefici, referit a l'empresa, és la diferència entre els ingressos i les despeses. A diferència del salari i de l'interès del capital, que són rendes contractuals i determinades, el benefici és una renda residual i incerta.

Important

El **capital financer** permet l'adquisició del capital físic. El cost del capital invertit es determina en els mercats financers.

Figura 6.3. *Mercat de capitals. L'acció conjunta de la demanda de capital per part dels prestataris i l'oferta de capital dels prestadors permet determinar el tipus d'interès d'equilibri.*

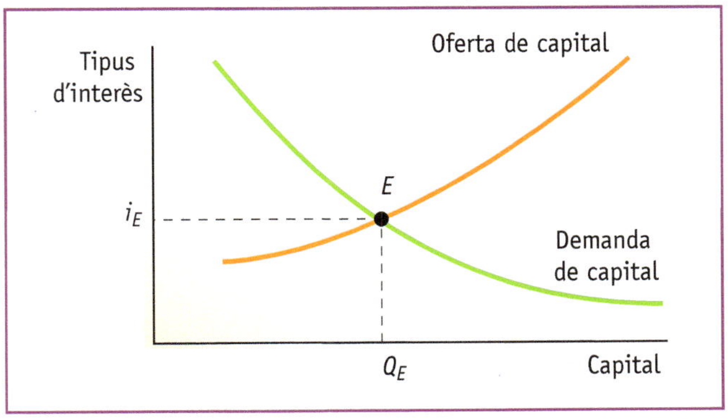

6 La renda de la terra

El **factor terra,** en un sentit ampli, inclou el sòl, el subsòl, l'aigua, etc., és a dir, els recursos naturals, entenent per aquests els factors que afecten les activitats productives, però que no han estat fets per l'home ni han estat obtinguts mitjançant un procés de fabricació iniciat per ell.

La terra en el sentit econòmic es diferencia d'altres factors productius en què la quantitat disponible d'aquesta es pot considerar aproximadament constant. Així mateix, difereix d'altres recursos naturals en què a curt termini és possible obtenir-ne un flux constant de producció sense que es redueixi la quantitat disponible d'aquest factor.

L'oferta de terra per a un ús concret no és fixa. Per exemple, l'oferta de terra dedicada a la producció de cotó es pot ampliar reduint la destinada a produir blat de moro o, fins i tot, incrementant la quantitat de terres de regadiu. En relació amb els ingressos generats, cal distingir entre **renda de la terra** (que va al propietari) i **renda agrària,** que és l'obtinguda per qui explota la terra agrícolament.

Vocabulari

Renda de la terra

És la que obté el propietari.

Renda agrària

És la que obté qui explota la terra.

Renda econòmica i oferta fixa

El fet que l'oferta de terra generalment es consideri fixa i que, per tant, el preu dels serveis de la terra depengui exclusivament del nivell de la demanda ha determinat que de manera genèrica la paraula *renda econòmica* s'utilitzi en els textos d'economia per a descriure la part de la remuneració que reben els factors que tenen una oferta limitada; en particular, aquella que es troba per sobre del seu cost d'oportunitat.

Així, per exemple, la remuneració que rep un jugador de futbol que forma part de la selecció nacional serà, en bona part, una renda econòmica, ja que el seu cost d'oportunitat, és a dir, el que guanyaria si en lloc de jugar al futbol es dediqués a exercir una altra activitat, seria notablement inferior al que guanya com a futbolista.

Important

El preu o la retribució de la terra s'acostuma a anomenar **renda.** Aquesta reflecteix el valor de la seva productivitat.

En el cas d'un futbolista que, a més a més, sigui llicenciat en econòmiques, si considerem que el salari mitjà anual d'aquest sector és de 25 000 euros l'any, i que jugant al futbol obté uns ingressos anuals de 395 000 euros, d'aquests ingressos, 370 000 euros seran **renda econòmica.** Tinguem en compte que, en aquest cas, el *cost d'oportunitat* són els 25 000 euros que podria guanyar com a llicenciat en econòmiques.

La **renda econòmica** és el rendiment d'un factor de producció per sobre del seu cost d'oportunitat.

Activitats

8> Per a la temporada 2011-2012, els empresaris que controlaven els equips de bàsquet de la NBA van plantejar, com ja van fer altres vegades, un locaut perquè, a causa dels alts costos salarials, algunes de les franquícies incorren en pèrdues. Com es pot explicar aquest comportament de la perspectiva de la lògica econòmica?

9> Per a familiaritzar-te amb el concepte de tipus d'interès, com el preu que cal pagar perquè et concedeixin un préstec, utilitza el simulador d'hipoteques d'alguna entitat financera. Comprova com quan el tipus d'interès és més elevat, la quantitat a pagar al banc serà superior. Fes els càlculs per al cas d'un préstec hipotecari de 50 000 euros durant 15 anys al 5 % i al 7 %.

Mapa conceptual

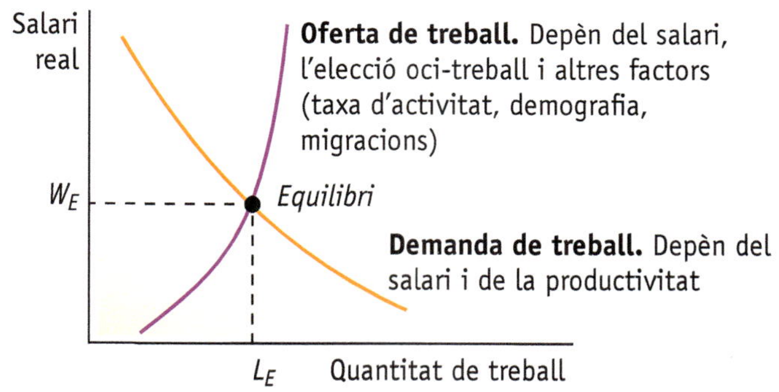

Mercat no competitiu

1. Situacions no competitives per treballadors i empresaris
2. Rigideses i lentitud en les relacions
3. Intervenció dels poders públics

Funcionament del mercat de treball

Desequilibris del mercat de treball

Diferències salarials

Treball: salari

- Capital humà
- Diferències en els llocs de treball
- Discriminació

Persistència del desequilibri → Desocupació

Desocupació friccional
Desajust laboral
Rigidesa salarial:
- Salari mínim
- Sindicats

→

- Desocupació friccional (temporal)
- Desocupació estructural (llarg termini)

Retribució dels factors productius

Capital: interès

- Diversitat de tipus d'interès
- Tipus d'interès real i nominal

Renda de la terra

- Renda de la terra i renda agrària
- Renda: part de la remuneració que està per sobre del seu cost d'oportunitat

Activitats finals

1> Dels diversos instruments que l'Estat pot utilitzar per a alterar la distribució de la renda, quins poden distorsionar el funcionament del mercat? Per què?

2> Classifica els col·lectius de persones següents entre actius, inactius, ocupats i desocupats:

a) Mestresses de casa.

b) Funcionaris de l'Agència Tributària.

c) Electricista autònom de baixa per accident laboral.

d) Estudiant d'oposicions a policia.

e) Estudiant universitari que treballa com a repartidor de *pizzes* amb contracte els caps de setmana.

f) Professora de baixa per maternitat.

3> L'EPA (enquesta de població activa) del tercer trimestre de 2011 ens mostra les dades següents:

Ambdós sexes	Milers de persones
Població de 16 anys i més	38 487,8
Actius	12 134,6
- Ocupats	18 156,3
- Aturats	4 978,3
Inactius	15 353,2

A partir d'aquestes dades, calcula la taxa d'activitat, d'ocupació i de desocupació, i explica'n el significat.

4> Suposem una hipotètica situació en què un fenomen meteorològic devasta una determinada zona. Quin efecte produiria en el mercat de treball i en la taxa d'activitat? Per què?

5> Alguns estudiosos plantegen que per a certs individus, la seva corba d'oferta de treball té un tram amb inclinació creixent, i a partir de cert punt, que és vertical, comença a fer una curvatura cap enrere. En quins casos això pot ser així? Tindria validesa aquest tipus de corba d'oferta per al conjunt de la població activa?

6> Quines són les causes principals que hi hagi desocupació de manera permanent en un país? Explica-ho amb exemples.

7> La lliga de futbol a Espanya és coneguda com la «Lliga de les Estrelles», pel fet que els millors jugadors del món són en equips del nostre país. Els equips inverteixen grans quantitats de diners en els salaris dels futbolistes, però no tots cobren el mateix. Raona el perquè de l'existència d'aquestes diferències salarials.

8> Si un govern volgués incrementar la taxa d'activitat del país per reactivar l'activitat econòmica augmentant l'ocupació del país, quines mesures es podrien prendre?

9> La discriminació salarial està prohibida per llei a tota la Unió Europea, en el sentit que, per exemple, una dona i un home que treballen exactament en el mateix lloc han de rebre exactament el mateix salari. Tanmateix, s'observa que les dones tendeixen a tenir feines de menors salaris que els homes. Entra a la pàgina de l'INE i consulta el salari mitjà d'homes i dones per a l'últim any disponible. Quina és la diferència en euros? I en percentatges? Creus que hi ha discriminació en aquest fet? Justifica la teva resposta, tenint també en consideració factors com el capital humà i les diferències compensatòries.

10> Com a conseqüència de la crisi internacional, l'economia espanyola va perdre entre el tercer trimestre de 2007 i el segon de 2011 gairebé 2,5 milions de llocs de treball (EPA). D'aquestes ocupacions perdudes, 1,5 milions van ser en la construcció, a causa de la brusca contracció de la demanda d'habitatges. De les diferents teories explicatives de la desocupació, quina creus que és la que millor s'ajusta a allò que ha ocorregut en el mercat de treball espanyol? Creus que el desajust laboral, i per tant, la desocupació estructural, també ha tingut un paper important en la desocupació espanyola?

11> A partir de les dades de l'EPA referides a l'últim trimestre disponible i les del mateix trimestre de l'any anterior, calcula la taxa d'atur del conjunt de la població, de les dones, dels homes i dels joves. Comenta les diferències entre els diferents col·lectius i comprova per a un d'aquests que la suma de la taxa de desocupació i la taxa d'ocupació és igual a 100. Analitza les causes que poden explicar l'elevadíssima taxa d'atur dels joves. A la vista de les dades, diries que la reforma del mercat de treball ha aconseguit els seus objectius? Quines mesures es podrien plantejar per facilitar la incorporació dels joves al mercat de treball?

12> La taxa d'atur de l'economia espanyola el mes d'octubre de 2011 va ser del 20,3 %, mentre que la taxa d'atur dels joves va ser del 43 %. Com es pot explicar aquesta diferència tan important? Cal parlar de discriminació dels joves en el mercat de treball espanyol?

13> L'empresa Moble, SA, es dedica a la fabricació de mobles d'oficina. Durant l'any 2011 va fabricar 50 000 mobles i la seva plantilla va ser de 200 treballadors. Amb aquestes dades, es demana:

a) Calcula la productivitat del factor treball. Què expressa exactament aquesta xifra?

b) Suposem que la productivitat mitjana del sector del moble és de 150 mobles per treballador i any. Basant-nos en aquestes dades, és Moble, SA, una empresa competitiva? Per què?

14> Considera la informació següent relativa d'Espanya i la Unió Europea en el segon trimestre de 2011 (en milers de persones):

	Espanya		UE - 27	
	Homes	*Dones*	*Homes*	*Dones*
Població activa	12 592	10 395	128 276	107 648
Població ocupada	9 985	8 171	116 212	97 459
Població desocupada	2 607	2 224	12 064	10 189

Font: Eurostat, *Enquesta sobre força de treball.*

A partir d'aquestes dades, calcula, per als dos sexes a Espanya i a la Unió Europea, les taxes d'ocupació i de desocupació. Quines diferències observes entre la UE i Espanya? I entre homes i dones? A què creus que es poden deure?

15> Quin tipus de desocupació pateixen les persones següents?

a) Un jove que està buscant la seva primera feina després de finalitzar els seus estudis.

b) Un metge d'una especialitat poc sol·licitada, que va acabar els seus estudis a temps, ha tingut alguns contractes temporals i fa algun temps que és a l'atur.

c) Una persona que treballa a temps parcial i ha decidit rescindir el contracte perquè n'ha aconseguit un altre amb una jornada laboral completa (comença el mes vinent).

d) Una persona que, després d'haver anat a França per a la verema, actualment es troba sense feina.

e) Com a conseqüència de la crisi econòmica, diverses empreses fan acomiadaments massius.

f) Un grup de treballadors d'hotels d'una ciutat costanera que tanquen en temporada baixa, encara que tenen contracte fix discontinu.

g) Una professora d'institut que dóna a llum un nadó i decideix agafar una excedència de tres anys per a tenir cura del seu fill.

Reportatge: Les grans organitzacions no creen l'ocupació, la creen les empreses joves

Et proposem la lectura de l'article entrevista «El empleo no lo crean las grandes empresas ni la administración pública, sino las empresas jóvenes», escrit per Carlos Otto i publicat a *Cotizalia* el 14 de juliol de 2011.

Aquest article intenta presentar una visió esperançadora i estimulant per als joves. Parteix de defensar que ni les grans empreses ni l'Administració pública creen l'ocupació, sinó que ho fan les empreses joves. Per tant, cal preparar bé els joves perquè ells siguin emprenedors i creïn el seu propi negoci o es formin d'acord amb el que exigeixen les noves empreses (trobaràs el text complet a: **www.mhe.es/bachillerato/economia**).

Preguntes:

1> Quins són els problemes principals de caràcter econòmic que assenyala l'article com a determinants de les taxes de desocupació elevades?

2> Quines dificultats de caràcter institucional limiten la creació d'ocupació a Espanya?

3> En la creació de noves empreses i ocupació, quin paper hi té l'educació?

Test de repàs

1> Si el nivell salarial d'un país s'incrementa:

a) Les empreses tindran pèrdues.

b) La demanda de treball s'incrementa.

c) Tots els llocs de treball són més productius.

d) Les empreses substituiran treball per capital.

2> La demanda de treball d'una empresa del sector de l'automòbil dependrà entre altres factors de:

a) La productivitat dels treballadors.

b) La taxa d'activitat.

c) El nivell salarial de les empreses competidores.

d) Totes les respostes anteriors són correctes.

3> Si la taxa de desocupació d'un país és del 12 %, això vol dir que:

a) De cada 100 persones que estan treballant en aquest país, 12 cessaran en els seus llocs de treball l'any que ve.

b) De cada 100 persones majors de 16 anys, 12 estan en situació de desocupació.

c) De cada 100 persones majors de 16 anys i que són actives, 12 estan sense feina.

d) Les respostes *b* i *c* són correctes.

4> Els individus ofereixen factor productiu treball a les empreses i això implicarà el següent:

a) Rebran un salari que és el preu de mercat del treball.

b) Els treballadors són els propietaris de la seva força de treball i la presten a les empreses.

c) Els individus treballen per obtenir un salari amb què comprar béns i serveis que cobreixin necessitats.

d) Totes les respostes anteriors són correctes.

5> Si augmenta fins als 18 anys l'edat d'educació obligatòria, implicarà una variació en la taxa d'activitat de la manera següent:

a) Augmentarà.

b) Disminuirà.

c) No variarà.

d) Disminuirà fins a arribar al 30 %.

6> La distribució funcional de la renda és la duta a terme:

a) Entre els tres sectors productius.

b) Entre els habitants.

c) Entre els propietaris dels factors de producció.

d) Per zones, regions, províncies, etc.

7> L'Estat intervé en la distribució de la renda d'un país mitjançant un dels instruments següents, entre d'altres:

a) Transferències.

b) Convocatòria d'oposicions.

c) Construcció d'hospitals.

d) Construcció de centres educatius.

8> La rigidesa salarial és una de les causes per les quals hi ha desocupació i es concreta en el següent:

a) El salari es manté en un nivell superior al d'equilibri.

b) El salari es manté sense pujades i baixades a llarg termini.

c) El salari es manté en un nivell inferior al d'equilibri.

d) El salari és sempre el triple del salari mínim interprofessional.

9> La productivitat del factor productiu treball depèn, entre altres raons, de:

a) Els salaris que percep el treballador.

b) El nombre total d'hores que es treballa a la setmana.

c) La qualitat del factor productiu treball.

d) El salari mínim interprofessional.

10> L'oferta de treball depèn de:

a) Els salaris, la població i la taxa d'activitat.

b) Els salaris, el salari mínim i la taxa d'activitat.

c) La taxa de natalitat, la taxa d'activitat i el cost de l'acomiadament.

d) Cap de les respostes anteriors.

Solució: 1. d; 2. a; 3. c; 4. d; 5. b; 6. c; 7. a; 8. a; 9. c; 10. a.

7

ELS ERRORS DEL MERCAT I L'ESTAT

L'experiència de països com la Unió Soviètica o la Xina ha confirmat la primacia del mercat com a mecanisme d'assignació de recursos. Tanmateix, això no ens ha de fer oblidar que les excel·lències del mercat i la seva eficiència econòmica només es donen quan es compleix un conjunt de condicions molt restrictives, que podem qualificar com a ideals. Quan aquestes no es donen, apareixen els errors del mercat i en aquestes circumstàncies està justificada la intervenció de l'Estat.

Notícia

«¡Viva la independencia de los organismos reguladores!», d'Álvaro Anchuelo, *Cotizalia*, 27 d'abril de 2011.

Aquest article s'ocupa dels principals organismes reguladors espanyols. Aquests exerceixen un paper important en el funcionament de l'economia: la seva tasca principal consisteix a vetllar per la defensa de la competència i dels consumidors. En l'article es critica l'elevat grau de polítització a què estan sotmesos (trobaràs el text complet a: **www.mhe.es/bachillerato/economia**).

Qüestions:

1> Quines són les tasques principals que exerceixen els organismes reguladors a Espanya?

2> Quins són els principals organismes reguladors espanyols?

3> La Llei d'economia sostenible s'ha encarregat de racionalitzar-ne el funcionament?

4> Quin és el problema principal que s'observa en la manera d'operar en la pràctica dels organismes reguladors esmentats a Espanya?

1 Els errors del mercat: les externalitats

L'eficiència del mercat s'aconsegueix sota un quadre ideal de condicions que difícilment es donen en la vida real, a causa de l'existència d'alguns *errors del mercat*. Els **errors del mercat** són aquelles circumstàncies que impedeixen que els mercats funcionin eficientment. Aquests errors de mercat es poden classificar en *competència imperfecta* (que ja hem estudiat en la Unitat 5), *externalitats* i *informació imperfecta*.

1.1 Les externalitats

Les **externalitats** o efectes externs sorgeixen quan no s'inclouen en els preus de mercat alguns efectes secundaris de la producció o del consum.

> Hi ha una **externalitat** quan la producció o el consum d'un bé afecta directament consumidors o empreses que no participen en la seva compra ni en la seva venda, i quan aquests efectes no es reflecteixen totalment en els preus del mercat.

Vocabulari

Tipologia d'efectes externs

En la producció:

- Negatius (contaminació).
- Positius (tecnologia).

En el consum:

- Negatius (tabac).
- Positius (educació).

Valoració social
=
Valoració privada
+
Externalitat

En la Unitat 4 es va analitzar com la intersecció de l'oferta i la demanda determina l'equilibri del mercat. També vam assenyalar en la Unitat 2 que en actuar lliurement els consumidors com a demandants i les empreses com a oferents, l'economia de mercat assigna eficientment els recursos i procura el que és millor per a la societat. En aquesta unitat veurem que, a vegades, el que demanen lliurement els consumidors i ofereixen les empreses potser no sigui el millor per a la societat a causa de les externalitats. Potser el que demanen lliurement els consumidors sigui menys del que seria desitjable per a la societat, com podria ser el cas de les vacunes i la recerca. També és possible que allò que produeixen les empreses sigui més del socialment desitjable, com podria ser el cas d'una empresa fustera que està desforestant l'Amazones. En aquests casos hi ha discrepàncies entre la valoració individual i la valoració social (així, en el cas de la desforestació de l'Amazones, on la humanitat veu el pulmó de la Terra, l'amo d'una parcel·la veu una quantitat de fusta que pot vendre talant-la).

1.2 Les externalitats negatives: la contaminació

Bona part de les **externalitats negatives** es deuen a la contaminació. Les ciutats contaminen els rius, els llacs i els mars amb els seus abocaments, i les empreses, amb els seus. Els automòbils, les calefaccions i les indústries contaminen l'atmosfera. Aquestes externalitats creen ineficiències.

Pensem en el cas d'una fàbrica de paper que fa els seus abocaments sense depurar a un riu i que, per tant, està contaminant-ne les aigües. Sense cap tipus d'intervenció per part de l'Estat, la fàbrica de paper només tindrà en compte els seus costos privats de produir paper i no tindrà en consideració els costos que per als altres (la societat en general) provoca en contaminar les aigües del riu. Aquesta discrepància entre el **cost privat** de l'empresa contaminant i el **cost social** que genera en contaminar és en l'origen del problema.

Important

Els **costos privats** o interns són els que suporten els qui realment produeixen (o consumeixen) un bé. Els **costos externs** són els que no són suportats per aquells que realment els generen, sinó per altres agents econòmics.

Ni l'empresa contaminant ni el lliure funcionament del mercat tenen en compte els abocaments d'aigua sense depurar, és a dir, no es consideren els efectes perjudicials, per als usuaris de l'aigua i per a la societat en general, de la contaminació de les aigües.

Per això, en un mercat sense intervenció de l'Estat, en què actuïn empreses contaminants, la quantitat de paper produïda d'equilibri és més gran que la socialment òptima. La causa d'aquesta ineficiència es troba en el fet que l'equilibri del mercat només reflecteix els costos privats de producció (vegeu la Figura 7.1 de la pàgina següent). En l'equilibri del mercat, el consumidor marginal concedeix al paper un valor inferior al cost social de producció. Per això, la reducció de la producció i del consum de paper per sota del nivell d'equilibri del mercat augmentaria l'eficiència del mercat.

Les **externalitats negatives** fan que els mercats produeixin una quantitat més gran que la socialment desitjable.

Important

Hi ha nombroses mesures mitjançant les quals els poders públics poden **internalitzar o corregir les ineficiències que creen les externalitats.** Entre aquestes es troben les solucions imposades pel Govern (impostos) i les solucions descentralitzades (llicències transferibles).

El mètode més utilitzat per les administracions públiques per a combatre la contaminació consisteix a establir uns **llindars màxims de contaminació.** Basant-se en uns estudis sobre el tipus de contaminació, s'identifiquen els agents contaminants (diòxid de carboni, metalls pesants, etc.) i es mesura l'impacte de la contaminació. Segons això, s'estableixen uns límits que marquen la màxima contaminació que una empresa està autoritzada a causar, i els qui la sobrepassin seran sancionats. L'inconvenient principal d'aquest procediment és el cost elevat de controlar que les emissions s'ajustin a la normativa. Una altra possibilitat és establir **impostos unitaris sobre la contaminació** per fer que l'empresa contaminant assumeixi o internalitzi l'externalitat (la contaminació) que origina. Aquests impostos es paguen per unitat de substància contaminant emesa, de manera que la quantitat que es paga està en proporció directa amb el que es contamina.

Vocabulari

Costos privats

Són els costos interns que vam veure en la Unitat 3, en què incorre tota empresa per a utilitzar els factors productius per a poder produir béns i serveis.

Internalitzar una externalitat consisteix a alterar els incentius perquè les persones tinguin en compte els efectes externs dels seus actes. L'Estat pot internalitzar l'externalitat establint impostos sobre els béns que generen externalitat negativa.

A. Els permisos per a contaminar

L'altra solució basada en el mercat i que no requereix que els poders públics estableixin impostos és la utilització de **permisos** o **llicències transferibles per a contaminar.** Quan es recorre a aquest mètode, en lloc d'obligar l'empresa contaminant a pagar una determinada quantitat per unitat de contaminació i permetre-li escollir el nivell de contaminació, les autoritats trien el nivell o llindar màxim de contaminació total i determinen el nombre adequat de permisos.

El preu d'aquests permisos per a contaminar, que equivalen a la taxa sobre la contaminació, es fixa en funció de l'oferta i la demanda de permisos. Aquest mètode d'actuar permet que les empreses contaminants que poden reduir les seves emissions de manera més barata ho facin i venguin els seus permisos a les que necessiten més permisos per a noves plantes o perquè no tenen gaire marge per a reduir les emissions i els resulta més convenient comprar permisos en lloc d'instal·lar uns equips cars contra la contaminació.

Mitjançant els permisos per a contaminar es busca un mecanisme pel qual els qui produeixen contaminació compensin els qui en pateixen els efectes.

Els **permisos** o les **llicències** transferibles per a contaminar permeten arribar als objectius desitjats de reducció de la contaminació amb uns costos relativament més baixos que mitjançant controls directes.

El cas més conegut de permisos de contaminació és el referit al CO_2. A la Unió Europea és on més s'ha desenvolupat aquest sistema de permisos de contaminació mitjançant CO_2.

Els estudiosos del medi ambient creuen que els permisos permeten arribar als objectius d'eliminació de la contaminació desitjats amb uns costos de gestió més baixos que amb controls directes per part de les autoritats o amb impostos. A més a més, en propiciar que actuïn les forces del mercat, les empreses es veuen amb incentius per a innovar i introduir procediments més eficients per a combatre l'emissió de residus contaminants.

+ *Més dades*

Anàlisi gràfica de les externalitats

Si les empreses fabricants de paper aboquen sense depurar l'aigua que utilitzen als rius, la Figura 7.1 recolliria la situació del mercat. La corba d'oferta, *O*, representa els costos privats, ja que ignora qualsevol cost per al públic en general, com és el dany mediambiental de tenir uns rius contaminats.

En el punt *A*, el mercat es troba en equilibri. No obstant això, l'abocament d'aigua provoca contaminació i imposa un cost a la societat. L'equilibri en el punt *A* és ineficient perquè el cost social és superior al *valor privat*.

La *corba de cost social* es troba per sobre de la corba d'oferta perquè té en compte els costos externs, que aporten a la societat els fabricants de paper. La diferència entre aquestes dues corbes reflecteix el cost de la contaminació derivada de la fabricació de paper.

La corba de demanda, *D*, reflecteix el benefici o la satisfacció que reporta el paper als consumidors. Sense cap control de la contaminació, l'equilibri del mercat es produeix en el punt *A*, on la corba d'oferta *O* talla la corba de demanda. En aquest punt, el benefici privat de l'última unitat de paper produïda és igual al cost privat de producció. Si no hi hagués cap externalitat, aquest punt seria eficient, però, atès que hi ha contaminació, la situació no serà eficient. El mercat no està tenint en compte els abocaments d'aigua sense depurar, és a dir, no es consideren els efectes perjudicials, per als usuaris de l'aigua i per a la societat en general, de la contaminació de les aigües.

La quantitat de paper produïda d'equilibri (Q_{mercat}) és superior a la socialment òptima ($Q_{eficient}$): la causa d'aquesta ineficiència es troba en el fet que l'equilibri del mercat només reflecteix els costos privats de producció (Figura 7.1). En l'equilibri del mercat, el consumidor marginal concedeix al paper un valor inferior al cost social de producció. Per això, la reducció de la producció i del consum de paper per sota del nivell d'equilibri del mercat n'augmentaria l'eficiència.

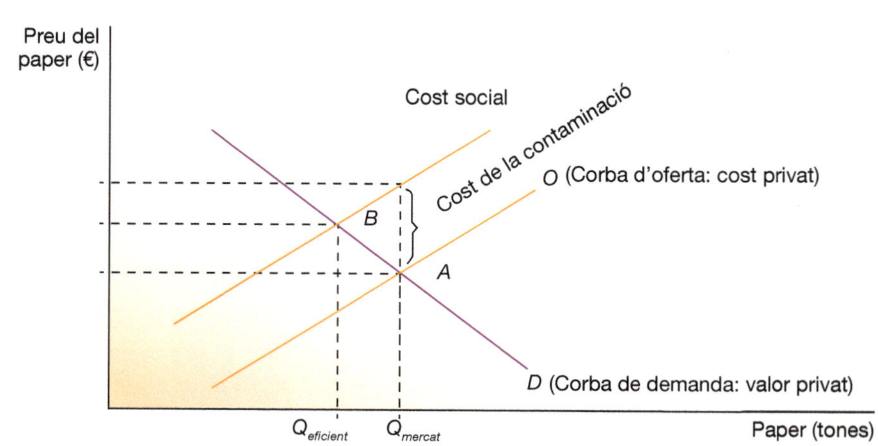

Figura 7.1. *Una externalitat negativa: la contaminació.*

1.3 Externalitats positives: el cas dels estudis superiors

Una **externalitat positiva** apareix quan el subproducte d'una activitat o servei beneficia tercers en lloc de perjudicar-los. Són exemples d'externalitat positiva la producció de noves tecnologies o els estudis superiors.

Qualsevol estudiant, quan decideix anar a la universitat, té en compte els costos privats (matrícules, residència i el cost d'oportunitat, és a dir, el que podria haver guanyat si hagués començat a treballar en lloc de continuar estudiant) i els compara amb la seva valoració privada o els beneficis privats (una feina més interessant i millor remunerada en el futur i gaudir aprenent). Però el valor social de l'educació és superior al valor privat.

Millorar l'educació, a més dels mateixos estudiants, també beneficia altres membres de la societat de múltiples maneres. Les persones educades solen ser ciutadans més responsables i curosos amb el seu entorn social. A més a més, els llicenciats universitaris estaran més capacitats per a introduir innovacions que tinguin efectes beneficiosos de manera generalitzada. Així doncs, el mercat de l'educació superior genera una externalitat positiva.

Si ara considerem el funcionament del mercat de llicenciats, el problema es troba en el fet que el mercat no recull tots els avantatges que per a la societat comporta que hi hagi més llicenciats: el valor social de l'educació superior és més alt que el valor privat i el cost privat. Per això, sense una política que corregeixi l'externalitat, el mercat aconsegueix l'equilibri on la quantitat «produïda» de titulats universitaris és inferior a la socialment òptima.

> **Important**
>
> L'educació genera **externalitats positives** perquè els beneficis de l'educació es difonen i beneficien altres persones. El valor social és superior al valor privat.

> Les **externalitats positives** fan que els mercats produeixin una quantitat menor que la socialment desitjable. Un mercat amb una externalitat positiva associada a la producció o al consum d'un bé serà ineficient. En l'equilibri del mercat el benefici de totes les parts és superior al cost de totes les parts.

Més dades

Anàlisi gràfica de les externalitats positives

Un exemple d'**externalitat positiva** és l'educació: la Figura 7.2 mostra el mercat dels titulats universitaris. El lliure joc del mercat aconsegueix l'equilibri on la corba del cost privat (corba d'oferta, *O*) intercepta la corba de valoració privada (corba de demanda, *D*), és a dir, en el punt *C*.

La corba de demanda d'educació superior no reflecteix el valor que l'educació té per a la societat. Atès que el valor social és superior al valor privat, la corba del valor social de l'educació es troba per sobre de la corba de demanda. Per tant, com presenta la Figura 7.2, la quantitat socialment eficient, $Q_{eficient}$, resulta ser superior a la determinada pel mercat privat, Q_{mercat}. El punt *C* no és eficient perquè el valor social és superior al cost. El Govern podria resoldre aquesta externalitat subsidiant l'educació superior.

Això desplaçaria la corba de demanda cap amunt. El nou equilibri en el punt *E* seria eficient, ja que el valor social de l'educació és igual al cost privat.

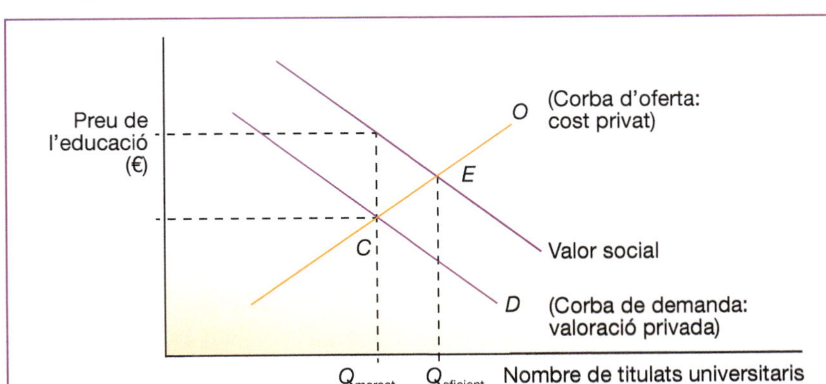

Figura 7.2. *Una externalitat positiva: el mercat de titulats universitaris.*

Exemple

Alguns exemples d'**externalitat positiva** són els edificis històrics restaurats, de què poden gaudir els vianants o automobilistes, o els investigadors de noves tecnologies, que creen coneixements que utilitzen altres persones.

La intervenció dels poders públics pot corregir l'error del mercat causat per una externalitat positiva. Per aconseguir internalitzar l'externalitat positiva generada per l'educació, els poders públics poden establir subvencions mitjançant beques per a les universitats i escoles tècniques.

Una **externalitat positiva** es pot corregir mitjançant un subsidi igual a la diferència entre el valor social i el valor privat, per a aconseguir que el mercat sigui eficient.

Els poders públics poden corregir l'error del mercat causat per una externalitat positiva.

Més dades

Les externalitats generades per les noves tecnologies: l'efecte difusió

El fort creixement experimentat per la majoria de les economies occidentals i, durant els últims anys, per alguns països en desenvolupament, com la Xina, l'Índia o Singapur, alguns autors l'han explicat com un xoc tecnològic. L'acció conjunta de les noves tecnologies, el desenvolupament de les telecomunicacions, l'eclosió d'Internet i el fenomen de la globalització han creat unes condicions especialment idònies perquè apareguin unes externalitats positives: els efectes difusió de les noves tecnologies. Un efecte difusió de la tecnologia apareix quan una innovació tecnològica no sols beneficia l'empresa que la du a terme, sinó també la societat en el seu conjunt, o, millor dit, quan té efectes globals.

El progrés tecnològic és la clau que explica per què ha augmentat significativament el nivell de vida dels ciutadans. En els darrers anys han tingut lloc una sèrie de fenòmens que han propiciat la generalització i difusió de les innovacions tecnològiques.

Els avanços en les tecnologies de la informació i en les telecomunicacions i la seva generalització han facilitat l'aparició d'externalitats positives associades amb les innovacions, és a dir, han potenciat l'efecte difusió de la tecnologia.

Activitats

1> Quins són els principals tipus d'errors del mercat?

2> Els efectes externs es manifesten íntegrament, només en part o no es manifesten en absolut en els preus de mercat? Per què?

3> En el cas d'una externalitat positiva generada pel consum, el valor social és més gran o més petit que el valor privat?

4> Quan té lloc una externalitat negativa en la producció, la quantitat del bé en qüestió que es llança al mercat és més gran o més petita que la considerada com a socialment òptima?

5> En el cas de les empreses fabricants de paper, recollit en l'exemple de la unitat, què podrien fer les autoritats econòmiques per aconseguir que l'equilibri de mercat reflectís l'autèntic cost de produir paper? De les diverses opcions, quina creus que seria la més convenient? Explica en termes gràfics què és el que s'aconseguiria amb aquesta intervenció per part de les autoritats econòmiques.

6> Quins efectes tenen sobre la societat les recerques dutes a terme per combatre la malària? La quantitat d'equilibri de mercat per a aquest tipus de recerca és superior o inferior a la que des del punt de vista de la societat seria eficient? Justifica la teva resposta.

2 Els béns públics

Els **béns públics** poden considerar-se com un cas extrem d'externalitat positiva i l'error de mercat es manifesta en el fet que s'ofereixen en quantitat insuficient. Els béns públics beneficien d'una manera indivisible tota una comunitat, independentment que els individus vulguin comprar-los o no.

Els **béns públics** són mercaderies en què el cost d'estendre el servei a una persona addicional és zero i del gaudiment dels quals és impossible excloure ningú.

El mercat no pot proveir eficientment els béns públics, tenint en compte les seves característiques especials, i no hauria de proveir-los. Per això, una de les tasques principals de l'Estat és la provisió de béns públics.

Els **béns públics** beneficien d'una manera indivisible tota una comunitat, independentment que els individus vulguin comprar-los o no. Els béns públics són no rivals i no excloïbles. El seu ús per part d'una persona no en redueix l'ús per part d'una altra (no són rivals) i no és possible impedir que una persona utilitzi un bé públic (no són excloïbles).

Més dades

La rivalitat i l'exclusió

Els béns que ofereixen les empreses, els **béns privats,** tenen dues característiques que cal destacar: **rivalitat** i **exclusió.**

Hi ha **rivalitat** en el consum d'un bé o servei quan si una persona el consumeix, una altra no podrà consumir-lo. Si, per exemple, una persona ocupa un seient d'un avió durant un vol, en aquest trajecte cap altra persona podrà ocupar aquest seient. El mateix pot dir-se de qualsevol bé o servei que es compri en el mercat, com, per exemple, el menjar, els cotxes, l'allotjament en un hotel, etc.

L'**exclusió** fa referència a la capacitat d'impedir que els qui no paguen pel bé el consumeixin. Així, per exemple, quan una persona va a una botiga de roba, no li permeten que s'emporti una peça de roba tret que l'aboni. El mateix passa quan va a un restaurant i després de sopar li presenten la factura perquè pagui. Però imagina't una situació en què les empreses no fossin capaces d'evitar que els qui no paguen per un bé o servei el consumeixin. En aquest cas, el mercat no seria capaç de proveir aquest bé, perquè no hi hauria cap empresa disposada a oferir-lo. Sense la possibilitat d'exclusió, cap consumidor pagaria pel bé, perquè podria consumir-se independentment que es pagués o no.

La rivalitat i l'exclusió permeten distingir els béns privats dels béns públics. La rivalitat i l'exclusió són dues característiques que no tenen els béns públics.

- Els **béns privats** són rivals i excloïbles i són oferts per les empreses privades en el mercat.
- **Rivalitat** en el consum d'un bé o servei per part d'una persona implica que ningú més pot consumir aquest bé o servei.
- **Exclusió** és la capacitat d'excloure del consum qui no paga per un bé.

Exemples de béns públics són la defensa nacional, la recerca bàsica o un far de mar. Els serveis que un far proporciona satisfan la característica de ser *no rivals* en el consum. Que un vaixell es guiï en la seva travessia marina, gràcies a la llum d'un far, no impedeix que molts altres vaixells puguin aprofitar-se del mateix servei. A més a més, és molt difícil excloure ningú, és a dir, és un *bé no excloïble,* ja que un cop instal·lat el far fa llum a tots els vaixells. D'altra banda, si un vaixell addicional es beneficia dels serveis oferts pel far, això no implica cap augment en els costos de provisió; aquests són independents del nombre de vaixells. Atès que els serveis que proporciona als capitans dels vaixells no són ni excloïbles ni rivals, cada capità pot aprofitar-se del far sense pagar el

Exemple

Un exemple de bé el consum del qual no és excloïble serien els carrers: el normal és que s'hi pugui circular lliurement i que el seu manteniment sigui a càrrec de l'ajuntament.

servei. Per això, la iniciativa privada normalment no proporciona els fars que necessita la navegació, per la qual cosa la majoria dels fars són de gestió pública.

Un **bé públic** és aquell del gaudiment del qual no pot excloure's la població, independentment de qui pagui, i el consum del qual per un individu no redueix la quantitat disponible per a un altre individu, és a dir, no és rival en el consum.

El consumidor paràsit

En el cas dels béns públics, el cost addicional de vendre una unitat addicional a un consumidor qualsevol és zero. Una unitat addicional adquirida per un consumidor no redueix la quantitat disponible per al consum d'un altre individu. Quan aquest fet és percebut pels consumidors, poden veure's temptats d'oferir un preu molt baix pel dret a consumir aquest tipus de béns, és a dir, actuar com un **consumidor paràsit**, que consumeix o rep el benefici d'un bé sense pagar per això.

Un **consumidor paràsit** és aquella persona que rep el benefici d'un bé, però evita pagar-lo. Quan no es pot excloure el consum d'un bé, la gent té un incentiu per a actuar com a consumidors paràsits, deixant que altres paguin pel bé i d'aquesta manera gaudir-ne sense pagar.

Important

Una conseqüència del comportament egoista propi del **consumidor paràsit** és que el percentatge de l'economia submergida sigui pròxim al 20 % del PIB.

Aquest error de mercat té el seu origen en l'egoisme dels individus, que provoca pensaments de l'estil: «Per què he de pagar impostos si ja ho fan els altres i jo em beneficio dels béns i subsidis públics?».

Important

El problema del **consumidor paràsit** es planteja quan el nombre de beneficiaris és elevat i és impossible excloure'n un qualsevol.

Un exemple de comportament paràsit seria si es creés un mercat de serveis de seguretat oferts per la policia. Fins i tot encara que cada individu pensés que necessita seguretat policial, no es veuria incentivat a comprar la part dels serveis de la policia que li corresponen. Atès que la nostra seguretat seria la mateixa que la dels altres conciutadans, ens veuríem incentivats a esperar que la compressin els nostres veïns en lloc de contribuir a pagar-la. Cadascú individualment se sentiria temptat d'aprofitar les compres dels altres. Lògicament, si tothom esperés que la seguretat policial la comprés un altre, aquest servei no seria prestat.

La majoria de béns públics (com els fars de la costa) presenten el problema del consumidor paràsit.

Activitats

7> En quin sentit l'educació és un bé no rival? És un bé públic? Els serveis sanitaris són béns públics? Pensa en una campanya de vacunació.

8> En economia, què s'entén per paràsit?

9> Els béns públics són béns rivals o no rivals?, són excloïbles o no excloïbles?

10> Si cada persona pensés amb la mentalitat d'un consumidor paràsit, creus que hi hauria carreteres? Si algun inversor privat les construís, amb quins problemes es trobaria?

11> Si el govern d'un país estableix una norma segons la qual els resultats de tota recerca sobre el càncer han de fer-se públics immediatament perquè qualsevol pugui utilitzar-los, sense pagar per això, què creus que passaria amb la recerca sobre el càncer?

12> Què penses que podria passar si, dins d'una campanya de reducció de la despesa pública, es decidís que cal privatitzar l'administració de la justícia?

3 Els recursos comuns

Un **recurs comú** és aquell els serveis del qual són utilitzats tant en la producció com en el consum, i que no és propietat de cap individu concret.

Exemples d'aquest tipus de situacions poden ser els bancs de pesca en aigües internacionals, els pastos comuns, les vies públiques o l'aire i l'aigua nets. En tots aquests casos, els serveis són utilitzats per grups d'individus sense ser propietat de cap d'ells. L'accés sense restriccions a aquest tipus de recursos sol conduir a un ús massa intensiu d'aquests i es pot parlar de congestió en l'ús del recurs.

Els **recursos comuns** són béns que són rivals però no excloïbles, és a dir, que no són propietat de cap individu concret.

L'anomenada **tragèdia dels béns comunals** ocorre essencialment a causa d'una externalitat negativa. Quan el ramat d'una família pastura a les terres comunals d'un petit poble de muntanya, redueix la qualitat dels pastos per a altres famílies. Com que ni aquesta família ni les altres tenen en compte aquesta externalitat negativa quan decideixen el nombre d'ovelles que tindran, el resultat és un nombre d'ovelles excessiu i una pèrdua de la qualitat de la terra.

L'anomenada **tragèdia dels béns comunals** ens diu que els recursos comuns s'utilitzen més del desitjable des del punt de vista de la societat en el seu conjunt.

Exemple

Alguns recursos comuns importants són l'aire i l'aigua nets, les carreteres, els bancs de peixos, les balenes o els pastos comunals. No són propietat de cap individu en concret, però el seu consum per part d'un agent econòmic redueix la quantitat disponible per als altres.

Important

El terme ***tragèdia dels béns comunals*** fa referència al fet que si no es prenen les mesures oportunes per a regular l'ús dels recursos comuns (aquells que són de tots), aquests s'acabaran esgotant i perdent gairebé tot el seu valor, per la qual cosa al final no seran útils per a ningú.

Més dades

Els béns públics globals: el Protocol de Kyoto

Podem identificar els **béns públics globals** amb aquelles iniciatives que generen externalitats els efectes de les quals es difonen indivisiblement per tota la Terra. Els exemples més característics poden ser les activitats per a frenar l'escalfament del planeta, per a evitar la reducció de la capa d'ozó o les recerques per a descobrir nous productes, com per exemple una vacuna contra la malària.

Probablement, els errors del mercat més difícils d'afrontar siguin els relacionats amb els béns públics globals. Davant d'aquest tipus de béns, els mercats sempre fracassen perquè els individus no tenen els incentius necessaris per a produir-los i els governs nacionals no poden recollir tots els beneficis de les inversions que serien necessàries. Per aquesta raó ni la iniciativa privada ni els governs nacionals tenen els incentius necessaris per a trobar una solució eficient als problemes que plantegen els béns públics globals. A més a més, els països tenen la temptació de comportar-se com a paràsits, perquè pensen que la seva influència individual en el total és petita.

Els països intenten abordar aquests problemes, quan ho fan, mitjançant tractats internacionals. Així, la majoria dels països van arribar en el Protocol de Kyoto de 1997 a compromisos vinculants per a reduir el 2010 en un 5 % les seves emissions totals de gasos d'efecte d'hivernacle en relació amb els nivells de 1990. Es va assignar a cada país un objectiu específic. El Conveni de Kyoto conté una disposició que permet als països comprar a altres països permisos transferibles de contaminació.

Una limitació seriosa del Protocol de Kyoto és que no és global. L'autoexclusió d'un gran consumidor d'energia com és els Estats Units fa que els costos d'arribar a l'objectiu global d'emissions es disparin per als que sí que pretenen complir les seves obligacions. Aquest fet accentua la temptació que altres països es comportin com a paràsits.

Davant d'aquests béns es debiliten els incentius dels individus que prenen decisions per a invertir en millores tendents a incrementar la productivitat del recurs. En la mesura que un individu concret no pot impedir (excloure) que els altres utilitzin el recurs, els beneficis de la inversió o de la restricció voluntària de l'explotació es difonen a tots els altres individus, en lloc de revertir només en ell mateix.

Activitats

13> Els recursos comuns són béns rivals? I excloïbles?

14> Quin sentit té que la Unió Europea decreti, per exemple, parades biològiques per a la pesca de la sardina al Cantàbric? Saps altres exemples de parades o prohibicions de sentit similar?

15> Formeu tres grups amb els estudiants de la classe: un grup estarà integrat per aficionats a la pesca; un altre, per aficionats a la caça, i un altre, pels partidaris de regular estrictament o prohibir aquestes dues activitats. Cada grup haurà d'argumentar les seves posicions tenint en compte que es tracta de regular un recurs comú.

4 La informació imperfecta

El funcionament eficient de l'economia de mercat representa que els compradors i els venedors tenen total informació sobre els béns i els serveis que compren i venen (que és el que es coneix com a informació perfecta). Se suposa que les empreses coneixen perfectament tots els aspectes tècnics necessaris per a produir en la seva indústria i que els consumidors coneixen la qualitat i els preus dels béns que consumeixen. La realitat és molt diferent d'aquest món idealitzat i el rellevant és saber en quina mesura són perjudicials les desviacions respecte de la informació perfecta, és a dir, en quina mesura la **informació és imperfecta** o incompleta.

> A vegades els mercats subministren als consumidors o als productors una **informació imperfecta** per a prendre decisions ben documentades.

La **informació asimètrica** és característica de moltes situacions de la vida real. Sovint el venedor d'un producte coneix la seva qualitat millor que el comprador. Normalment, els treballadors coneixen les seves pròpies qualificacions i capacitats millor que els empresaris. Els directius coneixen millor els costos de l'empresa, la posició competitiva i les oportunitats d'inversió que els propietaris o accionistes, i els metges solen tenir molta més informació sobre les malalties que els pacients.

> Hi ha **informació asimètrica** quan la informació sobre la qualitat i les característiques dels béns i serveis intercanviats o sobre les accions o característiques dels agents que influeixen en aquelles no està distribuïda de forma simètrica entre els consumidors i els productors.

En la vida diària podem trobar molts mecanismes i comportaments que intenten donar resposta a aquest problema. Així, l'existència d'informació asimètrica és una de les raons per les quals les companyies automobilístiques garanteixen les peces i el servei als cotxes nous, les empreses i els treballadors signen contractes que contenen incentius i retribucions en funció de resultats i els accionistes de les societats anònimes estableixen controls sobre la conducta dels directius de l'empresa.

Exemple

En alguns casos, la pèrdua d'eficiència causada per la informació imperfecta és escassa. Així, per exemple, amb prou feines resultarem perjudicats si comprem una *pizza* amb una massa diferent de la d'una altra.

En altres casos, la pèrdua és greu. Suposem que una persona té un tumor i decideix anar a la medicina privada per resoldre el problema. El pacient voldrà que l'especialista que faci la intervenció sigui el millor possible per al tipus d'operació, i requereix que en la seva intervenció s'utilitzin les tècniques idònies. Tenint en compte el poc transparent que és el mercat dels cirurgians, no resultarà fàcil que el pacient obtingui una informació perfecta de cara a la seva operació.

El mercat de «trastos»

Un mercat al qual generalment es recorre per explicar les conseqüències de la informació imperfecta és el dels cotxes usats. El punt de partida és intentar explicar per què un cotxe usat només dos o tres mesos es ven a un preu entre un 15 i un 25 % menor que un de nou, quan lògicament no s'ha deteriorat tan de pressa. Tot i que el plaer d'estrenar un cotxe tingui un valor, la veritat és que amb dos mesos el cotxe encara no està realment usat.

Suposem que comprem un cotxe nou per 12 500 euros, hi recorrem 1 000 quilòmetres i decidim que, en realitat, no el volem. El cotxe no té cap problema: funciona perfectament i compleix totes les nostres expectatives. Simplement pensem que podríem passar perfectament sense el cotxe i que faríem millor si continuéssim utilitzant la motocicleta, tal com fèiem abans. Així doncs, decidim vendre'l. Quant n'obtindrem? Probablement, no més de 9 300 euros, encara que sigui pràcticament nou, perquè només ha recorregut 1 000 quilòmetres, i tingui una garantia transferible a un altre amo.

Per què disminueix tant el valor d'un cotxe pel simple fet que sigui usat? Per respondre a aquesta pregunta, pensem en el que ens preocuparia a nosaltres mateixos com a possibles compradors. Per què, ens preguntaríem, està en venda aquest cotxe? Ha canviat, en realitat, el propietari d'opinió sobre el cotxe, així, sense més ni més, o té cap problema? Pot ser que sigui un **«trasto»**.

Per intentar combatre el problema dels «trastos», molts establiments de venda de cotxes de segona mà ofereixen uns quants anys de garantia i certs serveis de revisió. Amb aquest tipus de mesures s'intenta suplir la manca d'informació i la desconfiança que això genera.

El problema de la manca d'informació no es produeix únicament en els cotxes: també és present en el mercat dels electrodomèstics, de les pedres precioses o fins i tot en l'habitatge. En aquests casos, el comprador tem que el producte tingui alguns defectes que estan ocults o, fins i tot, que se li estigui donant «gat per llebre». Per combatre aquestes reticències, les empreses solen oferir garanties de reparació durant un cert temps o la possibilitat de tornar el producte (dins un termini), si no s'està satisfet amb la compra. Això últim és un fet molt freqüent en la venda per catàleg. Alternativament, com a mecanisme per a guanyar-se la confiança dels compradors, algunes empreses inverteixen grans quantitats per crear i enfortir la seva pròpia marca i la presenten com a garantia de qualitat.

D'altra banda, la creixent importància d'institucions independents, com ara AENOR o ISO, que certifiquen la qualitat dels productes i dels processos emprats en la seva producció, és una mostra de la importància que els consumidors i les empreses atorguen a aquests temes.

! *Important*

Els propietaris dels pitjors cotxes tenen més probabilitats de desitjar vendre'ls que els propietaris dels millors. Per això, els compradors temen adquirir un **«trasto»** i moltes persones eviten comprar vehicles en el mercat de cotxes usats.

La informació imperfecta planteja un problema de desconfiança en el mercat de cotxes de segona mà; si es resolgués, s'hi vendrien més vehicles.

Activitats

16> Què s'entén per informació asimètrica? Quines conseqüències té per al funcionament del mercat l'existència d'informació asimètrica?

17> Quines raons poden justificar que una empresa mitjana que té problemes per a equilibrar el seu compte de resultats estigui disposada a gastar-se 200 000 € en el fet que els seus processos obtinguin una certificació ISO?

18> L'Eva va a un *outlet* d'electrodomèstics, on es venen productes amb petits desperfectes, per comprar un rentaplats al qual han rebaixat un 30 % el preu perquè tenia una petita esgarrinxada. Creus que hi ha un problema d'informació asimètrica al darrere d'aquesta rebaixa? Justifica la teva resposta.

5 Les funcions de l'Estat: la política distributiva

> **Important**
>
> L'Estat intervé en l'activitat econòmica procurant l'**eficiència**, l'**equitat**, l'**estabilitat econòmica** i el **creixement.**

La intervenció de l'Estat s'engloba en tres grans funcions:

- Millorar l'**eficiència** econòmica combatent els errors del mercat mitjançant polítiques microeconòmiques.
- **Estabilitzar** l'economia i propiciar el **creixement econòmic** mitjançant la política macroeconòmica.
- Procurar l'equitat millorant la distribució de la renda.

5.1 La intervenció de l'Estat en l'economia

L'Estat intervé intentant contribuir a corregir els errors del mercat (la competència imperfecta, les externalitats i la informació imperfecta). L'Estat intenta limitar el poder de mercat de les empreses monopolístiques o oligopolístiques; lluita contra els efectes nocius de les externalitats, especialment la contaminació; proveeix béns públics, i intenta subministrar informació als consumidors perquè prenguin decisions ben documentades.

> **Vocabulari**
>
> **Impostos**
>
> Aportacions obligatòries de ciutadans i empreses al sector públic.
>
> **Transferència**
>
> Pagaments del sector públic als ciutadans i a les empreses, sense contrapartida.

Com veurem en la Unitat 9, l'Estat intenta estabilitzar l'economia suavitzant les fluctuacions cícliques. El que pretén és evitar els augments dràstics en el nivell de desocupació que s'originen en les depressions o els creixements bruscos dels preus en els moments àlgids del cicle econòmic. Amb l'estabilització de l'economia, els governs han intentat prendre mesures que aconsegueixin un creixement econòmic sostingut a llarg termini (Unitat 15).

La tercera de les funcions que du a terme l'Estat consisteix a procurar l'equitat i millorar la distribució de la renda mitjançant la política distributiva.

5.2 La política distributiva

La distribució de la renda d'un país entre els diversos agents econòmics no sols és el resultat de les rendes lliurement obtingudes pels diferents factors productius, sinó que també es veurà influïda fortament per l'acció del sector públic i, en particular, pels impostos i les transferències fetes per l'Administració.

Les fortes diferències en la distribució personal de la renda justifiquen l'existència de la **política distributiva,** l'objectiu principal de la qual és intentar evitar que certs segments de la població no arribin a uns nivells mínims de renda.

> La **política distributiva** està integrada per un conjunt de mesures del Govern l'objectiu principal de les quals és modificar la distribució de la renda entre grups socials o individus, intentant fer-la més equitativa.

La política de distribució existeix perquè, encara que el lliure funcionament del mercat pugui assolir la plena i eficaç utilització dels recursos productius, no està garantida una distribució de la renda que es consideri justa per a la societat.

En l'economia de mercat, la **retribució dels factors productius** es determina en els mercats respectius, i el més important és el mercat de treball. Aquests resultats es veuen alterats per la intervenció de l'Estat, mitjançant els impostos, les transferències i les subvencions.

Els instruments de què disposa la política de distribució són fonamentalment (Unitat 2):

1. Els **impostos.**
2. Les **despeses de transferència**, entre les quals cal destacar les corresponents a l'assegurança de desocupació i les subvencions associades amb la política educativa.
3. Certes mesures que impliquen **intervenció directa en el mecanisme de mercat.**

A. Els impostos

Hi ha diversos impostos i gairebé tots modifiquen la distribució de la renda. Alguns, com els **indirectes** (és a dir, els recaptats sobre el consum de serveis o compra de béns), la modifiquen en el sentit que perjudiquen els grups de renda més baixa, i per això se'ls qualifica de *regressius.*

Els individus amb menor renda paguen el mateix que els més afortunats, i, per tant, el percentatge d'impostos és superior per als més pobres.

Els impostos sobre la renda o impostos **directes** (els que graven l'obtenció de la renda) poden ser *neutrals,* si no modifiquen la distribució de la renda i si el *tipus impositiu* (el percentatge que es recapta sobre la renda) és el mateix per a tot nivell de renda.

El normal, no obstant això, és que els impostos directes siguin *proporcionals* amb mínim exempt, és a dir, que el tipus impositiu s'elevi amb la renda *(progressius)*, modificant-ne la distribució en benefici dels menys afavorits (Unitat 10).

B. Les despeses de transferència

Generalment, els impostos pretenen, d'una banda, aconseguir recursos financers per al sector públic i, per una altra, modificar la distribució de la renda. Les **transferències**, tanmateix, persegueixen més directament garantir una base mínima del nivell de vida per a tots els individus i una igualació primària en la distribució de la renda.

En efecte, l'assegurança de desocupació i les pensions de jubilació tenen per objectiu garantir una base mínima a persones que d'una altra manera no podrien obtenir aquests ingressos.

Les pensions de jubilació i les beques per a fer estudis musicals són dos tipus de despeses de transferència. El primer està destinat a garantir nivells mínims de vida, i el segon, a proporcionar igualtat d'oportunitats.

Vocabulari

Mínim exempt

Part de la renda que no causa obligació de pagar l'impost (aquest comença a gravar la renda a partir d'aquesta quantitat).

Exemple

Un exemple d'impost amb intenció redistributiva és l'**impost sobre la renda de les persones físiques (IRPF):** és progressiu, de manera que paguen proporcionalment més els que més renda tenen. Com a exemples de despeses de **transferència** destaquen el **subsidi de desocupació** o les **beques d'estudi** per als fills de famílies amb rendes inferiors a 15 000 €.

Casos d'**intervenció directa** en el mecanisme de mercat amb intenció redistributiva serien les lleis de **salari mínim,** l'establiment de controls en els lloguers o les **ajudes a la compra o lloguer d'habitatges** per a famílies amb rendes baixes.

+ Més dades

En quin sentit la fixació de preus màxims i mínims té un efecte pervers?

- La fixació de preus màxims pretén afavorir els consumidors, però origina escassetat, de manera que alguns consumidors es quedaran sense poder adquirir el bé. Aquest pot ser el cas si es fixa un preu màxim a algun fàrmac: pot resultar que, al final, algunes persones que estaven disposades a adquirir-lo a preu de mercat no puguin fer-ho.
- L'establiment de preus mínims pretén afavorir els venedors, però genera un problema d'estoc de productes no venuts. Alguns venedors es trobaran que no sabran donar sortida als seus productes. Aquesta situació és freqüent en el cas de certs productes agraris.

C. Intervenció directa en el mecanisme de mercat

El tercer bloc d'activitats redistributives és el que se centra en la intervenció en el funcionament del mercat. Aquestes mesures actuen en el procés de formació dels ingressos, és a dir, sobre les forces de demanda i oferta de mà d'obra i sobre altres factors de la producció com ara el capital.

Exemples coneguts d'aquest tipus de polítiques són la *imposició de salaris mínims* (vegeu l'Epígraf 3 de la Unitat 6) i els controls sobre els preus de determinats articles, generalment de primera necessitat. Aquest tipus d'intervencions altera el funcionament del mercat.

D. Preus màxims i mínims

Quan per raons socials o de justícia distributiva es fixa un límit màxim al preu d'un bé per sota del nivell d'equilibri, apareixerà un excés de demanda i sorgirà la necessitat de racionar l'oferta existent a aquest preu (vegeu la Figura 7.3). Atès que hi ha un excés de demanda, la quantitat llançada al mercat (Q_0) serà menor que la quantitat d'equilibri (Q_E).

La fixació d'un preu màxim en un mercat no permet a cap venedor cobrar més que aquest preu i, per tant, la quantitat demanada superarà l'oferta. L'efecte de la intervenció de l'Estat fixant un preu màxim es concreta en: 1) un augment de la quantitat demanada, 2) una reducció de la quantitat oferta i 3) l'aparició d'escassetat en el mercat.

La imposició d'un preu mínim o d'un salari mínim, al contrari, garanteix que el preu no baixi per sota de cert nivell (Figura 7.3).

L'establiment d'un topall mínim de preus per sobre del nivell d'equilibri generarà un excés d'oferta. Com que no pot baixar el preu, s'acumularan excedents del bé i això provocarà una mala assignació dels recursos.

Per tant, l'establiment per part de l'Estat d'un preu mínim provoca: 1) un augment de la quantitat oferta, 2) una reducció de la quantitat demanada i 3) l'aparició d'un excedent de mercat.

Una altra manera d'intervenir en els mercats consisteix a fixar un *preu de sosteniment* o preu subvencionat per part de l'Estat. En aquest cas, es deixa que la demanda privada determini el preu d'equilibri necessari per a adquirir tota la quantitat oferta pels productors i, finalment, l'Estat cobreix la diferència entre el preu de sosteniment i l'obtingut en el mercat (Figura 7.4).

▶ Exemple

La fixació de **preus mínims** ha estat freqüent en els mercats agrícoles. Així, l'establiment de preus mínims en el context de la Política Agrícola Comunitària ha estat la causa de forts excedents en determinats mercats.

L'establiment de **preus subvencionats** ha estat freqüent en determinats productes de la mineria, especialment el carbó, i en certs mercats agraris.

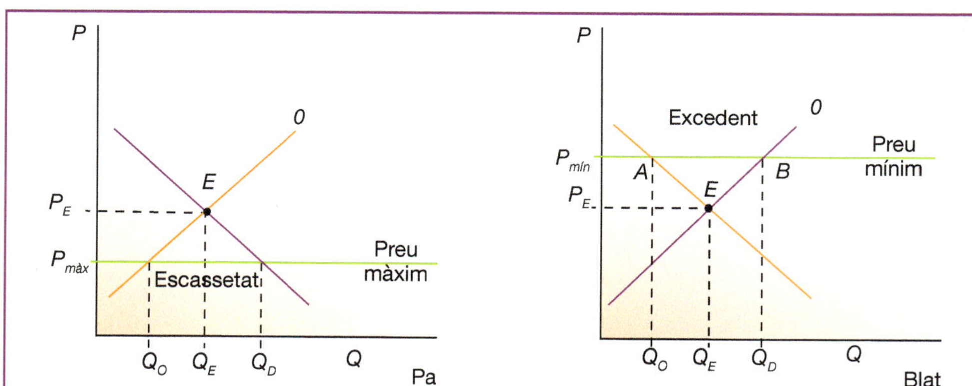

Figura 7.3. ***Preu màxim i preu mínim.*** *La fixació d'un preu màxim en un mercat no permet a cap venedor sobrepassar-lo i, per tant, la quantitat demanada superarà l'oferta. L'excés de demanda implica la necessitat de racionar la quantitat existent d'alguna manera. La fixació d'un preu mínim en un mercat genera un excés d'oferta, amb la qual cosa apareixerà un excedent.*

L'Estat haurà de pagar aquesta diferència per cada unitat produïda, però no haurà d'adquirir cap estoc de mercaderia.

Aquesta manera d'intervenció no força que els consumidors paguin directament un preu més alt pels béns subvencionats que compren, però no impedeix que es produeixin ineficiències en l'assignació de recursos. Tampoc apareixen excedents, ja que el preu de venda en el mercat és el preu d'equilibri.

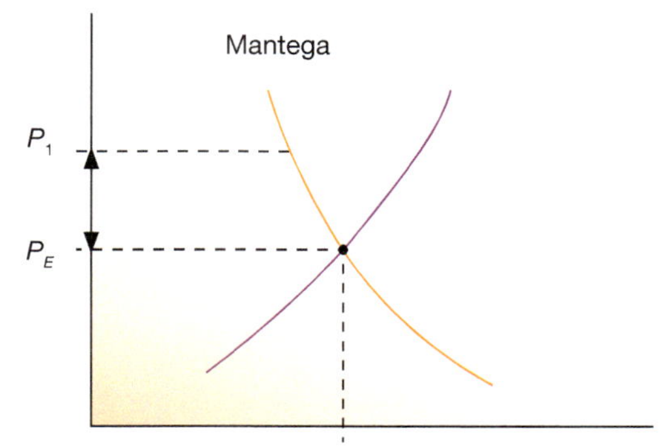

Figura 7.4. *Preu subvencionat.* *L'Estat deixa que el mercat actuï lliurement, però la diferència entre el preu de sosteniment assegurat als productors* (P_s) *i el preu d'equilibri de mercat* (P_E) *ha de suportar-la, i pagar-la a aquells. Així s'aconsegueix que els consumidors no pateixin un preu de suport i s'evita gestionar els excedents que aquest generaria.*

5.3 L'estat de benestar i les desigualtats

La sensibilització davant les diferències de renda i les condicions de vida de les persones amb baixos nivells de renda és un fet propi de tota societat desenvolupada. Una mostra d'això va ser la creació de l'**estat de benestar.** Com a conseqüència de la Gran Depressió de 1929 i dels desastrosos efectes de la Segona Guerra Mundial, es va creure convenient impulsar la intervenció de l'Estat en l'economia per a garantir un cert benestar als ciutadans. La raó última va ser que molts ciutadans no disposaven de prou nivell de renda per a aconseguir unes condicions mínimes de vida, per la qual cosa l'Estat havia d'oferir-les gratuïtament.

Més informació

Pobresa absoluta i pobresa relativa

Convé diferenciar entre *pobresa absoluta* i *pobresa relativa*. Segons el criteri establert pel Banc Mundial, la pobresa absoluta es fixa en menys de 2 dòlars de 1985 al dia (equiparats segons el poder de compra de cada país) i en 1 dòlar al dia per a la pobresa extrema. La pobresa relativa s'estableix aproximadament en un nivell de renda inferior al 50 % de l'ingrés mitjà. Els col·lectius de persones que es veuen més afectats per la pobresa són les dones, els menors d'edat i els jubilats. Estar en atur o tenir una inserció precària en el mercat laboral, així com no disposar d'actius rendibles, són factors que causen més risc de pobresa.

Activitats

19> En quina mesura la distribució de la renda resultant del funcionament dels mercats de factors es pot veure alterada per la distribució de la riquesa i per la intervenció de l'Estat?

20> Dels diversos instruments que l'Estat pot utilitzar per a alterar la distribució de la renda, quins poden distorsionar el funcionament del mercat?

21> Elabora una relació de tots els impostos que graven un cotxe i explica el sentit o la raó de ser de cadascun d'aquests.

22> Quan el Ministeri d'Indústria estableix un topall d'augment a les tarifes elèctriques, quin tipus d'intervenció està duent a terme? Quins efectes genera? A qui pretén ajudar?

23> La crisi iniciada a partir de 2007 va fer que la desocupació de llarga durada augmentés de manera significativa. De fet, des que es va desencadenar fins a mitjan de 2011, el nombre de persones que feia més d'un any que buscaven feina es va incrementar en 1 810 800 persones, fins a arribar a la xifra de 2 283 800.

Suposa que, per intentar resoldre aquest problema, les autoritats anunciessin que apujaran els impostos a les persones amb rendes més altes i als bancs, argumentant que, a més de ser una mesura redistributiva, seria adequat per a reduir la desocupació de llarga durada. Creus que seria una mesura eficaç? Per què?

L'**estat de benestar** representa que l'Estat intervé per a garantir a tots els individus una sèrie de drets bàsics, en temes com ara la sanitat, l'educació o l'habitatge.

El model de l'estat de benestar no és el mateix en tots els països desenvolupats. A Europa és on ha aconseguit els màxims nivells de cobertura, i va actuar de fet com a element vertebrador d'una Europa arruïnada per la Segona Guerra Mundial. La cobertura de l'estat de benestar és relativa i varia d'uns estats a uns altres. En el cas d'Espanya aquesta se centra en:

- **Sanitat:** a Espanya qualsevol persona té dret a rebre assistència sanitària, sigui quin sigui el seu nivell d'ingressos.
- **Educació:** l'educació en valors i coneixements és obligatòria fins als 16 anys.
- **Habitatge:** per intentar garantir el dret constitucional a un habitatge digne s'han pres diverses mesures, com ara rebaixes d'impostos per a l'adquisició del primer habitatge, construcció d'habitatges de protecció oficial o ajudes al lloguer d'habitatges.

A més de les actuacions esmentades, la naturalesa de l'estat de benestar espanyol es concreta en els tres grups de prestacions següents:

- **Prestacions universals:** són les que es presten gratuïtament a tota la població que les sol·liciti, com és el cas de la sanitat o l'educació.
- **Prestacions contributives**, com la pensió de jubilació o el subsidi de desocupació; només s'ofereixen a aquelles persones que han cotitzat durant un cert temps a la Seguretat Social.
- **Prestacions socials:** en són beneficiaris els col·lectius de recursos escassos, és a dir, aquells que viuen sota el llindar de la pobresa o pròxims a aquest. El tipus d'ajudes ofertes són menjadors socials, habitatges de protecció oficial i salaris socials, entre d'altres.

Alguns autors defensen que l'estat de benestar en certs aspectes pot actuar com una rèmora per al creixement futur. La clau es troba a saber si les iniciatives que van ser creades per alleujar la pobresa poden estar provocant dèficits públics excessius i nivells de desocupació elevats, que són un símptoma de la ineficiència del sistema, perquè s'argumenta que uns subsidis generosos d'atur no conviden a treballar. En altres paraules, alguns assenyalen que les subvencions creades per l'estat de benestar han limitat els incentius per a treballar i per a ser competitius.

@ *A Internet*

www.ces.es/memorias.jsp

No hi ha gaires estadístiques sobre la pobresa a Espanya, però hi ha diverses institucions que publiquen dades cada any i comuniquen les conclusions que n'obtenen. És el cas del **Consell Econòmic i Social** (CES), que publica anualment una *Memòria sobre la situació socioeconòmica i laboral* amb informació abundant i comparada de la pobresa a Espanya.

Activitats

24> En quin sentit l'estat de benestar pot considerar-se com una evolució del sistema d'economia mixta? L'estat de benestar és uniforme en tots els països?

25> Descarrega't l'última edició de la *Memòria sobre la situació socioeconòmica i laboral*. Quin és el percentatge de població sota el llindar de la pobresa relativa? És superior o inferior a la mitjana europea? La pobresa a Espanya ha augmentat o disminuït en els últims cinc anys?

26> Qui són els beneficiaris de les prestacions universals? I de les prestacions socials? Quin és el criteri fonamental per a accedir a una prestació contributiva? Consideres solidari el criteri per a accedir a les prestacions? Per què?

Mapa conceptual

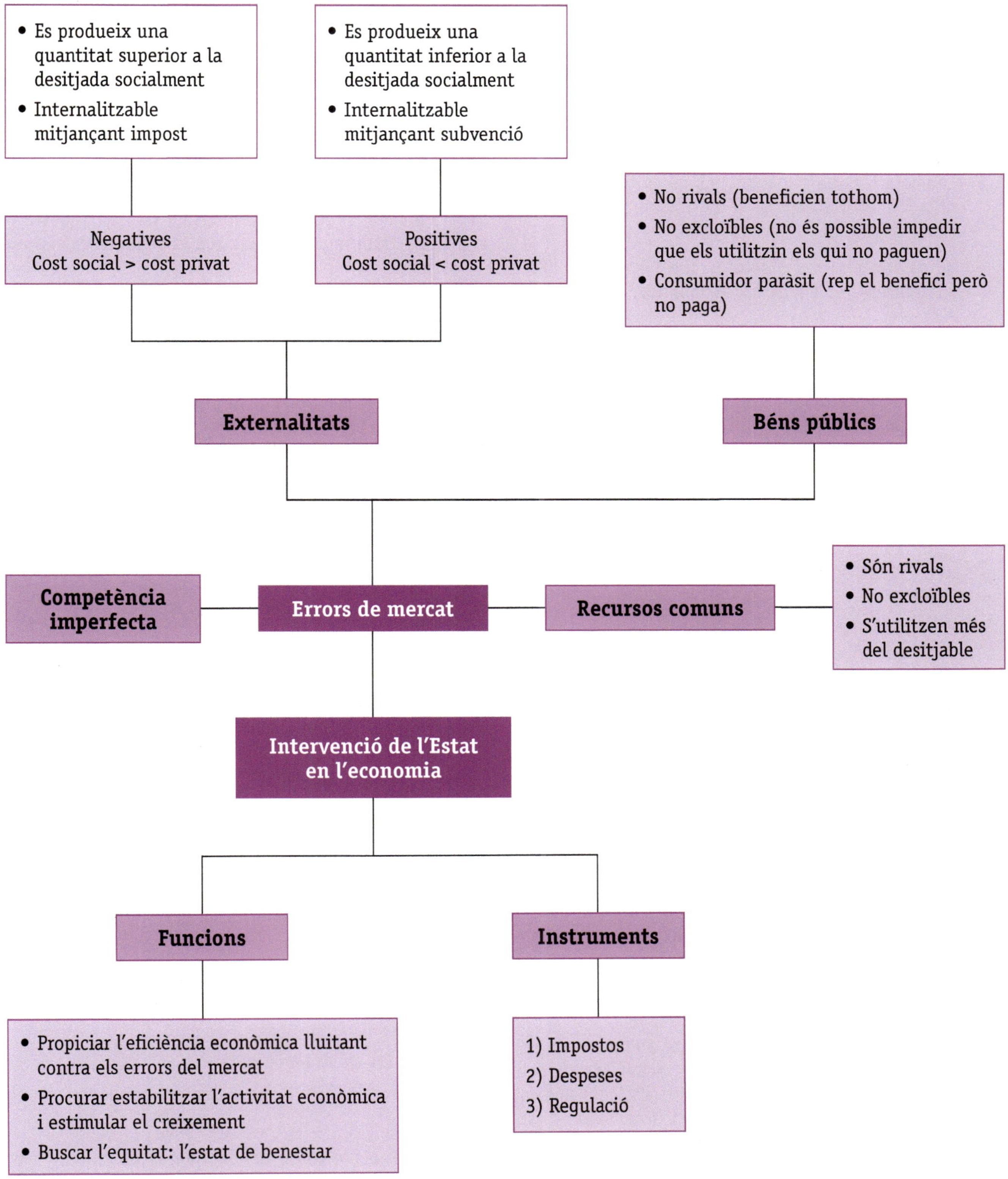

Activitats finals

1> Quins són els instruments que pot utilitzar l'Estat per a combatre els efectes externs negatius quan es produeix un cas de contaminació?

2> Una empresa del sector informàtic desenvolupa un nou xip per a les màquines que als hospitals fan ressonàncies magnètiques, que permet més qualitat. Quin tipus d'externalitat és? Pot intervenir l'Estat en aquest cas?

3> Enumera tres béns públics als quals tens accés a la teva localitat i explica si s'hi compleixen o no les característiques de no-rivalitat i no-exclusió.

4> Quins són els tres objectius que persegueix l'Estat quan intervé en l'activitat econòmica? Explica'ls amb exemples.

5> L'Estat influeix en l'activitat econòmica mitjançant els impostos, les despeses i la regulació. Fes una petita activitat de recerca a casa, esbrinant quins són els impostos que paguen les famílies i les possibles transferències que reben.

6> Quin tipus de mesures pren un govern per millorar l'estat de benestar dels seus ciutadans? Enumera'n cinc exemples.

7> Què s'entén per error del mercat? Com es pot solucionar?

8> Enumera alguns exemples de béns la producció dels quals generi externalitats negatives i altres que en produir-los ocasionin externalitats positives.

9> Explica què s'entén per bé excloïble i per bé rival. Quines característiques té una *pizza?* I un banc d'un parc públic?

10> Per què creus que quan passegem per parcs públics i carreteres sol haver-hi més escombraries que als jardins de cases particulars?

11> Suposem que vivim en el primer pis d'un bloc en el qual a la planta baixa hi ha un pub que posa la música a un volum bastant elevat fins a altes hores de la matinada. Com intervé l'Estat per solucionar aquest problema? Es podria resoldre sense necessitat que hi intervingués? Com?

12> Si les fàbriques d'adobs de pells aboquen als rius sense depurar l'aigua que utilitzen, el mercat de pells aconseguirà una situació d'equilibri eficient? Què caldria fer perquè s'aconseguís l'eficiència?

13> Investiga a Internet: saps si hi ha algun mercat en què es puguin comprar i vendre drets a contaminar? Creus que té sentit que en un món globalitzat uns països paguin per contaminar, i altres països, no? Com afectarà aquest fet a la competitivitat i a la capacitat per a crear ocupació en l'àmbit internacional? Abans de respondre a aquestes preguntes, pots consultar l'article «Estamos buenos: primera privatización griega, primer mercado que hunde», publicat per S. McCoy a *Cotizalia* el 14 de juliol de 2011.

14> Com pot interpretar-se l'incident ocorregut a la central nuclear Fukushima I el març de 2011 en termes de l'anàlisi de les externalitats feta en aquesta unitat? Quin impacte creus que va tenir sobre el preu de l'energia?

15> El Ministeri d'Indústria va establir una tarifa mínima per a l'energia elèctrica produïda amb plantes fotovoltaiques en nivells relativament alts. Quins efectes va tenir aquesta mesura? Posteriorment, davant el cost elevat per a l'Estat que representava mantenir aquesta tarifa, es va decidir abaixar-la. Quines conseqüències ha generat aquest canvi?

16> Alguns economistes es basen en l'estudi de les conseqüències negatives dels preus mínims per proposar que el salari dels joves sense experiència laboral pugui ser inferior al salari mínim interprofessional. Quin creus que és el seu argument?

17> Per reduir la contaminació solen considerar-se les mesures següents:

a) Establir un impost a les empreses contaminants.

b) Imposar un límit de contaminació que pot produir cada empresa.

c) Establir subvencions a les empreses perquè instal·lin equips que redueixin la contaminació.

d) Prohibir totalment determinades activitats contaminants.

Enumera els avantatges i inconvenients de cada mesura segons l'argumentació econòmica desenvolupada en la unitat.

18> Posa exemples d'externalitats positives o negatives derivades del consum que fan els teus amics en els casos següents:

a) Posar música ambiental.

b) Les sabatilles d'una marca determinada.

c) L'ús d'un perfum que t'agrada.

d) Fer els estudis de batxillerat quan han acabat l'educació secundària obligatòria.

19> Assenyala, per a cadascun dels béns i serveis següents, si es compleixen els principis de rivalitat en el consum i exclusió i identifica els que són béns públics:

a) Una llauna de refresc.

b) Un parc públic.

c) La universitat pública.

d) La sanitat pública.

e) L'aire.

f) Una autovia.

g) Una autopista de peatge.

h) La televisió pública.

i) La televisió privada codificada.

20> En un poble de pocs habitants acaba d'instal·lar-se una empresa productora d'oli d'oliva, que genera els efectes següents sobre la població:

a) La creació de diversos llocs de treball.

b) Olors procedents del procés d'elaboració de l'oli.

c) Més trànsit a la carretera que arriba al poble, pel trànsit de camions que van i vénen a l'empresa d'oli.

d) Una millora dels accessos per carretera del poble per la instal·lació de la fàbrica.

e) Alguns agricultors es dedicaran al conreu d'oliveres per vendre la seva producció a l'empresa.

f) L'empresa intenta obtenir una denominació d'origen pel producte que s'hi obté.

g) Els veïns han de suportar els sorolls de l'activitat de l'empresa.

h) El bar del poble augmenta la seva clientela.

i) Es produeixen residus d'oliasses que s'acumulen en basses que poden afectar l'aqüífer del poble.

Quins d'aquests efectes serien externalitats? D'aquestes, quines serien externalitats positives i quines negatives?

21> Analitza si les frases següents són verdaderes o falses, i justifica la teva resposta:

a) Els permisos d'emissió comercialitzables s'haurien de suprimir, perquè el que permeten de fet és que les empreses contaminants obtinguin un ingrés per la seva contribució a contaminar.

b) Un impost sobre les emissions contaminants que sigui superior o inferior al cost social de la contaminació no condueix a una situació òptima.

c) Un sistema de permisos d'emissió comercialitzables que fixa la quantitat total de contaminació permesa en un nivell superior o inferior a la quantitat òptima pot permetre aconseguir una situació eficient.

d) Si les autoritats municipals de Madrid i Barcelona decideixen establir un impost de 3 € a tots els cotxes (dels no residents) que entren al centre de totes dues ciutats de 8 del matí a 7 de la tarda (perquè han estimat que aquests són els costos de contaminació i congestió que generen), es tractarà d'una mesura econòmicament òptima.

e) Plantar arbres en zones urbanes genera un efecte extern positiu. Per això, seria apropiat establir un subsidi per arbre plantat.

f) Es llança al mercat un nou model de sanitaris per als banys que estalvia aproximadament un litre d'aigua cada cop que es fa servir. Les autoritats actuen eficientment establint un subsidi per sanitari instal·lat.

Reportatge: Els problemes del sistema sanitari davant la crisi: sanejar la sanitat

Et proposem la lectura de l'article «Sanear la sanidad», escrit per Aurelio Alonso-Cortés i publicat a *Expansion.com* el 19 de juliol de 2011.

L'article s'ocupa d'un problema que afecta la majoria dels serveis públics: les dificultats per al seu finançament. El fort augment del deute públic derivat de la crisi financera internacional iniciada el 2007 va comportar una seriosa limitació per a la prestació normal d'alguns serveis públics, particularment els relacionats amb la sanitat (trobaràs el text complet a: **www.mhe.es/bachillerato/economia**).

Preguntes:

1> Quins tipus de problemes afecten la sanitat: de qualitat o de finançament?

2> Quin tipus d'iniciatives s'estan prenent per reduir la despesa sanitària?

3> Segons l'article, quin tipus de mesures caldria prendre per afrontar els problemes de fons?

Test de repàs

1> Un efecte extern és positiu quan:

a) El preu de mercat del bé que genera l'externalitat positiva no recull el benefici que provoca en la producció d'un altre bé.

b) La producció d'un bé és disminuïda per la producció d'un altre.

c) La producció d'un bé genera descontentament entre els ciutadans.

d) El preu de mercat del bé que genera l'externalitat no recull el cost del perjudici a una altra producció.

2> Quan en un recinte tancat com un restaurant fumen diverses persones, els no fumadors estan suportant:

a) Efectes externs positius.

b) Efectes externs negatius.

c) L'estada en un bé públic.

d) Recursos de propietat comuna.

3> Els béns públics es financen:

a) Només a càrrec dels Pressupostos Generals de l'Estat.

b) Només a càrrec dels usuaris.

c) Mitjançant les transferències.

d) De vegades a càrrec dels pressupostos de l'Estat; de vegades, a càrrec dels usuaris, i altres vegades, conjuntament.

4> Quan un ajuntament elabora unes ordenances per a evitar el soroll excessiu als pubs:

a) Està generant una externalitat positiva.

b) Lluita contra un monopoli.

c) Intenta eliminar una externalitat negativa.

d) Produeix béns públics.

5> La propietat de no-exclusió dels béns públics vol dir que:

a) No es pot excloure cap ciutadà de pagar impostos.

b) No es pot excloure del consum del bé cap ciutadà.

c) Generen externalitats negatives en aquells consumidors que consumeixen els béns públics.

d) Que l'increment de la utilitat d'un ciutadà exclou que els altres ciutadans augmentin la seva utilitat amb el consum del bé.

6> Quina d'aquestes funcions no és pròpia de l'Estat?

a) Millorar l'eficiència econòmica intentant resoldre els errors del mercat.

b) Generar externalitats positives en tots els ciutadans.

c) Estabilitzar l'economia.

d) Millorar la distribució de la renda.

7> Per millorar la distribució de la renda entre els ciutadans d'un país, l'Estat sol aplicar:

a) Impostos indirectes sobre el consum.

b) Transferències als ciutadans.

c) Llicències a la contaminació.

d) Impostos sobre el benefici de les empreses.

8> S'anomena consumidor paràsit aquell que:

a) Rep el benefici per l'ús dels béns públics, però no paga.

b) Procura viure dels seus pares fins que pugui viure dels seus fills.

c) Genera externalitats negatives en les seves activitats.

d) Consumeix el bé públic a un preu inferior a la resta de consumidors.

9> Si una empresa del sector químic contamina un riu amb els seus abocaments i no assumeix el cost de la contaminació, els costos socials:

a) Disminuiran.

b) Augmentaran.

c) S'eliminaran.

d) No patiran cap canvi.

10> El descobriment d'una nova tecnologia, com la pissarra digital interactiva, genera en l'educació:

a) Una externalitat positiva.

b) Una externalitat negativa.

c) Un cost social superior al cost de mercat de les pissarres.

d) Un increment en la despesa pública.

Solució: 1. a; 2. b; 3. d; 4. c; 5. b; 6. b; 7. b; 8. a; 9. b; 10. a.

8

LA MACROECONOMIA I LES MACROMAGNITUDS

La macroeconomia té un interès indubtable per a tots els individus, ja que el seu objectiu fonamentalment és intentar maximitzar el benestar de la societat.

De totes les macrovariables, n'hi ha una d'ús molt freqüent i que a tots ens resulta familiar: el producte interior brut (PIB). El PIB és la suma del valor de tots els béns i serveis finals produïts al país en un any.

Notícia

«La contaminación lumínica determina el progreso», *Cotizalia*, 19 d'agost de 2009.

Segons es recull en un treball publicat a la revista *New Scientist,* la vista nocturna que ofereixen alguns satèl·lits des de l'espai ajuda a comprendre el desenvolupament de les economies més emergents i a determinar el producte interior brut (PIB) (trobaràs el text complet a: **www.mhe.es/bachillerato/economia**).

Qüestions:

1> Quina tasca pot exercir la contaminació lumínica a l'hora d'estimar el PIB d'un país?

2> En quins tipus de països la informació facilitada per la contaminació lumínica és més rellevant?

3> Per a quin tipus d'activitats pot resultar especialment útil aquesta mena d'informació?

1 Macroeconomia: objectius i instruments

> ***Important***
>
> La **política macroeconòmica** procura que s'assoleixi el benestar econòmic de la societat, mesurat per variables com ara la quantitat de béns i serveis que es produeixen i el seu creixement, el nombre de llocs de treball que es creen o la manera en què es controla el creixement dels preus.

La **macroeconomia** presenta una visió simplificada i global de la realitat. Així, mentre que la microeconomia estudia la producció i els preus de mercats específics, com el dels cotxes o el petroli, la macroeconomia s'encarrega de l'estudi de fenòmens que afecten el conjunt de l'economia, entre els quals hi ha la inflació, la desocupació i el creixement.

> La **macroeconomia** s'encarrega de l'estudi del funcionament de l'economia en el seu conjunt. Té com a propòsit obtenir una visió simplificada de l'economia, però que alhora permeti conèixer i actuar sobre el nivell de l'activitat econòmica d'un país determinat o d'un conjunt de països.

La macroeconomia, per analitzar el funcionament de l'economia, se centra en l'estudi d'una sèrie de variables clau com el PIB o el nivell general de preus. D'aquesta manera, resulta fàcil establir objectius concrets i dissenyar la **política macroeconòmica.**

> La **política macroeconòmica** està integrada pel conjunt de mesures governamentals destinades a influir sobre la marxa de l'economia en el seu conjunt. Els objectius clau de la política macroeconòmica són el creixement de la producció, l'ocupació i l'estabilitat dels preus.

Els objectius fonamentals de la política macroeconòmica són: **1) el creixement de la producció, 2) l'ocupació** i **3) el control de la inflació.**

A. El creixement de la producció

> ***Important***
>
> L'objectiu de les autoritats econòmiques consisteix a procurar que la producció efectiva (la que s'aconsegueix en un moment donat) s'ajusti a la producció potencial (la que s'aconsegueix quan es fan servir tots els recursos), i així s'arribi a un creixement equilibrat.

La política macroeconòmica persegueix que l'economia produeixi la màxima quantitat possible de béns i serveis, és a dir, que s'arribi a la **producció potencial**, tenint en compte els recursos i la tecnologia de què es disposa, i que la producció creixi de manera equilibrada.

Si augmenta la quantitat produïda de béns i serveis, s'aconseguirà la prosperitat i el nivell de vida de la societat augmentarà. Quan s'incrementa la producció, creixen l'ocupació i els beneficis de les empreses; les administracions públiques cobren més impostos i tenen més diners per a dedicar-los a infraestructures i a despeses socials, i les famílies tenen més recursos per a gastar o estalviar, per la qual cosa la seva qualitat de vida augmentarà.

Una manera de mesurar l'acompliment d'aquest objectiu és mitjançant l'***output gap,*** és a dir, la diferència entre la producció potencial de l'economia i la producció efectiva.

Si la producció efectiva és superior a la producció potencial, l'economia estarà creixent per sobre de les seves possibilitats, és a dir, estarà experimentant un creixement desequilibrat, que generarà entre altres efectes augments de preus.

Això va ser el que va passar a l'economia espanyola durant el període 1995-2007. Quan la producció efectiva és inferior a la potencial, és perquè té recursos que no es fan servir. Això és el que ha passat a l'economia espanyola des de 2008.

B. L'ocupació

Com veurem en la Unitat 9, l'economia no creix de forma regular. El normal és observar fases d'expansió a les quals segueixen unes altres de contracció o recessió, que constitueixen el que es coneix com a *cicles econòmics*. Així, l'economia espanyola, després d'una llarga fase expansiva, i com a conseqüència de la crisi financera internacional, a partir de 2007 va entrar en una recessió profunda. A causa de la caiguda de l'activitat econòmica i de l'esfondrament de la demanda global de l'economia, l'ocupació es va contreure i la taxa de desocupació o atur es va disparar, i va superar el 20 %. Tenint en compte aquests fets, resulta fàcil acceptar que l'objectiu de les autoritats econòmiques consistirà a procurar un alt nivell d'ocupació, la qual cosa equival a aconseguir una taxa d'atur baixa. Quan una economia presenta una taxa d'atur baixa, té pocs recursos ociosos i l'*output gap* és reduït, ja que la producció està pròxima al seu nivell potencial.

L'ocupació és la variable macroeconòmica que més directament afecta les persones. Si augmenta l'ocupació, creixeran els ingressos de les famílies i aquestes incrementaran el consum de béns i serveis, i impulsaran la demanda de productes oferts per les empreses. Això farà que les empreses s'animin a contractar més treballadors. D'altra banda, el sector públic haurà de gastar menys diners en subsidis de desocupació, la qual cosa li permetrà, per exemple, impulsar projectes d'innovació tecnològica o de desenvolupament social en el camp de l'educació o la sanitat.

Important

La *taxa d'atur* és igual al quocient entre el nombre d'aturats i el total de la població activa, multiplicat per 100.

La taxa d'atur és un indicador que té un significat similar a l'*output gap*. Quan la producció efectiva és pròxima a la potencial, la taxa d'atur és molt baixa, i quan la producció efectiva és considerablement inferior a la potencial, la taxa d'atur és elevada.

C. El control de la inflació

Com vam veure en la Unitat 5, el funcionament d'una economia de mercat es basa en els senyals que envien els preus. Quan el preu d'un determinat bé puja, és perquè la demanda està pressionant; això impulsa l'aparició de beneficis i les empreses reaccionen incrementant la producció.

En l'àmbit global d'una economia, els preus també responen de manera generalitzada a les variacions de la demanda, en aquest cas del conjunt de l'economia. El problema sorgeix quan, en les fases d'expansió, els preus (el nivell general de preus) experimenten forts creixements i les empreses en perden la referència, per la qual cosa els resulta difícil fer prediccions. En aquestes circumstàncies, els senyals que emeten els mercats són confusos i, a més a més, les persones perden capacitat adquisitiva (en aquest sentit, pensem en el cas dels jubilats i en general de tots aquells que reben rendes fixes). D'altra banda, en una perspectiva internacional, resultarà que aquells països que experimentin unes pujades de preus més importants veuran que els seus productes i serveis són menys competitius i seran menys demanats en els mercats internacionals.

Per aquestes raons, les autoritats intentaran controlar la inflació, per la qual cosa aquest és un dels objectius fonamentals de la política macroeconòmica. Com veurem en la Unitat 12, aquest objectiu s'encomana al Banc Central. En el cas d'Espanya, com que forma part de la Unió Monetària Europea, el Banc Central Europeu és el responsable de controlar la inflació, i ho fa controlant els tipus d'interès i la quantitat de diners.

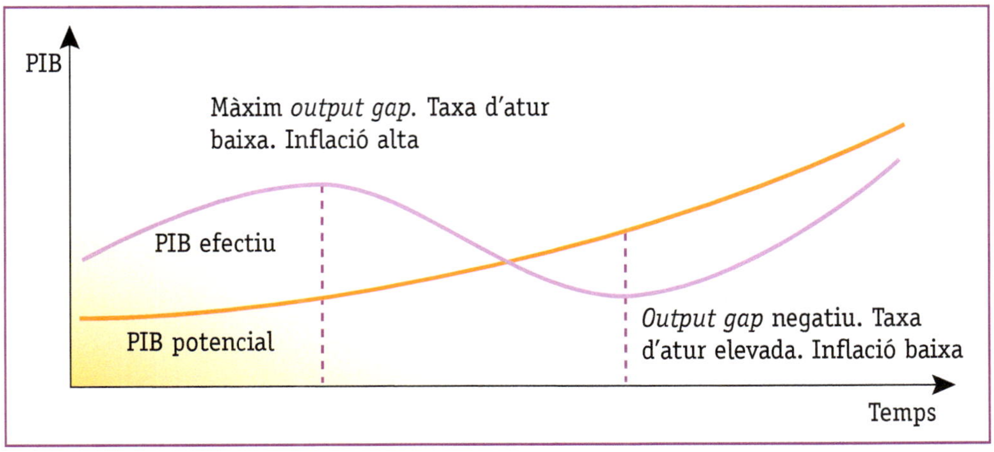

Figura 8.1. *Diferència entre PIB potencial i PIB efectiu: l'*output gap.

1.1 Els objectius i els instruments de la política macroeconòmica

A més dels tres grans objectius esmentats, la política macroeconòmica també s'encarrega de l'evolució del *dèficit públic*, del *dèficit exterior* i del *tipus de canvi* (Esquema 8.1). La importància d'aquests objectius ha quedat palesa al llarg de la crisi del deute dels països «perifèrics» de la zona euro, iniciada el 2010 arran de les dificultats creixents de Grècia per a fer front al seu deute públic. Els ensenyaments d'aquesta crisi es poden resumir afirmant que per a poder dur a terme una política macroeconòmica, un condicionant és que el país en qüestió presenti uns comptes públics i exteriors sostenibles. Només així podrà guanyar-se la confiança dels inversors internacionals, que són als qui haurà d'acudir per finançar el seu deute.

Com recull l'Esquema 8.1, els instruments amb què compten les autoritats econòmiques per a arribar als seus objectius són prioritàriament la política fiscal (Unitat 10) i la política monetària (Unitat 12). Addicionalment, se sol recórrer a la política de tipus de canvi (Unitat 14) i a les polítiques d'oferta, que són d'estil microeconòmic i que s'encarreguen d'intervenir en el funcionament de mercats específics, i que comporten reformes estructurals (Unitats 6 i 7).

Important

Els instruments clau de les autoritats econòmiques són la **política monetària** (control de la quantitat de diners) i la **política fiscal** (despesa pública i impostos).

Important

El dèficit públic s'estudia en la Unitat 11; el dèficit exterior s'analitza en la Unitat 13, i el tipus de canvi, en la Unitat 14.

Exemple

La importància de les polítiques microeconòmiques, que se solen concretar en les anomenades **reformes estructurals,** va ser posada de manifest per molts economistes arran de la crisi financera internacional iniciada el 2007. Per superar la crisi, plantegen dur a terme reformes estructurals com la del mercat de treball, amb l'objectiu de guanyar productivitat i competitivitat.

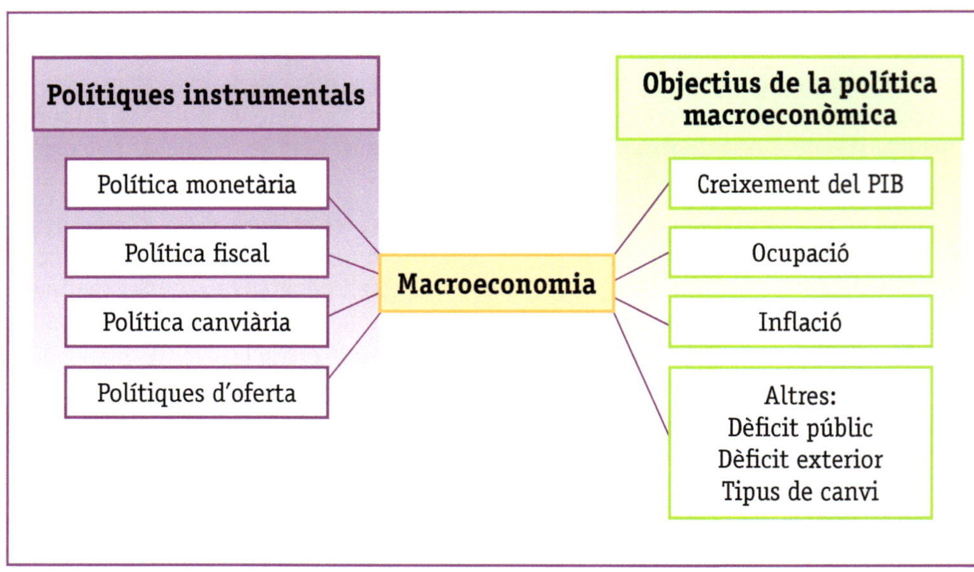

Esquema 8.1. *La política econòmica com a macroeconomia en acció.*

A. La política monetària

Els bancs centrals solen recórrer a la **política monetària** per intentar estabilitzar l'activitat econòmica i evitar o almenys pal·liar els inconvenients derivats dels cicles econòmics. Per a això controlen l'evolució de la quantitat de diners, el crèdit i en general el funcionament del sistema financer (vegeu la Unitat 12).

La **política monetària** comprèn les mesures del Banc Central orientades a controlar la quantitat de diners i les condicions de crèdit.

Si l'economia està experimentant una pressió alcista forta sobre els preus, es durà a terme una política monetària restrictiva. La reducció de la quantitat de diners farà que pugin els tipus d'interès i es redueixin la demanda i la inflació (vegeu la Unitat 12). En augmentar els tipus d'interès, disminuiran el consum i la inversió i, per tant, es reduiran el PIB i la inflació. Al contrari, si l'activitat econòmica ha entrat en una recessió, el Banc Central pot augmentar la quantitat de diners, i la reducció dels tipus d'interès contribuirà a reactivar l'economia (vegeu la Unitat 12).

B. La política fiscal

La **política fiscal** es refereix a la utilització de la despesa pública i dels impostos. Incideix sobre les rendes i el consum dels individus i ofereix incentius a l'estalvi i a la inversió i altres decisions econòmiques (vegeu la Unitat 10).

> La **política fiscal** comprèn les decisions del Govern sobre el nivell de la despesa pública i els impostos i altres ingressos.

La política fiscal està guiada per finalitats i objectius estratègics que fixa el sector públic.

Activitats

1> Segons l'enquesta de població activa (EPA), en el segon trimestre de 2011 el nombre d'aturats era de 4 910 200, la qual cosa representava una taxa d'atur del 21,29 %. Per què davant una situació com aquesta no s'engegaven polítiques expansives?

2 El producte interior brut (PIB)

Les transaccions entre els diferents agents econòmics es registren en la **comptabilitat nacional.** Aquesta defineix i relaciona els agregats econòmics i en mesura el valor.

> El **producte interior brut (PIB)** és el valor monetari total dels béns i serveis finals produïts per al mercat durant un any donat, dins de les fronteres d'un país.

Vocabulari

PIB (producte interior brut)
Valor total de tots els béns i serveis finals produïts per al mercat durant un any dins de les fronteres del país.

Dels diversos agregats que recull la comptabilitat nacional, el més significatiu és el producte interior brut (PIB).

> La **comptabilitat nacional** mesura l'activitat d'una economia al llarg d'un període, generalment un any, registrant les transaccions dutes a terme entre els agents que la formen.

Per analitzar la definició del PIB, ens centrarem en cadascuna de les parts que la integren.

Important

Els **béns intermedis** han de patir noves transformacions abans de convertir-se en béns de consum capital. Els **béns finals** ja han patit les transformacions necessàries per al seu ús.

Exemple

El problema de la doble comptabilitat es pot evidenciar amb l'exemple numèric del Quadre 8.1. Si se sumessin els preus de venda dels productes intermedis, sortiria un PIB de 81 €, que no es correspon amb la realitat: hem comptat quatre vegades el producte de l'agricultor, tres el del fariner i dues el del forner.

Més dades

En l'exemple del Quadre 8.1 es mostra com la suma del valor afegit per cada empresa és igual al valor total de la producció (el PIB si es fes per a tota l'economia). En aquest principi es basa el **mètode del valor afegit per al càlcul del PIB.** Si se sumen tots els valors que cada productor va afegint als béns que transforma, el resultat serà equivalent al PIB obtingut pel mètode de la despesa i el dels costos o rendes (que s'analitzen en el subepígraf següent).

A. El valor monetari total...

Tota economia produeix milers de béns i serveis diferents i cadascun es mesura en una unitat diferent. Com que no es poden sumar «peres amb pomes» i tanmateix, hem de combinar tots els productes en una única xifra, el que es fa és sumar el **valor monetari** de cada bé o servei, és a dir, el nombre d'unitats monetàries, euros, pel qual es ven cada bé o servei.

B. ...dels béns i serveis finals...

Quan es mesura el PIB, no es compten tots els béns i serveis produïts al país, sinó únicament els que es venen als usuaris finals.

Suposem una economia en què només es fabrica pa. En el Quadre 8.1 es recullen de manera simplificada les etapes de la producció de 30 barres de pa, des que l'agricultor produeix el blat fins que comprem el pa al forn, passant pel molí on s'obté la farina i el forn on es produeix el pa i es distribueix als forns. Hauríem de sumar el valor de les vendes en cadascuna de les etapes i incloure 5 + 15 + 25 + 36 = 81 en el PIB cada cop que es produeixen 30 barres de pa? No, perquè totes les etapes considerades permeten obtenir un bé que al final val 36 €. De fet, els 36 € que es paguen ja inclouen el valor de totes les altres etapes del procés productiu.

En l'exemple del Quadre 8.1 els béns venuts per l'agricultor, el moliner i el fabricant de pa (majorista) són **béns intermedis,** béns que s'utilitzen en el procés de producció d'un altre bé. Però el forn detallista ven un **bé final,** perquè compra el pa un usuari final. Si per calcular el PIB se sumés per separat la producció dels béns intermedis, els estaríem comptant més d'un cop, ja que ja estan inclosos en el valor del bé final.

Per evitar comptar més d'un cop els productes intermedis, quan es mesura el PIB, només se suma el valor dels béns i serveis finals. El valor dels productes intermedis està inclòs automàticament en el dels productes finals per als quals s'han utilitzat. En altres paraules, el que cal considerar en cada etapa de la producció és el *valor afegit.*

El **valor afegit** és la diferència entre el valor dels béns produïts i el cost de les primeres matèries i altres béns intermedis utilitzats per a produir-los.

Empreses (etapa de la producció)	Cost dels factors (productes intermedis) €	Vendes totals €	Valor afegit €
Agrícola	0	5	5 – 0 = 5
Farinera	5	15	15 – 5 = 10
Fornera	15	25	25 – 15 = 10
Distribuïdora	25	36	36 – 25 = 11 Total = 36

Quadre 8.1. *El PIB i el valor afegit: etapes de la producció de 30 barres de pa.*

C. ...produïts...

En el mesurament del PIB només s'inclouen els béns i serveis **produïts l'any** en qüestió. Així, les compres de terrenys o actius financers, com ara accions o bons, no s'inclouen en el PIB, perquè no són «béns i serveis produïts». La terra i els recursos naturals que hi ha en aquesta no es produeixen en absolut. Les accions i els bons representen drets de propietat o a rebre pagaments en el futur, però no són, en si, béns o serveis. Tampoc s'inclouen en el PIB les compres de béns de segona mà com els cotxes o els habitatges, ja que es tracta de béns que han estat produïts, però no en el període actual.

D. ...per al mercat...

El PIB no inclou tots els béns i serveis produïts en l'economia, sinó només els que es produeixen **per al mercat,** és a dir, amb la intenció de ser venuts. Per exemple, quan una persona renta el seu propi cotxe, o neteja casa seva, ha produït uns serveis finals, però no es compten en el PIB perquè ho fa per a si mateix i no per vendre el servei en el mercat. Però si li renten el cotxe en un garatge o contracta algú perquè netegi casa seva, llavors el servei final sí que s'inclou en el PIB, perquè passa a ser una transacció de mercat. Els casos més coneguts de serveis exclosos són els del treball domèstic, el treball voluntari i les operacions de bescanvi.

El treball domèstic es reflecteix en el PIB de manera diferent segons el faci una empleada de la llar o una mestressa de casa. Aquesta doble consideració planteja un debat sobre el rigor en la manera de mesurar el PIB. Així, suposem dos països en què es desenvolupa la mateixa activitat. En l'un, part del treball a la llar està desenvolupat per empleades, per la qual cosa cobren 10 milions d'euros. En l'altre país, duen a terme aquesta mateixa feina les mestresses de casa i no cobren res. El resultat serà que el PIB d'aquest país serà 10 milions d'euros inferior.

! *Important*

La comptabilitat nacional utilitza els **preus de mercat** per a valorar els diferents béns perquè reflecteixen el valor econòmic relatiu dels diversos béns i serveis.

E. ...durant un any donat...

El PIB mesura un procés que es desenvolupa al llarg d'un període de temps. El seu valor dependrà del període de temps que s'utilitzi per a mesurar-lo. Per tradició, el període sobre el qual es mesura el PIB és d'un any, tot i que en la comptabilitat nacional espanyola es calcula també per trimestres.

F. ...dins de les fronteres del país

El PIB espanyol mesura la producció dins de les fronteres d'Espanya, independentment que hagi estat feta, o no, per espanyols. Això significa que s'hi inclou la producció fabricada amb recursos propietat d'estrangers i per estrangers que resideixen a Espanya, i se n'exclou la producció feta per espanyols en altres països. Per exemple, quan un equip de futbol espanyol fa una gira pels EUA, el valor dels serveis s'inclou en el PIB nord-americà, però no en l'espanyol. Al contrari, els serveis d'un jugador de bàsquet nord-americà que juga en un equip espanyol formen part del PIB espanyol i no del dels Estats Units.

El PIB espanyol mesura la producció dins de les fronteres d'Espanya, independentment que hagi estat produïda, o no, per espanyols.

Activitats

2> Una tallada de cabells, una consulta mèdica o l'assistència a un partit de tennis de la Copa Davis són un servei final o intermedi? I els serveis que presta una empresa de neteja a un col·legi?

3> Un país que tingui un PIB més elevat que un altre tindrà un nivell de benestar més elevat?

4> De cara al càlcul del PIB d'un país, respon a les preguntes següents: com s'aconsegueix agregar en una sola magnitud la diversitat de productes i serveis, cadascun expressat en unitats diferents? Com es comptabilitzen en el PIB les vendes de productes de segona mà?

Important

El **PIB** pel **mètode de la despesa** mesura el **valor monetari** del flux de productes (béns i serveis) finals que produeix el país.

Important

La llista de categories en què es divideix és exhaustiva: qualsevol comprador de la producció espanyola pertany a una d'aquestes categories, de manera que en sumar les compres dels quatre sectors s'obté el PIB.

Important

El **consum** és amb escreix el component més important del PIB, i en representa al voltant de dos terços del total.

Exemple

La contribució de les quatre categories al PIB a Espanya entre 2000 i 2010 ha estat, de mitjana, la següent:

Component	Contribució
Consum	58 %
Inversió	18 %
Despesa pública	27 %
Exportacions netes	-3 %
Total	100 %

Tot i que les exportacions han representat de mitjana el 26 % del PIB, les importacions han totalitzat el 29 %; per això, el saldo de les exportacions netes és negatiu.

3 El PIB pel mètode de la despesa

L'Institut Nacional d'Estadística (INE) és la institució encarregada de recollir, agregar i analitzar la producció total de l'economia espanyola, i fa el càlcul del PIB de diferents maneres. El mètode més important és el de la despesa.

En calcular el **PIB pel mètode de la despesa,** la producció es divideix en quatre categories en funció de quin grup de l'economia fa la despesa:

1. **Consum de béns i serveis (C):** comprats per les famílies.
2. **Inversió privada en béns i serveis (I):** comprats per les empreses.
3. **Despesa pública (G):** béns i serveis comprats pel sector públic.
4. **Exportacions netes (XN):** béns i serveis comprats pels estrangers, menys les importacions.

Per mesurar el **PIB** seguint el **mètode de la despesa** se suma el valor dels béns i serveis adquirits per cada tipus d'usuari final (famílies, empreses, sector públic i sector exterior): $PIB = C + I + G + XN$

3.1 El consum privat (C)

El **consum** és la despesa en béns i serveis feta per les famílies i inclou tant els béns peribles com els duradors. És l'element més important del PIB, perquè representa aproximadament dos terços de la producció total.

El **consum** és la part del PIB adquirida per les famílies com a usuaris finals.

Pràcticament tot el que compren les famílies durant un any (aliments, roba, gasolina, etc.) forma part de la despesa en consum inclosa en el PIB. No obstant això, hi ha dues classes de coses que compren les famílies durant l'any i que no són part del consum perquè no són «produïdes» en l'any i per tant no formen part del PIB: 1) *els béns usats* (com els cotxes de segona mà o els llibres usats) i 2) *els actius* (com les accions, els bons o els immobles).

Com a excepcions a la definició general del consum, l'INE estima i incorpora en el PIB l'autoconsum de les famílies d'agricultors (el valor dels aliments que les famílies dels agricultors produeixen i consumeixen, com ara productes lactis, ous, verdures o carn), ja que el considera com si haguessin de pagar-lo en el mercat. També estima el lloguer que pagarien els amos de les seves cases si haguessin de llogar-les a altres persones i l'inclou en el mesurament del PIB. Una altra excepció és que la compra de nous habitatges per les famílies no es comptabilitza com a consum, sinó com a inversió.

3.2 Inversió privada (I)

La comptabilitat nacional distingeix dues categories d'inversió privada: la **formació bruta de capital fix (FBCF)** i la **variació d'existències.** La primera categoria, la FBCF, està formada per la inversió en:

- **Planta i equip**, és a dir, magatzems, fàbriques, edificis industrials i de serveis, maquinària i equips per a la producció, vehicles, etc.
- **Construcció residencial**, que comprèn la construcció d'habitatges per a ús residencial, estiguin ocupats o no.

La **variació d'existències** està constituïda per la variació neta (increments menys disminucions) de primeres matèries, productes semielaborats que no s'han incorporat al procés de producció i productes finals que no s'han venut en el mercat.

La **inversió privada** és la suma de:
1. Planta i equip comprats per les empreses.
2. La construcció de nous habitatges per a ús residencial.
3. La variació d'existències.

Important

La **inversió** consisteix en els augments d'edificis, equip, programes informàtics i existències durant un any.

Les **existències** són els béns que han estat produïts però que encara no s'han venut. Inclouen els béns a les prestatgeries de les botigues i als magatzems de les fàbriques, els béns que estan en procés de producció a les fàbriques i les primeres matèries que s'utilitzaran. En calcular el PIB, la variació de les existències de les empreses s'inclou com a part de la inversió, perquè quan els béns es produeixen, però no es venen durant l'any, acaben entre els béns inventariats per les empreses.

Les **existències** són els béns que han estat produïts, però que encara no s'han venut. En el PIB s'inclou la variació d'existències.

Important

Si no s'incloguessin les variacions d'existències, no es tindria en compte una part de la producció total. Tingues en compte que el PIB mesura la producció total d'un any, i no sols la part de la producció que s'ha venut.

Un cop presentades les diferents categories d'inversió, convé distingir entre inversió bruta i inversió neta.

La **inversió neta (IN)** és igual a la **inversió bruta (IB)** menys la **depreciació** o **quantitat de capital gastada en un any (D).**

Activitats

5> Dels conceptes següents, indica si formen part del consum, de la inversió o si no s'inclouen en el PIB: entrada per a assistir a un concert; compra d'un lector d'MP3; compra en uns encants d'una bicicleta usada; compra d'un xalet nou a la platja; compra d'unes accions; compra d'una maquinària; augment de les existències d'una fàbrica de cotxes en 200 unitats; compra d'un CD al *top manta*.

6> Calcula la formació bruta de capital fix (FBCF) i la inversió neta d'una economia de la qual es coneixen les dades següents:

— Inversió en planta i equip: 300 €.

— Construcció residencial: 200 €.

— Variació d'existències: 50 €.

— Depreciació del capital: 10 €.

7> Suposa que la indústria informàtica en un any fabrica ordinadors personals per valor de 100 milions d'euros, i que es venen ordinadors per valor de 80 milions d'euros.

Quina quantitat s'inclourà en el PIB en forma de despesa en consum i en inversió?

8> Si en el cas anterior la indústria produís en l'any en qüestió els mateixos ordinadors (100 milions d'euros), però les vendes fossin de 120 milions, quina serà l'aportació anual de la indústria informàtica al PIB?

+ *Més dades*

La inversió privada i l'estoc de capital

Les variacions de l'estoc de capital d'un país són més complexes del que es pot reflectir únicament amb la inversió privada.

En primer lloc, perquè la inversió privada exclou diverses categories de producció no empresarial que s'han de sumar a l'estoc de capital del país. En concret, la inversió privada no inclou: 1) **La inversió del sector públic.** Una part important de l'estoc de capital del país no és propietat de les empreses, sinó del sector públic. Les autopistes, els hospitals públics, les infraestructures de sanejaments o els equipaments de la policia i l'exèrcit són exemples de capital propietat del sector públic. 2) **Els béns de consum durador.** Els cotxes, els mobles, els electrodomèstics i els ordinadors personals d'ús domèstic són exemples de béns de consum durador, ja que continuaran oferint els seus serveis durant molts anys. 3) **El capital humà.** La formació, la qualificació i el coneixement de les persones continuaran oferint serveis valuosos durant molt de temps en el futur, tal com passa amb els equips d'una fàbrica o un nou habitatge. Per quantificar el creixement de l'estoc de capital humà, caldria incloure les habilitats addicionals i la formació adquirida per la mà d'obra durant l'any.

En segon lloc, la inversió empresarial no té en compte la **depreciació,** és a dir, el capital que s'ha utilitzat durant l'any. Precisament, la inclusió de la depreciació de l'estoc de capital públic i privat permet calcular la **inversió neta,** que es defineix com la **inversió bruta** menys la depreciació.

! *Important*

No s'ha de confondre la manera en què la comptabilitat nacional mesura la despesa pública en béns i serveis amb el pressupost oficial de l'Estat (Unitat 10). Quan el Ministeri d'Hisenda mesura les seves despeses, inclouen les despeses en béns i serveis (G) més les **transferències (TR)**.

3.3 Despesa pública (G)

La **despesa pública (G)** comprèn el consum del sector públic (despesa en béns i serveis) i les adquisicions d'inversió (compres de béns de capital fetes pels diversos estaments que integren el sector públic).

No tots els diners que gasta el sector públic s'inclouen en el PIB. Això es deu al fet que se n'exclouen els pagaments de **transferències (TR)**, que són els pagaments que el sector públic fa a les economies domèstiques sense contraprestació de serveis. Les transferències més significatives són les pensions i els subsidis de desocupació nets de contribucions de treballadors i empresaris, i els interessos del deute públic.

Aquestes transferències no s'inclouen en el PIB, perquè es tracta d'una simple redistribució de renda i no d'una compra de béns i serveis. A més, cal tenir en compte que no tota despesa és una compra i que en el PIB només s'inclouen les compres.

La despesa pública (G) és la que du a terme el sector públic en béns i serveis. Comprèn totes les despeses del sector públic destinades a pagar la nòmina dels seus empleats més els costos dels béns (carreteres, ferrocarrils, etc.) i els serveis (de consultoria, financers, sanitaris, etc.) que compra al sector privat. Aquesta despesa pública de consum i inversió constitueix l'aportació del sector públic al PIB.

! *Important*

La *demanda agregada* d'una economia acostuma a desglossar-se en *demanda interna* (la feta exclusivament pels agents econòmics nacionals) i *demanda externa* (la que prové del sector exterior).

3.4 Exportacions netes (XN)

Els estrangers compren béns i serveis espanyols. Aquestes exportacions formen part de la producció espanyola de béns i serveis, per la qual cosa s'inclouen en el PIB. D'altra banda, els espanyols compren béns i serveis que han estat produïts fora d'Espanya.

Per obtenir un mesurament precís del PIB, hi hem d'afegir la part de la producció espanyola adquirida pels estrangers, les exportacions totals **(X)**, i hem de restar-ne les compres dels espanyols de béns produïts fora d'Espanya, les importacions totals **(M)**. D'aquesta manera, s'obtenen les **exportacions netes** (vegeu la Unitat 13).

Les exportacions netes (XN) són la diferència entre les exportacions i les importacions de béns i serveis, és a dir, les importacions es tenen en compte com a sumand negatiu en el càlcul del PIB.

Quan una empresa ven productes a un país estranger, tant si són béns intermedis com finals, es consideren béns finals, ja que, malgrat ser béns de producció, la seva transformació posterior no repercuteix en l'economia del país d'origen.

El **PIB pel mètode de la despesa** s'obté sumant el valor dels béns i serveis adquirits per cadascun dels diferents usuaris finals (famílies, empreses, sector públic i sector exterior) (Esquema 8.2).

La suma de totes les despeses en béns i serveis dutes a terme pels diferents agents econòmics, és a dir, els consumidors **(C)**, les empreses **(I)**, el sector públic **(G)** i el sector exterior $(XN = X - M)$, és el **PIB a preus de mercat (PIB_{pm}).**

Aquesta macromagnitud també es coneix com a **demanda agregada,** ja que representa la despesa total duta a terme pels diferents agents econòmics.

Important

Una part de la producció d'Espanya és comprada per estrangers i s'envia a altres països: aquests articles constitueixen les **exportacions.** Part del que consumeixen els espanyols es produeix en altres països i és enviat a Espanya: aquests articles són les **importacions.**

Esquema 8.2. *El flux circular de l'activitat macroeconòmica.*

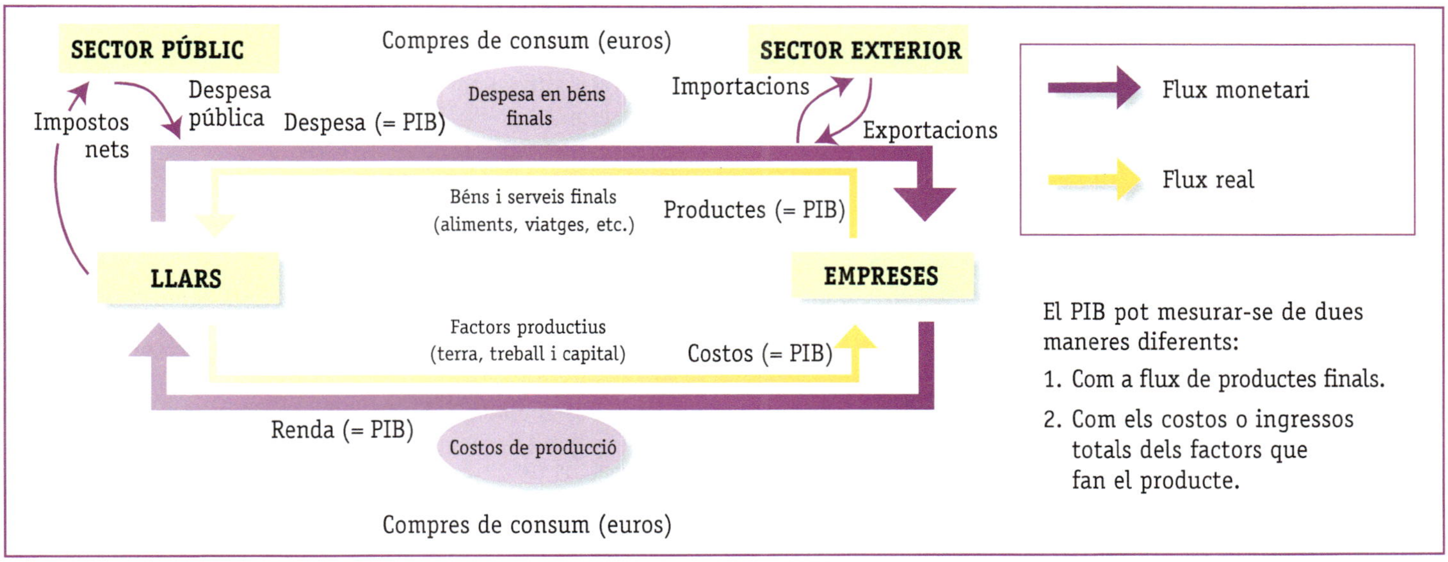

El PIB pot mesurar-se de dues maneres diferents:

1. Com a flux de productes finals.
2. Com els costos o ingressos totals dels factors que fan el producte.

Activitats

9> Les dades que facilita l'INE sobre el PIB permeten conèixer no sols els components del PIB pel costat de la demanda i dels costos o rendes, sinó també segons el que aporten els diversos sectors productius. Analitza les últimes dades disponibles sobre el PIB i respon a les preguntes següents:

a) Quin percentatge representa el consum sobre el total del PIB? I la inversió o formació bruta de capital fix?

b) Com es distribueix la renda (el PIB) entre les rendes dels assalariats i els beneficis i rendes (excedent brut d'explotació)?

c) Quins són els dos sectors productius amb més pes relatiu?

Comparació del PIB en dos moments: taxa de creixement

És estrany fullejar un diari i no trobar les expressions *taxa de creixement* o *creixement econòmic* entre les pàgines. El **creixement econòmic** fa referència molts cops a la taxa de creixement de la producció total de l'economia. La **taxa de creixement** és un instrument útil quan estudiem dades de sèries temporals, i això és així perquè molts cops convé examinar els augments de la variable objecte d'anàlisi per any, en lloc de per llargs períodes de cinc o deu anys.

La **taxa de variació del PIB** entre dos períodes consecutius (l'any $t - 1$ i l'any t) s'expressa de la manera següent:

$$\text{Variació del PIB en } t = \frac{\text{PIB}_t - \text{PIB}_{t-1}}{\text{PIB}_{t-1}} \cdot 100$$

Suposem que l'any $t - 1$ el PIB d'una economia havia estat de 2852 milions d'euros, mentre que l'any t el PIB va augmentar a 3106 milions d'euros. La taxa de creixement anual del PIB l'any t serà:

$$\text{Variació del PIB a } t = \frac{3\,106 - 2\,852}{2\,852} \cdot 100 = 8{,}91\ \%$$

4 El PIB pel mètode dels costos

Per obtenir el **PIB pel mètode del cost** dels factors cal sumar els ingressos o les rendes percebuts per les economies domèstiques com a contraprestació per aportar els seus factors o recursos al procés productiu.

El PIB, segons **el mètode del cost dels factors**, es calcula sumant el cost dels factors de totes les empreses de l'economia.

Segons el mètode del cost dels factors, el PIB es pot mesurar: *a)* sumant tots els costos dels factors desembossats per totes les empreses de l'economia, *b)* sumant tots els ingressos o les rendes (sous i salaris, lloguers, interessos i beneficis) que han obtingut totes les famílies en l'economia (vegeu l'Esquema 8.2).

Enfocament del producte o la despesa	Enfocament dels costos o rendes
Consum (C) + Inversió bruta privada (IB) + Despesa pública (G) + Exportacions netes (XN)	Sous, salaris i altres rendes del treball + Interessos, lloguers i altres rendes de la propietat + Impostos indirectes + Depreciació o amortització + Beneficis

Quadre 8.2. *Els components del PIB, segons l'enfocament de la despesa i el dels costos o les rendes.*

Aquest mètode evidencia una realitat important de la macroeconomia: que el PIB (la producció total d'una economia) és igual a la renda generada en aquesta economia.

Aquest fet explica per què s'utilitzen els termes *producció* i *renda* com si fossin sinònims: són el mateix. Si augmenta la producció, la renda augmenta en la mateixa quantia; si la producció cau, la renda cau en la mateixa quantia.

4.1 Equivalència dels dos enfocaments

El PIB calculat com a flux de béns i serveis finals (meitat superior de l'Esquema 8.2) o com els costos (meitat inferior de l'Esquema 8.2) és exactament igual.

Els dos enfocaments són idèntics, perquè el **benefici**, és a dir, el que queda de la venda del producte un cop pagats els costos, s'inclou en l'enfocament dels ingressos o costos i actua com a residu (Quadre 8.2).

> El **caràcter residual dels beneficis** (o de l'excedent d'explotació en terminologia de la comptabilitat nacional) permet que l'enfocament del flux de les despeses o els productes i l'enfocament del flux dels ingressos o costos donin exactament el mateix PIB total.

4.2 La relació entre el PIB a preus de mercat i el PIB al cost dels factors

La relació entre el PIB a preus de mercat (PIB_{pm}) i el PIB al cost dels factors (PIB_{cf}) s'estableix considerant els impostos indirectes i les subvencions d'explotació (Esquema 8.3). Per passar del PIB_{cf} al PIB_{pm} cal sumar els impostos indirectes i deduir les **subvencions d'explotació.**

> **Important**
>
> El **benefici** és el residu que s'ajusta automàticament perquè els costos o ingressos coincideixin amb el valor dels béns.

> Les **subvencions d'explotació (S_b)** són transferències del sector públic a les empreses i, per tant, redueixen el cost real de la producció.

Tenint en compte els impostos indirectes (T_i) i les subvencions (S_b), el PIB a preus de mercat, obtingut a partir del PIB al cost dels factors, s'expressa de la manera següent:

$$PIB_{pm} = PIB_{cf} + T_i - S_b$$

Des del punt de vista dels ingressos o costos, el PIB mesurat a preus de mercat segons la comptabilitat nacional espanyola és igual a la suma dels salaris i altres rendes, els beneficis o excedents nets d'explotació, la depreciació o consum de capital fix i els impostos indirectes lligats a la producció (com l'IVA), menys les subvencions a l'explotació:

$$PIB_{pm} = RA + ENE + D + T_i - S_b$$

on RA és la remuneració dels assalariats; ENE, l'excedent net d'explotació, és a dir, la part dels ingressos que no es destina a la remuneració dels assalariats ni al consum de capital, és la retribució al factor iniciativa empresarial (beneficis), i D és la depreciació del capital fix, és a dir, el capital que s'ha utilitzat durant l'any. En termes del Quadre 8.2, aquesta definició del PIB és la recollida a la columna de la dreta.

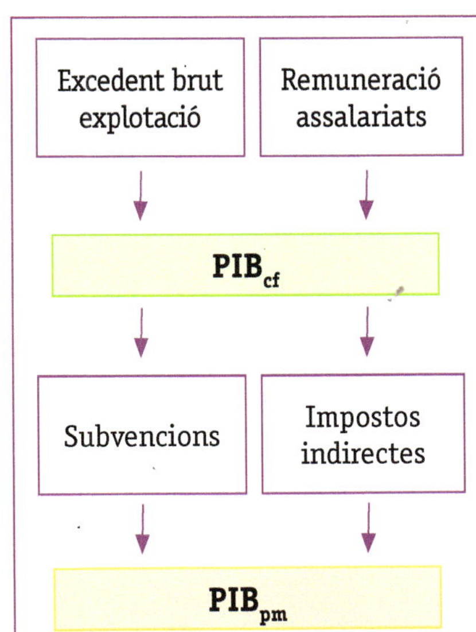

Esquema 8.3. *Relació entre el PIB a preus de mercat i el PIB al cost dels factors productius.*

Activitats

10> De l'economia d'un país es tenen, per a l'any 2012, les dades següents, totes en milions d'euros (M€): consum de les famílies (C) 700 M€, inversió privada (I) 150 M€, despesa pública (G) 100 M€, transferències (TR) 30 M€, exportacions (X) 90 M€ i importacions (M) 110 M€. Calcula el PIB de 2012 i determina el seu creixement respecte al PIB de 2011, sabent que aquest va ser de 910 M€.

11> Tenint en compte els criteris que regulen el càlcul del PIB_{pm}, respon a les preguntes següents:

a) Les despeses en què incorre una família perquè els seus fills aprenguin anglès a Irlanda es consideren una despesa de consum o d'inversió? Com es comptabilitzen?

b) Com es comptabilitza la compra d'uns equips de l'empresa Google a Espanya per a les seves oficines a Madrid?

c) Les despeses dels cotxes oficials dels diputats autonòmics formen part del PIB?

d) Per què es resten les importacions del PIB?

12> Com s'aconsegueix que l'enfocament del flux de productes i l'enfocament del flux d'ingressos o costos donin exactament el mateix PIB total?

13> Posa exemples de productes intermedis.

14> Tenim les dades següents de la comptabilitat nacional d'un país, les unes referides a les despeses en productes finals i les altres sobre les rendes dels agents econòmics, totes en milers de milions d'euros:

- Consum, 980; inversió bruta privada, 210; despesa pública, 140; exportacions netes, 70.
- Sous, salaris i altres rendes del treball, 1 120; interessos, lloguers i altres rendes, 14; impostos indirectes nets de subvencions, 98; depreciació, 28; beneficis, 140.

A partir d'aquestes dades, calcula el PIB pel mètode de la despesa i pel mètode dels costos. Comprova que són equivalents.

15> Quina és la variable que permet que el càlcul del PIB pel mètode de la despesa i pel mètode del cost dels factors doni un mateix resultat?

16> Considera el cas d'una economia simplificada que només fabrica jerseis de llana. A partir de les dades de la taula, calcula el PIB pel mètode del valor afegit.

Empresa	Cost de factors	Vendes totals
Ramader (llana)	0 €	8 000 €
Filadora (fil)	8 000 €	24 000 €
Teixidora (jersei)	24 000 €	50 000 €

5 El PIB nominal i el PIB real: els índexs de preus i la inflació

El PIB s'ha definit com el resultat de multiplicar una sèrie de quantitats (de béns i serveis) pels seus preus respectius. Per tant, quan s'observa que el PIB d'un país qualsevol en un any, diguem 2011, va ser de 120 000 milions d'euros, i que el 2012 va augmentar, passant a ser de 123 000 milions d'euros, sabem que el 2012 alguna de les tres coses següents haurà passat:

1) Al país s'han produït més béns i serveis el 2012 que el 2011.

2) El 2012 es paguen uns preus més alts pels béns i serveis que el 2011.

3) El 2012 s'han produït més béns i serveis que el 2011 i alhora els preus han augmentat.

En el primer cas, l'augment de la producció de béns i serveis contribuirà a millorar el nivell de vida. En el segon cas, el pagament de preus més alts significarà que el cost de la vida s'ha incrementat, però no el nivell de vida, i en el tercer cas ha tingut lloc una situació intermèdia, perquè han augmentat tant la producció com els preus.

Per això és important, quan té lloc un augment del PIB, quantificar en quina mesura l'augment es deu a l'increment dels béns i serveis disponibles, és a dir, a un augment de la producció, i en quina mesura es deu a un increment dels preus.

Tal com hem calculat el PIB fins aquí, aquesta indeterminació la tindríem sempre que variïn els preus. Això es deu al fet que hem calculat el *PIB nominal* o *PIB a preus corrents*, que es mesura amb els preus existents quan es fa la producció. Per a evitar aquest problema necessitem un indicador d'activitat econòmica que estigui lliure de l'efecte dels canvis de preus. Això s'aconsegueix amb el *PIB real* o *PIB a preus constants*, que es mesura amb els preus existents en un any base específic, eliminant d'aquesta manera l'efecte de la inflació.

El **PIB nominal** d'un any determinat es mesura utilitzant els preus corrents d'aquell any. El **PIB real** es calcula utilitzant els preus constants, que són els vigents en un any base determinat.

Important

Un canvi en la producció es mesura utilitzant el PIB real. Per mesurar un canvi dels preus necessitem calcular un índex de preus. Per trobar el PIB real es divideix el PIB nominal per l'índex de preus.

El PIB real indica de manera més fiable que el PIB nominal l'evolució de l'activitat econòmica d'un país, ja que reflecteix la variació de la producció en termes reals, és a dir, eliminat l'efecte dels preus.

Dir que varien els preus no és una expressió rigorosa, ja que els preus dels diferents béns ho fan en una quantia diferent. A més a més, no és el mateix que, per exemple, augmenti el preu de la sal, que té un pes relatiu molt reduït en el PIB, que el fet que pugi el preu de la gasolina, que té un pes molt significatiu. Per això, cal establir la variació del nivell general de preus, la qual cosa exigeix utilitzar els *índexs de preus*.

Els **índexs de preus** són unes mesures ponderades dels preus de cada període en què cada bé o servei es valora d'acord amb el seu pes o importància en el producte total.

Els índexs s'utilitzen per a eliminar l'efecte de la variació dels preus en els valors corrents de les macromagnituds. En concret, per calcular el PIB real es divideix el PIB nominal per l'índex de preus.

Per explicar la relació entre el PIB nominal i el PIB real, recorrerem a un exemple. Agrolàndia és una economia que només produeix blat de moro i patates. Les seves dades es recullen en el Quadre 8.3:

Any	Blat de moro		Patates	
	Quantitat (t)	*Preu (€)*	*Quantitat (t)*	*Preu (€)*
2011	80	6,0	50	5,0
2012	95	6,5	70	7,0

Quadre 8.3. *Dades econòmiques d'Agrolàndia.*

Per calcular el PIB nominal de 2011 sumem les despeses fetes en blat de moro i patates:

Despesa en blat de moro = 80 tones de blat de moro · 6 € = 480 €

Despesa en patates = 50 tones de patates · 5 € = 250 €

PIB nominal el 2011 = 480 € + 250 € = 730 €

El càlcul del PIB nominal el 2012 es fa pel mateix procediment. Les dades es recullen en el Quadre 8.4:

Any	PIB nominal (€)	PIB real (€)	Índex de preus
2011	730,00	730,00	100,00
2012	1 107,50	920,00	120,38

Quadre 8.4. *Càlcul del PIB nominal, del PIB real i de l'índex de preus.*

Per calcular el PIB real escollim un any, anomenat *any base*, amb el qual compararem els altres. En aquest cas triem l'any 2011 com a any base. Per definició, en l'any base, el PIB real és igual al PIB nominal, de manera que el 2011 el PIB real és 730 €. El PIB real de 2012, és a dir, als preus de 2011, es calcula multiplicant les quantitats de blat de moro i patates de 2012 pels preus de 2011:

Despesa en blat de moro = 95 tones · 6 € = 570 €

Despesa en patates = 70 tones · 5 € = 350 €

PIB real el 2012 = 920 €

Resulta, per tant, que entre 2011 i 2012 el PIB nominal ha experimentat un creixement del 51,7 %, en passar de 730 a 1 107,5 €. Aquest creixement s'ha vist motivat tant per un augment de la producció, perquè el PIB real ha passat de 730 a 920 € (fet que representa un creixement del 26 %), com per un augment dels preus. Aquests han passat d'un nivell de 100 el 2011 a 120,38 el 2012. Hem calculat aquest índex de preus dividint el PIB nominal de cada any pel PIB real.

Activitats

17> L'economia de Roblònia produeix femelles i caragols. Les seves dades es recullen en el quadre adjunt. Calcula el PIB nominal per a 2011 i 2012, i el PIB real de 2012 utilitzant els preus de 2011. Com relacionaries el PIB nominal i el PIB real per construir un índex de preus? Quins valors prendria aquest índex el 2011 i el 2012?

Any	Femelles		Caragols	
	Quantitat	*Preu (€)*	*Quantitat*	*Preu (€)*
2011	100 000	1,00	65 000	0,80
2012	125 000	1,25	83 000	1,02

5.1 L'índex de preus de consum (IPC)

El creixement dels preus és un problema que interessa als consumidors (quan es fa la compra diària), als treballadors (per veure com evoluciona el poder de compra dels salaris quan anualment es revisen els salaris monetaris), a les empreses (perquè afecta els seus costos i influeix a l'hora de fixar els preus, i els serveix per a establir el creixement dels salaris monetaris) i al Govern (l'evolució del nivell general de preus del país incideix en la competitivitat i el creixement d'algunes variables com ara les pensions, el salari mínim o les clàusules salarials signades en els convenis col·lectius). Conèixer el creixement dels preus dels béns individualment considerats, com la gasolina, el transport públic o el cinema, és fàcil: només cal comparar els preus en dos moments del temps. No obstant això, per a mesurar com augmenten els preus «en general» necessitem un índex de preus.

El que s'utilitza més sovint és l'*índex de preus de consum (IPC)*, que mesura el cost d'un cistell de consum fix de béns generalment adquirits pel consumidor mitjà. L'IPC és una mesura dels preus agregats, i es calcula com una mitjana ponderada dels béns i serveis de consum finals. La ponderació utilitzada és la proporció de despesa de la família mitjana en cadascun dels béns i serveis.

L'índex de preus de consum (IPC) representa el cost d'un cistell de béns i serveis consumit per la família mitjana.

L'Institut Nacional d'Estadística (INE) confecciona el **cistell de consum** amb les dades sobre els hàbits de consum dels espanyols obtingudes a partir de l'enquesta de pressupostos familiars (EPF), i és una selecció de productes representatius de cadascun dels dotze grups bàsics de consum. Els preus dels diversos grups es ponderen segons el percentatge de renda que els assignen els consumidors en l'EPF (Quadre 8.5).

Grups bàsics de consum	%
Grup 1. Aliments i begudes no alcohòliques	21
Grup 2. Begudes alcohòliques, tabacs i narcòtics	2
Grup 3. Articles de vestir i calçat	9
Grup 4. Habitatge, aigua, electricitat i altres combustibles	13
Grup 5. Mobiliari, equipament de la llar i despeses corrents de conservació de l'habitatge	6
Grup 6. Salut	3
Grup 7. Transports	15
Grup 8. Comunicacions	4
Grup 9. Oci, espectacles i cultura	7
Grup 10. Ensenyament	1
Grup 11. Hotels, cafès i restaurants	11
Grup 12. Altres béns i serveis	8
Total	100

Quadre 8.5. *Enquesta de pressupostos familiars. Grups bàsics de consum.*

El **cistell de consum** que confecciona l'INE és una selecció de productes representatius de cadascun dels grups bàsics de consum i indica els béns que sol consumir per regla general una família mitjana.

Així, l'IPC pot interpretar-se com una mitjana dels preus actuals dels béns i serveis, calculats en termes relatius respecte a l'any base i ponderats de manera que indiquen la proporció de la despesa feta en cada bé, o com el cost de comprar l'any actual un conjunt de béns que, adquirits l'any base, representen una despesa de 100.

5.2 L'IPC i la inflació

L'IPC resulta adequat per a conèixer l'evolució dels preus dels béns i serveis que generalment adquireixen els consumidors. Reflecteix de manera apropiada com s'ha encarit la vida, perquè indica els diners que fan falta per a mantenir el mateix nivell de vida.

El Quadre 8.6 mostra l'IPC de diversos anys i la **taxa d'inflació** mesurada com la taxa de variació de l'IPC.

La **taxa d'inflació**, mesurada per l'IPC, és la variació percentual experimentada per l'IPC en el període considerat.

La taxa d'inflació el 2010 es calcula de la manera següent:

$$\text{Inflació el 2010} = \frac{IPC_{2010} - IPC_{2009}}{IPC_{2009}} \cdot 100 = \frac{108{,}6 - 106{,}7}{106{,}7} \cdot 100 = 1{,}78\ \%$$

5.3 El biaix de l'IPC

L'IPC no és una mesura perfecta del nivell de preus i els seus canvis tendeixen a exagerar la taxa d'inflació, a causa dels fets següents:

- **Canvis de qualitat:** els televisors, els cotxes i molts altres articles milloren cada any, i part de l'augment de preus en realitat és un pagament per una qualitat millor, i no és inflació. L'IPC, no obstant això, registra tot augment de preus com a inflació.
- **Béns nous:** si volem comparar el nivell de preus de 1978 amb el de 2011, d'alguna manera haurem de comparar el preu d'una càmera fotogràfica de 1978 amb el d'una càmera digital actual. La càmera digital és més cara que el que era una càmera analògica, però en realitat es tracta d'un producte diferent, la qual cosa també introdueix un biaix a l'alça en l'estimació de la inflació facilitada per l'IPC.
- **Substitució de productes:** amb l'augment del nivell de vida, i a causa de les alteracions en els preus relatius dels productes, els consumidors canvien els articles que compren. Així, per exemple, en la dieta de la família representativa s'observa una tendència a substituir productes bàsics, com el blat de moro o les patates, per altres de més qualitat o més elaborats, que solen tenir un preu més elevat. En aquests casos, el que en realitat té lloc no és un augment del nivell de preus, sinó una millora del nivell de vida i un refinament dels gustos.
- **Substitució de botigues:** quan els consumidors s'enfronten a un augment de preus o a una crisi econòmica, recorren més sovint a botigues de descompte, per la qual cosa es redueix el cost de les compres. Tanmateix, aquest fenomen de substitució de botigues no es té en compte en les enquestes de l'IPC.

Important

La taxa d'inflació mesura el creixement d'un índex de preus entre dos períodes. El mètode per a calcular-la és el mateix que l'utilitzat per a trobar la taxa de creixement del PIB: al valor de l'índex en un any se li resta el de l'any anterior, es divideix per aquest últim i es multiplica per 100.

	IPC (Base 2006)	Taxa d'inflació (%)
2002	88,0	4,0
2003	90,7	2,9
2004	93,5	3,1
2005	96,6	3,3
2006	100,0	3,5
2007	102,8	2,8
2008	107,0	4,1
2009	106,7	-0,3
2010	108,6	1,8

Quadre 8.6. *Valor de l'IPC i la inflació entre 2002 i 2010.*

Més dades

El biaix de l'IPC pot distorsionar els contractes privats i les despeses del Govern. Així, els contractes salarials solen estar lligats a l'IPC, de manera que els increments salarials anuals solen establir un determinat augment, diguem un 2 % anual més l'increment «previst» de l'IPC. Si aquest exagera la inflació, els treballadors reben una quantitat superior a la que l'empresa volia pagar. D'altra banda, bona part dels desemborsaments de l'Estat es relacionen directament amb l'IPC, de manera que si aquest sobreestima la inflació, representarà una despesa addicional per a l'Estat.

Més dades

A més del PIB nominal, l'INE calcula sèries de PIB real multiplicant les quantitats físiques de cada producte pel preu que aquest tenia en un any base. El quocient entre el PIB nominal i el PIB real s'utilitza com a índex del nivell general de tots els preus de l'economia, no sols els de consum, ja que també es té en compte el costat dels costos.

Important

El **PIB nominal** *(P · y)* és el valor monetari total dels béns i serveis finals produïts en un any, a preus de mercat cada any.

Important

El **PIB real** *(y)* elimina les variacions dels preus del PIB nominal i calcula el PIB a preus constants.

La magnitud d'aquests biaixos s'ha estimat en algunes economies en un punt percentual, la qual cosa significaria que l'IPC exageraria la inflació en aquesta quantitat. El resultat seria que si un país té segons l'IPC una inflació d'un 4 %, en realitat aquesta seria d'un 3 %.

5.4 La inflació mesurada pel deflactor del PIB

Quan s'ha calculat el PIB nominal, el PIB real i l'índex de preus d'Agrolàndia, implícitament s'ha introduït el concepte de deflactor del PIB com l'índex de preus que recull les diferències entre el PIB nominal i el PIB real (l'índex de preus s'ha calculat dividint per a cada any el PIB nominal pel PIB real).

Com s'ha assenyalat, el PIB nominal es calcula sumant els valors dels béns mesurats segons els preus de cada any, mentre que el PIB real s'obté valorant els béns segons els preus d'un any que es pren com a base. Per tant, les diferències que es poden observar entre el PIB nominal i el PIB real es deuen a les variacions dels preus entre l'any base i l'any corrent.

El *deflactor del PIB* reflecteix aquestes diferències i es calcula com el quocient entre el PIB nominal i el PIB real:

$$\text{Deflactor del PIB (any } t) = \frac{\text{PIB nominal (any } t)}{\text{PIB real (any } t)} \cdot 100$$

El deflactor del PIB és un índex de preus que adopta el valor 100 l'any base i serà més elevat l'any *t* com més gran hagi estat l'increment de preus entre l'any 0 (any base) i l'any *t*.

El **deflactor del PIB** és un índex de preus que s'obté dividint per a cada any el PIB nominal entre el PIB real. El deflactor del PIB (P) es defineix com el preu del PIB.

En el Quadre 8.7 (vegeu la pàgina següent), en la columna (2) hi ha el PIB de l'economia espanyola en euros corrents, és a dir, en euros de cada any. La columna (3) conté el *deflactor* del PIB, ja que s'utilitza per a *deflactar* el producte nacional, és a dir, per a separar l'efecte dels preus i obtenir un conjunt de valors que permetin conèixer l'evolució real del producte nacional. En concret, dividint els valors de la columna (2) pels de la columna (3) i multiplicant per 100, obtindrem el producte nacional en termes reals o en euros constants, en la columna (1).

El PIB nominal *(P · y)* representa el valor monetari total dels béns i serveis finals produïts en un any donat, amb els preus de mercat de cada any. Per eliminar les variacions dels preus es calcula el PIB en preus constants o PIB real *(y)*, dividint el PIB nominal pel deflactor del PIB:

$$\text{PIB real} = \frac{\text{PIB nominal}}{\text{Deflactor del PIB}} = \frac{P \cdot y}{P} = y$$

Així, el deflactor del PIB de 2010 es calcula de la manera següent:

$$\text{Deflactor del PIB 2010} = \frac{\text{PIB nominal 2010}}{\text{PIB real 2010}} \cdot 100 = \frac{1\,062\,591}{775\,624} \cdot 100 = 139{,}9$$

	PIB real Preus constants (1)	PIB nominal Preus corrents (2)	Deflactor del PIB (3)	Inflació (4)
2000	630 263	630 263	100,0	
2001	652 953	680 678	104,2	4,2
2002	670 582	729 206	108,7	4,3
2003	691 370	782 929	113,2	4,1
2004	714 186	841 042	117,8	4,0
2005	739 896	908 792	122,8	4,2
2006	768 852	982 303	127,7	4,0
2007	794 196	1 050 595	132,3	3,6
2008	806 762	1 095 163	135,7	2,6
2009*	776 730	1 053 914	135,7	0,0
2010*	775 624	1 062 591	137,0	1,0

* Dades provisionals

Quadre 8.7. *PIB real, PIB nominal i deflactor del PIB.*

En el Quadre 8.6 hi ha la *taxa d'inflació* per als anys 2009-2010. A partir del deflactor del PIB, la taxa d'inflació es calcula com la variació percentual anual:

$$\text{Taxa d'inflació } 2010 = \frac{\text{Deflactor}_{2010} - \text{Deflactor}_{2009}}{\text{Deflactor}_{2009}} \cdot 100 = \frac{137{,}0 - 135{,}7}{135{,}7} \cdot 100 = 1{,}0\ \%$$

El deflactor del PIB utilitza com a ponderacions de l'índex de preus la participació dels diferents béns en el valor de la producció de l'any corrent. L'IPC, tanmateix, utilitza com a ponderacions la participació dels diferents béns en el pressupost de la unitat familiar representativa corresponent a l'any base. Així mateix, l'IPC i el deflactor es diferencien en el fet que el **deflactor** inclou tots els béns produïts, mentre que l'**IPC** mesura el cost dels béns consumits, és a dir, els inclosos en el «cistell de consum» de l'economia domèstica representativa.

! ***Important***

El **deflactor** inclou tots els béns, i l'**IPC**, només els béns inclosos al «cistell de consum».

Activitats

18> Quins punts tenen en comú i en què es diferencien l'IPC i el deflactor del PIB?

19> A partir de les dades de l'INE, calcula la taxa de variació del PIB durant el període 2000-2010, verifica si per a algun dels anys considerats la taxa de variació és negativa i, basant-te en les dades, comenta en quina mesura l'anàlisi d'una sèrie estadística reflecteix l'evolució de la realitat de l'economia espanyola.

20> Suposem que una economia només produeix dos béns: menjar i vestit. Les dades d'aquesta economia, amb les quantitats produïdes i els preus en els anys 2012 i 2013, són les que presenta la taula adjunta. A partir d'aquestes, es demana:

a) Calcula el PIB nominal i el PIB real d'aquesta economia.

b) Calcula el deflactor del PIB i el creixement dels preus (inflació) el 2013.

Anys	Vestit		Menjar	
	Quantitat	*Preu (€)*	*Quantitat*	*Preu (€)*
2012	40	6	80	4
2013	90	8	100	7

6 Del PIB a la renda disponible

Expressarem el valor del PIB com la suma de les retribucions rebudes pels factors de producció, és a dir, la renda de què disposa realment la població d'un país.

6.1 El producte interior brut i el producte nacional

> **!** *Important*
>
> La diferència entre el **producte «interior»** i el **producte «nacional»** és el flux de rendes amb l'exterior:
>
> **PIB**
> +
> Renda dels factors nacionals a l'estranger
> −
> Renda dels factors estrangers en el propi país
> =
> **PNB**

El **producte «interior»** representa el valor dels béns produïts en un país. El **producte «nacional»** mesura el valor de la producció obtinguda pels factors nacionals situats al país o a l'estranger.

El **producte nacional brut (PNB)** fa referència al valor de la producció obtinguda pels factors productius nacionals situats al país o a l'estranger i es defineix com la suma del producte interior brut (PIB) més les rendes dels residents nacionals obtingudes per ells a l'estranger (RRN), menys les rendes dels residents estrangers obtingudes per ells en territori nacional (RRE). Per tant:

$$PNB = PIB + RRN - RRE$$

El producte nacional brut (PNB) és el valor monetari de tots els béns i serveis finals que es produeixen durant un període de temps, utilitzant factors de producció nacionals, independentment de si aquests factors estan localitzats dins o fora de les fronteres del país de què es tracti. Així doncs, la diferència entre el PIB i el PNB és el flux de rendes amb l'exterior (RRN-RRE).

> El **PNB** és la producció que s'obté amb treball o capital propietat dels residents d'un país, mentre que el PIB és el producte total que s'obté amb treball i capital situat dins del país.

Així, una part del producte total d'Espanya es produeix a la fàbrica de Ford a València, que és propietat de la companyia nord-americana. Els beneficis d'aquesta fàbrica s'inclouen en el PIB espanyol, però no en el PNB, perquè són rendes de residents estrangers. Així mateix, els salaris que obté un enginyer espanyol destinat temporalment a Alemanya s'inclouen en el PIB alemany.

Els béns i serveis produïts per empreses espanyoles situades en altres països formen part del PNB, però no del PIB, mentre que els béns i serveis produïts per empreses estrangeres que es troben a Espanya no formen part del còmput del PNB, però sí del PIB.

A. El producte nacional brut i el producte nacional net

> **!** *Important*
>
> En el **PNB** s'inclou la inversió bruta, és a dir, la inversió sense ajustar en funció de la depreciació. En el **PNN** s'inclou la inversió neta.

En la definició del PNB s'inclou la inversió bruta, que és la inversió neta més la **depreciació**, per la qual cosa un indicador més precís del producte nacional només inclouria en la producció total la inversió neta.

Fent un símil amb la població, queda clar com n'és d'important tenir en compte la depreciació. Així, si volguéssim mesurar l'augment de la població, no podríem calcular simplement el nombre de naixements (inversió bruta), perquè això exageraria la variació neta de la població.

Per conèixer el creixement de la població, cal restar-ne el nombre de difunts (**depreciació** de capital).

La **depreciació** és l'estimació en euros del grau en què s'ha exhaurit o «gastat» l'equip de capital en un període determinat.

Si volem calcular el producte nacional net (PNN), hem de restar al PNB la depreciació o l'amortització (D):

$$PNN = PNB - D$$

El PNN és igual al producte final total, incloent la inversió neta, produït per aquells factors pertanyents al país, és a dir, que tenen la nacionalitat als efectes econòmics, dins o fora de les fronteres nacionals, durant un any.

Important

És fonamental destacar la importància de conèixer la magnitud neta, com a aproximació més fina a la renda realment disponible per a la població. Tingues en compte que la depreciació ens diu quina part de la producció cal dedicar a mantenir els equips a ple rendiment.

B. La renda nacional

La renda nacional (RN) són les rendes totals que reben el treball, el capital i la terra, i es calcula restant la depreciació i els impostos indirectes del PIB. La renda nacional inclou, per tant, els salaris, les rendes procedents dels lloguers i altres propietats, els interessos i els beneficis de les societats.

La renda nacional és la suma de les remuneracions pagades als factors de producció nacionals (sous, salaris, lloguers, interessos i beneficis) durant un període de temps.

Per a obtenir la renda nacional neta (RNN) com a suma de les retribucions a tots els factors de la producció de l'economia n'hi ha prou amb expressar el PNN al cost dels factors:

Important

La **renda nacional (RN)** indica la renda total que rep un país.

$$RNN = PNN_{cf} = PNB_{cf} - D$$

Substituint en l'anterior identitat el PNB_{cf} pel seu valor, segons l'expressió de la pàgina anterior, resulta:

$$RNN = PIB_{cf} + RNN - RRE - D$$

C. La renda personal i la renda disponible

Tant els responsables de la política econòmica com tots els individus en general estan interessats a conèixer de quants euros l'any disposen les llars per a fer front a les seves despeses. La variable que intenta respondre a aquesta pregunta és la renda personal disponible. Per calcular-la, cal determinar les rendes de mercat i les transferències que reben les llars i restar-los els impostos sobre les persones.

Important

La **renda disponible** s'obté a partir de la renda nacional restant-li tots els impostos i els beneficis no distribuïts i agregant-li les transferències.

La *renda personal* és igual a la part de la renda nacional que és, efectivament, obtinguda per les persones. Es troba restant de la renda nacional els beneficis no distribuïts per les empreses, els impostos sobre els beneficis i les cotitzacions empresarials a la Seguretat Social, i sumant-li les transferències que les persones reben de l'Estat.

La **renda personal (RP)** es defineix com la renda nacional neta (RNN) menys els beneficis no distribuïts per les empreses (B_{nd}), menys els impostos sobre els beneficis (T_b), menys les cotitzacions a la Seguretat Social (CSS), més les transferències de l'Estat a les economies domèstiques (TR):

$$RP = RNN - B_{nd} - T_b - CSS + TR$$

> **! Important**
>
> La **renda disponible (RD)** mesura el nombre d'euros l'any de què disposen les economies domèstiques per a les seves despeses o per a l'estalvi.

Per apropar-nos al concepte de renda disponible per les llars per a fer front a les seves despeses, hem de tenir en compte els impostos directes. En aquest sentit, la **renda personal disponible (RPD)** es defineix com la diferència entre la renda personal i els impostos directes (Td), com l'IRPF:

$$RPD = RP - T_d$$

La **renda personal disponible (renda disponible)** és la part de la renda personal efectivament disponible per a la despesa de consum (C) i l'estalvi (S). Per això, la renda disponible pot expressar-se de la manera següent:

$$RPD = C + S$$

Amb l'estalvi es finança la formació bruta de capital (FBC: maquinària, edificis comercials, infraestructures, habitatge, etc.).

D. La renda per habitant o renda *per capita*

La **renda *per capita***, o renda per habitant, es calcula com el quocient entre la renda nacional (és a dir, el PNB menys la depreciació) i la població del país:

$$\text{Renda } per\ capita = \frac{RN}{\text{Població}}$$

Aquest indicador s'utilitza per a mesurar el grau de benestar econòmic a què arriben els habitants d'un país, ja que dóna una idea de la capacitat de compra de cada persona.

La renda per capita *indica la capacitat de compra que té una persona.*

Activitats

21> El PIB_{pm} d'una economia és de 1 800 milers de milions d'euros (M€). Se sap que un grup relativament reduït de treballadors amb nacionalitat en aquest país exerceix activitats laborals a l'estranger, per la qual cosa rep 30 M€. D'altra banda, hi ha treballadors amb nacionalitat d'altres països que desenvolupen diverses activitats al país, per la qual cosa reben unes rendes de 120 M€. A més a més, la depreciació dels equips del país per a l'any s'estima en 70 M€. Quin és el PNN d'aquesta economia?

22> Suposem que l'empresa A ven a l'empresa B per valor de 90 € i l'empresa B ven a l'empresa C per valor de 110 €. Si l'empresa C ven al públic al valor de 170 €, comprova la coincidència entre el valor afegit i el cost de producció dels béns finals.

23> Digues si els beneficis obtinguts per una empresa espanyola d'hoteleria que està localitzada a Cuba formen part del PIB o del PNB espanyol. I si en aquesta empresa participa capital estranger en un 30 %?

24> Com es comptabilitzen les rendes generades a Espanya per l'empresa France Télécom (Orange)? I si en la filial espanyola de France Télécom participen socis espanyols amb un 25 %?

25> El PNB_{cf} d'un país l'any 2003 és de 100 000 milions d'euros i la quantitat destinada a amortització (depreciació) és el 10 %. Calcula la renda nacional i la renda *per capita* si la població és de 20 000 000 d'habitants.

Mapa conceptual

- **Macroeconomia**
  - **Objectius**
    - Creixement
    - Ocupació
    - Nivell de preus
  - **Instruments**
    - Política monetària
    - Política fiscal
  - **Necessitat d'indicadors**
    - **PIB (producte interior brut)**
      - **Mètode de la despesa**
        - $PIB_{pm} = C + I + G + XN$
          - C: consum privat ⟶ Famílies
          - I: inversió privada ⟶ Empreses
          - G: despesa pública ⟶ Sector públic
          - XN: exportacions netes ⟶ Sector exterior
      - **Mètode dels costos**
        - $PIB_{pm} = PIB_{cf} + T_i - S_b = RA + ENE + D + T_i - S_b$
          - PIB_{cf}: PIB al cost dels factors
          - T_i: impostos indirectes
          - S_b: subvencions
          - RA: remuneració d'assalariats
          - ENE: excedent net d'explotació
          - D: depreciació
      - **Del PIB nominal al PIB real: índexs de preus**
        - IPC
          - Índex del cistell de consum de la família representativa
        - Deflactor del PIB
          - $\text{Deflactor del PIB} = \dfrac{\text{PIB nominal}}{\text{PIB real}}$
      - **Del PIB a la renda disponible**
        - $PNB = PIB + RRN + RRE$
        - $PNN = PNB - D$
        - $RNN = PNN_{cf} = PNB_{cf} - D$
        - $RP = RNN - B_{nd} - T_b - CSS + TR$
        - $RPD = RP - T_d$
        - $RPD = C + S$

Activitats finals

1> Explica per què la renda d'una economia ha de ser igual a la seva despesa i a la seva producció.

2> La producció d'un país comporta multitud de béns i serveis diferents que no es poden sumar per unitats (per exemple, taules i cadires no es poden sumar). Com es fa el càlcul del PIB resolent aquest problema?

3> A quins components del PIB afectaria cadascuna de les transaccions econòmiques següents?

a) La família Dalmau compra una nevera nova.

b) La tieta d'en Lluís compra un xalet nou als afores de la ciutat.

c) SEAT ven un Ibiza de les existències que té al nostre país.

d) L'Ajuntament asfalta el passeig central de la localitat.

e) Compres un videojoc japonès per celebrar l'aprovat del curs.

f) Una empresa japonesa compra components electrònics a una empresa de la nostra localitat.

4> Suposem que el PIB de l'any 2011 d'una economia és de 5 000 €, i l'any 2012, de 5 400 €. Si la inflació entre un any i un altre ha estat del 5 %, calcula el PIB real de l'any 2012 i explica si hi ha hagut creixement en l'economia d'aquest país o no.

5> Com calcularies el PIB a cost dels factors en funció del PIB a preus de mercat?

6> Quin és l'objecte d'estudi de la macroeconomia? Esbrina els últims valors disponibles de la inflació, desocupació i creixement del PIB de l'economia espanyola.

7> Quines de les activitats següents es comptabilitzen dins del producte nacional d'un país?

a) El treball d'una mestressa de casa durant un any.

b) La compra de drogues il·legals.

c) La compra d'una barra de pa.

d) La compra d'un cotxe produït l'any anterior.

e) El treball d'un funcionari durant l'any.

8> Suposem que el PNB nominal el 2009 va ser de 50 milions, 55 milions el 2010 i 63 milions el 2011. Si l'índex de preus és de 100 el 2009, 103 el 2010 i 108 el 2011:

a) Calcula el PNB real.

b) Quina ha estat la taxa de creixement del PNB real entre 2010 i 2011?

c) Si la població de 2009 és de 55 milions de persones, i la de 2010, de 55,5 milions, comprova si el PNB *per capita* ha augmentat.

9> Per què s'utilitza el PIB real en lloc del PIB nominal per a valorar el benestar econòmic d'un país?

10> Què contribueix més al PIB: la producció d'un quilo d'hamburgueses o la d'un quilo de caviar? Raona-ho adequadament.

11> L'afirmació següent és de Cándido Muñoz Cidad, expert en comptabilitat nacional:

«Si un home es casa amb la seva cuinera, a qui pagava 1 500 € l'any, el producte interior brut disminueix en aquesta quantitat.»

Justifica la frase en funció del que has après sobre com es comptabilitzen les activitats en el PIB.

12> Suposem el cas d'un petit establiment comercial situat al teu barri per un ciutadà xinès. La seva activitat s'inclouria en el PIB espanyol? I en el PNB espanyol? En el cas que aquest negoci pertanyi a una cadena d'empreses d'origen xinès el domicili social de la qual es troba a Xangai, l'activitat duta a terme per l'establiment situat al teu barri s'inclou en el PNB espanyol o en el xinès?

13> En la taula següent es mostra l'evolució del salari mensual dels treballadors de cert sector productiu, juntament amb l'índex de preus de consum.

A partir de les dades anteriors:

a) Determina la variació percentual del salari mensual, tant en termes nominals com reals, entre els anys 2009-2010 i 2010-2011.

b) Quin ha de ser el salari mensual mínim corresponent a l'any 2012 perquè els treballadors d'aquest sector no perdin capacitat de compra respecte a l'any 2011?

Any	Salari mensual (€)	IPC (Base 2002 = 100)
2009	831,53	119,21
2010	892,37	121,56
2011	911,72	123,79
2012	919,22	126,65

14> Classifica les operacions següents, a l'efecte de la comptabilitat nacional, com a intermèdies o finals:

a) Compra de farina per una mestressa de casa.

b) Compra de farina per un forn.

c) Compra de femelles per un taller de reparacions de cotxes.

d) Compra de material d'oficina divers (sobres, paper amb capçalera, bolígraf, llapis, tinta per a impressora, etc.) feta per un assessor fiscal.

e) Compra de gasolina per emplenar un dipòsit que té una empresa dedicada a fer transports de mercaderies.

f) Compra de gasolina per una família que farà la compra del cap de setmana en una gran superfície comercial.

15> Explica el significat de la informació següent, referent al producte nacional brut d'un país imaginari relatiu a l'any 2012, expressat en milers de milions d'unitats monetàries:

- PNB a preus corrents: 93 693 000 €.
- PNB a preus constants: 84 158 000 € (base 2006).

Pots calcular el deflactor implícit del PNB?

16> Assenyala exemples d'activitats que es fan al teu entorn i que formen part de l'economia submergida.

17> Resumeix els objectius de la política econòmica. Pot haver-hi conflicte entre si?

18> Calcula el PIB d'un país partint de la informació següent:

a) Els consumidors adquireixen 930 000 productes nous a un preu de 10 €.

b) Les empreses adquireixen maquinària per valor de 350 000 €. La que tenien en el seu poder s'ha depreciat aquest exercici en 28 000 €.

c) Les famílies compren vehicles de segona mà per 65 000 €.

d) L'Administració construeix un nou poliesportiu per 120 000 €.

e) El país importa béns i serveis per valor de 860 000 € i fa exportacions per valor de 710 000 €.

19> Calcula el PIB pel costat de la despesa i pel costat del cost a partir de les dades següents (en milions d'euros):

- Impostos directes: 120.
- Rendes de residents nacionals a l'estranger: 70.
- Beneficis empresarials: 850, dels quals el 15 % no es reparteix.
- Transferències del sector públic al privat: 42.
- Cotitzacions a la Seguretat Social: 225.
- Interessos del capital: 65.
- Sous i salaris: 15 000.
- Rendes de residents estrangers obtingudes al país: 59.
- La depreciació dels equips del país l'any s'estima en 23.
- La població és de 20 milions d'habitants.

Reportatge: El repte de fer aflorar l'economia submergida

Et proposem la lectura de l'article «¿Logrará el Gobierno aflorar el empleo sumergido?», escrit per Álvaro Anchuelo i publicat a *Cotizalia* el 25 de maig de 2011.

Aquest article s'ocupa de l'economia submergida a Espanya, i s'hi fa una reflexió sobre les declaracions de les autoritats econòmiques relatives a intentar eliminar-la (trobaràs el text complet a: **www.mhe.es/bachillerato/economia**).

Preguntes:

1> En quant s'estima l'economia oculta a Espanya? Com es compara amb les dades a la resta de la Unió Europea?

2> Com és possible estimar la grandària de l'economia submergida tenint en compte la seva naturalesa oculta?

3> En quins sectors, empreses i grups socials se sol concentrar més l'economia oculta?

4> Quines mesures es poden prendre per intentar fer aflorar l'economia oculta?

Test de repàs

1> El producte nacional d'un país es pot calcular de tres maneres:

a) Consum, despesa i producció.

b) Consum, producció i renda.

c) Producció, inversió i consum.

d) Despesa, producció i renda.

2> Si un cop calculada la renda personal volem obtenir la renda disponible, haurem de conèixer el valor de:

a) Els beneficis no distribuïts i els impostos sobre aquests beneficis.

b) Els beneficis no distribuïts i els impostos sobre aquests beneficis més les quotes empresarials a la Seguretat Social.

c) Els beneficis no distribuïts i els impostos sobre aquests beneficis més les quotes empresarials a la Seguretat Social i les transferències de l'Estat a les economies domèstiques.

d) Els impostos directes.

3> El concepte d'inversió feta per les empreses inclou:

a) Les existències.

b) L'habitatge.

c) L'estalvi.

d) Les expectatives.

4> Quina de les fórmules següents és la correcta?

a) $PNN_{pm} = PNB_{pm}$ + Inversió bruta.

b) $PNN_{pm} = PNB_{pm}$ + Depreciació.

c) $PNN_{pm} = PNB_{pm}$ + Inversió neta.

d) $PNN_{pm} = PNB_{pm}$ − Depreciació.

5> Els components del producte nacional pel costat de la despesa són:

a) Consum privat, estalvi privat, inversió i exportacions netes.

b) Consum privat, inversió, exportacions netes i consum públic.

c) Estalvi privat, inversió, exportacions netes i consum públic.

d) Consum privat, importacions, exportacions netes i consum públic.

6> Quin serà el valor de les importacions d'un país les magnituds macroeconòmiques del qual (en milions d'euros) són les següents: PNB = 105 000; C = 40 000; I = 30 000; GP = 40 000; X = 20 000?

a) 25 000.

b) 30 000.

c) 50 000.

d) Cap resposta és correcta.

7> Assenyala quina de les afirmacions següents és correcta:

a) La compra d'un cotxe per una família és formació bruta de capital.

b) La compra de ciment per part d'una empresa constructora és consum final.

c) L'adquisició d'una recol·lectora per part d'un agricultor constitueix formació bruta de capital.

d) La compra d'un habitatge nou per una família constitueix consum intermedi.

8> Segons la definició del PIB, quina de les afirmacions següents seria la correcta?

a) És una magnitud interior, ja que comptabilitza únicament els béns i serveis finals produïts dins del territori d'un país.

b) És una magnitud flux, per la qual cosa representa la riquesa d'un país.

c) Inclou béns i serveis intermedis i finals, que es valoren a preus de mercat.

d) Inclou tant els béns produïts per les empreses d'un país en el mateix país com en els altres països on tingui seus.

9> Quina de les situacions següents no s'inclourà en el PNB d'Espanya?

a) El salari d'un diplomàtic espanyol a l'Índia.

b) Un vi negre produït a Espanya.

c) El salari d'un italià que treballa a Galícia.

d) El salari d'un espanyol que ha emigrat a França.

10> La despesa que fa un turista japonès a Espanya, a l'efecte del càlcul del PIB espanyol, és considerada com a:

a) Importació.

b) Inversió.

c) Exportació.

d) Consum privat.

Solució: 1. d; 2. d; 3. a; 4. d; 5. b; 6. a; 7. c; 8. a; 9. c; 10. c.

9

DEMANDA I OFERTA AGREGADES: INFLACIÓ, DESOCUPACIÓ I CICLES

El model de la demanda i l'oferta agregades il·lustra com s'interrelacionen els diversos blocs que integren l'economia. Concretament, volem donar resposta a les preguntes següents: quines són les peces clau que expliquen el funcionament de l'economia? Com s'encaixen les forces de l'oferta i la demanda en el funcionament de la macroeconomia? A què es deu el caràcter cíclic de l'activitat econòmica? Quines explicacions es poden oferir de l'aparició de la inflació i de la desocupació?

Notícia

«Ante un cambio de ciclo», de Tom Burns, *Expansion.com*, 10 de juliol de 2011.

L'article se centra en el caràcter cíclic de l'activitat política i econòmica, i assenyala que l'economia i la societat espanyoles han arribat al final d'un cicle. Això representa que tots haurem d'acceptar que les coses en el futur seran diferents de com han estat fins ara (trobaràs el text complet a: **www.mhe.es/bachillerato/economia**).

Qüestions:

1> Segons l'autor, quines iniciatives hauran de prendre les empreses per a ser més competitives i reconegudes en l'àmbit internacional?

2> Quins són els tipus de problemes de contingut econòmic als quals la societat espanyola haurà de fer front?

3> Segons l'autor d'aquest article, quines poden ser les característiques econòmiques del pròxim cicle?

1 El funcionament de la macroeconomia

> **Important**
>
> Les qüestions fonamentals de la macroeconomia són:
> - Per què de vegades disminueixen la producció i l'ocupació?
> - Què es pot fer per reduir la desocupació?
> - Quins factors expliquen la inflació i com es pot controlar?
> - Com es pot augmentar la taxa de creixement econòmic?

> **Important**
>
> Aquesta unitat presenta un model molt simple que permet explicar el funcionament de la macroeconomia. Els resultats que una economia assoleixi en termes de creixement, ocupació, inflació, dèficit públic i dèficit exterior seran fruit de l'acció conjunta de les forces internes dels mercats, de les pertorbacions externes (una crisi internacional o un tsunami) i de les polítiques macroeconòmiques dutes a terme.

La producció, l'ocupació, els preus i el creixement econòmic solen experimentar oscil·lacions freqüents sota la influència tant de la política econòmica com de les forces internes del mercat i de les pertorbacions externes.

En l'Esquema 9.1 s'ofereix una visió general de la macroeconomia: d'una banda, es recullen les variables principals mitjançant les quals es concreten els resultats de la situació de l'economia i, per una altra, hi ha les forces o els determinants macroeconòmics.

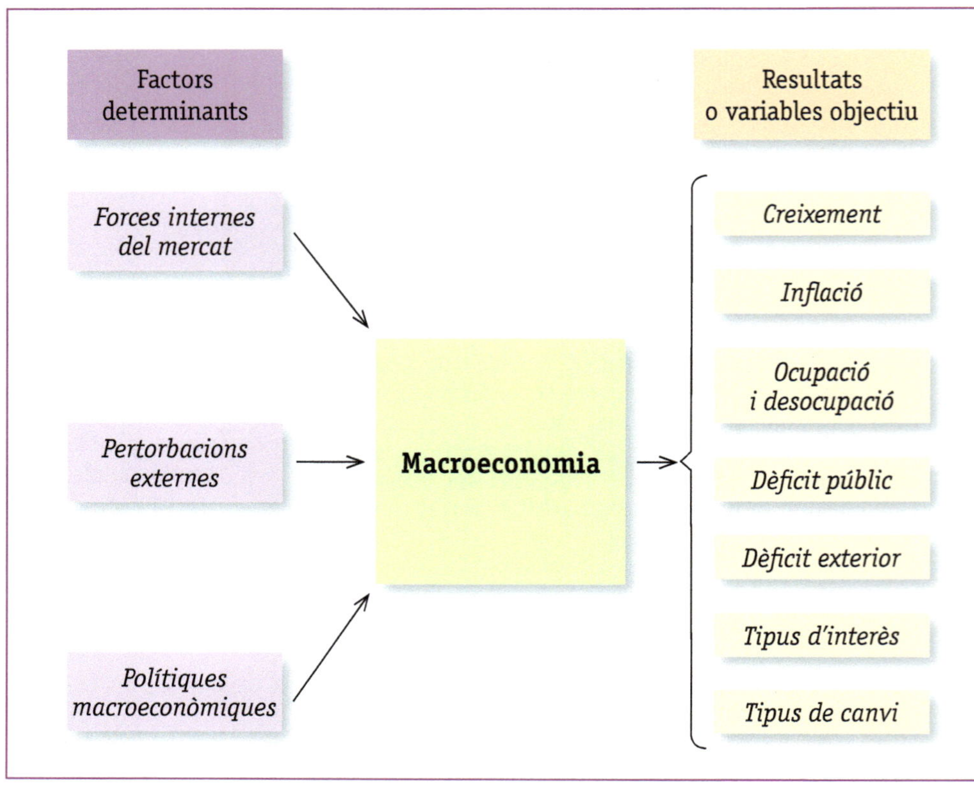

Esquema 9.1. *El funcionament de la macroeconomia.*

Les **variables objectiu** principals o resultats són els que vam presentar en l'Epígraf 1 de la Unitat 8, és a dir: el creixement del producte nacional, el nivell de preus, la desocupació, el dèficit públic mesurat com la diferència entre els ingressos i les despeses públics, el desequilibri exterior, el tipus d'interès i el tipus de canvi.

> Les **variables objectiu** (creixement del producte nacional, ocupació, inflació, dèficit públic i exterior, tipus d'interès i tipus de canvi) defineixen el benestar econòmic.

Les variables objectiu sintetitzen el funcionament de l'economia i, per tant, defineixen el *benestar econòmic*. El benestar econòmic depèn del nivell de producció, del nombre de llocs de treball creats i de l'estabilitat dels preus. Lògicament, tota economia també haurà de mantenir un cert equilibri en les seves finances públiques i en les seves relacions comercials i financeres amb la resta del món.

Les diverses *forces que determinen* els resultats macroeconòmics s'emmarquen en tres categories:

- *Les forces internes del mercat:* el creixement de la població, la inversió, la despesa, la innovació tecnològica, etc.
- *Les pertorbacions externes:* les guerres, les condicions climàtiques, els desastres naturals, les pertorbacions del comerç, etc.
- *Els instruments de la política econòmica:* els impostos, la despesa pública, els canvis en la quantitat de diners, el control del tipus de canvi, etc.

Activitats

1> En quin sentit la crisi financera internacional iniciada el 2007 va evidenciar que no sols són importants els tres grans objectius: el creixement, l'ocupació i el control de la inflació?

2> Quan es parla de «les forces internes del mercat», a què ens estem referint? Cita el cas d'algun mercat el funcionament del qual sigui especialment rellevant de cara a aconseguir els resultats o objectius macroeconòmics.

2 La demanda i l'oferta agregades

L'activitat econòmica global està definida per una sèrie de variables que determinen el nivell de preus, el nivell de producció i l'ocupació. Aquestes variables es poden agrupar en dues grans categories: les que afecten la *demanda agregada* i les que incideixen sobre *l'oferta agregada* (Esquema 9.2).

En macroeconomia aquestes dues forces s'agrupen en dues corbes anàlogues a les dels models microeconòmics per a construir el *model d'oferta i demanda agregades*. Aquest model relaciona el nivell de producció d'una economia i el nivell general de preus.

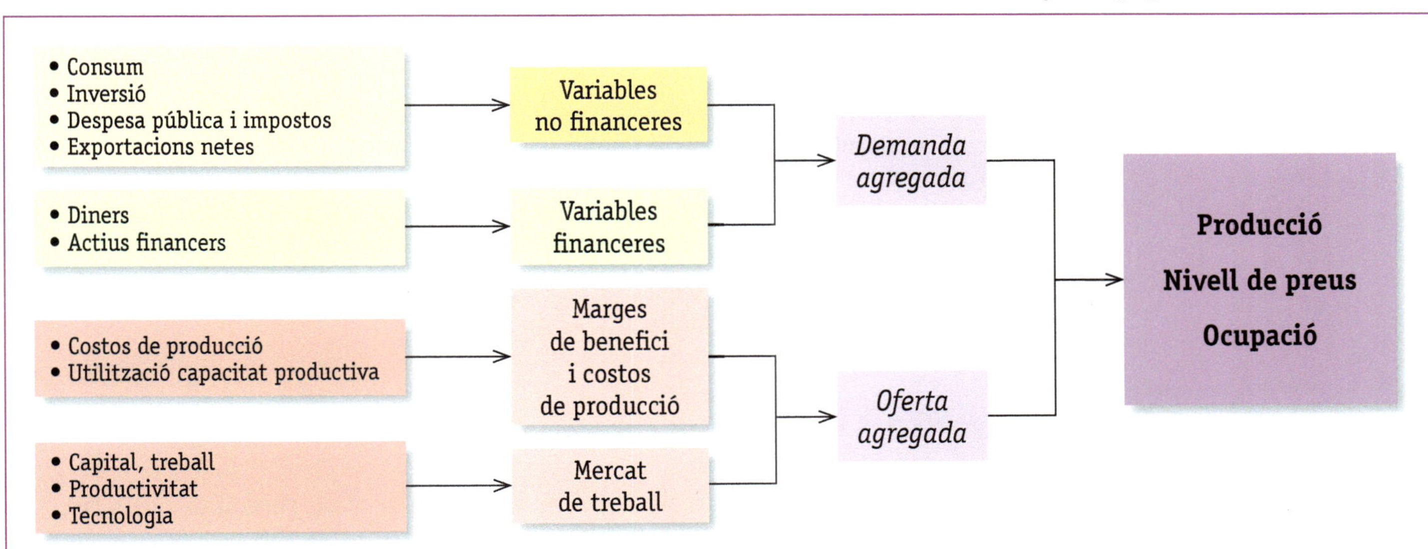

Esquema 9.2. *Les interrelacions macroeconòmiques: la demanda i l'oferta agregades.*

A. La demanda agregada

La **demanda agregada** és la suma de la despesa dels consumidors, les empreses, l'Estat i el sector exterior, i depèn del nivell de preus, així com de la política monetària, la política fiscal, la política exterior i altres factors.

> **Vocabulari**
>
> **Components de la demanda agregada**
>
> El consum (C).
>
> La inversió (I).
>
> La despesa pública (G).
>
> Les exportacions netes (XN).

Els components de la **demanda agregada** (vegeu l'Epígraf 3 de la Unitat 8) inclouen els béns de consum que compren els consumidors, com ara els aliments, el vestit i els automòbils (C); els béns de capital, com les fàbriques, l'equip i la maquinària que compren les empreses (I); els béns que compra l'Estat, com els trens, els ordinadors i els mobles (G), i les exportacions netes (XN).

El volum total de compres, és a dir, la demanda agregada, depèn dels preus a què s'ofereixen els béns, de factors exògens (les guerres, el clima, els fenòmens naturals, etc.) i de les polítiques macroeconòmiques del Govern.

> La **demanda agregada** es refereix a la quantitat total que estan disposats a gastar els diferents sectors (famílies, empreses, sector públic i sector exterior) de l'economia durant un període de temps.

B. L'oferta agregada

> **Vocabulari**
>
> **L'oferta agregada depèn:**
>
> - Del nivell de preus.
> - De la capacitat productiva o producció potencial:
>   - Factors productius (capital i treball).
>   - Tecnologia disponible.

L'**oferta agregada** està relacionada amb la producció i més concretament amb factors com els costos de producció, la quantitat i qualitat dels factors productius emprats, la productivitat i la tecnologia. D'alguna manera, aquest conjunt de factors pot agrupar-se en dos blocs: un format pels marges de beneficis i els costos de producció, i un altre, pels mercats de factors, fonamentalment el mercat de treball. La quantitat de béns i serveis oferts o produïts per les empreses està estretament relacionada amb els preus.

> L'**oferta agregada** és la quantitat total de béns i serveis que les empreses d'un país estan disposades a produir i a vendre en un període determinat, tenint en compte els preus, la capacitat productiva, els costos i les condicions del mercat.

Tal com vam veure en la Unitat 4, l'oferta i la demanda d'un mercat concret determinen conjuntament la quantitat d'equilibri produïda i demanada i el preu del bé en qüestió. Paral·lelament, la producció nacional i el nivell general de preus estan determinats per l'oferta i la demanda agregades. Utilitzant les dues fulles de les tisores de l'oferta i la demanda agregades s'aconsegueix l'equilibri de l'economia.

L'esquema de les corbes d'oferta i demanda agregades representa que tots els béns s'han reduït a un únic bé que anomenem *renda* o *PIB real*.

Els conceptes d'oferta i demanda agregada agrupen la totalitat de béns produïts i consumits en una economia.

2.1 Les corbes de l'oferta i la demanda agregades

En la Figura 9.1, en l'eix d'ordenades es representa el nivell general de preus *(P)*, i en el d'abscisses, la producció total de l'economia, és a dir, el PIB real *(y)*. La corba de demanda agregada *(DA)* representa el que comprarien tots els agents de l'economia, és a dir, els consumidors, les empreses, el sector públic i el sector exterior, en els diferents nivells agregats de preus, mantenint-se constants els altres factors que afecten la demanda agregada.

La **corba de demanda agregada *(DA)*** té pendent negatiu, perquè en baixar els preus, la quantitat demanada pels agents serà més gran.

La **corba de demanda agregada** mostra la relació entre el nivell general de preus i la despesa agregada de l'economia.

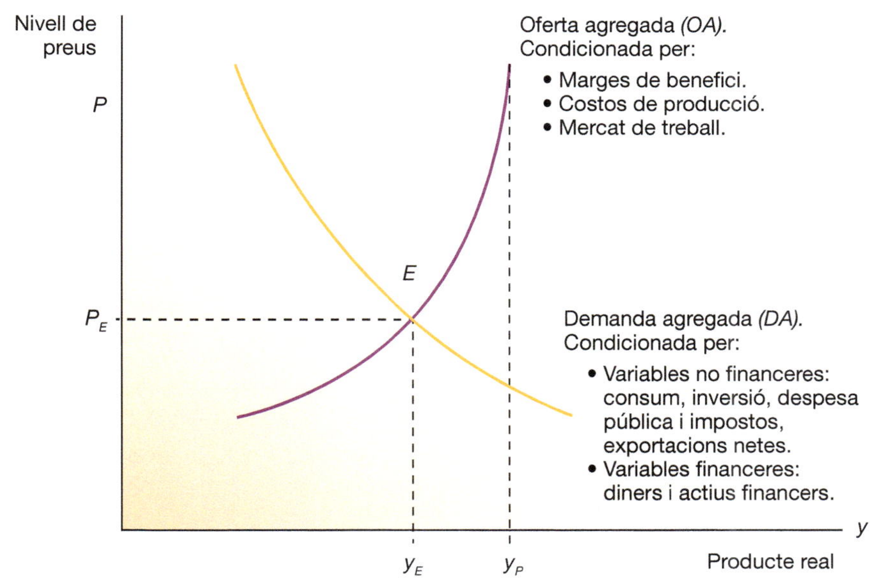

Figura 9.1. ***L'oferta i la demanda agregades.*** *La intersecció de les corbes d'oferta i demanda agregades determina el producte real d'equilibri* (y_E) *i el nivell general de preus d'equilibri* (P_E). *El producte o renda potencial es denota per* y_P.

La **corba d'oferta agregada *(OA)*** representa la quantitat de béns i serveis que les empreses estan disposades a produir i a vendre en cadascun dels nivells de preus, mantenint-se constants els altres determinants de l'oferta agregada.

La corba d'oferta agregada té pendent positiu, perquè a mesura que augmenta la producció, les empreses hauran de contractar més treballadors i equips menys adequats per a l'activitat, la qual cosa incrementarà els costos i, per tant, els preus.

La **corba d'oferta agregada** recull la relació existent entre el nivell de preus i la quantitat total que les empreses estan disposades a oferir.

Quan la producció s'apropa al nivell de plena utilització de la capacitat productiva conegut com a producte o **renda potencial *(y_P)*,** cal esperar que el pendent de la corba d'oferta agregada es faci més pronunciat, ja que en aquestes circumstàncies seria molt difícil incrementar la producció sense ocasionar augments gaire significatius en els costos i, per tant, en els preus (Figura 9.1).

El **producte potencial** o renda de plena ocupació és la que s'aconseguiria quan tots els recursos productius fossin emprats.

Important

La **corba de demanda agregada** representa la quantitat de despesa total corresponent a diferents nivells de preus, mantenint-se constants altres factors.

La **corba d'oferta agregada** mostra el que produiran i vendran les empreses en cada nivell de preus, mantenint-se tota la resta constant.

2.2 L'equilibri macroeconòmic

L'**equilibri macroeconòmic** (punt *E*), és a dir, el PIB real i el nivell general de preus que satisfan els demandants i els venedors, es troba en el punt d'intersecció de les corbes d'oferta i demanda agregades (Figura 9.1). Únicament en el punt *E* els demandants estan disposats a comprar exactament la quantitat que les empreses estan disposades a produir i a vendre.

El punt *E* representa un equilibri macroeconòmic en el sentit que és una combinació de la quantitat i el preu globals que ni els compradors ni els venedors volen alterar. Si el nivell de preus fos superior al d'equilibri, les empreses voldrien vendre més que no els compradors voldrien demanar. Això portaria les empreses a reduir la producció i els preus començarien a baixar.

Si el preu fos inferior al d'equilibri, serien els compradors els qui voldrien demanar més que no les empreses voldrien vendre, de manera que els preus començarien a pujar, i les empreses a produir més, fins a aconseguir el nivell de l'equilibri macroeconòmic, on no hi hauria pressions per a variar el nivell de preus.

Un **equilibri macroeconòmic** és una combinació de la quantitat i el preu globals per a la qual ni els compradors ni els venedors volen alterar les seves compres ni les seves vendes. El nivell de preus no es veurà pressionat ni a l'alça ni a la baixa.

Important

El **producte nacional d'equilibri** pot ser menor que la renda de plena ocupació o producte potencial.

A. Producte nacional d'equilibri i producte potencial

En l'equilibri macroeconòmic potser la quantitat produïda d'equilibri sigui menor que la corresponent a una situació en què tots els recursos siguin emprats, és a dir, el *producte de plena ocupació* (y_p) o *producte potencial*. De fet, el normal és que el producte total efectiu i el producte potencial no coincideixin (Figura 9.1).

L'equilibri macroeconòmic es troba en el punt d'intersecció de les corbes de l'oferta i la demanda agregades.

Activitats

3> Explica la diferència entre equilibri macroeconòmic i renda o producte de plena ocupació.

4> Raona per què els diners es poden considerar un factor determinant de la demanda agregada. Si el Banc Central Europeu decidís augmentar la quantitat de diners, quin impacte creus que tindria sobre el consum? I sobre la inversió? Què creus que podria passar amb el nivell general de preus?

5> Acabem de presentar-te els trets fonamentals del model d'oferta i demanda agregades. D'altra banda, ja coneixes quin és l'objectiu general de la política econòmica. Podries expressar-lo en els termes gràfics d'aquest model?

3 La inflació en el model d'oferta i demanda agregades

En l'Epígraf 5 de la Unitat 8 es va definir la inflació com l'augment del nivell general de preus de l'economia i es va assenyalar que generalment es mesura pel deflactor del PIB o per l'IPC.

Per justificar l'origen de la inflació i presentar-ne les diverses teories explicatives es pot recórrer a l'esquema de les corbes d'*oferta agregada (OA)* i *demanda agregada (DA)*.

Les tensions inflacionistes poden tenir el seu origen tant pel costat de la demanda com pel costat de l'oferta, és a dir, dels costos. Per analitzar l'impacte d'una *inflació de demanda* i d'una *inflació de costos,* analitzarem com les alteracions en les corbes de *DA* i *OA* incideixen sobre l'equilibri macroeconòmic. L'equilibri a curt termini canviarà quan, o bé la corba de *DA* o bé la corba d'*OA,* o totes dues, es desplacin. Aquests tipus de canvis en les corbes de *DA* o d'*OA* s'anomenen *pertorbacions.*

A. Desplaçament de la demanda agregada

Els desplaçaments de la corba de *DA* tenen lloc quan s'altera qualsevol dels factors que afecten el PIB d'equilibri diferents del nivell general de preus. Les **pertorbacions de demanda** poden estar provocades bàsicament per alteracions en la despesa o en la quantitat de diners, o per factors exògens de confiança generalitzats provocats per una gran depressió o per canvis bruscos en les expectatives dels empresaris sobre la marxa futura de l'economia.

Una **pertorbació de demanda** és qualsevol esdeveniment que faci que la corba de *DA* es desplaci.

La corba de *DA* es desplaçarà cap a la dreta (Figura 9.2) quan tingui lloc una pertorbació positiva de la despesa concretada en qualsevol dels fets següents: un augment de la despesa pública, una disminució dels impostos, un augment del consum (motivat, per exemple, per un augment de la riquesa de les famílies, per una pujada forta del valor de les accions o per una disminució dels tipus d'interès que estimularà el consum), un increment de la inversió, un augment de les exportacions netes o un increment de la quantitat de diners. L'efecte comú és que desplaçaran la corba de *DA* cap a la dreta, i faran que augmenti el PIB d'equilibri i que s'incrementi el nivell general de preus, és a dir, que es generarà inflació.

Important

L'augment de la despesa agregada provoca un **desplaçament de la demanda agregada cap a la dreta.** Per tant, augmentarà el nivell de producció i el nivell de preus.

La **corba de *DA*** es desplaça cap a la dreta quan la despesa pública, la inversió, el consum autònom, les exportacions netes o la quantitat de diners augmenten, o quan disminueixen els impostos. El resultat serà un augment del PIB d'equilibri i una pujada del nivell general de preus.

B. Inflació de demanda

El factor clau per a explicar el creixement dels preus resideix en l'evolució de la demanda agregada (Figura 9.2). Quan la despesa agregada supera la capacitat de producció de l'economia, tindrà lloc una **inflació de demanda.**

La **inflació de demanda** és l'originada en el costat de la demanda dels mercats com a conseqüència d'un augment de la demanda agregada, fet que provoca un augment del producte real i del nivell general de preus.

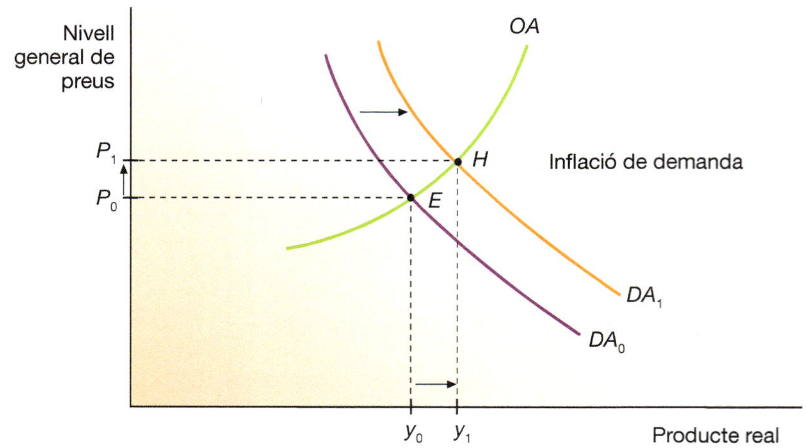

Figura 9.2. ***Inflació de demanda.*** *Partint del punt E, qualsevol política expansiva de demanda, diguem un increment de la despesa pública a curt termini, desplaçarà cap a la dreta la corba de DA_0 a DA_1, de manera que augmentarà el producte real i el nivell general de preus.*

C. Inflació de costos

Quan es traça la corba d'oferta agregada, se suposa que una sèrie de factors romanen constants i que els únics canvis que es produeixen en els costos unitaris són els provocats per les variacions de la producció. No obstant això, en el món real els costos unitaris canvien per altres raons diferents de les variacions de la producció, com, per exemple, quan augmenta el preu de l'energia. Quan s'alteren els costos unitaris, tindrà lloc una **pertorbació d'oferta:** el nivell general de preus canviarà per a qualsevol nivell de producció i es desplaçarà la corba d'*OA*. Per contra, quan l'únic que s'altera és el nivell general de preus, serem davant un *moviment al llarg de la corba d'OA*.

Important

Una **pertorbació d'oferta** és un canvi sobtat dels costos dels factors o de la productivitat que desplaça la corba d'oferta agregada.

Quan es modifica el nivell general de preus té lloc un moviment al llarg de la corba d'*OA*. Una **pertorbació d'oferta**, és a dir, qualsevol factor que alteri els costos unitaris de les empreses, per a qualsevol nivell de producció, desplaçarà la corba d'*OA*.

Exemples d'alteracions que poden originar **desplaçaments de la corba d'*OA*** cap a l'esquerra poden ser els següents:

1. **Un augment en els preus del petroli.** Històricament, les fortes pujades dels preus del petroli en la dècada dels setanta van originar un fort augment dels costos unitaris de producció que va desencadenar una crisi internacional.
2. **Un augment dels salaris.** Si els salaris monetaris s'incrementen, la corba de l'oferta agregada experimentarà un desplaçament.
3. **Una catàstrofe natural** que incideixi negativament en el sistema productiu.

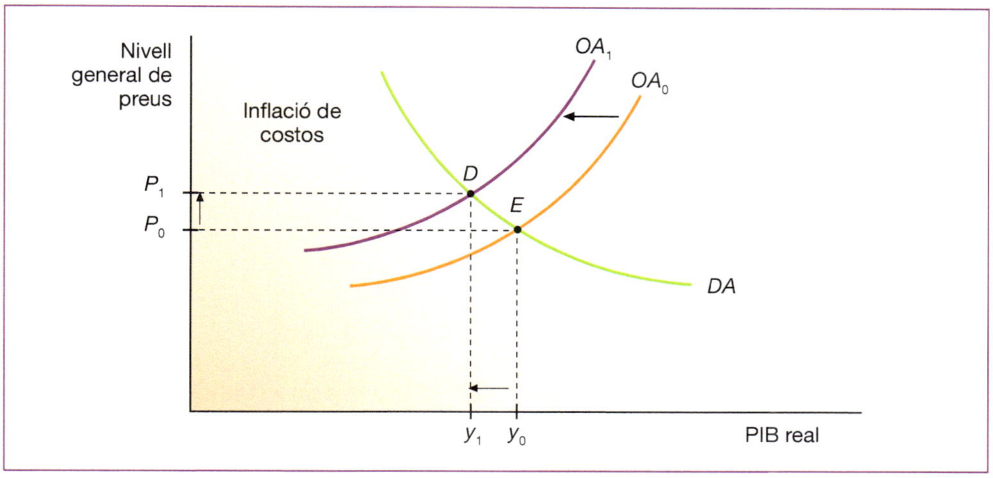

Figura 9.3. ***Inflació de costos.*** *Una pertorbació negativa d'oferta desplaçarà la corba d'OA cap amunt, d'OA_0 a OA_1. El nivell general de preus augmenta i el producte real es redueix.*

En la Figura 9.3 es recullen els efectes d'una pertorbació negativa d'oferta que desplaça la corba d'oferta agregada cap amunt i cap a l'esquerra. Els seus efectes es concreten, a curt termini, en un augment del nivell general de preus i en una disminució del PIB d'equilibri, és a dir, té lloc una **inflació amb estancament** o **inflació de costos.**

Una pertorbació negativa d'oferta desplaça cap amunt la corba d'*OA*, redueix la producció i eleva el nivell general de preus, fet que es coneix com a **estagflació** o **inflació de costos.**

La **inflació de costos** és la que s'origina en el costat de l'oferta dels mercats com a conseqüència d'un increment dels costos. En el model d'oferta i demanda agregades es representa per mitjà d'un desplaçament ascendent de la corba d'*OA*. També és coneguda com a inflació provocada per una **pertorbació de l'oferta.**

Activitats

6> Abans d'analitzar la inflació de demanda i la inflació de costos, que en el text s'expliquen com a desplaçaments de les corbes de demanda o d'oferta, respectivament, convé entendre la diferència entre moviments al llarg de les corbes d'oferta i demanda agregades i els desplaçaments d'aquestes corbes. Per a això, després de repassar l'Epígraf 5 de la Unitat 4, en què s'analitzen els desplaçaments de les corbes de demanda i d'oferta d'un mercat, respon a les preguntes següents:

a) Quan té lloc un canvi en el nivell general de preus o en el nivell del producte real, quin tipus de moviment s'observarà en la corba de demanda agregada o en la corba d'oferta agregada?

b) Quins tipus de factors poden fer que la corba de demanda agregada experimenti un desplaçament?

c) Quins tipus de factors poden provocar que la corba d'oferta agregada experimenti un desplaçament?

7> Com afecta el nivell de producció i de preus un desplaçament a l'esquerra de la corba d'oferta agregada? I un desplaçament a l'esquerra de la corba de demanda agregada? Quina d'aquestes dues contraccions econòmiques té un efecte més perjudicial per al benestar econòmic?

4 La desocupació

En la Unitat 6 es va presentar una visió microeconòmica de la desocupació. La perspectiva que ara es presenta és macroeconòmica.

La *desocupació* afecta aquelles persones de la població activa que, reunint les condicions d'edat i capacitat física i mental per a fer un treball remunerat, busquen feina i no la troben.

4.1 Les dades d'ocupació a Espanya

Tal com es va avançar en la Unitat 6, les fonts d'informació estadística sobre ocupació són: l'enquesta de població activa (EPA), el registre del Servei Públic d'Ocupació Estatal (SEPE, antic INEM), les dades d'afiliació a la Seguretat Social i l'enquesta de conjuntura laboral. El Quadre 9.1 recull les característiques fonamentals d'aquestes fonts de dades.

Font	Institució que la fa	Freqüència	Observacions	Pàgina
Enquesta de població activa (EPA)	Institut Nacional d'Estadística (INE)	Trimestral	Enquesta sobre una mostra de 64 000 llars. Ofereix diverses informacions, i el càlcul del nombre de desocupats es coneix com a *atur estadístic.*	**www.ine.es**
Registre de persones demandants d'ocupació	Servei Públic d'Ocupació Estatal (SEPE), antic INEM	Contínua	Ofereix informació exclusivament sobre els inscrits en l'atur *(atur registrat).* No té en compte els qui formen part de la població activa però que no s'han inscrit en el registre de l'SNE *(aturats desanimats).*	**www.sepe.es**
Nombre d'afiliats a la Seguretat Social	Institut Nacional de la Seguretat Social (INSS)	Contínua	La Seguretat Social garanteix assistència sanitària i prestacions socials per a cobrir les necessitats dels treballadors o de les seves famílies, per a la qual cosa cal estar-hi inscrit i abonar unes mensualitats. La font d'informació són els contractes de treball registrats.	**www.seg-social.es**
Enquesta de conjuntura laboral	Ministeri d'Ocupació i Seguretat Social	Trimestral	Enquesta sobre una mostra de 12 000 empreses. Mesura l'evolució dels índexs d'atur en els sectors d'ocupació bàsics (agricultura, indústria, construcció i serveis).	**www.meyss.es**

Quadre 9.1. *Fonts d'informació sobre la desocupació a Espanya.*

+ ***Més dades***

Els «desanimats» i els «subocupats»

La distinció entre individus ocupats i desocupats no està gaire clara, en part per l'existència de dos col·lectius de característiques específiques: els desanimats i els subocupats. Els **«desanimats»** són persones d'edat activa que, estant desocupades i disponibles per a treballar, no busquen activament un lloc de treball per desànim, conscientment o inconscientment, davant les escasses possibilitats d'aconseguir-lo. Els **«subocupats»**, que han d'estar en situació activa, no treballen el temps normal i podrien i desitjarien fer-ho.

Aquests col·lectius es troben en una posició intermèdia entre l'activitat i la inactivitat. La seva ambigüitat planteja problemes seriosos a l'hora de mesurar la desocupació i fa que, de vegades, les dades oficials subestimin el nombre verdader de desocupats.

4.2 Els efectes de la desocupació

La desocupació té efectes econòmics i socials. Entre els **efectes econòmics** podem destacar la **caiguda de la producció real**, la **disminució de la demanda** i l'**augment del dèficit públic.**

- **Caiguda de la producció real:** l'existència de desocupació representa una assignació deficient de recursos. Si tota la població activa pogués treballar, la producció total del país seria superior. Com que no s'aprofiten tots els recursos disponibles, la producció se situa per sota de la frontera de possibilitats de la producció.
- **Disminució de la demanda:** el nivell de renda dels individus disminueix quan passen a la condició d'aturats. Com a conseqüència de la desocupació i de la disminució de la renda, es genera una caiguda de la demanda en termes agregats.
- **Augment del dèficit públic:** si la desocupació augmenta, el sector públic haurà d'afrontar més despeses per subsidis de desocupació i, alhora, els impostos sobre el treball es reduiran, de manera que el dèficit públic s'incrementarà.

Els efectes de la desocupació sobre els individus es veuen pal·liats per l'assegurança de desocupació. Tanmateix, no s'eviten tots els mals. La quantia de les prestacions de desocupació sol ser inferior al salari normal i, a més a més, no tota la població desocupada rep el subsidi de desocupació.

Els **efectes socials de la desocupació** es poden concretar en:

- **Efectes psicològics negatius:** el treball no és només un mitjà per a aconseguir ingressos que permetin la subsistència dels individus. Al llarg de la història, el treball s'ha convertit en un factor d'autoestima i en una carta de presentació social. Per això, el desocupat se sent infravalorat socialment. Aquest sentiment pot arribar a provocar-li malalties, com la depressió.
- **Efectes discriminatoris:** la desocupació no afecta tots els individus de la mateixa manera, sinó que discrimina per edat, sexe o origen ètnic. Així, és un problema més greu en el cas de la dona i en els majors de cinquanta anys.

La gravetat de la desocupació es deu, en part, al fet que sol haver-hi uns grups identificables de persones que romanen desocupades llargs períodes de temps.

La **desocupació de llarga durada,** és a dir, la que és igual o superior a sis mesos, és molt més greu en les seves conseqüències sobre un individu i la seva família que la desocupació de curta durada.

La **durada de la desocupació** és el temps que una persona està desocupada. Els costos de la desocupació augmenten quan ho fa la seva durada.

Important

Tipus de desocupació

- **Cíclica,** causada per la caiguda d'activitat en les recessions.
- **Estacional,** causada per canvis en la demanda de treball en moments diferents de l'any.
- **Friccional,** causada per treballadors que busquen una feina millor, certes empreses en crisi, etc.
- **Estructural,** a causa de desajustos entre la qualificació o la localització de la força de treball i els requisits de l'ocupador. Sol donar lloc a l'aparició de desocupació de llarga durada.

Important

Els efectes de la desocupació

Econòmics:

- Reducció de la producció real.
- Disminució de la demanda.
- Augment del dèficit públic.

Socials:

- Psicològics negatius.
- Discriminatoris.

Activitats

8> Busca en la informació subministrada per l'EPA les dades sobre la desocupació a la teva comunitat autònoma per tipus d'activitat, sexe i edat. Calcula l'evolució de la taxa d'atur en els últims vuit anys i analitza l'impacte de la crisi a partir de 2007. Quin tipus de desocupació haurà crescut més durant la crisi?

9> En quin sentit els «desanimats» i els subocupats subestimen el nombre verdader de desocupats?

Vocabulari

Salaris nominals

Els mesurats en euros corrents, és a dir, sense eliminar l'efecte de la inflació.

Salaris reals

S'expressen en euros de l'any base, per la qual cosa eliminen l'efecte de la inflació.

Important

Que el salari sigui superior al d'equilibri *(W_E)*, en termes del model d'oferta i demanda agregada, representa que la corba d'*OA* es desplaça a l'esquerra per l'alça de costos (o que és més a l'esquerra del que podria ser en una situació d'equilibri). Aquest desplaçament representa que el nivell general de preus es trobarà per sobre del d'equilibri i que el PIB real serà inferior al d'equilibri.

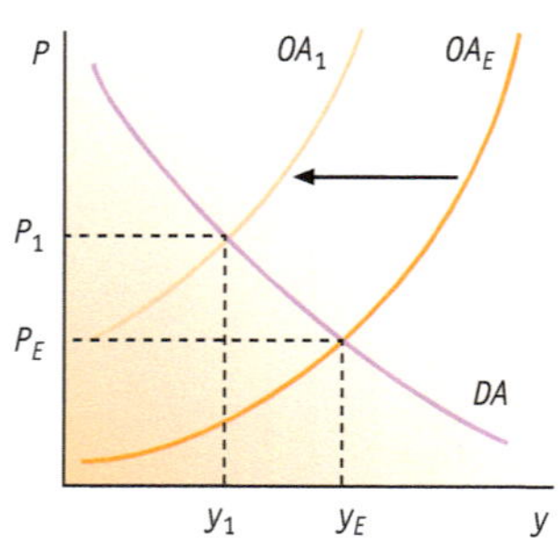

Important

Segons els **economistes clàssics,** la desocupació és «voluntària», ja que aquesta desapareixeria si els treballadors acceptessin reduir els seus salaris fins al nivell d'equilibri. Des d'aquesta perspectiva, la rigidesa a la baixa dels salaris és la causa de la desocupació.

5 Teories explicatives de la desocupació i política a seguir

La desocupació no es pot explicar per un sol factor, perquè són molts els elements que incideixen en la seva determinació. D'una banda, hi ha el *component demogràfic*, ja que aquells països que tinguin una taxa de natalitat elevada veuran incrementar la població activa, fet que contribuirà a augmentar la taxa de desocupació. Altres factors, com són els *canvis tecnològics* i més *obertura al comerç internacional*, també poden incidir sobre el nivell de desocupació d'un país en qüestió. Lògicament, el *cicle econòmic* també hi incidirà i en les fases de recessió és d'esperar que la taxa de desocupació sigui més elevada que en les d'expansió (vegeu l'Epígraf 6).

Des del punt de vista de la teoria econòmica, la desocupació té bàsicament dos tipus d'explicacions: *a) el funcionament del mercat de treball* i *b) un nivell insuficient de la demanda agregada* en termes de l'esquema de la demanda i l'oferta agregades.

5.1 El funcionament del mercat de treball

Per als **economistes clàssics,** l'explicació de la desocupació per sobre de la *desocupació friccional* (és a dir, la *derivada del funcionament normal del mercat*) cal basar-la en les imperfeccions i rigideses del mercat laboral i, en particular, en el desig dels treballadors de rebre uns salaris superiors al salari d'equilibri, W_E (Figura 9.4). Com vam veure en l'Epígraf 3 de la Unitat 6, la legislació laboral —que introdueix normatives com ara els salaris mínims— i la pressió dels sindicats per unes redistribucions més altes es concreta en la no-acceptació de reduccions en els salaris encara que hi hagi un nombre important de persones desocupades. Per aquestes raons els salaris nominals són rígids a la baixa.

Des d'una perspectiva clàssica, la desocupació per sobre de la desocupació friccional es deu a una política de salaris inadequada, és a dir, que els salaris són superiors al nivell d'equilibri. Per això, la desocupació és considerada «voluntària».

Quan els salaris són més elevats que el salari d'equilibri *(W_E)*, les empreses demanaran una quantitat menor de mà d'obra *(OL_1)* que la corresponent a una situació d'equilibri, OL_E (Figura 9.4).

En aquestes circumstàncies, apareixerà una desocupació per sobre de la friccional. En termes de la Figura 9.4, la desocupació està representada pel segment $L_1 L_E$. Segons aquesta teoria, la desocupació desapareixeria si els salaris es reduïssin al nivell W_E.

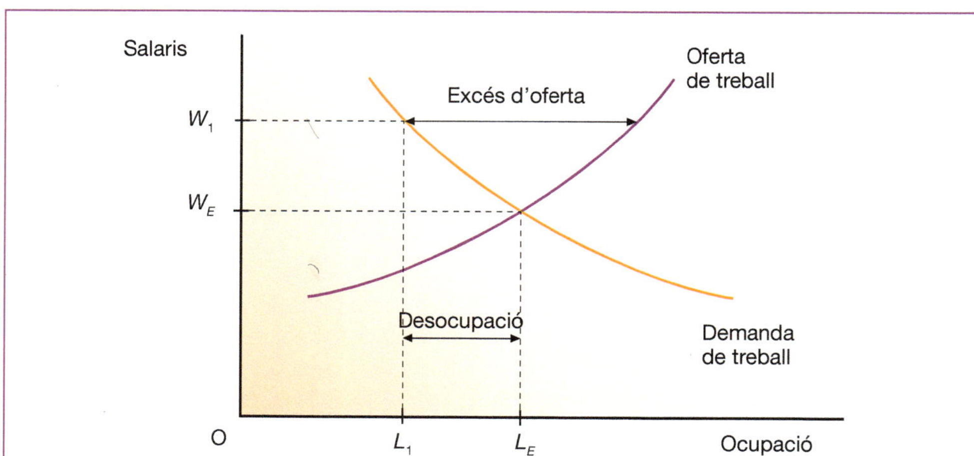

Figura 9.4. ***La desocupació segons els clàssics.*** *La desocupació es deu al fet que el salari que exigeixen els treballadors (W_1) és superior al salari d'equilibri.*

Atès que el salari vigent *(W_1)* està per sobre del salari d'equilibri *(W_E)*, hi ha un excés d'oferta en el mercat i el nivell d'ocupació *(OL_1)* és inferior al nivell d'equilibri *(OL_E)*, per la qual cosa hi haurà desocupació en la quantia L_1 L_E.

5.2 La desocupació keynesiana

Per als economistes **keynesians,** la desocupació no es deu al comportament dels salaris, sinó al nivell insuficient de la demanda agregada, i per tant, la desocupació serà involuntària. L'ocupació augmentaria si s'incrementés la despesa total de l'economia (o demanda agregada). Per això, la despesa s'hauria d'estimular mitjançant una política expansiva de demanda (Figura 9.5.*a*). Alguns dels components de la demanda, és a dir, el consum de les economies domèstiques, la inversió de les empreses, la despesa pública o les exportacions netes, s'haurien d'incrementar.

L'inconvenient d'aquest tipus de polítiques expansives de demanda és que, alhora que incrementen el producte i l'ocupació, també fan que augmentin els preus, és a dir, la inflació (Figura 9.5.*a*). La inflació es traslladarà als salaris, i farà que la corba d'oferta agregada es desplaci a l'esquerra. A llarg termini, les polítiques de demanda no solen ser gaire efectives (Figura 9.5.*b*).

La crisi internacional iniciada el 2007 va recordar una altra limitació de les polítiques expansives de demanda. L'augment de la despesa pública associat a tota política expansiva s'enfronta a la restricció imposada en els mercats financers concretada a tenir uns comptes públics equilibrats per a obtenir crèdits.

Des d'una perspectiva keynesiana es defensa que la **desocupació** per sobre de la friccional és *involuntària*, perquè es deu al fet que el nivell de la demanda agregada és insuficient.

Vocabulari

Teories explicatives de la desocupació

- **Clàssica:** mal funcionament del mercat de treball, salaris superiors als d'equilibri.
- **Keynesiana:** nivell insuficient de la demanda agregada.

Important

Els **keynesians** prenen com a referència l'obra de J. M. Keynes, i davant de l'existència de desocupació, en general, es mostren partidaris de recórrer a una política de demanda expansiva.

5.3 Polítiques macroeconòmiques contra la desocupació

Per intentar reduir la desocupació cal apel·lar a dos tipus de polítiques: les unes, encaminades a incidir sobre la *demanda agregada,* i d'altres, orientades a propiciar reformes estructurals, a aconseguir un funcionament més eficient del mercat de treball i, en general, a actuar sobre *l'oferta agregada.* D'altra banda, des del punt de vista dels economistes clàssics, la política a seguir per a combatre la desocupació és molt simple: n'hi ha prou amb aconseguir que els salaris es redueixin fins al nivell d'equilibri.

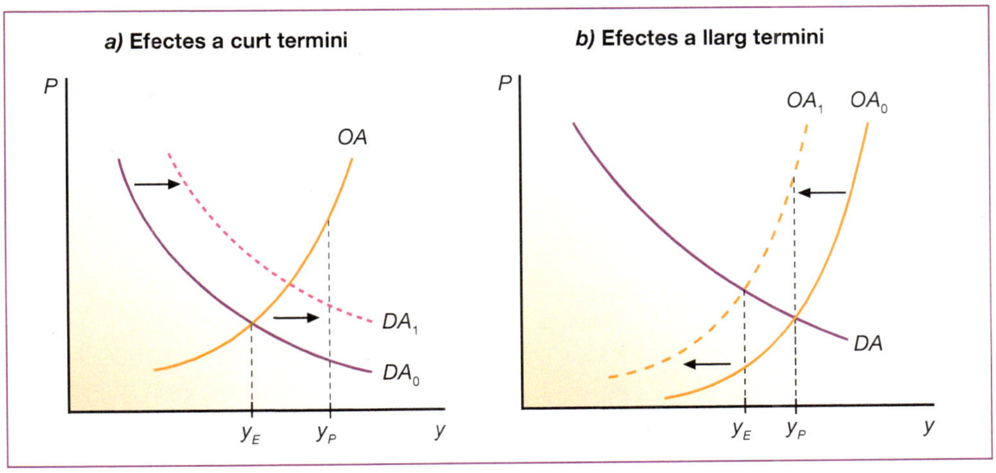

Figura 9.5. ***Efectes d'una política de demanda a curt i llarg termini.*** *Una política expansiva de demanda origina un desplaçament cap a la dreta de la corba de demanda agregada (gràfic* a*). El producte nacional i el nivell general de preus s'incrementen.* b) *A llarg termini l'augment inicial dels preus farà que els salaris i altres costos s'incrementin. L'efecte serà que la corba d'oferta agregada es desplaçarà cap a l'esquerra: augmentaran un altre cop els preus i es reduiran el producte i l'ocupació.*

Important

Polítiques contra la desocupació

- **De demanda:** incrementar la demanda agregada mitjançant una política expansiva, fiscal o monetària.
- **D'oferta:** desplaçar l'oferta agregada cap a la dreta mitjançant reformes estructurals.

Més dades

La **taxa natural de desocupació** és la que és fruit del funcionament normal d'una economia a llarg termini. Està determinada pel sistema productiu, per les característiques que defineixen el funcionament del mercat laboral (la legislació, el nivell del subsidi de desocupació, el tipus i poder dels sindicats, el funcionament de les institucions públiques relacionades amb el mercat de treball) i per l'actitud de la població envers el treball. Es podria dir que és un reflex dels diversos tipus d'atur estudiats.

Important

Taxa natural de desocupació

Taxa normal de desocupació o taxa de desocupació a llarg termini entorn de la qual fluctua la taxa de desocupació a curt termini.

A. Les polítiques de demanda

Les **polítiques de demanda** es poden instrumentar mitjançant polítiques monetàries, fiscals o canviàries, i la seva efectivitat, a curt termini, està condicionada per la posició de l'economia en relació amb el producte potencial (Figura 9.1). Segons l'economia s'apropi al producte potencial, menor serà el seu efecte sobre la desocupació i més gran l'impacte inflacionista.

Les polítiques de demanda a curt termini actuen de la manera següent: un augment de la despesa farà que augmentin la producció i l'ocupació, i per tant es reduirà la desocupació. Aquest és l'efecte que presenta la Figura 9.5.*a*.

No obstant això, a llarg termini, els efectes positius d'una política de demanda poden desaparèixer. L'augment dels preus farà que s'incrementin els salaris i altres costos. El resultat és una pertorbació d'oferta negativa; en termes gràfics, la corba d'oferta agregada es desplaçarà cap a l'esquerra, i farà que augmentin els preus i es redueixi el nivell de producció i, per tant, l'ocupació (Figura 9.5.*b*). A llarg termini, doncs, pot ser que no s'alterin el producte total i l'ocupació i que només augmentin els preus.

B. Les polítiques d'oferta

Les **polítiques d'oferta** pretenen desplaçar la funció d'oferta agregada cap a la dreta, incrementant la producció i reduint el nivell de preus. Aquestes polítiques d'oferta es poden concretar en les estratègies següents:

- Reducció de la **taxa natural d'atur** o **taxa d'atur a llarg termini,** mitjançant actuacions sobre les prestacions de desocupació, polítiques actives d'ocupació i millores en la formació professional. Aquests tipus d'actuacions reduiran la durada i la freqüència de la desocupació, perquè incidiran favorablement en l'organització del mercat de treball i en la capacitat i desig dels desocupats de trobar feina.
- Disminució del marge de preus establert per les empreses sobre els costos marginals, mitjançant polítiques de foment de la competència i liberalització dels mercats.
- Augment de la productivitat mitjana del treball, mitjançant millores en la tecnologia, en els procediments i en la formació.
- Flexibilitat regional en els preus i salaris, perquè no totes les regions d'un país estan igualment desenvolupades, ni els seus nivells de preus i salaris són idèntics.
- Augment de la renda potencial o producció de plena ocupació, mitjançant la creació d'incentius a la producció, bàsicament per la via de la reducció d'impostos.

C. Efectes d'una política d'oferta

Una política d'oferta desplaça la corba d'oferta agregada cap a la dreta. A més d'incrementar el producte, reduirà el nivell de preus, perquè representa un increment de les possibilitats de producció de l'economia.

Activitats

10> Justifica les raons per les quals la desocupació, per sobre de la desocupació friccional, des de la perspectiva dels economistes clàssics, es pot considerar com a «voluntària».

11> Suposem que, per la proliferació d'Internet, en el sector de les agències de viatge ha tingut lloc una destrucció d'ocupació neta estimada en 10 000 llocs de treball. Quin tipus de desocupació és el que s'ha generat? Com es podria intentar recuperar?

6 El cicle econòmic

Quan s'analitza l'evolució de les variables econòmiques al llarg del temps, com per exemple el PIB, se solen distingir quatre moviments (Figura 9.6):

1. La **tendència creixent**, que recull l'evolució sostinguda de la producció a llarg termini i que s'anomena *producció potencial* (vegeu la Unitat 15).
2. Els **cicles econòmics**, que són les fluctuacions o desviacions recurrents respecte de la tendència, amb una durada variable, superior a un any.
3. Les **variacions estacionals**, que són moviments també recurrents, amb durada generalment fixa i inferior a l'any.
4. Les **variacions aleatòries o irregulars.**

El *PIB* o *renda* creix al llarg del temps seguint una trajectòria oscil·lant al voltant de la producció potencial o producció natural.

La *tendència a llarg termini* recull el comportament secular de la sèrie. El *component cíclic* es manifesta en moviments oscil·latoris de les sèries. Les *variacions estacionals* són moviments que es repeteixen sistemàticament amb periodicitat anual. Finalment, les *variacions irregulars* es deuen a factors aleatoris que som incapaços d'identificar.

El caràcter fluctuant de l'activitat econòmica a curt termini es pot comprovar analitzant l'evolució temporal del PIB. L'economia creix però ho fa de manera no uniforme. A fases de forta *expansió* i notable creixement de l'ocupació acostumen a seguir-ne d'altres de *recessió*, i ben poques vegades, de *depressió*, durant les quals la producció nacional disminueix i la taxa de desocupació s'eleva fins a assolir nivells excessivament alts.

Aquestes fluctuacions ascendents i descendents de la producció, de l'ocupació i dels preus (entre altres variables) constitueixen el cicle econòmic que és present en totes les economies de mercat.

El **cicle econòmic** són les fluctuacions del PIB i de l'ocupació entorn d'una tendència en què es poden apreciar unes fases d'**expansió** i unes altres de **recessió.** En les fases d'expansió l'ocupació tendeix a augmentar (la taxa de desocupació, a disminuir), mentre que en les fases de recessió l'ocupació tendeix a disminuir (la taxa de desocupació, a augmentar).

Important

Els elements d'una sèrie temporal són: 1) la tendència, 2) el cicle, 3) les variacions estacionals i 4) les variacions aleatòries.

Exemple

La successió de fases d'expansió i de recessió al llarg del temps, que constitueixen cicles econòmics, es pot veure clarament en les dues últimes dècades. L'anomenada Guerra del Golf de 1990-1991 va crear una incertesa sobre els preus del petroli i altres variables que va descoratjar el consum als EUA, fet que va provocar una recessió en aquell país. Les mesures expansives preses per superar aquella crisi van crear el brou de cultiu per a una fase de creixement. Els excessos duts a terme en aquesta llarga fase expansiva van acabar generant una bombolla financera i immobiliària que està en l'origen de la crisi internacional iniciada el 2007.

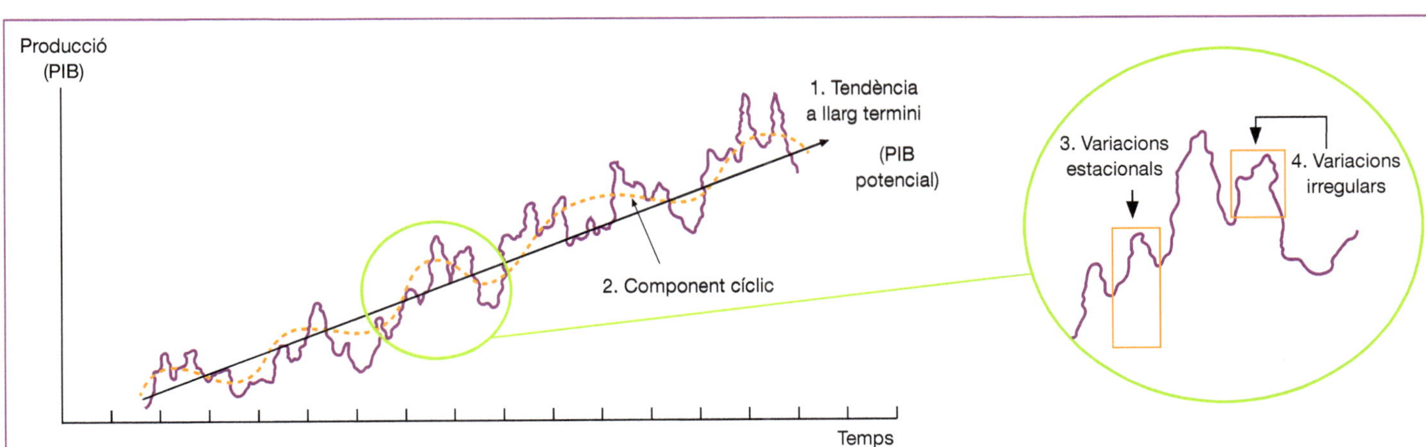

Figura 9.6. *Components de l'evolució d'una variable al llarg del temps: tendència, cicle, variacions estacionals i variacions irregulars.*

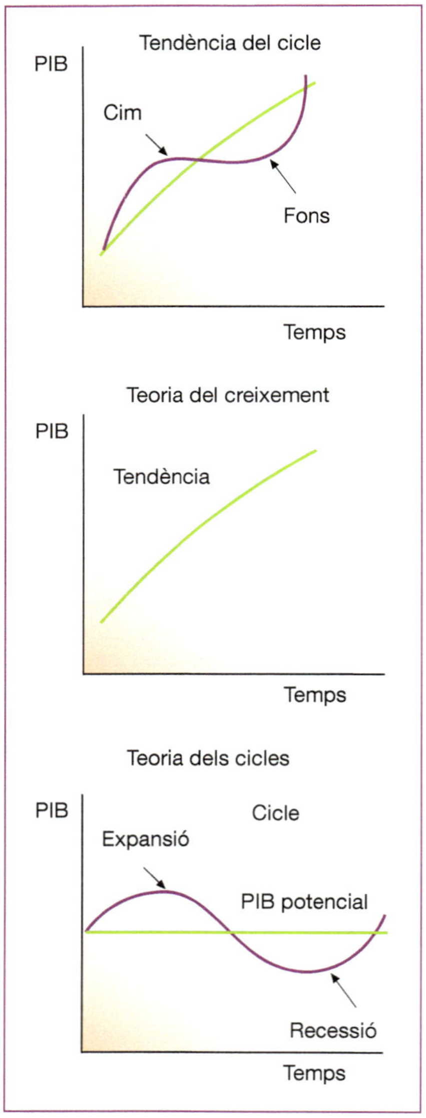

Figura 9.7. ***La tendència i el cicle.*** *Oblidant-nos de les variacions estacionals i aleatòries, ens centrem en l'estudi de la tendència (teoria del creixement) i del component cíclic.*

A. Les fases del cicle

Les fases de més creixement s'anomenen *expansió*. Quan la producció experimenta un creixement baix, es diu que hi ha una *crisi*. Els *cims* i els *fons* constitueixen els punts de canvi d'una fase a una altra (Figura 9.7). La fase descendent és la *recessió*, al llarg de la qual es redueixen la producció i l'ocupació: sol durar entre sis mesos i un any, i la majoria dels sectors de l'economia es contreuen. Una *depressió* és una recessió més gran, tant per la seva magnitud com per la seva durada, i una *crisi* és una recessió particularment abrupta. Les *recessions* imposen molts costos a la societat, i, tanmateix, cap economia ha estat capaç d'eradicar les fluctuacions econòmiques.

B. Què desencadena les fluctuacions cícliques?

En la vida real és freqüent que l'origen de les **fluctuacions cícliques** es trobi en les pertorbacions externes a un país pel costat de la demanda agregada, com les analitzades en l'epígraf anterior. Les variacions de la despesa afecten inicialment un o més sectors i al final es traslladen a tota l'economia.

> Les **fluctuacions cícliques** solen tenir l'inici en una fluctuació de la despesa, que en un primer moment afecta un o més sectors i més tard es trasllada a altres.

Una expansió es pot iniciar per un increment de l'activitat en un sector de l'economia, per exemple, en el sector immobiliari. En incrementar-se la concentració i la demanda d'habitatges, augmentarà l'ocupació en el sector. A més a més, la despesa dels treballadors contractats en aquest sector i l'augment de l'activitat també acabaran afectant altres sectors. D'aquesta manera, la producció de l'economia augmentarà i l'ocupació creixerà per sobre del nivell de plena ocupació.

Per explicar l'origen d'una recessió pensem en la punxada d'una bombolla immobiliària. La caiguda de la demanda i el descens dels preus de l'habitatge faran que la construcció de pisos experimenti una contracció. Davant d'aquesta situació les empreses comencen a reduir la seva activitat i a acomiadar treballadors.

Els treballadors acomiadats, com que veuen reduïts els seus ingressos, disminuiran les seves despeses en diversos béns de consum i posposaran la compra de qualsevol bé que impliqui una gran despesa. Això farà que altres empreses (les que produeixen aquests béns i serveis que no es compren) redueixin la seva producció, acomiadin els seus treballadors, etc. El que va començar com una percepció i una petita caiguda d'activitat pot contagiar-se a altres sectors, i provocar una verdadera recessió.

Activitats

12> Identifica quins tipus de moviments de les variables econòmiques induiran els fets següents:

- El tancament per vacances de les indústries a l'agost.
- El canvi tecnològic i l'acumulació de capital.
- L'augment de la inversió quan milloren les expectatives de negoci en l'economia.
- Un tsunami que afecta una central nuclear.

13> Busca informació sobre l'economia espanyola consultant les publicacions de l'INE o del Banc d'Espanya. Construeix un gràfic sobre el PIB a preus reals de l'economia espanyola i identifica en quina fase del cicle es troba.

Mapa conceptual

Determinants
1. Forces internes del mercat
2. Pertorbacions externes
3. Polítiques macroeconòmiques

Objectius
1. Producció i ocupació
2. Inflació
3. Creixement
4. Pressupost públic
5. Dèficit exterior
6. Tipus de canvi

Funcionament de l'economia

Model de l'oferta i la demanda agregades

Equilibri macroeconòmic

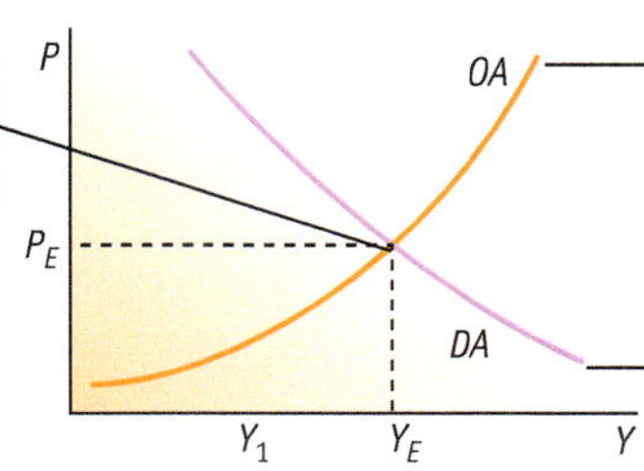

Oferta agregada: Quantitat que estan disposades a vendre les empreses

Demanda agregada: Quantitat que estan disposats a gastar els diversos sectors (C, I, G, XN)

Inflació

De demanda
- Canvis en *DA*
- Augmenten *y* i *P*

De costos
- Canvis en *OA*
- Es redueix *y* i augmenta *P*

Desocupació

Tipus
- Cíclica
- Estacional
- Friccional
- Estructural

Efectes
- Econòmics
- Socials

Teories
- Clàssica
- Keynesiana

Cicles econòmics

Definició
Fluctuacions recurrents

Fases
Expansió, cim, recessió i fons

Origen
Sovint: alteració de la despesa

Activitats finals

1> Organitzeu-vos en grups que defensin prioritats alternatives en relació amb els resultats macroeconòmics que es volen aconseguir i la seva relació amb els factors que els determinen. Preneu com a referència l'Esquema 9.1.

2> Per què la corba de demanda agregada presenta un pendent negatiu?

3> Descriu gràficament el desplaçament que es produiria en la demanda agregada a causa dels esdeveniments següents:

a) Disminució del tipus d'interès, la qual cosa provoca un increment de les compres a terminis pels consumidors.

b) Increment de les prestacions per desocupació en un 10 %.

c) Empitjorament de les expectatives empresarials, la qual cosa provoca una disminució de la inversió.

4> La inflació pot estar originada per un excés de demanda o per un increment dels costos de producció. Quin creus que és pitjor per a l'economia d'un país?

5> Posa tres exemples d'esdeveniments econòmics que com a conseqüència dels desplaçaments de la demanda agregada o l'oferta agregada provoquin un augment en el nivell de preus.

6> Identifica els tipus de desocupació a partir dels casos concrets següents:

a) Un paleta que es queda a l'atur després de la davallada de l'activitat immobiliària arran de l'esclat de la bombolla.

b) Un monitor d'esquí que no té feina al juny.

c) Un treballador que s'acomiada de la seva feina per buscar-ne una altra de millor.

d) Un empleat d'una impremta tradicional que ha perdut la seva feina com a conseqüència de l'auge dels llibres electrònics.

7> Dels diferents tipus de desocupació estudiats, quin és el que més sovint sol conduir a una desocupació de llarga durada? Quins efectes genera la desocupació de llarga durada? Quina és la importància relativa de la desocupació de llarga durada a Espanya? És cert que a Espanya la desocupació de llarga durada és un problema que afecta gairebé exclusivament els desocupats de més edat?

8> Justifica el caràcter d'«involuntària» de la desocupació per sobre de la desocupació friccional, segons els keynesians.

9> Suposem que una empresa estigui disposada a contractar 10 treballadors en un determinat nivell salarial, diguem 1100 € al mes, però la clàusula d'un conveni sectorial estableix que el salari mínim en aquest sector ha de ser de 1300 €. Si finalment l'empresa decideix no contractar els 10 treballadors i aquests continuen en atur, en quin tipus d'atur estarien els 10 treballadors segons els economistes clàssics? Què es podria fer per evitar aquesta desocupació?

10> Si un país s'enfronta a l'existència d'una taxa de desocupació elevada, quins avantatges plantegen les polítiques d'oferta enfront de les polítiques de demanda agregada?

11> Quina variable és la que sovint provoca l'origen de les fluctuacions cícliques?

12> Quines són les variables objectiu principals de la macroeconomia?

13> Fes una classificació per categories de les diverses forces que determinen els resultats macroeconòmics.

14> Descriu dos tipus d'actuacions mitjançant les quals el Govern d'un país intenta fomentar els avanços tecnològics i, amb això, incrementar l'oferta agregada.

15> Descriu gràficament el desplaçament que es produiria en la demanda o l'oferta agregada a causa dels esdeveniments següents:

a) Augment del tipus d'interès de l'euro.

b) Política econòmica enfocada a incrementar la productivitat dels treballadors.

c) Política fiscal consistent en una disminució de l'impost sobre el benefici de les empreses.

d) Increment de la liberalització dels mercats al país.

16> Per què la corba d'oferta agregada té un pendent positiu? Raona-ho adequadament.

17> Si es produeix un increment en la demanda agregada d'un país, quines conseqüències tindrà sobre el nivell de preus de l'economia?

18> Explica les raons per les quals una economia pot entrar en una fase d'expansió dins del cicle econòmic.

19> Raona com podrien afectar els esdeveniments següents al creixement econòmic d'un país i a la situació dins del cicle econòmic:

a) Celebració d'uns jocs olímpics.

b) Increment dels preus del petroli.

c) Increment de la productivitat i competitivitat de les empreses del país.

20> Arran de la publicació per part de l'Institut d'Estudis Econòmics (IEE) del seu *Informe semestral de conjuntura econòmica* referit al primer semestre de 2011, es va assenyalar: «Entre les mesures exigides es troba la flexibilització del mercat laboral, mitjançant la reducció dels costos d'acomiadament i vincular salaris a la productivitat». En quin tipus de relació de les implícites en el model d'oferta i demanda agregades s'està pensant?

21> Quins efectes causa sobre el nivell de producció i ocupació una inflació de demanda? I una de costos? Tenint això en compte, serà pitjor patir una inflació de costos o una de demanda?

22> La persistència de la crisi iniciada el 2007 va portar molts economistes a plantejar que no n'hi havia prou amb les polítiques de demanda activa per a combatre la desocupació causada per aquesta crisi. Quins límits van trobar aquestes polítiques, especialment des de 2010?

23> Explica les diferències entre la inflació de demanda i la inflació de costos.

24> Els economistes clàssics plantejaven que la solució a l'atur passava per abaixar els salaris. Debat amb els teus companys els pros i els contres d'aquesta teoria.

25> La macroeconomia s'ocupa de variables com la inflació, el creixement i l'ocupació. Fes un esquema que resumeixi els efectes d'un canvi en cadascuna d'aquestes variables sobre la demanda i l'oferta agregades.

26> Si el Govern d'un país concedeix una deducció en l'impost sobre el benefici per inversió en R+D+I, què persegueix amb aquesta actuació?

27> Segons estudiem els economistes clàssics o els keynesians, la desocupació es produeix per diversos motius. Explica amb les teves paraules en què es diferencien ambdues teories.

28> Investiga i localitza l'evolució del PIB espanyol en els últims deu anys. Identifica les diverses fases del cicle econòmic estudiades.

29> Raona per què la demanda agregada varia quan:

a) Augmenta l'estalvi familiar.

b) Disminueixen les importacions.

c) Augmenten les exportacions.

d) Augmenta la renda disponible.

30> Per què si augmenta l'atur creix el dèficit públic? Medita la teva resposta, i exposa tots els mecanismes que contribueixen a aquest fet.

Reportatge: Política econòmica davant una crisi financera: Espanya i Suècia

En el Centre d'Ensenyament Online de l'alumne **(www.mhe.es/bachillerato/economia)** trobaràs una adaptació de l'entrevista que *The Wall Street Journal* va fer l'11 de juliol de 2011 a Anders Borg, ministre d'Economia de Suècia.

En aquesta entrevista es relata la resposta que el Govern suec va donar a la crisi que va patir el país en la dècada de 1990, i que té algunes similituds amb la crisi que va començar a afligir Espanya el 2008 (també trobaràs el text complert a la mateixa pàgina web: **www.mhe.es/bachillerato/economia**).

Preguntes:

1> Davant d'un problema similar, les mesures preses per les autoritats sueques i espanyoles han estat diferents en diversos punts. Planteja esquemàticament les dues línies d'acció.

2> Malgrat les diferències que hi ha entre les economies de Suècia i Espanya, i que les autoritats sueques van intervenir en la fase primerenca de la seva crisi, quins ensenyaments es poden extreure de cara al futur?

Test de repàs

1> En una economia amb sector públic i sense activitat amb el sector exterior, la demanda agregada es compon dels elements següents:

a) Consum, inversió i despesa pública.

b) Consum nacional i consum exterior.

c) Inversió, despesa pública i exportacions netes.

d) Estalvi i inversió.

2> Si el Govern d'un país decideix incrementar la despesa pública en els Pressupostos Generals de l'Estat:

a) La funció d'oferta agregada es desplaçarà cap a la dreta.

b) La funció de demanda agregada es desplaçarà cap a l'esquerra.

c) Els preus tendiran a disminuir a curt termini.

d) La funció de demanda agregada es desplaçarà cap a la dreta.

3> Quina de les variables següents no influeix en la demanda agregada d'una economia, sinó en l'oferta?

a) Productivitat.

b) Inversió.

c) Actius financers.

d) Consum.

4> Si es du a terme una reducció d'impostos sobre el benefici de les empreses:

a) Disminuirà la inversió, ja que el consum augmenta.

b) Augmentarà la inversió de les empreses.

c) La corba de demanda agregada es desplaça cap a l'esquerra.

d) La inversió no es veu afectada davant de variacions en els impostos.

5> Un desplaçament cap a la dreta de la demanda agregada provocat per una variació de qualsevol de les seves variables produirà:

a) Una disminució en el nivell de preus.

b) Un augment en el nivell de preus.

c) Un augment de la taxa de desocupació del país.

d) Una disminució en la producció potencial del país.

6> L'increment dels preus del petroli experimentat en l'economia mundial en els últims anys té un impacte clar en els preus dels béns i serveis produint:

a) Inflació de demanda.

b) Deflació.

c) Inflació de costos.

d) Increment de la inflació inferior a l'increment del PIB.

7> El fet que un país experimenti una reducció en la taxa de desocupació produirà l'efecte següent en el dèficit públic del país:

a) Augmentarà el dèficit públic.

b) Disminuirà el dèficit públic.

c) Es produirà un augment en el mateix percentatge tant del dèficit com de la desocupació.

d) No variarà.

8> L'oferta pública de cursos de formació contínua per a millorar la productivitat dels treballadors constitueix una mesura de:

a) Política monetària.

b) Política fiscal.

c) Política de demanda.

d) Política d'oferta.

9> En una fase de recessió del cicle econòmic, els governs tendiran a prendre, entre altres, una de les mesures de política econòmica següents:

a) Política monetària d'augment dels tipus d'interès.

b) Política fiscal de disminució de la despesa pública.

c) Política fiscal d'augment dels impostos.

d) Política d'oferta per a incrementar la productivitat laboral.

10> Una variació de l'oferta agregada que produeixi un desplaçament cap a l'esquerra produirà un dels efectes següents:

a) Disminució del nivell general de preus.

b) Disminució de la taxa de desocupació.

c) Inflació de costos.

d) Inflació de demanda.

Solució: 1. a; 2. d; 3. a; 4. b; 5. b; 6. c; 7. a; 8. d; 9. d; 10. c.

10

LA INTERVENCIÓ DE L'ESTAT I LA POLÍTICA FISCAL

Un dels llegats més importants de l'economia keynesiana és la justificació de la possibilitat d'una desocupació crònica, perquè el lliure joc del mercat no assegura la plena ocupació. Keynes va intentar explicar per què la demanda agregada podria ser insuficient i mantenir-se així de manera indefinida. Va defensar la necessitat que l'Estat intervingués per intentar estimular la demanda agregada i, d'aquesta manera, elevar la producció i l'ocupació. En aquest sentit, la utilització dels poders de l'Estat per a incrementar la despesa pública i reduir els impostos, és a dir, per a apel·lar a la política fiscal, adquireix una importància capital, i aquesta unitat es dedica a estudiar-ho.

En tot cas, el recurs a una política fiscal expansiva requereix cauteles serioses per les seves conseqüències sobre el dèficit públic i el deute. D'altra banda, a vegades es recorre a la política fiscal contractiva per compensar desequilibris macroeconòmics, generalment relacionats amb la inflació.

Notícia

«La consolidación fiscal, una tarea de todos», de Juan Manuel López Carbajo, *Cincodias.com*, 30 de juliol de 2011.

Atès el pes que les comunitats autònomes exerceixen en la despesa pública espanyola, aquest article destaca la necessitat que aquestes emprenguin un procés de consolidació fiscal (trobaràs el text complet a: **www.mhe.es/bachillerato/economia**).

Qüestions:

1> Quins tipus d'actuacions han de dur a terme les comunitats autònomes per col·laborar activament en el procés de consolidació fiscal?

2> Quin és el compromís de dèficit públic que el Govern espanyol i les comunitats autònomes pretenen assolir?

3> En un plantejament de consolidació fiscal, i sota un esquema que garanteixi la sostenibilitat de les finances públiques espanyoles en el mitjà i llarg termini, té sentit pensar en la política fiscal com un instrument contracíclic?

1 La intervenció de l'Estat i la política fiscal

El 1929 es va iniciar la Gran Depressió, i, en la majoria dels països occidentals, es va produir una recessió important, caracteritzada per un augment dràstic de la desocupació i la fallida d'un gran nombre d'empreses. En aquestes circumstàncies es va iniciar un debat sobre la conveniència de la intervenció de l'Estat.

Les idees keynesianes es van formular oposant-se a les defensades pels economistes de l'escola clàssica, idees que actualment mantenen els monetaristes o liberals (Quadre 10.1).

En molts països, la por que es produïssin noves recessions va portar a augmentar de manera apreciable la intervenció de l'Estat en l'activitat econòmica.

En aquest procés va influir de manera important l'obra de J. M. Keynes *Teoria general de l'ocupació, l'interès i els diners*. Keynes proposava una actitud activa per part dels governs davant les crisis econòmiques. Va defensar l'augment de la despesa, i en particular de la despesa pública, com una manera de combatre les depressions econòmiques (vegeu les Unitats 2 i 9).

Important

Els monetaristes són considerats els continuadors dels economistes clàssics quant a les seves idees sobre el paper de l'Estat en l'economia i la defensa de l'equilibri fiscal.

Sí a la intervenció Els keynesians	No a la intervenció Els monetaristes o clàssics
• Els keynesians són els seguidors de les teories elaborades per J. M. Keynes (1883- 1946). • Rebutgen el supòsit que l'economia tendeix lliurement al ple ús dels recursos productius. • Recomanen la intervenció de l'Estat mitjançant les polítiques monetària i fiscal, especialment aquesta última, a fi d'estabilitzar l'economia.	• Els monetaristes tenen el seu origen en la tradició de la Universitat de Chicago (EUA) i, en particular, en l'obra de Friedman (1912-2006). • Confien en el lliure joc de les forces del mercat com a instrument per a situar l'economia pròxima a la plena ocupació. • La intervenció de l'Estat s'ha de reduir al mínim possible: en essència, a controlar estrictament la quantitat de diners.

Quadre 10.1. *El debat sobre la intervenció de l'Estat en l'economia.*

1.1 La intervenció de l'Estat, els economistes clàssics i els keynesians

Important

Els **economistes clàssics** defensaven que les forces internes del mercat fan que l'economia s'ajusti automàticament quan té lloc una pertorbació, per la qual cosa no cal la intervenció de l'Estat. J. M. Keynes va criticar aquestes idees.

Segons els **economistes clàssics,** l'economia s'ajusta per si mateixa quan es desvia de la seva tendència de creixement a llarg termini. Si té lloc una pertorbació que incideix negativament sobre l'activitat, la producció disminuirà i l'ocupació es reduirà a curt termini, però les forces internes del mercat restabliran la prosperitat. Les recessions econòmiques només són esporàdiques.

Els economistes clàssics confiaven en la flexibilitat dels preus i dels salaris com a mecanismes d'ajust. Sostenien que si disminueix la demanda dels consumidors, els preus baixaran, i així es garanteix que tota la producció es pugui vendre. Paral·lelament, si alguns treballadors temporalment no tenien feina, podrien competir pels llocs de treball oferint els seus serveis a uns salaris més baixos. La reducció en els salaris faria que resultés més rendible a les empreses contractar més treballadors, de manera que la flexibilitat dels salaris permetria que tots els que volguessin treballar tinguessin una feina.

1.2 Elements de la política fiscal

La **política fiscal** es refereix a la utilització de la **despesa pública** i dels **ingressos públics.** La font principal d'ingressos públics són els tributs. L'Estat espanyol té tres tipus de tributs: els *impostos* (com l'impost sobre societats o l'IRPF), les *taxes* (que són les contraprestacions rebudes a canvi de serveis prestats, com, per exemple, les taxes universitàries) i les *contribucions especials* (que són les establertes quan té lloc una revaloració d'un actiu com a conseqüència d'una obra pública). Els impostos són els tributs quantitativament més rellevants.

> **Important**
>
> Els **ingressos públics** són els que obté l'Estat, fonamentalment mitjançant els **tributs.** Aquests són de tres tipus: **impostos, taxes** i **contribucions especials.** Quantitativament, els més importants són els impostos.

> La **política fiscal** es refereix a les decisions del Govern sobre el nivell de la despesa pública i els impostos.

La política fiscal, mitjançant la despesa pública, influeix en la magnitud relativa del consum col·lectiu enfront del consum privat. Mitjançant els impostos, es redueixen les rendes i s'influeix en la despesa privada i en l'estalvi privat.

A. Les despeses del sector públic

Tot sector públic incorre en *despeses corrents,* la partida principal de les quals són les despeses de personal, i en *despeses d'inversió,* que en conjunt integren la **despesa pública.**

> **Important**
>
> La **despesa pública** està formada per les despeses corrents i les despeses d'inversió.

Dins de l'epígraf general de despeses dutes a terme pel sector públic, hi ha dues categories ben definides: **compres** de béns i serveis i **transferències** de l'Estat als particulars.

> Les **transferències** són pagaments pels quals els qui els reben no donen en contraprestació cap bé o servei.

Exemples típics de transferències són les despeses de la Seguretat Social, els subsidis de vellesa i desocupació o les ajudes familiars segons el nombre de fills. Com es va explicar en l'Apartat 3.3 de la Unitat 8, els pagaments de transferències no representen una demanda directa per part del sector públic sobre la capacitat productiva de la nació. Tanmateix, aquest tipus de transferències afecta els patrons de consum, perquè quan el sector públic recull les contribucions a la Seguretat Social dels empresaris i treballadors i paga pensions als jubilats i subsidis als aturats, aquests últims veuran augmentar els seus ingressos nets, mentre que els treballadors disposaran d'un nivell d'ingressos menor per a gastar, la qual cosa condicionarà el consum dels uns i dels altres.

La construcció d'infraestructures és una despesa pública d'inversió.

B. Els impostos

Per poder finançar les seves despeses, el sector públic es veu obligat a establir **impostos.**

> Els **impostos** són una imposició del sector públic als individus, unitats familiars i empreses, perquè paguin una certa quantitat de diners en relació amb determinats actes econòmics, com, per exemple, quan es consumeix un bé, quan s'obtenen ingressos pel treball o quan les empreses generen beneficis.

Tot i que l'objectiu primordial dels impostos és cobrir les despeses públiques, també s'utilitzen per a altres finalitats, com, per exemple:

— Perquè disminueixi la producció de determinats béns, com el tabac. Així, establint impostos addicionals que augmentin el preu del producte en qüestió, la quantitat demanada es reduirà.

— Per a modificar la distribució de la renda, perquè els col·lectius amb nivells de renda més elevats paguin proporcionalment més quantitat d'impostos.

1.3 La política fiscal i l'activitat econòmica

Com es va assenyalar en l'Epígraf 2 de la Unitat 9, és molt poc probable que la demanda agregada sigui exactament la quantitat desitjada per a arribar al producte potencial, perquè els consumidors, els inversors i els estrangers prenen les seves decisions de despesa de manera independent. Per això, es pot pensar en la despesa pública com una variable d'ajust, que augmenti o redueixi la demanda agregada com sigui més convenient. Així mateix, es pot recórrer a alterar els impostos per modificar el consum i la inversió privada i, per tant, incidir sobre la demanda agregada.

Més dades

DESCRIPCIÓ DE L'IRPF I DE L'IVA

L'impost sobre la renda de les persones físiques (IRPF)

- És un impost **directe** que es liquida anualment entre els mesos de maig i juny següents al període impositiu.
- És un impost **progressiu,** perquè el tipus impositiu augmenta —i, per tant, la quota que cal abonar a l'Administració— a mesura que ho fa la renda global del contribuent.
- És un impost **personal,** que té en compte les circumstàncies personals dels individus.
- En l'exercici fiscal de 2011, les rendes del contribuent es van dividir en sis trams, amb un *mínim personal* de 5 151 € anuals:
  - El *primer tram*, fins a 17 707,70 €, té un tipus impositiu del 12 %.
  - Els *quatre trams* següents van des d'un tipus impositiu del 14 % fins al 23,5 %.
  - L'*últim tram* agrupa les rendes superiors a 55 000 € i se li aplica un tipus impositiu del 23,5 %.

Cal sumar als tipus anteriors els que aprovin les comunitats autònomes on resideixen els contribuents.

L'impost sobre el valor afegit (IVA)

- És un impost **indirecte** que s'aplica a les operacions de lliurament de béns i prestació de serveis. **No** és un impost **progressiu,** sinó que s'aplica un tipus impositiu fix, depenent de la naturalesa del bé o el servei que s'intercanvia.
- Hi ha quatre categories de béns i serveis: els exempts d'IVA i aquells als quals s'aplica un tipus impositiu del 4, del 8 o del 18 %.
- Estan exemptes d'IVA, entre altres, l'assistència sanitària, l'educació, les operacions d'assegurances, algunes operacions financeres —com ara préstecs i crèdits, transferències, etc.— i la compravenda de terrenys no edificables.
- S'aplica el 4 %, entre altres, als aliments de primera necessitat, les publicacions periòdiques, els productes farmacèutics i els habitatges de protecció oficial.
- S'aplica el 8 % (tipus reduït), entre altres, als productes alimentaris que no són de primera necessitat, el material sanitari, els transports de passatgers (excepte els d'avió), l'hoteleria i restauració i les entrades a esdeveniments esportius i espectacles.
- S'aplica el 18 %, que és el tipus normal, a tots els altres lliuraments de béns i prestacions de serveis no inclosos en els apartats anteriors.

A. La política fiscal expansiva

El Govern, mitjançant el recurs a una **política fiscal expansiva,** augmentant la despesa pública o reduint els impostos, pot influir de manera important sobre la demanda agregada, fent que aquesta augmenti, és a dir, desplaçant-la cap a la dreta (Figura 10.1). Lògicament, en actuar d'aquesta manera, no sols aconseguirà augmentar la producció i l'ocupació, sinó que també generarà una pujada de preus. Per això, a llarg termini, quan els augments de preus es traslladen als salaris, els efectes beneficiosos d'una política expansiva poden desaparèixer.

> **Important**
>
> La **política fiscal expansiva** es concreta en un augment de la despesa pública o una reducció d'impostos i fa que augmentin la producció, l'ocupació i els preus.

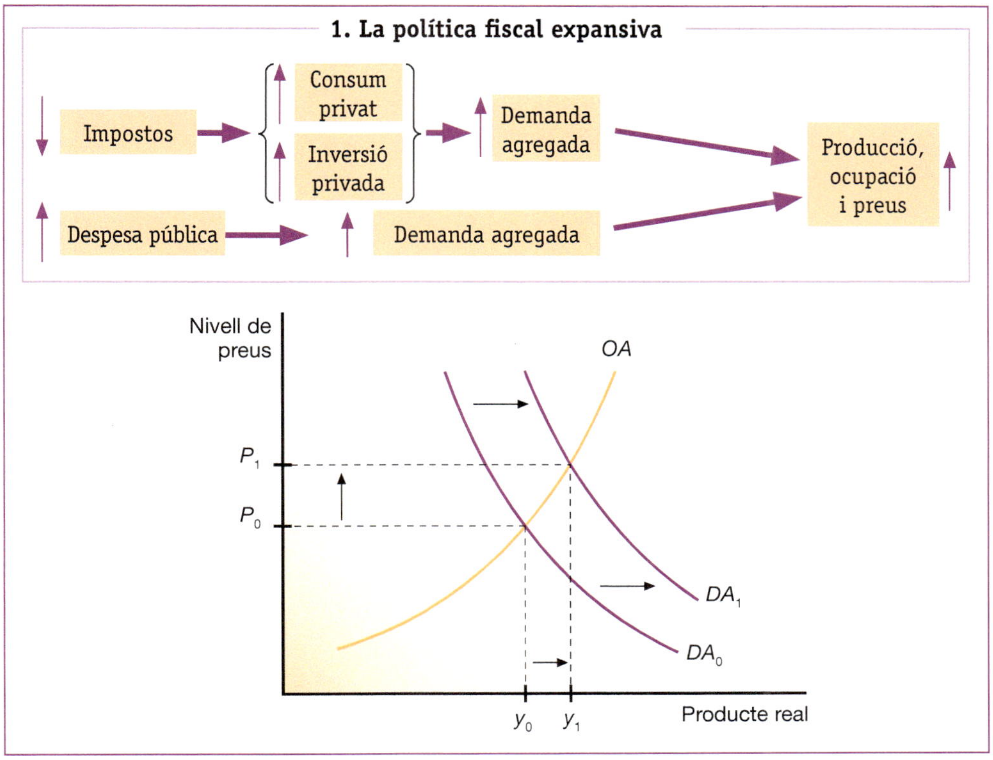

Figura 10.1. *La política fiscal expansiva augmenta la producció i els preus.*

Mitjançant una política fiscal expansiva, el Govern pot influir sobre la demanda agregada augmentant la despesa pública o reduint els impostos.

B. Política fiscal contractiva o restrictiva

La política fiscal també pot emprar-se per a contreure la demanda agregada (Figura 10.2). Quan l'economia està en una fase d'expansió, i segons s'apropa a l'auge o cim del cicle, les tensions inflacionistes començaran a accentuar-se, i es pot pensar a recórrer a una **política fiscal restrictiva.** En una política fiscal contractiva la despesa pública s'hauria de reduir i/o els impostos s'haurien d'augmentar.

En termes gràfics, i a curt termini, una política fiscal contractiva originarà un desplaçament cap a l'esquerra de la corba de demanda agregada, i reduirà el producte real i els preus (Figura 10.2).

Els efectes positius d'una política fiscal expansiva que aconsegueix desplaçar la corba de demanda agregada cap a la dreta només es mantindran a curt termini. A llarg termini, l'augment dels preus iniciarà una sèrie de tensions inflacionistes que acabaran exhaurint l'augment de la producció i l'ocupació.

Important

La **política fiscal contractiva o restrictiva** concretada en un augment dels impostos o una reducció de la despesa pública fa que disminueixin la producció, l'ocupació i els preus.

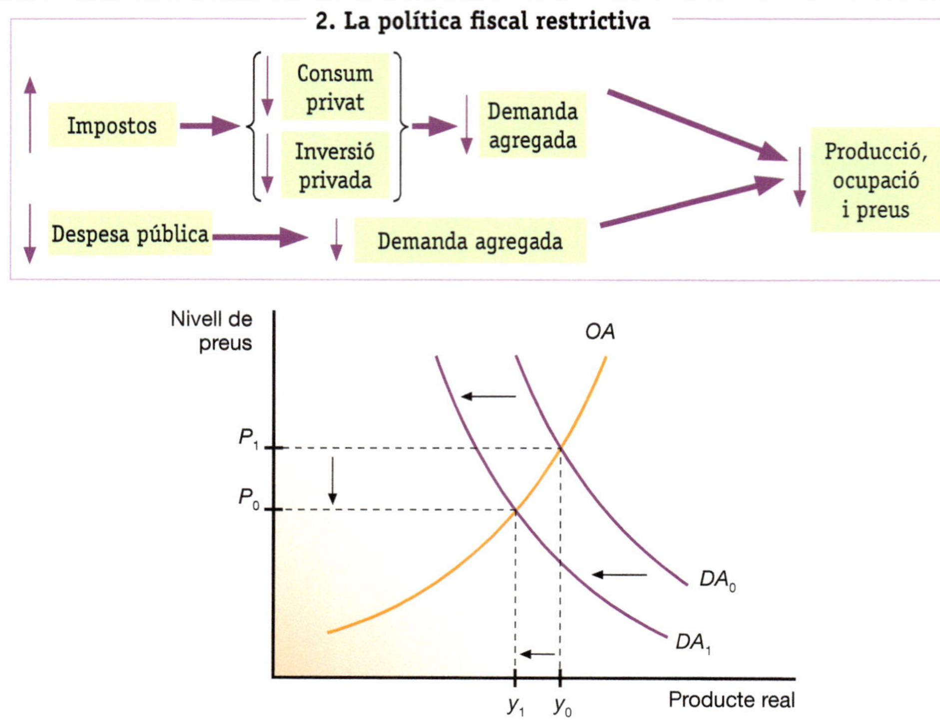

Figura 10.2. *La política fiscal contractiva redueix la producció i els preus.*

Activitats

1> Analitza les tasques principals de contingut econòmic dutes a terme per l'Ajuntament de la teva ciutat. Quin tipus d'impostos estableix?

2> Indica quin dilema o disjuntiva es planteja quan es posa en pràctica una política estabilitzadora de caràcter expansiu.

3> Atesa l'elevada taxa d'atur de l'economia espanyola, quina seria l'explicació que en donarien els economistes clàssics? Quina recomanació formularien per reduir-la? I els keynesians?

4> Tenint en compte una situació de recessió econòmica, quines polítiques en temes d'impostos i despesa pública caldria dur a terme? Com afectaria la política recomanada al nivell de renda?

5> Organitzeu-vos en grups de quatre persones i intenteu establir les mesures de política fiscal que caldria prendre per intentar estabilitzar una economia que es troba «reescalfada», és a dir, que creix a un ritme elevat, amb un alt nivell d'utilització de la capacitat productiva i un PIB efectiu pròxim al PIB potencial, amb la qual cosa la inflació comença a descontrolar-se.

2 La política fiscal i el pressupost del sector públic

La política fiscal es plasma en el pressupost del **sector públic.** Abans de cada període econòmic, les diverses entitats que componen el sector públic preparen un pla que comprèn el conjunt de les despeses i els ingressos previstos per a aquest període. Amb aquestes dades, elaboren el document comptable que coneixem com a **pressupost.**

> El **pressupost** del sector públic és una descripció dels seus plans de despeses i dels ingressos que cal obtenir per a finançar-los en l'exercici en qüestió.

Important

El **sector públic espanyol** està constituït per:

- L'Administració central.
- Les comunitats autònomes.
- Les corporacions locals.
- El sector públic empresarial.

Tant els impostos com les actuacions que el sector públic du a terme en relació amb la seva despesa pública es recullen en el pressupost. El pressupost és el registre dels ingressos i les despeses públics. S'expressa de la manera següent:

Pressupost del sector públic = Ingressos públics – Despeses públiques

Si els ingressos superen les despeses, hi haurà un *superàvit pressupostari*. Per contra, hi haurà un *dèficit pressupostari* quan els ingressos siguin menors que les despeses. El pressupost estarà equilibrat quan totes dues partides siguin iguals.

Vocabulari

Dèficit públic

Despeses públiques (compres de béns i serveis) > Ingressos públics (impostos nets).

Lògicament, les mesures expansives, com l'augment de la despesa pública o la reducció d'impostos, tendiran a crear dèficit en el pressupost, mentre que les polítiques restrictives actuaran en sentit contrari.

> Els **ingressos públics** són els fons que van a parar al sector públic per a poder complir els objectius i cobrir les despeses.
>
> La **despesa pública** és el conjunt d'obligacions de pagament contretes pel sector públic com a conseqüència de la seva actuació com a agent econòmic.

2.1 El pressupost com a instrument de política econòmica

El pressupost representa un instrument bàsic de planificació financera a curt i mitjà termini, ja que el seu contingut principal és el conjunt de despeses necessàries per a dur a terme les activitats del sector públic. Inclou també els instruments de finançament i sol estar referit a un determinat termini, normalment un any.

D'altra banda, el pressupost és un instrument clau de política econòmica. Mitjançant la despesa pública es pot influir en la demanda agregada per a expandir-la o retreure-la, modificant el nivell d'activitat econòmica.

Els documents que integren els *Pressupostos Generals de l'Estat* contenen:

- Els *objectius econòmics* generals que es volen assolir durant l'exercici fiscal.
- Les *despeses i* els *ingressos* detallats de cadascun dels organismes, institucions i empreses que constitueixen el sector públic.
- Els *instruments de política microeconòmica* que s'utilitzaran per a complir els pressupostos, així com els mitjans tècnics que s'hi empraran.

Important

Per a les administracions públiques, el pressupost és el marc jurídic i financer al qual han d'ajustar tota la seva activitat. Les despeses que recull tenen caràcter limitador (el pressupost fixa límits de despesa que no poden sobrepassar-se), mentre que els ingressos tenen un caràcter estimatiu (es basen en prediccions sobre el comportament futur de l'economia).

2.2 El finançament del dèficit públic

El finançament del dèficit públic se sol dur a terme fonamentalment mitjançant l'establiment d'impostos o amb l'emissió de deute públic.

1. La utilització dels impostos planteja algunes limitacions. Aquestes deriven precisament que, moltes vegades, el que es requereix és finançar les despeses deficitàries, és a dir, aquelles que són superiors als impostos establerts. A més a més, la pujada d'impostos sempre resulta impopular.
2. La segona possibilitat és que el sector públic financi les despeses deficitàries mitjançant l'emissió de títols de **deute públic.** Lògicament, l'Estat ha de tornar al seu moment les quantitats prestades més els interessos pactats.

El dèficit públic i el deute

El **dèficit** i el **superàvit públics** són **variables flux** que mesuren la diferència entre la despesa pública i els ingressos impositius durant un determinat període, normalment un any. El **deute públic**, per contra, és una **variable estoc** que mesura la quantitat total que deu l'Estat en un determinat moment del temps. En concret, el **deute públic** es pot definir com el valor total dels **bons** emesos pel Govern a les mans del públic. Un **bo** és una promesa de pagar una determinada quantitat de diners en una data futura. Poden emetre els bons les empreses privades o l'Estat.

> Es parla de **dèficit** quan els pagaments superen els ingressos i el balanç, per tant, és negatiu. En cas contrari, es parla de **superàvit.**

El deute públic augmenta quan tenen lloc dèficits públics que incrementen les tinences de bons emesos per l'Estat a les mans del públic. Per contra, els superàvits públics que redueixen les tinences de bons a les mans del públic redueixen el deute públic.

L'increment o la disminució del deute públic no sols indica l'existència de dèficits o superàvits públics, sinó també l'augment o la reducció dels pagaments en concepte d'interessos que deu el sector públic als qui tenen els bons de l'Estat. Com més alt sigui el deute públic, més alts seran els interessos anuals que ha de pagar l'Estat pel deute públic.

> El **deute públic** és el valor total dels bons o títols de deute emesos per l'Estat a les mans del públic.

! *Important*

El **deute públic** és l'estoc o fons de passius (deutes) de l'Estat. El **dèficit** és un flux de nou deute contret quan l'Estat gasta més que no recapta en impostos.

abc *Vocabulari*

Una **variable flux** és aquella que té una dimensió temporal i flueix al llarg del temps.

Una **variable estoc** és aquella que mesura una quantitat en un moment del temps.

Activitats

6> Les dades, en milers de milions d'euros (M€), sobre el pressupost públic de dos països, un d'estalviador i un altre de gastador, són les següents:

	País estalviador	País gastador
Ingressos	350 000 M€	400 000 M€
Despeses	300 000 M€	440 000 M€

Calcula el pressupost públic de cadascun dels països i analitza el seu impacte sobre la demanda agregada, la producció, l'ocupació i els preus.

7> Seguint amb les conseqüències dels pressupostos públics dels dos països considerats en l'activitat anterior, analitza el seu impacte en termes del deute públic i la necessitat o capacitat de finançament generada.

3 El pressupost públic i el cicle econòmic

Quan els ingressos públics són inferiors a les despeses, el pressupost incorrerà en dèficit. En quin grau és convenient que això passi? Dues posicions teòriques responen de manera diferent a aquesta qüestió: la dels economistes **clàssics** i la dels **keynesians,** que es corresponen amb dues concepcions diferents sobre la política fiscal i, en general, sobre el funcionament de l'economia (Quadre 10.2).

Enfocament clàssic o monetarista	Enfocament keynesià
Supòsits de partida	
• Les economies tenen mecanismes autocorrectors que eliminen els desajustos i fan innecessària la intervenció estabilitzadora estatal. • Les economies tendeixen a llarg termini cap al ple ús dels recursos productius.	• Tal com va evidenciar la crisi de 1929, no hi ha un mecanisme automàtic que faci que l'economia tendeixi sempre cap al ple ús dels recursos. • Els preus i els salaris no són tan flexibles com defensaven els clàssics. Especialment, les rigideses a la baixa dels salaris dificulten els ajustos.
El paper del sector públic	
• Limitar la despesa pública en la mesura que es pugui. • El pressupost públic s'ha de mantenir equilibrat anualment.	• Davant d'una recessió motivada per una demanda agregada insuficient, el sector públic ha d'intervenir manipulant les despeses i els impostos. • El pressupost s'ha d'equilibrar al llarg del cicle econòmic. Durant les recessions es pot incórrer en dèficits temporals.

Quadre 10.2. *Clàssics i keynesians davant la política fiscal.*

> **Important**
>
> El terme *clàssic* fa referència al fet que el seu origen es troba en els economistes clàssics, però s'empra generalment en un sentit més ampli, i comprèn també aquells economistes posteriors als clàssics, però que en essència defensen les seves idees, com ara els monetaristes.

Per als economistes clàssics i els monetaristes, l'economia té mecanismes autocorrectors que fan innecessària la política fiscal. Per això, defensen que la despesa pública es limiti al màxim possible i que el pressupost es mantingui equilibrat anualment.

Per a Keynes i els seus seguidors, l'economia no segueix un camí estable cap a la plena ocupació, perquè els ajustos no tenen lloc de la manera prevista pels economistes clàssics. Davant d'una recessió motivada per una demanda agregada insuficient, el sector públic ha d'intervenir-hi, manipulant les despeses i els impostos. Els keynesians coincideixen amb els monetaristes en què el pressupost ha d'equilibrar-se, però no anualment, sinó al llarg de tot el cicle. Així, accepten que durant les recessions s'incorri en dèficits temporals, que posteriorment seran compensats per superàvits en les fases alcistes del cicle.

> **Important**
>
> Segons els **economistes clàssics,** el pressupost ha d'equilibrar-se anualment, mentre que els **keynesians** defensen que el pressupost només ha d'equilibrar-se al llarg del cicle.

Les fluctuacions cícliques i el dèficit públic

Quan l'economia es troba en la **fase recessiva** del cicle econòmic, disminueix la recaptació d'impostos, per la caiguda de l'activitat, i augmenta la despesa pública, ja que s'incrementen les prestacions per desocupació. Això genera una tendència que hi hagi dèficits públics.

Durant les **expansions** passa el contrari: en disminuir la desocupació i en augmentar els nivells de renda i producció, les transferències públiques descendeixen i s'incrementen els ingressos impositius, i així es dóna lloc a una disminució del dèficit pressupostari (o a un augment del superàvit).

Vocabulari

Pressupost efectiu

Registra les despeses, els ingressos i el dèficit (superàvit) monetari corresponents a un període determinat.

Pressupost estructural

Calcula els ingressos, les despeses i els dèficits (superàvits) de l'Estat si l'economia funcionés en el nivell de producció potencial o de plena ocupació.

Pressupost cíclic

És la diferència entre el pressupost efectiu i l'estructural.

Durant les **recessions,** les transferències públiques augmenten i disminueixen els ingressos impositius, fent que el dèficit pressupostari s'incrementi (o que disminueixi el superàvit). Durant les **expansions,** passa el contrari.

Atès que el cicle té efectes sistemàtics sobre la despesa i els ingressos, és convenient dividir el dèficit en dos components: el *dèficit cíclic* i el *dèficit estructural*. El **dèficit cíclic** és la part del dèficit que es pot atribuir al moment del cicle en què es troba l'economia. Hi haurà un dèficit cíclic quan la producció estigui per sota del PIB potencial, i un superàvit cíclic, quan la producció efectiva superi la producció potencial. Quan l'economia se situï en el nivell de plena ocupació, el dèficit cíclic serà igual a zero.

El **dèficit cíclic** és la part del dèficit pressupostari que varia amb el cicle econòmic: durant les recessions hi haurà dèficit, i en les expansions, superàvit.

El **dèficit estructural** és la part del dèficit que no té el seu origen en les fluctuacions cícliques, sinó en un desajust entre l'estructura d'ingressos i despeses públics. Per això, quan una economia surt d'una recessió, el component cíclic del dèficit desapareix, però el dèficit estructural romandrà.

El **dèficit estructural** és la part del dèficit pressupostari que és independent del cicle econòmic; es deu a desajustos estructurals entre els ingressos i les despeses públics.

La distinció entre el dèficit cíclic i el dèficit estructural representa reconèixer la influència de les fluctuacions cícliques en el pressupost del sector públic. La realitat és que la relació és doble, perquè el pressupost també afecta les fluctuacions cícliques. Els canvis pressupostaris que es produeixen automàticament durant les expansions i les recessions, és a dir, els canvis del dèficit o superàvit cíclic, ajuden a suavitzar les fluctuacions cícliques, perquè actuen com a *estabilitzadors automàtics*.

3.1 La política fiscal discrecional i els estabilitzadors automàtics

La visió de la política fiscal com a instrument estabilitzador de l'activitat econòmica pot fer pensar que aquesta només ajuda a controlar l'economia si els responsables de la política econòmica vigilen atentament les tendències i aconsegueixen preveure els esdeveniments, i prenen les mesures oportunes.

Vocabulari

Política fiscal discrecional

Aquella en què el Govern modifica els tipus impositius o els programes de la despesa, generalment mitjançant l'aprovació de mesures legislatives.

Tot i que es pot parlar d'una **política fiscal activa o discrecional,** que es concreta en la presa de mesures explícites sobre les despeses i els ingressos públics per a intentar estabilitzar l'economia, el sistema impositiu té uns *efectes automàtics* que és convenient analitzar.

Estudiem per separat aquests dos aspectes de la política fiscal: el discrecional i l'automàtic.

A. Les polítiques fiscals discrecionals

La visió de la política fiscal com a instrument estabilitzador de l'activitat econòmica se sol concretar en les anomenades *polítiques discrecionals* (Quadre 10.3).

Programes d'obres públiques i altres despeses	Els projectes d'inversió pública tradicionalment han tingut un objectiu doble: donar feina als desocupats i dotar d'infraestructures suficients els països.
Projectes públics d'ocupació	Solen estar patrocinats per les administracions o per organismes autònoms i el seu objectiu és contractar treballadors desocupats durant períodes curts de temps.
Programes de transferències	Els exemples principals en són: l'assegurança de desocupació, les pensions de jubilació i altres programes de transferències cap a certs col·lectius marginats del mercat de treball (generalment, concretats en bonificacions o subvencions sobre les cotitzacions que cal pagar a la Seguretat Social o ampliacions del període per a percebre les prestacions per desocupació).
Alteracions dels tipus impositius	Els tipus d'alguns impostos (els percentatges a pagar) es poden alterar per incidir sobre la renda de les persones físiques o sobre els recursos de les empreses i, per tant, sobre l'activitat econòmica.

Quadre 10.3. *Les principals polítiques fiscals discrecionals.*

Aquestes **polítiques fiscals discrecionals** s'han emprat i es continuen emprant. No obstant això, el seu ús com a polítiques estabilitzadores presenta moltes dificultats, ja que solen comportar lents tràmits institucionals, polítics i burocràtics. Així, pensem que s'optés per recórrer a un programa d'obres públiques per combatre una recessió. La pràctica demostra que, com a mitjana, des que es comença a considerar la possibilitat de dur a terme un projecte fins que de fet s'hi comencen a gastar quantitats apreciables, generalment en mà d'obra i materials, sol transcórrer un mínim de tres anys. Si la recessió tingués, com sol ocórrer, una durada d'uns dos anys, els projectes d'obres públiques, que es van pensar per combatre la recessió, començaran en realitat a exercir els seus efectes expansius sobre la demanda agregada quan l'economia ja hagi superat la recessió i estigui en fase de reactivació, i contribuiran així a accelerar-la.

Tot això no ha d'entendre's com un atac als programes d'obres públiques, ja que són necessaris. Perquè una economia es desenvolupi, ha d'estar dotada d'unes infraestructures suficients, i cal fer-les a càrrec dels pressupostos públics. El que resulta més dubtós és la conveniència que els programes d'obres públiques es facin a fi d'intentar estabilitzar l'activitat econòmica a curt termini.

Important

Les **polítiques fiscals discrecionals** són les que exigeixen prendre mesures explícites. Les més significatives són:

- Els programes d'obres públiques i altres despeses.
- Els projectes públics d'ocupació.
- Els programes de transferències.
- L'alteració dels tipus impositius.

B. Els efectes automàtics de la política fiscal

Quan els impostos són proporcionals, la recaptació s'altera de manera automàtica a mesura que varia el producte nacional. L'augment dels impostos a mesura que s'incrementa el producte nacional reduirà la força de l'expansió, i passarà el contrari si té lloc una recessió. Per tant, els impostos proporcionals compleixen la funció d'un **estabilitzador automàtic** de l'activitat econòmica.

Activitats

8> Considera el cas de l'IVA: descriu la seva acció com a estabilitzador automàtic quan té lloc una crisi econòmica. Com es podria utilitzar aquest impost en una política fiscal discrecional?

9> Assenyala, de les mesures següents de política fiscal, les que actuen com a estabilitzadors automàtics: un impost fix, un impost proporcional, un subsidi de desocupació.

Un **estabilitzador automàtic** és qualsevol fet del sistema econòmic que mecànicament tendeixi a reduir la força de les recessions i/o de les expansions de la demanda, sense que siguin necessàries mesures discrecionals de política econòmica.

Si els impostos augmenten amb el producte nacional, mentre que part de les despeses públiques, especialment les despeses de transferència, com l'assegurança de desocupació, es mouen en sentit contrari, tindrem que el pressupost del sector públic tendirà automàticament cap al dèficit durant les recessions i al superàvit durant les expansions. En actuar expansivament durant les recessions i contractivament durant les expansions, el pressupost del sector públic contribueix a reduir l'amplitud de les oscil·lacions de la despesa agregada i proporciona una estabilitat incorporada en el funcionament mateix de l'economia.

Altres programes assistencials, com les pensions de jubilació, també mostren un comportament anticíclic, actuant com a estabilitzadors automàtics.

3.2 La política fiscal i l'efecte desplaçament

A vegades, l'augment de la despesa pública origina el que es coneix com a **efecte desplaçament.** Hi ha dues maneres en què pot produir-se l'efecte desplaçament. En primer lloc, la despesa pública pot expulsar la inversió privada a causa de les limitacions dels recursos. Si l'economia es troba en una situació de plena ocupació, és a dir, quan s'ha arribat a la producció potencial, un augment de la despesa pública desplaçarà la inversió privada.

En segon lloc, l'efecte desplaçament pot produir-se quan els tipus d'interès pugen de manera notable a causa del creixement del deute públic i redueixen la inversió privada sensible als tipus d'interès.

L'**efecte expulsió** o **desplaçament** té lloc quan la despesa pública, els dèficits pressupostaris o el deute públic redueixen la quantitat d'inversió de les empreses.

Activitats

10> Comenta el text següent, extret del discurs electoral de Roosevelt durant la crisi dels anys trenta: «Els ingressos han de cobrir les despeses d'una manera o una altra. Qualsevol govern, com qualsevol família, pot gastar en un any una mica més que no guanya, però vostès i jo sabem que una continuïtat en aquest hàbit significa la ruïna».

11> Analitza l'evolució del dèficit públic espanyol durant els últims anys i esbrina quines partides han crescut més.

12> Recull informació en premsa dels debats parlamentaris sobre els Pressupostos Generals de l'Estat.

13> En quin sentit el problema de deute públic que va començar a experimentar Espanya el 2010 i 2011 va ser de falta de confiança? El problema va ser tan greu com l'han donat a conèixer els mitjans de comunicació o en una perspectiva a mitjà termini no en va ser tanta la gravetat? En quin sentit el cost del deute públic es calcula amb títols públics a curt, mitjà i llarg termini?

14> Formeu dos grups a l'aula: un que defensi les postures dels economistes clàssics i un altre a favor dels keynesians. Debateu sobre la conveniència que el pressupost de l'Ajuntament presenti dèficit o superàvit.

15> Quins són els tipus de dèficit públic? Què s'entén per efecte desplaçament?

4 Polítiques sectorials discrecionals: habitatge, sanitat i medi ambient

El pressupost es plasma fonamentalment en una sèrie d'actuacions de caràcter social i en un conjunt de **polítiques sectorials discrecionals.** En aquest apartat ens centrarem en les polítiques d'habitatge, sanitat i medi ambient.

Important

La **política fiscal discrecional** té un inconvenient bàsic: poden passar molts anys abans que efectivament comenci a tenir efectes reals.

4.1 Política d'habitatge

La política d'habitatge és un dels elements essencials de la política econòmica de qualsevol país, i a Espanya es concreta en un element típic de la planificació estratègica: el Pla estatal de l'habitatge. En els plans d'habitatge exerceixen un paper important les comunitats autònomes, i els elements essencials en són, entre d'altres, el finançament i les subvencions. L'objectiu és facilitar l'**accés a l'habitatge** als sectors més desfavorits de la societat. Per a això, es potencia l'oferta dels productes singulars, com la rehabilitació, el desenvolupament en el mercat d'agents econòmics i les cooperatives, i es dóna suport a l'habitatge de lloguer.

Diverses administracions públiques duen a terme polítiques que ajuden els joves a accedir a un habitatge de lloguer.

Les actuacions en habitatges comprenen des de la **promoció d'habitatges** protegits fins a la **rehabilitació** del parc residencial existent. Està especialment protegida la rehabilitació per al lloguer.

Els destinataris principals d'aquestes mesures són majoritàriament persones i famílies amb ingressos ponderats mitjans i baixos, per sota de 3,5 vegades el salari mínim interprofessional (SMI), i els joves.

Aquest conjunt d'actuacions ha canalitzat cap al subsector de l'habitatge una quantitat important de recursos financers, d'origen privat i públic, i s'ha traduït en una gran activitat constructora, rehabilitadora i urbanitzadora, fins a la crisi del sector de 2008.

Actualment, les iniciatives en favor de l'habitatge intenten especialment millorar els mecanismes de suport a l'habitatge de lloguer, a la rehabilitació i al desenvolupament de sòl destinat preferentment a habitatges protegits, i així contribuir que baixin els preus finals de l'habitatge.

4.2 Sanitat

El sistema sanitari públic intenta garantir unes prestacions universals i gratuïtes. Tanmateix, no hi ha un mecanisme comú de cobertura, sinó diversos.

Avui dia, les competències estan transferides a les comunitats autònomes.

En aquest moment, el sistema general només exclou:

a) **Funcionaris.** Estan protegits per diferents mutualitats públiques. Aquestes poden optar per comprar la seva cobertura a les entitats sanitàries públiques de cada comunitat autònoma o a empreses asseguradores privades.

b) **Empleats d'empreses de grans dimensions.** Afiliats a mútues patronals registrades com a entitats col·laboradores de la Seguretat Social.

c) **Població marginal.** Coberta per l'assistència sanitària de beneficència.

És possible optar per una doble cobertura contractant assegurances mèdiques privades o pagant serveis concrets quan es necessitin.

Un problema del model de sanitat pública és que l'augment de prestacions representa una pressió sobre la despesa i causa escassetat de mitjans materials, la qual cosa provoca llistes d'espera. Aquesta situació fa que creixin contínuament les consultes externes i els ingressos en la unitat d'urgències, fet que repercuteix de forma negativa en l'organització del sistema.

L'envelliment de la població, l'augment de l'esperança de vida i la demanda de noves tècniques mèdiques que facilitin el diagnòstic i el tractament de diverses malalties fan pensar que la despesa sanitària serà cada cop més gran.

Això no sols planteja problemes de finançament, sinó que convida a revisar el sistema nacional de la salut. No obstant això, és difícil trobar el consens per a afrontar el problema sanitari.

4.3 Medi ambient

> **! *Important***
>
> Un problema seriós en relació amb el medi ambient és que no s'ha trobat la fórmula que aconsegueixi desvincular el creixement econòmic dels seus impactes negatius sobre el **medi ambient.**

La recerca del creixement econòmic ha situat en un pla secundari un fet tan fonamental per a la supervivència com és la defensa del medi natural. Les altes taxes de creixement econòmic registrades durant els últims anys encobreixen una realitat que ben sovint es passa per alt: l'impacte negatiu sobre el **medi ambient.**

Un estudi dut a terme per la Direcció General del Medi Ambient situa en un 1,9 % del PIB la repercussió econòmica negativa de la contaminació. Però el fet es torna encara més greu perquè molts altres efectes negatius difícilment quantificables s'escapen a l'estudi.

El sector productiu utilitza el medi ambient com a font de recursos, per a obtenir primeres matèries, i com a dipòsit dels residus provinents dels processos de producció i consum. Així, el deteriorament que origina l'activitat productiva entra en conflicte amb l'objectiu de creixement econòmic i amb el benestar dels individus, perquè tots dos requereixen la preservació del medi ambient.

La protecció del medi ambient és un eix de les polítiques de la Unió Europea.

En tot cas, la societat és cada cop més conscient que la qualitat del medi ambient és un bé escàs, i, per tant, un bé econòmic que ha de ser objecte de protecció i l'ús del qual ha d'estar sota control.

En el context de la Unió Europea, la política ambiental pretén millorar la qualitat del medi natural i aconseguir un ús racional dels recursos, seguint les directrius de l'Estratègia Mundial per a la Conservació de la Natura.

Alhora, la Unió Europea intenta garantir que les obres d'infraestructura i el desenvolupament econòmic en general tinguin en compte la protecció del medi ambient; concretament, la UE posa l'èmfasi a reduir la contaminació atmosfèrica i de les aigües i protegir els recursos del mar, controlant l'abocament de substàncies tòxiques persistents.

Activitats

16> Busca el Pla estatal d'habitatge i rehabilitació vigent actualment (a la pàgina del Ministeri de Foment) i esbrina quines mesures concretes es destinen a afavorir l'accés a l'habitatge per part dels joves. Quines potencien el lloguer? Quines la compra d'habitatge?

17> Suposem que un govern decideix dur a terme una política d'habitatge. Quin sentit creus que hauria de tenir: d'ajuda a la propietat o al lloguer? Raona-ho econòmicament.

18> Investiga: què és el copagament en sanitat? Quins arguments econòmics donen els seus defensors? I qui s'hi oposa?

5 Contingut dels Pressupostos Generals de l'Estat

Els Pressupostos Generals de l'Estat inclouen tres tipus de documents:

1. Els **estats de despeses**, en què figuren les despeses amb les quantitats respectives.
2. Els **estats d'ingressos**, en què s'inclou una previsió dels ingressos.
3. Els **estats financers de les societats estatals**, en què figuren els estats patrimonials i financers de les diverses societats estatals.

5.1 Classificació de les despeses

Hi ha diferents criteris per a classificar les diverses partides de la despesa pública. Segons el destí, poden classificar-se en: **despeses corrents, despeses d'inversió** i **altres despeses.**

a) **Despeses corrents.** Constitueixen el percentatge més elevat de despeses del sector públic i es destinen a dotar la societat de serveis públics, com ara educació, assistència sanitària, administració de justícia, defensa nacional, etc. Se subdivideixen en dues categories:

— Adquisició o lloguer de béns i serveis produïts per empreses, o bé propietat d'altres agents.

— Remuneració dels funcionaris i el personal que treballa en empreses, organismes i institucions públics.

b) **Despeses d'inversió.** Són les que es destinen a mantenir i ampliar el capital productiu del país. S'inverteixen en vies de comunicació, ports i aeroports, centres educatius, hospitals, etc.

c) **Altres despeses.** S'inclouen en aquest apartat les despeses que fa el sector públic sense cap contraprestació. Depenent del destí, distingim les transferències i les subvencions:

— Les *transferències* es destinen a persones físiques. En aquest grup hi ha els subsidis de desocupació, les beques, les prestacions socials no contributives, etc.

— Les *subvencions* van destinades a empreses, a fi de reduir els costos de producció de determinats béns.

5.2 Classificació dels ingressos

Els ingressos es poden classificar de manera *orgànica* i *econòmica*.

— La **classificació orgànica** depèn de l'agent a qui s'imputen els ingressos. Segons aquest criteri, hi ha quatre grups d'ingressos: de l'Estat, dels organismes autònoms, de les societats estatals i d'altres ens públics. Lògicament, l'Estat fa un sol pressupost d'ingrés i cadascun dels altres tres tipus d'agents elabora el seu propi pressupost.

— La **classificació econòmica** defineix l'objecte o la classe d'ingressos i s'utilitza per a la seva imputació comptable. De la mateixa manera que les despeses públiques, els ingressos es divideixen en tres grups, i aquests, al seu torn, en capítols.

+ *Més dades*

Com a annex al pressupost d'ingressos s'inclou el pressupost de despeses fiscals, que constitueix una estimació d'allò que l'Estat deixarà de recaptar com a conseqüència de les mesures de política fiscal o tributària, que representen deduccions o desgravacions que afecten els tributs de l'Estat.

+ *Més dades*

A més del seu destí, hi ha altres maneres de classificar les despeses:

— La **classificació per programes** reflecteix la finalitat de la despesa i els objectius del pressupost. Els recursos públics s'assignen amb molt de detall i la previsió inclou, a més dels objectius, uns indicadors de seguiment.

— La **classificació orgànica** té caràcter auxiliar respecte a la classificació per programes. Indica qui fa la despesa.

— La **classificació econòmica** és també auxiliar i mostra l'objecte de la despesa, és a dir, en què es gasten els diners. Divideix les despeses públiques en tres grans grups: despeses corrents, de capital i financeres. Aquestes, al seu torn, es desagreguen en capítols.

A. Els ingressos fiscals i no fiscals

Des de la perspectiva de la gestió, es consideren separadament els ingressos no financers i els ingressos financers. Els no financers, d'altra banda, es divideixen en: ingressos fiscals i ingressos no fiscals (Esquema 10.1).

Ingressos públics

Fiscals

- **Impostos directes:** recauen sobre el patrimoni i les rendes dels contribuents, que han de pagar segons les seves circumstàncies personals.
- **Impostos indirectes:** graven el consum de béns i serveis, amb independència de les circumstàncies personals del subjecte.
- **Taxes:** tributs a canvi de la prestació de serveis per part dels ens públics.

No fiscals

- **Transferències corrents:** quantitats que l'Administració General de l'Estat rep d'altres entitats (exemple: loteries).
- **Ingressos patrimonials:** rendes que generen els béns patrimonials de l'Estat i que s'originen en el Tresor Públic (exemple: dividends de les empreses públiques).
- **Ingressos per alienació d'inversions reals:** vendes de béns patrimonials de l'Estat; es consideren ingressos extraordinaris (exemple: ingressos per privatització d'empreses).
- **Transferències de capital:** fonamentalment, ingressos dels fons estructurals de la Unió Europea perquè l'Administració desenvolupi projectes d'inversió.

Esquema 10.1. *Ingressos fiscals i no fiscals.*

B. Ingressos ordinaris i extraordinaris

Des d'un punt de vista operatiu, els ingressos públics poden classificar-se en ordinaris i extraordinaris.

a) Els **ingressos ordinaris** s'obtenen regularment al llarg d'un exercici fiscal. Procedeixen dels impostos directes i indirectes i de l'activitat de les empreses públiques.

b) Els **ingressos extraordinaris** s'obtenen de manera puntual quan el sector públic necessita disposar de fons per a atendre les seves necessitats. Procedeixen d'aquestes fonts:

— L'emissió de **deute públic.** Aquest és un conjunt de préstecs que les economies domèstiques i les empreses concedeixen al sector públic. Sol tractar-se de préstecs a un tipus d'interès i amb unes condicions fiscals que els fan atractius per als agents econòmics als quals van dirigits.

— La **venda de patrimoni públic.** Consisteix a cedir la propietat de béns o empreses de titularitat pública a societats, altres empreses o particulars.

— Els **impostos extraordinaris sobre el patrimoni privat** s'apliquen quan la intervenció del sector públic produeix un increment del valor dels béns privats.

Activitats

19> Analitza les diferents partides de despesa del pressupost de la teva comunitat autònoma durant els últims anys i valora l'evolució de les diferents partides. Quines partides haurien d'augmentar i quines caldria reduir? Amb quins criteris s'haurien de fer aquestes alteracions?

20> Estudia el pressupost del teu Ajuntament. Quin percentatge sobre el total de despeses correspon a despeses de personal? Quines són les partides principals d'ingressos?

21> Classifica com a despesa corrent, d'inversió, transferència o subvenció: el salari dels militars, la despesa en autopistes, el pagament als desocupats, les ajudes a un sector productiu en crisi.

Mapa conceptual

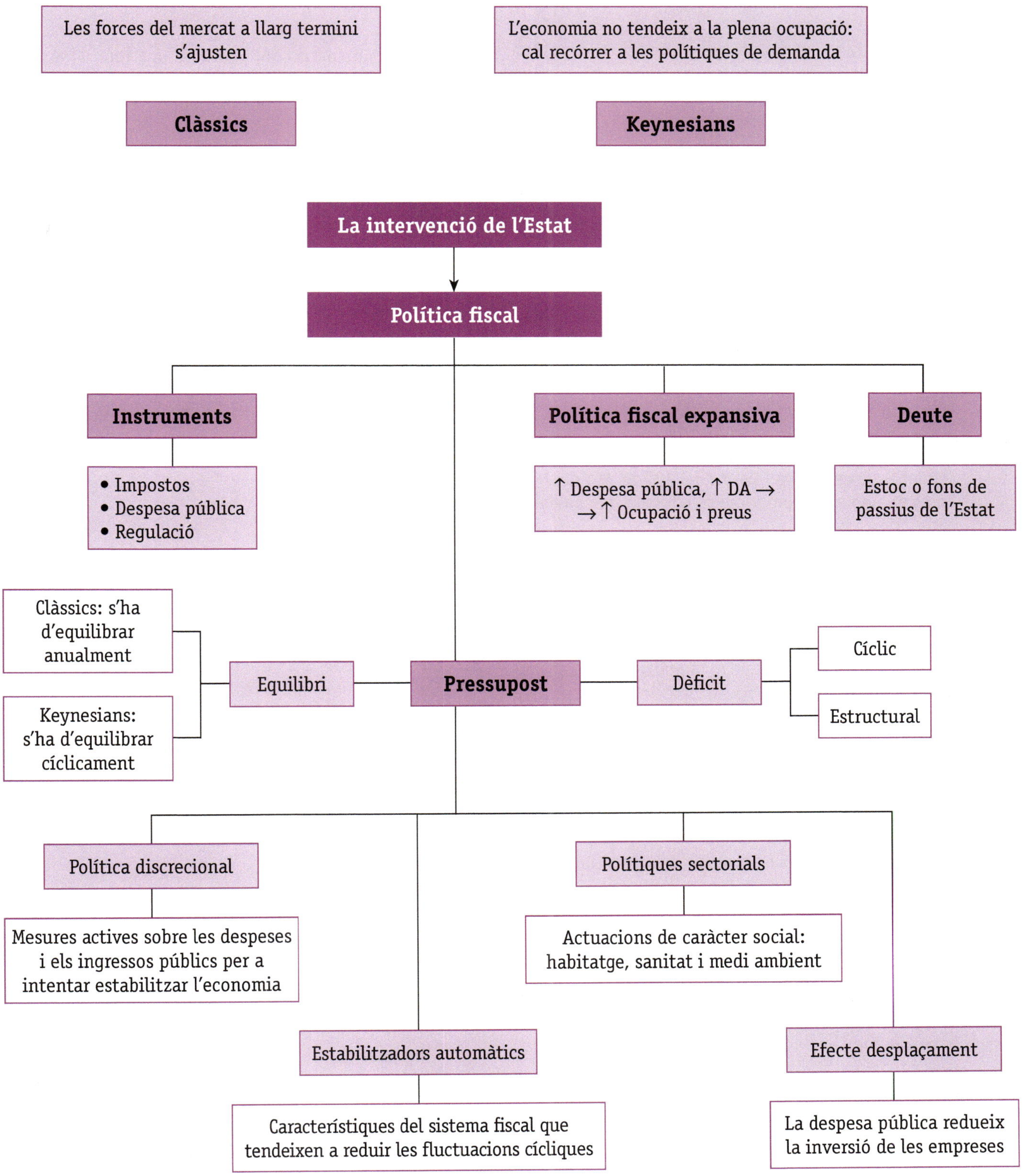

Activitats finals

1> Analitza els efectes d'una política fiscal expansiva sobre la producció, l'ocupació i els preus d'un país.

2> Per a l'entrada en la Unió Econòmica i Monetària Europea, els països europeus no havien de superar uns límits quant a dèficit públic i deute públic. Quins eren aquests límits?

3> Explica com és l'evolució del dèficit públic en relació amb el cicle econòmic i les seves fases corresponents, raonant-ho degudament.

4> Enumera quatre exemples de polítiques fiscals discrecionals utilitzades per a estabilitzar l'economia.

5> Quines raons poden justificar que, davant d'una forta recessió, aquells països que tenen un alt nivell de deute públic i un elevat dèficit recorrin a l'increment dels impostos indirectes?

6> Investiga en quins productes del cistell de consum setmanal de casa teva l'IVA és del 18, del 8 o del 4 %. Creus que en algun producte se n'hauria de canviar la categoria?

7> Si un país està en una situació d'expansió del cicle econòmic, com creus que evolucionen tant els ingressos com les despeses públics?

8> Quines diferències hi ha entre la política fiscal discrecional i els estabilitzadors automàtics? Anomena un exemple de cada actuació.

9> En èpoques de crisis profundes algunes de les polítiques mediambientals s'apliquen amb menys rigor. És que les polítiques mediambientals són un luxe?

10> Quina és la diferència entre les despeses públiques corrents i les despeses públiques d'inversió?

11> Fes una llista dels impostos que pagues amb els diners que tens per a les teves despeses i els que paga la teva família. Consideres adequada, escassa o excessiva la quantitat d'impostos que pagues? Raona la teva resposta sobre la base d'allò après en aquesta unitat.

12> Hi ha prestacions socials contributives i no contributives. Quina és la diferència entre les unes i les altres?

13> Analitza tres polítiques públiques de protecció mediambiental.

14> La UE transfereix fons a Espanya. Localitza quins van ser l'any passat.

15> La venda de patrimoni públic és una font d'ingressos extraordinaris per al sector públic. Podries identificar una empresa pública que s'hagi venut, encara que sigui en part, l'any passat?

16> Durant la fase recessiva del cicle econòmic disminueixen els ingressos públics i augmenten les despeses socials. Per què passa això?

17> Quan parlem de l'efecte d'expulsió o desplaçament, a què ens referim?

18> Localitza el pressupost del teu Ajuntament dels dos últims anys. Analitza les variacions que han experimentat tant les despeses com els ingressos d'aquesta Administració pública.

19> Quins són els ingressos de l'Estat espanyol? I els del teu Ajuntament?

20> Quines són les diferències fonamentals entre els economistes clàssics i els keynesians respecte a la intervenció de l'Estat en l'economia?

21> Què va passar en la Gran Depressió de 1929? Quines idees van sorgir per a resoldre la situació?

22> Explica els objectius que es persegueixen amb els impostos.

23> Quines despeses socials públiques consideres més importants? Per què?

24> Si l'Estat augmenta els impostos:

a) Quina política fiscal està aplicant?

b) Com afecta el consum privat i la inversió privada?

c) Quin comportament tindrà la corba de demanda agregada?

d) Com varien la producció i el nivell d'equilibri?

25> Amb els Pressupostos Generals de l'Estat es persegueixen uns objectius econòmics. Quins són?

26> Quan es parla d'equilibri pressupostari, a què fem referència? Consideres important arribar-hi? Per què?

27> Una manera de finançar el dèficit públic és emetre deute públic:

a) En què consisteix aquesta operació?

b) Quines altres maneres hi ha per a finançar el dèficit?

c) Quant deute públic va emetre l'Estat espanyol l'any passat?

28> Quina diferència hi ha entre dèficit públic i deute públic? I quina relació?

29> A quant ascendeix el salari mínim interprofessional d'enguany? Compara'l amb el de l'any anterior i analitza'n la diferència.

30> Localitza tres empreses estatals i enumera les activitats que duen a terme.

31> Estableix les diferències entre transferències i subvencions públiques.

32> Com està constituït el sector públic espanyol?

33> Quina és la diferència entre els impostos directes i els indirectes?

34> En relació amb l'IRPF, contesta a les preguntes següents:

a) És un impost directe o indirecte?

b) Qui està obligat a declarar-lo?

c) Si estiguessis treballant durant tres mesos, creus que estaries subjecte a aquest impost?

35> La Seguretat Social gestiona l'assistència sanitària pública mitjançant les comunitats autònomes. Qui contribueix a mantenir-la?

36> Quina és la diferència entre un impost i una taxa?

37> L'impost sobre societats grava les empreses societàries:

a) Quins són els tipus impositius d'aquest tribut?

b) A quin concepte s'aplica el tipus impositiu que correspon a cada empresa?

38> Per als clàssics i els keynesians, el pressupost públic ha d'estar equilibrat, però els dos corrents de pensament difereixen pel que fa al concepte d'equilibri pressupostari que defensen. Quina és la diferència entre els uns i els altres?

39> Quins són els documents que s'inclouen en els Pressupostos Generals de l'Estat?

40> Per què diem que les despeses que es reflecteixen en els pressupostos tenen caràcter limitador?

Reportatge: Deute públic: de la benedicció al pecat

Et proposem la lectura de l'article «Deuda pública: de la bendición al pecado», escrit per Manuel Conthe i publicat a *Expansion.com* el 27 de juliol de 2011.

Aquest article analitza la limitació que pesa sobre aquells estats que, amb un passat d'inflació, necessiten endeutar-se a l'estranger per a aconseguir tipus baixos i terminis de venciment dilatats. I també fa llum sobre les possibles conseqüències d'una suspensió de pagaments. Aquestes reflexions són útils per a entendre allò ocorregut amb el problema del deute en alguns països de la Unió Monetària Europea trobaràs el text complet a: **www.mhe.es/bachillerato/economia**).

Preguntes:

1> Quins factors poden explicar el problema del deute dels països perifèrics de la Unió Monetària Europea (Irlanda, Grècia, Portugal, Espanya i Itàlia)?

2> Quins han estat els efectes sobre els dèficits i sobre el deute públic de països com Espanya, amb una tradició d'inflació, d'haver-se integrat en la Unió Monetària Europea?

3> Quines mesures han pres les autoritats de l'UME per intentar que el deute no sigui excessiu?

Test de repàs

1> La política fiscal restrictiva es basa en:

a) La disminució dels impostos i la despesa pública.

b) L'augment de la despesa pública i els impostos.

c) Una política contrària a l'activitat econòmica.

d) La disminució de la despesa pública i l'augment dels impostos.

2> Un dels objectius fonamentals de les polítiques d'estabilització és:

a) Augmentar la despesa pública.

b) Intentar controlar l'economia.

c) Reduir els impostos.

d) Igualar el flux circular de la renda.

3> Quan les despeses són superiors als ingressos públics, el pressupost del sector públic reflecteix:

a) Un dèficit.

b) Un equilibri.

c) Un superàvit.

d) El deute públic.

4> Quina de les mesures següents de política fiscal no és de caràcter expansiu?

a) Contractació de nous funcionaris.

b) Convertir un impost progressiu en proporcional, recaptant el mateix.

c) Augment de les despeses en obres públiques.

d) Disminució dels impostos sobre els beneficis de les empreses.

5> Quina de les situacions següents no és una via per a finançar el dèficit públic?

a) Disminució del tipus d'interès.

b) Establiment d'impostos.

c) Creació de diner.

d) Emissió de deute públic.

6> A què fa referència l'efecte expulsió o desplaçament?

a) Que la disminució de les transferències a les economies domèstiques expulsa de la despesa el consum privat.

b) Que tot augment de la despesa pública ha de ser finançat amb un augment dels impostos, la qual cosa origina una disminució del consum privat.

c) Que l'augment de la despesa pública expulsa del mercat les empreses ineficients.

d) Que l'augment de la despesa pública expulsa la inversió privada, ja que origina un increment dels tipus d'interès.

7> L'impost sobre la renda (IRPF) és un impost:

a) Directe.

b) Indirecte.

c) Regressiu.

d) En espècie.

8> Quin dels impostos següents del sistema tributari espanyol és un impost indirecte?

a) L'impost sobre societats (IS).

b) L'impost sobre el valor afegit (IVA).

c) L'impost sobre la renda de les persones físiques (IRPF).

d) L'impost sobre el patrimoni (IP).

9> Indica quina de les afirmacions següents és la correcta en relació amb la política fiscal:

a) Una política fiscal restrictiva redueix el dèficit públic.

b) Una política fiscal expansiva redueix el dèficit públic.

c) Les polítiques fiscals no tenen efectes sobre el saldo pressupostari.

d) La política fiscal restrictiva té com a objectiu l'equilibri o el superàvit pressupostari.

10> Un dels ingressos següents de l'Estat és considerat com a no fiscal, quin és?

a) Impostos indirectes.

b) Transferències corrents.

c) Taxes.

d) Impostos directes.

Solució: 1. d; 2. b; 3. a; 4. b; 5. a; 6. d; 7. a; 8. b; 9. a; 10. b.

11

EL DINER I ELS BANCS

En el procés de finançament de tota economia hi ha un col·lectiu d'oferents de recursos financers, un altre de demandants i un conjunt d'institucions financeres que mitjancen entre els uns i els altres.

En aquest procés el diner exerceix un paper fonamental. Aquesta unitat analitza el paper del diner en l'economia, així com la tasca que duen a terme els bancs en el procés de creació del diner.

Notícia

«Para enfrentar la crisis es imprescindible reforzar la solvencia del sistema financiero», de Fernando Ramírez, *Expansion.com*, 7 de juliol de 2011.

Aquest article destaca la importància de comptar amb un sistema financer sanejat i que generi confiança per a poder superar l'obstacle que ha representat la crisi financera internacional (trobaràs el text complet a: **www.mhe.es/bachillerato/economia**).

Qüestions:

1> En relació amb la crisi financera internacional iniciada el 2007, sobre quin tema s'ha aconseguit un consens gairebé generalitzat, segons l'article?

2> Atesa la rellevància que el sobreendeutament va exercir en la crisi, quines són les seves conseqüències de cara a les entitats financeres?

1 El diner: origen i tipus de diner

Com vam veure en la Unitat 1, el diner exerceix una tasca molt important, perquè facilita l'intercanvi, ja que supera les limitacions derivades del bescanvi i contribueix al fet que l'economia funcioni eficientment. La utilitat del diner deriva de les característiques següents que el defineixen:

— *Mitjà de pagament*, perquè permet saldar deutes.

— *Dipòsit de valor*, ja que es pot atresorar en moments d'incertesa.

— *Unitat de compte*, ja que s'utilitza per a poder comparar béns i serveis de diferent naturalesa.

— *Unitat de pagaments diferits*, perquè s'utilitza per a fer front a pagaments en diversos moments del temps.

Aquestes característiques s'aniran analitzant al llarg d'aquesta unitat. Alguns d'aquests trets els reunien determinades mercaderies, com, per exemple, els metalls preciosos, fet que explica que al llarg de la història s'hagin utilitzat com a diner. En societats primitives i poc organitzades els béns que feien la funció de **diner** generalment tenien valor en si mateixos, fins i tot encara que no s'utilitzessin com a diner, i constituïen el que s'ha anomenat **diner mercaderia** (Esquema 11.1).

! *Important*

El **diner** és tot allò que constitueix un mitjà de canvi o de pagament acceptat comunament.

El **diner mercaderia** és un bé que té el mateix valor com a unitat monetària que com a mercaderia.

1.1 Del diner mercaderia al diner paper

La mercaderia escollida com a diner hauria de reunir les qualitats següents:

- *Duradora.* La gent no acceptarà com a diner una cosa que es deteriori en poc temps.
- *Transportable.* Per a fer grans pagaments, la mercaderia utilitzada ha de tenir un valor elevat respecte al seu pes, de manera que es pugui traslladar amb facilitat.
- *Divisible.* El bé escollit s'ha de poder subdividir en petites parts amb facilitat sense pèrdua de valor, de manera que es puguin fer pagaments petits.
- *Homogènia.* Aquesta propietat implica que qualsevol unitat del bé en qüestió ha de ser exactament igual a les altres, ja que, si no, els intercanvis serien molt difícils.
- *D'oferta limitada.* Qualsevol mercaderia que no tingui una oferta limitada no tindrà un valor econòmic.

L'or i l'argent han estat ben sovint les mercaderies escollides per a fer de diner.

Diner mercaderia
↓
El seu valor intrínsec coincideix amb el seu valor representatiu o facial

Diner fiduciari
↓
El seu valor intrínsec és inferior al seu valor representatiu
↓ Diner legal (monedes i bitllets)
↓ Diner bancari (dipòsits en els bancs que serveixen per a fer pagaments)

Esquema 11.1. *Tipus principals de diner.*

El diner fiduciari

Pràcticament totes les característiques que ha de tenir la mercaderia que es pretén fer servir com a diner les reuneix el paper. En el paper és possible imprimir la xifra que vulguem, i podem fer-lo tan divisible com vulguem. Així mateix, podem emmagatzemar-lo amb facilitat i és còmode de transportar. No obstant això, el paper no sembla que pugui utilitzar-se com a diner, perquè el seu valor intrínsec és pràcticament nul. Però si el seu valor és abonat per qui l'emet, les coses canvien, perquè en aquest cas el valor del paper és el que hi figura imprès. En aquest cas ens trobem davant del que s'anomena **diner fiduciari** o **diner signe.** En les economies modernes el diner fiduciari significa simplement que s'estableix com a diner per decret governamental.

El **diner signe** o **diner fiduciari** és un bé que té un valor molt escàs com a mercaderia, però que manté el seu valor com a mitjà de canvi perquè la gent té fe en el fet que l'emissor respondrà dels trossos de paper o de les monedes encunyades i tindrà cura que la quantitat emesa sigui limitada.

Els orfebres: el diner metàl·lic i el diner paper

El **diner paper** de ple contingut són certificats de paper amb la garantia de dipòsits d'or o argent del mateix valor dels certificats emesos.

Aquest tipus de diner va tenir el seu origen en l'activitat desenvolupada pels orfebres a l'edat mitjana. Aquests disposaven de caixes de seguretat on desaven les seves existències, que progressivament van anar oferint al públic, en un servei de custòdia de metalls preciosos. El servei es basava en la confiança que mereixia l'orfebre, que simplement estenia un rebut prometent tornar al dipositant les seves pertinences tan bon punt les demanés. La quantitat confiada a l'orfebre per a la seva custòdia s'anomenava *dipòsit*.

Quan feien una transacció important, els titulars dels dipòsits podien retirar mitjançant el lliurament d'un rebut els béns dipositats o bé transferir directament un rebut a càrrec dels béns dipositats. Amb el transcurs del temps, aquests rebuts van anar emetent-se al portador i les compres i vendes van anar saldant-se mitjançant el simple lliurament d'un paper, que certificava el deute privat, reconegut per un orfebre. Aquest prometia lliurar al portador una quantitat determinada d'or quan ho sol·licités. Aquest **diner paper** era plenament convertible en or.

El **diner paper de ple contingut** eren els certificats de paper que tenien la garantia de dipòsits d'or del mateix valor dels certificats emesos. Quan una economia utilitza or com a diner, o diner paper que és convertible en or a la vista, es diu que l'economia es regeix per un **patró or.**

El diner paper «nominalment» convertible en or

Els orfebres van començar a reconèixer deutes emetent diner paper, teòricament convertible en or, per un valor superior a l'or que realment tenien. D'aquesta manera, els orfebres es van convertir en banquers i van crear el diner paper nominalment convertible en or. Si en aquestes circumstàncies s'haguessin volgut fer efectius simultàniament tots els deutes reconeguts en els rebuts que ells havien certificat, no s'haurien pogut atendre.

1.2 El diner en el sistema financer actual

Actualment, el diner paper no té cap garantia en termes de metalls preciosos, i el mateix passa amb el diner en forma de monedes. El valor del diner paper actual descansa en la confiança de cada individu que serà acceptat com a mitjà de pagament pels altres i que s'estableix com a diner per decret governamental. El públic l'accepta, perquè sap que tots els altres individus estaran disposats a agafar-lo a canvi de coses que sí que tenen valor intrínsec. Si aquesta confiança desaparegués, el bitllet seria de poca utilitat tot i que tingués la garantia governamental.

Perquè funcioni el diner signe, l'important és la confiança. Una prova d'això és que sovint s'utilitzen determinades monedes, normalment monedes «fortes», com el dòlar, l'euro, el ien japonès o el franc suís, fora dels territoris en què exerceixen la seva sobirania els estats emissors, i es fan servir per la seva utilitat com a mitjà de pagament internacional, simplement per la confiança en el fet que els altres individus l'acceptaran. Per això, pot afirmar-se que *diner és tot el que s'accepta normalment com a mitjà de canvi.*

Important

El **diner mercaderia** deixa pas al **diner paper.** El diner no interessa per si mateix, sinó per les coses que s'hi poden comprar.

El diner bancari

Un dipòsit bancari és un **diner pagaré** o deute d'un banc, ja que aquest ha de lliurar al dipositant diner a càrrec del dipòsit, que actua com a límit, sempre que li ho sol·liciti. És un mitjà de canvi, ja que la gent està disposada a acceptar xecs com a pagament.

Els xecs i les targetes de crèdit i el diner bancari

Important

Les **targetes de crèdit**, també conegudes com a *diner de plàstic,* són un dels elements més comuns en les transaccions de la societat moderna.

Si, per exemple, un individu lliura un *xec* de 500 € com a pagament per la compra d'un vestit, aquesta transacció no implica cap tipus d'intercanvi de bitllets o monedes. El que normalment passarà serà que el xec es notificarà al banc del signant d'aquest, en el compte del qual es carregaran 500 €. En el compte del comerciant, per contra, es produirà un abonament de 500 €. Si els comptes són en bancs diferents, el procés serà idèntic, perquè només es requerirà que els bancs compensin els seus saldos respectius.

Així doncs, un xec no crea diners, sinó que simplement és una manera de mobilitzar o traslladar els diners. I les **targetes de crèdit,** són diners? Les targetes de crèdit s'exclouen de totes les mesures de la quantitat de diner bancari perquè no són un mètode de pagament. Quan, per exemple, paguem un vestit amb una targeta de crèdit, el banc que l'emet paga a la botiga la quantitat deguda. Més tard hem de tornar el deute al banc. El saldo del compte corrent sí que forma part de la quantitat de **diner bancari.**

Important

El **diner** és la suma de l'*efectiu* més els saldos dels comptes corrents, és a dir, els *dipòsits bancaris.*

El **diner bancari** és un deute d'un banc, el qual ha de lliurar al dipositant una quantitat de diner sempre que la sol·liciti. Funciona com a mitjà de canvi.

Vocabulari

Actiu
Bé que té valor i és acceptat com a mitjà de canvi.

Diner pagaré
És un mitjà de canvi utilitzat per a saldar deutes d'una empresa o persona.

Efectiu
És el diner legal i està constituït per les monedes i els bitllets.

1.3 El diner en les economies modernes: la quantitat de diner

Quines partides caldria incloure en una definició de la quantitat de diner? L'actiu més evident que caldria incloure és l'efectiu, és a dir, els bitllets i les monedes que estiguin a les mans del públic. D'altra banda, la majoria dels comerços accepten xecs personals que podem emetre a càrrec dels *dipòsits bancaris*. Per tant, els dipòsits que tenim en els bancs poden utilitzar-se per a comprar i cal incloure'ls quan es mesura la quantitat de diners.

Una definició pragmàtica estableix que el *diner* és la suma de l'**efectiu** (les monedes i els bitllets) més els saldos dels comptes corrents i d'estalvi, és a dir, els *dipòsits bancaris*. L'efectiu, és a dir, les *monedes* i els *bitllets*, és el **diner legal** emès pel Banc Central, mentre que els dipòsits bancaris constitueixen el *diner bancari*.

Activitats

1> Suposem que som en un poblat iber del centre de l'altiplà. Es podria utilitzar la sal com a diner mercaderia? Funcionaria igual si el poblat fos a la riba del mar?

2> De les diverses funcions del diner, quines són les que et semblen més rellevants? En quin sentit la funció de dipòsit de valor del diner facilita la intermediació financera?

3> És cert que el diner només s'accepta perquè les autoritats econòmiques han determinat que és d'ús legal? Justifica la teva resposta.

El **diner legal** és el diner signe emès per una institució que en monopolitza l'emissió i adopta la forma de moneda metàl·lica o bitllets.

El **diner bancari** són els dipòsits dels bancs que són acceptats generalment com a mitjans de pagament.

El **diner** està format pel diner legal (efectiu = monedes + bitllets) més el diner bancari o dipòsits.

Quan es parla de **dipòsits** cal distingir, com a mínim, entre:

- Els *dipòsits a la vista* són els anomenats comptes corrents i gaudeixen d'una disponibilitat immediata per al titular.
- Els *dipòsits d'estalvi* normalment estan instrumentats en una llibreta i admeten pràcticament les mateixes operacions que els dipòsits a la vista, si bé tenen una disponibilitat una mica menor.
- Els *dipòsits a termini* són els fons lliurats a un termini fix i que no es poden retirar abans del temps pactat sense una penalització.

Els fons col·locats en un dipòsit a la vista gaudeixen d'una disponibilitat immediata.

Del diner bancari, els dipòsits a la vista són els que tenen més grau de **liquiditat,** perquè es converteixen de manera immediata i sense pèrdua de valor en diner líquid. En tot cas, l'efectiu a les mans del públic és la forma de diner més líquida; és el diner en sentit estricte.

La **liquiditat** d'un actiu està relacionada amb la facilitat i la certesa amb què pot ser convertit en diner líquid sense pèrdues.

Activitats

4> Quina és la manera més freqüent en què les persones es relacionen amb les entitats financeres? Els dipòsits als bancs compleixen les funcions del diner? Quin paper exerceix el diner bancari en les transaccions actuals? Què passa quan es té un descobert en un compte corrent?

5> És important que un actiu sigui líquid? Quin és l'actiu financer més líquid? Què presenta més avantatges: guardar diners sota el matalàs o fer-ho al banc? Quines raons creus que poden tenir algunes persones per a guardar grans quantitats d'efectiu a casa?

2 Oferta monetària: els agregats monetaris

L'**oferta monetària** o quantitat de diner en circulació d'una economia és el valor del mitjà de pagament generalment acceptat en l'economia.

La **quantitat de diner** o **oferta monetària** es defineix com la suma de l'efectiu a les mans del públic (bitllets i monedes), és a dir, la quantitat de diners que tenen els individus i les empreses, més els dipòsits als bancs.

Agregats monetaris

Segons estableix el Banc Central Europeu (vegeu la Unitat 12), els **agregats monetaris** són variables que quantifiquen el diner existent en una economia i que els bancs centrals solen definir per fer anàlisis i prendre decisions de política monetària.

L'Eurosistema (vegeu la Unitat 12) ha definit tres agregats monetaris per a la zona de l'euro, el càlcul dels quals fa a partir del balanç consolidat de les institucions financeres monetàries i dels passius monetaris de l'Administració central, i que són (Esquema 11.2):

M_1. Està compost per bitllets i monedes en circulació *(efectiu en circulació)* i per *dipòsits a la vista.*

M_2. Està compost pels passius inclosos en M_1 més els *dipòsits a termini* de fins a dos anys i els *dipòsits disponibles* amb preavís de fins a tres mesos.

M_3. Comprèn els passius inclosos en M_2 més les *cessions temporals,* les *participacions en fons del mercat monetari i instruments del mercat monetari* i els *valors de renda fixa* de fins a dos anys, emesos per les institucions monetàries.

L'agregat monetari M_3 és el més estable; per això, ha estat l'escollit per l'Eurosistema, dins de la seva estratègia de política monetària, per definir un valor de referència per al creixement del diner.

L'efectiu a les mans del sistema creditici constitueix les reserves bancàries, i la suma d'aquestes amb l'efectiu a les mans del públic forma la **base monetària** del sistema o diner d'alta potència.

(1) Efectiu a les mans del públic

(2) Efectiu a les mans del sistema creditici

(3) Dipòsits al Banc Central*

(4) Base monetària

(1) + (2) + (3) = (4)

(5) Dipòsits a la vista

(6) M_1 (6) = (4) + (5)

(7) Dipòsits a termini i disponibles amb preavís

(8) M_2 (8) = (6) + (7)

(9) Cessions temporals, participacions en fons del mercat monetari i valors de renda fixa

(10) Altres components de M_3

(11) M_3 (11) = (8) + (9) + (10)

* La suma de l'efectiu a les mans del sistema creditici i els dipòsits al Banc Central constitueixen les reserves bancàries.

Esquema 11.2. *Agregats monetaris.*

3 La demanda de diner

Demanem diner fonamentalment perquè ens serveix per a facilitar el comerç i l'intercanvi, si bé també s'utilitza com a dipòsit de valor.

3.1 Les funcions del diner

El diner exerceix principalment tres funcions:

1. El diner és un *mitjà de canvi* generalment acceptat per la col·lectivitat per a la realització de transaccions i la cancel·lació de deutes. El diner facilita l'intercanvi perquè elimina el bescanvi. Amb diner no cal que un venedor, diguem de videojocs, trobi un comprador que, a més de voler comprar un videojoc, al seu torn, vengui alguna cosa que interessi al venedor de videojocs, diguem un llibre d'informàtica. De les diverses funcions del diner aquesta és la més important.
2. El diner s'utilitza també com a *unitat de compte,* entenent així aquella en què es fixen els preus i es porten els comptes. S'utilitza com a unitat perquè serveix de mesura de valor, és a dir, per a calcular quant valen els diferents béns i serveis.
3. El diner és, a més, un *dipòsit de valor.* El diner no sols és un mitjà per a fer transaccions, sinó també un actiu financer que serveix de dipòsit de valor, permet transportar valor al llarg del temps. El diner és una manera de mantenir riquesa i, de fet, tant les famílies com les empreses solen conservar part dels seus patrimonis en forma de diner, perquè en comparació amb altres actius com les accions o l'or és relativament menys arriscat, ja que té liquiditat plena.

Les funcions del diner són tan importants per al públic, que aquest està disposat a incórrer en un cost per tenir efectiu o comptes corrents completament líquids i poc rendibles. Els serveis que presta el diner no són gratuïts. El **cost d'oportunitat de mantenir diners** són els interessos que hem de sacrificar per tenir diner líquid en lloc d'actius o inversions menys líquides o més arriscades, però que generarien un tipus d'interès més elevat.

Activitats

6> Per procurar l'estabilitat dels preus, l'autoritat monetària voldrà controlar el creixement del diner existent en l'economia. De tots els elements que formen l'agregat M_3, sobre quins podrà influir més directament? Per què?

Important

Funcions del diner

- Mitjà de canvi.
- Unitat de compte.
- Dipòsit de valor.

El **cost d'oportunitat de tenir diners** són els interessos sacrificats per tenir diners en comptes d'un actiu o una inversió menys líquida o més arriscada.

Aquest **tipus d'interès** es defineix com la quantitat de diners pagats per unitat de temps expressada en percentatge de la quantitat rebuda en préstec (vegeu l'Epígraf 5 de la Unitat 6). En altres paraules, els individus han de pagar per la possibilitat de demanar diners prestats, i el cost d'obtenir diners en préstec, expressat en euros anuals per cada euro prestat, és el tipus d'interès.

Si una persona col·loca 2000 € en un compte d'estalvi en el seu banc (és a dir, presta al banc 2000 €), a un tipus d'interès del 4 % anual, al final de l'any el banc li pagarà 80 € en interessos, de manera que ara tindrà 2080 €. Si hagués decidit mantenir aquests euros en efectiu i no els hagués gastat, al final de l'any continuaria tenint 2000 €, perquè l'efectiu té un tipus d'interès nul. Així, en aquest cas, el cost d'oportunitat d'haver mantingut diner líquid son els 80 € d'interès que hauria pogut obtenir en el compte d'estalvi.

Important

L'**interès** és el pagament que es fa per l'ús del diner. Els individus han de pagar per la possibilitat d'utilitzar diner. El cost del diner, expressat en euros anuals per cada euro prestat, és el tipus d'interès.

3.2 Demanda de diner per a transaccions

Els individus i les empreses utilitzen el diner per a fer les seves transaccions: les llars el necessiten per a comprar béns i serveis, i les empreses, per a pagar les primeres matèries i el treball, constituint el que es coneix com a **demanda de diner per a transaccions.**

La variable principal que influeix sobre la demanda de diner pel motiu de transacció és la *renda real:* com més alta sigui la renda de l'individu, més grans seran les seves compres i més gran la seva demanda de saldos reals, és a dir, els diners que s'utilitzaran com a mitjà de canvi.

Important

Demanem diner perquè facilita el comerç i l'intercanvi. El diner permet fer **transaccions** (compres i vendes) d'una manera més fàcil i ràpida. No obstant això, aquests serveis no són gratuïts.

La **demanda de diner** es deu fonamentalment a la necessitat de tenir un mitjà de canvi, és a dir, a la demanda per a **transaccions.** Tenim efectiu i comptes corrents per a comprar béns i pagar les factures. Quan s'incrementa la renda i el valor monetari dels béns que comprem, necessitem més diner per a transaccions i, per tant, demanem més diner.

Ja hem assenyalat com varia la demanda de diner quan s'altera la renda, però què passa quan varien els tipus d'interès? Si pugen els tipus d'interès i es manté constant tota la resta, la quantitat demanada de diner disminueix, perquè augmenta el cost d'oportunitat del diner.

La **demanda de diner per a transaccions** depèn de la renda, però també és sensible al *cost d'oportunitat de mantenir diner.* Quan els tipus d'interès d'altres actius pugen en relació amb el d'aquest, els individus i les empreses tendeixen a reduir els seus saldos monetaris.

En termes gràfics, la relació inversa entre el tipus d'interès i la demanda de diner genera una corba amb pendent negatiu (Figura 11.1).

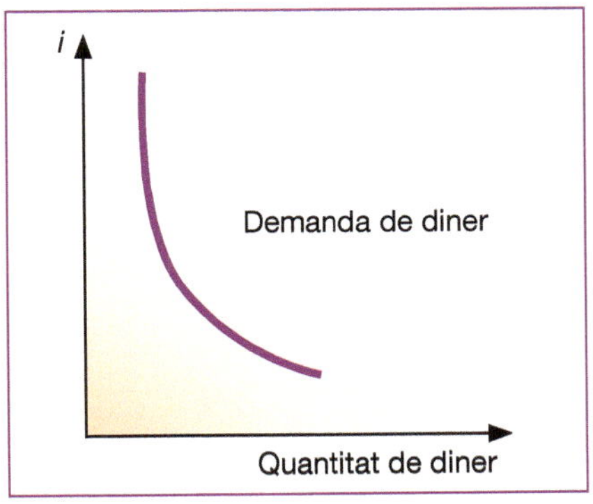

Figura 11.1. ***Demanda de diner.*** *La demanda de diner en termes reals depèn inversament del tipus d'interès i directament de la renda.*

Activitats

7> Una persona col·loca 2 000 € en un compte d'estalvi a un tipus d'interès del 5 % anual. Quina quantitat de diner tindrà al final de l'any? Quin serà el cost d'oportunitat d'haver-lo mantingut a casa seva?

8> Per què les persones demanen diner? Què passarà amb la quantitat demanada de diner si pugen els tipus d'interès? I si baixen els tipus d'interès?

4 Els bancs i la creació de diner

El diner bancari i molts altres serveis financers són subministrats pels **intermediaris financers,** és a dir, **institucions financeres** com els bancs comercials, que accepten dipòsits o fons de les llars i empreses, els estalviadors, i els presten a altres llars i altres empreses.

Els **intermediaris financers** transfereixen fons dels prestadors als prestataris i, d'aquesta manera, creen actius financers, com els comptes corrents (dipòsits a la vista), és a dir, el diner bancari.

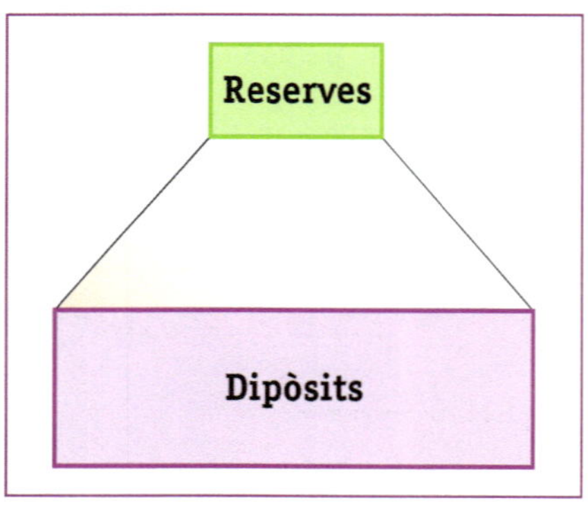

Esquema 11.3. ***Relació dipòsits/reserves.*** *Sobre una base de reserves d'efectiu, el sistema bancari pot construir una superestructura de dipòsits de fins a 1/R vegades la base, en què R és el coeficient de reserves. Aquest comportament del sistema bancari modern és similar a l'utilitzat pels orfebres de l'edat mitjana.*

Els bancs comercials, amb les caixes d'estalvi i altres institucions financeres, detenen els comptes corrents o dipòsits, que són el component del diner bancari de l'oferta monetària, o M_1. Els bancs transfereixen fons dels prestadors als prestataris i, d'aquesta manera, creen actius financers, com, per exemple, els comptes corrents o dipòsits.

L'origen del negoci bancari

Abans s'ha assenyalat que quan els orfebres es van adonar que tenien una quantitat considerable d'or ociosa sense obtenir-ne cap rendiment, atès que els pagaments diaris no representaven generalment més que un petit percentatge de la quantitat d'or dipositada, van començar a concedir préstecs amb part d'aquesta quantitat inutilitzada de diner.

D'aquesta manera es va iniciar el sistema modern de reserves dels **bancs comercials,** pel qual aquests guarden a les seves caixes com a reserves només una fracció dels fons que tenen dipositats.

Els **bancs comercials** són institucions financeres que tenen autorització per a acceptar dipòsits i per a concedir crèdits. Les seves reserves són actius disponibles immediatament per a satisfer els drets dels dipositants dels bancs.

El **coeficient de caixa** o de reserves és el quocient entre les reserves i els dipòsits.

Important

Les **reserves** permeten al Banc Central controlar la quantitat de diner bancari que poden crear els bancs.

En el sistema actual, les reserves estan integrades per l'efectiu a la caixa dels bancs i els dipòsits dels bancs al Banc Central. Els bancs han de guardar part dels seus dipòsits en efectiu i en dipòsits al Banc Central, per dues raons: 1) per fer front a la retirada de dipòsits per part dels seus clients i 2) com a mesura de seguretat davant d'esdeveniments imprevistos. Aquestes **reserves,** les quals en la literatura econòmica se solen denominar *encaix, actius de caixa* o *actius líquids,* tenen la particularitat que no formen part de l'estoc de diner d'un país (Esquema 11.3).

Les **reserves** són actius que tenen els bancs en forma d'efectiu o de fons dipositats al Banc Central. Els bancs mantenen algunes reserves per a fer front a les necessitats financeres diàries, però una gran part tenen com a objecte complir els requisits legals de reserves.

La proporció dels dipòsits que els bancs han de guardar en forma d'actius líquids o reserves s'anomena **coeficient de caixa, de reserves** o **encaix**, i la seva justificació es troba a intentar garantir la liquiditat dels dipòsits, és a dir, la seva capacitat per a convertir-se en efectiu (Esquema 11.4).

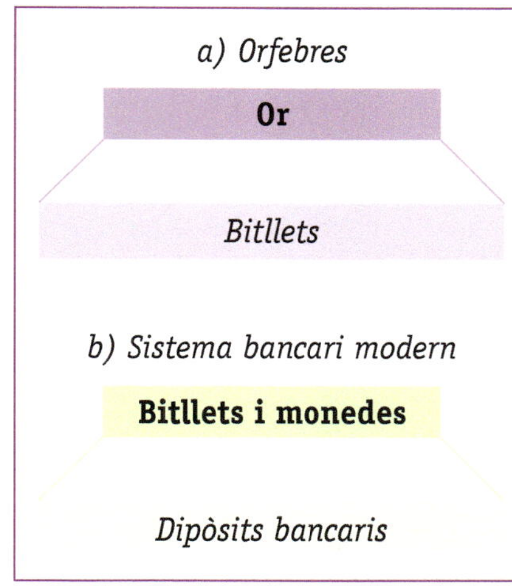

Esquema 11.4. *Relació entre diner líquid i dipòsits.*

5 El procés de creació del diner bancari

Explicarem el procés de creació de diner per part dels bancs, o diner bancari. Veurem com l'encaix, coeficient de caixa o de reserves no sols és una garantia de liquiditat, sinó que exerceix un paper molt important en aquest procés, similar a una reacció en cadena (Esquema 11.5). Suposem que el Banc d'Espanya, per fer front a un determinat pagament, posa en circulació dos bitllets de 500 €. Suposem que el destinatari del pagament, és a dir, el propietari dels diners, ingressa els bitllets en un banc, el banc 1. El banc inicialment es trobarà amb un nou dipòsit de 1 000 € i també amb unes reserves addicionals de 1 000 € (Quadre 11.1.*a*). En la posició inicial els dipòsits estan garantits per les reserves al 100 %. En aquesta situació no és possible crear diner a partir de noves reserves. Un sistema de reserves al 100 % produeix un efecte neutral en el diner i en la macroeconomia perquè no afecta l'oferta monetària.

Suposem que el coeficient de caixa o de reserves és del 20 % i que el banc el compleix estrictament. D'aquesta manera, amb el 80 % restant (800 €) el banc concedeix un préstec a una determinada empresa (suposem que aquesta retira els diners, perquè els emprarà per a fer uns pagaments). La posició final del banc 1 és la recollida en el Quadre 11.1.*b*. Suposem que qui rep els diners treballa amb un altre banc i els hi diposita íntegrament. Quan el banc 1 ha prestat 800 € i manté 200 € de reserves (Quadre 11.1.*b*), hi ha 800 € de dipòsits en un altre compte (en el compte de la persona que ha rebut els 800 €), de manera que la quantitat total de diners ara és de 1 800 €. Així doncs, el banc 1 ha creat 800 € de diner nou, i per tant la quantitat de diner en circulació, *M*, s'ha incrementat en 800 €.

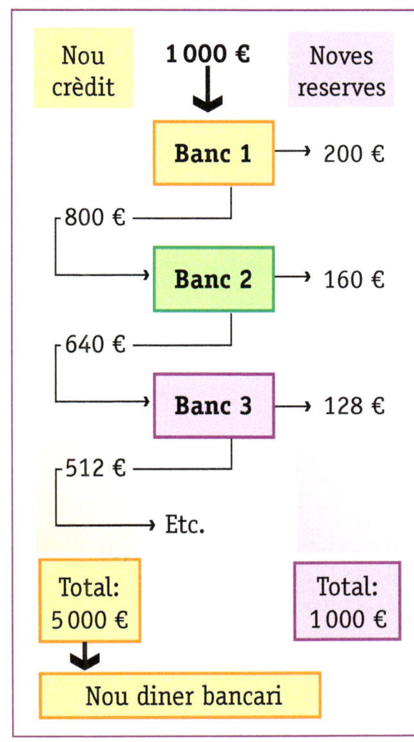

Esquema 11.5. *El procés de creació de diner bancari és similar a una reacció en cadena.*

a) **Banc 1. Posició inicial**		*b)* **Banc 1. Posició final**	
Actiu (euros)	**Passiu (euros)**	**Actiu (euros)**	**Passiu (euros)**
Reserves................. 1000	Dipòsits.................. 1000	Reserves................. 200	Dipòsits.................. 1000
		Préstecs 800	
Total....................... 1000	Total....................... 1000	Total....................... 1000	Total....................... 1000

Quadre 11.1. *Banc 1 o original. Posicions inicial* (a) *i final* (b).

5.1 La posada en marxa de la cadena d'expansió

Un cop que els 800 € abandonen el banc 1 que els ha creat i es dipositen en un altre banc, s'engega una cadena d'expansió mitjançant la qual es crea diner bancari. El banc que rep els 800 € (banc de segona generació) es trobarà amb 800 € d'un nou dipòsit i també 800 € de reserves (Quadre 11.2.*a*). Transcorregut un temps, el nou banc aconseguirà quedar-se només amb les reserves exigides. És a dir, el banc de segona generació actuarà com ho ha fet el banc 1 i destinarà el 20 % dels 800 € a reserves, és a dir, 160 €, i els 640 € els prestarà un altre cop (Quadre 11.2.*b*). Al final d'aquesta segona fase els 1 000 € originals s'han convertit en 2 440 €: 1 800 € (1 000 € + 800 €) en forma de dipòsits i 640 € en forma de líquid disponible.

a) Banc segona generació. Posició inicial		*b)* Banc segona generació. Posició final	
Actiu (euros)	**Passiu (euros)**	**Actiu (euros)**	**Passiu (euros)**
Reserves.................. 800	Dipòsits.................. 800	Reserves.................. 160	Dipòsits.................. 800
		Préstecs 640	
Total........................ 800	Total........................ 800	Total........................ 800	Total........................ 800

Quadre 11.2. *Banc de segona generació.*

El que passa en la tercera fase es recull de forma resumida en el Quadre 11.3. Un cop que aquests 640 € es prestin, qui els rebi suposem que els dipositarà en un altre o uns altres bancs (bancs de tercera generació), de manera que el procés continuarà. D'altra banda, aquests bancs també retindran en forma de reserves el 20 % dels 640 € que han rebut en forma de dipòsits, i estaran disposats a prestar-ne la resta (512 €).

Aquest procés d'expansió continuarà en la manera que acabem de descriure fins que es presti tot l'excés de reserves. Els augments de la quantitat de diner en les etapes successives seran cada cop menors i s'aniran reduint fins a desaparèixer. En tot cas, el rellevant és preguntar-se quin serà l'efecte final sobre la quantitat de diner (Quadre 11.3).

Posició del banc	Nous dipòsits	Nous préstecs	Noves reserves
Banc original	1 000	800	200
Bancs segona generació	800	640	160
Bancs tercera generació	640	512	128
Bancs quarta generació	512	410	102
Bancs cinquena generació	410	328	82
Suma de les cinc primeres generacions de bancs	3 362	2 690	672
Suma de les restants generacions de bancs	1 638	1 310	328
Total per al conjunt del sistema bancari	**5 000**	**4 000**	**1 000**

Quadre 11.3. *Expansió múltiple dels dipòsits mitjançant el sistema bancari.*

5.2 El final del procés d'expansió del diner bancari

El resultat final del procés està recollit en el Quadre 11.3. Com es pot observar, el total dels nous dipòsits és 5 000 € (1 000 € + 800 € + 640 € + ...). En el nostre exemple, el procés d'expansió acabarà quan els 1 000 € de reserves inicials amb què es va iniciar el procés (Quadre 11.1.*a*) s'hagin emprat íntegrament com les reserves requerides en relació amb els nous dipòsits.

En altres paraules, el sistema bancari estarà en equilibri quan el 20 % dels nous dipòsits sigui exactament igual a les noves reserves, és a dir, als 1000 €. Aquesta situació s'aconseguirà quan el total dels nous dipòsits sigui 5000 € (Quadre 11.3).

El balanç consolidat de tots els bancs està integrat pels totals a què s'ha arribat després del procés d'expansió del diner bancari recollit en el Quadre 11.3. Al final del procés el conjunt del sistema bancari té unes reserves de 1000 €, ja que el procés d'expansió només acabarà quan els 1000 € de reserves inicials s'emprin íntegrament com les reserves requerides en relació amb els dipòsits. Els nous dipòsits han de ser tals que el 20 % d'aquests siguin els 1000 € de noves reserves:

$$\text{Nous dipòsits} \cdot 0{,}20 = 1000\ €$$

Per tant: nous dipòsits = 1000 € / 0,20 = 5000 €

! Important

Els bancs poden expandir el volum de dipòsits bancaris mitjançant el procés d'expansió múltiple dels dipòsits bancaris amb la concessió de nous crèdits. L'explicació del procés es troba en el fet que els bancs mantenen com a liquiditat només un percentatge dels dipòsits.

Actiu (euros)		Passiu (euros)	
Reserves	1000	Dipòsits	5000
Préstecs	4000		
Total	5000	Total	5000

Quadre 11.4. *Balanç consolidat final del sistema bancari. L'actuació conjunta de tots els bancs fa que els dipòsits i, per tant, la quantitat de diners acabin incrementant-se en un múltiple de la injecció original de reserves.*

+ Més dades

El multiplicador del diner bancari

Alternativament, podem analitzar algebraicament l'efecte final del procés de creació de diner. Per a això, fixem-nos en la cadena de valors constituïda pels dipòsits i calculem el multiplicador del diner bancari. El multiplicador del diner bancari és igual al quocient entre els nous dipòsits i l'augment de les reserves.

Aquests nombres formen una progressió geomètrica. Cada valor és igual al 80 % del precedent, perquè cal recordar que les reserves eren el 20 % i la resta era el que es prestava i posteriorment tornava al sistema bancari en forma de dipòsits. Tenint en compte aquest fet, podem escriure la sèrie formada pels dipòsits de la manera següent:

$$\text{Nous dipòsits} = 1000\ € + 800\ € + 640\ € + 512\ € + \ldots =$$
$$= 1000\ € \cdot (10 + 0{,}81 + 0{,}82 + 0{,}83 + \ldots)$$

Entre parèntesis hi ha la suma dels termes d'una progressió geomètrica de raó 0,8, per la qual cosa l'expressió anterior pot quedar recollida d'aquesta manera:

$$\text{Nous dipòsits} = 1000\ € \cdot \frac{1}{1 - 0{,}8} = 1000\ € \cdot \frac{1}{0{,}2} = 5000\ €$$

La suma dels termes de la progressió geomètrica formada pels dipòsits constitueix el multiplicador del diner bancari. Aquest multiplicador del diner bancari és el quocient entre els nous dipòsits i l'increment de les reserves o, com s'indica a continuació, la unitat dividida entre el coeficient de caixa o de reserves. Així doncs, el multiplicador del diner bancari (o més concretament de l'oferta monetària, M, ja que aquesta és igual a l'efectiu més el diner bancari) s'expressa de la manera següent:

$$\text{Multiplicador del diner bancari} = \frac{1}{\text{Coeficient de reserves}} =$$

$$= \frac{\text{Nous dipòsits}}{\text{Increment de les reserves}} = \frac{5000\ €}{1000\ €} = 5$$

S'observa, doncs, com, a causa de l'actuació d'aquest procés multiplicador posat en marxa pels bancs, els 1000 € originals han donat lloc a 5000 € de dipòsits o diner bancari, perquè el mínim de reserves exigit era del 20 %.

La fórmula del multiplicador, com la inversa del coeficient de caixa o de reserves, té un sentit clar. Si un banc té 1000 € de dipòsits, un coeficient de caixa o de reserves d'1/5 (20 %) significa que el banc ha de tenir 200 € de reserves. El multiplicador del diner simplement capgira aquesta idea: si el sistema bancari té un total de 200 € de reserves, només pot tenir 1000 € de dipòsits. En altres paraules, si w és el quocient entre les reserves i els dipòsits de cada banc, és a dir, el coeficient de caixa o de reserves, el quocient entre els dipòsits i les reserves del sistema bancari, és a dir, el multiplicador dels diners, ha de ser $1/w$.

La fórmula del multiplicador també ens diu que com més gran és el coeficient de caixa o de reserva, menor és la quantitat de cada dipòsit que presten els bancs i menor és el multiplicador del diner. Així, si el coeficient de caixa o de reserves és 1/10 (10 %), el multiplicador seria 20. En el cas especial en què les reserves són 1, el multiplicador seria 1 i els bancs no crearien diner, perquè no concedirien préstecs.

El procés estudiat s'anomena *de creació* perquè el diner sembla sorgir del no-res, però, de fet, en cada etapa, el nou diner bancari surt quan el banc concedeix un nou préstec. Els processos de creació de diner i d'expansió del crèdit coincideixen, de manera que aquest és la contrapartida d'aquell.

6 El sistema financer espanyol

Com acabem de veure, el diner bancari es crea com a expansió del crèdit. El crèdit sorgeix d'un acord entre qui té diner i qui està disposat a invertir-lo. En aquest epígraf analitzarem les diverses entitats financeres, distingint entre aquelles que poden concedir crèdit, és a dir, crear diner, i les que no. En l'Esquema 11.6 es recull una relació dels diversos intermediaris financers.

La distinció fonamental entre els diferents intermediaris financers és la que els divideix en **bancaris** i **no bancaris.** Els primers són aquells els actius financers indirectes dels quals són acceptats generalment com a mitjà de pagament, és a dir, són diner. Els intermediaris financers no bancaris es caracteritzen per emetre actius financers (passius per a ells) que no són diner en sentit estricte.

Important

Els **intermediaris bancaris,** en crear diners, augmenten la demanda agregada i influeixen en l'activitat econòmica.

6.1 Intermediaris financers bancaris

Els intermediaris financers bancaris són: el Banc d'Espanya, la banca privada, les caixes d'estalvi i les cooperatives de crèdit. Aquests intermediaris, que formen el sistema

Intermediaris financers

- **Intermediaris que creen diner**
  - Banc d'Espanya
  - Banca privada
  - Caixes d'estalvi
    - Caixes confederades
    - Confederació Espanyola de Caixes d'Estalvis
  - Altres institucions creditícies
    - Cooperatives de crèdit
    - Caixes rurals
- **Altres intermediaris financers**
  - Institut de Crèdit Oficial
  - Mercat de valors
  - Altres institucions financeres
    - Companyies d'assegurances
    - Societats d'inversió col·lectiva
      - Fons d'inversió mobiliària
      - Societats d'inversió mobiliària
    - Fons de pensions
    - Entitats financeres
      - De béns d'equip
      - De descompte de paper
      - De béns de consum
    - Lísing
    - Facturatge
    - Entitats gestores de la Seguretat Social
    - Mútues patronals
    - Entitats d'assegurances
    - Entitats de capitalització
    - Societats de targetes de crèdit
    - Societats mediadores del mercat de diner
    - Societats de garantia recíproca

Agrupacions:

- **Sistema bancari:** Banca privada, Caixes d'estalvi, Altres institucions creditícies
- **Sistema monetari:** Banc d'Espanya + Sistema bancari
- **Sistema creditici:** Sistema monetari + Institut de Crèdit Oficial
- **Sistema financer:** Sistema creditici + Altres intermediaris financers

Esquema 11.6. *El sistema financer espanyol.*

bancari, creen diner en concedir préstecs per una quantitat superior a les reserves totals. El sistema bancari modifica l'oferta monetària, és a dir, la quantitat de poder adquisitiu existent per a comprar béns i serveis, i aquesta despesa fa que augmenti la demanda agregada.

Com es recordarà, la renda flueix, mitjançant les empreses, dels mercats de productes als mercats de factors, i torna als consumidors en forma de renda disponible. En un principi, la part que es destina a l'estalvi surt (es filtra) del flux circular de la renda, però després s'hi reintegra gràcies a la mediació dels bancs.

Així, el sistema bancari posa en contacte l'estalvi de les economies domèstiques i la demanda originada pels consumidors i les inversions de les empreses. La clau es troba en el fet que els bancs no es dediquen a atresorar els diners dels seus dipositaris, sinó que els canalitzen cap als que demanen fons, mitjançant préstecs i crèdits.

Com a conseqüència de la crisi financera de 2007, es va obrir un procés per a facilitar la conversió de les caixes d'estalvi en bancs perquè poguessin ampliar el seu capital i solvència acudint als mercats financers.

El Banc d'Espanya

El Banc d'Espanya és un cas atípic d'intermediari financer, perquè no sol treballar ni amb particulars ni amb empreses, sinó que concedeix finançament a la resta del món, al sector públic i a altres intermediaris financers. En comprar divises, finança el sector exterior, ja que aquestes són dipòsits en moneda estrangera emesa per bancs d'altres països. Finança el sector públic concedint crèdits al Tresor i adquirint deute públic que després vendrà o recomprarà, segons les necessitats de la política monetària. També atorga crèdit a altres intermediaris financers bancaris mitjançant crèdits especials (vegeu la Unitat 12).

Els passius financers que emet el Banc d'Espanya per finançar aquestes inversions són les monedes metàl·liques i els bitllets de curs legal. Així mateix, admet dipòsits dels intercanvis financers i del sector públic.

Banca privada

Els bancs, tal com s'ha assenyalat, mantenen part dels seus fons en efectiu i en destinen d'altres a concedir finançament al sector privat i al sector públic. El finançament al sector públic s'instrumenta mitjançant la compra, obligatòria o voluntària, de títols públics de renda fixa a curt (lletres del Tresor) o llarg termini (obligacions de l'Estat). Els bancs obtenen el finançament a partir dels dipòsits del públic i de l'emissió de títols de renda fixa o variable.

Les caixes d'estalvi

Atesa la tendència actual a la universalització, que amplia cada cop més el ventall d'operacions que legalment pot fer cada tipus d'intermediari financer, les caixes d'estalvi tendeixen a equiparar-se als bancs. En tot cas, estan especialitzades a captar fons dels petits estalviadors mitjançant dipòsits d'estalvi instrumentats en llibretes. La relativa estabilitat dels seus passius els permet concedir préstecs a llarg termini en més proporció que la banca.

! *Important*

Entre els **intermediaris financers no bancaris** destaquen: l'Institut de Crèdit Oficial (ICO), les companyies asseguradores, les societats de crèdit hipotecari, les entitats de lísing i de facturatge, les societats de garantia recíproca, els fons de pensions i les societats i fons d'inversió immobiliària, entre altres.

Les cooperatives de crèdit i caixes rurals

Solen ser creades per cooperatives. Presten els seus fons al sector públic, a altres intermediaris financers, als cooperativistes i al públic en general. D'altra banda, la seva manera d'operar és molt similar a la dels bancs i les caixes d'estalvi.

6.2 Els intermediaris financers no bancaris

D'entre els intermediaris financers no bancaris, comentarem les característiques més rellevants dels següents: l'Institut de Crèdit Oficial, les companyies asseguradores, els fons de pensions o mutualitats, les societats d'inversió mobiliària, els fons d'inversió, les societats de crèdit hipotecari, les entitats de lísing, les entitats de facturatge, les societats mediadores en el mercat de diner i les societats de garantia recíproca.

L'Institut de Crèdit Oficial (ICO)

L'ICO és un organisme públic que complementa els intermediaris financers privats i canalitza el seu finançament, generalment a mitjà i llarg termini, cap als sectors que es consideren prioritaris des de la perspectiva de la política econòmica del Govern. Obté els recursos mitjançant dotacions pressupostàries o emetent títols de renda fixa.

Els clients de les companyies d'assegurances paguen pòlisses i obtenen cobertura econòmica davant de diversos tipus de riscos.

Les companyies asseguradores

Les companyies asseguradores (societats o mútues) emeten com a actiu financer específic **pòlisses d'assegurances**, és a dir, ofereixen determinades indemnitzacions en el cas que es produeixi l'esdeveniment assegurat. Aquestes companyies, en previsió que ocorri el sinistre, han de constituir abundants reserves que inverteixen en altres intermediaris financers i en títols de renda fixa, tant públics com privats.

Els fons de pensions o mutualitats

Els fons de pensions o mutualitats, tant públics com privats, tenen com a missió complementar o suplir les pensions que la Seguretat Social paga després de la jubilació. Per a això, els associats hi fan aportacions periòdiques durant la seva vida laboral activa. El període que ha de transcórrer fins que han de fer les seves prestacions els permet invertir en actius a llarg termini.

Aquest tipus d'entitats té una importància relativa molt considerable en les economies occidentals. En el cas de l'economia espanyola, estan cridades a tenir un desenvolupament important. De fet, el seu creixement en els darrers anys ha estat molt significatiu.

Les societats i els fons d'inversió mobiliària

Les societats d'inversió mobiliària capten els seus recursos mitjançant l'emissió d'accions. Després, inverteixen la suma obtinguda en títols de renda variable i de renda fixa, que faciliten l'accés del petit estalviador al mercat de valors.

Els fons d'inversió tenen un objecte similar al de les societats, però es diferencien d'aquestes en el fet que solen revestir la forma de patrimoni sense personalitat jurídica pròpia. Per captar els seus recursos emeten certificats de participació representatius d'una part del patrimoni, el valor global dels quals fluctua segons les cotitzacions del mercat.

> **! *Important***
>
> A Espanya, una gran part dels intermediaris financers no bancaris es troben vinculats d'una manera o una altra als intermediaris financers bancaris. Majoritàriament, són entitats dominades, dependents i fins i tot creades directament per bancs.

Societats de crèdit hipotecari

Aquestes societats concedeixen crèdits hipotecaris, per a la qual cosa obtenen els seus recursos mitjançant dipòsits a termini o l'emissió de títols hipotecaris garantits per la seva cartera de crèdits (cèdules hipotecàries) o per un crèdit concret (bons hipotecaris).

Les entitats de lísing

Les entitats d'arrendament financer *(lísing)* es dediquen a finançar en espècie, cedint als seus clients béns d'equip o immobles a canvi d'una quota periòdica. A la finalització del contracte, el bé en qüestió està totalment amortitzat, per la qual cosa, si ho vol el client, pot adquirir-lo per una petita quantitat residual.

Les entitats de facturatge

Les entitats de facturatge anticipen fons als seus clients a canvi de la cessió dels seus deutes comercials, el cobrament dels quals es gestiona i es garanteix. Es financen emetent títols de renda fixa i amb crèdits d'altres institucions.

Les societats mediadores en el mercat de diner

Aquestes societats mediadores en el mercat de diner estan especialitzades en la gestió d'actius d'alta liquiditat, com ara pagarés del Tresor i certificats de dipòsit al Banc d'Espanya. Si es limiten a posar en contacte compradors i venedors, s'anomenen ***brokers***, mentre que si compren i emeten actius financers, s'anomenen ***dealers.***

Les societats de garantia recíproca

Les societats de garantia recíproca afavoreixen als seus associats l'accés al finançament, ja que garanteixen la devolució dels crèdits que aquests obtinguin.

Es financen essencialment amb les aportacions dels seus socis, que solen ser petites i mitjanes empreses. El sector públic sol participar en qualitat de soci protector.

> **! *Important***
>
> Un **títol de renda fixa** és qualsevol instrument de deute el tipus d'interès del qual està fixat prèviament i no es fa dependre dels resultats de l'empresa que l'emet.

6.3 El mercat de valors: la borsa

Un altre instrument de mediació financera és el mercat de valors. Les empreses acudeixen a la borsa emetent títols que hi són comprats i/o venuts. La *borsa* és un mercat (de valors o títols) en què l'*oferta* és donada per les emissions de nous valors i els desitjos de venda de títols ja existents, i la *demanda* està constituïda pels desitjos de compra d'aquests valors.

En tot mercat de valors cal distingir entre el *mercat primari* o *d'emissió* i el *mercat secundari* o *de negociació*. En el mercat primari es canalitza l'estalvi cap a la inversió i s'instrumenta mitjançant títols i els seus valors (públics i privats). El mercat secundari té com a finalitat potenciar el mercat primari donant-li liquiditat. Els qui han invertit en el mercat primari poden vendre les seves participacions en el secundari sense provocar molèsties en l'activitat de les societats.

Per tant, acudeixen a la borsa els estalviadors, amb la intenció de col·locar els seus diners a canvi d'una determinada rendibilitat o de la possibilitat d'una plusvàlua, i els qui, havent-hi invertit ja, volen desprendre's dels valors adquirits. Aquest desig de vendre pot tenir diverses finalitats: consolidar una plusvàlua ja obtinguda (quan el preu de venda sigui superior al de compra), desprendre's d'una inversió poc productiva i canviar-la per una altra de més interessant o consolidar una pèrdua davant del temor que el preu de venda sigui cada cop menor que el de compra. Tot i que l'objecte de la negociació és molt ampli (actius financers, or, metalls o altres béns), els més importants són els actius financers: accions, obligacions i efectes públics.

> **! *Important***
>
> Un **títol de renda variable** és qualsevol acció d'una societat anònima, i es caracteritza perquè la rendibilitat no està fixada per endavant, sinó que depèn dels beneficis de l'empresa que l'emet.

En cada borsa es defineix un índex general o conjunt que, al final de cada sessió, indicarà si han prevalgut els desitjos de compra (augmentarà l'índex) o de venda (disminuirà).

Els títols que s'emeten poden ser de renda fixa o renda variable. Els de **renda fixa** (obligacions, bons bancaris i deute públic) no són sinó un préstec amb promesa de devolució de la quantitat principal més una renda fixa en un termini determinat. Els valors de **renda variable** (accions) no tenen la seguretat d'una renda futura, però tenen la possibilitat de més rendiment.

El paper de les expectatives dels inversors és fonamental per a entendre el funcionament de la borsa. La bona marxa de l'economia internacional i nacional, el que passi en altres borses, les possibles intervencions o actuacions governamentals i l'evolució de les empreses que cotitzen influeixen sobre els desitjos de compra i venda, i generen, si s'escau, efectes d'autoalimentació. Importants pujades o baixades en els índexs són fàcils d'explicar *a posteriori*, però ben poques vegades són predictibles.

La borsa espanyola

L'IBEX 35 és el principal índex borsari espanyol. Recull les 35 empreses amb més pes en les borses de Madrid, Barcelona, Bilbao i València.

A Espanya hi ha quatre borses: Madrid, Barcelona, Bilbao i València. Clarament, la de Madrid és la de més importància quant al volum total de contractació.

L'estructura dels valors negociats està constituïda pels títols de renda fixa, els de renda variable i els fons públics. La contractació més important en la borsa és la d'accions, si bé la contractació de fons públics ha experimentat un augment molt significatiu en els últims anys.

Una de les maneres de mesurar la importància que té la borsa en una economia consisteix a comparar el nivell de **capitalització borsària** existent en un període amb el PIB.

En aquest sentit, cal tenir en compte que el mercat borsari espanyol és relativament petit; hi ha pocs valors i una allau de diner pot materialitzar-se en pujades excessives. A més a més, hi ha molts sectors econòmics amb escassa representació i una gran part del mercat es concentra en uns quants sectors. El pes dels bancs és gran: els seus títols representen més d'un terç de la capitalització existent i incideixen de manera decisiva en les operacions de les sessions. Els segueixen en importància les companyies elèctriques i alguns serveis públics.

El **nivell de capitalització borsària** és el valor efectiu total dels títols cotitzats en la borsa. El seu augment, a més de les tensions inflacionistes i el creixement de les cotitzacions, reflecteix la màxima cobertura d'aquesta.

Activitats

9> En quins supòsits descansa la viabilitat del procés d'expansió múltiple del crèdit i del diner?

10> Quines són les diferències entre els intermediaris bancaris i els no bancaris? En què es diferencien els bancs de les caixes d'estalvis?

11> Ben sovint es diu que la borsa reflecteix o anticipa el que passa en l'economia. En quin sentit la borsa, i més concretament l'evolució de l'IBEX, reflecteix l'estat de l'economia espanyola?

Mapa conceptual

- **El diner**
  - **Història**
    - Diner mercaderia
      - 1. Durador 2. Transportable 3. Homogeni 4. D'oferta limitada
    - Diner fiduciari
      - La gent té confiança en l'emissor
  - **Tipus**
    - Diner legal
      - Efectiu emès per institució amb monopoli d'emissió
    - Diner bancari
      - Dipòsits dels bancs
    - (Quantitat de diner)
  - **Demanda de diner**
    - Funcions
      - Mitjà de canvi
      - Unitat de compte
      - Dipòsit de valor
    - Cost d'oportunitat
    - Per a transaccions
      - Depèn de la renda real i del tipus d'interès
  - **Oferta monetària**
    - M_1 = Efectiu + Dipòsits a la vista
    - $M_2 = M_1$ + Dipòsits a llarg termini
    - $M_3 = M_2$ + Cessions temporals i altres actius
- **Els bancs**
  - **Operacions**
    - Accepten dipòsits
    - Concedeixen crèdits
  - **Creació de diner bancari**
    - Sistema de reserves: es concedeixen crèdits per una quantitat superior als seus dipòsits
- **Sistema financer**
  - Intermediaris financers bancaris
    - Creen diner en concedir préstecs
  - Intermediaris financers no bancaris
    - Emeten actius financers que no són diner

Activitats finals

1> Quins dels elements següents ens poden servir de mitjà de pagament en la nostra economia? Raona-ho en cada cas adequadament:

- Bitllet de 1 000 ptes.
- Moneda de 2 €.
- Ordinador.
- Llibreta d'estalvi.
- Monedes antigues.
- Xec.
- Bitllet de 100 $.
- Targeta de crèdit.

2> Abans de l'aparició del diner hi havia el bescanvi com a mitjà per a fer l'intercanvi de béns i serveis. Quins inconvenients tenia? Com soluciona el diner aquests inconvenients?

3> Què és l'oferta monetària? Explica quins són els seus components.

4> Quin és el requisit essencial perquè una cosa sigui acceptada com a mitjà de canvi? Per què creus que els bitllets del Monopoly no poden ser utilitzats com a diners en l'economia?

5> Activitat de recerca: busca a la teva localitat 10 intermediaris financers i fes la classificació d'aquests intermediaris segons l'Esquema 11.6 del sistema financer espanyol. Procura trobar intermediaris dels màxims tipus possibles.

6> Suposem que una persona diposita en una entitat bancària 5 000 €. El coeficient legal de caixa és del 2 %, establert pel Banc Central Europeu. Explica el procés de creació de diner i calcula quant diner podrà crear el sistema financer amb aquest dipòsit.

7> Raona quin dels tipus de diner que coneixem actualment s'utilitza més sovint per a les operacions següents:

- Compra del diari al quiosc.
- Compra d'un cotxe.
- Compra de postals en un viatge a l'estranger.
- Pagament mensual d'una quota de lloguer del garatge.
- Pagament de la compra setmanal en un hipermercat.

8> Suposem que el Banc del Sud es troba en la situació següent:

- Dipòsits: 10 000.
- Reserves: 2 000.
- Crèdits: 8 000.

Si un dels seus clients diposita 5 000 um, amb un coeficient de caixa del 2 %, determina:

- El balanç final del banc.
- El multiplicador del diner bancari.
- L'augment de l'oferta monetària creat per aquest nou dipòsit.

9> Busca exemples de tres títols de renda variable i tres de renda fixa que hagin cotitzat ahir. Per a això, busca a les pàgines d'economia de la premsa o a la premsa digital per Internet.

10> Fes una sèrie d'entrevistes amb els empleats de diferents institucions financeres i analitza:

a) Els serveis que duen a terme com a prestatàries.

b) Els serveis que duen a terme com a prestadores.

c) Comprova la diferència entre els tipus d'interès als quals presten els diners i els que paguen pels dipòsits.

11> Atès el paper que les entitats financeres van tenir en la crisi financera de 2007, alguns economistes han proposat que s'estableixi un impost sobre les entitats financeres o sobre les transaccions financeres que serveixi per a cobrir els costos de possibles crisis futures. Quins avantatges i inconvenients tindria aquest impost?

12> En quin sentit és important la confiança perquè el diner exerceixi de manera apropiada les seves funcions? Els xecs tenen un caràcter fiduciari? I les targetes de crèdit?

13> Fes un esquema que mostri la història del diner, des de la seva aparició fins a l'actualitat.

14> Quins són els factors de què depèn la demanda de diner?

15> Els dipòsits bancaris a la vista són els que tenen més liquiditat. Com ho explicaries?

16> Digues quines són les diferències entre els conceptes següents:

a) Diner legal i diner bancari.

b) Dipòsits a la vista (o comptes corrents) i dipòsits a termini.

c) Diner mercaderia i diner paper.

17> En Lluís estalvia 1 500 € i decideix obrir un compte corrent al Banc del Nord. Quant diner es crearà en el sistema bancari a partir del dipòsit inicial d'en Lluís, sabent que el coeficient de caixa o reserves és del 5 %?

18> Per què la creació de diner bancari aconsegueix augmentar l'activitat econòmica?

19> En Manel disposa de 1 750 € i decideix guardar-los a casa seva. La seva amiga Eva intenta explicar-li com aquesta decisió té un cost, però no aconsegueix convèncer-lo. L'Eva et demana que intentis fer canviar d'opinió en Manel.

20> Quina finalitat té establir un coeficient de caixa o de reserves als bancs comercials?

21> Quina és la diferència entre les entitats de lísing i les entitats de facturatge?

22> Les funcions del Banc d'Espanya, en què es diferencien de les de la banca privada? En què s'assemblen?

23> Com fa la borsa de valors la intermediació financera?

24> Investiga l'evolució de la cotització de les accions d'una empresa inclosa en l'IBEX 35 durant els últims cinc dies. Ha augmentat o disminuït? Quant? Calcula, per a aquesta empresa i període, el nivell de capitalització borsària.

25> Localitza dues mutualitats o fons de pensions i enumera els serveis que ofereixen als seus associats.

26> Quina és la diferència essencial entre els intermediaris financers bancaris i els no bancaris?

27> Quines són les característiques del diner mercaderia? Quines no les compleix el diner en paper (bitllets)?

28> El diner que fem servir actualment es defineix com a diner signe o diner fiduciari. Què significa aquesta definició?

29> Investiga a Internet i proporciona una definició dels serveis financers següents:

a) Lísing operatiu.

b) Lísing financer.

c) Retrolísing.

Fes un quadre que reculli les diferències més importants entre aquests.

Reportatge: Es concedeixen préstecs a Espanya i a l'eurozona?

Et proposem la lectura de l'article «¿Se conceden préstamos en España y en la Zona Euro?», escrit per Marc Garrigasait i publicat a *Cotizalia* l'11 de juliol de 2011.

Aquest article analitza la contracció del crèdit concedit per les institucions financeres a les famílies i a les empreses, com a conseqüència de la crisi financera internacional sobrevinguda el 2007 (trobaràs el text complet a: **www.mhe.es/bachillerato/economia**).

Preguntes:

1> Quines raons expliquen la contracció del crèdit en els últims anys?

2> Aquesta contracció del crèdit, com ha incidit en l'economia real?

3> La contracció que ha experimentat el crèdit, la han patit de la mateixa manera tots els agents econòmics?

Test de repàs

1> Direm que un objecte es pot considerar diner quan:

a) Té un valor com a objecte que és.

b) És escàs i difícil de falsificar.

c) És generalment acceptat com a mitjà de canvi en les transaccions econòmiques.

d) Es rep a canvi de prestar factor productiu treball.

2> Si com a alternativa d'inversió decideixo comprar accions d'una multinacional espanyola, com per exemple Repsol, estic comprant:

a) Renda fixa.

b) Renda variable.

c) Deute públic.

d) Obligacions.

3> De les institucions següents, quina no és un intermediari financer?

a) BBVA.

b) Banc d'Espanya.

c) Telefónica.

d) ICO (Institut de Crèdit Oficial).

4> Quina de les targetes següents d'ús quotidià no pot ser considerada com a mitjà de pagament?

a) Targeta Visa.

b) Targeta El Corte Inglés.

c) Targeta Travel.

d) Targeta Master Card.

5> La diferència entre els dipòsits a la vista i els dipòsits d'estalvi es troba en:

a) Amb els dipòsits d'estalvi no es poden domiciliar rebuts.

b) Els dipòsits a la vista tenen més liquiditat que els dipòsits d'estalvi.

c) Els dipòsits d'estalvi tenen més disponibilitat que els dipòsits a la vista.

d) Amb els dipòsits a la vista no es pot extreure diners amb targetes de dèbit.

6> Podem definir l'oferta monetària com la suma de l'efectiu a les mans del públic i els dipòsits:

a) D'estalvi.

b) A la vista.

c) A termini.

d) Totes les respostes anteriors són correctes.

7> El diner, entre altres funcions, exerceix la d'unitat de compte pel fet que serveix:

a) Per a facilitar l'intercanvi de béns i serveis entre els individus.

b) De dipòsit de valor, per a acumular diners per a possibles compres futures.

c) De mesura de valor, per a calcular quant valen els béns i serveis i comparar-ne els preus.

d) Totes les respostes anteriors són correctes.

8> Si un banc té 200 000 € en dipòsits i el coeficient obligatori de reserves és el 2 %, quin serà el mínim nivell de reserves?

a) No té per què haver-hi un mínim de reserves.

b) 4 000 €.

c) 10 000 €.

d) 40 000 €.

9> Quant diner com a màxim es podria crear en el sistema bancari amb un dipòsit de 10 000 euros i un coeficient obligatori de reserves del 2 %?

a) 2 000 €.

b) 500 000 €.

c) 200 €.

d) 20 000 €.

10> Quin dels intermediaris financers següents no entra dins del sistema bancari?

a) Caixa d'estalvis.

b) Entitat d'assegurances.

c) Cooperativa de crèdit.

d) Banc.

Solució: 1. c; 2. b; 3. c; 4. c; 5. b; 6. d; 7. c; 8. b; 9. b; 10. b.

12

EL BANC CENTRAL, LA POLÍTICA MONETÀRIA I LA INFLACIÓ

L'objectiu fonamental del Banc Central és procurar l'estabilitat dels preus i alhora propiciar un creixement sostingut de la producció i de l'ocupació en un context financer ordenat i eficient. A Espanya, el Banc Central és el Banc d'Espanya, que actua com un instrument del Banc Central Europeu (BCE).

Notícia

«Quién gana y quién pierde con la subida de tipos», de J. A. Vega, *Cincodias.com*, 7 de juliol de 2011.

En aquest document d'anàlisi, el seu autor raona a qui beneficia i a qui perjudica una pujada dels tipus d'interès. Per a això, pren com a referència una actuació del Banc Central Europeu (BCE) (trobaràs el text complet a: **www.mhe.es/bachillerato/economia**).

Qüestions:

1> A quins agents econòmics beneficia una pujada dels tipus d'interès?

2> A qui perjudica una pujada dels tipus d'interès?

A Internet

La pàgina del Banc Central Europeu **(www.ecb.europa.eu)** disposa d'una interfície en espanyol amb informació abundant sobre la seva missió i l'euro, destinada a estudiants.

Consulta la secció «Materials didàctics»: entre altres recursos, hi trobaràs €CONOMIA, un simulador de política monetària que t'ajudarà a comprendre millor les funcions d'un banc central, prenent decisions similars a les que adopta el director del BCE i observant-ne els efectes.

Important

Tots els països moderns tenen un **Banc Central.** La seva missió principal és controlar l'oferta monetària i les condicions creditícies del país com a instruments per a garantir l'estabilitat dels preus.

El BCE té la seva seu a Frankfurt (Alemanya). Des d'aquí es coordina el Sistema Europeu de Bancs Centrals.

1 El Banc d'Espanya i el Banc Central Europeu (BCE)

Als països integrats en la Unió Monetària Europea, les tasques del Banc Central estan condicionades pel **Sistema Europeu de Bancs Centrals (SEBC)** i pel **Banc Central Europeu (BCE).** A Espanya, el Banc Central és el **Banc d'Espanya**, que és un organisme autònom amb funcions rellevants en temes de política monetària, i actua com a instrument del BCE.

El **Banc Central** d'un país és la institució encarregada de supervisar el sistema bancari i de regular la quantitat de diner que hi ha en l'economia.

Les funcions que té encomanades el **Banc d'Espanya** són de dos tipus: les unes, *específiques,* i d'altres, com a *entitat integrada* en el SEBC.

Les *funcions específiques* més importants del Banc d'Espanya són les següents:

- Guardar i gestionar reserves de divises i metalls preciosos que no s'hagin transferit al Banc Europeu.
- Supervisar el funcionament de les entitats de crèdit i dels mercats financers.
- Promoure el bon funcionament del sistema financer.
- Posar en circulació la moneda metàl·lica.
- Elaborar i publicar informes i estadístiques relacionats amb les seves funcions.
- Ser el banc de l'Estat. Fa, entre altres, les funcions de tresoreria i de serveis financers del deute públic.
- Assessorar el Govern.

El **Banc d'Espanya** és l'autoritat monetària i regula l'activitat financera del país. Actua com a membre del **Sistema Europeu de Bancs Centrals.**

Les funcions més rellevants com a membre integrant del SEBC són:

- Definir i executar la política monetària. Aquesta es concreta en el control de l'oferta monetària i de l'estabilitat dels preus.
- Fer les operacions de canvi de divises.
- Promoure el bon funcionament del sistema de pagaments.
- Emetre els bitllets de curs legal.

1.1 El Sistema Europeu de Bancs Centrals (SEBC)

El *Sistema Europeu de Bancs Centrals* està compost pel **BCE** i pels bancs centrals de tots els estats de la **Unió Europea.** En el Tractat de la Comunitat Europea, l'euro es configura com a unitat monetària comuna dels estats de la UE, un cop que l'adoptin tots aquests.

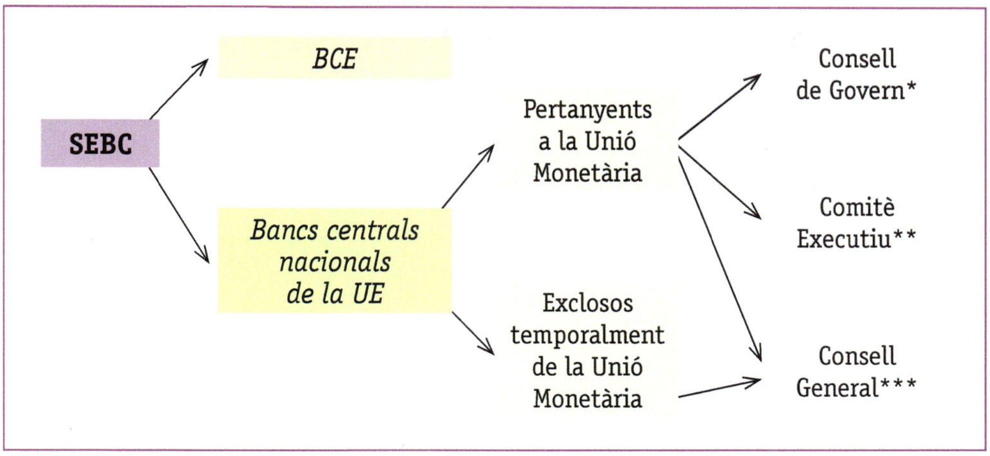

Esquema 12.1. ***El Sistema Europeu de Bancs Centrals.*** *El Banc Central Europeu i els seus òrgans de govern.*
** Membres del Comitè Executiu i governadors dels bancs centrals nacionals dels països de la UME.*
*** President, vicepresident i altres membres entre dos i quatre.*
**** President, vicepresident i governadors de tots els bancs centrals de la UE.*

El **Banc d'Espanya** és independent del Govern, en el sentit que no està sotmès a les seves instruccions per a l'establiment de la política monetària, sinó que segueix les directrius del **Banc Central Europeu (BCE).**

El SEBC està regit pel Consell de Govern i el Comitè Executiu del BCE; a més, hi ha un tercer òrgan rector, el Consell General, en què també participen com a membres els governadors dels bancs centrals dels estats que encara no s'han incorporat a la l'UME (Esquema 12.1).

A. Les funcions del SEBC

Les **funcions encomanades al SEBC**, per a la seva acció o per a la dels bancs centrals dels països membres, són les següents:

1. Definir i executar la política monetària de la zona euro.
2. Gestionar les reserves de divises dels països membres i fer les operacions de canvi de divises (vegeu la Unitat 14).
3. Propiciar el bon funcionament del sistema de pagaments garantint l'estabilitat del sistema financer mitjançant una adequada supervisió de les entitats de crèdit.
4. Autoritzar l'emissió de bitllets de curs legal en la Unió Europea. Els bitllets són emesos pel BCE o pels bancs comercials dels països membres. Poden fer l'emissió de moneda els estats membres, però és el BCE el que n'aprova el volum d'emissió.

Al BCE, correspon garantir que es compleixin les funcions encomanades al SEBC, mentre que són els bancs centrals dels diversos països els encarregats de posar en pràctica les polítiques decidides pel BCE.

L'**Eurosistema** és l'autoritat monetària comuna de la zona de l'euro. Comprèn el BCE i els bancs centrals nacionals dels estats de la Unió Europea que han adoptat l'euro (Esquema 12.2).

B. El Banc Central Europeu (BCE) i els bancs centrals nacionals

El BCE és l'organisme, fundat l'1 de juny de 1998, amb personalitat jurídica pròpia, que constitueix el nucli del Sistema Europeu de Bancs Centrals (SEBC), i de l'Eurosistema (Esquema 12.1).

Important

El **Sistema Europeu de Bancs Centrals (SEBC)** està integrat pel BCE i per tots els bancs centrals nacionals. El Sistema Europeu de Bancs Centrals és el responsable de dissenyar i executar la política monetària dels països que integren la Unió Monetària Europea.

Exemple

La crisi financera internacional iniciada el 2007 va fer que es ressentís la confiança de què gaudien moltes entitats financeres. Per això, en el si del SEBC, i en exercici de la Funció 3, es van prendre algunes mesures tendents a intentar restaurar aquesta confiança. Per a això, es van establir unes normes més exigents en matèria de requisits de capital. L'objectiu era reforçar la solvència de les entitats financeres.

Important

Els **objectius dels bancs centrals** solen ser: estabilitat dels preus, tipus d'interès moderats a llarg termini i creixement econòmic coherent amb les possibilitats de l'economia.

La seva missió principal és garantir que es compleixin les funcions que exerceix l'Eurosistema a la zona de l'euro: definir i executar la política monetària, mantenir i administrar les reserves internacionals oficials dels estats, fer operacions en divises i garantir el bon funcionament dels sistemes de pagaments.

C. Els bancs centrals nacionals

L'expressió *bancs centrals nacionals* s'utilitza en el Tractat de la Unió Europea (Tractat de Maastricht) per a referir-se als bancs centrals de tots els estats comunitaris, els quals, amb el BCE, formen el SEBC.

El Consell de Govern del BCE, del qual són membres els governadors dels bancs centrals, pren les decisions de modificació dels tipus d'interès, mentre que els bancs centrals nacionals executen les operacions de política monetària necessàries per a dur-les a terme.

Esquema 12.2. *El SEBC i l'Eurosistema.*

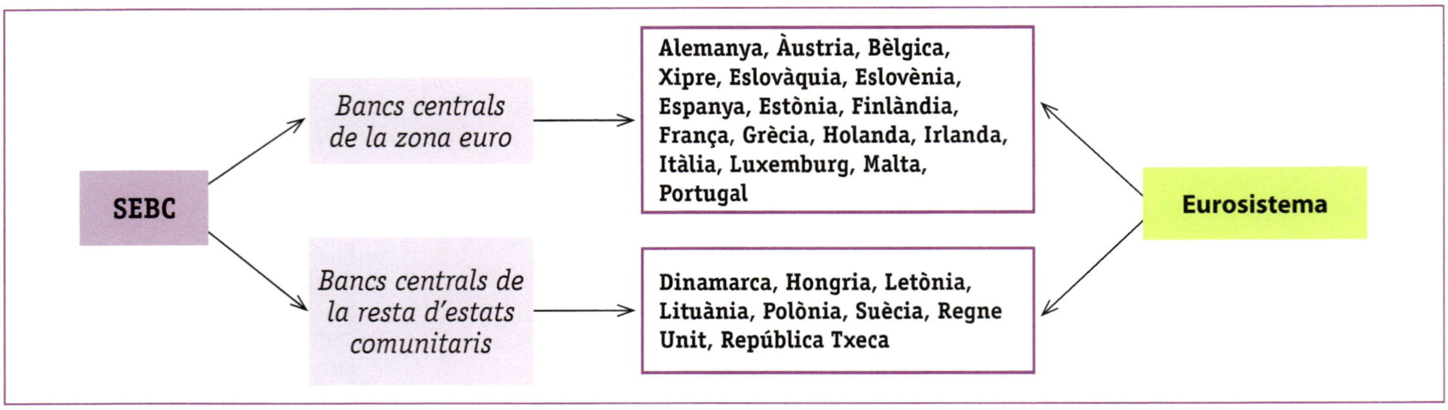

Activitats

1> Quines són les funcions principals del Banc d'Espanya? En quina mesura s'han vist alterades en integrar-se Espanya en la Unió Monetària?

2> Cita exemples d'actuacions dutes a terme pel SEBC en compliment de les funcions pròpies d'un banc central.

1.2 El balanç tipus d'un Banc Central

El **balanç del Banc Central** d'un país reflecteix les partides principals que li permeten fer les funcions que recull l'epígraf anterior (Quadre 12.1).

Més dades

El balanç és un document comptable que recull la situació patrimonial d'una empresa en un moment donat. D'una banda, en l'actiu, es recullen els béns i drets; per una altra, en el passiu, es recullen les obligacions, i en el patrimoni net, els recursos propis.

A. L'actiu

Les partides principals de l'actiu són les següents:

1. **Or i altres divises.** Durant bona part del segle XIX i fins gairebé la meitat d'aquest segle, la majoria dels països occidentals seguien el *patró or* per ordenar els seus intercanvis financers en l'àmbit internacional. Sota el patró or els bancs comercials estaven obligats a comprar i vendre or a un preu fix expressat en les seves monedes. En altres paraules, el valor de l'efectiu es definia en funció d'una determinada quantitat d'or. Durant aquesta època, els bancs centrals havien de mantenir una determinada quantitat d'or en forma de reserves per a poder complir la seva obligació de canviar bitllets per or.

Actiu	Passiu	
• Or i divises • Crèdits al sistema bancari	Passiu monetari o base monetària	• Efectiu a les mans del públic • Reserves bancàries: – Efectiu a les mans del sistema creditici – Actius de caixa o reserva del sistema bancari
• Títols o actius financers • Altres actius	Passiu no monetari	• Capital i reserves del Banc Central • Dipòsits del sector públic

Quadre 12.1. *Balanç tipus d'un Banc Central.*

Actualment, l'or no està en circulació i, de fet, no exerceix cap paper monetari. En tot cas, els bancs centrals tenen una determinada quantitat d'or i, com a tal, està reflectida en el seu **balanç.** Aquesta partida en realitat sintetitza la posició total neta del Banc Central enfront del sector exterior, i està composta per l'estoc de **reserves centrals en or** i **divises estrangeres** com el dòlar o el ien.

Les **reserves d'or** i **divises exteriors** són les possessions de divises i d'altres actius que té un país que poden utilitzar-se per a satisfer les demandes de divises.

2. **Crèdits al sistema bancari.** El Banc Central pot atorgar crèdits als bancs comercials al tipus d'interès oficial de referència.

3. **Títols o actius financers de garantia.** Com veurem en l'Epígraf 3.3, un dels instruments més importants per a dur a terme la política monetària són les *operacions de mercat obert* fetes amb actius de garantia. Els actius utilitzats són emesos per entitats públiques o privades i són sempre títols de renda fixa amb un baix nivell de risc.

> **Important**
>
> **El balanç del Banc Central**
>
> *Partides de l'actiu:* or i divises, crèdits al sistema bancari i títols de deute de l'Estat.
>
> *Partides del passiu:* efectiu a les mans del públic, reserves bancàries i altres passius no monetaris.

B. El passiu

El *passiu* del balanç del Banc d'Espanya està compost per dos grans apartats: el *passiu monetari* i el *passiu no monetari* (Quadre 12.1). En el passiu monetari figuren l'efectiu a les mans del públic i l'efectiu en poder del sistema creditici més els actius de caixa del sistema bancari, tot això conforma la **base monetària,** és a dir, els passius monetaris del Banc Central o diner d'alta potència. En el passiu no monetari figuren els dipòsits del sector públic i el capital i reserves del Banc Central.

La **base monetària** està constituïda pels passius monetaris del Banc Central.

> **Més dades**
>
> Alternativament, la base monetària pot expressar-se com la suma de *l'efectiu a les mans del públic* més les *reserves bancàries*, enteses com la suma dels actius de caixa del sistema bancari més l'efectiu a les mans del sistema creditici.

Activitats

3> En analitzar el balanç tipus dels bancs comercials en la Unitat 11, es va comprovar que les reserves dels bancs exercien un paper important en el procés d'expansió múltiple del diner bancari. On surten aquestes reserves en el balanç del Banc Central? Quin paper exerceixen?

2 La base monetària, l'oferta monetària i el multiplicador del diner

A Internet

El Banc d'Espanya disposa d'una aula virtual molt fàcil d'utilitzar **(http://aulavirtual.bde.es)**, en què trobaràs recursos molt útils per a saber més sobre les funcions i els instruments d'aquesta institució amb l'objecte de mantenir l'estabilitat dels preus i del sistema financer. Tenen l'estructura de petits cursos, en els quals aprens mitjançant jocs, simulacions i unes lectures molt reduïdes, i inclouen tests de repàs perquè comprovis els teus coneixements.

El repte a què s'enfronta el Banc Central és que si bé mou la **base monetària,** el seu interès és controlar mitjançant aquesta l'**oferta monetària,** que depèn d'altres agents.

El Banc Central calcula la *liquiditat de base* o *base monetària* del sistema a partir de la qual els intermediaris financers generen diner i crèdit.

Atesa la identitat comptable entre actiu i passiu del balanç, una altra manera de presentar el concepte de base monetària és la següent: total dels actius en poder del Banc Central menys els passius no monetaris.

> Base monetària = Efectiu a les mans del públic + Reserves bancàries =
> = Total actius del Banc Central – Passius no monetaris del Banc Central

A partir de l'última definició de base monetària, i ordenant convenientment diverses partides de l'actiu i passiu del Banc Central, la base monetària pot expressar-se de la manera següent (vegeu el Quadre 12.1):

> Base monetària = Or i divises
> + Crèdit al sistema bancari + Títols financers – Altres comptes

Així doncs, tota expansió dels actius del Banc Central, tant si aquesta es produeix via increment de les reserves de divises, augment del crèdit al sistema bancari, o via títols financers, sense que tingui lloc una variació dels passius no monetaris, condueix a una expansió de la base monetària.

2.1 La base monetària: factors autònoms i controlables

D'entre els factors explicatius de la variació de la base monetària, i l'oferta monetària, el Banc Central Europeu generalment recorre als títols financers o títols de deute per regular la liquiditat del sistema bancari. Ho fa mitjançant les **operacions de mercat obert**, el funcionament de les quals estudiarem tot seguit.

> Les **operacions de mercat obert** són les compres i vendes de títols públics que fa el Banc Central per reduir o incrementar la quantitat de diner.

Important

Quan el BCE compra un bo a un banc comercial, augmenta la liquiditat del sistema bancari, ja que li lliura diners a canvi del bo. Per contra, si li ven un bo, redueix la liquiditat del sistema bancari.

A. Les operacions de mercat obert

Una operació típica de mercat obert és la compra per part del Banc Central a un banc comercial d'un títol de deute públic, diguem d'un bo per un valor determinat, per exemple: un milió d'euros (Esquema 12.3). El Banc Central paga en el compte que el banc comercial té al Banc Central anotant un abonament d'un milió d'euros, i la rúbrica del costat del passiu «Actius de caixa del sistema bancari» augmenta en un milió d'euros. El banc comercial ha augmentat les seves reserves en un milió d'euros. Aquests diners, en un principi, romanen dipositats al Banc Central, que pot utilitzar-los per a fer pagaments a altres bancs o convertir-los en efectiu. El rellevant és que el Banc Central pot fer que augmenti la base monetària simplement comprant títols i anotant-los en el seu passiu. Per contra, si ven títols, redueix la base monetària.

Venent o comprant títols de l'Estat en el **mercat obert,** el Banc Central pot reduir o augmentar les reserves dels bancs i, amb això, la liquiditat del sistema bancari. Aquestes **operacions de mercat obert** constitueixen l'instrument estabilitzador més important de què disposa un Banc Central.

De manera genèrica, es pot afirmar que sempre que s'alterin els actius en el balanç del Banc Central, s'altera en la mateixa direcció i quantia la base monetària.

B. El multiplicador del diner bancari

Per a poder expressar l'oferta monetària com un múltiple de la base monetària, n'hi ha prou amb recordar la relació entre les reserves bancàries, els dipòsits i el coeficient de reserves (vegeu la Unitat 11):

$$\text{Oferta monetària (quantitat de diners)} = \frac{1}{\text{Coeficient de reserves}} \cdot \text{Base monetària} \qquad (1)$$

El terme **(1/coeficient de reserves)** és el **multiplicador del diner** i indica quant varia la quantitat de diner per cada euro de variació de la base monetària. Atès que el multiplicador monetari és més gran que la unitat, l'oferta monetària és un múltiple de la base monetària (Expressió 1).

Com vam veure quan vam analitzar l'expansió múltiple del crèdit en la Unitat 11, el procés d'expansió acaba quan s'aconsegueix un volum de crèdit de fins a:

$$\text{Nous crèdits} = \text{Dipòsits inicials} \cdot (1/\text{coeficient de reserves})$$

Així, si els bancs mantenen un coeficient de reserves del 20 %, es crearan dipòsits de fins a un màxim de cinc vegades les tinences de liquiditat dels bancs.

Important

El **Banc Central**, controlant els seus actius rendibles (els títols financers o títols de deute públic) controla els seus passius (els dipòsits i els bitllets, és a dir, la base monetària). Fa aquest control mitjançant les operacions en el mercat obert.

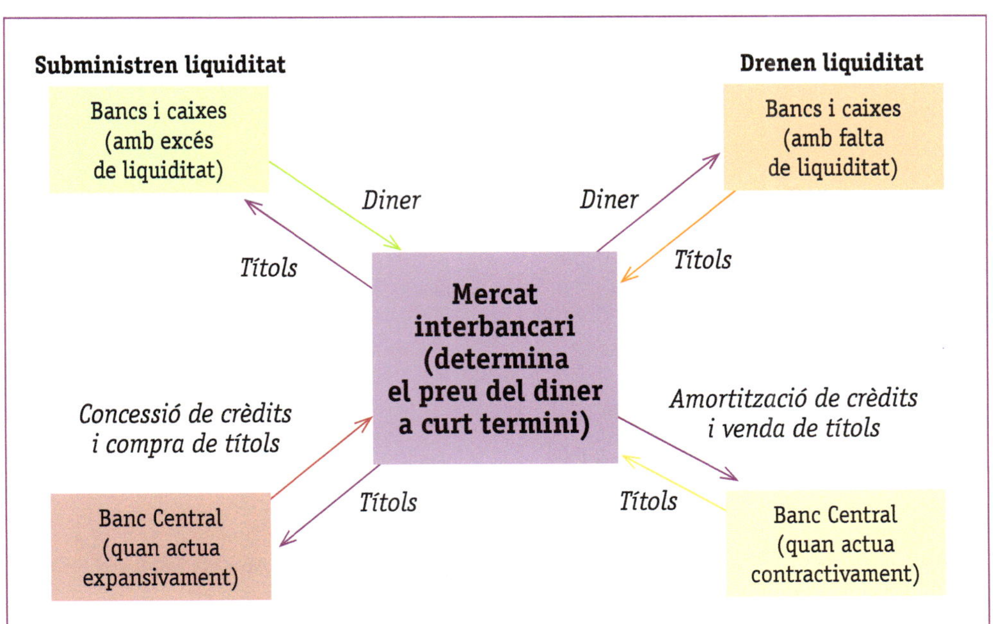

Esquema 12.3. *El mercat obert. Instrumentalització entre el Banc Central i les entitats financeres.*

El **multiplicador monetari** indica quant varia la quantitat de diner per cada euro de variació en la base monetària:

Quantitat de diner = Multiplicador de diner · Base monetària

Aquesta relació entre la base monetària i l'oferta monetària és una generalització del procés d'expansió múltiple del diner bancari presentat en la unitat anterior. Així, s'entén ara millor per què s'anomenen *base monetàri*a els deutes del Banc d'Espanya integrats per la suma de l'efectiu més les reserves, ja que són els elements que engeguen el procés: el Banc Central estableix la base sobre la qual s'edifica un volum de diner i crèdit molt superior, depenent del resultat del multiplicador, és a dir, del coeficient de reserves.

La relació existent entre l'oferta monetària i la base monetària establerta algebraicament en l'Expressió del text es recull gràficament en l'Esquema 12.4. Atès que el multiplicador monetari és superior a la unitat, l'oferta monetària és un múltiple de la base monetària.

Important

El **Banc Central** pot incidir sobre l'**oferta monetària:**

- Alterant la base monetària.
- Modificant el coeficient de reserves.

El **Banc Central** pot incidir sobre l'**oferta monetària** de dues maneres:

1. **Alterant la base monetària.** Si, per exemple, vol augmentar l'oferta monetària, durà a terme unes operacions de mercat obert comprant títols a canvi de bitllets de nova emissió, la qual cosa incrementarà l'oferta monetària.
2. **Modificant el coeficient de reserves.** Si el Banc Central vol incrementar la quantitat de diner, reduirà el coeficient de reserves i els bancs podran utilitzar els actius ara excedents per a concedir més crèdits, i així s'incrementarà l'oferta monetària.

L'**oferta monetària** depèn, en última instància, de la política del Banc Central. Fixant els requisits de reserves i, especialment, fent operacions de mercat obert, el Banc Central determina el nivell de reserves i l'oferta monetària. Els bancs i el públic cooperen en aquest procés. Els bancs creen diner mitjançant l'expansió múltiple de les reserves; el públic accepta mantenir diner en institucions dipositàries.

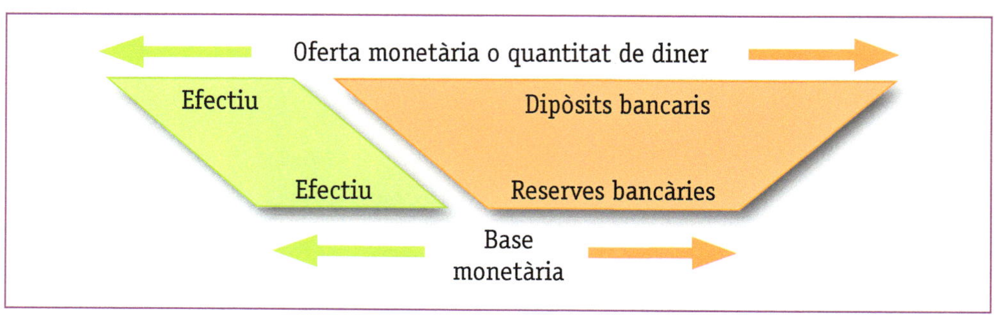

Esquema 12.4. ***L'oferta i la base monetàries.*** *La relació existent entre l'oferta monetària i la base monetària establerta algebraicament en l'Expressió 1 del text es recull gràficament en aquest esquema. Atès que el multiplicador monetari és superior a la unitat, l'oferta monetària és un múltiple de la base monetària.*

Activitats

4> De quins factors depèn el multiplicador del diner?

5> Per què el multiplicador del diner és superior a la unitat?

3 La política monetària

La **política monetària** es refereix a les decisions que les autoritats monetàries prenen per modificar la quantitat de diner o el tipus d'interès. En l'Annex 12.1 es mostra una explicació gràfica basada en el funcionament del mercat monetari. En aquest epígraf s'ofereix una explicació descriptiva de la política monetària.

3.1 La política monetària: instruments i efectes

Si, donat un nivell de preus, el Banc Central segueix una **política monetària expansiva**, per exemple, concedint als bancs nous crèdits o comprant títols en el mercat interbancari i lliurant diners a canvi, farà que la quantitat de diner s'incrementi i que, per tant, baixi el tipus d'interès (vegeu l'Annex 12.1). La baixada del tipus d'interès farà augmentar la inversió. Però la inversió és un component de la demanda agregada, per la qual cosa un augment de la inversió elevarà la demanda agregada. Això provocarà un augment de la producció.

Per tant, l'augment de la quantitat de diner genera, en primer lloc, una baixada dels tipus d'interès i, tot seguit, eleva la demanda agregada i la producció d'equilibri. En aquest procés, també conegut com a *mecanisme de transmissió monetària*, el tipus d'interès és la variable frontissa que comunica els canvis en les variables monetàries (quantitat de diner) amb les variables de l'economia real, és a dir, consum, inversió i renda.

La inversió mou la renda, i amb aquella s'acaben alterant totes les variables que depenen d'alguna manera de la renda, com el consum, l'estalvi, el volum d'impostos directes recaptats o les importacions.

Veiem, doncs, que des del punt de vista del Banc Central, responsable de la política monetària, les variables clau són dues: la quantitat de diner i el tipus d'interès.

En el cas que se seguís una **política monetària restrictiva**, per exemple, reduint els préstecs concedits als bancs o venent títols en el mercat interbancari, és a dir, retirant diners, la quantitat de diner es reduirà i el tipus d'interès augmentarà, la qual cosa incidirà negativament en la producció (vegeu els Esquemes 12.5 i 12.6).

Important

Política monetària

Són les decisions que les autoritats monetàries prenen per modificar la quantitat de diner o el tipus d'interès. Una **política monetària ex-pansiva** fa que augmenti la quantitat de diner i baixi el tipus d'interès. Una **política monetària restrictiva** fa que es redueixi la quantitat de diner i augmenti el tipus d'interès.

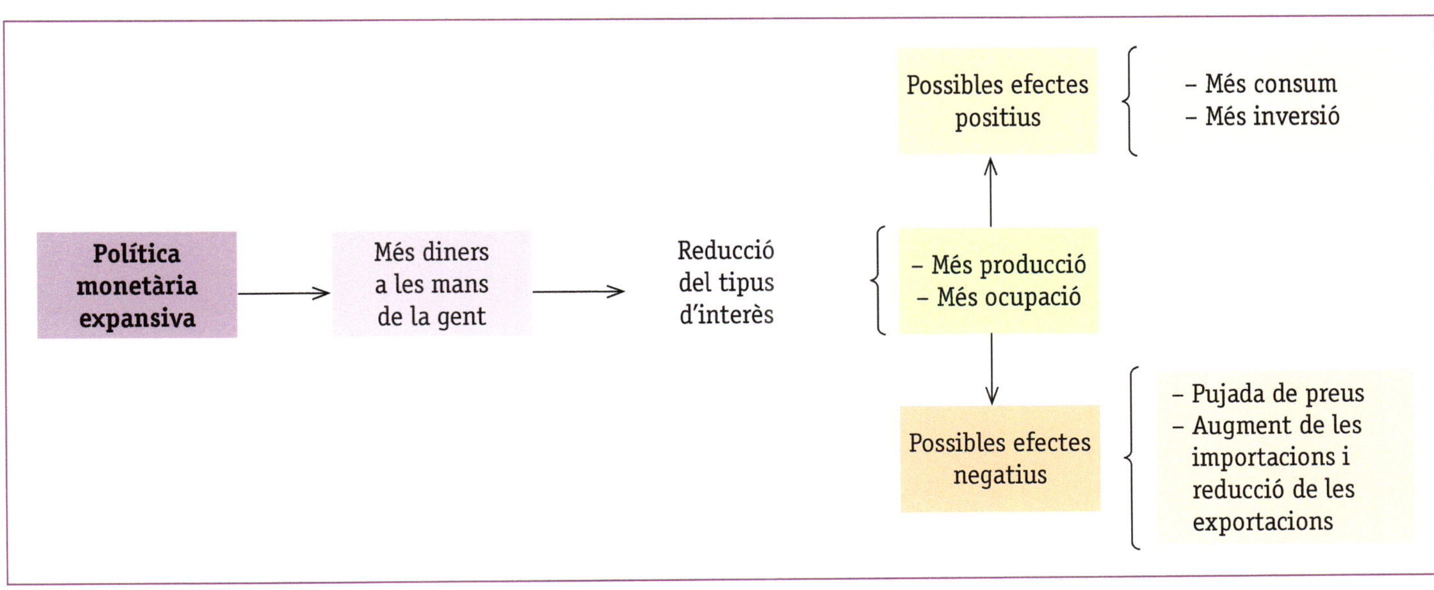

Esquema 12.5. *Efectes positius i negatius d'una política monetària expansiva.*

Banc Central Europeu
↓
Banc d'Espanya
↓
Sistema bancari
↓
Oferta monetària
↓
Tipus d'interès | Condicions creditícies
↓
Despesa agregada
- Consum
- Inversió

↓
Demanda agregada
↓
Producció i preus

Esquema 12.6. ***La política monetària en acció.*** *Esquemàticament es reflecteixen les fases de la política monetària fins que incideix sobre l'activitat econòmica. Els efectes sobre la demanda agregada dependran de la sensibilitat de les despeses de consum d'inversió davant de les alteracions en el tipus d'interès.*

3.2 El Banc Central Europeu (BCE) i la política monetària única

A partir del primer de gener de 1999, la sobirania monetària dels onze estats membres de la UE que van formar l'UME va passar al SEBC, constituït pel BCE i per tots els bancs centrals nacionals dels països de la UE, inclosos els dels estats membres que no van formar part, inicialment, de l'UME (Esquema 12.1).

L'*objectiu últim i primordial del SEBC és mantenir l'estabilitat dels preus,* i cal dissenyar la política monetària per a assolir aquest objectiu. El SEBC defineix l'estabilitat dels preus com un creixement de l'índex harmonitzat de preus de consum (IAPC) (Esquema 12.7) de la zona euro inferior al 2 %, però pròxim a aquest objectiu. Això és per a evitar caure en la deflació (descens de preus associat a una depressió econòmica).

L'objectiu d'estabilitat dels preus ha d'entendre's com un fet a mitjà termini; per això, la política monetària no ha de respondre a pertorbacions puntuals i imprevistes, i ha d'acceptar com a normal una certa volatilitat a curt termini de la inflació.

3.3 Els instruments de la política monetària única

Són els mitjans de què disposen els bancs centrals nacionals per a regular la liquiditat del mercat i, influint en les condicions financeres, aconseguir l'estabilitat dels preus (Esquema 12.7).

L'Eurosistema disposa de tres grups d'instruments:

a) Operacions de mercat obert.

b) Facilitats permanents.

c) Reserves mínimes obligatòries.

A. Operacions de mercat obert

Com hem vist en l'epígraf anterior, quan el BCE vol reduir la quantitat de diner (dur a terme una política contractiva), ven bons a les entitats financeres en el mercat interbancari i recull diners (retira diners de la circulació). Aquesta actuació del BCE pressiona els tipus d'interès a l'alça. Si el BCE vol augmentar la quantitat de diner (dur a terme una política expansiva), compra bons en el mercat a canvi de diners, amb la qual cosa impedeix que pugin els tipus d'interès.

Exemple

Amb motiu de la crisi del deute dels països «perifèrics » de la Unió Monetària Europea (Grècia, Irlanda, Portugal, Espanya i Itàlia), el 2010-2011 el BCE va haver de comprar bons d'aquests països per intentar impedir que els tipus d'interès d'aquests bons pugessin excessivament.

A llarg termini
Seguiment d'una àmplia sèrie d'indicadors monetaris i reals (*)
→ Amb l'objectiu últim d'assolir → Estabilitat dels preus

A curt termini
- Operacions de mercat obert
- Facilitats permanents
- Coeficient de caixa

→ Amb els objectius de →
- Subministrar liquiditat
- Ajustar els tipus d'interès a curt termini

(*) Tendències de l'IPC i dels seus components, d'altres índexs de preus, dels salaris i costos unitaris del treball, dels marges empresarials, de la pressió de la demanda, de la política fiscal, dels diferencials de tipus d'interès amb altres països i de la configuració de la corba de rendiments o de tipus d'interès.

Esquema 12.7. ***Instruments de la política monetària.*** *Operacions a curt i a llarg termini.*

B. Reserves mínimes obligatòries

Són els dipòsits que les entitats de contrapartida han de mantenir obligatòriament en els bancs centrals nacionals. Són un instrument de política monetària que afecta les necessitats estructurals de liquiditat del mercat i permeten estabilitzar els tipus d'interès a curt termini.

En l'Eurosistema, les **reserves mínimes** es calculen aplicant un coeficient, actualment el 2 %, anomenat *coeficient de reserva* o *coeficient de caixa,* als saldos, a final de mes, de determinats passius de les entitats de crèdit. En tot cas, el coeficient de reserves no se sol canviar per controlar la quantitat de diner.

> **! Important**
>
> Les **reserves bancàries** dipositades pels bancs comercials als bancs centrals, amb la petita quantitat de diners en efectiu que es troba a les caixes dels bancs comercials, constitueixen les **reserves.**
>
> Són la base per a la creació múltiple de dipòsits per part del sistema bancari.

C. Facilitats permanents

Les **facilitats permanents** fan referència a les operacions mitjançant les quals el BCE permet als bancs i la resta d'entitats financeres ajustar la seva liquiditat. Són de dos tipus: de crèdit i de dipòsit.

— La **facilitat marginal de crèdit** permet a les entitats obtenir crèdit a un dia, a un tipus d'interès predeterminat, sempre que tinguin prou garanties. Mitjançant aquesta facilitat se subministra liquiditat a les entitats.

— La **facilitat de dipòsit** permet que les entitats facin dipòsits a un dia, remunerats a un tipus d'interès predeterminat. Mitjançant aquesta facilitat es drena liquiditat de les entitats.

Instruments	Provisió de liquiditat	Drenatge de liquiditat
Operacions de mercat obert	Compra de títols	Venda de títols
Coeficient de reserves	Reducció	Augment
Facilitats permanents	Facilitat de crèdit	Facilitat de dipòsit

Quadre 12.2. *Els instruments en acció.*

Tot i que actualment el Banc d'Espanya no fixa per si sol els grans objectius de la política monetària (perquè ho fa el BCE), sí que és l'encarregat de moure diàriament els instruments que permeten dur a terme aquesta política, i que acabem d'estudiar.

Activitats

6> En economia, quin és el mecanisme de transmissió monetària?

7> Quin impacte tindrà sobre l'activitat econòmica una política monetària contractiva?

8> Suposa que una economia és enmig d'una forta recessió i que les tensions inflacionistes són nul·les. Quin tipus de política monetària s'hauria d'emprar? Quins instruments caldria utilitzar?

4 La política monetària, la demanda agregada i la inflació

Per a seguir el compliment de l'objectiu de l'estabilitat dels preus, s'utilitza el control de la quantitat de diner, així com l'evolució de l'IPC.

Com s'ha assenyalat, el Banc Central Europeu pot utilitzar els instruments assenyalats en l'epígraf anterior, i fonamentalment les operacions de mercat obert, per a influir en la quantitat de diner i, per tant, en els tipus d'interès. Mitjançant els tipus d'interès, la política monetària incideix en la inversió i en el consum, i per tant en la demanda agregada, en la producció i en els preus.

4.1 La política monetària i la inflació

Quan el Banc Central Europeu du a terme una política monetària expansiva, mitjançant la compra de títols públics en el mercat interbancari, s'incrementa la liquiditat de les entitats financeres i baixen els tipus d'interès. Com a conseqüència de la reducció dels tipus d'interès, el consum i la inversió s'incrementen, i fan que augmenti la demanda agregada.

En termes gràfics, una política monetària expansiva que redueix els tipus d'interès comportarà un desplaçament a la dreta de la corba de demanda agregada, diguem des de DA_1 fins a DA_2. Aquest desplaçament de la demanda agregada provoca un augment de la renda nacional, de y_1 a y_2, i del nivell general de preus, de P_1 a P_2 (Figura 12.1.*a*).

En la vida real, la política monetària se sol utilitzar més sovint per a controlar les tensions inflacionistes que per a intentar impulsar l'activitat econòmica. De fet, l'objectiu últim i primordial del BCE és mantenir l'estabilitat dels preus. Això implica utilitzar una política monetària contractiva. Per a això, l'instrument generalment utilitzat són les operacions de mercat obert. En concret, el BCE vendrà títols públics (bons) en el mercat interbancari i les entitats financeres li lliuraran diners. Aquest drenatge de liquiditat farà que pugin els tipus d'interès, i es reduirà el consum i la inversió, és a dir, la demanda agregada.

En termes gràfics, els efectes d'una política monetària contractiva es recullen en la Figura 12.1.*b*. La corba de demanda agregada es desplaçarà cap a l'esquerra, des de DA_1 fins a DA_0. Aquest desplaçament a l'esquerra de la corba de demanda agregada implicarà que la renda nacional es reduirà i que el nivell general de preus disminuirà, des de P_1 fins a P_0.

Important

Una política monetària expansiva desplaça la corba de demanda agregada cap a la dreta, i fa que augmentin la renda nacional i el nivell general de preus.

Una política monetària contractiva desplaça la corba de demanda agregada cap a l'esquerra, i redueix la renda nacional i els preus.

Exemple

Arran de la crisi financera internacional iniciada el 2007, el BCE va abaixar els tipus i va augmentar la liquiditat a les entitats financeres, per intentar reactivar l'economia.

Figura 12.1. *Efectes d'una política monetària expansiva i d'una política monetària contractiva.*

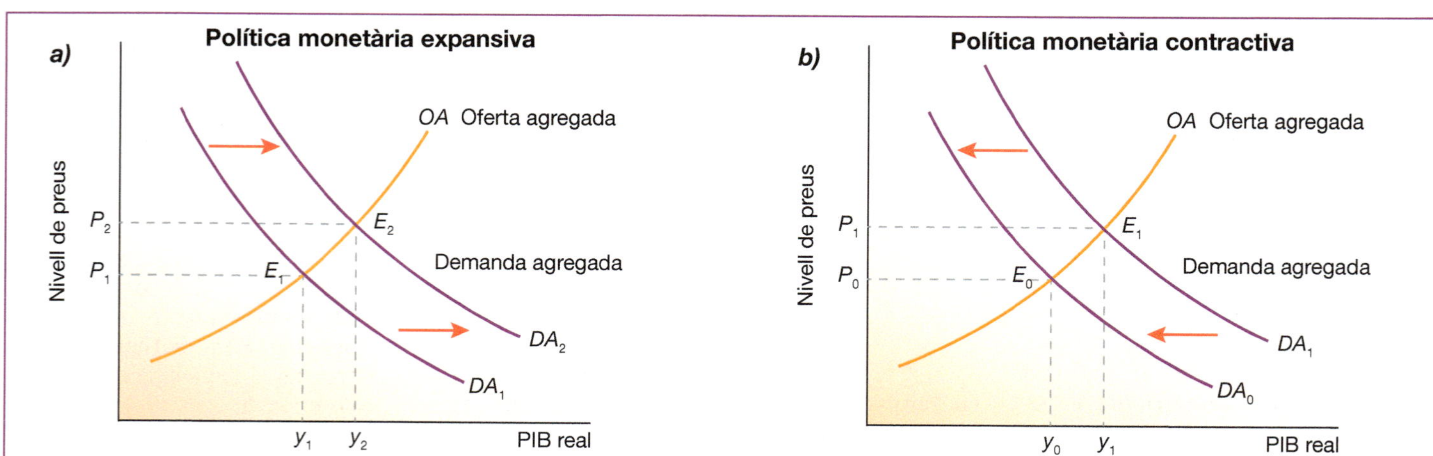

4.2 Les teories explicatives de la inflació

La **inflació** és el creixement generalitzat i continu dels preus dels béns i serveis. Es tracta d'un procés que afecta gairebé tots els preus i que és continu al llarg del temps, la qual cosa introdueix un component de llarg termini.

> **Més dades**
>
> Tot i que el normal és que els preus augmentin, a vegades, i a causa de fortes recessions, el nivell general de preus disminueix, fet que dóna lloc al que es coneix com a *deflació*.

A. La inflació en el curt termini: inflació de demanda i de costos

Com vam veure en la Unitat 9, per explicar les causes del creixement dels preus a curt termini, s'ha acudit a dos tipus de factors, l'un pel costat de la demanda i un altre pel dels costos, que donen lloc a la *inflació de demanda* i a la *inflació de costos,* respectivament.

> La **inflació de demanda** té lloc quan els diversos agents d'un país demanen més que no les empreses ofereixen, i així resulta una situació d'escassetat que pressiona els preus a l'alça.

L'increment de la demanda es pot deure al comportament de qualsevol dels agents que participen en l'economia:

— **Les famílies:** la decisió entre estalvi i consum de les famílies no és uniforme al llarg del temps. En fases d'expansió i eufòria, les famílies fins i tot s'endeuten, i fan que la demanda agregada augmenti.

— **Les empreses:** els plans de despesa de les empreses (despeses corrents i d'inversió) depenen de les expectatives. Quan aquestes són positives, la despesa augmenta, fet que contribueix a expandir la demanda agregada.

— **El sector públic:** els plans de despesa del sector públic, articulats mitjançant polítiques discrecionals (d'infraestructures o de caràcter social), poden actuar com a element detonant d'una expansió de la demanda agregada.

— **El sector exterior:** el fort creixement de determinats països pot pressionar sobre la demanda agregada d'altres països i propiciar alces de preus.

> **Important**
>
> Un augment de la demanda de qualsevol dels agents que integren la demanda agregada pot actuar com a element desencadenant d'una pressió sobre el nivell general de preus.

En termes gràfics, una inflació de demanda pot representar-se mitjançant un desplaçament de la corba de demanda agregada cap a la dreta (vegeu la Figura 12.2.*a* en la pàgina següent). L'augment de la demanda agregada, si bé contribueix a incrementar la renda nacional, també fa que augmentin els preus.

En la inflació *de costos,* l'origen del procés es troba en l'augment del preu de qualsevol factor, i de fet en alguns moments de la història (per exemple, durant la crisi de finals de la dècada dels setanta i principis dels vuitanta del segle XX) el preu del petroli ha desencadenat fortes tensions inflacionistes.

> La **inflació de costos** és aquella en què l'encariment de qualsevol factor productiu actua com a detonant d'un procés en cadena, que incideix en altres factors i que s'acaba traslladant als preus.

Generalment, la inflació de costos s'associa amb els augments salarials. La idea és que, en determinats sectors, els sindicats tenen poder per a aconseguir millores salarials superiors als increments de la productivitat, que posteriorment es traslladen a altres sectors i, al final, també als preus. Si les pressions dels salaris es traslladen als preus, i posteriorment els augments de preus s'utilitzen com a argument per a exigir nous augments salarials, s'estarà davant de l'anomenada *espiral salaris-preus*.

> **Exemple**
>
> La història de l'economia espanyola ofereix un exemple clarificador de la relació entre la quantitat de diner (or) i els preus: la inflació a Espanya després de l'arribada de l'or d'Amèrica va ser un fenomen molt estudiat pels historiadors econòmics d'arreu del món, que l'anomenen «la revolució dels preus». Paradoxalment, l'arribada massiva de l'or del Nou Món va tenir efectes molt perjudicials per a l'economia, per la inflació que va provocar.

Els costos dels factors no són l'únic que pot generar inflació de costos: el poder de mercat de determinades empreses o la manca de competència en certs sectors, i en particular en el sector de la distribució, són factors que també poden fer que augmentin els costos de producció. En general, els diversos elements que s'han assenyalat pel costat dels costos adquireixen una gran importància en una perspectiva internacional, ja que poden explicar les diferències de preus entre uns països i els altres, és a dir, les diferències en competitivitat.

En termes gràfics, una inflació de costos es pot representar mitjançant un desplaçament cap a l'esquerra de la corba d'oferta agregada, tal com recull la Figura 12.2.*b*. La corba d'oferta agregada es desplaça cap a l'esquerra perquè l'augment dels costos de producció fa que, per a un nivell donat de producció, les empreses només puguin produir a uns preus més alts. L'impacte global d'una inflació de costos serà un augment del nivell general de preus i una disminució de la renda nacional. Per això, quan té lloc aquest tipus d'inflació, es parla d'**inflació amb estancament.**

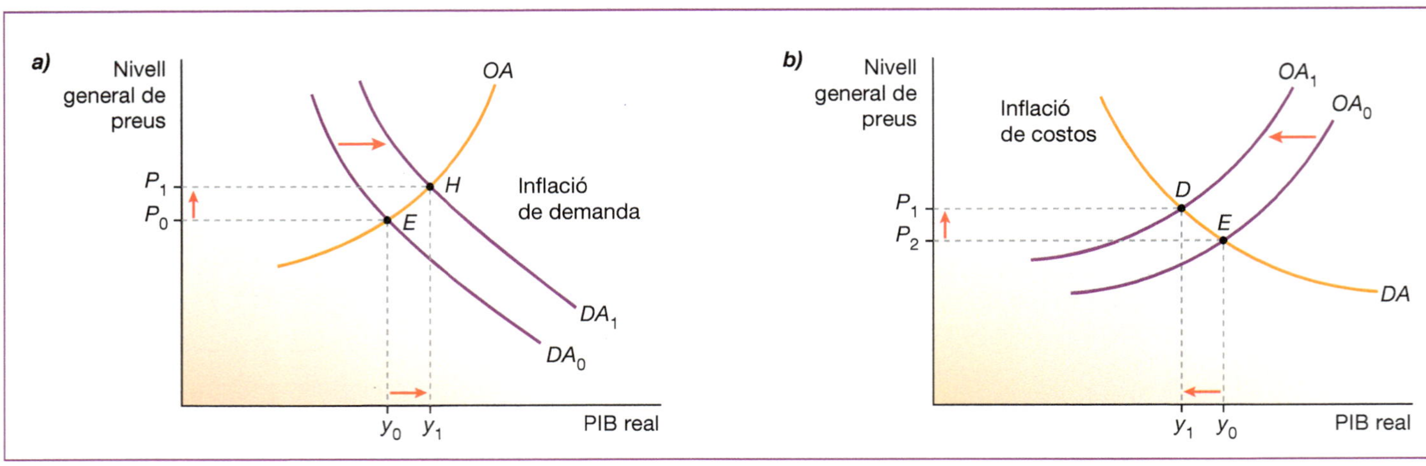

Figura 12.2. ***Inflació de demanda i inflació de costos.*** *La inflació de demanda* (a) *provoca un desplaçament de la corba de demanda agregada cap a la dreta, la qual cosa representa un augment de la renda i dels preus. Una inflació de costos* (b) *provoca un desplaçament cap a l'esquerra de la corba d'oferta agregada, que provoca una disminució de la renda i un augment dels preus.*

B. La inflació en el llarg termini: explicació monetarista

Com es va indicar en la definició d'*inflació*, perquè aquesta tingui lloc, ha d'haver-hi un creixement continu dels preus al llarg del temps. Tant un augment de la demanda com un increment dels costos de producció poden actuar com a elements detonants i provocar un augment dels preus, és a dir, una inflació de demanda o una inflació de costos, en un moment determinat. Però difícilment poden generar un creixement continu dels preus. En una perspectiva dinàmica, la inflació s'associa amb un creixement de la quantitat de diner per sobre del creixement de la producció.

Si en una economia en què inicialment no s'experimenten tensions inflacionistes té lloc un augment de la quantitat de diner per sobre d'allò requerit per a atendre les necessitats de la producció, els agents econòmics es trobaran amb més diners dels que necessiten, i dedicaran l'excés de liquiditat a gastar, i faran que augmentin els preus. Des d'aquesta perspectiva, el creixement de la quantitat de diner per sobre del que seria necessari és l'única raó que a llarg termini pot explicar la inflació, és a dir, un creixement continu dels preus. Per això, l'objectiu dels bancs centrals s'ha de concretar a procurar que el creixement de la quantitat de diner no generi inflació, tal com fa el BCE.

Important

Teories explicatives de la inflació

1. Curt termini:
   - *Inflació de demanda:* l'augment de la demanda agregada causa un augment dels preus.
   - *Inflació de costos:* l'augment dels costos provoca un augment dels preus i una reducció de la producció.
2. Llarg termini (visió monetarista): l'augment de la quantitat de diner causa un augment dels preus.

4.3 Efectes de la inflació

Els efectes principals de la inflació deriven de la pèrdua de poder adquisitiu del diner, de la pèrdua de competitivitat en l'àmbit internacional i de la incertesa generada.

A. La pèrdua de poder adquisitiu

El poder adquisitiu d'una determinada quantitat de diner representa el que s'hi pot comprar. Si els preus creixen més ràpidament que els nostres ingressos, perdrem poder adquisitiu i qualitat de vida. Però la inflació no afecta tothom de la mateixa manera. Hi ha uns col·lectius que es veuen perjudicats, mentre que d'altres en resulten beneficiats.

Entre els **perjudicats** cal esmentar els següents:

- Els **pensionistes**, i en general els qui reben rendes que solen créixer menys que els preus.
- Els **prestadors**, i en general aquells que van renunciar a consumir en el passat i van prestar els diners.
- Els **treballadors** els salaris dels quals creixin a un menor ritme que la inflació.

Entre els **beneficiats** cal assenyalar els col·lectius següents:

- Les **administracions públiques** pràcticament mai paguen al comptat; sempre es comprometen a fer el pagament en un determinat termini de temps, de manera que amb la inflació es redueix el valor del seu deute. D'altra banda, en general, els impostos es veuen afavorits per la inflació, perquè pateixen el que es coneix com un *efecte lliscament* dels trams impositius. Així, en els impostos en què la proporció que s'ha de pagar augmenta amb el nivell de renda, la inflació (en provocar que augmenti la renda en termes nominals) farà que s'incrementi la quantitat a pagar en concepte d'impostos, encara que la renda real no augmenti.
- Els **deutors**, perquè el valor del deute es quantifica en determinades quantitats fixes, que a causa de la inflació perden part del seu valor.

B. La pèrdua de competitivitat

La competitivitat internacional d'un país es veu perjudicada per la inflació. El creixement dels preus fa que els productes nacionals s'encareixin en relació amb els preus dels productes estrangers. La inflació dificultarà les exportacions i facilitarà l'entrada de productes estrangers. I això implica destrucció d'ocupació nacional i creació d'ocupació als països més competitius.

+ *Més dades*

Interès nominal i real

A causa de la inflació, els prestadors poden exigir una compensació per la pèrdua de poder adquisitiu dels diners que presten. El tipus d'interès nominal serà igual a:

Tipus d'interès nominal = = Tipus d'interès real + Taxa d'inflació

Per tant, el tipus d'interès real que rep un prestador serà:

Tipus d'interès real = Tipus d'interès nominal − Taxa d'inflació

Per tant, si una persona manté un dipòsit en una caixa d'estalvis pel qual li abonen uns interessos del 4 %, però la inflació és del 3 % anual, el tipus d'interès real del dipòsit serà de l'1 %.

+ *Més dades*

L'efecte lliscament dels impostos: un exemple

Suposem que sobre en Marc, que el 2011 va guanyar 10 000 €, recau un impost proporcional que està lligat a la seva renda. Si guanya fins a 10 000 € l'any, haurà de pagar el 4 % de la seva renda, però si guanya més d'11 000 € l'any, n'haurà de pagar el 5 %. Suposem que la inflació el 2011 ha estat el 10 % i que els seus ingressos de 2012 també s'incrementen en un 10 %, de manera que en termes reals els seus ingressos no han canviat. No obstant això, s'incrementa la quantitat que ha de pagar com a impostos:

Quantitat que ha de pagar per l'impost sobre la renda el 2011:

$$10\,000 \cdot 0{,}04 = 400\ €$$

Quantitat que ha de pagar per l'impost sobre la renda el 2012:

$$11\,000 \cdot 0{,}05 = 550\ €$$

Quan la renda d'en Marc és de 10 000 €, la quantitat a pagar en impostos és de 400 €. Si, a causa de la inflació, els seus ingressos el 2012 s'incrementen també en un 10 %, el percentatge a pagar en impostos ja no és el 4 %, sinó el 5 % (perquè la renda supera els 10 000 €), i resulta una quantitat a pagar de 550 €, la qual cosa representa un increment del 37,5 % respecte a la quantitat pagada el 2011.

Aquest percentatge és molt superior al que han augmentat els impostos, de manera que la renda disponible i el benestar econòmic d'en Marc es veuen reduïts.

Exemple

En alguns països s'han viscut períodes d'inflació molt elevada (hiperinflació), com va ser el cas d'Alemanya el 1923 o de l'Argentina el 1989. En aquests casos, les persones preferien anar uns quants cops al dia al banc a recollir els diners, ja que al llarg d'un mateix dia, a causa de la forta inflació, els diners perdien poder adquisitiu.

L'economia espanyola s'ha vist afectada especialment per la seva pèrdua de competitivitat en l'àmbit general i especialment respecte als països de la Unió Monetària Europea. Una de les raons que expliquen les taxes d'atur elevades que caracteritzen l'economia espanyola és la seva escassa competitivitat.

C. La incertesa

Quan els preus experimenten forts creixements, deixen de complir de manera eficient la missió fonamental que exerceixen en una economia de mercat: transmetre informació per a facilitar la presa de decisions, tant de consum com d'inversió. A més a més, en un context de fortes pujades de preus resulta molt difícil fer previsions sobre quins seran els productes o factors de la producció que es veuran relativament més afectats per la inflació. Tot això genera una sensació d'incertesa que incideix negativament sobre la producció.

Aquesta incertesa és especialment perjudicial per als projectes d'inversió a llarg termini. L'impacte negatiu sobre la inversió a llarg termini comportarà unes menors taxes de creixement i un menor benestar econòmic futur.

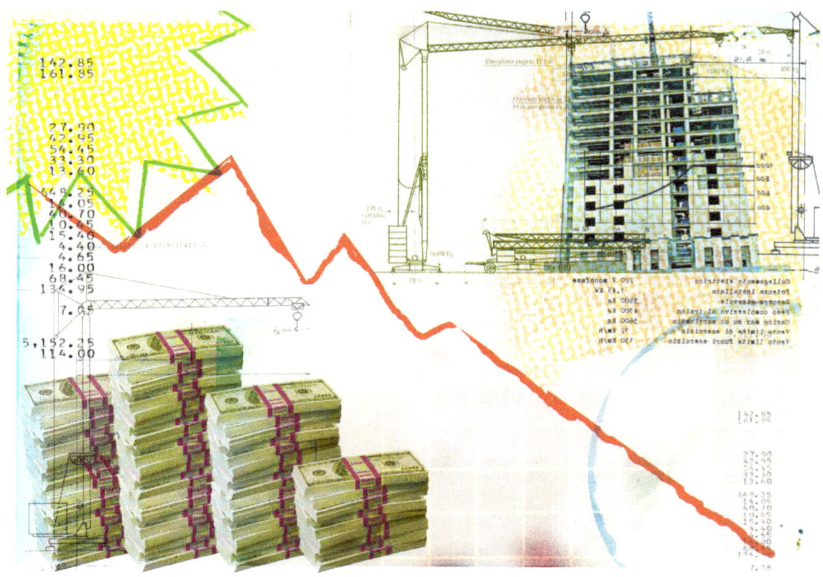

La inflació representa una distorsió en el funcionament dels mercats, i té diversos efectes negatius per a l'economia, tant a curt com a llarg termini.

Activitats

9> Analitza les diferències entre els efectes d'una inflació amb estancament i els d'una deflació. Per a donar suport als teus arguments utilitza l'anàlisi gràfica.

10> Quin sentit econòmic té l'afirmació següent: «La vertadera inflació necessita ser finançada per l'augment de la quantitat de diner»?

11> Suposem que la Maria, que el 2011 va guanyar 20 000 €, ha de pagar un impost proporcional que està lligat a la seva renda, de manera que si la renda és de 20 000 € l'any, haurà de pagar el 8 % de la seva renda, però si guanya més de 21 000 € l'any, haurà de pagar el 9 % de la seva renda. Si la inflació el 2011 va ser del 10 %, i sabent que els seus ingressos de 2012 també s'incrementen en un 10 %, quina serà la quantitat que ha de pagar d'impostos el 2012? En quant han augmentat els impostos?

12> Si en Joan manté un dipòsit en un banc pel qual li abonen un 2,5 % anual i la inflació és del 3 %, quin serà el tipus d'interès real que rebrà en Joan pel seu dipòsit?

13> Té sentit parlar de tipus d'un interès nominal negatiu? Per què?

14> A qui perjudica més la inflació: a un banc que concedeix un crèdit de consum o a qui rep el préstec?

15> Per què un país que pateix més inflació que els altres perd competitivitat en la venda dels seus productes?

5 Annex. El mercat monetari i la política monetària

En els epígrafs anteriors s'ha assenyalat que el Banc Central controla l'oferta monetària. Aquest determina l'oferta o la quantitat de diner i és una decisió de política econòmica que no depèn del tipus d'interès. Per això, en la Figura 12.A.1, la corba d'oferta de diner es representa com una recta vertical.

Pel que fa a la demanda de diner, passarà el que succeeix amb qualsevol altre bé: la quantitat demanada de diner és superior com inferior sigui el seu preu, és a dir, el tipus d'interès. Com menor és el tipus d'interès, menor és el cost d'oportunitat de mantenir diner.

Cal tenir en compte que l'alternativa a mantenir diner líquid serà, per exemple, invertir-lo en un bo que generarà un determinat tipus d'interès. Com més baix sigui el tipus d'interès, menys motius tindrem per a comprar un bo i més atractiu resultarà mantenir diner líquid. Per això, en la Figura 12.A.1, la corba de demanda de diner, que lliga el tipus d'interès amb la quantitat demanada de diner, és decreixent.

El mercat de diner és determinat pel desig del públic de tenir diner (representat per la corba de demanda de diner) i per la política monetària del Banc Central representada mitjançant una oferta monetària fixa. La seva interdependència determina el tipus d'interès de mercat, i_e. L'equilibri en el mercat de diner s'aconsegueix en un punt en què la quantitat de diner que els individus volen demanar és igual a l'oferta pel Banc Central. En termes gràfics, això passa en el punt *E* de la Figura 12.A.1.

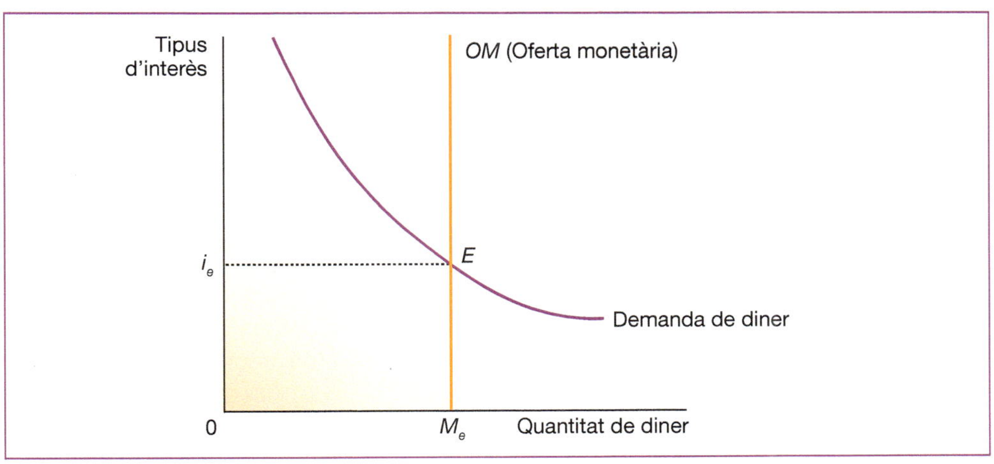

Figura 12.A.1. *El mercat monetari.* *La corba de demanda de diner té una inclinació decreixent, mentre que la corba d'oferta monetària és vertical.*

La política monetària es refereix a les decisions que les autoritats monetàries prenen per alterar l'equilibri en el mercat de diner, és a dir, per modificar la quantitat de diner o el tipus d'interès.

Suposem que, donat un nivell de preus, el Banc Central segueix una política monetària expansiva, és a dir, compra títols en el mercat obert, redueix els coeficients legals de reserves o concedeix als bancs nous crèdits. Això provocarà que la quantitat de diner s'incrementi, de manera que la funció d'oferta de diner es desplaçarà cap a la dreta i el tipus d'interès es reduirà (Figura 12.A.2).

La baixada del tipus d'interès fa augmentar la inversió, però aquest és un component de la demanda agregada, per la qual cosa aquest augment eleva la demanda agregada i, com a conseqüència d'aquest increment, augmentarà la producció i l'ocupació.

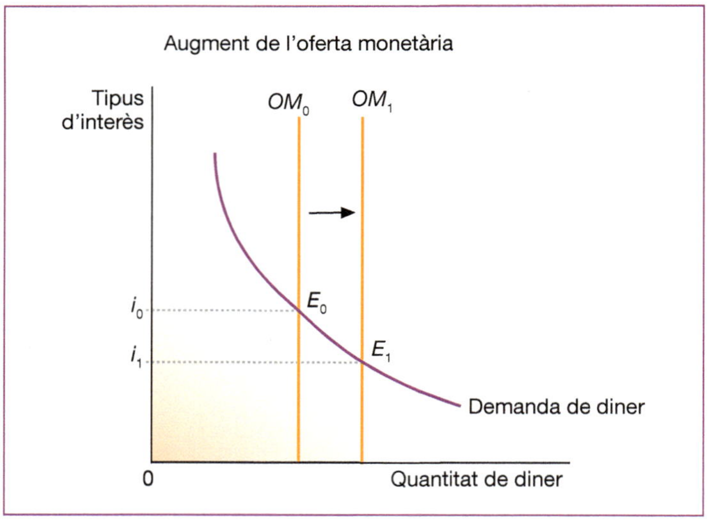

Figura 12.A.2. *Política monetària expansiva.* *Els efectes d'una política monetària expansiva es concreten en un descens del tipus d'interès i en un augment de la quantitat de diner.*

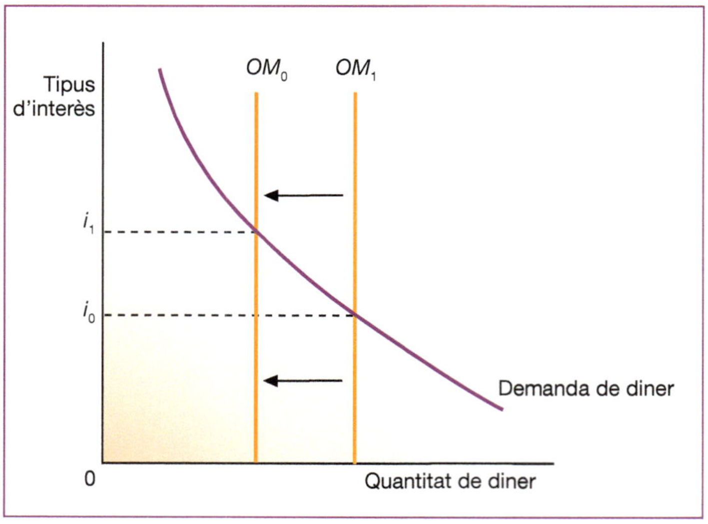

Figura 12.A.3. *Política monetària restrictiva.* *Si el Banc d'Espanya du a terme una política monetària restrictiva, reduint l'oferta monetària, el tipus d'interès experimenta una pujada.*

Els efectes sobre l'activitat econòmica d'una política monetària expansiva es poden veure seriosament limitats quan l'economia entra en una profunda recessió i les expectatives s'ensorren. Per molt baixos que siguin els tipus d'interès, si les famílies han perdut la confiança, en el futur difícilment es decidiran, per exemple, a comprar un cotxe, i poques empreses emprendran projectes d'inversió. Una paràbola que recull aquesta idea és la que compara la política monetària amb una corda: amb aquesta podem evitar que un burro s'apropi a una font a beure aigua, però difícilment el podrem empènyer perquè es decideixi a beure.

Una política monetària restrictiva provocada, per exemple, per la venda de títols públics o per una reducció dels préstecs concedits als bancs, farà que la corba d'oferta de diner es desplaci cap a l'esquerra i que els tipus d'interès s'incrementin (Figura 12.A.3).

L'efecte de l'augment del tipus d'interès serà que es reduiran el consum i la inversió. Per tant, disminuiran el nivell d'ocupació i la renda.

La política monetària expansiva augmenta la quantitat de diner i el tipus d'interès es redueix, i al contrari passa en el cas de la política monetària restrictiva.

Mapa conceptual

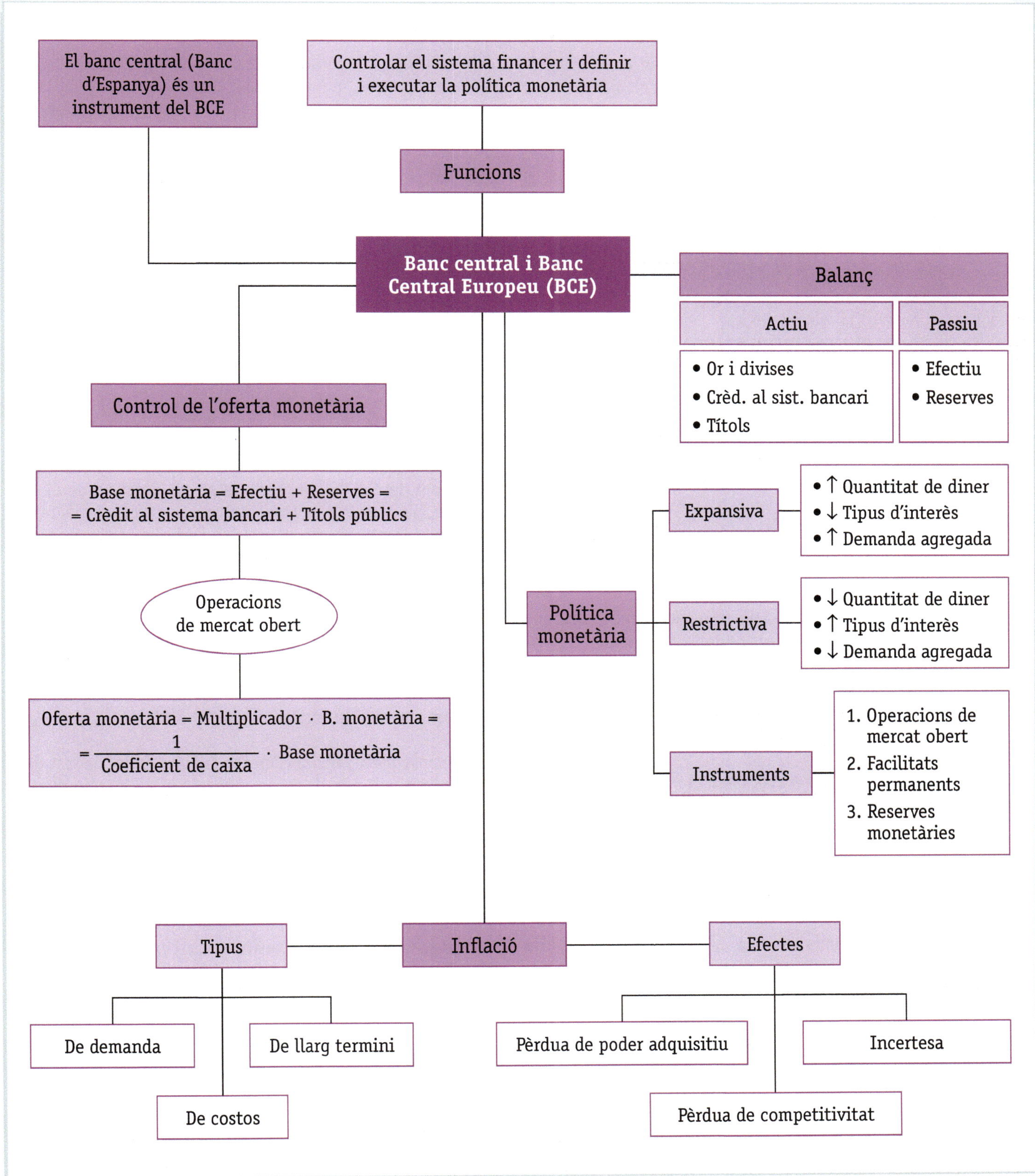

Activitats finals

1> Quines són les funcions que exerceix l'actual Banc Central Europeu?

2> Busca els tipus irrevocables de canvi de les monedes europees respecte a l'euro, en concret: el marc alemany, el franc francès, la lira italiana i la pesseta espanyola (font: web del Banc Central Europeu).

3> Explica els dos procediments mitjançant els quals el Banc Central pot incidir sobre l'oferta monetària.

4> Com afectarà un augment en la taxa d'inflació al tipus d'interès real? Afectarà d'alguna manera el tipus d'interès nominal?

5> Quins són els tres instruments de què disposa l'Eurosistema per a regular la política monetària?

6> Comenta i justifica la notícia següent (publicada el 5 de setembre de 2011) com una operació pròpia del BCE en el mercat obert: «El BCE duplica la compra de bons dels països amb problemes».

7> En quin sentit la crisi financera internacional ha contribuït a canviar el paper exercit pel Banc Central Europeu?

8> Quins factors fan especialment difícil dur a terme una política monetària en un període de crisi com el viscut des de 2007?

9> Què s'entén per base monetària? Quins són els seus components?

10> Suposem que en una economia el públic manté com a efectiu 300 milions d'euros, que l'efectiu a les mans del sistema creditici és de 900 milions d'euros i que les reserves del sistema bancari en el Banc Central representen 2 000 milions d'euros. Quin serà el valor de la base monetària?

11> En una economia se sap que la base monetària és de 30 000 € i l'oferta monetària, 200 000 €. Quin serà el coeficient de reserves de l'economia esmentada?

12> Analitza gràficament els efectes d'una política monetària restrictiva, recollint la relació entre les magnituds següents: quantitat de diners, tipus d'interès, consum i inversió (demanda agregada), nivell general de preus i renda nacional.

13> Busca informació sobre l'actuació del BCE en relació amb la crisi del deute públic a Europa el 2011.

14> Si a Europa la inflació mitjana està augmentant considerablement, quines opcions té el BCE per a controlar-la? Quins efectes tindran aquestes actuacions en el consum i la inversió?

15> Indica gràficament els efectes que tindran en la renda nacional i en el nivell general de preus les actuacions següents del BCE:

a) Compra de títols de deute públic.

b) Disminució del coeficient de caixa.

c) Donar facilitat de dipòsit als bancs.

d) Venda de títols de deute públic.

e) Augment del coeficient de caixa.

16> Una de les funcions del Banc d'Espanya com a integrant del SEBC és fer les operacions de canvi de divises. Informa't dels tipus de canvi actuals respecte a l'euro, en el dia d'avui, del ien japonès, el dòlar nord-americà i el iuan xinès.

17> Per què el Regne Unit, Suècia i Dinamarca no es van integrar a l'eurozona?

18> En el Tractat de Maastricht es van assentar les bases de l'eurozona. A què es van comprometre els països que van decidir formar-ne part?

19> Aconsegueix l'IPC dels mesos de juny, juliol i agost de l'últim any i de l'anterior. Calcula'n la variació mensual per a juliol i agost de l'últim any. Tot seguit, calcula la variació interanual amb la informació disponible i compara ambdues taxes.

20> El 2011, en Joan va obtenir una renda de 25 000 €. En estar subjecte a l'impost sobre la renda, ha de pagar un 12 % si aquesta no supera els 26 000 €. Si supera aquesta quantitat, i fins a 45 000 €, pagaria un 13 %. Si la inflació el 2011 va ser del 7 % i els ingressos d'en Joan van augmentar en la mateixa quantia, quina serà la quantitat a pagar d'impost el 2012? En quina proporció han augmentat els impostos per a en Joan?

21> Troba la diferència que hi ha entre l'IPC d'un país i l'índex harmonitzat de preus de consum de la UE.

22> Amb els instruments de la política monetària, com es podria millorar la taxa de desocupació? Raona la teva resposta.

23> Si a França la inflació és del 3 % i a Espanya és de l'1 %, afecta aquesta diferència el benestar de la població d'Espanya?

24> Quan el BCE compra títols de deute, què persegueix? Quina política monetària està aplicant? Quin instrument utilitza?

25> Analitza per què una política monetària expansiva desplaça la corba de demanda agregada.

26> Per què creus que l'arribada massiva de l'or del Nou Món va provocar la inflació en l'Europa del segle XVI?

27> Per què la falta de competència pot generar inflació de costos?

28> Si les famílies estalvien cada cop més, es veuria afectat l'IPC?

29> Com definiries la liquiditat de les entitats financeres? Com es millora aquesta liquiditat per part del BCE?

30> Si les empreses tenen bones expectatives per al futur, creus que es produirà una inflació de demanda? Per què?

31> Les entitats financeres bancàries han de mantenir unes reserves mínimes. Quin nom reben? De què en depèn la quantitat?

32> Quina influència té la inflació sobre la competitivitat?

33> Pregunta a casa i obtén informació sobre el comportament de la teva família en el mercat monetari. Actuen d'oferents o de demandants?

34> Quina relació hi ha entre el BCE i els bancs nacionals de la zona euro?

35> Explica per què a més incertesa empresarial, menors són els projectes d'inversió a llarg termini.

36> Quan es produeix la inflació amb estancament? Quin terme s'utilitza per a aquesta situació econòmica?

37> En quin sentit el sector públic surt beneficiat quan hi ha inflació?

38> Investiga les causes de la crisi del petroli de 1973. Com va afectar els costos empresarials? I l'IPC?

39> Què es coneix com a *l'espiral salaris-preus?*

40> La inflació, perjudica o beneficia els deutors? I els creditors? Per què?

41> Si el preu del quilo de tomàquets l'agost de 2011 era d'1,45 €/kg, i l'agost de 2012 va passar a 1,62 €/kg:

a) Calcula la variació percentual del preu del quilo de tomàquets.

b) Com explicaries, amb aquest exemple, la disminució del poder adquisitiu del consumidor per la inflació?

42> Quines conseqüències positives i negatives té una política monetària expansiva? I una de restrictiva?

43> Investiga i descriu en trets generals com i qui calcula l'IPC.

44> Què són els títols o actius financers de garantia? Qui els emet?

Reportatge: El Banc Central Europeu en el seu laberint

Et proposem la lectura de l'article «El BCE en su laberinto», escrit per J. F. Villaverde, L. Garicano i T. Santos, i publicat a *El País* el 7 d'agost de 2011.

L'article defensa la conveniència que el Banc Central Europeu s'ocupi no sols de controlar la inversió, sinó també d'intervenir per estabilitzar el problema del deute (trobaràs el text complet a: **www.mhe.es/bachillerato/economia**).

Preguntes:

1> Què és la prima de risc? Quin país serveix com a referent per a fixar-la?

2> Quines condicions hauran de complir els països als quals donés suport el BCE?

3> Per què el BCE compensaria Alemanya per la seva actuació?

Test de repàs

1> Si les autoritats monetàries fan una política monetària expansiva:

a) Creixen els actius líquids a les mans del públic.

b) Creix l'oferta monetària.

c) Disminueix el tipus d'interès.

d) Totes les respostes anteriors són correctes.

2> El multiplicador monetari ens indica quant varia la quantitat de diner per cada euro de variació en la magnitud següent:

a) L'oferta monetària.

b) La base monetària.

c) El coeficient de reserves.

d) La demanda de diner.

3> Una política monetària restrictiva produirà un desplaçament de la manera següent:

a) Es desplaça l'oferta monetària cap a l'esquerra.

b) La demanda de diner es desplaça cap a la dreta.

c) La demanda de diner es desplaça cap a l'esquerra.

d) Es desplaça l'oferta monetària cap a la dreta.

4> Quina de les funcions següents no és pròpia del Sistema Europeu de Bancs Centrals (SEBC)?

a) Propiciar el bon funcionament del sistema de pagaments garantint l'estabilitat del sistema financer.

b) Definir i executar la política monetària de la zona euro.

c) Regular el funcionament dels mercats de valors europeus.

d) Gestionar les reserves de divises dels països membres i fer canvis de divises.

5> Dins de la base monetària d'una economia no s'inclou:

a) L'efectiu a les mans del sistema creditici.

b) El capital i les reserves del Banc Central.

c) L'efectiu a les mans del públic.

d) Les reserves del sistema bancari.

6> Si el Banc Central Europeu estableix apujar el coeficient legal de caixa del 2 al 5 %:

a) Els bancs podran utilitzar els seus actius per a concedir més crèdits i préstecs.

b) Augmenta la quantitat de diner bancari que es podrà crear en l'economia.

c) Els bancs hauran de retenir una part més gran dels seus dipòsits com a reserves i podran concedir menys préstecs i crèdits.

d) Cap resposta de les anteriors és correcta.

7> La base monetària es defineix com la suma de les magnituds següents:

a) L'efectiu a les mans del públic i les reserves bancàries.

b) L'efectiu a les mans del públic i els dipòsits dels bancs en el Banc d'Espanya.

c) L'efectiu a les mans del públic, l'or i les divises.

d) Cap resposta de les anteriors és correcta.

8> Suposem que una economia té les dades següents: dipòsits a la vista, 500; reserves bancàries, 150, i efectiu a les mans del públic, 250. Quin és el valor de la base monetària?

a) 750. *b)* 400.

c) 650. *d)* 900.

9> Suposem un empresari que només basa les seves decisions de finançament en el tipus d'interès real. Quina alternativa de finançament escolliria?

a) Tipus d'interès nominal: 6 %; inflació: 1 %.

b) Tipus d'interès nominal: 20 %; inflació: 10 %.

c) Tipus d'interès nominal: 20 %; inflació: 20 %.

d) No es pot saber amb aquestes dades.

10> Segons els monetaristes, la inflació és deguda al fenomen següent:

a) El creixement de la quantitat de diner.

b) L'evolució de l'oferta agregada.

c) L'increment dels preus del petroli.

d) La disminució del coeficient legal de caixa.

Solució: 1. d; 2. b; 3. a; 4. c; 5. b; 6. c; 7. b; 8. c; 9. c; 10. a.

13

L'ECONOMIA INTERNACIONAL I LA BALANÇA DE PAGAMENTS

En un món cada dia més globalitzat, el comerç exterior adquireix una importància creixent. Els avanços aconseguits en les comunicacions i els transports han contribuït que els vincles comercials amb la resta del món exerceixin una influència poderosa en tots els països.

El comerç internacional permet a cada país treure profit de la seva posició favorable en la producció de certs béns per a la qual està especialment dotat. Els avantatges derivats de l'especialització es troben, doncs, en l'origen del comerç internacional.

Notícia

«Lecciones de la crisis de la deuda soberana», de Guillermo de la Dehesa, *El País*, 19 de juny de 2011.

Aquest article se centra a analitzar les lliçons que es poden deduir de la crisi del deute sobirà que des d'aproximadament 2009 han experimentat diversos països de la zona euro (trobaràs el text complet a: **www.mhe.es/bachillerato/economia**).

Qüestions:

1> Una crisi de deute exterior privat pot provocar crisi de deute sobirà?

2> És aconsellable que un país emeti deute en una moneda que no controla?

3> Com s'explica que el deute en euros plantegi problemes més propis del deute privat?

4> Quins tipus d'equilibris tendeixen a assolir els mercats financers?

5> Quina és la referència que prenen els mercats financers per determinar els diferencials o *spreads* entre els tipus d'interès del deute dels diferents països?

1 El comerç internacional

Més dades

Les raons que expliquen el comerç internacional es poden agrupar en dues categories: 1) les diferències en els costos de producció, generalment derivades d'unes dotacions diferents de factors productius, i 2) les diferències en les característiques de la demanda i els gustos dels consumidors de cada país, que no sempre atén la producció nacional.

La justificació del **comerç internacional** descansa fonamentalment en el fet que les nacions tenen recursos molt diversos i capacitats tecnològiques diferents. Aquestes diferències es poden resumir en els punts següents:

a) Condicions climatològiques.

b) Riquesa mineral.

c) Tecnologia.

d) Quantitat disponible de mà d'obra, capital i terra que es pot conrear.

Aquests són els factors que condicionen la producció dels diferents països i que propicien que aquests tendeixin a especialitzar-se, és a dir, a produir aquells béns per als quals estan comparativament millor dotats, de manera que puguin fer-ho a un cost menor. Així, per exemple, el cost dels factors productius als països en via de desenvolupament els sol permetre oferir productes agrícoles i manufacturats de baix contingut tecnològic a un preu menor que als països desenvolupats.

El **comerç internacional** consisteix en l'intercanvi de béns, serveis i capitals entre els diferents països.

Important

Un país té **avantatge comparatiu** en la producció d'un bé quan pot produir-lo a un cost relatiu menor que altres països. Aquest cost relatiu es mesura per la quantitat d'altres béns als quals cal renunciar per produir una unitat addicional del bé en qüestió.

Tot i que les possibilitats tecnològiques i les dotacions de recursos fossin idèntiques, hi ha també diferències en els gustos dels consumidors d'uns països i els altres que justifiquen l'aparició del comerç internacional.

De totes les raons que justifiquen el comerç internacional, la que ha gaudit de més acceptació és la que assenyala que els països tendeixen a especialitzar-se en la producció i exportació d'aquelles mercaderies en què tenen més **avantatges comparatius.** Això passa especialment quan poden produir-les a un cost relativament més baix que altres països. El resultat és que la producció mundial, i per tant la seva capacitat per a satisfer els desitjos dels consumidors, serà més gran que si cada país intentés ser el més autosuficient possible.

D'acord amb aquesta teoria, la diferència entre el que costa produir els béns en un país o en un altre és suficient perquè sigui preferible que cadascú s'especialitzi en aquells productes en què disposa d'avantatge comparatiu i comerciar entre els diferents països.

Els *avantatges associats al lliure comerç* es poden concretar en els punts següents:

- Foment de la competència, l'**especialització** i els avanços tecnològics.
- Augment de la productivitat i el benestar.
- Impuls en la millora de la qualitat dels béns i la reducció dels costos.

El comerç internacional facilita l'**especialització,** ja que permet que cada país col·loqui a la resta del món els excedents dels béns i serveis en què s'ha especialitzat, perquè els produeix de manera més eficient.

Activitats

1> Els països més desenvolupats del planeta, en quin tipus de béns o serveis tindran avantatge comparatiu? I els països en via de desenvolupament?

2> En quin sentit l'existència d'avantatges comparatius estimula l'especialització i l'intercanvi?

2 L'avantatge comparatiu: anàlisi gràfica

Per explicar el principi de l'avantatge comparatiu, recorrerem a l'anàlisi gràfica utilitzant la frontera de possibilitats de la producció (FPP) presentada en la Unitat 1. Suposem que l'economia mundial està representada per només dos països: França i Espanya. Els dos països tenen les mateixes dotacions de recursos i només poden produir blat i formatge, però amb diferents nivells d'eficiència econòmica. La frontera de possibilitats de la producció (FPP) de blat i de formatge de França es recull en la Figura 13.1.*a*, i la d'Espanya, en la Figura 13.1.*b*. Recordem que la FPP indica la quantitat de productes (blat i formatge) que una economia amb plena ocupació pot obtenir traslladant recursos d'un producte a un altre. Les FPP de la Figura 13.1 tenen dues característiques que cal destacar:

1. **Costos constants:** això implica que les FPP de la Figura 13.1 són línies rectes, perquè suposem que els costos d'oportunitat són constants. Les FPP presentades en la Unitat 1 eren còncaves des de l'origen, perquè el cost d'oportunitat era creixent.
2. **Costos diferents:** la FPP de França i la d'Espanya són diferents, la qual cosa reflecteix diferents combinacions de recursos i diferents nivells de progrés tecnològic. En altres paraules, els costos d'oportunitat de produir blat i formatge són diferents en tots dos països.

A **França,** segons recull la Figura 13.1.*a*, en situació de plena ocupació (quan s'està sobre la FPP), es poden produir 300 tones (t) de blat, quan només es produeix blat, o 300 de formatge, quan només es produeix formatge. Això vol dir que el cost d'oportunitat del blat en termes del formatge és 1: cal renunciar a 1 t de formatge per obtenir 1 t de blat (300 t de formatge / 300 t de blat). Atès que el cost d'oportunitat s'ha suposat constant, la relació d'intercanvi del formatge pel blat és 1 al llarg de tota la FPP.

A **Espanya,** la FPP (Figura 13.1.*b*) presenta un cost d'oportunitat del formatge pel blat diferent. Quan només es produeix blat, se n'obtenen 100 t, mentre que si únicament es produeix formatge, se n'obtindran 200 t. Per tant, el cost d'oportunitat del formatge pel blat és de 2: cal lliurar 2 t de formatge per obtenir 1 t de blat (200 t de formatge / 100 t de blat).

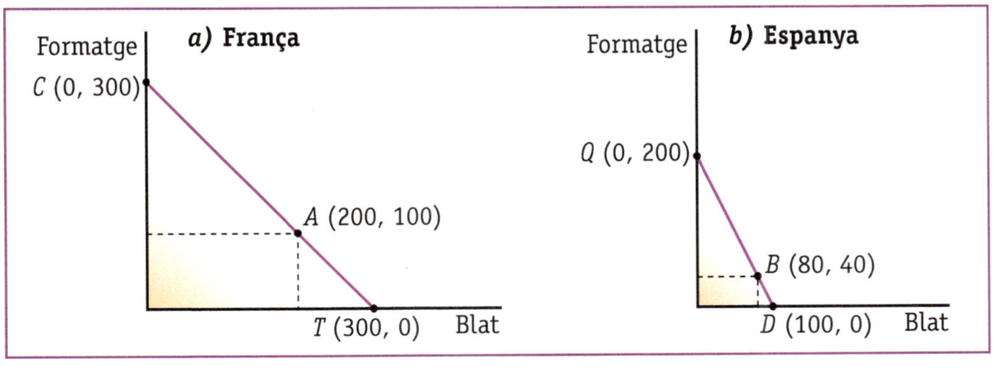

Figura 13.1. *Fronteres de possibilitats de la producció (FPP) de França i Espanya.*

2.1 Produccions sense comerç

Si França i Espanya no mantenen relacions comercials, cada país haurà d'escollir un punt sobre la seva FPP. Suposem que França tria el punt *A*, de manera que produirà 200 t de blat i 100 t de formatge, mentre que Espanya escull el punt B (Figura 13.1*b*), que suposa 80 t de blat i 40 t de formatge. Aquestes eleccions també es recullen en la primera columna del Quadre 13.1.

Una altra informació que es desprèn de la Figura 13.1 és que França té **avantatge absolut** enfront d'Espanya, ja que amb una mateixa dotació de recursos pot produir més quantitat tant de blat com de formatge. El fet rellevant, com veurem de seguida, és que, malgrat que França sigui més eficient que Espanya en la producció de blat i de formatge, tant a França com a Espanya els resultarà convenient especialitzar-se en la producció d'aquell bé en què siguin comparativament més eficients i recórrer al comerç internacional.

Un país té **avantatge absolut** sobre un altre país en la producció d'un bé quan pot produir més quantitat d'aquest bé amb els mateixos recursos.

Productes	Sense especialització			Amb especialització			Guanys del comerç internacional
	França	Espanya	Total	França	Espanya	Total	
Blat	200	80	280	300	0	300	20
Formatge	100	40	140	0	200	200	60

Quadre 13.1. *Producció de blat i formatge amb especialització i sense (dades en tones).*

2.2 Avantatge comparatiu i els guanys del comerç

En el nostre exemple, el cost d'oportunitat del blat en termes del formatge a França és menor que a Espanya. A França és 1 (cal renunciar a 1 t de formatge per poder obtenir 1 t de blat), mentre que a Espanya és 2 (cal renunciar a 2 t de formatge per obtenir 1 t de blat). Això vol dir que el cost d'oportunitat del blat és inferior a França, per la qual cosa té un **avantatge comparatiu** en la producció de blat i s'hauria d'especialitzar en la seva producció.

Un país té **avantatge comparatiu** enfront d'un altre en la producció d'un bé quan el seu cost d'oportunitat és inferior.

Si, tenint en compte el seu avantatge comparatiu en la producció de blat, França s'especialitza totalment en la producció d'aquest bé, la producció que obtindria seria 300 t de blat i cap de formatge (punt *T* de la Figura 13.1). Si Espanya també s'especialitzés en la producció de formatge, en la qual té avantatge comparatiu, obtindria 200 t de formatge i cap de blat (punt *Q* de la Figura 13.1). La quantitat total de blat de què ara disposarien tots dos països seria superior a la que tenien abans d'especialitzar-se (Quadre 13.1), ja que 300 t > 200 + 80 t.

Gràcies al comerç, tots dos països, un cop consumida la mateixa quantitat de blat que abans d'obrir-se al comerç internacional, comptarien amb un excedent de blat, 20 t, que podrien dedicar a incrementar el consum o intercanviar-lo amb altres països. Així mateix, la quantitat total de formatge de què disposarien tots dos països com a conseqüència de l'especialització seria superior a la d'abans (200 t > 100 + 40 t). Les 60 t addicionals de formatge amb què compten tots dos països respecte a la seva situació abans d'especialitzar-se i intercanviar els seus productes representen els guanys en termes del formatge derivats del comerç internacional.

Exemple

La teoria de l'avantatge comparatiu no s'aplica només al comerç internacional. Suposem que el millor jugador de futbol del món té una casa amb jardí que fa servir per a practicar. Imaginem que el futbolista pot tallar la gespa del seu jardí en dues hores, temps que igualment pot dedicar a rodar un anunci amb què obtindria uns ingressos de 50 000 €. Però el fill del seu veí pot tallar la gespa del jardí del futbolista en quatre hores, temps que podria dedicar a treballar en un bar com a cambrer i guanyar 80 €. En aquest exemple, el cost d'oportunitat de tallar la gespa és de 50 000 € per al futbolista i de 80 € per al fill del veí. Veiem que el futbolista té avantatge absolut en l'activitat de tallar la gespa, però el fill del veí té avantatge comparatiu en aquesta activitat, perquè té un cost d'oportunitat menor. En aquest cas, els avantatges derivats de l'intercanvi són grans per a tots dos: mentre el futbolista contracti el fill del veí i li pagui més de 80 € i menys de 50 000 €, tots dos hi sortiran guanyant.

Més dades

Paral·lelament, Espanya té un menor cost d'oportunitat en la producció de formatge: només ha de sacrificar 1/2 t de blat per produir 1 t de formatge, mentre que França ha de renunciar a 1 t de blat per produir-ne 1 de formatge. Això vol dir que el cost d'oportunitat del formatge és inferior a Espanya, per la qual cosa té avantatge comparatiu en la producció de formatge i s'hauria d'especialitzar en la seva producció.

+ *Més dades*

La relació d'intercanvi

Com a conseqüència de l'especialització, i atès que els consumidors d'ambdós països volen blat i formatge, recorreran a l'intercanvi. Però quins seran els termes o la **relació d'intercanvi?** A França, la relació d'intercanvi sense comerç (el cost d'oportunitat) és 1 (1 t de blat per 1 t de formatge). Per tant, França haurà d'obtenir més d'1 t de formatge per cada tona de blat exportat o no es beneficiarà d'exportar blat a canvi de formatge espanyol. França haurà d'obtenir en el mercat exterior un «preu» millor (més formatge) pel blat que l'obtingut dins del país; en cas contrari, no obtindria guanys pel comerç i no hi hauria comerç.

La relació real d'intercanvi és la proporció en la qual s'intercanvien els béns entre dos països.

A França, la relació d'intercanvi sense comerç és 2 (1 t de blat per 2 t de formatge. Per tant, haurà d'obtenir 1 t de blat exportant menys de 2 t de formatge. És a dir, perquè li interessi acudir al mercat exterior, haurà de pagar un menor «preu» pel blat que el que pagava sense comerç. Per tant, perquè hi hagi comerç internacional, la relació d'intercanvi (el cost d'oportunitat) haurà d'estar entre aquests dos valors:

— 1 t de blat per 1 t de formatge (condicions de França).

— 1 t de blat per 2 t de formatge (condicions d'Espanya).

El valor que efectivament prengui la relació d'intercanvi de blat per formatge dependrà de l'oferta i la demanda mundial de tots dos productes, i el normal serà que adopti un valor intermedi. Suposem que sigui 1 t de blat per 1 t de formatge.

La possibilitat de comercialitzar en aquests termes permet que cada país complementi la seva FPP amb una línia de possibilitats de comerç, que indica la quantitat de blat i de formatge que cada país pot obtenir especialitzant-se en un d'aquests i intercanviant-lo per l'altre (Figura 13.2). Les dues línies de possibilitats de comerç mostren que cada país s'especialitza d'acord amb el seu avantatge comparatiu: França, en blat (punt *T* de la Figura 13.2.*a*), i Espanya, en formatge (punt *Q* de la Figura 13.2.*b*).

Però França no es troba ara limitada per la seva FPP nacional, que exigeix donar 1 t de blat per 1 t de formatge, que vol quan ascendeix al llarg de la seva FPP des del punt *T*. Gràcies al comerç pot obtenir 1,5 t de formatge per cada tona de blat que exporti a Espanya. La seva línia de possibilitats d'intercanvi (comerç) és *TC′*, amb la relació d'intercanvi 1/2 (Figura 13.2.*a*).

Així mateix, Espanya, començant en el punt *Q*, ja no ha de baixar al llarg de la seva FPP nacional i lliurar 2 t de formatge per obtenir 1 t de blat. Ara pot exportar 1,5 t de formatge per cada tona de blat, descendint al llarg de la seva línia de possibilitats de comerç *QD′*.

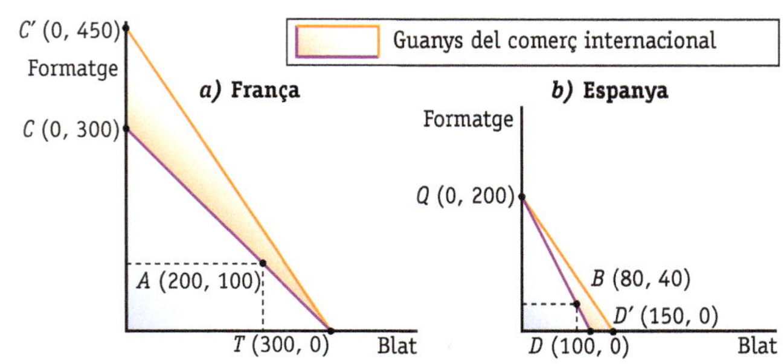

Figura 13.2. *Línies de possibilitats de comerç i guanys del comerç internacional.*

2.3 De la teoria de l'avantatge comparatiu a la vida real

L'exemple numèric del principi de l'avantatge comparatiu presentat en l'epígraf anterior és un cas fictici en què un dels països és més eficient que l'altre en els dos productes considerats (blat i formatge). S'hi demostra com, si cadascun dels països s'especialitza en la producció per a la qual disposa d'avantatge comparatiu, el comerç lliure beneficia tots dos. Una generalització del principi serà que els països tendiran a especialitzar-se en la producció i l'exportació d'aquells béns que fabriquen amb un cost relativament més baix respecte a la resta del món. És a dir, els països s'especialitzen en els béns en els quals són comparativament més eficients que els altres, i tendiran a importar els béns en els quals són més ineficaços i que, per tant, produeixen amb uns costos comparativament més alts que la resta del món.

L'aplicació de la teoria de l'avantatge comparatiu hauria de conduir a una plena especialització dels països. Tanmateix, en la vida real no es dóna una especialització total d'un país en la producció d'uns quants béns, si bé sí és freqüent una especialització parcial dels països. A més a més, l'evidència ens mostra que molts països recorren a diversos tipus de mesures proteccionistes. De fet, la polèmica entre els defensors del lliure canvi i els partidaris del proteccionisme és un dels debats més coneguts entre els economistes.

Activitats

3> Quines implicacions té que la frontera de possibilitats de la producció (FPP) d'un país sigui una línia recta? Si el cost d'oportunitat de produir blat i formatge fos el mateix a França que a Espanya, quin país s'especialitzaria en la producció de formatge i quin en la de blat? En l'exemple de la Figura 13.1, quan tots dos països s'especialitzen, quina és la producció total (d'ambdós països) de blat i de formatge? Després de l'especialització i del comerç internacional, a quin preu (cost d'oportunitat) pot obtenir França el formatge?

3 La polèmica lliurecanvisme-proteccionisme

La teoria de l'avantatge comparatiu explica els avantatges del lliure comerç internacional. El comerç sense traves entre països facilita la divisió internacional del treball, alhora que contribueix al progrés del producte nacional dels països i a l'elevació del nivell de vida dels seus habitants. Malgrat això, la realitat és que al llarg de la història han estat freqüents els enfrontaments entre els defensors del lliure comerç i els partidaris de pràctiques proteccionistes.

Les raons a favor de protegir el mercat nacional de l'entrada de productes de l'estranger ja van ser exposades pel **mercantilisme,** doctrina politicoeconòmica desenvolupada en els segles XVI i XVII que proposava la defensa del mercat intern per a impulsar l'estat nació. Les dues mesures principals que es propugnen des de posicions proteccionistes són els aranzels i la fixació d'impostos sobre els productes estrangers, per a garantir un saldo positiu dels intercanvis comercials i obtenir ingressos fiscals.

Les idees proteccionistes van ser combatudes per Adam Smith, considerat el pare de l'economia, en el seu llibre *La riquesa de les nacions*. Al llarg del segle XIX, va tenir lloc un gran debat entre lliurecanvisme i proteccionisme, que van guanyar els lliurecanvistes en gran manera gràcies a la divulgació de la teoria de l'avantatge comparatiu, de David Ricardo. L'obertura al comerç internacional va contribuir a una era de creixement generalitzat de la producció. Però la polèmica lliurecanvisme-proteccionisme ha estat un fet recurrent al llarg del temps. En la primera meitat del segle XX, la Primera Guerra Mundial i la Gran Depressió van provocar un retorn al proteccionisme. Les mesures proteccionistes no van fer sinó agreujar l'estat de l'economia. Després de la Segona Guerra Mundial, les postures favorables al lliurecanvisme es van imposar, i, un altre cop, el creixement va ser generalitzat, esperonat per la globalització de l'economia i les noves tecnologies. Però amb la crisi econòmica iniciada el 2007 han tornat a sorgir posicions favorables a l'establiment de mecanismes de protecció que intenten impulsar les malparades indústries d'alguns països a costa de la resta del món.

Més dades

David Ricardo

David Ricardo (1772-1823) va ser un economista anglès d'origen jueu sefardita. Va desenvolupar la teoria de l'avantatge comparatiu, que defensa els avantatges del comerç internacional. Per a Ricardo, el decisiu en el comerç internacional no són els costos absoluts de producció a cada país, sinó els costos relatius.

Important

El **mercantilisme** considera que la prosperitat d'un estat depèn del capital (metalls preciosos) que tingui en el seu poder, per la qual cosa la política econòmica s'ha d'orientar a aconseguir que les exportacions siguin superiors a les importacions. Per a això, el Govern haurà de dur a terme una política proteccionista que afavoreixi les exportacions i dificulti les importacions, bàsicament mitjançant la imposició d'aranzels.

3.1 Arguments per a prendre mesures proteccionistes

Els arguments que se solen oferir per protegir els productes nacionals de la competència estrangera per mitjà d'aranzels i la resta de restriccions a les importacions són els següents:

— Raons de **seguretat nacional** i **independència econòmica.** Certs països protegeixen determinades indústries, com l'armamentística, o alguns sectors estratègics, com l'energètic. Altres vegades, els països argumenten que protegeixen determinats sectors, com l'agrícola, per assegurar-se uns nivells mínims d'independència o autoabastament de certs productes davant de possibles esdeveniments imprevistos.

— Per a arribar a un nivell de **desenvolupament industrial** mínim, tasca molt difícil d'iniciar sense algun tipus de protecció o tutela. Aquest argument ha estat tradicionalment utilitzat pels països en via de desenvolupament, al·legant que els països avui desenvolupats, en el passat, van protegir els seus mercats precisament per impulsar el naixement de la indústria. Quan un país està en formació, ha de consolidar la seva economia protegint el seu incipient sistema productiu.

— Per a **superar desequilibris crònics en les relacions amb la resta del món.** Quan un país compra a l'estranger (importa) més que no ven (exporta), haurà de demanar prestat a la resta del món. Aquesta situació (com veurem en l'Epígraf 6) es manifestarà en forma de dèficits en el seu compte corrent de la balança de pagaments. Quan la situació es faci insostenible, tindrà lloc el que es coneix com una crisi de balança de pagaments, concretada en el fet que els països que fins aquest moment li prestaven deixaran de fer-ho, cosa que portarà el país a la suspensió de pagaments.

— Els aranzels són una font d'**ingressos fiscals.** Els partidaris del proteccionisme defensen que cal preservar els drets de duana, perquè constitueixen una font important de recaptacions fiscals. A més a més, aquests «impostos» presenten l'enorme avantatge que no els paguen els ciutadans del país, sinó els «estrangers».

— La protecció duanera pot ser el mitjà de **protegir el nivell de vida i l'ocupació dels assalariats d'un país.** Tant els polítics dels països desenvolupats com els dels països en via de desenvolupament solen emprar aquest tipus d'argument. En el primer cas s'argumenta que els aranzels s'estableixen per frenar la penetració de mercaderies provinents de nacions pobres on el preu de la mà d'obra és baix. En el segon cas s'assenyala que les seves exportacions han de créixer per a evitar possibles revoltes socials i com a via per a combatre la pobresa.

La força d'aquests arguments explica que siguin molts els països que continuen recorrent a pràctiques proteccionistes. De fet, alguns països, com ara la Xina, el Japó o Corea del Sud, han centrat el seu creixement econòmic en el comerç exterior. Han utilitzat diverses estratègies tendents a fomentar les exportacions i limitar les importacions, com ara mantenir el tipus de canvi sistemàticament devaluat (vegeu la Unitat 14), vendre a l'exterior a preus més baixos que a l'interior o recórrer a tot tipus de barreres administratives i burocràtiques a les importacions. A més a més, quan s'entra en una fase de crisi i es corre el risc de caure en una recessió, sovint reneixen les pressions per a restablir les pràctiques proteccionistes, tal com ha passat durant la crisi financera internacional iniciada a partir de 2007.

En tot cas, en una perspectiva a llarg termini, l'experiència ens diu que la globalització i l'aposta pel lliure comerç són el futur per a l'economia mundial. Malgrat tots els arguments esgrimits a favor del proteccionisme, aquest continua sent sinònim de preus interiors elevats i de baixa productivitat. Per això, encara que la majoria dels països mantenen algunes mesures proteccionistes de diversa intensitat, en l'àmbit mundial s'observa una tendència cap a la reducció dels aranzels.

Activitats

4> S'ha atribuït a Abraham Lincoln l'afirmació següent: «Jo no en sé gaire, d'aranzels. El que sí que sé és que, quan compro una jaqueta d'Anglaterra, jo em quedo amb la jaqueta, i Anglaterra, amb els diners, mentre que si la compro als EUA, jo em quedo amb la jaqueta, i els Estats Units, amb els diners». Organitzeu-vos en parelles: que una persona defensi aquesta afirmació i una altra la critiqui.

+ *Més dades*

Desequilibris exteriors i les crisis: el deute dels «perifèrics»

A final del segle xx, bona part dels països asiàtics van patir una profunda crisi de balança de pagaments. A partir d'aquesta mala experiència, van decidir evitar els problemes derivats d'un endeutament excessiu amb la resta del món i es van fixar com a objectiu fonamental de la seva política econòmica presentar un saldo positiu en les seves relacions comercials amb l'exterior. El prototip d'aquest comportament és la Xina, que recorre a tot tipus d'estratègies per impulsar les exportacions (venent a l'estranger a preus inferiors als preus nacionals o devaluant la seva moneda per abaratir les seves exportacions) i obstaculitzar les importacions.
En dates més recents, un dels factors que va desencadenar la crisi financera internacional iniciada el 2007 van ser els desequilibris comercials entre els països. Uns, com ara la Xina, Singapur o Alemanya, presenten uns superàvits crònics en els seus comptes amb l'exterior, mentre que d'altres, com els EUA, Itàlia, Portugal, Grècia o Espanya, presenten dèficits sistemàtics. Aquests últims països han de recórrer a l'endeutament, i els problemes sorgeixen quan en moments de crisi els mercats financers perden la confiança en els països molt endeutats i es mostren poc inclinats a continuar prestant-los. Aquest és el problema que va provocar la crisi del deute dels països perifèrics de l'eurozona.

4 La política comercial

La polèmica lliurecanvisme-proteccionisme en la vida real s'ha concretat en una tendència general cap al lliure comerç, defensada fonamentalment per l'Organització Mundial del Comerç (OMC). Aquesta tendència conviu amb diversos tipus de mesures proteccionistes dels diferents estats, que integren el que es coneix com a *política comercial,* concretada en mesures com els aranzels, els contingents o les quotes, les subvencions o els subsidis a l'exportació i en mesures no aranzelàries.

A. Els aranzels

De les diverses mesures que integren la política comercial, la que tradicionalment ha tingut més importància són els **aranzels.**

> **! *Important***
>
> La **política comercial**, o de *comerç exterior*, està integrada pel conjunt de mesures que incideixen sobre les exportacions i les importacions. Té efectes sobre els ingressos de l'Estat i, d'aquesta manera, sobre la despesa que aquest fa.

> Un **aranzel** és un «tribut» que el Govern exigeix als productes estrangers per a elevar-ne el preu de venda en el mercat interior i, així, «protegir» els productes nacionals perquè no pateixin la competència de béns més barats.

B. Els contingents o les quotes a la importació

Si s'estableix un aranzel, els importadors poden adquirir qualsevol quantitat de béns estrangers, sempre que paguin l'aranzel. Quan s'estableix un **contingent a la importació**, el Govern limita la quantitat d'importacions que es poden fer. Així, per exemple, el Govern espanyol pot decidir limitar les importacions de motocicletes japoneses a 150 000 unitats anuals com a màxim, i deixar que el preu es fixi lliurement en el mercat.

Els efectes econòmics dels contingents s'assemblen als derivats dels aranzels en què redueixen les importacions. En reduir l'oferta estrangera, disminueix la quantitat oferta, la qual cosa fa que pugin els preus nacionals respecte als preus de la resta del món.

> Els **contingents a la importació** són restriccions quantitatives que els governs imposen a la importació de determinats béns estrangers. Es limita la quantitat que es pot importar de certs béns, sigui quin sigui el seu preu.

C. Les subvencions a l'exportació

Un altre tipus de política comercial són les **subvencions a l'exportació.** El seu objectiu és fomentar les exportacions nacionals, subvencionant-les directament, eximint-les de determinats impostos o concedint-los línies especials de crèdits a tipus per sota del nivell de mercat.

> Les **subvencions a les exportacions** són ajudes als fabricants nacionals de determinats béns perquè puguin exportar-los a preus menors i més competitius.

Les subvencions a les exportacions estimulen la producció nacional i l'ocupació, però també tenen un cost social. Les empreses produeixen a un cost superior al que paguen els estrangers pels béns nacionals. Això implica que l'Estat concedeix a les empreses una subvenció per la diferència entre el cost de fabricar els béns i el que paguen els estrangers. En vendre productes nacionals a l'estranger a un preu inferior al que els costa als consumidors nacionals, s'està generant un malbaratament.

Un tema relacionat amb les subvencions a l'exportació és el **dúmping.** L'origen del dúmping és similar al que justifica la concessió d'una subvenció. Quan la indústria nacional veu reduir la seva demanda i no pot incrementar-la en el mercat local, recorre als mercats estrangers i, per penetrar-hi més fàcilment, ho fa a uns preus inferiors als preus de venda del mercat nacional.

El **dúmping** té lloc quan les empreses venen a l'estranger a un preu inferior al cost o preu en el mercat interior.

Exemple

Alguns casos de mesures proteccionistes, disfressades de mesures que procuren la seguretat o la sanitat dels consumidors, poden ser les següents: tràmits burocràtics complexos per als productes d'importació, exigències específiques de qualitat als béns importats, requeriment d'un etiquetatge especial o normes de sanitat molt estrictes (com prohibir el pernil pel perill que pugui tenir la pesta porcina).

D. Les barreres no aranzelàries i altres obstacles al lliure comerç

A més dels aranzels i dels contingents, hi ha altres maneres subtils de posar obstacles al lliure comerç, com ara: l'establiment de procediments duaners complexos i costosos, el recurs a normes de qualitat i sanitàries molt estrictes i, en general, l'ús amb caràcter discriminador de regulacions administratives integrades sota la denominació genèrica de **barreres no aranzelàries.**

Les **barreres no aranzelàries** són regulacions administratives que discriminen en contra dels béns estrangers i a favor dels nacionals.

Les mesures proteccionistes més ortodoxes, és a dir, els aranzels, tenen l'inconvenient de contravenir l'esperit dels acords signats amb els organismes econòmics internacionals. Per això, sovint s'adopta un altre tipus de mesures —en forma de restriccions—, que són molt més danyoses per al comerç mundial (ja que sovint són arbitràries i poc transparents) i bastant negatives per als països en via de desenvolupament i per a l'eficiència mateixa de les economies que les posen en pràctica.

Aquestes restriccions s'apliquen de vegades de manera unilateral, al·legant una desorganització del mercat, com han fet una gran part dels països desenvolupats.

Una forma molt habitual de barrera no aranzelària és l'exigència de múltiples certificats i tràmits a les mercaderies que entren al país.

Activitats

5> De les diferents mesures proteccionistes a què pot recórrer un estat per protegir el seu mercat nacional, quines són les que més sovint utilitzen els països desenvolupats?

6> En quin sentit les mesures proteccionistes perjudiquen els consumidors nacionals? En quin sentit les mesures proteccionistes són el resultat de les pressions fetes per determinats *lobbys?* Posa'n algun exemple.

7> Concreta les diferències i els punts en comú dels aranzels i les quotes.

8> Els organismes internacionals que potencien el lliure comerç fa dècades que defensen que els països deixin de recórrer a les barreres no aranzelàries, i en cas de voler posar barreres al comerç internacional, que siguin aranzels. Per què els organismes defensors del comerç mundial consideren més perjudicials les barreres no aranzelàries?

5 Formes de relacions comercials entre països: la Unió Europea

Més dades

Del GATT a l'OMC

El GATT es va crear el 1948 i va contribuir des del seu inici a afavorir el lliure comerç entre els països. Actualment, gairebé tots els països són membres d'aquest acord.

L'OMC va néixer com a fruit d'un dels acords del GATT: el signat el 15 d'abril de 1995. El seu objectiu és defensar el lliure comerç i contribuir a solucionar els problemes existents entre els diversos grans blocs de països, concretament entre Àsia, Amèrica i Europa. En els últims anys, el protagonisme de l'OMC està superant el del GATT.

El lliure comerç entre tots els països és impulsat per l'**Organització Mundial del Comerç** (OMC) i per l'**Acord General d'Aranzels i Comerç** (GATT, General Agreement on Tariffs and Trade). El principi bàsic d'actuació del GATT és la **clàusula de la nació més afavorida,** que estableix que tota reducció aranzelària acordada entre qualsevol grup de països membres ha d'estendre's a tots els altres membres del GATT.

Enfront de la posició globalitzadora de l'OMC i del GATT, hi ha la política dels **blocs regionals,** que defensa que un grup de països, preferentment amb un nivell de desenvolupament similar, s'associï amb el propòsit d'eliminar entre si les restriccions al comerç. Hi ha tres classes de blocs regionals:

— **Àrees de lliure comerç:** no tenen aranzels interns, però els seus membres disposen de llibertat per a establir els aranzels que vulguin enfront de la resta del món. Els exemples principals en són: l'Associació Europea de Lliure Comerç (EFTA), de la qual són membres Noruega, Suïssa, Liechtenstein i Islàndia, i el Tractat de Lliure Comerç de l'Amèrica del Nord (TLCAN o NAFTA) entre els EUA, Mèxic i el Canadà.

— **Unions duaneres:** són grups de països que tenen un aranzel comú enfront de la resta del món i eliminen totes les restriccions al comerç entre els seus membres, és a dir, eliminen les duanes entre els membres. Un exemple és el Mercat Comú del Sud (Mercosur), format per l'Argentina, el Paraguai, l'Uruguai i el Brasil.

— **Mercats comuns:** són unions duaneres que, a més a més, disposen d'un sistema comú de legislació comercial que permet la lliure circulació interior de béns, serveis, capital i mà d'obra. L'estreta associació entre els països membres exigeix que s'estableixin organismes supranacionals que supervisin el funcionament de la comunitat. L'exemple més representatiu n'ha estat el Mercat Comú Europeu (CEE), creat el 1957, i que va ser base de l'actual Unió Europea (UE).

Activitats

9> Un mercat comú com la UE, en quin sentit pot entorpir el lliure comerç? I ajudar-lo?

5.1 La Unió Europea (UE)

Iniciarem l'anàlisi de la UE estudiant-ne els orígens, les institucions, el sistema de finançament i les principals polítiques que la caracteritzen.

Important

Des de final de la dècada dels cinquanta, els països europeus membres de la **Unió Europea (UE)** actual han desenvolupat un **mercat comú** en què hi ha mínimes barreres al comerç. El primer pas va ser l'eliminació de totes les barreres reguladores i aranzelàries internes al comerç.

A. Els orígens de la Unió Europea actual

El 1957, Alemanya, Bèlgica, França, Holanda, Itàlia i Luxemburg van decidir crear un espai únic europeu: la **Comunitat Econòmica Europea (CEE)**, que va començar les seves operacions l'1 de gener de 1958 i va ser l'antecedent de la Unió Europea. El Regne Unit, Dinamarca i Irlanda havien sol·licitat per primera vegada ser-ne socis el 1961, si bé no va ser fins al 1973 quan es va materialitzar el seu ingrés formal, i Grècia no va aconseguir ser-ne membre fins al 1981. El 1986 van ingressar-hi Espanya i Portugal, tot i que les dues havien fet la seva primera sol·licitud el 1962. El 1995 ho farien Àustria, Suècia i Finlàndia; els dos primers hi havien sol·licitat l'ingrés el 1991. El procés d'ampliació ha continuat (Figura 13.3), fins a arribar als 27 membres amb què actualment compta la UE.

En la reunió duta a terme a Maastricht el 1992 es va aprovar el **Tractat de la Unió Europea (TUE).** El maig de 2004, amb la incorporació de deu nous membres, es va fer un pas de gegant en el projecte de crear una Europa unida (Fig. 13.3).

El **Tractat de la Unió Europea** (1992), més conegut com a **Tractat de Maastricht,** va crear la ciutadania europea i va obrir el camí cap a una unió política, econòmica i monetària. Per a arribar a aquests objectius, la UE disposa de la legislació comunitària, el pressupost i els òrgans i les institucions.

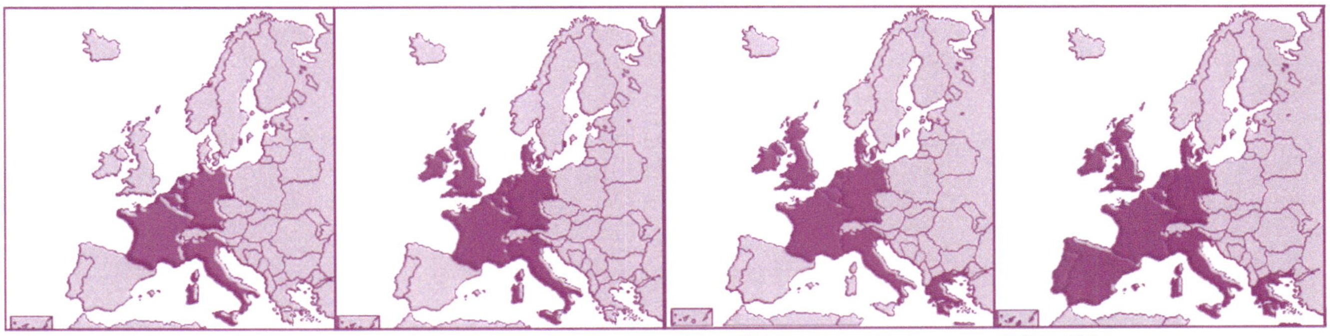

1958 - CEE Alemanya, Bèlgica, França, Holanda, Itàlia i Luxemburg.

1973 - CEE Dinamarca, Irlanda i del Regne Unit.

1981 - CEE Grècia.

1986 - CEE Espanya i Portugal.

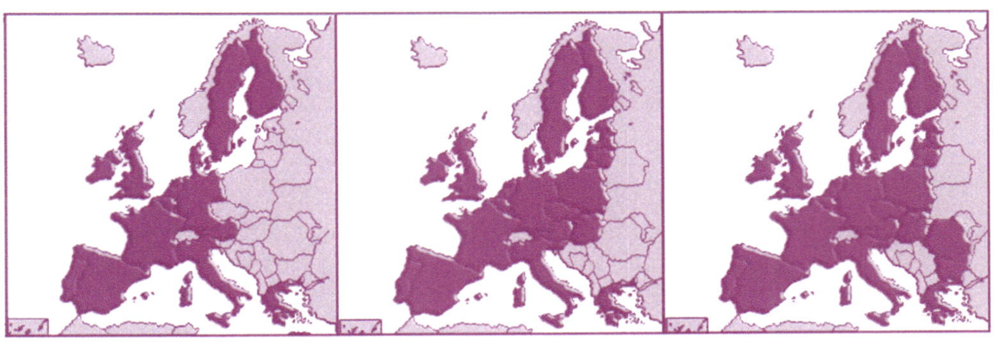

1995 - UE La Alemanya unificada (1990), Àustria, Finlàndia i Suècia.

2004 - UE La República Txeca, Xipre, Eslovàquia, Eslovènia, Estònia, Hongria, Letònia, Lituània, Malta i Polònia.

2007 - UE Bulgària i Romania ingressen a la UE, que compta ja amb 27 estats membres.

Figura 13.3. *Ampliacions successives de la UE.*

+ Més informació

Fets i dates clau en la creació de la Unió Europea

- Declaració de Shuman, maig de 1950.
- Tractat de la Comunitat Europea del Carbó i de l'Acer (CECA), 1951.
- Tractat de Roma, març de 1957.
- Tractat de Maastricht, febrer de 1992.
- Declaració de l'eurocomunitat de compte, gener de 1999.
- Posada en circulació de l'euro, gener de 2002.
- Ampliació de 15 a 25 membres, maig de 2004.
- Ampliació de 25 a 27 membres amb la incorporació de Romania i Bulgària, gener de 2007.

B. Principals institucions

La Unió Europea té quatre institucions principals:

a) **La Comissió.** És l'òrgan executiu de la Unió. Té com a missió fonamental dissenyar les polítiques i presentar-les al Consell de Ministres perquè decideixi.

b) **El Consell de Ministres.** És l'òrgan decisori més important. Els membres del Consell, un per cada país, representen directament els governs nacionals.

c) **El Parlament Europeu.** Els seus membres són escollits directament pels ciutadans de cada país. La Comissió ha de consultar la majoria de les seves propostes amb el Parlament abans de presentar-les al Consell de Ministres.

d) **El Tribunal de Justícia.** És completament independent de les altres institucions. La seva funció principal consisteix a estudiar i dirimir si un determinat país ha trencat els acords que estableix la Comissió.

C. El finançament

La Unió Europea obté els seus fons principalment mitjançant les fonts de finançament següents:

a) **L'impost sobre el valor afegit (IVA).** Tots els països membres han de tenir establert aquest impost. El 2 % de la seva recaptació es destina als fons de la UE.

b) **Els aranzels sobre productes agrícoles importats.** Determinats productes agrícoles no poden importar-se a uns preus inferiors als comunitaris. L'estratègia seguida per la UE consisteix a establir uns aranzels que fan que s'igualin els preus exteriors als comunitaris.

c) **Els drets de duana.** La UE estableix una sèrie de drets de duana sobre certes importacions. D'aquesta manera, recapta aproximadament un terç dels recursos de la Unió.

d) **Les aportacions dels països membres en funció del producte nacional brut (PNB).** Tots els països membres han d'aportar anualment una quantitat que depèn del seu PNB.

Important

El finançament de la UE

- L'IVA.
- Aranzels sobre productes agrícoles.
- Drets de duana.
- Percentatge sobre el PNB.

D. Principals polítiques de la UE

La política principal de la UE és la **política agrícola.** La UE s'hi gasta les dues terceres parts del pressupost. El seu objectiu bàsic és augmentar la renda dels agricultors de la Unió. Altres polítiques de gran importància són:

- La **política regional.** Està encaminada a reduir les diferències entre les diverses regions que integren els països membres.
- La **política social.** S'articula mitjançant el Fons Social Europeu (FSE). Aquest proveeix de fons encaminats principalment a la formació professional dels desocupats.

Aquestes polítiques s'instrumenten, en gran manera, mitjançant:

a) Els **fons estructurals,** que es concreten en: despeses d'infraestructures, Fons Europeu de Desenvolupament Regional (FEDER): despeses socials, Fons Social Europeu (FSE), i ajudes a la reconversió agrícola, Fons Europeu d'Orientació i Garantia Agrícola (FEOGA Orientació).

b) El **FEOGA Garantia,** orientat a mantenir la renda dels agricultors.

c) El **fons de cohesió,** destinat a pal·liar les diferències en el benestar econòmic entre els països de la UE.

Mereix una menció especial la *política regional* de la Unió Europea. Aquesta es fa a partir de les divisions regionals de cada Estat. En aplicar-se a zones de menor dimensió, és més fàcil conèixer la realitat de la població que les habita, la qual cosa ajuda a reequilibrar l'economia, que és l'objectiu de la Unió Europea.

La *política de cohesió* econòmica i social que estableix la Unió té els objectius següents:

- Fomentar el desenvolupament de les regions més pobres, tant en el sector de la indústria com en el rural.
- Lluitar contra la desocupació de llarga durada.
- Promoure la incorporació dels joves a la vida activa.

L'instrument FSE per a executar aquesta política són els esmentats fons estructurals (FEDER, i FEOGA) i el fons de cohesió (des de 1994), que es destina a la millora de la qualitat del medi ambient i de les xarxes de transport.

Tant els fons estructurals com el de cohesió provenen del pressupost anual de la Unió i estan administrats per la Unió Europea.

Els fons estructurals són de tres tipus:

- **Fons Europeu de Desenvolupament Regional (FEDER).** La seva funció és finançar el desenvolupament de les regions més deprimides.
- **Fons Social Europeu (FSE).** Finança programes d'ajuda als sectors socials més desfavorits.
- **Fons Europeu d'Orientació i Garantia Agrícola (FEOGA).** La seva funció és orientar el desenvolupament agrari i establir preus de garantia per als productes del sector. És l'instrument financer de la política agrària comuna.

Activitats

10> Quines institucions exerceixen els poders executiu, legislatiu i judicial a la UE? Compara aquestes institucions amb les d'un Estat, assenyalant-ne les similituds i les diferències.

11> Dels diferents fons de la UE (estructurals i de garantia), quins estan destinats a transformar l'economia dels països membres? Per què?

6 La balança de pagaments

Les famílies, les empreses i les administracions públiques d'un país mantenen relacions comercials amb els agents econòmics d'altres països, i donen lloc al que es coneix com el *comerç internacional*. Aquestes relacions es registren en la *balança de pagaments*.

La **balança de pagaments** és el registre sistemàtic de les transaccions econòmiques ocorregudes durant un temps determinat entre els residents d'un país i els residents de la resta del món.

La balança comptabilitza els *ingressos* (entrades de moneda estrangera) i els *pagaments* (sortides de moneda estrangera).

- En els *ingressos* s'anoten les transaccions que subministren divises al país que elabora la balança. Per exemple, les exportacions de mercaderies o les importacions o entrades de capital.
- En els *pagaments* es registren les transaccions que impliquen sortida de divises. Per exemple, les importacions de mercaderies o les inversions a l'estranger del país que fa la balança.
- El *saldo* és donat per la diferència entre els ingressos i els pagaments.

La balança de pagaments s'estructura en tres grans blocs o subbalances: **compte corrent, compte de capital** i **compte financer** (Quadre 13.2 i Esquema 13.1). Així mateix, figura una partida d'«errors i omissions» de caràcter residual i la missió de la qual és saldar el conjunt de la balança.

A Internet

Estadístiques de la balança de pagaments

A la pàgina de l'Institut Nacional d'Estadística **(www.ine.es)** es pot accedir a informació mensual de la balança de pagaments per la ruta INEbase > Economia > Comerç exterior.

El Banc d'Espanya **(www.bde.es)** també disposa d' informació actualitzada de comerç exterior (en la secció «Estadístiques »).

Important

Balança de pagaments

- Compte corrent.
- Compte de capital.
- Compte financer.
- Errors i omissions.

Important

La **balança per compte corrent** és conceptualment similar a les exportacions netes de la comptabilitat nacional.

I. COMPTE CORRENT			
	Ingressos	**Pagaments**	**Saldo (ingressos-pagaments)**
1. Mercaderies	Exportacions	Importacions	
2. Serveis	Exportacions	Importacions	
3. Rendes	Entrades	Sortides	
4. Transferències corrents	Entrades	Sortides	
Totals			
II. COMPTE DE CAPITAL			
	Ingresos	**Pagaments**	**Saldo (ingressos-pagaments)**
5. Capital	Entrades	Sortides	
III. COMPTE FINANCER			
	Variació neta passius (VNP)	**Variació neta actius (VNA)**	**Saldo (VNP – VNA)**
6. Inversions directes	D'estrangers al país	De nacionals a l'estranger	
7. Inversions de cartera	Préstecs obtinguts	Préstecs concedits	
8. Altres inversions			
9. Variació de reserves			Variació neta
Totals			
IV. ERRORS I OMISSIONS			

Quadre 13.2. *Balança de pagaments: ingressos, pagaments i saldo.*

COMPTE CORRENT
- Mercaderies
- Serveis
- Rendes
- Transferències corrents

COMPTE DE CAPITAL
- Transferències de capital
- Patents, drets d'autor i marques registrades

COMPTE FINANCER
- Inversions directes
- Inversions en cartera
- Altres inversions
- Variació de reserves

Esquema 13.1. *La balança de pagaments.*

6.1 El compte corrent

El **compte corrent** recull les exportacions, importacions i transferències corrents. Està integrada per quatre grups d'operacions: la **balança comercial** o **de mercaderies,** el **compte de serveis**, el **compte de rendes** i les **transferències.**

A. La balança comercial o de mercaderies

La balança de mercaderies recull l'exportació i la importació de mercaderies, sense incloure-hi assegurances ni nolis. El valor de les exportacions s'anota a la columna d'ingressos i el valor de les importacions, a la columna de pagaments.

La **balança de mercaderies** o **comercial** inclou les transaccions de béns entre països, és a dir, les importacions i les exportacions de béns.

Important

Històricament, les idees **mercantilistes** s'han caracteritzat per procurar aconseguir un saldo positiu en la **balança de mercaderies.** Avui dia, hi ha països, com ara la Xina, el Japó o Corea, preocupats especialment per intentar mantenir saldos positius en la seva balança comercial.

B. El compte de serveis

El *compte de serveis* inclou les transaccions de productes no tangibles, com ara costos de transports, viatges, serveis a empreses, serveis d'assegurances o *royalties*. Les exportacions de serveis estan formades per qualsevol activitat en què es rep un ingrés per la prestació d'un servei. Les importacions estan formades per les activitats que comporten el pagament a canvi d'un servei.

El compte de serveis està format per dos grans grups: «Turisme i viatges» (que és una de les partides quantitativament més importants de la balança de pagaments espanyola) i «Altres serveis» (transports, assegurances, construcció, comunicacions, aplicacions informàtiques, etc.).

El **compte de serveis** recull les exportacions i importacions de serveis: turisme i altres.

C. El compte de rendes

El *compte de rendes* recull els ingressos o pagaments per la utilització dels factors de producció obtinguts (o pagats) en un altre país que no és el de residència del propietari del factor. Aquests ingressos poden ser de tres tipus:

— Rendes de la **propietat industrial**: per explotació de patents, marques, drets d'autor, etc.

— Rendes del **treball**: salaris per treballs duts a terme per a una empresa estrangera.

— Rendes d'**inversió**: interessos de préstecs, dividends, lloguers d'immobles, etc.

El **compte de rendes** recull les rendes obtingudes en altres països que no són el de residència del propietari del capital i els ingressos pel treball obtinguts en un país que no és el de residència del treballador, així com els pagaments fets per aquests conceptes a residents estrangers.

Important

El **compte de rendes** consisteix fonamentalment en els guanys derivats de les inversions fetes a l'estranger.

D. El compte de transferències corrents

El **compte de transferències corrents** inclou pagaments unilaterals de diners, sense rebre'n res a canvi, com és el cas de les remeses d'emigrants i les transferències oficials corrents, les donacions privades i públiques, com, per exemple, l'ajuda al desenvolupament, etc.

Els ingressos generats per les transferències corrents rebudes augmenten la renda nacional bruta disponible, mentre que els pagaments la disminueixen. Les entrades de transferències s'anoten en la columna d'ingressos, i les sortides, en la de pagaments.

El **compte de transferències corrents** recull les operacions sense contrapartida.

Important

El **compte corrent** inclou els comptes de mercaderies, serveis, rendes i transferències corrents.

6.2 El compte de capital

El **compte de capital** recull les transaccions amb els béns de capital excepte els valors no negociables. És el segon bloc de la balança de pagaments i inclou dos tipus de transaccions:

1) **Les transferències de capital unilaterals** sense contrapartida (és a dir, sense lliurar o rebre'n res a canvi) i que no modifiquen la renda nacional bruta disponible, com

Important

Les **transferències de capital** es diferencien de les transferències corrents en el fet que aquestes últimes no tenen destí específic, mentre que les de capital es destinen a l'adquisició de béns d'inversió, generalment, a finançar infraestructures.

! *Important*

Els augments dels actius d'un país i les disminucions dels seus passius figuren en el **compte financer** com a pagaments. Les reduccions dels actius d'un país i els augments dels seus passius hi figuren com a ingressos. Un pagament es representa amb un signe negatiu (-) i un ingrés, amb un signe positiu (+).

La regla que cal seguir és: si Espanya «exporta» o «importa» accions o altres títols a canvi de divises estrangeres, aquestes «exportacions» o «importacions» de títols es poden considerar com qualsevol altres.

són els moviments de fons que es generen per la liquidació del patrimoni dels emigrants; la condonació de deutes pels creditors, i, en el cas europeu, les aportacions que fa la Unió Europea als seus estats membres, com són els fons per al desenvolupament regional i els fons de cohesió de la Unió Europea.

2) **L'adquisició i alienació (vendes) d'actius no financers**, com la terra o els recursos del subsòl, així com les transaccions relacionades amb actius intangibles que prenen la forma de patents, drets d'autor, marques, etc. Les transaccions referides als actius financers, com les accions, es recullen a la balança per compte financer.

Les entrades de transferències de capital i la venda d'actius s'anoten en la columna d'ingressos, i les sortides i compres, en la columna de pagaments.

El **compte de capital** inclou les transferències de capital, l'adquisició i alienació d'actius no financers no produïts i les transaccions d'actius intangibles.

Aquest compte recull les rendes que permeten a un país viure a un nivell diferent del que li permetrien els seus mitjans corrents i que es reflecteix en la balança per compte corrent. Inclou, doncs, les recepcions de fons procedents de l'estranger.

6.3 El compte financer

El tercer gran bloc de la balança de pagaments és el compte financer, que inclou els conceptes següents: inversions d'Espanya a l'exterior, inversions de l'exterior a Espanya, préstecs i dipòsits d'Espanya a l'exterior, préstecs i dipòsits de l'exterior a Espanya i les reserves.

Aquesta categorització del compte financer és la feta pel Banc Central. En tot cas, resulta interessant classificar-lo segons la classe d'inversió de què es tracti, és a dir, fent un desglossament funcional. Des d'aquesta perspectiva, cal distingir entre:

- Inversió directa.
- Inversió de cartera.
- Altres inversions.
- Variació de reserves.

A. Inversió directa

Es considera que es tracta d'una inversió directa si l'inversor pretén mantenir una presència estable en l'empresa en què ha invertit, aconseguint un grau significatiu d'influència en la gestió o en els seus òrgans de direcció. La inversió en immobles està recollida també com a inversió directa.

Les operacions més freqüents incloses en aquest compte són: la compra o venda d'accions i participacions i la realització d'operacions immobiliàries.

B. Inversió de cartera

Les inversions de cartera són les transaccions en valors negociables, excloses les que es classifiquen com a inversió directa. En concret, els productes financers operats són:

accions, títols del deute (bons i pagarés), instruments del mercat monetari (títols a curt termini) i instruments financers derivats (les opcions, per exemple).

Per tant, resulta que en els comptes d'inversions les entrades de capital procedents de l'estranger per a comprar actius nacionals (variació de passius financers) s'anoten amb signe positiu en la columna de variació de passius, perquè representen un augment dels passius enfront dels no residents. Les sortides de capital per a comprar actius estrangers per part de residents nacionals (variació d'actius financers) s'anoten amb signe positiu en la columna de variació d'actius, perquè representen un augment dels actius enfront dels no residents (Quadre 13.3).

Les transaccions que es recullen en el compte financer modifiquen la posició creditora-deutora del país respecte a l'exterior. Si un país fa inversions a l'exterior, el deute dels residents d'aquests països respecte als residents del país augmentarà; és a dir, la posició creditora exterior del país considerat experimentarà un augment. Si es produeixen inversions de l'exterior al país, passarà exactament el contrari: deurem més i haurà augmentat la nostra posició deutora.

Les operacions que es recullen en el **compte financer** alteren la posició creditora-deutora del país respecte a l'exterior.

C. Altres inversions

Inclou els préstecs lligats a operacions comercials (crèdits comercials) i financeres, distingint entre el curt termini i el llarg; també es recullen els dipòsits a l'estranger o d'estrangers al país.

Pensem que el nostre país demana un préstec a l'estranger per a finançar un dèficit per compte corrent o envia títols de deute públic a altres països i obté divises estrangeres. En aquest cas es tractarà d'una variació neta de passius (un ingrés), ja que genera divises per al nostre país. Així mateix, si els bancs espanyols concedeixen crèdits per a finançar la construcció d'una fàbrica a Polònia, això significa que «importen» pagarés dels polonesos i que el nostre país perd divises. Per tant, es tracta d'un pagament en la nostra balança de pagaments.

D. Variació de reserves

En aquest compte, fruit de l'evolució del comerç internacional, s'inclou la variació dels actius de reserves, és a dir, les **reserves** com l'or monetari, els drets especials de gir, la posició de reserves a l'FMI i els actius en moneda estrangera (dipòsits i moneda) per a finançar els desequilibris de la balança de pagaments o per a regular-ne indirectament la magnitud.

Les **reserves** són les possessions de divises que té un país i altres actius que es poden utilitzar per a satisfer les demandes de divises i que situen el país com a creditor enfront de l'exterior, ja que aquestes representen actius enfront de la resta del món.

Vocabulari

- **Inversió directa:** presència estable i influència en la gestió.
- **Inversió en cartera:** transaccions en valors negociables.
- **Altres inversions:** préstecs i dipòsits a l'estranger.
- **Variació de reserves:** increments o disminucions nets de reserves fruit de les operacions amb l'exterior.

Important

Per definició, el que comprem ho paguem o ho devem. Això significa que la balança de pagaments en conjunt ha d'estar saldada al final per definició. Per això, en el cas de l'economia espanyola, el saldo negatiu de les balances **corrents + capital** s'ha de compensar amb el superàvit del **compte financer.**

El **compte de variació de reserves** recull, per tant, els increments o les disminucions nets de moneda estrangera, or monetari, drets especials de gir, etc.

Les operacions que incrementen la columna de variació de passius del compte financer són aquelles que impliquen un augment de la posició deutora dels residents d'un país respecte a l'exterior. Per contra, les operacions que sumen en la columna de variació d'actius comporten un augment de la posició creditora.

La variació de reserves és una partida acomodadora la magnitud de la qual ha de ser tal que el saldo final de la balança sigui zero. Si, perquè quadri la balança de pagaments, la magnitud d'aquesta partida cal anotar-la en la columna de variació de passius del compte financer, significa que el país en qüestió està endeutat amb l'exterior per l'import de la variació neta de reserves de divises. Si, al contrari, perquè quadri la balança de pagaments, cal introduir la variació neta en la columna de variació d'actius, significa que el país en qüestió és creditor per l'import de la variació neta.

+ *Més dades*

La partida d'**errors i omissions** és una rúbrica d'ajust comptable per a mantenir sempre la balança de pagaments equilibrada comptablement.

El **compte de variació de reserves** reflecteix les variacions de les reserves a disposició del Banc Central produïdes com a conseqüència de les operacions amb l'exterior. En la columna de variació de passius (ingressos) s'anoten les disminucions en les reserves, ja que la seva venda proporciona fons en unitats monetàries del país. En la columna de variació de passius (despeses) s'anoten els augments en les reserves de divises.

La **variació de reserves** mesura l'augment o la disminució dels mitjans de pagament internacionals, determinats per l'entrada o la sortida de divises, reflectint, per tant, el canvi en la posició creditora o deutora enfront de la resta del món.

En el compte financer, les *entrades de capital* procedents de l'estranger (variació de passius financers) s'anoten en ingressos, de manera que un signe positiu en la columna de variació de passius representa un augment dels passius enfront dels no residents, i un signe negatiu, una disminució.

Les *sortides de capital* (variació d'actius financers) s'anoten en els pagaments amb signe positiu en la columna de variació d'actius, de manera que representen un augment dels actius enfront dels no residents, i un signe negatiu, una disminució.

Si alguna subbalança de la balança de pagaments presenta desequilibri, això provocarà un augment o una disminució dels mitjans de pagament disponibles i, per tant, una variació de reserves.

E. La balança de pagaments a la pràctica

Així com per explicar l'avantatge comparatiu es va recórrer a un exemple, el funcionament de la balança de pagaments es pot il·lustrar amb un supòsit. Concretament, suposem que un esportista espanyol viatja a Alemanya per participar en una competició i fa les transaccions següents:

1. Per la participació en la competició rep del patrocinador alemany 10 000 €.
2. Compra una moto BMW per un import de 6 000 €.
3. Paga 300 € de l'assegurança de la moto a una empresa alemanya.
4. Un banc alemany li cobra una comissió de 25 € per diverses gestions.
5. Ven la moto a Espanya per 5 000 €.
6. Fa una donació de 600 € a una ONG de Nigèria.

A partir d'aquests fets, se'ns demana analitzar les diferents operacions i registrar les diverses operacions en format de la balança de pagaments espanyola (Quadre 13.3).

El concepte a què correspon l'ingrés o el pagament de cada operació es reordena segons la seva naturalesa en les subbalances corresponents de la balança de pagaments. Els fluxos monetaris s'anoten en la balança financera. Cada apunt que es fa en la variació de reserves de la balança financera (variació de passiu o variació d'actiu) reflecteix la contrapartida dels apunts fets en la balança per compte corrent en forma d'ingressos o pagaments.

Quadre 13.3. *Registre de les operacions en la balança de pagaments.*

Balança de pagaments	Ingressos	Pagaments	Saldo
I. Balança per compte corrent			
Balança comercial	5 000 (5)	6 000 (2)	−1 000
Serveis	10 000 (1)	300 (3)	9 700
Rendes		25 (4)	−25
Transferències corrents		600 (6)	−600
Saldo I	**15 000**	**6 925**	**8 075**
II. Balança de capital			
III. Balança financera			
	Variació de passius	**Variació d'actius**	**Saldo**
	Variació neta passius (VNP)	**Variació neta actius (VNA)**	**Saldo (VNP − VNA)**
Variació de reserves	6 000 (2) 300 (3) 25 (4) 600 (6)	10 000 (1) 5 000 (5)	−4 000 −4 700 25 600
Saldo III	**6 925**	**15 000**	**−8 075**
IV. Errors i omissions			
Saldo final (I + II + III + IV)	**21 925**	**21 925**	**0**

Exemple

La crisi financera internacional desencadenada a partir de 2007, i més recentment la crisi del deute d'alguns països de la zona euro, arrenca d'uns forts desequilibris en algunes de les subbalances de la balança de pagaments.

F. Els saldos de la balança de pagaments: equilibri i desequilibri

El saldo final de la balança de pagaments sempre serà zero, però això no significa que la balança de pagaments sempre reflecteixi una situació d'equilibri, ja que els diversos comptes o subbalances sí que poden presentar desequilibris, en forma de dèficit o superàvit. L'equilibri o desequilibri de la balança de pagaments s'analitza en els termes següents:

- **Saldo de la balança per compte corrent:** el seu saldo és la suma dels comptes comercial, de serveis, de rendes i de transferències corrents. Centrant-nos en el compte comercial, aquest presentarà superàvit quan el país exporta més que no importa. Això vol dir que el sistema productiu del país és prou competitiu per a atendre la demanda nacional i cobrir també part de la demanda de l'estranger. Per contra, un dèficit comercial es deurà al fet que s'importa més que no s'exporta. Aquest fet indica que el sistema productiu nacional no és gaire competitiu. Un país que presenta un dèficit comercial pot compensar-lo amb superàvits en els altres comptes que integren la balança per compte corrent. Així, Espanya tradicionalment ha cobert part del seu dèficit comercial amb el compte de serveis i, en particular, amb els ingressos provinents del turisme.
- **Saldo de la balança per compte de capital:** la balança de capital registra les transferències de capital i l'adquisició o venda d'actius financers. Per això, el saldo de la suma de la balança per compte corrent més la balança per compte de capital (saldo de I + II en el Quadre 13.2) indica el préstec que l'economia rep o fa a la resta del món. Un país que tingui saldo positiu en la suma d'aquestes dues balances tindrà un excés d'estalvi i estarà prestant diners a la resta del món; és el cas de països com Alemanya o la Xina. Al contrari, un país amb saldo negatiu tindrà necessitat de finançament de la resta del món. Aquest és el cas de països com els Estats Units, Espanya o Grècia.
- **Variació de reserves:** atès que el saldo final de la balança de pagaments és sempre zero, la suma dels saldos de la balança per compte corrent, la balança de capital i la balança financera és zero. Dins de la balança financera, la variació de reserves actua com a partida d'ajust per a aconseguir que es compleixi que el saldo final de la balança de pagaments sigui zero. Per tant, la variació de reserves indica la situació de superàvit (augment de reserves de divises) o dèficit (disminució de reserves de divises) del conjunt de la balança de pagaments considerada globalment. La variació de reserves és un indicador de la liquiditat de què disposa un país per a atendre els seus pagaments internacionals. Si un país, pel fet que incorre en dèficits reiterats quantitativament importants, es queda pràcticament sense divises (monedes estrangeres) i cap país està disposat a prestar-n'hi més, patirà el que es coneix com una *crisi de balança de pagaments*. Això equival a una fallida en l'àmbit internacional.

Per definició, la balança de pagaments té un saldo zero. Però aquest saldo és el resultat dels dèficits i superàvits de les seves diverses subbalances. Si alguna d'aquestes presenta dèficits elevats persistents, el país es trobarà en una situació de desequilibri econòmic que a la llarga resultarà insostenible.

Activitats

12> A què equival un saldo negatiu del compte corrent?

13> Si es produeixen inversions d'empreses financeres a Espanya, què passa amb la posició deutora o creditora del país?

14> Com es registra en la balança de pagaments l'entrada de capital procedent de l'estranger per a comprar un immoble?

15> Si l'Estat espanyol a través del Tresor demana un préstec a l'estranger per a finançar el dèficit per compte corrent, com es registra aquesta operació en la balança de pagaments?

16> Un banc espanyol concedeix un préstec a una empresa pública de Bolívia per a finançar la construcció d'un gasoducte. Quin tractament tindrà aquesta operació en termes de la balança de pagaments?

Mapa conceptual

Comerç internacional

- **Avantatges**
  - Avantatge absolut
    - Menors costos de producció
  - Avantatge comparatiu
    - Diferència en preus relatius:

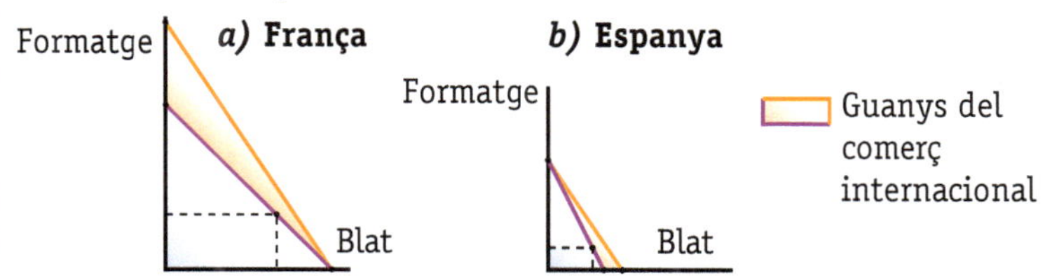

- **Política comercial**
  1. Aranzels
  2. Contingents
  3. Subvencions
  4. Barreres no aranzelàries
- **Formes de relacions comercials**
  - Mesures globalitzades
    - GATT, OMC
  - Blocs regionals
    1. Àrees de lliure comerç
    2. Unions duaneres
    3. Mercats comuns
- **La Unió Europea**
  - Institucions
    1. Comissió
    2. Consell de Ministres
    3. Parlament Europeu
    4. Tribunal de Justícia
  - Finançament
    1. IVA
    2. Aranzels
    3. Drets de duana
    4. Aportacions en funció del PNB
  - Polítiques
    1. Regional
    2. Social
- **Balança de pagaments**
  - I. Compte corrent
    1. Mercaderies
    2. Serveis
    3. Rendes i transferències corrents
  - II. Compte de capital
    1. Transferències de capital
    2. Patents i drets d'autor
  - III. Compte financer
    1. Inversió directa
    2. Inversió de cartera
    3. Altres inversions
    4. Variació de reserves
  - IV. Errors i omissions
  - Saldo final: I + II + III + IV = 0

Activitats finals

1> Quines raons poden haver-hi perquè els productes següents s'intercanviïn comercialment més avui que fa unes dècades?

a) Els serveis bancaris.

b) Els programes informàtics.

c) Els cotxes.

2> Quines són les principals traves que pot posar un país a les importacions de productes estrangers? Explica l'impacte que té cadascuna d'aquestes.

3> Quins són els objectius del GATT i l'OMC respecte a l'economia internacional?

4> Enumera les diferents fases per les quals ha passat la integració europea fins a arribar a l'Europa dels 27 que existeix a partir de 2007.

5> A partir de la web de l'Institut Nacional d'Estadística, busca l'evolució de les importacions i exportacions espanyoles, a més del saldo net d'exportacions en els darrers 20 anys, intentant identificar les causes d'aquesta evolució.

6> El 15 de setembre de 2011 va aparèixer al diari digital *El Confidencial* un article titulat «Espanya és ja la quarta economia més endeutada del món desenvolupat». Com es pot explicar que un país relativament petit arribi a una situació tan «privilegiada» en termes d'endeutament? Suposa aquest endeutament un llast per a l'economia espanyola?

7> Quins grups integren el compte corrent?

8> Quins són els components de la demanda agregada que integren la demanda externa?

9> Quins efectes té una política monetària expansiva sobre les exportacions nacionals?

10> Registra les operacions següents seguint el mètode de doble entrada:

1. Una cooperativa espanyola ven oli a una empresa italiana per valor de 80 000 €.
2. Una empresa espanyola compra equips informàtics als EUA per un total de 10 000 €.
3. Un grup inversor espanyol aporta fons per a desenvolupar un projecte immobiliari al Brasil per una quantia de 400 000 €.
4. Una empresa espanyola importa cotxes japonesos per valor de 200 000 €.
5. Els ingressos per turisme a la Costa del Sol són de 150 000 €.
6. Treballadors estrangers residents a Espanya envien als seus països 60 000 €.
7. Telefónica compra a Argentina un edifici per valor de 300 000 €.
8. Un banc estranger concedeix un préstec a llarg termini a una empresa espanyola per un import de 170 000 €.
9. Els interessos del préstec a llarg termini són de 535 €.

Sabent que el saldo oficial de les reserves de divises és de 740 535 €, calcula la balança de pagaments i comenta el significat dels saldos per compte corrent i per compte de capital. Comenta el significat dels saldos de les diferents subbalances.

11> A primers d'agost de 2011 els dos blocs econòmics més importants del món, els EUA i la zona euro, van patir greus amenaces a la seva estabilitat financera. A la històrica degradació de la qualitat creditícia del Govern dels EUA per l'agència Standard & Poor's la va precedir un intens atac a la Unió Monetària Europea, sota la forma del més pronunciat esfondrament en el preu dels títols de deute públic d'algunes de les seves economies.

L'any 2011, la situació es va agreujar als EUA amb el desacord entre republicans i demòcrates, però, malgrat que l'eurozona en el seu conjunt tenia un dèficit i un deute públic inferiors als dels EUA, les reaccions que van tenir els inversors en bons públics van ser clarament menys negatives per al cas dels bons nord-americans. Com es pot explicar aquesta reacció diferent dels inversors?

12> La balança de pagaments es construeix d'acord amb els principis de la comptabilitat per partida doble. Què significa l'afirmació anterior?

13> Per a cadascuna de les operacions següents, relatives al compte financer de la balança de pagaments, digues si representa inversió directa, de cartera, altres inversions o variació de reserves. Digues també quines representen una variació neta de passius i quines una variació neta d'actius:

a) Concessió de préstecs a Portugal.

b) Amortització d'un préstec rebut per una família espanyola d'una entitat financera suïssa.

c) Adquisició, per part de l'empresa Telefónica, d'un paquet accionarial (amb intenció de control) d'una empresa xinesa de telefonia mòbil.

d) Obtenció per Espanya de préstecs de la Unió Europea.

e) Amortització de bons emesos per Espanya que tenien països emergents com ara la Xina o Rússia.

f) Obertura d'un compte corrent per un ciutadà espanyol en un banc anglès.

g) Compra d'un paquet accionarial de Repsol YPF per una multinacional del petroli russa.

14> Quins avantatges ha produït de cara al comerç exterior espanyol la incorporació d'Espanya a la Unió Europea l'any 1986?

15> Quins països de l'Europa Occidental no pertanyen voluntàriament a la Unió Europea? Quins països de l'Europa Occidental no pertanyen a la Unió Monetària Europea? Quins són els candidats a formar part de la Unió Europea?

16> Tot seguit, se cita una sèrie de països i àrees geogràfiques. Indica, per a cada cas, quina pot ser la condició fonamental, de les enumerades a l'inici de la unitat (condicions climàtiques, riquesa mineral, tecnologia o quantitat disponible de terra, treball o capital), que els permet participar en el comerç internacional:

a) Aràbia Saudita.

b) Alemanya.

c) Espanya.

d) Brasil.

e) Japó.

f) Xina.

g) Estats Units.

h) Ghana.

i) Amèrica Central.

17> Justifica la veracitat o falsedat de les afirmacions següents:

a) El comerç internacional propicia l'especialització, l'augment de la productivitat i el benestar.

b) Els contingents a la importació són una mesura que propicia el lliure comerç.

c) El compte de transferències corrents recull exclusivament les operacions amb una contrapartida corrent.

d) La variació de reserves mesura l'augment o la disminució dels mitjans de pagament internacionals.

Reportatge: La inversió espanyola a l'exterior i els seus efectes en la balança de pagaments

Et proposem la lectura de la notícia «La construcción española pugna por ejecutar 1800 kilómetros de AVE en India», escrita per J. F. Magariño i publicada a *Cincodias.com* el 28 de novembre de 2011.

En aquesta notícia es descriuen els plans de diverses empreses espanyoles per a fer inversions en la construcció de línies de tren d'alta velocitat a l'Índia. Si es duen a terme, els plans d'aquestes empreses implicaran efectes a curt i mitjà termini en les relacions comercials entre tots dos països, que valdrà la pena estudiar (trobaràs el text complet a: **www.mhe.es/bachillerato/economia**).

Preguntes:

1> Suposem que consorcis espanyols instal·lats a l'Índia a aquest efecte fan les inversions, remunerats pel Govern d'aquell país, que contracten enginyers espanyols. Com es reflectiran aquests dos fets en la balança de pagaments espanyola?

2> L'Índia espera rebre fons del Banc Mundial associats al projecte. De quina manera hauran d'anotar-los les autoritats d'aquell país en la seva balança de pagaments? De quin tipus d'inversió es tracta?

Test de repàs

1> La posició creditora o deutora d'un país es reflecteix en els termes següents:

a) L'apartat del compte corrent de la seva balança de pagaments.

b) En els Pressupostos Generals de l'Estat.

c) En el saldo del compte financer de la balança de pagaments.

d) Totes les respostes anteriors són correctes.

2> En la balança de pagaments d'un país, la variació de reserves de divises:

a) Forma part del compte financer.

b) Forma part del compte de capital.

c) Forma part del compte de transferències de capital.

d) Forma part del compte de transferències corrents.

3> Quina de les raons següents és una de les que han justificat el comerç internacional?

a) Diferències d'idiomes entre molts països.

b) Avantatges comparatius en els costos de producció.

c) Males comunicacions entre tots els països del món.

d) Cap de les respostes anteriors és correcta.

4> La limitació que es fa a Europa per a la quantitat de productes tèxtils procedents de la Xina implica la imposició de:

a) Aranzels.

b) Contingents o quotes.

c) Subvencions o subsidis a l'exportació.

d) Mesures no aranzelàries.

5> Un superàvit en la balança de pagaments implicarà el següent:

a) S'incrementa el tipus d'interès i es redueix la inversió.

b) S'incrementa la capacitat de despesa total de l'economia.

c) S'incrementa l'actiu del Banc Central i es redueix l'oferta monetària.

d) Totes les respostes anteriors són correctes.

6> Un aranzel és un impost l'objectiu del qual és incrementar el preu dels productes:

a) Nacionals a l'estranger.

b) Estrangers en el mercat nacional.

c) Nacionals en el mercat nacional.

d) Totes les respostes anteriors són correctes.

7> Una empresa incorre en pràctiques de dúmping en la producció d'un producte qualsevol quan:

a) No paga impostos sobre les primeres matèries que intervenen en el procés de producció.

b) Es fusiona amb una altra empresa estrangera per ser més competitiva.

c) Ven a preus inferiors en el mercat estranger respecte als preus de venda i cost del mercat nacional.

d) Fa un acord amb altres empreses del mateix sector per a imposar el mateix preu als seus productes.

8> L'establiment d'un aranzel a Espanya sobre els televisors produïts al Japó tindrà l'efecte següent:

a) Disminuirà el preu dels televisors japonesos a Espanya.

b) Augmentarà la producció espanyola de televisors.

c) Augmentaran les importacions espanyoles de televisors japonesos.

d) Augmentaran les quantitats consumides de televisors japonesos a Espanya.

9> El 1995 es va produir l'ampliació de la Unió Europea per a formar l'anomenada *Europa dels 15*. A més de la incorporació de l'Alemanya de l'Est, després de la caiguda del Mur de Berlín, quins països s'hi van integrar en aquesta data?

a) Àustria, Finlàndia i Dinamarca.

b) Àustria, Suècia i Grècia.

c) Àustria, Finlàndia i Suècia.

d) Irlanda, Finlàndia i Suècia.

10> Quina de les fonts de finançament següents *no* és pròpia de la Unió Europea?

a) L'impost sobre el valor afegit.

b) L'impost sobre la renda de les persones físiques (IRPF).

c) Els aranzels sobre productes agrícoles.

d) Els drets de duanes.

Solució: 1. a; 2. a; 3. b; 4. b; 5. b; 6. b; 7. c; 8. b; 9. c; 10. b.

14

EL MERCAT DE DIVISES I LA UNIÓ MONETÀRIA EUROPEA

Una empresa que ofereix béns i serveis als seus clients en altres països exigirà que se li pagui en la moneda del seu propi país. Així, una empresa espanyola que vengui els seus productes als Estats Units voldrà que se li pagui en euros, mentre que una empresa nord-americana que vengui a Espanya demanarà que se li pagui en dòlars. Per tant, els compradors en els mercats internacionals necessiten obtenir monedes dels països als quals volen comprar béns i serveis. Un sistema desenvolupat de comerç internacional només pot funcionar si hi ha un mercat on una moneda es pot canviar per una altra. Aquesta és la tasca que ha de desenvolupar el mercat de divises o de canvis.

Notícia

«¡Emergencia! Euro rico, euro pobre, ¿la única salida posible a la crisis?», de S. McCoy, *Cotizalia*, 13 de setembre de 2011.

En aquest article es planteja una solució controvertida a la crisi de l'euro: la refundació d'Europa, admetent la necessitat de crear, dins de l'eurozona, un euro fort i un euro feble (trobaràs el text complet a: **www.mhe.es/bachillerato/economia**).

Qüestions:

1> A partir de quins criteris es va plantejar arribar a la convergència en els acords de Maastricht? Un cop constituïda la Unió Monetària, s'ha continuat avançant en aquests quatre criteris de convergència?

2> Tot i que les autoritats de cada país han estat responsables immediates del que ha succeït en els seus territoris respectius, hi ha hagut algun factor condicionant dels resultats de les polítiques seguides que pugui explicar la falta d'avanços en el procés de convergència entre els països membres de la Unió Monetària?

3> Quina alternativa és la defensada en aquest article per solucionar a llarg termini la crisi de l'eurozona?

1 El comerç internacional i el tipus de canvi

Quan una empresa espanyola importa dels EUA un equip informàtic, disposa d'euros per a pagar la factura. L'empresa nord-americana, d'altra banda, vol rebre dòlars. Per resoldre aquest tipus de situacions, en què els agents econòmics han de fer pagaments (o cobraments) en monedes (divises) diferents de la seva, es recorre al mercat de canvis o de divises. L'objectiu d'aquest mercat és obtenir la divisa desitjada a canvi de la pròpia.

Una divisa és diner estranger i les transaccions entre monedes de diferents països es fan en el **mercat de canvis o de divises.** S'hi du a terme el canvi de la moneda nacional per les monedes dels països amb què es mantenen relacions econòmiques i s'origina un conjunt d'ofertes i demandes de moneda nacional a canvi de monedes estrangeres.

> Els **mercats de divises** són aquells en què es compren i venen les monedes de diferents països.

En el mercat de divises de la zona euro, les famílies europees adquireixen monedes d'altres països per a atendre pagaments a l'estranger, com, per exemple, finançar la realització d'estudis superiors als Estats Units. Així mateix, les empreses europees adquireixen divises per a pagar les importacions de béns i serveis.

D'altra banda, les famílies estrangeres que volen passar les seves vacances en qualsevol dels països de la zona euro o les empreses de tercers països que importen productes europeus posen les seves monedes en venda per comprar els euros que necessiten. Aquest tipus de transaccions determina el preu o **tipus de canvi** de l'euro enfront de les altres monedes.

> El **tipus de canvi nominal** ***(t_c)***, o simplement el tipus de canvi, és el preu relatiu d'una moneda per una altra moneda diferent: és el preu d'una moneda en termes d'una altra.

Aquest concepte se sol expressar com el nombre d'unitats de moneda estrangera per unitat de moneda nacional.

Per exemple, que el tipus de canvi de l'euro enfront del dòlar sigui d'1,2, vol dir que cal lliurar 1,2 dòlars per obtenir un euro. També es coneix com el tipus de canvi dòlar/euro (Figura 14.1).

El tipus de canvi, com que és un preu relatiu, pot expressar-se de dues maneres alternatives.

En el cas de l'euro i el dòlar, les dues alternatives són:

a) Tipus de canvi dòlar/euro. És el nombre de dòlars que cal oferir per obtenir un euro.

b) Tipus de canvi euro/dòlar. És el nombre d'euros que cal lliurar per obtenir un dòlar.

Si un euro = 1,2 dòlars, hi ha dues alternatives:

a) Tipus de canvi dòlar/euro = 1,2 dòlars per un euro.

b) Tipus de canvi euro/dòlar = 0,83 euros per un dòlar.

A partir d'ara, optarem per prendre com a referència el tipus de canvi dòlar/euro, és a dir, el nombre de dòlars que cal lliurar per obtenir un euro.

+ *Més dades*

Quan es fan operacions comercials amb altres països, cal tenir en compte que l'operació de canviar una moneda per una altra comporta costos i riscos. Les institucions financeres que operen en els mercats de divises cobren una comissió per canviar una divisa per una altra. Els riscos són els derivats de les alteracions que pot experimentar el tipus de canvi durant el període transcorregut entre que es planteja l'operació d'importació o exportació i quan efectivament es cobra o es ven la mercaderia.

A més a més, algunes monedes no són convertibles.

! *Important*

El comerç internacional requereix la utilització de diferents monedes nacionals. El **tipus de canvi** és una moneda expressada en termes d'una altra i es determina en el mercat de divises.

! *Important*

En la premsa espanyola, per convenció, el concepte de tipus de canvi es presenta de manera inversa. Així, sovint es parla del tipus de canvi euro/dòlar i, no obstant això, s'ofereix la xifra que indica el nombre de dòlars que cal lliurar per un euro, és a dir, la xifra que correspon al tipus de canvi dòlar/euro (Figura 14.1).

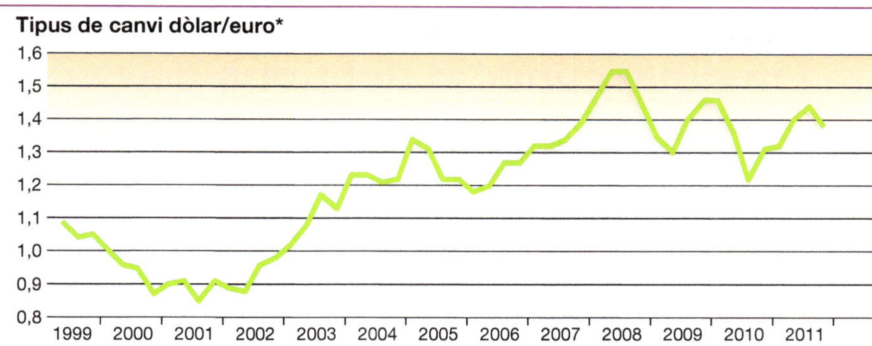

Figura 14.1. ***Els tipus de canvi dòlar/euro.*** *En la premsa econòmica espanyola, per una convenció, quan es parla del tipus de canvi dòlar/euro, és a dir, del nombre de dòlars que cal lliurar per obtenir un euro, s'escriu* tipus de canvi euro/dòlar. *Quan l'euro s'aprecia respecte al dòlar, el tipus de canvi dòlar/euro augmentarà, i quan es deprecia, es reduirà. Com s'observa en la figura adjunta, el dòlar es va apreciar respecte a l'euro durant el període 1999-2001, mentre que des de 2001 fins a primers de 2008 el dòlar s'ha depreciat.*

1.1 Depreciació i apreciació del tipus de canvi

El tipus de canvi es determina en el mercat de divises mitjançant el joc de l'oferta i la demanda i, com tot preu, el seu valor pot fluctuar tant a l'alça com a la baixa.

Si el tipus de canvi dòlar/euro disminueix, significa que per una unitat de moneda nacional, un euro, ara s'obtenen menys dòlars que abans. Per exemple, si el tipus de canvi dòlar/euro disminueix des d'1,2 dòlars per un euro fins a 1,1 dòlars per un euro, és que l'euro ha perdut valor enfront del dòlar.

Quan passa això, diem que l'euro s'ha **depreciat** enfront del dòlar. Amb un euro depreciat, els turistes i els importadors nord-americans amb la mateixa quantitat de dòlars podran comprar més béns europeus, perquè aquests s'han abaratit relativament. Aquesta situació estimularà els ingressos per vendes dels empresaris europeus.

La **depreciació del tipus de canvi** ***(t_c)*** dòlar/euro implica una disminució del tipus de canvi, de manera que amb un euro s'obtenen menys dòlars. Així, si el tipus de canvi dòlar/euro era $t_c = 1{,}2\$/€$ i passa a ser $t_c = 1{,}1\$/€$, l'euro s'haurà depreciat.

Un augment del tipus de canvi dòlar/euro significa que cal donar més unitats de moneda estrangera (dòlar) per unitat de moneda nacional (euro). Així, quan el tipus de canvi dòlar/euro passa d'1,2 dòlars per un euro a 1,3 dòlars per un euro, diem que l'euro s'ha **apreciat.**

En aquest cas es diu que l'euro s'ha apreciat enfront del dòlar. Amb un euro apreciat, els turistes i els importadors nord-americans podran comprar menys béns europeus amb la mateixa quantitat de dòlars. Aquest fet incidirà negativament en els ingressos dels empresaris europeus, perquè els seus productes s'encareixen per als nord-americans.

L'**apreciació del tipus de canvi** ***(t_c)*** dòlar/euro implica un augment del tipus de canvi, de manera que amb un euro s'obtenen més dòlars. Si el tipus de canvi era $t_c = 1{,}2\$/€$ i passa a ser $t_c = 1{,}3\$/€$, l'euro s'haurà apreciat.

Important

El **tipus de canvi** és un preu relatiu i, per això, pot expressar-se de dues maneres alternatives. En el cas de l'euro i el dòlar:

a) **Tipus de canvi euro/dòlar.** És el nombre d'euros que cal lliurar per obtenir un dòlar.

b) **Tipus de canvi dòlar/euro.** És el nombre de dòlars que cal oferir per obtenir un euro.

A Internet

Amb la pàgina del Banc d'Espanya **(www.bde.es)** pots disposar d'informació actualitzada i fiable sobre els tipus de canvi de l'euro amb les altres monedes. Per a això, accedeix, dins «d''Estadístiques''», a ''Tipus d'interès'' i tipus de canvi».

Activitats

1> Associa almenys quatre països amb les seves monedes respectives. A continuació, busca a la premsa la paritat de cadascuna d'aquestes amb l'euro.

2> Quines dificultats plantegen els pagaments en el comerç internacional en comparació amb el comerç nacional?

2 El mercat de divises i la determinació del tipus de canvi

! *Important*

Duen a terme la **demanda d'euros** els exportadors nacionals (en el context de la Unió Monetària Europea, el terme *nacional* es refereix als països integrants) que reben dòlars a canvi de mercaderies i volen euros a canvi de dòlars, així com els turistes i els inversors nord-americans en l'UME que han de convertir els seus dòlars en euros per a fer aquestes despeses i inversions (Figura 14.2). D'aquesta manera, un augment de les exportacions europees incrementarà la demanda d'euros.

En aquest apartat recorrerem al conegut model d'oferta i demanda per analitzar com es determina el tipus de canvi, és a dir, la relació de canvi entre dues monedes. Per a dur a terme transaccions internacionals es necessiten dues monedes: la moneda nacional (en el nostre cas, l'euro) i l'estrangera (suposarem que és el dòlar).

2.1 La demanda d'euros

La **demanda d'euros** prové de les persones o entitats que volen canviar dòlars per euros. Demanar euros és estar interessat a canviar dòlars per euros.

A. Motivacions per a demanar euros (oferir dòlars)

Hi ha tres motivacions fonamentals per a **demanar euros** en el mercat:

1. **Les exportacions.** En vendre els seus productes a l'estranger, els exportadors de mercaderies i serveis reben dòlars que després volen convertir en euros (i per a això demanen euros a canvi de dòlars).
2. **Els turistes nord-americans que volen visitar Europa.** Recordeu que els ingressos per turisme es consideren una exportació d'un servei per part d'Europa. Els turistes nord-americans volen canviar dòlars per euros, i per tant demanen euros.
3. **Les entrades de capitals financers.** També demanen euros els residents a l'estranger que volen col·locar els seus capitals financers a Europa. Aquestes persones i empreses necessiten canviar els dòlars per euros per a comprar actius europeus (accions, deute públic, obligacions, etc.).

La **demanda d'euros** es fonamenta en les exportacions de béns i serveis (turisme) i en les entrades de capitals.

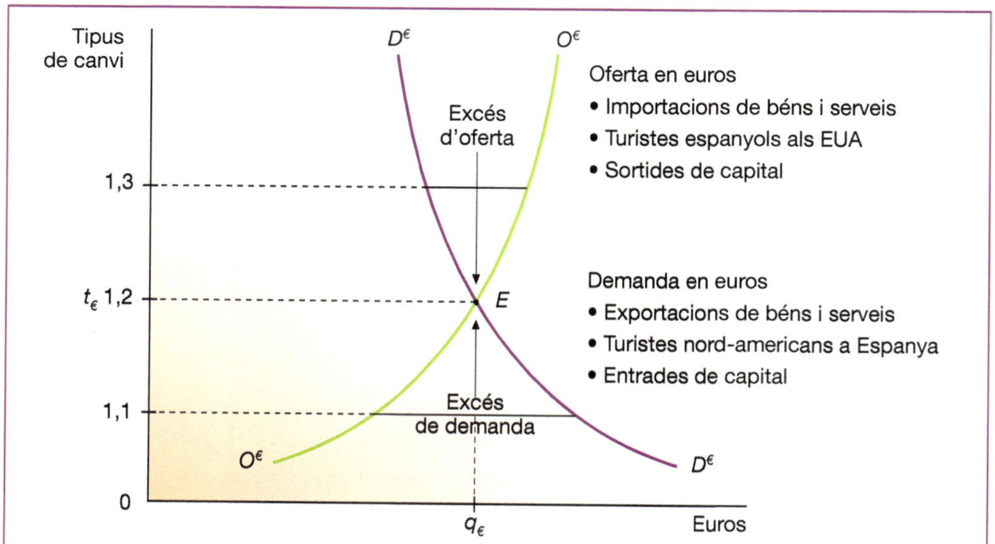

Figura 14.2. *El mercat d'euros.* *L'equilibri en el mercat d'euros s'aconseguirà quan les corbes de demanda d'euros i d'oferta d'euros s'intersequin. Per a un tipus de canvi superior al d'equilibri, l'excés d'oferta fa que l'euro es depreciï fins a aconseguir l'equilibri. Per a un tipus de canvi inferior al d'equilibri, l'excés de demanda fa que l'euro s'apreciï fins a aconseguir l'equilibri.*

La demanda d'euros serà més alta com més abundants siguin les exportacions europees de béns i serveis i les entrades de capitals financers a Europa.

De l'anàlisi dels tres motius per a demanar euros es desprèn que la demanda d'euros depèn de les variables següents: del tipus de canvi nominal, dels preus nacionals, dels preus exteriors, de la renda de l'exterior i del diferencial de tipus d'interès. Totes aquestes variables es recullen en el Quadre 14.1, en què s'inclou una explicació de la relació existent entre la variable en qüestió i la demanda d'euros, i s'explica si aquesta relació és directa o inversa.

Variable	Relació	Explicació
Tipus de canvi nominal *(t_c)*	– Inversa	Un augment del tipus de canvi fa que les exportacions resultin més cares, perquè encareix el preu que els estrangers paguen pels béns i serveis europeus, i per tant es redueixen les exportacions, i amb aquestes, la demanda d'euros.
Preus nacionals *(P_n)*	– Inversa	Un augment dels preus europeus encareix relativament els béns i serveis dels països de la zona euro, la qual cosa generarà una reducció de les exportacions, i amb aquestes, de la demanda d'euros.
Preus estrangers *(P_{ex})*	+ Directa	Un augment dels preus estrangers abarateix relativament els béns i serveis europeus, la qual cosa incrementarà les exportacions i la demanda d'euros.
Renda del país estranger *(y_{ex})*	+ Directa	Les exportacions d'un país augmenten (i amb aquestes, la demanda d'euros) quan creix la renda estrangera, ja que bona part de la demanda externa s'exerceix sobre béns de consum i aquesta és sensible a la renda disponible. A més a més, també sabem que la demanda de productes d'inversió està lligada al nivell de producció o renda.
Diferencial de tipus d'interès *($i_n - i_{ex}$)*	+ Directa	L'entrada de capitals a curt termini depèn fonamentalment de la remuneració dels actius nacionals en què es puguin col·locar aquests capitals, en comparació amb la remuneració que rebrien en altres països. Aquesta remuneració relativa és donada per la diferència entre el tipus d'interès nacional, o més concretament a la zona euro *(i_n)*, i el tipus d'interès a l'estranger *(i_{ex})*. Com més alt és el diferencial entre el tipus d'interès de la zona euro i el tipus d'interès de l'estranger, més rendible és canalitzar els capitals cap a Europa, i més important és l'entrada de capitals.

Quadre 14.1. *Variables que influeixen en la demanda d'euros.*

B. La corba de demanda d'euros

Per a representar gràficament la corba de demanda d'euros, tal com vam fer en la Unitat 4 amb la demanda de béns, suposem que totes les variables assenyalades menys el tipus de canvi romanen constants. Quan el tipus de canvi augmenta, les exportacions decreixen, i, al contrari, quan el tipus de canvi disminueix, les exportacions augmenten, de manera que la relació entre el tipus de canvi i la quantitat demanada d'euros és decreixent. Aquesta relació decreixent entre la quantitat demanada d'euros i el tipus de canvi de l'euro *(t_c)* constitueix la **corba** de demanda **d'euros** (Figura 14.2).

> La **corba de demanda d'euros** mostra la relació decreixent que hi ha entre la quantitat demanada d'euros i el tipus de canvi de l'euro quan les altres variables romanen constants. En augmentar el tipus de canvi (en apreciar-se l'euro respecte al dòlar), disminueix la quantitat demanada d'euros, ja que l'increment del tipus de canvi encareix les exportacions i fa que aquestes es redueixin.

Quan s'altera alguna de les variables que afecten la demanda d'euros que s'ha suposat que romanen constants, és a dir, la renda estrangera, els preus nacionals, els preus estrangers o el diferencial de tipus d'interès, la corba de demanda d'euros experimentarà un desplaçament.

! *Important*

La **corba de demanda** d'euros té pendent negatiu per a indicar que quan baixa el valor de l'euro, els estrangers volen comprar més béns, serveis i inversions europeus.

> **!** ***Important***
>
> Una reactivació de l'economia nord-americana augmenta la demanda d'euros. En termes gràfics això representa un desplaçament cap a la dreta de la corba de demanda d'euros.

La *corba de demanda d'euros es desplaçarà cap a la dreta*, i, per tant, la quantitat demanada d'euros augmentarà per a cada nivell del tipus de canvi, quan tingui lloc alguna de les alteracions següents: augment de la renda estrangera, reducció dels preus nacionals, augment dels preus de l'exterior o augment del diferencial de tipus (Figura 14.3). Quan els canvis siguin en sentit contrari, el desplaçament serà cap a l'esquerra i la quantitat demanada d'euros es reduirà.

Activitats

3> Si l'euro es deprecia respecte al dòlar, què passarà amb la demanda d'euros que fan els turistes nord-americans? En termes gràfics, com es presenta aquest fet?

4> Si la Reserva Federal dels EUA redueix els tipus d'interès i el Banc Central Europeu els manté constants, quin efecte tindrà això sobre la demanda d'euros?

Els ciutadans de la Unió Monetària Europea que vulguin fer turisme als Estats Units hauran d'oferir euros per comprar dòlars.

2.2 L'oferta d'euros

L'**oferta d'euros,** o, el que és el mateix, la **demanda de divises** (dòlars), correspondrà als importadors nacionals, així com als turistes i als inversors europeus als Estats Units que necessitin canviar els seus euros per dòlars per a adquirir les mercaderies nord-americanes i fer les seves inversions. Per obtenir dòlars, acudeixen a les institucions financeres, que els compraran en el mercat de canvis i els lliuraran a canvi d'euros. D'aquesta manera, un augment de les importacions incrementarà la demanda de divises en el mercat de canvis.

> L'**oferta d'euros** prové de les persones o entitats que volen canviar euros per dòlars. Oferir euros és estar interessat a canviar euros per dòlars.

A. Motivacions per a oferir euros

Hi ha tres motivacions fonamentals per a **oferir euros** en el mercat: **les importacions, les sortides de turistes europeus** i **les sortides de capitals financers.**

1. **Les importacions.** Les persones que ofereixen euros són els importadors europeus, tant de béns com de serveis. Per a pagar l'import dels béns que compren a l'estranger, els importadors europeus de mercaderies necessiten dòlars: ofereixen euros a canvi de dòlars.
2. **Els turistes europeus que volen visitar els Estats Units.** Recordeu que els pagaments per turisme es consideren una importació d'un servei per part d'Europa. Els turistes europeus també volen canviar euros per dòlars, i per tant ofereixen euros.
3. **Les sortides de capitals financers.** Ofereixen euros a canvi de dòlars les persones i empreses que volen comprar actius financers a l'estranger. Aquestes persones necessiten canviar els euros per dòlars per a comprar actius financers als Estats Units (accions, deute públic, obligacions, etc.).

> L'**oferta d'euros** es fonamenta en les importacions europees de béns i serveis (turisme) i en les sortides de capitals financers.

Per això, l'oferta d'euros serà més gran com més abundants siguin les importacions europees i les sortides de turistes europeus i capitals financers d'Europa.

> **!** ***Important***
>
> L'**oferta d'euros** procedeix d'europeus que necessiten dòlars (i altres monedes estrangeres) per a comprar béns, serveis o actius financers estrangers.

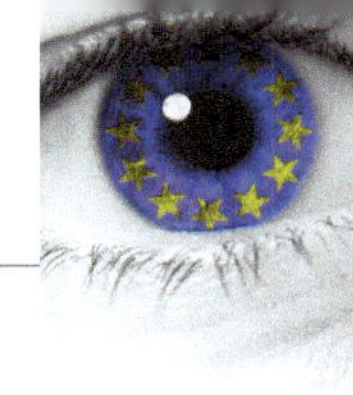

La quantitat oferta d'euros depèn de les variables següents: el tipus de canvi nominal, els preus nacionals, els preus estrangers, la renda nacional i el diferencial de tipus d'interès.

Totes aquestes variables es recullen en el Quadre 14.2, amb una explicació de la relació que hi ha entre la variable en qüestió i l'oferta d'euros, i s'indica si aquesta relació és directa o inversa.

Variable	Relació	Explicació
Tipus de canvi nominal (t_c)	+ Directa	Un augment del tipus de canvi nominal abarateix les importacions, perquè redueix el preu en euros que paguen els europeus de la zona euro pels productes estrangers (encara que el seu preu en dòlars no hagi variat), i fa que aquestes augmentin, i amb això, l'oferta d'euros.
Preus nacionals (P_n)	+ Directa	Un augment dels preus nacionals abarateix relativament els productes estrangers, fet que provoca un augment de les importacions.
Preus estrangers (P_{ex})	– Inversa	Un increment dels preus estrangers fa que resultin relativament més cars els productes estrangers i es redueixin les importacions.
Renda del país estranger (y_{ex})	+ Directa	La demanda de consum de béns estrangers depèn de la renda disponible de la zona euro, i la pròpia demanda d'inversió també està condicionada pel nivell de la renda. Per això, les importacions de la zona euro s'incrementen quan creix la renda, mentre que si decreix, disminuiran.
Diferencial de tipus d'interès $(i_n - i_{ex})$	– Inversa	La sortida de capitals a curt termini està guiada fonamentalment per la remuneració dels actius estrangers en què es poden col·locar els capitals, en comparació amb la remuneració en territori nacional. Aquesta remuneració relativa es pot expressar mitjançant la diferència entre el tipus d'interès nacional, és a dir, a la zona euro, i el tipus d'interès a l'estranger (i_{ex}). Com més elevat sigui el diferencial $(i_n - i_{ex})$, menys atractiva resultarà la sortida de capitals cap a l'estranger i menor serà l'oferta d'euros.

Quadre 14.2. *Variables que influeixen en l'oferta d'euros.*

B. La corba d'oferta d'euros

Si ens centrem exclusivament en la relació que hi ha entre la quantitat oferta d'euros i el tipus de canvi, i suposem que les altres variables romanen constants, s'obté una relació creixent entre totes dues variables, en el sentit que en augmentar el tipus de canvi, augmentarà la quantitat oferta d'euros (perquè creixen les importacions que fan els europeus de la zona euro, ja que aquestes s'han abaratit relativament). D'altra banda, en disminuir el tipus de canvi, la quantitat oferta d'euros es redueix. L'expressió gràfica d'aquesta relació és la **corba d'oferta d'euros** (Figura 14.2).

Quan s'altera alguna de les variables que afecten l'oferta d'euros, excepte el tipus de canvi nominal, la corba d'oferta d'euros es desplaça cap a la dreta, és a dir, a cada nivell del tipus de canvi s'oferirà més quantitat d'euros quan té lloc algun dels fets següents: augmenta la renda interior, augmenten els preus nacionals, es redueixen els preus estrangers o es redueix el diferencial de tipus d'interès. El desplaçament serà cap a l'esquerra quan els canvis tenen lloc en sentit invers.

! *Important*

La **corba d'oferta** d'euros té pendent positiu, que indica que quan puja el tipus de canvi, augmenta el nombre de dòlars que es poden comprar amb un euro i es reincrementen les importacions. Quan els preus dels béns nord-americans baixen en relació amb els preus dels béns europeus, els ciutadans europeus podrien comprar més béns nord-americans.

Activitats

5> Si l'euro s'aprecia respecte al dòlar, quin efecte tindrà això sobre els inversors espanyols als EUA? Com es podria representar en termes gràfics aquest fet?

6> Quin efecte tindrà sobre la corba d'oferta d'euros que els preus creixin a un ritme superior a Espanya que als EUA?

2.3 La determinació del tipus de canvi d'equilibri

Un cop analitzades la demanda d'euros i l'oferta d'euros, podem estudiar-les conjuntament per determinar el **tipus de canvi dòlar/euro d'equilibri.** Recorrent a l'anàlisi gràfica (Figura 14.2), en l'eix d'abscisses es mesura la quantitat d'euros, i en el d'ordenades, el tipus de canvi euro/dòlar, i s'hi han traçat les corbes representatives del mercat de l'euro: la demanda i l'oferta d'euros. En aquest mercat hi ha un únic tipus de canvi d'equilibri, per al qual resulten compatibles els plans dels compradors i els venedors d'euros. Per a qualsevol tipus de canvi superior al d'equilibri, la quantitat oferta d'euros és superior a la quantitat demanada, mentre que, per a qualsevol tipus de canvi inferior al d'equilibri, la quantitat demanada d'euros serà superior a l'oferta. En el primer cas, l'excés d'oferta serà corregit per les forces del mercat que faran que el tipus de canvi es redueixi (es depreciï) fins a arribar al nivell d'equilibri. D'altra banda, quan s'està davant d'un excés de demanda, la tendència generada pel lliure joc del mercat farà que el tipus de canvi pugi (s'apreciï) fins a arribar a l'equilibri.

! *Important*

El **moviment de l'oferta i la demanda** d'euros determina el tipus de canvi d'equilibri. Per a aquest tipus de canvi en el mercat, es parla d'equilibri, sense que tendeixi a pujar ni a baixar.

A. L'ajust del tipus de canvi davant d'alteracions de la demanda i l'oferta d'euros

En la determinació de l'equilibri recollida en la Figura 14.2 s'ha suposat que romanen constants totes les variables que incideixen sobre l'oferta i la demanda d'euros, excepte el tipus de canvi. L'alteració d'algun d'aquests factors provocarà el desplaçament d'alguna de les corbes, la qual cosa acabarà alterant el tipus de canvi d'equilibri. Així, suposem que la renda estrangera experimenta un augment notable i fa que les exportacions augmentin de manera significativa. En termes de l'anàlisi de la corba de demanda d'euros, l'augment de les exportacions implica un desplaçament de la corba de demanda d'euros cap a la dreta des de $D^{€}_0$ fins a $D^{€}_1$ (Figura 14.3). Al tipus de canvi inicial, 1,1 dòlars per un euro, i per a la nova corba de demanda, hi haurà un excés de demanda d'euros que generarà una pressió ascendent sobre el tipus de canvi, que cessarà quan s'arribi al nou tipus de canvi d'equilibri, al nivell d'1,2 dòlars per un euro. Respecte a la posició inicial, el tipus de canvi de l'euro respecte al dòlar s'haurà apreciat com a reacció davant l'augment de la renda exterior i l'increment consegüent de les exportacions.

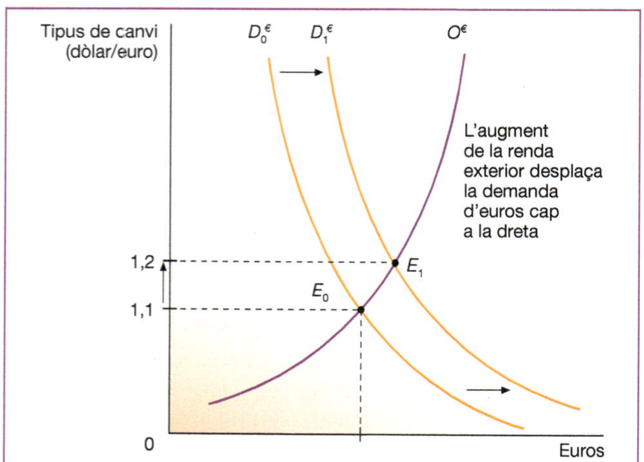

Figura 14.3. ***El tipus de canvi: el procés d'ajust davant d'un augment de la renda estrangera.*** *L'augment de la renda estrangera desplaça la demanda d'euros cap a la dreta. Quan augmenta la renda dels Estats Units, s'incrementa la demanda d'exportacions i, per tant, la demanda d'euros, la qual cosa determina que la corba de demanda d'euros es desplaci cap a la dreta. Al tipus de canvi inicial, apareixerà un excés de demanda d'euros que elevarà el tipus de canvi apreciant l'euro, de manera que el nou equilibri s'aconseguirà en la posició* E_1.

Activitats

7> A banda del turisme als Estats Units, quins altres serveis internacionals requeriran comprar dòlars?

8> Quins factors faran disminuir la demanda internacional d'euros?

9> Suposem que els països de la zona euro emeten una quantitat especialment gran de títols de deute públic, i per fer-los atractius prometen pagar un interès superior al dels bons nord-americans. Què passarà en la corba de demanda d'euros? I en l'oferta? Què passarà en el tipus de canvi dòlar/euro?

3 Els diversos sistemes de fixació del tipus de canvi

En un món cada cop més globalitzat, les relacions comercials internacionals formen part de la realitat de cada dia. Pensem simplement en els productes de l'estranger que diàriament utilitzem, en les empreses de la resta del món amb què ens relacionem. Aquesta realitat evidencia la importància de disposar d'un sistema fiable que articuli la relació entre les monedes dels diversos països per a poder operar amb seguretat en una economia globalitzada. Un fet que s'ha de destacar són les brusques i freqüents variacions que experimenten els mercats canviaris, és a dir, l'elevada volatilitat. Amb l'objectiu d'intentar reduir-la, es desenvolupen els règims canviaris.

Els tres principals **sistemes o règims de determinació del tipus de canvi** són:

- Els **tipus de canvi flexibles.**
- Els **tipus de canvi fixos.**
- Els **sistemes mixtos,** o **semifixos** o **ajustables.**

Un **sistema de tipus de canvi** és un conjunt de regles que descriuen el paper del Banc Central en el mercat de divises.

La vigència d'un sistema de tipus de canvi o un altre està condicionada pel grau d'intervenció del Banc Central en la determinació del tipus de canvi.

3.1 Tipus de canvi flexibles

En un sistema de **tipus de canvis flexibles** o de flotació lliure, el tipus de canvi depèn exclusivament del joc de la demanda i l'oferta de divises. Com s'ha comprovat en l'Epígraf 2, quan el tipus de canvi no és el que fa compatibles els desitjos dels demandants i els oferents de divises (d'euros en el cas que considerem), l'aparició d'un excés d'oferta que pressiona el tipus de canvi a la baixa (depreciació de l'euro) o d'un excés de demanda que força el tipus de canvi a l'alça (apreciació de l'euro) farà que el tipus de canvi, lliurement i sense cap tipus d'intervenció per part del Banc Central, arribi a l'equilibri. El tipus de canvi que estableix el mercat és el que garanteix l'equilibri entre l'oferta i la demanda d'euros. Els moviments o les alteracions del tipus de canvi estan causats per desplaçaments de les corbes d'oferta i demanda d'euros. Atès que en aquest sistema la moneda fluctua o flota sense cap restricció, també es coneix com *de lliure flotació*.

A. Els tipus de canvi flexibles i la balança de pagaments

Sota un sistema de **canvi flexible** les variacions dels tipus de canvi són les que, precisament, promouen els ajustos internacionals. Les autoritats econòmiques no han de planejar les seves polítiques internes en funció de l'impacte en els seus intercanvis internacionals.

En aquesta classe de sistemes, els moviments de la balança de pagaments d'un país originen canvis en l'oferta i la demanda de divises:

- Les exportacions tendeixen a augmentar l'oferta de divises (demanda d'euros).
- Les importacions provoquen un augment de la demanda de divises (oferta d'euros).

Els desequilibris en la balança de pagaments poden tenir com a conseqüència variacions en l'oferta i la demanda de divises i, per tant, modificar els tipus de canvi, però aquests ajustos es duen a terme sense intervenció de les autoritats monetàries. Aquestes alteracions en el tipus de canvi d'una moneda afectaran les importacions i exportacions i forçaran l'equilibri en la balança de pagaments.

Important

Un **tipus de canvi totalment flexible** es determina pel lliure joc de l'oferta i la demanda i ajusta la balança de pagaments automàticament, igualant la demanda i l'oferta de divises i fent innecessària la intervenció del Banc Central per a restablir l'equilibri extern.

Exemple

El cas més important de **tipus de canvi flexibles** és el de l'euro amb el dòlar, que es determina pel lliure joc de l'oferta i la demanda de divises.

D'altra banda, la moneda xinesa, el iuan renminbi, es manté en un sistema de **tipus de canvi fixos,** en què el Banc Central determina el tipus al qual es converteix a altres monedes.

Finalment, molts països en via de desenvolupament funcionen amb **sistemes de tipus de canvi semifixos**, en els quals les autoritats monetàries procuren que els tipus de canvi fluctuïn dins d'uns límits fixats per aquestes.

3.2 Tipus de canvi fixos

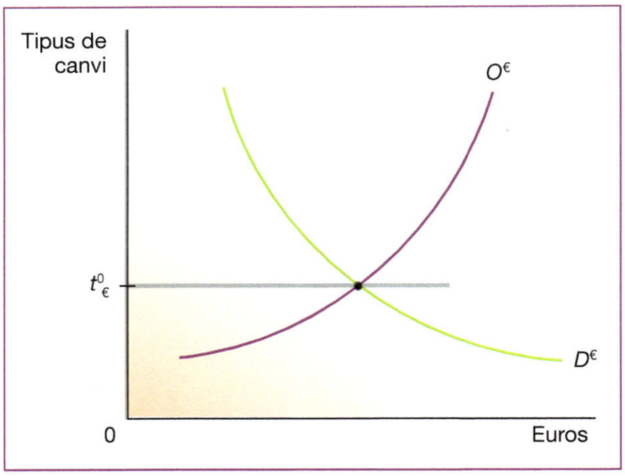

Figura 14.4. ***Tipus de canvi fix.*** *El Banc Central estableix un tipus de canvi fix, el tipus de canvi oficial ($t^0_€$), i intervé si les forces del mercat tendeixen a situar el tipus de canvi d'equilibri en un altre valor diferent.*

Sota un sistema de tipus de canvi fixos, el Banc Central fixa un determinat valor per a la seva moneda respecte a una altra o a un cistell de monedes. El Banc Central intervé en el mercat de divises, a fi de mantenir el tipus de canvi en el nivell fixat, comprant o venent divises.

No s'ha d'entendre que l'Estat fixa un tipus de canvi per llei (com amb el cas dels preus màxims o mínims): l'Estat utilitza el seu poder de mercat en comparació amb el dels agents privats per a oferir i demanar moneda, de manera que el tipus de canvi no fluctuï lliurement.

En un sistema de *tipus de canvi fixos,* el Banc Central determina rígidament el tipus de canvi, que se sol denominar *tipus de canvi oficial* ($t^0_€$), i el manté a un nivell fix al marge del joc de l'oferta i la demanda de divises (Figura 14.4). Normalment, als països que segueixen un sistema de tipus de canvi fix, el Banc Central escull una divisa forta (ben sovint, el dòlar) respecte de la qual es fixa la cotització de la moneda pròpia.

En un sistema de **tipus de canvi fixos**, el Banc Central estableix el valor de la moneda, i intervé venent o comprant divises, evitant que el tipus de canvi fluctuï lliurement. Quan el mercat tendeix a situar el tipus de canvi en un valor diferent del tipus de canvi oficial, el Banc Central intervé comprant o venent divises.

Important

L'extrem oposat al sistema de tipus de canvis flexibles és el de **tipus de canvi fixos,** en el qual els governs (mitjançant el Banc Central) especifiquen el tipus exacte a què es convertirà una moneda en d'altres.

Suposem que l'oferta i la demanda d'euros tendeixen a situar el tipus de canvi en un valor inferior (depreciat) respecte al tipus de canvi oficial i que el Banc Central intervé comprant euros (Figura 14.5). Aquesta compra d'euros per part del Banc Central, que amb la seva actuació s'uneix als demandants privats d'euros, provoca un desplaçament cap a la dreta de la corba de demanda d'euros, i fa que el tipus de canvi fixat per les corbes de demanda i oferta de divises coincideixi amb el tipus de canvi oficial o d'intervenció. Amb aquest tipus d'intervenció s'evita la depreciació del tipus de canvi i aquest es manté artificialment apreciat gràcies a la compra d'euros per part del Banc Central.

Una altra possibilitat és que el lliure joc de l'oferta i la demanda d'euros tendeixi a situar el tipus de canvi en un valor superior (apreciat) al tipus de canvi oficial i que

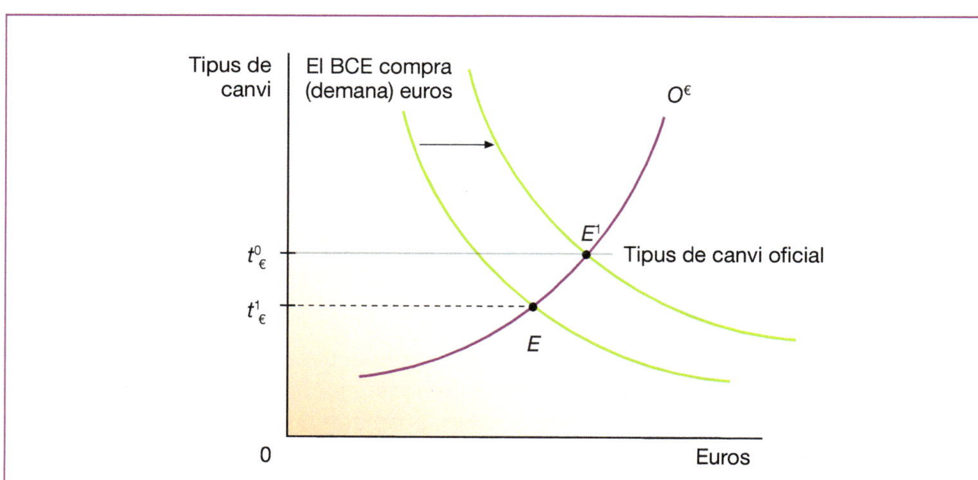

Figura 14.5. ***Intervenció del Banc Central comprant euros.*** *Si l'oferta i la demanda d'euros determinen un tipus de canvi ($t^1_€$) inferior a l'oficial, el Banc Central, per mantenir el tipus de canvi artificialment apreciat, intervé comprant euros. Gràficament això representa un desplaçament de la corba de demanda d'euros cap a la dreta fins a arribar al tipus oficial ($t^0_€$).*

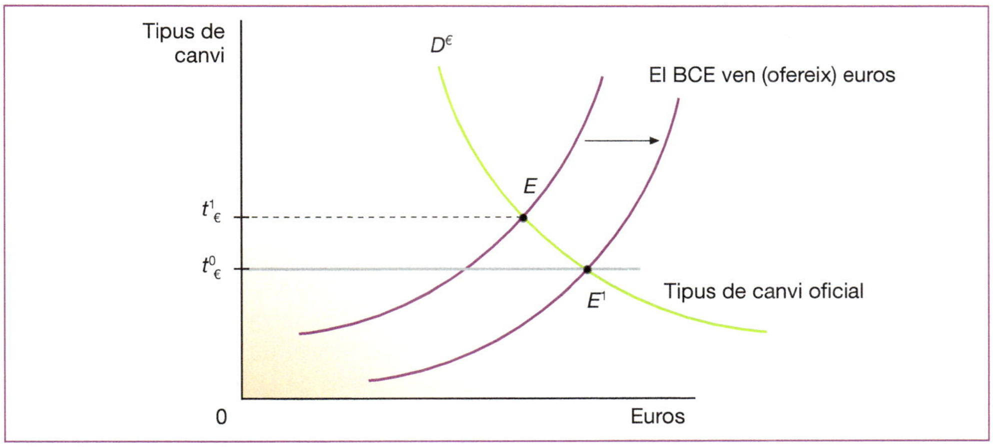

Figura 14.6. ***Intervenció del Banc Central venent euros.*** *Si l'oferta i la demanda d'euros determinen un tipus de canvi superior ($t^1_€$) al tipus oficial, el Banc Central ven euros i fa que l'equilibri es desplaci de E a E^1 i el tipus de canvi, depreciant-se, s'iguali a l'oficial ($t^0_€$).*

el Banc Central intervingui venent euros (Figura 14.6). La venda d'euros per part del Banc Central, quan decideix unir-se als oferents privats d'euros, fa que la corba d'oferta d'euros es desplaci cap a la dreta, i aconsegueix que el tipus de canvi determinat per les corbes de demanda i d'oferta d'euros es depreciï fins a coincidir amb el tipus de canvi oficial. D'aquesta manera, mitjançant la venda d'euros, s'evita l'apreciació de la moneda.

A. Els tipus de canvi fixos i la política monetària

Quan es pensa en els inconvenients dels tipus de canvi fixos, el principal deriva dels efectes monetaris no desitjats, resultants de la intervenció dels bancs centrals en els mercats de divises. Si, per exemple, el Banc Central intervé comprant euros per evitar la depreciació de la moneda, està venent divises i, per tant, està reduint els seus actius. Així doncs, si el Banc Central compra euros (que els paga amb divises), està drenant liquiditat del sistema, tal com es va assenyalar en la Unitat 12, mitjançant una disminució de la base monetària i, per tant, de l'oferta monetària. D'altra banda, quan el Banc Central intervé venent euros per evitar l'apreciació de la moneda, simultàniament està comprant divises, per la qual cosa està generant un efecte expansiu sobre la base monetària i sobre l'oferta monetària. Per això, es pot afirmar que els tipus de canvi fixos i les intervencions consegüents del Banc Central fan que aquest perdi el control sobre la política monetària.

B. La devaluació i la revaluació del tipus de canvi

Encara que el sistema de tipus de canvi fixos deu el seu nom al fet que el Banc Central fixa el tipus de canvi oficial i intervé contra les forces del mercat perquè aquell no canviï, la realitat és que en moltes circumstàncies, fins i tot en els sistemes de canvi fixos, les autoritats monetàries es veuen forçades a permetre augments i baixades dels tipus de canvi.

En economia s'utilitzen termes específics per a distingir els canvis fets per l'autoritat monetària dels tipus en un sistema de tipus fixos o oficials de les variacions gairebé permanents que experimenten els tipus de canvi flexibles. Així, quan el Banc Central du a terme una reducció del tipus de canvi en un sistema de tipus fixos, es diu que té lloc una **devaluació**, en lloc de **depreciació**, i per a referir-se a una pujada del tipus de canvi, s'utilitza el terme **revaluació** en lloc d'**apreciació.**

Quan en un **sistema de tipus de canvi fixos** el desequilibri entre el tipus de canvi a què tendeix el mercat i el tipus de canvi oficial és permanent, les autoritats monetàries poden elevar el tipus de canvi oficial **(revaluació)** o rebaixar-lo **(devaluació).**

Exemple

Aquesta estratègia de mantenir artificialment depreciada la moneda per a fomentar les exportacions ha estat utilitzada profusament pels països asiàtics. Actualment, probablement la Xina sigui l'exemple més representatiu d'aquesta estratègia.

Important

- Si el Banc Central intervé **venent divises** (comprant euros), redueix la base monetària i, per tant, provoca una reducció multiplicada de l'oferta monetària.
- Per contra, si intervé **comprant divises** (venent euros), l'efecte és una expansió de l'oferta monetària.

Vocabulari

Apreciació

Pujada del tipus de canvi en un sistema de tipus de canvi flexibles.

Revaluació

Quan el Banc Central apuja el tipus de canvi oficial en un sistema de tipus fixos.

Depreciació

Reducció del tipus de canvi en un sistema de tipus flexibles.

Devaluació

Quan el Banc Central redueix el tipus de canvi oficial en un sistema de tipus fixos.

C. Efectes d'una devaluació

Una **devaluació**, és a dir, una alteració a la baixa del tipus de canvi oficial, fa que els productes nacionals resultin més barats per als importadors estrangers, la qual cosa provoca un increment de les exportacions nacionals. Paral·lelament, els productes estrangers resultaran més cars per als importadors nacionals i disminuiran les importacions.

Per tant, en termes reals, el component *(X – M)* de la demanda agregada tendirà a augmentar, la qual cosa comportarà un increment de la demanda agregada. A curt termini, augmentarà la renda real d'equilibri, així com el tipus d'interès d'equilibri, la qual cosa provocarà una entrada de capital estranger. Aquesta entrada de divises generarà un augment de la variació neta de reserves, fet que incrementarà la partida d'or i divises del balanç del Banc Central. Això determinarà un augment de la base monetària i, per tant, de l'oferta monetària.

En un *sistema de tipus de canvi fixos,* una **devaluació** és una reducció del tipus de canvi que incrementa la demanda agregada, i una **revaluació** és una pujada del tipus de canvi que redueix la demanda agregada.

D. Efectes d'una revaluació

Quan el Banc Central du a terme **una revaluació,** és a dir, apuja el tipus de canvi oficial, les exportacions tendiran a disminuir i a augmentar les importacions, en termes reals. Això implica que el terme de la demanda agregada *(X – M)* es redueixi i, amb aquest, també ho farà la demanda agregada. A curt termini disminuirà la producció d'equilibri i, per tant, es veurà afectada en el mateix sentit la demanda de diners per a transaccions, la qual cosa farà baixar el tipus d'interès. Això provocarà una sortida de capitals que farà disminuir la partida de variació neta de reserves de la balança de pagaments, la qual cosa repercutirà de manera immediata en el balanç del Banc Central, i farà baixar la base monetària i l'oferta monetària.

Activitats

10> Quins són els inconvenients d'un sistema de canvis flexibles? Raona la teva resposta.

11> En un sistema de tipus de canvi fixos, un Banc Central pot mantenir indefinidament el tipus de canvi més apreciat que el resultant del lliure joc de les forces de mercat? Per què?

3.3 Tipus de canvi semifixos o mixtos

Els **sistemes de tipus de canvi semifixos** es poden concebre com un cas intermedi entre els sistemes de flotació o fluctuació lliure i els tipus de canvi fixos. Són sistemes en els quals es permet un cert grau de flexibilitat en el tipus de canvi, però dins d'uns límits determinats: les anomenades **bandes de fluctuació.**

Aquestes bandes de fluctuació indiquen la depreciació o apreciació màxima que pot tenir una moneda respecte a la seva paritat central. Aquest sistema va ser seguit per la majoria dels països de la Unió Europea abans de la creació de la Unió Econòmica i Monetària. En aquests règims canviaris els bancs centrals estan obligats a intervenir

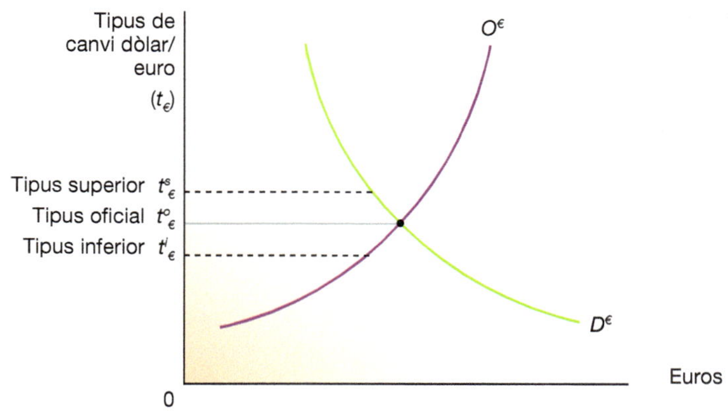

Figura 14.7. ***Tipus de canvi semifixos.*** *El Banc Central estableix un tipus de canvi oficial, $t^o_€$, i una banda de fluctuació amb un límit superior, $t^s_€$, i un topall inferior, $t^i_€$, i només intervé quan les forces del mercat tendeixen a situar el tipus de canvi d'equilibri fora de la banda de fluctuació.*

per evitar una fluctuació excessiva del tipus de canvi respecte al tipus de canvi oficial. No obstant això, com que hi ha cert grau de flexibilitat, els bancs centrals no estan obligats a intervenir constantment per mantenir el tipus de canvi en aquesta paritat central.

El sistema de tipus de canvi semifixos no intenta evitar la fluctuació de la moneda, sinó fitar-ne les oscil·lacions. Suposem que el Banc Central estableix un tipus de canvi oficial, $t^o_€$, i una banda de fluctuació delimitada per un tipus de canvi superior màxim, $t^s_€$, i un tipus de canvi inferior mínim, $t^i_€$ (Figura 14.7). El Banc Central només intervé quan el tipus de canvi se situa per sobre del tipus de canvi màxim o per sota del tipus de canvi mínim. Quan el tipus de canvi es manté dins dels límits de la banda, el funcionament és com el dels tipus de canvi flexibles i es guia pels moviments de la demanda i l'oferta d'euros. L'autoritat monetària únicament intervé quan les forces del mercat tendeixen a situar el tipus de canvi fora dels límits prefixats, i ho fa com en el règim de tipus de canvi fixos: venent euros (comprant dòlars) per evitar l'apreciació i comprant euros (venent dòlars) per evitar la depreciació, i així s'aconsegueix que el tipus de canvi es mantingui dins dels límits de fluctuació.

Aquestes intervencions, com en el cas dels tipus de canvi fixos, provocaran, via alteració en la quantitat de divises, uns efectes indesitjats sobre l'oferta monetària i sobre la balança de pagaments.

! Important

En un **sistema de tipus de canvi semifixos** els tipus de canvi fluctuen lliurement només dins de les **bandes de fluctuació.**

En un **sistema de tipus de canvi semifixos,** el tipus de canvi fluctua lliurement dins dels límits fixats. La cotització no pot sobrepassar per baix ni per dalt els límits fixats per l'autoritat monetària. Quan el mercat tendeix al fet que els tipus de canvi superin els límits, aquests es comporten com a tipus de canvi fixos amb idèntics efectes: augments o disminucions de les reserves de divises i desequilibri de la balança de pagaments.

+ Més dades

El sistema de tipus de canvi dirigits és flexible en el sentit que les autoritats intervenen intentant dirigir o conduir l'evolució del tipus de canvi en el sentit que volen. Aquest sistema també es coneix com *de flotació bruta*, perquè es pot considerar una variant dels tipus flexibles o flotació lliure, ja que si bé es deixa actuar el mercat, en certes circumstàncies el Banc Central intervé comprant o venent divises amb l'objectiu que el tipus de canvi es mantingui a l'entorn d'un tipus de canvi central. Aquest és el preu «oficial» de la moneda que les autoritats han fixat com a desitjat.

A. Els tipus de canvi dirigits i el sistema híbrid actual

Una variant dels *tipus de canvi semifixos* són els *tipus de canvi dirigits*. En aquest cas, els tipus es determinen bàsicament per les forces del mercat, però el Banc Central compra o ven monedes o modifica l'oferta monetària per influir en el tipus de canvi. De vegades, els bancs centrals s'oposen a les tendències dels mercats privats. D'altres, estableixen uns intervals o bandes acceptables de fluctuació que orienten la seva actuació.

Actualment, el sistema vigent es pot qualificar d'híbrid. Uns països deixen que la seva moneda *fluctuï lliurement*. Altres països *fixen la seva moneda* respecte a una de les importants o un cistell de monedes. Alguns països tenen *tipus de canvi dirigits* però flexibles. En tot cas, gairebé tots els països tendeixen a intervenir quan els mercats es «trastornen» o quan els tipus de canvi semblen desviar-se dels «nivells fonamentals», és a dir, quan no són adequats per als nivells de preus i moviments comercials existents.

Activitats

12> Si una determinada operació fa augmentar la quantitat oferta de dòlars, què passarà amb el tipus de canvi del dòlar respecte a l'euro? Si, efectivament i lliurement, el tipus de canvi s'altera, sota quin sistema canviari s'estarà operant?

13> En un sistema de tipus de canvi fixos, què passarà si, de manera persistent, la pressió del mercat fa que el tipus de canvi de mercat se situï per sota del tipus de canvi oficial?

4 El tipus de canvi en la Unió Monetària Europea

Important

L'adopció d'una **moneda comuna,** és a dir, optar per una **unió monetària**, implica que desapareixen les incerteses respecte a possibles alteracions del tipus de canvi.

L'objectiu principal de la Unió Europea ha estat eliminar les barreres físiques, tècniques o fiscals i propiciar la lliure circulació de mercaderies i serveis, tot això un cop aconseguida la lliure circulació de capitals. Per a propiciar l'èxit d'aquests objectius, es considerava molt convenient crear una zona d'estabilitat canviària.

En el context dels països comunitaris es va plantejar la creació d'un bloc monetari per a reduir la variabilitat dels tipus de canvi, i la majoria dels països integrats en la Comunitat Europea es van decidir per aquesta. El Sistema Monetari Europeu (SME), com a pas previ a la Unió Monetària, es va constituir com un mecanisme de control de canvis que lligava entre si totes les monedes de la majoria dels membres amb el fi d'establir un sistema de paritats fixes però ajustables de cohesió i estabilitat canviària en l'economia dels països comunitaris.

4.1 De la unió econòmica a la Unió Monetària

Més dades

Els principis estabilitzadors i propiciadors de la convergència van tenir la seva continuïtat en el *Pacte d'Estabilitat i Creixement*. Aquest pacte fixa un valor màxim de referència per al dèficit públic i el deute, i a llarg termini s'ha d'aspirar a un dèficit nul. D'aquesta manera, si amb l'establiment d'una moneda única es perd l'autonomia en la política monetària, el pacte d'estabilitat té per objectiu fitar el marge de maniobra en la instrumentalització de la política fiscal i propiciar la convergència.

Al principi de la dècada dels noranta, la llavors Comunitat Econòmica Europea (CEE) va engegar un ambiciós projecte d'integració. El primer objectiu era crear un mercat únic, i el segon, aconseguir una unió monetària. En el context de la Unió Econòmica i Monetària Europea es van fixar de manera irrevocable paritats fixes i, posteriorment, les monedes nacionals es van substituir per una moneda única. Una unió monetària, és a dir, l'establiment d'una moneda comuna, és un fet molt més complex que una unió econòmica i no s'entén sinó com un pas intermedi cap a una unió política.

L'1 de novembre de 1993 es va signar el Tractat de la Unió Europea, més conegut com a Tractat de Maastricht, en què es van concretar els criteris de convergència per a accedir a la Unió Econòmica i Monetària (UEM). Aquests criteris van ser:

- **Inflació:** no superaria en més d'1,5 % la mitjana dels tres països amb menor inflació.
- **Tipus d'interès:** no sobrepassaria la mitjana dels mateixos països en més del 2 %.
- **Moneda:** hauria d'haver estat **estable**, com a mínim durant els dos últims anys.
- **Dèficit públic:** no superaria el 3 % del PIB, i el **deute** seria inferior al 60 % del PIB.

La finalitat d'aquests criteris era aconseguir més coordinació de les polítiques econòmiques dels diferents països i reduir les diferències entre aquests.

L'adopció de la moneda única va comportar l'establiment d'una institució monetària comuna, el Banc Central Europeu (BCE), que dirigeix la política monetària i canviària de l'eurozona. Des del moment de la creació de la Unió Monetària, els països integrants van perdre la capacitat de dur a terme una política monetària i canviària autònoma, renunciant a:

- La llibertat d'augmentar o disminuir la quantitat de diners i incidir sobre els tipus d'interès.
- Alterar el tipus de canvi i la possibilitat de devaluar o revaluar la seva moneda.

Una unió monetària creada d'aquesta manera va representar que el grup de països integrants van posar en comú la seva política monetària i de tipus de canvi, però es va deixar de banda la política fiscal i pressupostària. En altres paraules, és com si es creés una mena de supraestat, però sense govern polític ni pressupostari; les autoritats del supraestat només s'ocupen dels temes comercials, de la política monetària i de la política de tipus de canvi. Però la política econòmica d'un país té dues grans armes: la política monetària i la política fiscal i pressupostària. No obstant això, la Unió Monetària Europea es va concebre sense competències sobre els temes pressupostaris, la qual cosa implica una limitació seriosa.

Al seu moment es va argumentar que el creixement que propiciaria la Unió Monetària facilitaria una convergència entre els països (és a dir, que les seves diferències en nivell de renda s'anirien llimant). També es va argumentar que les restriccions a la despesa pública que derivaven del Pacte d'Estabilitat Pressupostària podrien ser suficients per a mantenir les finances públiques dels països membres sota control.

+ *Més dades*

L'euro va entrar en vigor l'1 de gener de 1999. El 2011 els països membres ja eren:

- Alemanya
- Àustria
- Bèlgica
- Eslovàquia
- Eslovènia
- Espanya
- Estònia
- Finlàndia
- França
- Grècia
- Irlanda
- Itàlia
- Luxemburg
- Malta
- Països Baixos
- Portugal
- Xipre

4.2 Aspectes bàsics i avantatges de la Unió Monetària Europea

Podem resumir les *característiques bàsiques de l'***UME** en els punts següents:

- El Banc Central Europeu (BCE) és independent dels poders polítics: el diner es despolititza.
- La comesa del BCE és estabilitzar els preus: la política monetària s'orienta a aconseguir una inflació inferior al 2 %.
- Està prohibit que el BCE financi els governs i les empreses públiques.
- Els països de la Unió van arribar a un *Pacte d'Estabilitat,* pel qual es van comprometre a disminuir el dèficit públic.
- Es va crear una moneda única: l'euro.

Els *avantatges de la creació d'una moneda única* per als països membres es poden sintetitzar de la manera següent:

- Més confiança en els mercats i eliminació de la incertesa canviària dels països que integren l'UME, ja que tenen una moneda estable.
- Mercats financers més potents, la qual cosa incideix positivament en les possibilitats d'inversió.
- Més estabilitat de preus, ja que propicia la convergència en les taxes d'inflació.
- Disminució dels tipus d'interès, ja que es redueix la prima de risc. Probablement, almenys per a països com Espanya, amb una tradició inflacionista, aquest ha estat un dels èxits més importants de l'UME.
- Millora en les finances públiques com a part del *Pacte d'Estabilitat.*

! *Important*

L'establiment d'una **moneda comuna**, l'euro, dins dels països integrants de la Unió Monetària Europea, va eliminar la incertesa canviària dins dels països que la integren i ha contribuït a estabilitzar els preus a la zona euro: el diner s'ha despolititzat.

4.3 Les limitacions de la Unió Monetària Europea

La instauració d'una moneda única entre un grup de països comporta una sèrie de costos. En gran manera aquests es deuen al fet que, malgrat els criteris de convergència instaurats en el *Tractat de Maastricht,* les diferències entre els diferents països membres continuen sent considerables. En aquest sentit, n'hi ha prou amb assenyalar les diferències observades en:

- L'*ordenament jurídic* intern dels països membres. Sobretot des del punt de vista comercial, la definició de diversos estàndards dificulta l'homologació de productes.
- El *sistema fiscal,* els sistemes retributius, els sistemes educatius, etc.
- Les *diferències en el desenvolupament* de les economies nacionals, la diferent sensibilitat al cicle econòmic dels diversos països i, sobretot, les diferències en productivitat i competitivitat.

Malgrat aquestes diferències, l'acceptació d'una moneda única implica limitar la capacitat de cada país per a reaccionar segons les seves pròpies circumstàncies davant d'un canvi brusc en l'entorn, que, a més a més, pot tenir un impacte diferent en els diversos països.

La moneda única fa impossible utilitzar el mecanisme del tipus de canvi (la devaluació) per a impulsar les exportacions i reactivar el mercat interior, i tampoc es pot recórrer a la política monetària. Així mateix, l'acceptació de l'UME i el *Pacte d'Estabilitat* va implicar el compromís que el dèficit públic no superés el 3 % del PIB, la qual cosa en determinades circumstàncies pot provocar que es destinin menys recursos dels necessaris a fer ajustos a les zones menys desenvolupades. En tot cas, alguns països van incomplir aquest compromís, i de fet el **Pacte d'Estabilitat** es va redefinir en termes més flexibles, en el sentit que, si bé s'ha de tendir a llarg termini a l'equilibri pressupostari, es reconeix la possibilitat de presentar dèficit de caràcter cíclic.

> ! *Important*
>
> **Objectius de l'UME**
> - Estabilitat canviària.
> - Coordinació i control de la política monetària.
> - Disciplina pressupostària.
> - Creació del Banc Central Europeu.
> - Establiment d'una moneda única: l'euro.

4.4 Els perills d'una unió monetària

Quan es crea una unió monetària a partir de la integració d'un grup de països no homogenis, la teoria i l'experiència ens adverteix en d'una sèrie de perills. Els països que abans de la integració presentaven més desequilibris (en termes de més creixements dels preus i salaris i més dèficits en els seus comptes públics i les seves balances de pagaments) inicialment es veuran afavorits. Podran accedir al crèdit en millors condicions que abans de la integració, perquè es beneficiaran de la reputació dels països més estables. Això provocarà un auge temporal, perquè les caigudes experimentades pels tipus d'interès impulsaran el consum i la inversió.

Aquests efectes tendiran a accentuar els desequilibris, perquè els preus i els salaris es veuran pressionats a l'alça. A més a més, amb l'ambient d'eufòria que sol acompanyar els processos d'integració, resultarà més difícil combatre les pressions socials (sindicals i empresarials), de manera que els països amb més desequilibris experimentaran més pèrdues de competitivitat enfront dels països més estables.

A aquestes consideracions, en el cas de la Unió Monetària Europea, cal afegir-hi, que, en els anys posteriors a la constitució de la Unió, el Banc Central Europeu va seguir una política monetària expansiva, perquè era el que convenia a Alemanya, per a ajudar-la a finançar la integració de l'Alemanya de l'Est amb l'Alemanya Occidental, i també a França, que estava en perill de recessió. Això era el menys aconsellable per als països amb més desequilibris (els països perifèrics), però en la Unió Monetària el vot dels

> ! *Important*
>
> L'aplicació de la **Unió Monetària** ha comportat clars avantatges i alguns costos associats amb la capacitat de reacció dels països.

països membres està ponderat pel PIB, de manera que Alemanya i França controlen de fet la presa de decisions.

Entre les causes de la crisi de l'euro hi ha el disseny mateix de la Unió Monetària Europea i les seves regles de funcionament.

A. Incompliment del Pacte d'Estabilitat i augment de l'endeutament

Als fets assenyalats, s'hi va unir que Alemanya i França, per les raons apuntades, van incomplir el Pacte d'Estabilitat, la qual cosa va obrir el camí per a l'augment del deute públic de països com Grècia, Portugal o Itàlia. Aquest no va ser el cas d'Espanya, que sí que va ajustar el seu dèficit públic, fet que va portar el deute públic a nivells inferiors a la mitjana de la Unió Monetària.

Tanmateix, a Espanya, durant els anys que van seguir la constitució de la Unió, el que va experimentar un augment molt significatiu va ser l'endeutament exterior del sector privat. Aquest augment pronunciat de l'endeutament exterior s'explica per dos factors. En primer lloc, perquè les entitats financeres, les empreses i les famílies, animades per l'onada d'eufòria que l'economia espanyola va viure en els anys anteriors a la crisi, van perdre la noció del risc, la qual cosa va acabar produint la bombolla immobiliària més grossa de la història d'Espanya. En segon lloc, per l'absència de reformes estructurals (mercat de treball, sector serveis, sistema educatiu...) que impedissin la pèrdua creixent de competitivitat de l'economia espanyola, manifestada en un dèficit per compte corrent galopant.

B. L'evolució desequilibrada de l'UME

Des de la creació de l'UME, els desequilibris macroeconòmics en el si de l'eurozona no sols no es van reduir, sinó que van augmentar. Per tant, la Unió Monetària Europea, abans que s'iniciés la crisi financera internacional, presentava una sèrie de problemes importants. Aquests problemes estaven encoberts a causa de l'alt creixement que estava experimentant l'economia mundial, i es poden concretar en els punts següents:

- *La inconsistència en el disseny de l'UME*. Cal tenir en compte, que durant la fase de constitució de l'UME, en els acords de Maastricht, es va plantejar arribar a la convergència basant-se en quatre criteris: inflació, tipus d'interès, deute i dèficit públic. Però, un cop constituïda l'UME, no es va continuar avançant en aquests quatre criteris de convergència. Com que només es podia comptar amb la política monetària instrumentada pel BCE, només la inflació i els tipus d'interès han estat subjectes al control de la Unió. Deute i dèficit públic han seguit a les mans de les autoritats de cada país.
- *La política econòmica seguida*. En els anys següents a la seva constitució, l'UME va seguir una política monetària excessivament permissiva i una política pressupostària que, com que incomplia el Pacte d'Estabilitat, va propiciar l'endeutament.
- *L'absència de les reformes requerides*. Ni per part de la Unió ni pel costat dels països perifèrics hi ha hagut voluntat política per a aprofitar la fase de bonança del cicle dels negocis, que va durar fins a l'any 2007, per impulsar les reformes requerides: tant en el disseny de la Unió com en el marc institucional i productiu dels diversos països per a millorar-ne la competitivitat.

A tots aquests problemes, cal afegir-hi les conseqüències d'haver perdut la possibilitat d'utilitzar la política canviària. Tradicionalment, els països amb desequilibris més importants, en moments d'especial gravetat, recorrien a devaluar la seva moneda. Això, almenys a curt termini, els permetia millorar la seva situació competitiva i reduir els seus dèficits per compte corrent.

C. La crisi de l'eurozona

La crisi financera internacional desencadenada a partir de 2007 ha actuat com a detonant dels problemes covats dins la mateixa UME. L'esforç financer dut a terme pels diversos estats, tant per sanejar les institucions financeres com per intentar combatre els efectes de la crisi, ha col·locat les finances públiques d'alguns països perifèrics en situacions compromeses. Si a aquesta situació s'hi uneixen els dubtes que han començat a tenir els mercats sobre el futur de l'economia mundial, no resulta estrany que hagin començat els atacs sobre les economies més febles, i en particular sobre Grècia.

Però Grècia, atesos la seva grandària i el volum del seu deute, no hauria representat un problema per a l'eurozona si no hagués estat per la mateixa debilitat de la Unió i per les indecisions manifestades pels estats centrals de la Unió a l'hora de dissenyar una estratègia de rescat. La incertesa generada ha fet que el perill de contagi a altres països com Portugal, Itàlia o Espanya es consideri com una possibilitat real. De fet, tota la zona euro s'ha posat en una posició d'extrema gravetat i fins i tot la mateixa economia mundial ha estat en perill de recessió.

+ *Més dades*

Les necessitats de recapitalització exigides a la banca espanyola s'han calculat en funció de l'estimació de la pèrdua de valor del deute públic que tenia en els seus actius. Per al càlcul de les necessitats de capital, no es té del tot en compte el que és de debò el gran risc del sistema financer espanyol: els actius immobiliaris, concentrats sobretot en les caixes d'estalvis. La gran recapitalització de la banca espanyola té per objectiu cobrir la depreciació del deute sobirà.

D. Un acord per a evitar la fallida de l'euro

El 27 d'octubre de 2011 els líders europeus van acordar un pla per a afrontar la crisi més greu de la història de la moneda única. El punt més conflictiu era aconseguir que els bancs acceptessin un quitament de 100 000 milions d'euros del deute grec, perquè, si no s'arribava a un pacte voluntari, el probable impagament de Grècia hauria desencadenat una reacció de contagi a la zona euro. El pla constava de tres punts:

1. Segon paquet de rescat a Grècia, de 130 000 milions d'euros, i que comporta el quitament (condonació) del 50 % del deute que manté amb la banca privada.
2. Reconfiguració de l'actual Fons Europeu d'Estabilitat Financera, dotat amb 440 000 milions d'euros. Després de les ajudes a Grècia, Irlanda i Portugal, el fons té una capacitat d'uns 275 000 milions d'euros. Aquesta capacitat operativa es pot multiplicar per quatre utilitzant el fons per a aportar garanties als països que emetin deute amb problemes, com Espanya i Itàlia, i, també, mitjançant un vehicle d'inversió que podrà captar finançament públic i privat, tant de l'FMI com de països com la Xina.
3. Recapitalització de la banca europea, per a suportar l'impacte de la crisi grega sense perill d'ensorrar-se. La UE va obligar els 70 bancs europeus més grans a aconseguir abans de juliol de 2012 un capital de màxima qualitat del 9 %, la qual cosa obligava a demanar recursos per un import de 106 000 milions d'euros. Als cinc grans bancs espanyols (Santander, BBVA, Popular, Caixabank i Bankia), se'ls van detectar unes necessitats de capital de 26 000 milions d'euros.

El pla aprovat pretenia restaurar la confiança en els mercats i evitar el contagi de la crisi a altres països de la zona euro. Però plantejava un panorama poc favorable a la recuperació de l'economia, ja que es reduïa la capacitat de la banca per a concedir crèdit a les empreses i famílies, tenint en compte les necessitats de recapitalització.

Activitats

14> Quins inconvenients pot plantejar el funcionament de la Unió Monetària Europea per als països amb unes tendències inflacionistes (amb inflacions superiors a la mitjana)?

15> Comenteu la frase següent: «La situació de l'Europa de l'euro actual, en què conviuen països amb oposada productivitat i disciplina com Alemanya i Grècia, no és gaire diferent de la de principis dels anys noranta entre l'Alemanya Federal i la Democràtica».

16> L'agost de 2011, George Soros assegurava: «Els mercats poden guanyar el pols contra l'euro». En quin sentit l'opinió de Soros sobre la situació de l'eurozona, recollida en aquesta frase, es pot fonamentar a partir d'alló que assenyala la unitat?

Mapa conceptual

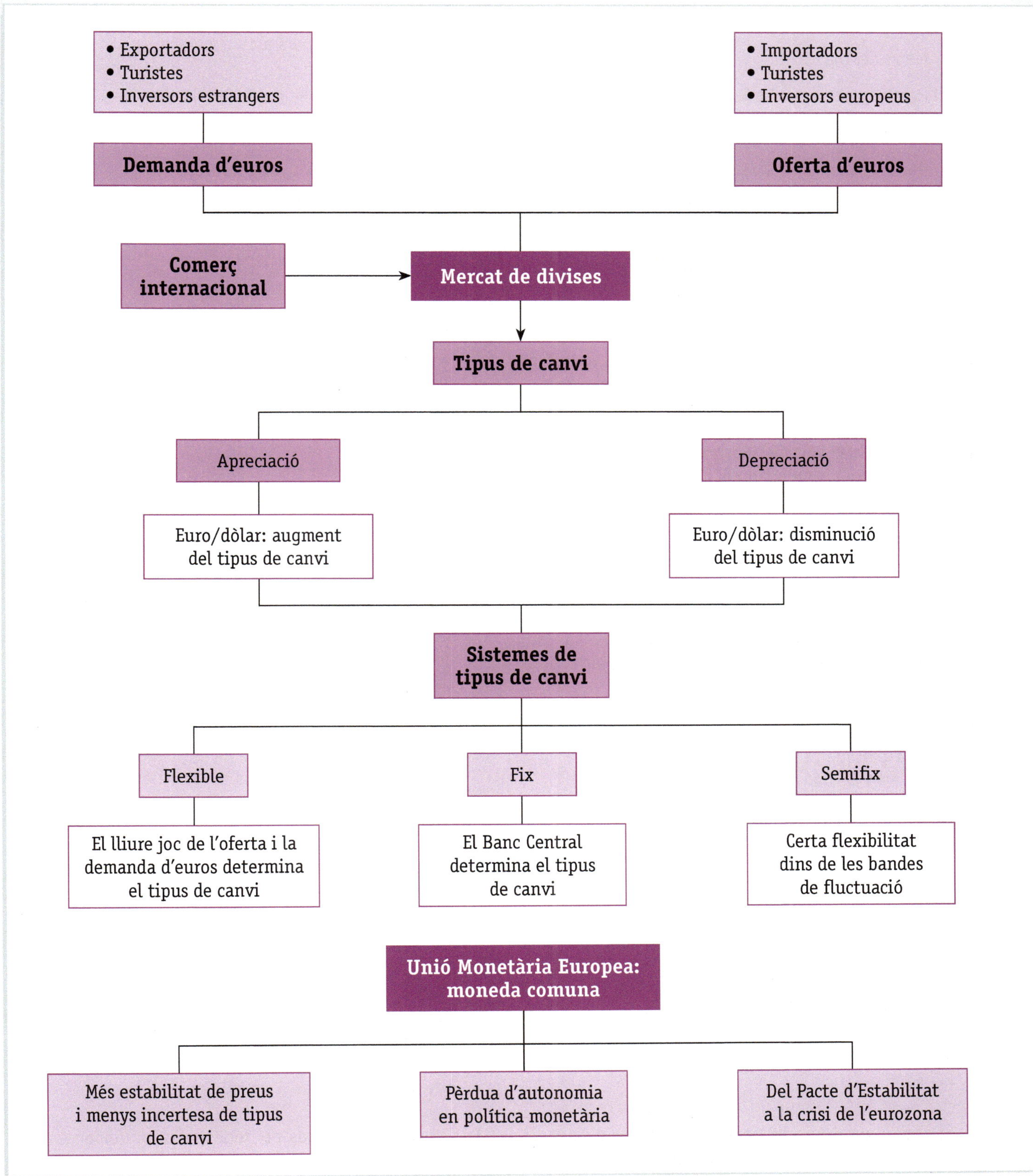

Activitats finals

1> Suposem aquesta sèrie de béns i serveis amb els corresponents preus en euros:

a) Menú del dia: 10 €.

b) Pantalons texans: 50 €.

c) Sabatilles esportives: 80 €.

d) Barra de pa: 0,75 €.

e) Pis de 60 metres a Barcelona: 360 000 €.

Elabora una taula en què determinis quin és el preu d'aquests béns en les monedes de Dinamarca, el Brasil, la Xina i Austràlia al tipus de canvi vigent actualment.

2> Busca a Internet el nom de les monedes dels països següents: Bolívia, l'Equador, Xipre, Eslovènia, Kenya, el Camerun, Indonèsia i Kuwait.

3> Explica quines són les tres variables que influeixen en la demanda d'euros i com han de variar perquè se n'incrementi la demanda.

4> Explica com s'arriba a l'equilibri en el mercat de divises quan un país presenta un sistema de tipus de canvi flexibles.

5> Quines són les possibles causes de la devaluació d'una moneda per part de l'autoritat monetària? I els possibles efectes de la devaluació?

6> Enumera tres avantatges i tres inconvenients que per a cada país de la Unió Europea representa la seva entrada en la Unió Monetària Europea.

7> Creus que amb la Unió Monetària Europea i l'adopció de l'euro com a moneda única s'aconseguiran eliminar les diferències en poder adquisitiu dels consumidors de tots els països europeus? Per què?

8> De vegades, els mercats aposten per forçar la devaluació d'una moneda, perquè consideren que està sobrevalorada. Sota quin sistema de tipus de canvi es pot donar aquest tipus de situacions? Hi ha hagut en la història recent alguna situació d'aquest tipus que hagi afectat alguna moneda d'un país occidental?

9> Si el BCE augmenta el tipus d'interès de l'euro, com influirà en la demanda i l'oferta d'aquesta divisa?

10> Un exportador europeu cobra una factura de 15 000 dòlars. Si el tipus de canvi és 1,35 dòlars/euro, quants euros obtindrà amb l'operació?

11> Prenent l'última dada disponible del tipus de canvi dòlar/euro, calcula:

a) Quants euros necessita un importador europeu per a pagar una factura de 62 000 dòlars.

b) Quants dòlars aconseguirà un exportador nord-americà que cobra 120 000 euros per la venda dels seus productes a Europa.

12> Explica el motiu pel qual augmenta la demanda d'euros si baixa el tipus d'interès del dòlar.

13> Actualment, quin és el tipus de canvi fix que mantenen les autoritats monetàries xineses del iuan renminbi respecte al dòlar?

14> A què ens referim quan diem que els mercats canviaris tenen una volatilitat elevada?

15> L'1 de gener de 2002 Espanya va substituir la pesseta per l'euro. Saps a quin tipus de canvi es va fer la conversió de pessetes a euros?

16> Si un importador europeu ha de pagar una factura d'aquí a tres mesos, com podria assegurar el tipus de canvi en aquesta data i calcular el cost real d'aquesta compra?

17> Si un importador francès ha de pagar una factura de 20 000 dòlars i el tipus de canvi és 1,22 dòlars/euro, quants euros li representarà la factura?

18> Si el tipus de canvi dòlar/euro és d'1,27 dòlars/euro i l'euro es deprecia en un 2 %, quin serà el nou tipus de canvi?

19> El Pacte d'Estabilitat ha estat incomplert per alguns països de la zona euro. Com afecta aquest incompliment a la prima de risc d'aquests països? Per què?

20> Per a prendre decisions en la Unió Monetària, el vot dels països membres està ponderat pel PIB. Què significa això? Hi estàs d'acord? Per què?

21> Quins són els països perifèrics de la Unió Monetària Europea?

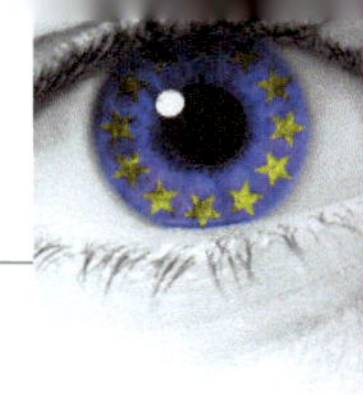

22> Calcula quants euros haurà de pagar un importador espanyol per una compra al Japó de 32 500 iens, si el tipus de canvi vigent és 107,84 iens/euro (un euro són 107,84 iens).

23> Els països europeus que van exercir la clàusula d'exclusió voluntària de la zona euro, poden incorporar-s'hi en un futur?

24> Si el tipus de canvi dòlar/euro és d'1,10 dòlars/euro i l'euro s'aprecia en un 3 %, quin serà el nou tipus de canvi?

25> Quant s'estalviarà un importador alemany si ha de pagar una factura de 171 000 dòlars i el tipus de canvi passa d'1,23 dòlars/euro a 1,36 dòlars/euro?

26> Analitza els efectes en la corba de demanda d'euros dels fets següents:

a) Un augment de la renda dels nord-americans.

b) Una disminució del tipus de canvi de l'euro.

c) Una disminució del tipus d'interès del dòlar.

d) Un augment del nivell general de preus a la zona euro.

27> Un exportador espanyol cobrarà d'aquí a dos mesos una factura de 82 000 dòlars. Per eliminar el risc en el tipus de canvi dòlar/euro, va al seu banc i contracta una opció de venda de divises per 1,20 dòlars/euro. Si al venciment de la factura el tipus de canvi en el mercat és d'1,31 dòlars/euro, exercirà l'opció? Per què?

28> Explica quines són les variables que incideixen en l'oferta d'euros.

29> Per què la corba de demanda d'euros és decreixent?

30> Una de les funcions del Fons Monetari Internacional és promoure l'estabilitat dels tipus de canvi i evitar les depreciacions amb fins de competència comercial. Investiga quan es va crear aquesta institució internacional i quins són els seus objectius.

31> Justifica la veracitat o falsedat de les afirmacions següents:

a) Si el tipus de canvi dòlar/euro passa d'1,30 a 1,2 es diu que l'euro s'ha apreciat.

b) El tipus de canvi real mostra la relació a què poden intercanviar-se els béns d'un país pels d'un altre.

c) El tipus de canvi entre l'euro i el dòlar és 1,25 dòlars per 1 euro o 0,8 euros per 1 dòlar.

d) Una justificació de per què la corba de demanda d'euros té pendent negatiu és la següent: si l'euro puja respecte al dòlar (l'euro s'aprecia), els productes europeus es tornaran més cars per als nord-americans en comparació amb els seus propis productes, així que els nord-americans adquiriran menys productes europeus i menys euros en el mercat de divises; la demanda d'euros disminueix a mesura que augmenta la xifra de dòlars que es necessiten per a comprar un euro.

e) Quan el valor de l'euro baixa, els inversors estrangers augmenten les seves inversions a Espanya.

f) Un augment dels preus nacionals redueix l'oferta d'euros.

Reportatge: Per què la Xina no modificarà la seva estratègia sobre el tipus de canvi?

Et proposem la lectura de l'article «La política estadounidense no modificará la estrategia de divisas de Pekín», escrit per Tom Orlik i publicat a *Expansion.com* l'11 d'octubre de 2011.

Aquest article analitza la influència de les autoritats monetàries xineses sobre el tipus de canvi del iuan renminbi al continent, però no a Hong Kong, on el Govern no controla aquest tipus de canvi (trobaràs el text complet a: **www.mhe.es/bachillerato/economia**).

Preguntes:

1> Per què si a Hong Kong la moneda xinesa es va devaluar, el Govern la va revalorar al continent?

2> Què persegueix el Govern amb el tipus de canvi fix de la seva moneda respecte al dòlar?

3> Per què una depreciació del iuan renminbi pot provocar una fuga de capitals?

4> A què es deu l'interès dels EUA per l'estratègia de divises de Pequín?

Test de repàs

1> En un sistema de tipus de canvi fix:

a) El tipus de canvi es deprecia únicament si hi té lloc un excés d'oferta de divises.

b) El tipus d'equilibri es determina inexorablement pel joc de l'oferta i la demanda.

c) El Banc Central fixa el tipus de canvi.

d) El tipus de canvi només s'aprecia quan hi ha excés de demanda de divises.

2> Un increment en les exportacions d'un país representarà el següent:

a) Una cotització més alta de la moneda d'aquest país.

b) Més demanda de la seva moneda en el mercat de divises.

c) Una apreciació de la seva moneda.

d) Totes les respostes són correctes.

3> Què s'entén per tipus de canvi?

a) El nivell general de preus d'un país dividit pel nivell general de preus d'un altre país.

b) El quocient entre el valor de les exportacions i el valor de les importacions de béns i serveis.

c) El preu de la moneda d'un país en termes de la moneda d'un altre.

d) La quantitat d'importacions que es poden comprar amb els béns i serveis exportats.

4> Si la moneda d'un país es devalua:

a) Serà negatiu per a la renda disponible dels consumidors.

b) Implica un increment de la credibilitat de la política econòmica del país.

c) Afecta fonamentalment el comerç interior del país.

d) Millora les exportacions i redueix les importacions.

5> Si el tipus de canvi euro/ien és superior al d'equilibri:

c) La demanda de divises és superior a l'oferta de divises.

b) Es produirà una apreciació de l'euro.

c) La despesa en importacions serà menor que l'ingrés per les exportacions.

a) Tindrà lloc un excés en l'oferta de divises.

6> Un increment de les importacions espanyoles de productes japonesos:

a) Incrementarà l'oferta d'euros.

b) Implicarà un augment en les compres de productes japonesos pels espanyols.

c) S'incrementarà la demanda de iens.

d) Totes les respostes anteriors són correctes.

7> Les sortides de turistes europeus a països d'Amèrica implicaran per al mercat de l'euro:

a) Un increment de la demanda d'euros.

b) Una devaluació de l'euro respecte a totes les divises de la resta del món.

c) Un increment en l'oferta d'euros.

d) Un increment en l'oferta de dòlars.

8> Una venda de divises per part del Banc Central implicarà l'efecte següent en el mercat de divises:

a) Un augment de la demanda de divises.

b) Una reducció de la base monetària.

c) Un augment de l'oferta monetària.

d) Una política monetària expansiva.

9> Quin dels països següents de la Unió Europea té el dret a acollir-se a una clàusula d'exclusió voluntària en relació amb l'adopció de l'euro com a moneda única?

a) Grècia.

b) Portugal.

c) Dinamarca.

d) Alemanya.

10> L'entrada en vigor de l'euro va tenir lloc el:

a) 1 de gener de 2002.

b) 1 de gener de 1999.

c) 1 de gener de 1993.

d) 1 de gener de 1998.

Solució: 1. c; 2. d; 3. c; 4. d; 5. b; 6. d; 7. c; 8. b; 9. d; 10. b.

15

CREIXEMENT I DESENVOLUPAMENT

El creixement econòmic es mesura mitjançant l'evolució de la producció potencial i la taxa de creixement de la renda o el PIB real per habitant. El desenvolupament és un concepte més ampli. El grau de desenvolupament d'un país es reflecteix en una sèrie d'indicadors, com ara el PIB per habitant, l'índex d'analfabetisme, la taxa d'estalvi, el pes relatiu de l'agricultura o la taxa de creixement de la població. En aquesta unitat s'analitzen les causes que expliquen el diferent grau de creixement i desenvolupament dels països, així com les possibles iniciatives que cal prendre per propiciar el desenvolupament.

Notícia

«Un modelo de crecimiento insostenible», de Luis Garicano i J. Ignacio Conde-Ruiz, suplement *Dinero* de *La Vanguardia*, 3 d'abril de 2011.

L'article explica les raons per què l'any 2008 es va posar fi a un llarg cicle de creixement de l'economia espanyola iniciat el 1995. La crisi va desvelar les contradiccions que havien estat ocultes (trobaràs el text complet a: **www.bachillerato.es/economia**).

Qüestions:

1> Quins són els desequilibris més importants del procés de creixement experimentat per l'economia espanyola durant el període 1995-2008?

2> Quin paper té la productivitat en el creixement econòmic? Com ha evolucionat la productivitat de l'economia espanyola en els anys anteriors a la crisi? I durant la crisi?

3> Quins factors expliquen la baixa productivitat de l'economia espanyola?

4> Com s'explica l'augment dels desequilibris externs? Hi ha alguns aspectes positius de cara al futur?

1 El creixement en el curt i en el llarg termini

En la Unitat 9 es van estudiar les fluctuacions econòmiques a curt termini. L'anàlisi de l'activitat econòmica durant llargs períodes evidencia, no obstant això, que les fluctuacions en el curt termini perden importància i el que destaca és el **creixement econòmic,** és a dir, l'augment continu de la producció agregada real amb el pas del temps.

El **creixement de la producció** s'anomena *creixement efectiu* i pot tenir lloc tant a curt com a llarg termini.

A llarg termini, la producció agregada té una tendència creixent, fonamentalment perquè augmenten la disponibilitat i la qualitat dels recursos productius i perquè millora la tecnologia disponible.

La **producció creix en el llarg termini** perquè augmenten la dotació i la qualitat dels factors productius i perquè millora la tecnologia. La teoria del creixement s'ocupa d'explicar aquesta tendència creixent de l'economia i d'analitzar-ne les característiques.

1.1 El creixement econòmic i la frontera de possibilitats de la producció

! *Important*

El **creixement econòmic** és un procés sostingut al llarg del temps en què els nivells d'activitat econòmica augmenten constantment.

Com es va assenyalar en l'Epígraf 3.4 de la Unitat 1, el creixement econòmic pot explicar-se en ter- mes de la *frontera de possibilitats de la producció (FPP)* mitjançant un augment de la dotació de factors productius o una millora de la tecnologia.

En termes gràfics, la corba de la frontera de possibilitats de la producció (FPP) d'una economia, a llarg termini, podria desplaçar-se cap amunt i a la dreta en un context de **creixement econòmic** (Figura 15.1).

El **creixement econòmic** representa l'expansió del PIB potencial d'un país, la qual cosa en termes de la frontera de possibilitats de la producció equival a un desplaçament cap enfora.

1.2 El mesurament del creixement

El **creixement econòmic** és un aspecte d'un altre procés més general: el *desenvolupament* d'una societat. L'evolució de qualsevol societat al llarg del temps reflecteix canvis fonamentals en la seva organització i en les seves institucions. Amb l'estudi del creixement econòmic només es pretén analitzar una part d'aquest desenvolupament social: la que es refereix a l'evolució de la producció i la riquesa d'un país. Per això, quan intentem mesurar-lo, sabem que incorrem en molts supòsits simplificadors.

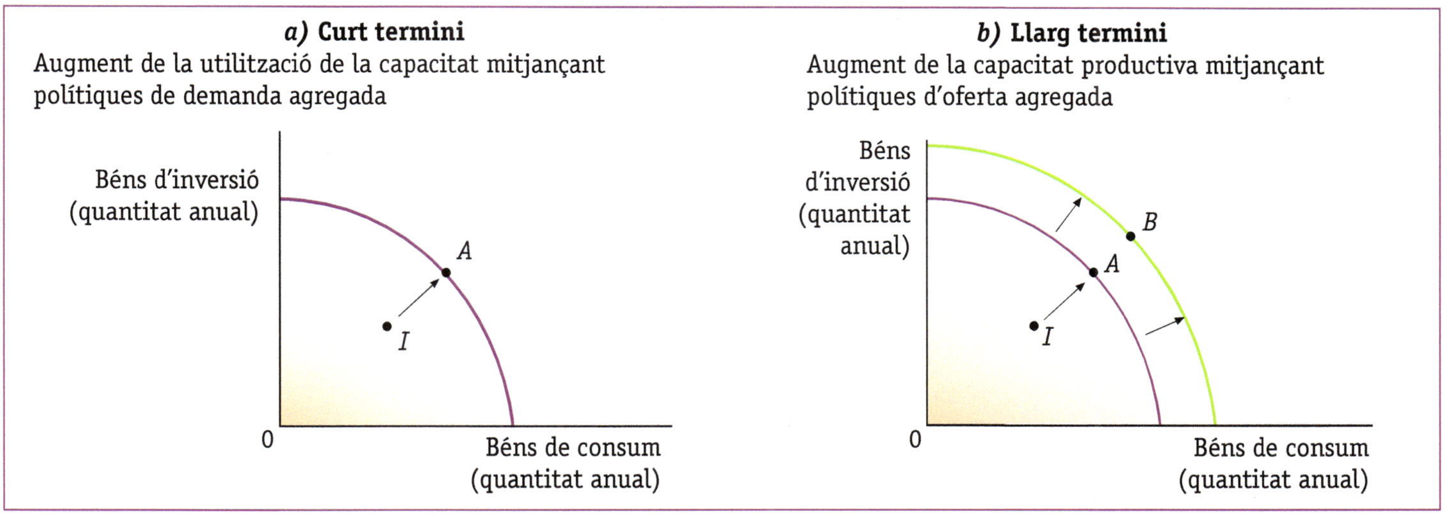

Figura 15.1. ***Creixement econòmic a curt i llarg termini.*** *A curt termini* (Fig. a) *la producció pot augmentar mitjançant actuacions sobre la demanda agregada, si s'utilitza més la capacitat productiva existent. Això equival a passar d'un punt interior a un punt sobre la FPP. A llarg termini* (Fig. b), *la producció pot augmentar quan s'incrementa la capacitat productiva mateixa mitjançant actuacions sobre l'oferta agregada. Això equival a un desplaçament de la FPP cap a la dreta.*

Generalment, el **creixement econòmic** es detecta mitjançant *l'evolució del PIB* a llarg termini, ja que aquest és una mesura de la producció d'un país i, per tant, del seu nivell d'activitat econòmica. Ja que el PIB és una macromagnitud de valor, és a dir, el resultat de multiplicar la quantitat de béns i serveis produïts pels seus preus respectius, només tindrem una idea apropiada del creixement d'una economia si eliminem la influència dels preus sobre el PIB i analitzem l'evolució de la *producció real.*

Un altre element rellevant és *l'augment de la població.* Només si es coneix l'evolució del nombre d'habitants es podrà saber si la renda *per capita* augmenta o no. Per aquesta raó, quan s'estudia el creixement econòmic se sol utilitzar la magnitud *PIB per habitant.*

> El **creixement econòmic** se sol mesurar mitjançant la taxa de creixement del PIB real i el nivell del PIB per habitant.

La **taxa de creixement del PIB** entre dos anys determinats, per exemple 2010 i 2009, s'expressa de la manera següent:

$$\text{Taxa de creixement del PIB}_{2010-2009} = \frac{\text{PIB}_{2010} - \text{PIB}_{2009}}{\text{PIB}_{2009}} \cdot 100 = \frac{1\,062\,591 - 1\,053\,914}{1\,053\,914} \cdot 100 = 0{,}8\ \%$$

Per obtenir el **PIB real per habitant**, es divideix el PIB real de l'any en qüestió pel total de la població. Així:

$$\text{PIB real per habitant el 2010} = \frac{\text{PIB real 2010}}{\text{Població 2010}} = \frac{1\,062\,591 \text{ milions d'euros}}{46{,}2 \text{ milions d'hab.}} = 23\,000\ \text{€ per habitant}$$

Activitats

1> Les polítiques econòmiques estudiades en les Unitats 9, 10 i 12 estaven destinades a apropar la producció efectiva (PIB) a la producció potencial de l'economia a curt termini, però no a l'augment de la capacitat productiva a llarg termini. Creus que aquestes polítiques són de creixement? Per què?

2> Obtén dades del PIB real per habitant de l'economia espanyola des de l'any 2000 fins a l'últim any disponible. Calcula la taxa de creixement anual de l'economia durant el període. Com es reflecteix l'impacte de la crisi financera internacional?

2 Les fonts del creixement econòmic

El creixement de la producció a llarg termini es deu bàsicament a l'augment de la dotació i la qualitat dels recursos productius i a les millores de la tecnologia. Aquests factors explicatius del creixement de la producció a llarg termini es coneixen com a **fonts del creixement econòmic** i es poden concretar en els punts següents:

- L'*augment de la disponibilitat* i *la qualitat del treball.*
- L'*augment de la dotació de capital físic.*
- La *millora de la tecnologia.*

> Les **fonts de creixement econòmic** són els factors explicatius del creixement de la producció d'un país i es concreten en: l'augment de la disponibilitat i la qualitat del treball, l'augment de la dotació de capital físic i la millora de la tecnologia.

! *Important*

Les grans diferències que hi ha entre els nivells de vida arreu del món s'expliquen, en gran manera, per les diferències en la **productivitat,** és a dir, la quantitat de béns i serveis produïts en cada hora de treball realitzada. La productivitat sintetitza les diferències en les fonts del creixement.

2.1 L'augment de la disponibilitat i la qualitat del treball

Quan s'al·ludeix a l'augment de la disponibilitat i la qualitat del **factor treball** com a font de *creixement de la producció a llarg termini,* cal distingir els aspectes següents:

- El *nombre de treballadors disponibles.*
- El *nombre d'hores de treball.*
- La *qualificació de la mà d'obra.*

> El **factor treball** disponible per a un país és el resultat de tres elements: el nombre de treballadors, el nombre d'hores de treball i la qualificació dels treballadors o capital humà que acumulen.

La qualificació de la mà d'obra és una de les fonts del creixement econòmic.

A. El nombre de treballadors disponibles d'un país

El creixement de la població activa depèn fonamentalment dels factors següents:

- El **creixement de la població** és un element determinant de l'increment de la mà d'obra. L'evolució de la natalitat present explica la mà d'obra disponible per a la generació següent. L'economia intenta explicar la natalitat mitjançant factors que puguin incidir sobre la decisió de les famílies de tenir més o menys fills, sota la hipòtesi que tenir fills està condicionat per factors econòmics. Des d'aquesta perspectiva, tenir fills és una decisió econòmica que implica l'assignació de recursos escassos i respon a incentius.

  Als països més pobres, els fills resulten relativament «barats», perquè els pares i les mares, generalment, tenen un nivell educatiu i professional baix i els nens, des de molt joves, aporten treball o ingressos a la llar. No obstant això, als països desenvolupats els progenitors solen tenir un alt nivell educatiu i professional i els fills no aporten ingressos a la llar, de manera que el cost d'oportunitat de tenir fills és alt, la qual cosa explica les diferències pel que fa a taxes de natalitat entre els diferents països.

- La **taxa d'activitat laboral** entre la població en edat de treballar pot augmentar la mà d'obra. En l'economia, a mesura que la taxa d'activitat d'un país augmenta, l'oferta de treball d'aquest país també ho fa.

  La incorporació creixent de la dona al mercat de treball és un dels factors explicatius de l'augment de la taxa d'activitat.

- La **immigració de treballadors** d'altres països pot ser una causa d'augment de la mà d'obra disponible en un país. En el cas de l'economia espanyola, en els últims anys aquest ha estat un factor de creixement del treball extraordinàriament dinàmic.

B. El nombre d'hores de treball

El *nombre d'hores de treball per individu* és un factor important per a determinar la disponibilitat total del factor treball. En els últims anys el nombre mitjà d'hores treballades per empleat ha tendit al descens als països desenvolupats. L'oferta individual de treball és fruit de l'elecció entre treball (ingressos derivats del treball) i oci, i a mesura que va augmentant el nivell de vida dels individus, aquests valoren més l'oci. Malgrat la disminució del nombre d'hores per treballador, les millores tecnològiques han permès que l'economia hagi incrementat la producció per hora treballada.

C. La qualificació de la mà d'obra

La *qualificació de la mà d'obra,* és a dir, els coneixements (la formació) i capacitats adquirides al lloc de treball i que es requereixen per a la producció, és un element important per a poder augmentar la disponibilitat del factor treball. Aquests coneixements i la capacitació dels treballadors fan que el **capital humà** funcioni com a element clau per la seva incidència en la productivitat del treball. Aquest és un element que el mercat laboral reconeix i remunera, amb salaris més elevats i millors condicions de treball per a aquells que estan més qualificats.

Els coneixements i la qualificació s'adquireixen als centres educatius i a les empreses. En el primer cas, amb l'estudi i la resta d'activitats que es desenvolupen als centres educatius, i en el segon cas, mitjançant l'aprenentatge al lloc de treball i en cursets de formació organitzats per les empreses. El procés d'adquisició d'aquests coneixements constitueix la **inversió en capital humà.** Aquesta la duen a terme els individus seguint una lògica similar a la que guia les empreses quan decideixen invertir en capital físic. Comparen els costos de la inversió en educació (despeses de matrícula, cost d'oportunitat del temps dedicat a l'estudi, etc.) i els guanys esperats (ingressos salarials més alts i millors condicions de treball).

El **capital humà**, entès com a qualificació de la mà d'obra, és un element clau per al creixement econòmic, perquè contribueix de manera rellevant a l'augment de la productivitat total dels factors.

Important

Els factors determinants de la productivitat són: el capital físic (equip i estructures), el capital humà (coneixement i qualificació), els recursos naturals (la terra, els rius, els jaciments minerals) i el coneixement tecnològic (millors formes de produir béns i serveis).

Més dades

Una forma senzilla per a obtenir un indicador de la productivitat del treball en un país consisteix a dividir el PIB real entre el nombre de treballadors ocupats.

2.2 L'augment de la dotació de capital físic

El **capital físic** d'un país està constituït pel **capital productiu** i les **infraestructures.**

El **capital productiu** és la *maquinària*, els *béns d'equip* i les *instal·lacions*, és a dir, tots aquells elements que han estat produïts amb anterioritat i la utilitat dels quals es troba a ser emprats per a produir (els béns produïts que serveixen per a produir). Qualsevol increment de la maquinària i dels béns d'equip i instal·lacions permet que cada treballador generi més quantitat de béns i que s'incrementi la producció total.

Les **infraestructures bàsiques** estan integrades per tots aquells elements relatius a comunicacions terrestres (carreteres, ferrocarrils), marítimes (ports) o aèries (aeroports), les xarxes de subministrament d'energia elèctrica, aigua, sanejament (clavegueram), infraestructures de telecomunicacions, etc. En aquest sentit, les infraestructures educatives i sanitàries també han de ser considerades com a part del capital d'un país, tenint en compte la seva incidència sobre el capital humà. Les infraestructures bàsiques contribueixen a la producció, ja que proporcionen uns serveis fonamentals per a les empreses, i per això formen part del capital físic.

El **capital físic** o **estoc** de capital no és una cosa que romangui constant, sinó que la seva variació es recull mitjançant la inversió. Quan el capital físic d'un país creix, fruit d'una *inversió neta positiva* (com vam veure en l'Epígraf 3.2 de la Unitat 8, la inversió neta és igual a la inversió bruta menys la depreciació), es dota de més quantitat de maquinària i infraestructures i serà capaç de produir una quantitat superior de béns i serveis. Els empresaris prenen les seves decisions d'inversió avaluant la rendibilitat que esperen obtenir dels seus projectes d'inversió amb el cost financer dels recursos que han d'emprar.

Important

El **capital**, és a dir, **el capital físic**, és un factor de producció produït, i un factor que intervé en el procés de producció i que abans ha estat un producte del procés de producció.

El **capital físic**, que està format pel capital productiu i les infraestructures, contribueix a generar la producció d'un país i el seu augment (a causa d'una inversió neta positiva) és un element determinant del creixement econòmic.

2.3 La millora de la tecnologia

La tecnologia comprèn tots els coneixements que el sistema productiu d'un país té per a produir. Donats uns recursos disponibles per país, la tecnologia determina la quantitat màxima de producció que es pot obtenir amb aquests recursos.

El **canvi tecnològic** consisteix en alguna invenció o descobriment de nous procediments, nous productes o nous factors per a dur a terme la producció. La incorporació de canvis tecnològics permet produir més quantitat de béns i serveis amb la mateixa quantitat de recursos, i resulta a més a més que el progrés tecnològic ha estat el factor impulsor principal del creixement econòmic i de la millora de la qualitat de vida.

El ritme al qual un país genera nous invents o incorpora nous procediments en el seu sistema productiu, és a dir, la velocitat a què tenen lloc els canvis tecnològics en un país, està fortament condicionat pels recursos que aquest dedica a activitats de **recerca, desenvolupament i innovació (R+D+I).**

- La **recerca** és l'activitat per la qual es crea nou coneixement.
- El **desenvolupament** és el procés pel qual aquests coneixements es van transformant i adaptant per a ser aplicables a la producció.

Important

El **progrés tecnològic** es refereix als canvis en els processos de producció o a la introducció de nous productes o serveis.

• La **innovació** consisteix en l'aplicació de nous coneixements, invents, tècniques o procediments a la producció.

A. La recerca i la seva aplicació

Tot i que dotar-se d'un coneixement capdavanter en les diverses tecnologies i arribar a fer descobriments té interès en si mateix, el rellevant és aconseguir que aquests s'apliquin al sistema productiu i a la societat en general. Les aplicacions dels nous coneixements, invents i tècniques és el que constitueix les **innovacions tecnològiques.** Per part de les empreses, incorporar procediments nous comporta incórrer en riscos, perquè la innovació implica que per a determinades decisions no es compti amb experiència ni referents suficients.

Important

La **recerca científica**, el desenvolupament de productes i la incorporació d'innovacions a les tècniques productives són aspectes que estimulen el creixement.

La **millora de la tecnologia** (els coneixements sobre com produir els béns i serveis) és el factor clau per a generar creixement econòmic. El canvi tecnològic té lloc quan algú inventa o descobreix nous factors, nous productes o nous procediments per a dur a terme la producció.

En relació amb les noves tecnologies, cal destacar l'existència d'*externalitats positives* (vegeu l'Epígraf 1.3 de la Unitat 7) en la difusió del coneixement, generant l'anomenat **efecte difusió.**

Important

Efecte difusió de la tecnologia

Apareix quan una innovació tecnològica no sols beneficia l'empresa que la du a terme, sinó també la societat en el seu conjunt, és a dir, té efectes globals.

Les aplicacions dels nous coneixements, invents i tècniques són el que constitueix les innovacions tecnològiques.

Activitats

3> Tenint en compte les diferents fonts de creixement, a quina d'aquestes creus que hauria de prestar relativament més atenció un país que té una taxa d'atur molt elevada? Quin tipus d'estratègia de creixement hauria d'utilitzar un país amb una baixa taxa d'atur i amb una grandària de població reduïda?

4> La creació de megaparcs industrials, de quina manera es creu que pot estimular el creixement econòmic? Internacionalment, hi ha algun exemple conegut d'aquest tipus de megaparcs?

5> En quin sentit el progrés tecnològic pot contribuir a accentuar, a curt termini, els problemes de la desocupació? Què passarà a llarg termini?

3 Els beneficis i els costos del creixement econòmic

Les autoritats econòmiques es mostren sempre desitjoses d'aconseguir altes taxes de creixement. Això es deu als **beneficis** que deriven del creixement.

3.1 Els beneficis del creixement

Alguns dels avantatges lligats al creixement són els següents:

- El creixement sol ser la clau per a aconseguir un *nivell de vida més elevat*. Els augments en la productivitat permeten a la comunitat gaudir de més béns i serveis per persona i de més temps lliure amb la mateixa quantitat de béns i serveis.
- Quan la renda nacional augmenta en termes reals, les autoritats econòmiques poden obtenir *ingressos superiors* mitjançant impostos sense haver d'elevar els *tipus impositius*, és a dir, el percentatge que cal pagar a Hisenda sobre la base imposable: aquesta última és la quantitat total sobre la qual Hisenda estableix els impostos.
- Quan hi ha creixement, és possible prendre mesures per a aconseguir una *distribució més igualitària de la renda* amb una menor oposició política. Quan la renda no creix, un grup social només pot millorar la seva posició a costa d'un altre. No obstant això, això canvia quan la renda real està creixent, ja que pot canalitzar-se més percentatge de l'increment de la renda real cap als grups socials més necessitats.
- Una altra conseqüència positiva del creixement econòmic és l'*augment de l'ocupació*. Generalment, quan la producció augmenta, també ho fa l'ocupació, fins i tot encara que no faci falta més mà d'obra per a incrementar la productivitat. A més a més, els èxits en productivitat solen implicar millores en la competitivitat, la qual cosa facilitarà l'augment de la producció.

Important

Els avantatges o beneficis del creixement econòmic

- Nivell de vida més elevat.
- Més ingressos fiscals i més serveis públics.
- Nivell de renda a repartir més alt.
- Augment de l'ocupació.

3.2 Els costos del creixement

El creixement econòmic també planteja certs costos o inconvenients:

- Tota acumulació de capital (és a dir, tota inversió) exigeix que els individus estiguin disposats a sacrificar part del seu nivell de vida present: l'augment de la inversió obliga a reduir el consum.
- El creixement té externalitats negatives. Destaquen els efectes sobre la qualitat de vida, com l'augment dels anomenats *efectes sobreeximent* en les economies industrialitzades: la contaminació del medi ambient i l'esgotament de certs recursos naturals. El medi ambient és un bé escàs i, per tant, ha de ser objecte de protecció. Així mateix, l'ús dels recursos naturals ha d'estar sota control, a fi d'aconseguir un desenvolupament sostenible.

Important

Els costos del creixement

- Per créixer cal invertir i això requereix estalviar, és a dir, reduir el consum present.
- El creixement té conseqüències negatives, com la contaminació, i pot comportar l'esgotament de determinats recursos naturals.

3.3 El creixement sostenible

Quan es parla de **creixement sostenible**, es pot fer des d'un doble sentit: en termes mediambientals i des d'una perspectiva macroeconòmica.

Tenint en compte els recursos naturals i mediambientals, el **creixement és sostenible** quan és respectuós amb la conservació del medi ambient.

Més dades

L'esgotament de recursos naturals pot plantejar conflictes entre procurar un increment elevat o aspirar a una certa qualitat de vida, considerant les conseqüències socials i econòmiques que el creixement sol comportar. Cal qüestionar la conveniència del creixement econòmic en un sentit estrictament quantitatiu i amb mires exclusivament a curt termini, ja que pot causar mals irreparables al medi ambient.

La recerca coordinada en camps com ara la biologia, la física, la química i la medicina pot aportar solucions als problemes creats per la degradació de l'entorn natural.

A. Creixement sostenible des d'un punt de vista macroeconòmic

El **creixement és macroeconòmicament sostenible** quan és compatible amb la producció potencial de l'economia i amb la capacitat per a incorporar innovacions tecnològiques en el sistema productiu.

Quan el creixement econòmic aconseguit per una economia és compatible amb la seva capacitat productiva, el país en qüestió podrà créixer sense necessitat d'incórrer en desequilibris concretats en tensions inflacionistes, dèficit pressupostari o desequilibris en la balança de pagaments insostenibles a llarg termini.

De manera genèrica, es pot afirmar que el raonable és articular un model de creixement en què la despesa i la producció evolucionin seguint patrons consistents.

El **creixement és macroeconòmicament sostenible** quan no s'incorre en desequilibris (inflació, dèficit públic o dèficit exterior) progressius.

Per als països integrants de la UE, la clau per a aconseguir un creixement sostenible es troba a mantenir l'estat de benestar, amb el que aquest comporta de despesa social (educació, sanitat, desocupació, pensions...), dins d'uns nivells que permetin una política pressupostària solvent a llarg termini. Aquest és l'objectiu del *Pacte d'Estabilitat i Creixement* (vegeu la Unitat 14). Tot això sense menyscabament dels problemes mediambientals que s'analitzaran en l'epígraf següent.

Important

La preocupació per les limitacions de recursos naturals i pels efectes creixents de l'activitat econòmica en el medi ambient ha portat molts a preguntar-se si les taxes actuals de creixement econòmic poden mantenir-se durant gaire temps.

Activitats

6> Comenta la frase següent: «L'economia espanyola a partir de 2008 ha experimentat una forta contracció perquè als efectes de la crisi s'ha afegit que el model de creixement seguit era insostenible».

7> Durant els últims anys, la inversió espanyola en noves tecnologies ha estat el 75 % de la mitjana europea, i la despesa en **R + D + I,** tres vegades inferior al compromís de la UE. Aquests fets tenen alguna cosa a veure amb la bretxa tecnològica que es manté amb la UE? En quina mesura poden explicar la baixa productivitat de l'economia espanyola?

4 El medi ambient i el creixement sostenible: el cas de la UE

En bona part a causa del fort creixement experimentat durant les últimes dècades, el deteriorament del medi ambient europeu ha estat molt intens. Els problemes macroecològics més rellevants són: efecte d'hivernacle, destrucció gradual de la capa d'ozó, pèrdua de la diversitat biològica, pluja àcida i contaminació (Quadre 15.1).

D'entre aquests problemes, potser l'escalfament de la Terra originat per l'*efecte d'hivernacle* i les seves conseqüències són els més preocupants. El canvi climàtic i la destrucció de part de la fauna i la flora són factors molt greus que repercuteixen de manera molt negativa sobre la producció agrícola i el medi ambient en general; d'aquí la importància d'assolir un **creixement sostenible.**

Important

L'absència d'estratègies globals sobre el medi ambient pot causar danys irreparables a l'entorn. L'idoni seria adoptar mesures preventives.

Efecte d'hivernacle	Consisteix en l'escalfament progressiu de l'atmosfera i de la Terra produït per la concentració de gasos.
Reducció de la capa d'ozó	La capa d'ozó absorbeix una gran part de les radiacions ultraviolades nocives per als éssers vius i en els últims anys s'ha deteriorat molt. El causant és el clorofluorocarboni (CFC) que s'utilitza als frigorífics, aerosols i certs productes plàstics.
Pèrdua de la diversitat biològica	Les extincions biològiques podrien comportar la desaparició del 20 % de les espècies silvestres abans de l'any 2020. Les causes en són: la destrucció dels hàbitats, la contaminació de les terres interiors, la pesca indiscriminada i el comerç d'animals.
Pluja àcida	Es produeix quan la pluja arrossega l'àcid sulfurós i l'àcid nítric sobre la Terra. Les emissions àcides es produeixen per l'ús de combustibles fòssils (carbó i petroli) a les centrals tèrmiques, en processos tèrmics industrials i per part del parc automobilístic. La pluja àcida provoca la mort de boscos i llacs i el deteriorament d'edificis.
Contaminació	És un tipus de degradació que afecta la puresa física de qualsevol element natural. El **sòl** està contaminat per l'ús indiscriminat de pesticides i fertilitzants, pels residus de les grans ciutats i perquè els residus tòxics no són tractats adequadament. L'**aigua** està contaminada pels fertilitzants i els pesticides, els abocaments industrials, els rebutjos de les grans ciutats, la manca de depuració de les aigües residuals i els abocaments directes d'hidrocarburs al mar. La contaminació de l'**aire** es deu fonamentalment a les emanacions de les indústries, de les calefaccions domèstiques i del parc automobilístic.

Quadre 15.1. *Els principals problemes ecològics.*

Creixement sostenible és aquell compatible amb una bona conservació dels recursos naturals, de manera que les generacions futures puguin gaudir del mateix nivell de desenvolupament.

El diòxid de carboni és el principal gas causant de l'efecte d'hivernacle, si bé altres gasos, com el metà, l'òxid nitrós o els gasos de clorofluorocarboni (CFC), també contribueixen al reescalfament de l'atmosfera.

Encara que la destrucció de la natura és el problema mundial més important i mai ha estat tan intens com en les últimes dècades, hi ha raons per a l'esperança. En els darrers anys s'està assistint a un desvetllament de l'opinió pública sobre les qüestions del medi ambient. Cada dia són més nombrosos els agents socials, polítics i econòmics sensibilitzats davant d'aquests problemes, i internacionalment s'estan prenent mesures per a evitar el desastre ecològic. En tot cas, els governs han d'atorgar als organismes internacionals el poder i els recursos financers necessaris per a lluitar contra el deteriorament de la natura.

> ***Important***
>
> Els objectius de la política mediambiental comuna són:
>
> - Preservar, protegir i millorar el medi ambient.
> - Protegir la salut de les persones.
> - Utilitzar de manera adequada i prudent els recursos naturals.
> - Fomentar les mesures necessàries per a fer front als problemes del medi ambient.

4.1 Els objetius de la política ambiental de la UE

Per als països de la Unió Europea, la *necessitat d'una política mediambiental comuna* es deu fonamentalment a tres motius:

- Les activitats econòmiques dutes a terme en un estat membre poden tenir conseqüències negatives en el medi ambient comú o afectar altres estats.
- La regulació mediambiental que faci cada estat membre de manera independent pot funcionar com a mesura proteccionista i, per tant, pot afectar la competència en el mercat comú.

- Les màximes facilitats per al tràfic internacional de residus i de mercaderies que comporta el mercat únic poden tenir efectes negatius si no es prenen precaucions.

L'**Agència Europea del Medi Ambient** estudia l'estat del medi ambient als països de la Unió, vigila que s'apliquin les normes comunitàries i impulsa les accions necessàries de restauració ambiental.

La política ambiental de la UE pretén millorar la qualitat del medi natural i aconseguir un ús racional dels recursos, seguint les directrius de l'Estratègia Mundial per a la Conservació de la Natura. Així mateix, la UE intenta garantir que les obres d'infraestructura i, en general, el desenvolupament econòmic tinguin en compte la protecció de la natura; es proposa, en concret, reduir la contaminació atmosfèrica i de les aigües i protegir els recursos del mar, controlant l'abocament de substàncies tòxiques persistents.

4.2 Els principis de la política ambiental de la UE

La política ambiental de la UE està articulada en funció de tres principis: *prevenció, causalitat* i *subsidiarietat.*

Es considera que és molt més eficaç i econòmic prendre mesures de caràcter *preventiu* que intentar pal·liar efectes nocius.

Es defensa que la restauració dels danys causats per la contaminació ha d'anar a càrrec de qui els origina, és a dir, *qui contamina paga.*

Es creu que les decisions en relació amb el medi ambient han de prendre's *en els nivells pròxims* als ciutadans, per la qual cosa cal actuar localment, regionalment, nacionalment o internacionalment, segons el que resulti més adequat al problema que s'intenti combatre.

4.3 Els costos de la contaminació

Sigui quin sigui el mètode de finançament escollit per cobrir els costos ocasionats per intentar eliminar la contaminació, els individus sempre suportaran finalment la càrrega d'una manera o altra:

> **Important**
>
> La **contaminació** és un tipus de degradació ambiental que afecta la puresa física o composició idònia de qualsevol element del medi ambient.

a) **Com a consumidors.** Si les autoritats obliguen les empreses contaminants que s'instal·lin equips que depurin els residus, això reduirà les quantitats produïdes, la qual cosa farà que les corbes d'oferta es desplacin cap a l'esquerra i que augmentin els preus dels productes.

b) **Com a contribuents.** Si s'estableixen subsidis destinats a les empreses que instal·lin equips per a controlar la contaminació, caldrà apujar els impostos per finançar aquests subsidis.

c) **Com a oferents de treball.** A causa de les normes de control de la contaminació, l'activitat productiva de les empreses contaminants es veurà afectada negativament. Per afrontar els costos de la contaminació, caldrà desviar part dels recursos inicialment destinats a inversions en equip i maquinària, que n'elevarien la productivitat i millorarien la posició de l'empresa respecte a la competència. Això reduirà la producció i l'ocupació i, com a resultat, les empreses veuran minvar les seves vendes en augmentar els costos i, per tant, els preus. Potser algunes fins i tot estiguin obligades a tancar. Això explica que, alguns cops, els qui viuen prop de les indústries contaminants prefereixin conservar les seves feines, encara que sigui a costa de suportar la contaminació.

> **Important**
>
> Les persones suporten la càrrega de la contaminació com a:
> - Consumidors.
> - Contribuents.
> - Oferents de treball.

4.4 La contaminació: un problema social

El problema de la lluita contra la contaminació no sols afecta les indústries contaminants. Les grans ciutats també actuen com a *agents contaminants* (trànsit urbà, calefaccions, residus sòlids, aigües fecals, etc.),s i de fet *els mateixos individus som agents contaminants* quan actuem pensant que el medi ambient és un simple recipient de les nostres deixalles i no una cosa que tots hem de protegir. La visita a llocs freqüentats per excursionistes (platges, rius, zones d'esbarjo a les muntanyes, etc.) posa en relleu el tipus de comportament que cal evitar i mostra que el problema de la contaminació és un fet que ens afecta a tots.

A. Una proposta de futur: el reciclatge

Una de les possibilitats més prometedores per a afrontar el problema de la contaminació és *reciclar* les deixalles en lloc de llençar-les al medi ambient.

En aquest sentit, el reciclatge compleix una *doble missió: protegir* el medi ambient, evitant la seva contaminació, d'una banda, i, per una altra, *reduir* l'ús de recursos naturals, que, no s'ha d'oblidar, estan disponibles en quantitats limitades i a més no són renovables. Així doncs, el reciclatge ajuda a combatre la contaminació i, alhora, a conservar els recursos naturals.

Important

Convé concebre la lluita contra la contaminació com una oportunitat de desenvolupar noves activitats i millorar el benestar present i futur de la societat.

B. El medi ambient com una oportunitat empresarial

Considerant la globalitat dels problemes mediambientals, pràcticament totes les empreses, tant agrícoles com industrials o de serveis, estan afectades d'una manera o una altra. L'actitud més adequada per part de l'empresa consisteix a assumir la protecció del medi ambient com una responsabilitat més dins de les tasques pròpies de la gestió empresarial i alhora com una oportunitat. Per això, les decisions empresarials que incideixin sobre el medi ambient s'han de prendre amb criteris similars als que s'empren en altres activitats. A més a més, aquelles empreses que adoptin una actitud activa en matèria de medi ambient se solen beneficiar d'una imatge positiva davant de la societat.

Tinguem en compte que actualment en molts països el desenvolupament mediambiental està íntimament lligat a la consecució de millors condicions de vida. Per aquest motiu, encara que la cura del medi ambient comporta un cost important que cal que assumeixin tots els ciutadans, és alhora una oportunitat per a empreses que canalitzin la seva activitat en defensa d'aquest. El sector mediambiental pot convertir-se en un dels més dinàmics de l'economia mundial.

Quan una empresa protegeix el medi ambient, està millorant la seva imatge corporativa, la qual cosa fa augmentar el valor de l'empresa.

Activitats

8> En quin sentit el creixement econòmic genera externalitats negatives?

9> El cost privat d'una central nuclear és superior o inferior al cost social?

10> Fes una relació de les indústries i empreses contaminants de la teva ciutat i analitza les possibles solucions i la seva incidència sobre l'ocupació.

11> Analitza les oportunitats que la lluita contra la contaminació ofereix a les empreses.

12> Com creus que ha incidit la crisi financera internacional en els problemes de contaminació mediambiental?

5 El desenvolupament econòmic

El **desenvolupament i subdesenvolupament econòmics** són conceptes relatius i difícils de definir amb precisió. Fan referència a la bretxa real que separa els nivells de vida a què s'arriba en uns països i els altres i als processos que porten a l'augment del nivell de vida.

El **desenvolupament** i el **subdesenvolupament** fan referència a la bretxa real que separa els nivells de vida en uns països i els altres.

5.1 Els indicadors del grau de subdesenvolupament

Els països en via de desenvolupament es caracteritzen per un conjunt d'insuficiències en comparació amb les economies que es poden considerar com a desenvolupades. Atès que el desenvolupament comprèn molts aspectes, el grau de subdesenvolupament es pot mesurar mitjançant un conjunt ampli d'*indicadors,* entre els quals cal destacar els següents:

- Renda per habitant baixa.
- Índexs d'analfabetisme alts.
- Dèbil estructura sanitaria.
- Taxa baixa d'estalvi per habitant.
- Estructura productiva i tecnològica desequilibrada.
- Taxes elevades de desocupació estructural.
- Fortes diferències en la distribució interna de la renda.
- Taxes elevades de creixement de la població.

5.2 Elements condicionants del subdesenvolupament

Els elements determinants del subdesenvolupament que condicionen la possibilitat de superar-lo poden concretar-se en els punts següents: *l'assignació dels recursos, l'equilibri macroeconòmic,* el *capital físic,* el *capital humà* i les *relacions comercials entre països.*

A. L'assignació dels recursos

Als països en via de desenvolupament hi ha **distorsions** en les seves economies que dificulten una bona assignació dels escassos recursos productius. Hi ha un desaprofitament de factors, com passa quan hi ha desocupació i capacitat ociosa de plantes i equips. Així mateix, polítiques que signifiquen reprimir el funcionament del mercat financer provoquen un baix nivell d'estalvi domèstic i que aquest es destini a finançar projectes d'inversió que no són els més rendibles. També ocorre que la inversió pública no respon a criteris de rendibilitat econòmica i social. Un altre factor distorsionador comú és quan no es permet l'operació del mercat per a assignar els recursos. Així, polítiques de control de preus en mercats no monopolístics impedeixen que es donin els senyals adequats per a orientar les conductes de consumidors i productors.

Sol haver-hi una presència important d'empreses estatals i un gran volum de despesa pública que obliga a tenir una càrrega tributària significativa. Això dificulta una bona assignació de recursos, ja que les empreses estatals són utilitzades per a fins que no són els d'eficiència, i la despesa fiscal s'assigna sense criteris d'efectivitat econòmica.

+ *Més dades*

Una economia poc equilibrada des d'un punt de vista productiu és aquella que presenta una estructura productiva poc diversificada i en la qual uns quants sectors tenen un pes molt important. En aquestes economies són pocs els casos en què la interrelació entre els sectors i les indústries fa que es generin «efectes d'arrossegament» d'uns sectors sobre els altres. En les economies en via de desenvolupament sovint el sector primari, l'agricultura i la ramaderia, té una importància relativa molt significativa, i es troba poc relacionat amb el sector industrial i els serveis.

abc *Vocabulari*

Condicionants del subdesenvolupament

- Assignació ineficient de recursos.
- Desequilibris macroeconòmics.
- Escassetat de capital humà i físic.
- Relacions comercials internacionals.

! *Important*

Les **distorsions** existents en les economies dels països en via de desenvolupament dificulten una assignació eficient dels recursos.

B. Desequilibris macroeconòmics recurrents

L'existència freqüent de dèficit fiscal o de polítiques monetàries expansives es tradueix en inflació i inestabilitat de preus.

Les altes i variables taxes d'inflació dificulten el paper de proveïdors d'informació que tenen els preus. A més a més, descoratgen la inversió i produeixen conflictes entre treballadors i empresaris que fan que els agents econòmics no concentrin la seva actuació a ampliar les possibilitats de desenvolupament.

Els desequilibris esmentats també produeixen freqüents problemes en la balança de pagaments i inestabilitat en el tipus de canvi. Així, alguns països han de recórrer a forts endeutaments externs o a brusques alteracions dels tipus de canvi, i distorsionen significativament les condicions per a exportar. Això sol descoratjar la inversió estrangera i l'estalvi i la inversió nacionals. Debilitats institucionals, l'existència de poderosos grups de pressió i la falta de perspectives a llarg termini són alguns dels factors que contribueixen a la inestabilitat macroeconòmica de les economies en via de desenvolupament.

Els desequilibris macroeconòmics han causat històricament grans desordres monetaris en àrees del món com d'Amèrica Llatina. En aquests països, problemes com una inflació molt elevada i redenominacions freqüents de la moneda han obstaculitzat el desenvolupament econòmic.

C. Escassetat de capital físic

Els països en via de desenvolupament es caracteritzen per la falta de fàbriques i maquinàries modernes i per la debilitat dels seus equipaments i infraestructures de tota mena. Aquestes **carències de capital** no es poden remeiar fàcilment. Atès que han de proveir el capital els mateixos habitants dels països en via de desenvolupament, aquests hauran d'estalviar, és a dir, sacrificar consum present, la qual cosa no és fàcil quan el nivell d'ingrés és baix.

Desafortunadament, les polítiques seguides durant llargs períodes de temps als països en desenvolupament han descoratjat l'estalvi i la inversió. Com ha passat, per exemple, amb la fixació dels tipus d'interès, de manera que siguin negatius en termes reals.

> **L'escassetat de capital físic** limita el desenvolupament econòmic.

! *Important*

- Els **desequilibris macroeconòmics** recurrents (dèficits fiscals, dèficit de la balança de pagaments, polítiques monetàries expansives i deute públic elevat) generen inflació i dificulten el creixement.
- **L'escassetat de capital físic** i **d'estalvi** limita el desenvolupament econòmic.

Una actitud de rebuig a la inversió estrangera també ha contribuït a l'escassetat de capital als països en via de desenvolupament. Així mateix, la manca d'integració dels mercats financers ha impedit atreure més volums d'estalvi extern.

D. El factor humà

El creixement de la producció es deu en gran manera a les inversions en educació, formació professional i capacitació, salut i mobilitat laboral. Les inversions en capital humà eleven la productivitat del treball i són un factor clau del desenvolupament econòmic.

Tanmateix, resulta que als països en via de desenvolupament, a més de comptar amb una escassa dotació inicial de capital físic i humà, no s'apliquen les polítiques adequades per a incrementar el **capital humà.** En efecte, sol passar que una sèrie de regulacions estatals limiten les possibilitats que el sector privat ofereixi serveis educacionals, de capacitació i de salut. A més a més, els recursos públics dedicats a aquestes àrees són molt escassos o s'orienten a proveir serveis gratuïts o subsidiats a sectors de la població que no els necessiten. Així mateix, passa ben sovint que subvencions fiscals s'orienten a programes d'alt cost i baix retorn des del punt de vista social. L'altre problema en la formació de capital humà als països en desenvolupament és la falta d'un

marc institucional adequat en els programes socials. Així, per exemple, la manca de focalització dels programes educacionals i de salut en els sectors més pobres porta a un malbaratament de recursos enorme.

Als països en via de desenvolupament sovint, a més de comptar amb un **capital humà** reduït, no s'apliquen les polítiques idònies.

E. El tipus de relacions comercials

Els països en desenvolupament es caracteritzen per l'escassetat del factor capital i una relativa major abundància del factor treball i de recursos naturals. D'acord amb la *teoria dels avantatges comparatius* (vegeu l'Epígraf 1 de la Unitat 13), aquests països haurien d'especialitzar-se en la producció de béns que utilitzin amb més intensitat el treball i els recursos naturals. Això passaria si adoptessin polítiques de comerç exterior que es caracteritzessin per la integració i el lliure comerç. No obstant això, quan s'observen els països que en el món tenen més barreres aranzelàries i no aranzelàries, especialment en una perspectiva històrica, destaquen els països en via de desenvolupament.

Important

L'experiència suggereix que l'obertura dels països al comerç internacional sol propiciar el creixement econòmic.

En efecte, durant dècades, aquests països van seguir l'estratègia errònia de la industrialització forçada **substituint importacions** en aquells productes en els quals no tenien avantatges per a produir-los. Per a això van elevar els seus aranzels duaners i van establir una infinitat de restriccions al comerç internacional. El resultat inicial va ser un important dinamisme de l'economia, el qual es va anar esgotant amb el temps.

Com que no van aprofitar els avantatges del lliure comerç, van orientar els recursos a la producció de béns més intensius en capital, els quals van resultar, en general, més cars i de menor qualitat. A més a més, la limitada grandària dels mercats nacionals no va permetre l'aprofitament de les economies d'escala i va promoure estructures de mercat poc competitives.

La **substitució d'importacions** consisteix a reemplaçar part de les importacions per producció nacional a fi de propiciar la posada en marxa d'un procés d'industrialització. Per a això, s'ha recorregut a l'establiment d'aranzels elevats i contingents.

A partir de l'experiència dels països de l'est asiàtic, i especialment a partir de la dècada dels vuitanta, aquest fenomen s'ha començat a revertir. Un nombre cada cop més gran de països en via de desenvolupament ha obert les seves economies i ha desenvolupat creixents relacions comercials amb altres nacions.

Activitats

13> Detalla quins són els indicadors principals del subdesenvolupament.

14> Explica els desequilibris macroeconòmics que solen limitar el desenvolupament.

15> La crisi financera internacional desencadenada a partir de 2007, ha afectat relativament més els països desenvolupats o els països en via de desenvolupament? Per què? Per respondre a aquesta pregunta et suggerim llegir l'article «Dos formas de vivir la crisis: economías avanzadas vs. emergentes», escrit per Altina Sebastián González i publicat a *Expansion.com* el 10 de juliol de 2011.

6 Ensenyaments per a sortir del subdesenvolupament

Què es pot fer per sortir del subdesenvolupament? Les realitats de cada país són diferents i això impedeix una «recepta» única. No obstant això, alguns ensenyaments poden concretar-se en els punts següents.

A. Estat i mercat

Un dels ensenyaments més valuosos de l'experiència adquirida està en relació amb la **interacció de l'Estat i el mercat**. L'èxit en la promoció del creixement econòmic i la re-ducció de la pobresa són més probables quan els governs promouen el funcionament dels mercats, és a dir, els governs no intervenen en l'operació dels mercats i concentren les intervencions només en àrees molt precises, en les quals es presenten imperfeccions.

Els governs s'han de centrar a invertir en infraestructures i assegurar l'accés als serveis essencials als sectors més necessitats.

Un funcionament àgil dels mercats i una ponderada intervenció de l'Estat sembla la proporció adequada. La definició i protecció dels drets de propietat i la provisió d'un *marc legal i judicial* efectiu permeten operar al mercat eficientment i que el sector públic compleixi el seu rol subsidiari.

Els **mercats no poden operar en el buit:** requereixen un marc legal apropiat que només l'Estat pot proveir.

En absència d'errors del mercat, s'ha de deixar els mercats funcionar sense intervenció. No obstant això, les accions que involucren béns públics i correcció d'imperfeccions requereixen l'Estat, pel fet que el sector privat no les desenvoluparia per si mateix.

Les intervencions estatals haurien de ser simples i transparents i subjectes a regles, més que a la discrecionalitat oficial. La complementarietat de polítiques adequades i intervencions de l'Estat limitades a casos específics és una de les lliçons més valedores de l'experiència del desenvolupament.

Important

L'Estat ha d'invertir en infraestructures i assegurar l'accés als serveis essencials als col·lectius més necessitats. Així mateix, s'ha d'implicar en accions que involucren béns públics i correcció d'imperfeccions.

Més dades

Un aspecte central en el desenvolupament és la interacció entre els governs i els mercats. L'evidència negativa dels països socialistes de l'Europa de l'Est demostra que els mercats competitius són la millor manera d'aconseguir un sistema eficient de producció i distribució de béns i serveis.

6.1 Inversió en capital humà

La rendibilitat de la inversió, tant pública com privada, en capital humà és sovint extremadament alta. Els mercats als països en desenvolupament generalment no són suficients per a proveir les persones, especialment els més pobres, d'una educació adequada (particularment, educació bàsica), atenció de salut i nutrició.

A més de les quantitats d'inversió en desenvolupament humà, cal promoure la qualitat d'aquesta inversió. S'ha demostrat la conveniència de reduir els grans subsidis a l'educació superior i gastar molt més en educació bàsica, en la qual la rendibilitat social és bastant més elevada. També seria convenient fer un canvi similar en la despesa en medicina curativa, molt costosa, a sistemes d'atenció primària i del tipus preventiu.

Important

El sector privat normalment no s'involucra en accions relacionades amb béns públics i amb la correcció d'imperfeccions, sinó que requereix la intervenció de l'Estat.

6.2 Entorn per a les empreses nacionals i multinacionals

Les competències interna i externa han incentivat molt sovint la innovació, la difusió de la tecnologia i l'ús més eficient dels recursos. Inversament, restriccions a l'entrada i a la sortida dels mercats, legislació laboral infestada de restriccions i inadequada, drets de propietat no prou clars i respectats i controls de preus han retardat el canvi tecnològic i postergat els augments de la productivitat.

Una economia interna eficient requereix un marc regulador per a assegurar la competència, i drets legals i de propietat que estiguin clarament definits i conscientment protegits. També necessita inversió en infraestructura, recerca i desenvolupament.

A més a més, es necessiten mercats de capitals profunds que promoguin l'estalvi i el canalitzin cap als projectes d'inversió més rendibles. Entre altres, aquest mercat ha de rebre l'estalvi i la inversió estrangers.

L'estímul a l'entrada d'empreses multinacionals és una estratègia que cal seguir, ja que amb aquestes s'obre la porta a les **tecnologies** i a l'entrada de capitals.

La **globalització** dels fluxos de béns, serveis, capital, treball i tecnologia ha accelerat el creixement econòmic. L'obertura al comerç internacional ha estat fonamental per a assegurar la disminució de costos per part dels productors interns, ja sigui introduint noves tecnologies o desenvolupant productes nous i millors. Les polítiques per a promoure aquests fluxos inclouen més obertura a la inversió i al comerç de béns i serveis.

El **flux internacional de tecnologia** ha adoptat moltes formes: inversió estrangera, educació en altres països, transmissió de coneixements mitjançant fluxos de treball, així com també la tecnologia incorporada en importacions de béns de capital, equipament, etc.

6.3 Estabilitat macroeconòmica

Unes bases macroeconòmiques estables constitueixen un dels béns públics que els governs poden proveir. L'experiència mostra que quan els governs han expandit fortament la seva despesa, els resultats han estat grans dèficits, excessiu endeutament fiscal i expansió monetària. Aquests problemes han estat seguits ràpidament per inflació, sobreavaluació crònica de la moneda i pèrdua de competitivitat de les exportacions.

L'endeutament fiscal excessiu condueix també a problemes de desplaçament de la inversió privada. Restaurar la confiança del sector privat és un aspecte bàsic en els esforços per a incentivar un creixement renovat i generar ocupació en molts països amb una història d'inestabilitat macroeconòmica.

Els governs han de mantenir una política fiscal prudent, observant atentament la divisió de tasques econòmiques entre el Govern i el sector privat.

Important

Les **inversions en capital humà** augmenten la productivitat del treball i són un factor clau en el desenvolupament econòmic.

Important

La **globalització** és l'augment de la interdependència entre els països impulsada pels avanços tecnològics que redueixen el cost del transport i la comunicació. L'indicador més característic n'és l'augment de la ràtio exportacions + importacions sobre el PIB, que es coneix com a **grau d'obertura.**

Activitats

16> En quin sentit la via de la Xina cap al desenvolupament es pot considerar que ha trobat un equilibri econòmicament eficient entre mercat i Estat?

17> En quin sentit l'entrada d'empreses multinacionals a un país en via de desenvolupament pot estimular el creixement?

7 Desenvolupament, globalització, convergència i pobresa

> **Important**
>
> La **globalització** s'identifica amb l'augment de la interdependència econòmica entre països i s'ha vist estimulada per les noves tecnologies.

Una definició de la **globalització** és la formulada pel Fons Monetari Internacional (FMI) i la identifica amb la interdependència econòmica creixent del conjunt dels països del món, estimulada per l'augment del volum i la varietat de les transaccions transfrontereres de béns i serveis, així com dels fluxos internacionals de capitals. Aquests fluxos en gran manera han estat provocats per un gran xoc (pertorbació) tecnològic positiu que afecta les infraestructures de comunicació i transport, que han difós de manera accelerada i generalitzada la tecnologia i el coneixement.

La globalització s'ha vist estimulada significativament per les noves tecnologies, que han contribuït a reduir els costos de transport i comunicació, propiciant la caiguda dels costos de transacció, és a dir, de dur a terme intercanvis.

7.1 Globalització i convergència

La pregunta clau és si la globalització, en estimular el creixement, i en propiciar l'especialització i els augments de productivitat, és un procés que facilita la convergència entre els països o no. El concepte de **convergència** fa referència a quina és l'evolució al llarg del temps de la renda *per capita* d'una regió o d'un país en relació amb el nivell de renda *per capita* d'altres països que es prenen com a referència. Una raó per a estudiar la convergència és saber si vivim en un món on el nivell de vida dels pobres tendeix a millorar més de pressa que el dels rics o en un altre on els rics s'enriqueixen i els pobres s'empobreixen.

Un primer argument a favor de la convergència l'ofereix la teoria neoclàssica del creixement econòmic. Cal tenir en compte que les diferències en els nivells de vida són el resultat de diferències en la dotació de capital. En un principi, els fluxos de capital s'haurien de dirigir cap als països pobres, on l'escassetat de capital determinaria que les rendibilitats fossin més elevades. Aquests fluxos de capital haurien de propiciar la convergència.

> La **hipòtesi neoclàssica de convergència** manté que la renda *per capita* dels països pobres tendirà a créixer més de pressa que la dels països o regions rics.

Un segon argument a favor de la convergència deriva de la ràpida difusió de la tecnologia. En la mesura que les divergències entre països procedeixin de les diferències tecnològiques, la difusió dels coneixements tecnològics, mitjançant transferències de tecnologia i inversions directes, originarà un procés d'homologació entre els diversos països.

A. Convergència i pobresa: els Objectius de Desenvolupament del Mil·lenni

El setembre de 2000 va tenir lloc la Cimera del Mil·lenni de les Nacions Unides. Els vuit objectius establerts per l'ONU en aquesta cimera són els següents:

1. Eradicar la pobresa extrema i la fam (reduir a la meitat, entre 1990 i 2015, la proporció de persones amb uns ingressos que són inferiors a un dòlar diari).
2. Assolir l'ensenyament primari universal.
3. Promoure la igualtat entre els gèneres i l'autonomia de la dona.
4. Reduir la mortalitat infantil.

5. Millorar la salut materna.
6. Combatre la sida, el paludisme i altres malalties.
7. Garantir el manteniment del medi ambient.
8. Fomentar una associació mundial per al desenvolupament.

L'evolució de la convergència entre els països del món ha avançat durant els últims anys. Aquest procés s'ha accentuat amb la crisi financera internacional, que ha afectat prioritàriament els països desenvolupats, mentre que els països en via de desenvolupament (i, en particular, els anomenats *emergents*) s'han vist relativament poc afectats. De fet, el protagonisme creixent dels països emergents (la Xina, l'Índia, l'Brasil, Mèxic, Rússia, Singapur, etc.) és una de les notes característiques de l'economia mundial.

L'educació bàsica universal és un dels Objectius del Mil·lenni. És una condició indispensable per a assolir el desenvolupament.

El fort creixement experimentat pels països emergents ha incidit de manera molt positiva en l'evolució de la pobresa arreu del món. Segons el Banc Mundial, el 2005 al món en desenvolupament hi havia 1 400 milions de persones (una de cada quatre) que vivien amb menys d'1,25 dòlars al dia. Aquestes dades representen una millora notable respecte a les de 1991, quan la pobresa afectava 1 900 milions de persones (una de cada dues). A més a més, segons el Banc Mundial, encara que la crisi financera internacional ha incidit negativament en l'evolució de la pobresa (fent que, per exemple, el 2010 el nombre de pobres augmentés en 64 milions de persones), la tendència global és positiva. Per a 2015 s'espera poder assolir els Objectius del Mil·lenni i reduir el nombre de pobres a aproximadament 1 000 milions de persones, que continuaran vivint amb menys d'1,12 dòlars al dia.

L'evolució positiva de la pobresa s'explica fonamentalment pel fort creixement experimentat durant els últims anys per la Xina i l'Índia, que són els països que tenen un nombre més gran de pobres.

7.2 El Banc Mundial

Els problemes de la pobresa i el subdesenvolupament s'intenten combatre des de les agències i els organismes internacionals, com la **Conferència de les Nacions Unides per al Comerç i el Desenvolupament (UNCTAD)** (Quadre 15.2) i el **Banc Mundial.**

Una de les agències internacionals que exerceix una tasca més important en aquest terreny és el Banc Mundial. Es tracta d'una institució germana de l'FMI. Ambdues es van crear conjuntament i els països membres en són els mateixos. El paper de l'FMI consisteix a facilitar ajuda a curt termini als països membres per a superar els problemes derivats dels desequilibris en les seves balances de pagaments.

La missió fonamental del Banc Mundial és concedir préstecs a llarg termini per a ajudar els països a posar en marxa programes de desenvolupament. Tot i que el seu capital està subscrit pels països membres, té capacitat per a endeutar-se en els mercats internacionals de capital, actuant els països membres com a garants d'aquestes operacions.

En els primers anys del Banc Mundial, una gran part de les ajudes concedides es van dirigir als països que s'havien vist seriosament afectats per la Segona Guerra Mundial. Els préstecs es van utilitzar per a la reconstrucció d'aquests països. Un cop superats els efectes de la guerra, i recuperades les nacions industrialitzades, els préstecs del Banc Mundial s'han canalitzat fonamentalment cap als països en via de desenvolupament. A més de les ajudes financeres, el Banc Mundial facilita als països en via de desenvolupament assistència tècnica i assessorament per a dur a terme els programes de desenvolupament.

Important

El **Fons Monetari Internacional (FMI)** i el **Banc Mundial**, a més d'ordenar els fluxos financers internacionals, s'encarreguen de combatre l'empobriment i la desintegració dels països menys desenvolupats.

Més informació

El **Banc Mundial** es va constituir el 1944 en el context dels *Acords de Bretton Woods*. Actualment, s'encarrega prioritàriament dels països menys desenvolupats, mitjançant crèdits a llarg termini.

En el marc de la Conferència de les Nacions Unides per al Comerç i el Desenvolupament (UNCTAD), les mesures que s'han intentat aplicar per ajudar els països en via de desenvolupament, en els últims anys, són les següents:
1. Destinar el 0,7 % del producte interior brut (PIB) per a ajuda al desenvolupament.
2. Renegociació del deute extern, que, al final dels anys vuitanta, va arribar al bilió de dòlars en tot el Tercer Món.
3. Utilització per al desenvolupament dels fons alliberats pel desarmament nuclear.
4. Modificació de les pautes actuals del comerç internacional i de l'accés als mercats per als productes del Sud.
5. Reforma del Fons Monetari Internacional i del Banc Mundial, incrementant el pes en aquestes institucions dels països del Sud i assegurant un finançament estable i creixent al desenvolupament per part d'aquests organismes.
6. Cessió d'una part de la capacitat productiva industrial als països en via de desenvolupament, i així se'n facilita l'accés a la tecnologia punta.
7. Garantia d'una certa sobirania econòmica dels estats.

Quadre 15.2. *Principals mesures per a combatre la pobresa internacionalment.*

7.3 Les economies occidentals i la pobresa

El problema de la pobresa, i més generalment el de les diferències excessives de renda, no és exclusiu dels països en via de desenvolupament. De fet, en la majoria de les economies occidentals, les deficiències en l'assignació de recursos es combinen amb la desocupació, la pobresa i el malbaratament. El resultat és que coexisteix la pobresa amb col·lectius reduïts amb nivells de renda elevats.

La *desigualtat* i el seu límit més baix de pobresa, malgrat la seva injustícia social, no formen part habitual del discurs econòmic. En la tendència dominant d'aquest discurs hi ha una certa oposició a proporcionar riquesa sense contrapartides als pobres. Es tendeix a considerar que el diner exerceix sobre els pobres un efecte perniciós: el de la cultura de la pobresa, concretada en la preferència, per part d'alguns necessitats, per obtenir diners dels fons públics en lloc de treballar, fet que genera un cercle viciós d'inactivitat.

El preocupant és que en els últims anys les *diferències de renda intrapaís* no s'han reduït. Això s'ha degut, en gran part, a les polítiques econòmiques liberals adoptades en molts països. Durant les últimes dècades, sovint els governs han retallat els tipus impositius i han restringit les despeses de transferències cap als col·lectius més desprotegits, i resultat d'això ha estat un augment de les diferències de renda.

Els partidaris de la ideologia liberal al·legarien que l'accentuació de les diferències a curt termini ha estat un mal necessari, perquè és una conseqüència del procés posat en marxa. La dinàmica iniciada facilita canalitzar l'esforç i els recursos productius cap a usos que permetin un creixement més ràpid. A llarg termini, no obstant això, el fort creixement, aconseguit per haver propiciat els incentius per a treballar i per a produir, beneficiarà tothom.

+ *Més dades*

Segons l'enquesta de condicions de vida, la pobresa a Espanya ha augmentat a conseqüència de la crisi. El 2008 encara no se'n notaven els efectes, però des de 2009 ha augmentat de manera ininterrompuda. El 2009 el 19,5 % dels espanyols es trobava en risc de pobresa, el 2010 el risc va arribar a un 20,7 % de la població, i el 2011 el 21,8 % dels residents a Espanya vivia per sota del llindar de la pobresa.

Si ens centrem en allò ocorregut durant les dues últimes dècades, podríem afirmar que aquestes s'han caracteritzat per la coexistència d'atur estructural i una ocupació cada cop menys estable. Aquesta situació ha conduït a una certa dualització social i a l'aparició d'un bon nombre d'exclosos. En aquest procés ha contribuït el desmantellament relatiu de *l'estat de benestar*.

Activitats

18> Alguns països subdesenvolupats tenen un volum de deute extern molt elevat, que els obliga a destinar grans quantitats de recursos per a fer pagaments internacionals, en lloc de dedicar-los a altres fins. Com influeix aquest fet en les possibilitats de desenvolupament d'aquests països? S'han dut a terme algunes mesures per a intentar resoldre el problema, com la venda d'empreses estatals, la venda de concessions per a explotar recursos naturals, l'aplicació de moratòries i la cancel·lació d'una part del deute. Per a cadascuna d'aquestes, exposa quins creus que seran els seus efectes sobre els indicadors de subdesenvolupament que hem estudiat.

19> Explica quines són les dues postures extremes en la lluita contra la pobresa.

20> Analitza si el problema de la pobresa és només dels països subdesenvolupats.

8 L'estat de benestar

L'**estat de benestar,** que va ser creat en l'Europa de la postguerra, pot definir-se com la institucionalització dels drets socials dels ciutadans. L'Estat proveeix els ciutadans d'unes determinades prestacions, en forma de subsidis, ajudes o pensions, i d'un conjunt de serveis socials, generalment, en matèria de sanitat i educació (vegeu l'Epígraf 5 de la Unitat 7).

> L'**estat de benestar** és el conjunt de serveis socials (pensions, desocupació, sanitat, educació) que garanteix als ciutadans un nivell de subsistència.

En els seus orígens, en intentar oferir a tots els ciutadans uns serveis mínims en forma de prestacions com ara educació, sanitat, salari mínim, pensions, cobertura de desocupació, etc., pretenia eradicar la pobresa en l'Europa de la postguerra.

En tot cas, el fet és que l'estat de benestar va contribuir a vertebrar l'Europa arruïnada per la Segona Guerra Mundial en un consens sense precedents, i va aconseguir una convivència difícil d'assolir. Mitjançant aquest procés, l'Estat es va convertir en una mena d'àrbitre de les diferents classes socials, i, paral·lelament, es va despolititzar i va desautoritzar les possibilitats de revoltes socials en aquells llocs en què les desigualtats eren molt importants. D'aquesta manera, a més a més, s'intentava evitar el possible contagi de les idees comunistes que regien a l'Europa de l'Est.

El resultat ha estat que l'estat de benestar s'ha convertit en un element clau de la cultura europea des de fa mig segle i ha caracteritzat un model de creixement a llarg termini.

8.1 El debat sobre l'estat de benestar

En dates recents, s'ha obert un debat central en el si de la UE, perquè alguns es qüestionen si l'estat de benestar s'ha convertit en un obstacle per al futur.

+ *Més dades*

A Espanya les principals activitats dutes a terme en matèria de benestar social són les següents:

- Prestacions per desocupació.
- Educació.
- Sanitat.
- Serveis d'ajuda a les famílies (escoles bressol i serveis domiciliaris).
- Transferències socials (prestacions per a la vellesa, per viduïtat, per invalidesa i transferències a les famílies).
- Habitatge social.

La clau es troba a saber si les iniciatives que van ser creades per alleujar la pobresa actualment estan provocant dèficits públics ingovernables i augments de la desocupació, perquè propicien uns salaris elevats que tenen com marc de referència uns subsidis d'atur que no conviden a treballar. En altres paraules, s'assenyala que les subvencions creades per l'estat de benestar han limitat els incentius per a treballar. El debat se centra en si, davant de la magnitud dels dèficits de l'Estat, originada per una necessitat creixent de prestacions i un nombre menys gran de cotitzants, és possible mantenir les cotes de providència assolides i alhora generar ocupació.

L'estat de benestar ha funcionat mentre la prosperitat ha possibilitat un augment de la pressió fiscal que compensés les desigualtats més extremes, mitjançant un augment dels serveis socials. Quan la crisi financera internacional va deixar sentir els seus efectes sobre els comptes públics, l'equilibri macroeconòmic es va tornar més difícil d'aconseguir.

! *Important*

La **deslocalització** és el desplaçament d'indústries i serveis cap a països en via de desenvolupament a causa dels seus reduïts costos laborals i socials.

L'estat de benestar s'ha vist limitat, a més de per la crisi fiscal de l'Estat, per la competència dels països del Sud-est asiàtic, de l'Est europeu i d'alguns països sud-americans i del Nord d'Àfrica. Amb costos salarials molt inferiors als europeus, escasses normes mediambientals, nuls sistemes de protecció i uns mercats laborals molt poc regulats, exerceixen un dúmping social que atreu capitals, indústries i serveis per la seva mà d'obra barata.

Aquesta **deslocalització d'indústries i serveis** fa que els productes dels països en via de desenvolupament envaeixin els mercats internacionals, desplacin entre altres els europeus i contribueixin a augmentar la desocupació als països de la UE.

El terme **dúmping social** fa referència a la competència d'alguns països amb altres, basant-se en l'oferta d'uns costos laborals i socials més baixos.

8.2 El futur de l'estat de benestar

En relació amb l'estat de benestar hi ha tres posicions. D'una banda, els **liberals** defensen que l'estat de benestar s'ha de desmantellar i deixar que actuïn les forces del mercat, perquè genera més ineficiències que beneficis. Per una altra, els **democratacristians** defensen que cal reformar l'estat de benestar, per fer-lo compatible amb la necessària contenció del dèficit públic, la qual cosa ha de comportar profundes retallades en algunes de les prestacions. I una tercera posició, la **socialdemòcrata**, defensa que l'estat de benestar forma part essencial de la cultura europea contra la desigualtat i, per tant, cal mantenir-lo en essència com en les dècades precedents.

El futur de l'estat de benestar estarà marcat pels problemes pressupostaris derivats de la crisi financera internacional. El deteriorament de les finances públiques causat per l'intent de combatre la recessió va generar una crisi de desconfiança en els mercats davant de l'augment del deute públic d'alguns països de l'eurozona. Això va dificultar encara més el finançament dels estats, amb la qual cosa van créixer les pressions per a retallar algunes prestacions socials, especialment als països més endeutats.

Activitats

21> Explica quines són les tres posicions bàsiques davant del futur de l'estat de benestar.

22> Debat sobre el futur de l'estat de benestar tenint en compte les conseqüències de la crisi financera internacional i la reacció dels mercats davant de l'augment del deute públic dels països europeus desenvolupats que està originant la crisi.

Mapa conceptual

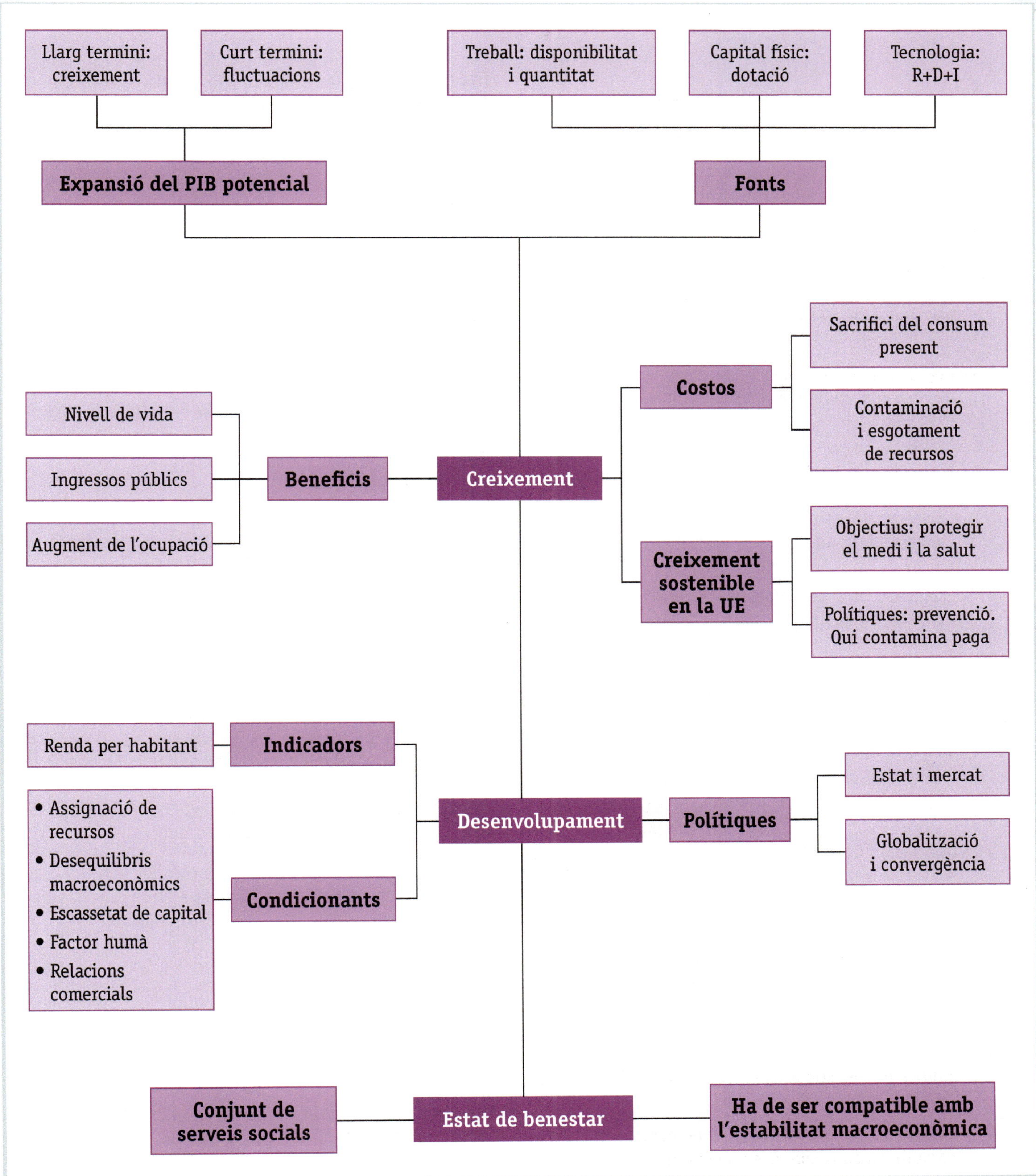

Activitats finals

1> Suposem que la societat d'un país decideix reduir el consum i augmentar la inversió. Com afectarà aquest canvi al creixement econòmic?

2> L'eliminació de restriccions comercials, com els aranzels, provocaria una acceleració en el ritme de creixement econòmic? Per què?

3> Quins són els factors explicatius del creixement de la producció a llarg termini en un país?

4> El lliure comerç, està barallat amb la salut i el medi ambient? Raona la teva resposta d'acord amb allò estudiat en la unitat.

5> Per què és important diferenciar el PIB nominal del PIB real quan estudiem el creixement econòmic d'un país?

6> A Espanya la jornada laboral és de 40 hores setmanals. Com afectaria la productivitat del factor treball una reducció d'aquesta jornada? Es podria parlar d'un creixement en aquestes circumstàncies?

7> Escull un país de l'Amèrica Llatina i analitza'n els diversos indicadors del grau de desenvolupament.

8> Quins són els pilars bàsics de l'estat de benestar?

9> Si una empresa obté 120 000 unitats del seu producte amb 35 treballadors en un any, treballant 1 700 hores, quina és la productivitat d'aquest factor en aquesta empresa?

10> Què s'aconsegueix reciclant? Explica el que indiquen les tres «R» del reciclatge.

11> Obtén les dades del PIB real i del nombre de treballadors a Espanya en els últims cinc anys. Divideix en cada any el PIB entre la població ocupada per obtenir un indicador de la productivitat. Analitza'n l'evolució.

12> Quines conseqüències tenen les deslocalitzacions industrials als països de la UE?

13> Quin és l'organisme en la UE que atén els problemes mediambientals? Quins són els seus objectius?

14> Busca a l'Agència Europea del Medi Ambient les tendències mundials per a la Terra el 2050: explica-les.

15> On s'inclouen les competències mediambientals en el Govern central espanyol? Quins són els organismes i les institucions implicats en la lluita contra el canvi climàtic nacionalment?

16> Les comunitats autònomes tenen competències en matèria de medi ambient? Localitza a la teva comunitat l'organisme competent.

17> Com ha incidit la crisi internacional en els indicadors de pobresa?

18> Investiga què són les «ecoempreses». Quins objectius persegueixen?

19> Investiga sobre el projecte *Llibres amics dels boscos*. Quina finalitat persegueix? És fàcil la seva posada en pràctica? Quines conseqüències tindria aplicar-lo?

20> L'endeutament d'un país, pot limitar-ne el creixement?

21> Què entens per la frase «Qui contamina paga»?

22> Com repercuteixen en el consumidor els costos de la contaminació?

23> Per què els costos de la contaminació redueixen l'ocupació?

24> Què s'entén per convergència econòmica?

25> En la premsa, de vegades es confonen creixement econòmic i desenvolupament econòmic. Són el mateix? En què es diferencien?

26> Especialment en el cas de països subdesenvolupats, els experts aconsellen gastar més en educació bàsica que en educació superior. Hi estàs d'acord? Per què?

27> Compleix Espanya el compromís de destinar el 0,7 % del PIB a l'ajuda al desenvolupament? Quant hi destina?

28> Segons un informe de la UE, Espanya se situa a la cua de la despesa en **R+D** per habitant, per darrere d'Estònia i la República Txeca. Quins efectes tindrà aquesta escassa inversió respecte als altres països de la UE?

29> Quin és el país de la UE que inverteix més en **R+D+I**?

30> Quan es va crear l'FMI? Quins són els seus objectius?

31> Quines dues institucions financeres internacionals es van crear en els Acords de Bretton Woods? Amb quins fins es van adoptar aquests acords?

32> Les multinacionals es localitzen de vegades en països en desenvolupament. Per què?

33> Analitza una multinacional i localitza els països on té les seves filials.

34> Quina és la diferència entre pobresa relativa i pobresa absoluta?

35> Explica què entens per estat de benestar.

36> L'estat de benestar, pot convertir-se en un fre per al creixement econòmic? Argumenta la teva resposta.

37> Les prestacions per desocupació intenten proporcionar al ciutadà recursos suficients quan es troba en aquesta situació. Tots tenen dret a cobrar-les? De què depèn la quantitat a percebre?

38> En quin sentit el problema del deute de l'eurozona està afectant l'estat de benestar?

39> Explica la frase següent: «Als països en via de desenvolupament sovint, a més de comptar amb un capital humà reduït, no s'apliquen les polítiques idònies».

40> Justifica la veracitat o falsedat de les afirmacions següents:

a) Si la quantitat de capital físic i humà no varia, però es produeix un avanç tecnològic important, tots dos efectes es compensaran i la productivitat no variarà.

b) Quan la quantitat de capital físic per treballador creix, però els nivells de capital humà per treballador i la tecnologia no varien, la productivitat augmenta.

c) Uns grans magatzems que tenen establiments per tot el territori nacional acaben d'instal·lar un nou sistema informàtic que afectarà pràcticament totes les funcions que du a terme l'empresa. Això possiblement provocarà una baixada temporal de la productivitat dels empleats.

d) Els recursos naturals són més importants que el capital humà i el físic com a fonts de productivitat.

e) Els increments en el nivell de vida provenen gairebé totalment de l'augment de la productivitat del treball.

Reportatge: L'aigua, inesperada arma de destrucció massiva

Et proposem la lectura de l'article «El agua, inesperada arma de destrucción masiva», escrit per S. McCoy i publicat a *Cotizalia* el 22 de setembre de 2011.

L'article analitza el paper que pot exercir l'aigua com a factor limitador del creixement. L'aigua és un recurs escàs i el seu consum presenta un creixement que pot resultar insostenible (trobaràs el text complet a: **www.bachillerato.es/economia**).

Preguntes:

1> En quin sentit l'aigua pot actuar com un factor que limiti el creixement econòmic?

2> En quines possibles estratègies es pot pensar per afrontar aquest repte?

Test de repàs

1> Un indicador per a mesurar el benestar econòmic d'un país serà el següent:

a) La taxa de creixement de la desocupació.
b) La taxa d'inflació.
c) El producte interior brut per habitant.
d) El saldo de la balança de pagaments.

2> Quins són els òrgans responsables de la canalització dels fluxos d'inversió de capital estranger cap als països subdesenvolupats?

a) El Banc Mundial.
b) Els governs dels països subdesenvolupats.
c) Les empreses privades.
d) Totes les respostes anteriors.

3> Quin dels indicadors següents no és rellevant per a qualificar el desenvolupament d'un país?

a) La insuficiència de capital humà.
b) L'escassetat de capital físic.
c) El tipus de relacions comercials.
d) Una inflació superior al tipus d'interès.

4> Un inconvenient important que presenta el creixement econòmic és:

a) Una reducció del consum present a causa de l'augment de l'estalvi per a finançar la inversió.
b) La disminució de les taxes de desocupació.
c) La millora de la distribució de la renda.
d) La disminució de la productivitat tant del factor productiu treball com del capital.

5> Quin dels invents següents ha comportat un gran avanç en el desenvolupament mundial?

a) El desenvolupament d'Internet i tots els serveis que proporciona.
b) El desenvolupament de vehicles impulsats per energia elèctrica.
c) La TDT en substitució de la televisió analògica.
d) La implantació de les pissarres digitals interactives a les aules.

6> Dels objectius següents, quin no es considera un objectiu de la política mediambiental comuna de la Unió Europea?

a) Protegir la salut de les persones.
b) Utilitzar de manera adequada i prudent els recursos naturals.
c) Dotar, com a mínim, d'un 20 % de zona verda tots els municipis.
d) Preservar, protegir i millorar el medi ambient.

7> Quin dels indicadors següents no és un dels que s'utilitza per a mesurar el grau de subdesenvolupament d'un país?

a) Renda per habitant baixa.
b) Nombre d'hores treballades per setmana.
c) Taxa d'estalvi per habitant baixa.
d) Taxes elevades de desocupació estructural.

8> En general, els països en via de desenvolupament:

a) Tenen un sistema impositiu eficaç, però presenten dèficits públics elevats.
b) Tenen una alta taxa d'estalvi per habitant, però aquest fet no és suficient perquè la inversió creixi.
c) Poden finançar les seves importacions, ja que el seu Banc Central disposa de les reserves de divises necessàries per a això.
d) Solen exportar primeres matèries i importar béns d'equip.

9> Quina de les mesures següents per a ajudar els països en via de desenvolupament no està inclosa dins del marc de la UNCTAD?

a) Destinar el 0,7 % del producte interior brut del Nord per a ajuda al desenvolupament
b) Concessió de préstecs pels intermediaris financers internacionals a tornar en curts períodes de temps.
c) Renegociació del deute extern.
d) Reforma del Banc Mundial i del Fons Monetari Internacional.

10> Quina de les afirmacions següents no és correcta respecte a la qüestió del creixement i desenvolupament?

a) El problema de les excessives diferències en la distribució de la renda no és exclusiu dels països en via de desenvolupament.
b) Els partidaris de la ideologia liberal defensen la continuïtat de l'estat de benestar en les economies mundials.
c) El Banc Mundial s'ocupa prioritàriament dels països menys desenvolupats mitjançant crèdits a llarg termini.
d) La globalització dels fluxos de béns, serveis, capital, treball i tecnologia ha accelerat el creixement econòmic.

Solució: 1. c; 2. d; 3. d; 4. a; 5. a; 6. c; 7. b; 8. d; 9. b; 10. b.

16

ECONOMIA ESPANYOLA: LA POLÍTICA ECONÒMICA EN ACCIÓ

En aquesta unitat s'analitzarà, tenint en compte l'evolució recent de l'economia espanyola, la posada en pràctica de la política econòmica. El període analitzat comprèn des del final de la Guerra Civil espanyola fins avui dia. Durant aquestes últimes dècades, l'economia espanyola ha experimentat un canvi molt pronunciat. El conjunt de mesures de caràcter liberalitzador i oberturista preses en el context del Pla d'Estabilització de 1959 van tenir un efecte decisiu sobre la marxa de l'economia. El mateix es pot dir de la política seguida arran de la integració en la Unió Europea, els objectius de la qual eren propiciar la convergència amb els països més estables de la UE i formar part de la Unió Monetària. No obstant això, la crisi financera internacional ha generat una forta contracció i ha plantejat uns quants dubtes sobre el seu futur.

Notícia

«La paradoja del bazoka», de Manuel Conthe, *Expansion.com*, 10 d'octubre de 2011.

L'article es fa ressò de les recomanacions que David Cameron, primer ministre britànic, va fer l'octubre de 2011 als països de la zona euro amb vista a defensar la Unió Econòmica i Monetària. S'hi fa patent que les decisions que es prenen en matèria de política econòmica són capaces de transformar els fonaments d'una economia (trobaràs el text complet a: **www.mhe.es/bachillerato/economia**).

Qüestions:

1> Les tres mesures que proposava Cameron, es van portar a terme finalment? En quina mesura?

2> En l'article se cita un exprimer ministre britànic, que va fer una recomanació el 1991 en sentit contrari. Quines conseqüències va tenir aquesta recomanació sobre el disseny del sistema financer?

3> Quines conseqüències creus que poden tenir per a l'economia espanyola les mesures que proposava David Cameron?

1 El període de reconstrucció i autarquia (1939-1958)

Important

El **proteccionisme** és una pràctica que consisteix a imposar tarifes duaneres altes per protegir els productes nacionals de la competència estrangera.

En la dècada posterior al final de la Guerra Civil espanyola es va reforçar el sistema intervencionista i **proteccionista** instaurat al començament del segle XX. El règim mantenia la mentalitat pròpia de l'economia de guerra i pretenia establir en aquesta fase un sistema intervencionista, que aconseguís un control complet de l'economia. Va regular els salaris, els preus, la producció agrícola i el comerç amb altres països (mitjançant polítiques proteccionistes, és a dir, imposant quotes a la importació i controlant el tipus de canvi i les inversions estrangeres) i va impulsar la participació directa de l'Estat en l'economia. Aquesta es va concretar en la creació d'una sèrie d'empreses estatals, entre les quals cal destacar ENDESA, en el sector elèctric, i SEAT i ENASA, en el del transport. Una gran part d'aquestes empreses es van ubicar dins el *holding* de l'Estat: l'Institut Nacional d'Indústria (INI), avui transformat en la Societat Estatal de Participacions Industrials (SEPI).

Aquestes mesures servien a l'objectiu que s'havia fixat el Govern: aconseguir el màxim possible d'autosuficiència. Amb això, el Govern pretenia respondre al bloqueig que la comunitat internacional havia establert el 1946 al règim franquista.

El **desenvolupament autàrquic** va prendre com a punt de partida una política de ràpida industrialització per a substituir amb productes nacionals les importacions. Les empreses públiques es creaven amb aquest fi. Aquesta política va comportar un procés de desconnexió de l'economia espanyola respecte a l'economia internacional. Així, el 1950, el comerç amb altres països representava únicament un 5 % del PIB. L'any 1996 n'era el 31,2 %.

Desenvolupament autàrquic és aquella política per la qual es pretén impulsar el creixement d'un país comptant només amb els propis recursos.

La reconstrucció de l'economia espanyola va ser difícil i llarga. Això es va deure tant a l'elevat nombre de morts i als abundants danys originats per la Guerra Civil com a l'entorn internacional a què es va enfrontar Espanya, marcat en els anys quaranta per la Segona Guerra Mundial, i en els cinquanta, per la dura recuperació d'aquesta.

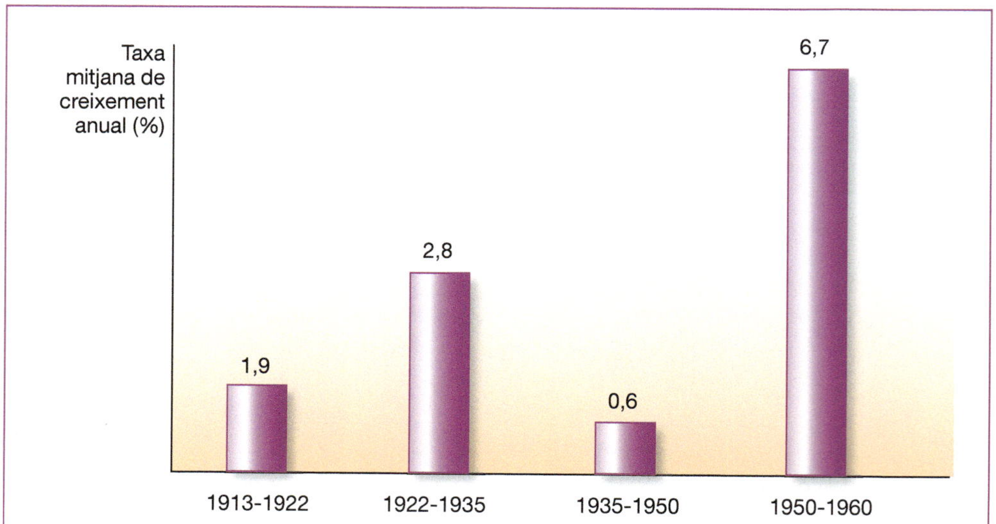

Figura 16.1. *Taxa de creixement de la producció industrial. 1913-1960.*

La política econòmica espanyola durant el decenni dels quaranta i ben entrats els cinquanta es va qualificar de política de guerra.

A més a més, Espanya es va veure marginada del Pla Marshall, patrocinat pels Estats Units per encoratjar la recuperació de les economies de l'Europa Occidental devastades per la guerra. Prova d'això és que la producció industrial va experimentar un dràstic enfonsament entre 1936 i 1950, any en què Espanya va superar el nivell de 1929 (Figura 16.1).

Així doncs, durant les dècades dels quaranta i els cinquanta, l'economia espanyola va lluitar per sobreviure, aïllada del procés de reconstrucció de les economies occidentals. Va fer front a aquest repte amb una estructura productiva pròpia d'un país escassament desenvolupat: el 1950, gairebé la meitat de la població activa estava ocupada en l'agricultura, i només el 18 %, en la indústria. El grau de pobresa de la població queda reflectit en el fet que la renda real per habitant era només un terç de la de 1980.

Espanya comptava amb un mercat nacional pobre i relativament petit (28 milions de persones), l'energia i les primeres matèries escassejaven i les infraestructures de comunicacions eren molt deficients. Tot això va fer impossible el desenvolupament autàrquic. A més, les polítiques d'industrialització i de recuperació agrícola van resultar costoses i van donar uns resultats ben pobres, van escassejar encara més els béns de consum i, alhora, van augmentar les tensions inflacionistes. El comerç exterior, d'altra banda, presentava un dèficit persistent que va anar reduint de manera sistemàtica les reserves de divises.

Al final de la dècada dels cinquanta, aquest cúmul de problemes va arribar a nivells de crisi. En concret, la reducció de la quantitat de reserves de divises amenaçava de situar l'economia espanyola en fallida.

Important

El **desenvolupament autàrquic** que Espanya es va veure forçada a portar durant les dècades dels quaranta i cinquanta va acabar en una situació pròxima a una crisi, especialment per la manca de reserves de divises.

Activitats

1> Els efectes de l'autarquia no s'entenen gaire bé fins que no es pateixen en la vida real. Debateu a classe la situació següent: si Espanya deixés de sobte d'importar petroli, quines alternatives podrien posar-se en marxa per obtenir energia, plàstics, etc., només amb recursos del país? Com canviaria la vida diària? Quines activitats deixaríem de poder fer?

2> En quin sentit l'autarquia va frenar l'acumulació de capital?

2 L'època del desenvolupisme espanyol (1959-1973)

! Important

Un dels factors clau del **desenvolupisme espanyol** va ser l'obertura a l'exterior, la qual cosa es va veure impulsada per la devaluació de la pesseta, el turisme i la liberalització del comerç exterior.

Un primer pas cap a l'obertura de l'economia espanyola a l'exterior es va produir el 1953 amb el Tractat de Defensa amb els Estats Units, mitjançant el qual el país americà va establir bases militars a Espanya. En contraprestació, Espanya va rebre ajuda econòmica: 625 milions de dòlars entre 1951 i 1957. A més a més, el 1958, Espanya es va fer membre del Banc Mundial, i el 1959, del Fons Monetari Internacional. També va ingressar en l'Organització per a la Cooperació i el Desenvolupament Econòmic (OCDE).

Les claus del fort creixement experimentat per l'economia espanyola van ser un conjunt de mesures liberalitzadores preses a partir de 1959, fet al qual es va unir una sèrie de factors exteriors: el fort creixement de l'economia mundial i l'entrada d'inversions estrangeres directes.

En aquest procés, el **Pla d'Estabilització Econòmica de 1959** va ser una peça fonamental, perquè va representar un canvi significatiu en la política econòmica: el final de l'autarquia. El pla es va elaborar seguint les recomanacions contingudes en uns informes del Banc Internacional de Reconstrucció i Desenvolupament i de l'OCDE.

2.1 El Pla d'Estabilització de 1959

El Pla d'Estabilització de 1959 va crear un entorn macroeconòmic que va afavorir un fort creixement econòmic en els anys seixanta.

El pla es va caracteritzar per una política monetària estricta el fi de la qual era combatre la inflació. Els objectius del Pla d'Estabilització poden concretar-se en:

a) Reducció de la despesa pública i dels préstecs al sector públic.

b) Restriccions de crèdit al sector privat.

c) Augment dels preus dels serveis públics.

d) Elevació dels tipus d'interès.

e) Devaluació de la pesseta.

f) Liberalització de les inversions estrangeres i del comerç exterior.

Els efectes immediats van ser una *millora de la balança de pagaments* i una *recessió greu*, que es va plasmar en una reducció de la demanda i un augment de la desocupació. La clau perquè les mesures del Pla d'Estabilització originessin un desenvolupament desconegut en l'economia espanyola, en lloc de desembocar en una prolongada i profunda recessió, cal buscar-la en la conjuntura internacional favorable.

Al començament de la dècada dels seixanta, els països industrialitzats, especialment els europeus, van iniciar una etapa de creixement sostingut, que va servir per a crear un mercat per a les mercaderies espanyoles i que va donar oportunitats d'ocupació a un nombre molt considerable d'emigrants. Aquests, al seu torn, van contribuir a equilibrar la balança de pagaments amb els enviaments de diners que feien als seus familiars.

Paral·lelament, el *turisme* va començar a emergir com un sector d'importància cabdal per a l'economia espanyola, com a generador d'ocupació i de rendes. El seu efecte multiplicador es va deixar sentir sobre un ampli grup d'activitats industrials, com les relacionades amb el transport i la construcció, la qual cosa va contribuir que l'agricultura deixés de ser l'activitat fonamental. D'aquesta manera, el pla, inicialment dissenyat per estabilitzar l'economia espanyola, de fet va assentar les bases d'un període de fort creixement.

! Important

Els factors clau de l'èxit del **Pla d'Estabilització de 1959** són:

- Els enviaments de divises dels emigrants.
- L'auge del turisme.
- L'entrada d'inversions estrangeres.

Més dades

El Pla d'Estabilització de 1959

Les principals mesures del Pla Nacional d'Estabilització

Els fins últims del pla eren dos: primer, el **desenvolupament econòmic** i, segon, més **integració en l'economia internacional.** Aquests objectius eren inabastables sense refermar l'equilibri intern de preus i l'equilibri exterior. Amb aquest fi, es va intentar limitar l'emissió de deute públic, que indirectament augmentava la inflació.

Es van reduir els subsidis a les empreses públiques, les inversions en organismes autònoms i el creixement de la despesa total.

Així mateix, es va limitar el volum total de crèdit concedit al sector privat, es van elevar els tipus d'interès per frenar la demanda de nous crèdits i es van limitar les operacions actives de la banca.

L'equilibri exterior es va enllaçar amb l'equilibri intern mitjançant l'estabilització de preus, que és la seva condició indispensable. Les mesures essencials del pla residien en: fixació d'un tipus de paritat de la pesseta que permetia vigoritzar les exportacions i limitar les importacions i establiment d'un dipòsit previ d'importació per a filtrar les importacions especulatives.

Es va revisar la Llei d'inversions exteriors per permetre la importació de l'estalvi extern i es va concretar l'ajuda exterior al Pla Nacional d'Estabilització mitjançant la cooperació dels crèdits canalitzada a través de l'OCDE i l'FMI.

Important

La paraula clau del Pla d'Estabilització de 1959 va ser *obertura,* tant al lliure mercat com a l'exterior. Moltes activitats es van obrir al lliure joc del mercat i es va estimular l'exportació mitjançant una devaluació de la pesseta. Una condició necessària per al desenvolupament econòmic va ser l'estabilització dels preus que es va aconseguir per mitjà d'aquell pla.

2.2 La persistència del proteccionisme

Malgrat que el Pla d'Estabilització va apostar en molts terrenys per la liberalització de l'economia, a la pràctica el proteccionisme va continuar, si bé adoptant noves formes, com, per exemple, les **accions concertades.**

Mitjançant les **accions concertades** el Govern emprenia accions conjuntes amb el sector privat oferint ajudes discrecionals a determinats projectes d'interès.

Així mateix, van continuar les subvencions públiques als sectors tradicionals, com les drassanes i la siderúrgia. La implicació de l'INI en l'economia es va estendre i va participar especialment a Astúries: en el grup miner HUNOSA i en la siderúrgia mitjançant ENSIDESA.

D'altra banda, la nacionalització del Banc d'Espanya el 1962 va permetre al Govern incrementar el control del sistema financer. Pel que fa al comerç exterior, es van establir aranzels per protegir sobretot els béns de consum, i una mica menys, els béns intermedis. Les tarifes més baixes corresponien als béns de capital.

Simultàniament, es va dissenyar un ampli conjunt d'incentius a l'exportació, incloent-hi reduccions d'impostos i facilitats creditícies i d'assegurament, generalment articulats en el context dels plans de desenvolupament.

2.3 Principals canvis estructurals i geogràfics

> **! Important**
>
> Durant el període del **desenvolupisme** van tenir lloc una sèrie de canvis estructurals, entre els quals cal destacar la reducció de la població ocupada en l'agricultura, l'augment del consum de petroli i que el sistema productiu es fes més intensiu en capital.

Durant aquest període, el creixement econòmic es va veure acompanyat de canvis estructurals i espacials profunds. La proporció de la població activa ocupada en l'agricultura es va reduir dràsticament, mentre que es va incrementar el percentatge ocupat en els serveis. El consum d'energia es va alterar, i la despesa es va desplaçar del carbó al petroli. Quant a les tècniques de producció, es va generalitzar l'ús de processos productius intensius en capital. En la indústria, els productes sintètics van substituir molts productes tradicionals, i la composició de la producció es va alterar en augmentar la importància dels béns de capital, com la metal·lúrgia, els materials de construcció, els productes químics i els equips per al transport.

Des d'un punt de vista geogràfic, es va iniciar un període de prosperitat al litoral costaner, en part a causa del turisme i també d'un notable desenvolupament de noves tècniques agrícoles i de certes iniciatives industrials.

El procés comentat es va veure acompanyat d'una forta emigració rural i del despoblament d'àmplies zones de l'interior. El destí d'aquests fluxos migratoris van ser les ciutats i les poblacions costaneres.

> **+ Més dades**
>
> **Desplaçament de la demanda agregada per l'estirada del sector exterior: 1959-1973**
>
> Des de la perspectiva de l'anàlisi de l'oferta i la demanda agregades, allò ocorregut en l'economia espanyola durant el període 1959-1973 pot explicar-se en els termes següents. L'obertura de l'economia espanyola a l'exterior, després d'un llarg període d'autarquia i aïllament, va originar un fort augment de la despesa agregada, i va provocar un desplaçament de la corba de demanda agregada de DA_{59} a DA_{73} (Figura 16.2). Aquest moviment va originar un augment de la producció d'equilibri i dels preus.
>
> La producció efectiva va créixer tant que es va fer superior a la producció potencial, de manera que el nivell de preus va experimentar una pujada important, des de *P* fins a *P′*, fet que va donar lloc a fortes tensions inflacionistes.

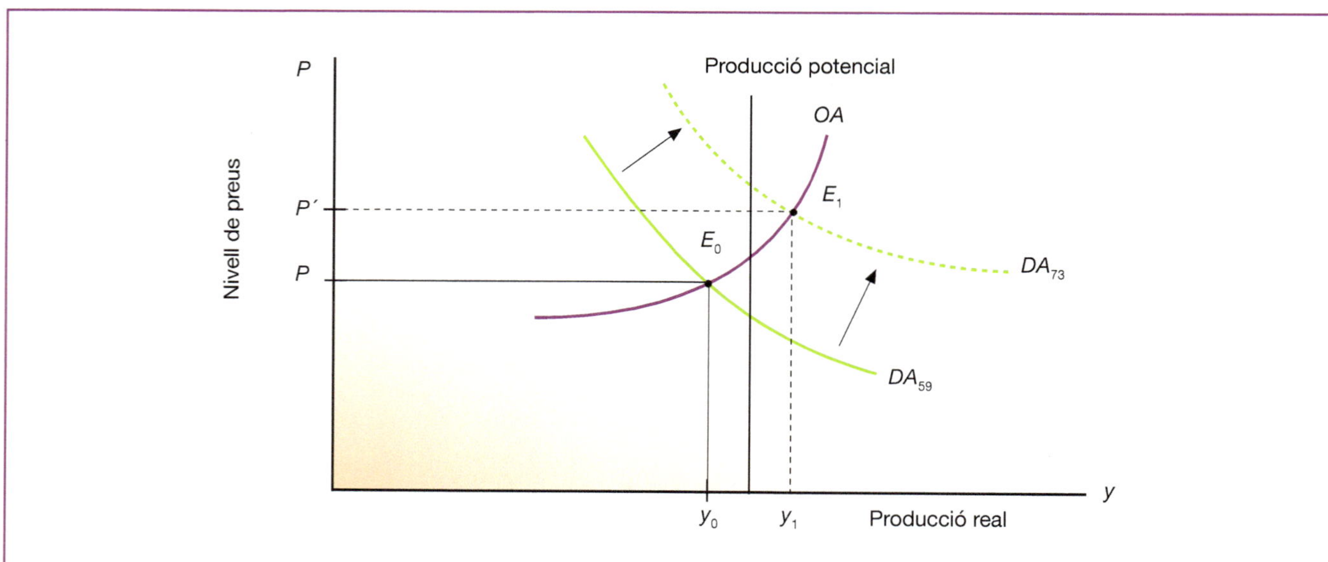

Figura 16.2. ***Efectes de l'estirada del sector exterior.*** *Segons el model macroeconòmic d'oferta i demanda agregades, l'estirada del sector exterior va desplaçar la corba de demanda agregada cap a la dreta, i va fer que augmentessin la producció i els preus.*

Potser el fet econòmic més significatiu durant la dècada dels seixanta va ser el fort **augment del comerç exterior i de les inversions estrangeres.** Les importacions van passar de representar el 7 % del PIB el 1950 al 17 %; i les exportacions, en el mateix període, van passar de representar el 10 al 15 % del PIB.

El creixement de les importacions es va deure al ràpid procés d'industrialització i a l'increment de la renda per habitant. En l'evolució de les exportacions va influir l'augment dels béns manufacturats: els béns d'equip i els béns de consum van arribar a ser relativament més importants que les primeres matèries i els productes agrícoles.

De totes maneres, atès l'augment important de les importacions, el dèficit en la balança de mercaderies va continuar sent molt significatiu. En el seu finançament van exercir un paper determinant els ingressos derivats del turisme, els enviaments d'emigrants i les inversions estrangeres.

2.4 Els temes pendents

Tal com assenyalàvem, el fort creixement de l'economia va contribuir a encobrir certs problemes. Així, bona part de les empreses industrials, incloent-hi les siderúrgiques i les tèxtils, protegides per altes tarifes, romanien **tecnològicament retardades** i amb una grandària mitjana reduïda. Com a resultat, la indústria espanyola seguia a mig camí entre la que corresponia a un país avançat i la pròpia d'un país d'industrialització recent, i la seva competitivitat descansava en els baixos salaris.

D'altra banda, el creixement econòmic va estar geogràficament molt concentrat, la qual cosa va originar fortes diferències en la distribució espacial de la renda. Així mateix, l'atur encobert o subocupació va continuar sent molt elevat, i només la forta emigració als països europeus va permetre suportar-lo.

De la mateixa manera, els problemes d'organització i estructura van ser esquivats. El Pla d'Estabilització no va conduir a una economia de lliure mercat, sinó a un estat d'evolució superior d'un capitalisme corporatiu, caracteritzat per una forta intervenció estatal. Els mercats de factors, especialment el laboral, eren molt rígids. El sistema impositiu estava escassament desenvolupat, la qual cosa explica els límits de l'oferta de béns públics.

D'altra banda, la política industrial va propiciar la concentració en les indústries tradicionals, ja que fomentava les inversions dirigides a ampliar la capacitat, descuidant la innovació i el desenvolupament tecnològic.

! *Important*

Temes pendents

- Retard tecnològic.
- Regionalment molt concentrat.
- Estat intervencionista.
- Concentració en indústries tradicionals.

+ *Més dades*

La persistència del proteccionisme: els plans de desenvolupament

Els **plans de desenvolupament nacional** pretenien establir una planificació indicativa de l'economia nacional i del desenvolupament regional. La planificació no va ser gaire reeixida, en part a causa d'una feble estructura tècnica i a certes insuficiències en el funcionament del sector públic.

A més a més, potser la preocupació per planificar va contribuir a descuidar les necessàries reformes institucionals i les mesures per a aconseguir una assignació dels recursos més eficient. De fet, l'aparell planificador va crear un ampli complex de préstecs i ajudes discrecionals, que va afavorir especialment les iniciatives situades dins dels **circuits privilegiats de crèdit.**

En la dècada dels seixanta, les **inversions públiques** es van dirigir prioritàriament a aquells sectors amb problemes d'adaptació al canviant entorn econòmic i a la indústria de base: química, siderúrgia, drassanes i equips per al transport.

Per tant, es pot afirmar que la *persistència del proteccionisme* i, sobretot, l'absència d'un pla per a reduir aquestes mesures proteccionistes i motivar la competitivitat, a més de distorsionar el mercat, van anar assentant les bases de problemes futurs.

Activitats

3> De les mesures preses per a arribar als objectius del Pla d'Estabilització de 1959 en termes de política fiscal i pressupostària i política monetària, quines van tenir uns efectes contractius a curt termini?

4> Compara la política comercial que es va seguir a Espanya entre 1959 i 1973 amb la del període anterior: quin era el nou objectiu proposat per a aconseguir el desenvolupament? Quines noves mesures es van dur a terme?

5> El Pla d'Estabilització va implicar una transformació profunda de l'economia espanyola. Quins temes van quedar pendents per a aconseguir que Espanya fos una economia moderna?

3 La crisi econòmica dels anys setanta (1974-1982)

Important

Les **polítiques compensatòries** o **contracícliques** són les que intenten reduir la intensitat de les fluctuacions de l'activitat econòmica mitjançant la manipulació de la demanda agregada.

A final de 1973, l'economia espanyola tenia símptomes clars de reescalfament, i els preus arribaven a cotes que començaven a ser preocupants. Precisament en aquestes dates, l'Organització de Països Exportadors de Petroli (OPEP) va decidir augmentar dràsticament els preus del petroli.

De gener de 1973 a gener de 1974, el preu del barril de petroli va pujar gairebé un 500 %, la qual cosa va deteriorar molt la **relació real d'intercanvi** dels països industrialitzats, i va sorgir l'anomenada *crisi de l'energia*.

La **relació real d'intercanvi** és el quocient entre els índexs de preus de les exportacions i de les importacions, i expressa el poder de compra de les mercaderies d'exportació respecte a les d'importació.

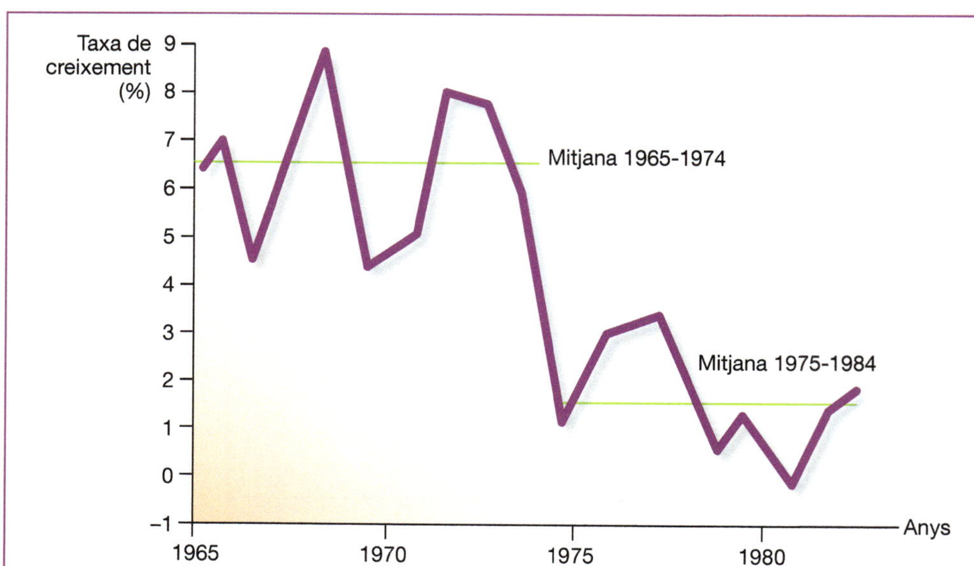

Figura 16.3. *Creixement del PIB espanyol: 1965-1984.*

Aquest augment en el preu de l'energia va sumir les economies occidentals en una profunda crisi. L'espanyola es va veure particularment afectada, en part a causa de la delicada situació política que passava. S'estava assistint als últims anys del franquisme (Franco va morir el 1975) i, malgrat l'augment dels preus del petroli i l'inici de la crisi, les autoritats espanyoles no es van decidir a prendre les mesures d'ajust que la situació requeria, una cosa que sí que va fer la resta dels països industrialitzats.

La subordinació dels problemes econòmics a les *condicions polítiques* en els primers anys de la dècada i la forta *dependència del petroli* són dos factors que contribueixen a explicar l'enorme incidència de la crisi de l'energia en l'economia espanyola.

De fet, es van prendre mesures per a estimular la demanda interna i per a impedir que els preus nacionals del petroli pugessin. El preu final dels carburants és el resultat de sumar al preu de compra en els mercats internacionals una quantitat en impostos. Durant les primeres fases de la crisi, el que es va fer va ser reduir els impostos sobre els carburants, perquè el preu final no augmentés, malgrat el fort increment que havia experimentat el preu de compra en els mercats internacionals. D'alguna manera, això equivalia a subsidiar el consum d'una matèria que s'havia encarit. Lògicament, l'efecte immediat va ser un brusc *deteriorament de la balança de pagaments*.

+ *Més dades*

Una pertorbació d'oferta negativa: 1974-1982

En termes gràfics, el dràstic augment dels preus del petroli, és a dir, la **pertorbació negativa** (o xoc) pel costat de l'oferta, va originar un desplaçament de la corba de l'oferta agregada cap a l'esquerra (Figura 16.4), d'$\boldsymbol{OA_{74}}$ a $\boldsymbol{OA_{82}}$ i un desplaçament de l'equilibri macroeconòmic, d'$\boldsymbol{E_0}$ a $\boldsymbol{E_1}$. La producció total es va reduir de $\boldsymbol{y_0}$ a $\boldsymbol{y_1}$, mentre que el nivell de preus va pujar de $\boldsymbol{P_0}$ a $\boldsymbol{P_1}$.

Una pertorbació (xoc) d'oferta és un canvi sobtat de les condicions de costos i productivitat que desplaça molt l'oferta agregada.

Una pertorbació de l'oferta negativa, és a dir, un desplaçament de la corba d'oferta agregada cap a l'esquerra, origina una pujada dels preus seguida d'una reducció de la producció i d'un augment de la desocupació (inflació amb estancament); és a dir, es deterioren els dos grans objectius de les polítiques macroeconòmiques.

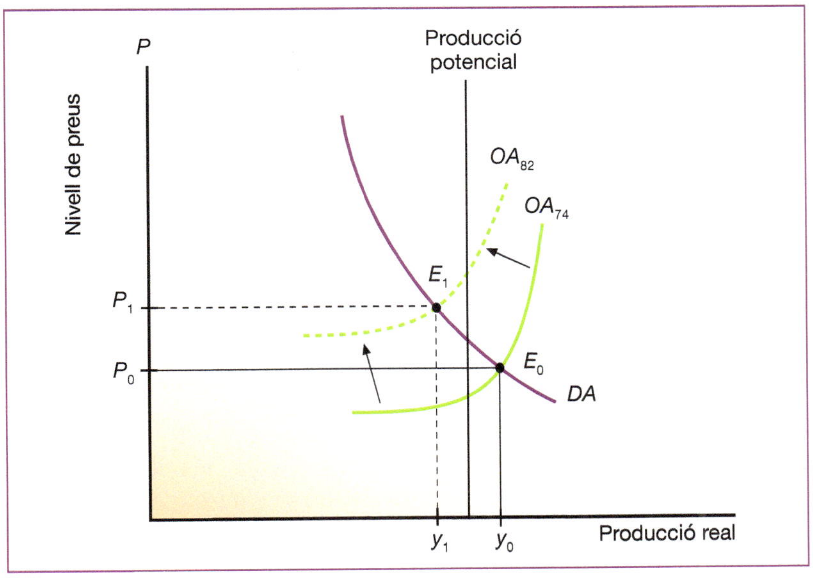

Figura 16.4. ***Una pertorbació de l'oferta: 1974-1982.*** *L'augment dels costos del petroli va originar un desplaçament cap a l'esquerra de la corba d'oferta agregada, la qual cosa va reduir la producció i va incrementar els preus.*

Important

En el període 1974-1982, Espanya viu el final de la dictadura franquista i la transició a un règim polític democraticoconstitucional. Un resum dels esdeveniments evidencia que la política va actuar com a condicionant de l'evolució econòmica d'un país. Per acció o omissió, aquesta emmarca les actuacions empresarials tant públiques com privades.

Per això, el coneixement de la història es fa imprescindible per a entendre els fets i les seves repercussions.

3.1 Els Pactes de la Moncloa

Amb la mort de Franco (1975), la situació política es va fer encara més delicada, i les autoritats econòmiques van ser molt permissives per a facilitar la transició democràtica. Així, els salaris van créixer per sobre de la inflació, la política monetària va ser laxa i la pesseta es va devaluar un 20 %.

Després de les primeres eleccions democràtiques (1977), el nou Govern va prendre mesures per a ajustar l'economia a la recessió. El marc van ser els **Pactes de la Moncloa,** que van subscriure tots els partits polítics, els empresaris i els sindicats, i en els quals es va assenyalar el camí per a afrontar els anys de crisi. En aquests també es va acordar procurar un grau d'obertura més gran de l'economia i una orientació internacional per a integrar Espanya en la Comunitat Econòmica Europea.

L'objectiu macroeconòmic fonamental va ser la lluita contra la inflació. La política monetària es va centrar en el control del creixement de l'oferta monetària i, paral·lelament, es van prendre mesures per a reduir el dèficit públic. Aquestes mesures es van complementar amb una política de rendes destinada a controlar el creixement dels salaris.

Durant aquesta dècada, la intervenció del Govern va continuar sent important. Calia iniciar el desmantellament del sistema de regulacions, per a preparar l'entrada en la CEE, i augmentar la flexibilitat de les institucions i dels mercats per a harmonitzar-ne el funcionament amb el de les economies occidentals. Va caldre dur a terme un procés de reestructuració i reconversió del sistema productiu i preparar-lo per a una economia més oberta.

Important

Els **Pactes de la Moncloa** van comportar la posada en pràctica d'unes mesures d'ajust necessàries en un moment políticament i econòmicament delicat.

Els Pactes de la Moncloa van constituir un acord entre totes les forces polítiques parlamentàries per a afrontar la situació econòmica alarmant.

Activitats

6> En quin sentit les pujades dels preus del petroli van comportar un empobriment per a l'economia espanyola?

7> Prenent com a referència l'any 1965, analitza, per al cas de l'economia espanyola, les sèries referides a les variables següents: creixement del PIB i creixement dels preus. Comprova els efectes de la crisi de l'energia.

4 La recuperació dels anys vuitanta i la integració en la CEE (1982-1992)

El 1982, l'economia espanyola entra en una nova fase, caracteritzada inicialment per una moderada recuperació.

4.1 Els factors desencadenants: la integració en la CEE

L'evolució de l'economia espanyola va estar condicionada per una conjuntura internacional favorable, caracteritzada per la recuperació del comerç i l'evolució favorable dels preus de les primeres matèries, especialment l'energia, així com per les expectatives associades a la incorporació a la CEE, que van contribuir a canalitzar capitals cap a l'economia espanyola des de la majoria dels centres financers amb una certa importància arreu del món.

L'evolució de l'economia espanyola també es va veure afavorida pel conjunt de **mesures** preses per les autoritats econòmiques, entre les quals cal destacar les següents:

a) La continuació de la *política de concertació social* iniciada amb els Pactes de la Moncloa durant els primers anys de la dècada.

b) La posada en marxa d'una *política d'ajust global* (un dels principals components de la qual va ser el procés de reconversió i reestructuració del sistema productiu) i de *flexibilització* de mercats i institucions.

c) En els últims anys, la reactivació de les *obres públiques,* motivada pels compromisos internacionals de 1992.

L'acció conjunta d'aquests factors va permetre que entre 1985 i 1989 l'economia espanyola experimentés una fase de creixement només comparable a l'ocorreguda en els seixanta (Figura 16.5).

Important

En la recuperació dels anys vuitanta la integració en la CEE va ser un factor determinant. Tant per la incidència de les expectatives generades, que van canalitzar importants fluxos de capitals, com per les polítiques d'ajust que es van prendre.

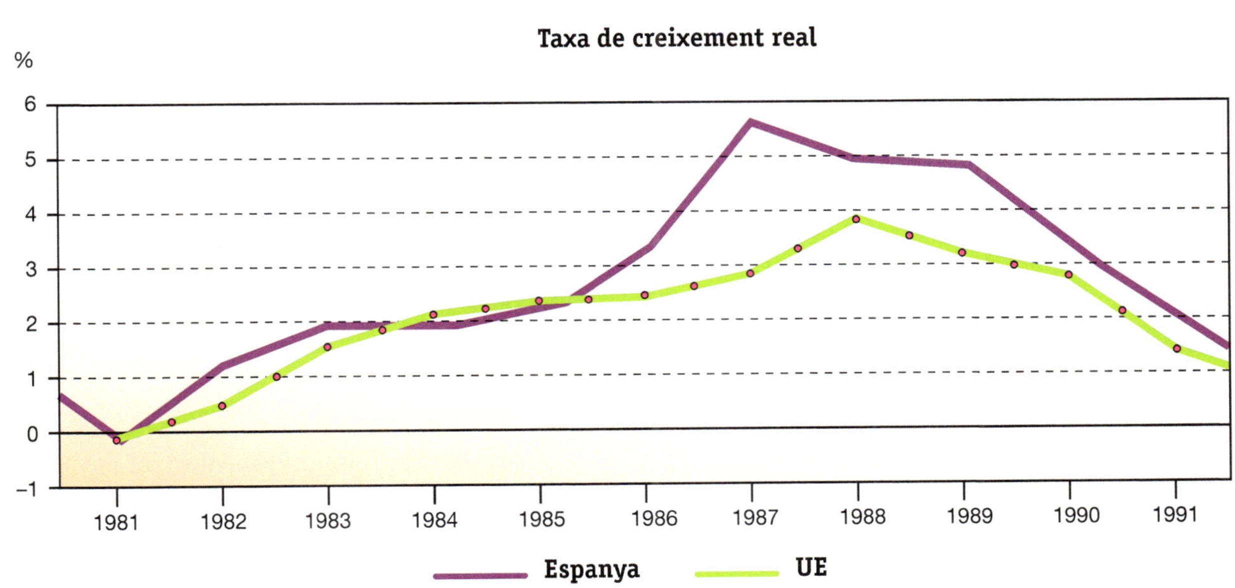

Figura 16.5. *Evolució del PIB a Espanya i la UE, abans CEE (1981-1991).*

4.2 La política econòmica seguida en la dècada dels vuitanta

Important

La **política de rendes** és la que busca moderar la taxa de creixement dels salaris monetaris i d'altres ingressos, amb l'objectiu de reduir la inflació.

En la dècada dels vuitanta la política econòmica espanyola va estar condicionada per les expectatives associades a la incorporació a la Comunitat Econòmica Europea.

Els responsables de la política econòmica espanyola, especialment des de la integració en la Comunitat Europea, es van veure condicionats per criteris i prioritats imperants als països de la Comunitat. Això explica que les **estratègies** seguides pel Govern pretenguessin estabilitzar l'economia espanyola i, concretament a partir de 1982, es puguin sintetitzar en els punts següents:

- *Lluita contra la inflació* mitjançant una política monetària restrictiva.
- *Reducció del dèficit públic,* la qual cosa va resultar difícil, perquè, en intentar pal·liar els efectes de la crisi dels setanta, van augmentar les despeses de contingut social.
- *Control del tipus de canvi.*

Important

Per **competitivitat** s'entén en economia la capacitat dels productes d'un país per a competir en els mercats exteriors.

Al final de la dècada es va abandonar la política de concertació social, la qual cosa va impossibilitar, potser quan era més necessària, l'aplicació d'una política de rendes àmplia i consensuada. L'absència d'una **política de rendes** va tenir dues conseqüències molt negatives:

- Una falta de *moderació salarial.*
- *L'alentiment i paralització,* en alguns casos, de les reformes estructurals en el mercat de treball.

4.3 Polítiques monetària i fiscal inconsistents

La instrumentació de la política antiinflacionista va ser marcadament **monetarista.** El control dels agregats monetaris, i l'elevació consegüent dels tipus d'interès, es va considerar la manera idònia de reduir les tensions inflacionistes.

Si unim a la política monetària restrictiva l'èxit moderat en la contenció del dèficit públic, comprendrem que la pressió sobre els tipus d'interès fos doble. La necessitat imperiosa de finançar el deute públic va contribuir a elevar els tipus d'interès i a reduir els recursos financers disponibles per al sector privat, la qual cosa va incidir de manera negativa sobre el sector real de l'economia i, en particular, sobre el sector productiu.

Un fruit no desitjat d'aquesta política i, sobretot, de la doble pressió sobre els tipus d'interès va ser una *apreciació artificial i perjudicial de la pesseta.* La *pèrdua de la competitivitat* que va patir la pesseta en els últims anys de la dècada, a causa de la revaloració artificial, va engegar a rodar els èxits aconseguits en el sector exterior amb les devaluacions de 1982 i 1987.

Activitats

8> Calcula, per al període considerat en aquest subepígraf, la taxa d'inflació anual i la taxa d'atur. Analitza la relació existent entre la taxa d'inflació i la taxa d'atur.

9> Observa la gràfica de la Figura 16.5. Si compares les taxes de creixement d'Espanya i les de la UE, diries que va haver-hi convergència econòmica aquests anys? Per què?

10> En quin sentit no és convenient dur a terme simultàniament una política monetària contractiva i una política fiscal expansiva? Raona en termes del model d'oferta i demanda agregades.

5 De la convergència amb Europa a la crisi internacional (1992-2012)

Durant el període 1992-2012, l'economia espanyola ha passat dues etapes clarament diferenciades. Una primera, 1992-2007, caracteritzada per un fort creixement i un notable procés de convergència amb Europa, i una segona, 2008-2012, que ha estat marcada per la crisi financera internacional.

5.1 Convergència i creixement: 1992-2007

Els primers anys d'aquesta fase, la política econòmica seguida es va centrar a intentar complir els criteris establerts en els acords de Maastricht per a poder integrar-se en la Unió Monetària Europea (UME). Atesa la disparitat existent entre les economies dels diversos països aspirants a formar part de l'UME, a Maastricht es van fixar una sèrie de requisits tendents a assolir una certa homogeneïtzació abans d'establir una moneda única. Els criteris de convergència establerts, a la consecució dels quals es va supeditar tota la política econòmica seguida, van ser els següents:

- Que el creixement dels preus fos inferior a l'1,5 % anual.
- Que els tipus d'interès fossin inferiors al 2 %.
- Que el tipus de canvi de la moneda romangués estable.
- Que el dèficit públic anual fos inferior al 3 % del PIB i que el deute públic fos inferior al 60 % del PIB.

Per a complir aquests criteris, els objectius de la política econòmica es van concretar en els tres punts següents:

1) **Controlar el creixement dels preus i del dèficit públic.** D'aquesta manera, es va procurar evitar la contradicció en què es va incórrer en la dècada dels vuitanta, en què es van dur a terme polítiques monetàries restrictives i polítiques fiscals expansives. Els resultats aconseguits en els dos fronts van ser clarament reeixits.

2) **Lluitar contra les rigideses del sistema.** Les rigideses institucionals limitaven el funcionament de certs mercats com el laboral i el mercat del sòl. Tot i que es van aconseguir alguns avanços, els resultats en termes de flexibilitat van ser clarament insuficients. És un fet que no es va aconseguir que l'economia espanyola arribés, en termes d'eficiència institucional i flexibilitat dels seus mercats, a una situació comparable a la dels països centrals de la UE. Lamentablement, tant la bombolla immobiliària viscuda en els anys anteriors a la crisi financera internacional com el fortíssim augment de l'atur a conseqüència d'aquesta crisi confirmen la insuficiència de les mesures preses.

3) **Formar part del primer grup de països que s'integressin en l'UME.** L'objectiu prioritari va ser que en el moment de la constitució de l'UME, el 1999, Espanya fos un dels països signants. En aquest sentit, els resultats de les polítiques d'ajust, que van ser especialment dures entre 1992 i 1995, van ser positius, i Espanya va aconseguir la plena integració en l'UME en el moment de la creació de l'euro.

Durant el període 1995-2007 l'economia espanyola va experimentar un fort creixement, xifrat en una taxa superior al 3 % anual. Aquest creixement no sols va facilitar la integració en l'UME, sinó que va propiciar la convergència en termes de renda per habitant. El 1995, la renda *per capita* espanyola va ser de 10 341 €, i el 2007, va superar els 18 200 €. D'aquesta manera, la diferència d'Espanya respecte a la mitjana de la UE-15 es va reduir en més de set punts: el PIB per habitant espanyol era el 90 % de la mitjana europea.

+ *Més dades*

Els acords de Maastricht tenien com a objecte garantir la convergència entre els països de la Unió Europea, de manera que, en limitar les divergències, fos més fàcil la integració en la Unió Monetària Europea.

El motor d'aquest creixement i de l'augment de la riquesa va ser la creació d'ocupació. Aquesta es va veure encoratjada per la incorporació de la dona al mercat de treball i la immigració. Entre 1993 i 2007 es van crear més de vuit milions d'ocupacions, i la taxa d'atur es va situar per primera vegada per sota de la mitjana europea.

5.2 La crisi internacional: 2008-2012

L'any 2008 va posar fi al llarg cicle d'alt creixement iniciat el 1995. La crisi internacional es va desencadenar als EUA a mitjan 2007 per l'esclat de la bombolla immobiliària. El detonant van ser les hipoteques *subprime*, i el seu impacte immediat va ser molt important en les entitats financeres, fonamentalment nord-americanes i europees. El resultat va ser una crisi de confiança en la banca i el bloqueig del mercat de crèdit: cap banc es fiava dels altres, perquè no se sabia la quantitat d'actius «tòxics» que tenien en els seus balanços, per la qual cosa van deixar de prestar-se entre si. La desconfiança en els bancs va desembocar el 2009 en una recessió global, la més gran des de 1929.

Els governs van haver d'acudir en ajuda dels bancs amb problemes i alhora es van veure forçats a actuar mitjançant polítiques expansives de caràcter monetari i fiscal per a intentar compensar la caiguda de la demanda agregada generada per la crisi. Gràcies a aquestes actuacions, el 2010 l'economia mundial va començar a superar la crisi. Però els augments importants de la despesa pública i els dèficits públics van fer que tornés a aparèixer la desconfiança en els mercats financers internacionals. Tot això va degenerar en una crisi de deute de proporcions no conegudes fins avui. Aquesta va afectar tant els EUA com Europa, però va ser especialment preocupant a l'eurozona, a causa de les debilitats de l'euro analitzades en la Unitat 14. El resultat és que, un altre cop, les economies occidentals es van posar al caire d'una altra recessió.

Les entitats financeres van ser un altre cop el centre de la desconfiança. Ara el gran llast sobre els balanços dels bancs era la seva exposició al deute públic. En un primer moment, el problema semblava que estava localitzat en un petit grup de països de l'eurozona: Grècia, Irlanda i Portugal. Però es va estendre a més països europeus i economies com la nord-americana. Per això, no es va descartar que el món pogués caure en una recessió més greu que la de 2009. Cal tenir en compte que quan va tenir lloc la caiguda del banc d'inversió nord-americà Lehman Brothers, els països van poder recapitalitzar amb diners públics les entitats financeres. El 2011, el problema era d'on treure els diners públics, ja que fins i tot les finances dels EUA, per no parlar de les d'Europa, estaven molt debilitades. El creixement global dependrà de com reaccionin les potències econòmiques emergents, principalment asiàtiques. Els països desenvolupats, per la seva banda, hauran de controlar els comptes públics per tornar la confiança als mercats i recórrer a reformes estructurals i aclarir el futur de l'euro.

Si les reformes són encertades i la confiança en l'euro es restableix, la Gran Recessió —així es coneix la crisi iniciada a mitjan 2007—, s'estudiarà en el futur com una crisi en forma de «W» que va acabar amb creixement equilibrat.

+ ***Més dades***

Les hipoteques *subprime*

Les hipoteques *subprime* (expressió que significa per sota de les millors) es van concedir a molts clients d'escassa solvència, confiant que continuaria la seqüència de fortes alces en els preus dels habitatges. La bombolla va punxar quan, per la saturació del mercat, els preus van començar a caure i alguns hipotecats, en veure que el valor de l'habitatge resultava ser inferior al valor de la hipoteca, van començar a no pagar els préstecs i a tornar les claus dels habitatges al banc. D'aquesta manera van néixer els actius «tòxics», és a dir, els títols en què s'havien trossejat les hipoteques i els bons emesos amb la garantia de les hipoteques, que van iniciar una sendera descendent perdent gran part del seu valor original. En la hiperexpansió del crèdit un aspecte clau va ser la pràctica dels bancs hipotecaris nord-americans d'empaquetar o *titulitzar* els seus préstecs hipotecaris, i amb els certificats d'aquests títols com a garantia (cèdules hipotecàries titulitzades), obtenir crèdits en els bancs de negocis.

A. El fort impacte de la crisi internacional en l'economia espanyola

L'impacte pronunciat de la crisi internacional a Espanya, especialment en forma d'atur, va deixar al descobert les notables **debilitats del model de creixement** espanyol. Aquestes es poden concretar en els punts següents:

1. **Creixement desequilibrat i amb una baixa productivitat.** En la base del problema es troba el pes excessiu del sector immobiliari i de la construcció, i una baixa productivitat generalitzada en tots els sectors productius, que s'explica per l'escassa

incorporació de les innovacions tecnològiques. Les conseqüències d'aquest model de creixement són una reduïda competitivitat i un elevat dèficit en la balança per compte corrent (va arribar el 2007 al 10 % del PIB). Aquest cúmul de circumstàncies fa que l'economia espanyola sigui molt dependent de l'estalvi exterior.

2. **Creixement basat en un fort endeutament extern.** Durant la fase expansiva del cicle, les famílies, les empreses i les entitats financeres, aprofitant les facilitats de crèdit que oferien els mercats internacionals, van recórrer en excés a l'endeutament. A més a més, tenint en compte els forts augments dels preus de l'habitatge derivats de la bombolla especulativa que va viure el sector, bona part d'aquest endeutament es va canalitzar al sector immobiliari. En tot aquest procés, la prudència i una adequada valoració del risc van ser trets que van perdre tant les empreses com les famílies, i sobretot, les entitats financeres, fet que explica que l'economia espanyola fos una de les més endeutades del món.
3. **Rigideses institucionals, especialment en el mercat de treball.** La dualitat existent entre els treballadors fixos i els temporals (aquests últims resulten molt fàcils d'acomiadar) i les rigideses que caracteritzen la negociació col·lectiva a Espanya (que impedeixen que els salaris es puguin ajustar a les circumstàncies de la conjuntura) determinen que durant les recessions el mercat de treball espanyol destrueixi ocupació amb summa facilitat. Els ajustos al mercat de treball no es fan via preu (abaixant els salaris), sinó via quantitat (generant desocupació i tancant empreses).

L'expansió extraordinària de la construcció es va finançar en gran manera amb endeutament extern.

Ateses aquestes característiques, l'aparició de la crisi va comportar una acumulació de mals en cadena: l'esclat de la bombolla va fer caure els preus dels habitatges, la riquesa dels consumidors (a causa de la caiguda del valor de mercat dels seus habitatges i dels actius financers) es va evaporar i la demanda d'habitatges, i en general la demanda agregada, va caure dràsticament. El resultat va ser que la construcció es va enfonsar i l'ocupació va iniciar una caiguda lliure. D'altra banda, les entitats financeres, que estaven molt endeutades, es van trobar amb dos problemes ben seriosos:

1. Tenien molts **préstecs concentrats en el sector immobiliari**, tant a empreses com a famílies, actuant com a garantia uns actius que, de la nit al dia, havien perdut bona part del seu valor.
2. En gran manera, havien concedit aquests préstecs amb un **finançament obtingut en els mercats internacionals**, mercats que, a causa de la crisi, s'havien reduït dràsticament.

El resultat va ser que es van veure forçades a tallar els crèdits que concedien a les empreses i a les famílies, perquè elles mateixes tenien dificultats per a finançar-se i fer front als seus propis deutes. En el transcurs de la crisi, i a mesura que el sector públic va augmentar la despesa i les seves necessitats de finançament van créixer, l'escassa capacitat de finançament que podien oferir les entitats financeres es va canalitzar progressivament al deute públic. El resultat va ser que les empreses i les famílies van veure limitades més encara les seves possibilitats de finançament. Tots aquests fets contribueixen a explicar la profunditat dels efectes de la crisi a Espanya.

B. Perspectives de futur

Malgrat el fort impacte de la crisi i de la taxa d'atur elevada, de cara al futur l'economia espanyola presenta fortaleses que caldria explotar:

1. **Infraestructures de primera línia mundial.** Compta amb la xarxa d'autopistes més extensa d'Europa, és la primera nació europea en nombre de quilòmetres d'alta velocitat i es troba entre els cinc primers països per les mercaderies mogudes als seus ports. A més a més, la seva localització és privilegiada, entre Europa i Àfrica i entre el Mediterrani i l'Atlàntic.

2. **Abundant capital humà competitiu.** El 38,2 % de la població espanyola entre 25 i 34 anys té titulació universitària, enfront del 33,5 % europeu. A més a més, contractar un jove llicenciat espanyol comporta un cost mitjà de 38 000 euros enfront dels prop de 70 000 euros d'un alemany o britànic.

3. **Teixit empresarial competitiu a escala mundial.** Hi ha empreses líders espanyoles en 12 dels 38 sectors més rellevants de les activitats econòmiques. Això explica que Espanya hagi aconseguit mantenir la seva quota en el comerç internacional durant la primera dècada del segle XXI.

Partint de les potencialitats esmentades, Espanya necessita un nou model de creixement basat en la millora de la productivitat i en més capacitat per a captar demanda externa. Per a tornar a una sendera de creixement, caldria posar l'èmfasi en sectors amb capacitat de generar ocupació, i en els quals Espanya pugui aconseguir avantatges competitius. **Els sectors que podrien actuar com a motors del creixement són els següents:**

1. **Sectors de béns exportables.** Dins d'aquest grup s'inclouen els subsectors de manufactura i certes activitats extractives, com ara agricultura, pesca i mineria. Aquests sectors representen el 17 % del PIB i donen feina al 19 % de la població ocupada.

2. **El turisme.** Espanya ocupa una posició de lideratge en aquest sector, i és el segon país del món segons la despesa total dels turistes. A més a més, se situa en la primera posició del rànquing segons la qualitat dels recursos culturals. El turisme representa el 8 % del PIB i comporta el 6 % de l'ocupació total.

El sector dels serveis empresarials, com les consultories o els estudis d'enginyeria, pot beneficiar-se de la qualitat amb què compta el capital humà espanyol, i podria convertir-se en un motor de generació d'ocupació que contribuís a la sortida a la crisi.

3. **Serveis locals i empresarials.** Els serveis locals comprenen la distribució detallista i majorista, els serveis financers i els serveis domèstics, personals i socials. Tots aquests representen el 25 % del PIB i el 33 % de les ocupacions. Els serveis empresarials engloben els serveis tecnològics i informàtics (que representen un 25 % del total de l'ocupació dels serveis empresarials) i els serveis professionals (dels quals un 40 % són jurídics i de comptabilitat;, un 15 % són serveis d'arquitectura i enginyeria; un 5 %, serveis publicitaris, i un 15 %, serveis de recursos humans). Atès que les empreses externalitzen molts d'aquests serveis, la millora de la qualitat d'aquests serà clau per a elevar la productivitat i competitivitat de les empreses espanyoles.

Activitats

11> La crisi internacional, ha estat una crisi immobiliària, financera o de deute públic?

12> Si de manera intuïtiva i gràfica es volgués representar la forma de la crisi internacional, quina forma o figura seria la més indicada?

13> Si la crisi internacional ha estat una crisi originada, en gran manera, per l'alt endeutament dels països, per què l'economia espanyola ha generat tanta desconfiança, quan el nivell de deute públic espanyol era dels més baixos d'Europa?

14> Durant l'estiu de 2011, a proposta del Govern, el Congrés dels Diputats va canviar una llei molt important en un intent de guanyar credibilitat internacional respecte al compromís d'Espanya amb la reducció del deute públic. Quina llei va ser la que es va modificar? En què va consistir el canvi? S'havia fet una cosa semblant abans en altres països? Va tenir les conseqüències esperades?

Mapa conceptual

- **Reconstrucció i autarquia: 1939-1958**
  - **Protectionisme i intervenció**
    - Creixement segons els recursos del país
  - **Desenvolupament autàrquic**
- **Desenvolupisme: 1959-1973**
  - **Pla d'Estabilització de 1959**
    - Combatre la inflació
    - Obertura a l'exterior
  - **Persistència del proteccionisme**
    - Accions concertades
    - Subvencions als sectors tradicionals
  - **Canvis estructurals**
    - Industrialització
    - Més comerç exterior
    - Inversió estrangera
  - **Rigor monetari**
- **Crisi de l'energia: 1974-1982**
  - **Brusc augment dels preus de l'energia**
  - **Inflació i desocupació**
  - **Pactes de la Moncloa: concertació social i mesures d'ajust**
- **Recuperació i ingrés en la CEE: 1982-1992**
  - **Convergència econòmica amb Europa**
  - **Reestructuració i liberalització**
  - **Política monetària (contractiva) i fiscal (expansiva)**
- **De la convergència amb Europa a la crisi internacional: 1992-2012**
  - **Convergència i creixement: 1992-2007**
    - Criteris de Maastricht
    - Creixement econòmic
  - **La crisi internacional: 2008-2012**
    - De la crisi immobiliària a la crisi del deute
    - Debilitats estructurals de l'economia espanyola
    - Fortaleses i motors del creixement

Activitats finals

1> Quines conseqüències en l'economia espanyola es van succeir en el període posterior a la Guerra Civil, l'anomenat *període d'autarquia?*

2> Quins van ser els objectius econòmics del Pla d'Estabilització Econòmica de l'any 1959 a Espanya? Quina era la situació de partida de l'economia espanyola?

3> Explica les mesures de política econòmica que es van adoptar a Espanya al final dels anys noranta per a aconseguir la convergència amb els criteris del Tractat de Maastricht.

4> Elabora un quadre en què es mostrin les últimes dades disponibles de les principals macromagnituds de l'economia espanyola: creixement del PIB, inflació, desocupació, dèficit públic, tipus d'interès i renda *per capita*. Per localitzar aquestes dades, visita el web de l'Institut Nacional d'Estadística **(http://www.ine.es)**. Localitza aquesta informació sobre els principals països europeus, com Alemanya, França i el Regne Unit, per fer una comparació de la situació espanyola enfront de l'europea.

5> Explica com va ser la política econòmica seguida a Espanya durant la dècada de 1980, precisant si va ser una política d'oferta i demanda i explicant també per què es va veure afavorida la recuperació espanyola en aquesta dècada.

6> Són exactament el mateix proteccionisme i autarquia? En què es diferencien?

7> La Societat Estatal de Participacions Industrials (SEPI) du a terme o participa en la gestió d'aquelles empreses en què l'Estat té part de propietat. Investiga quines empreses van pertànyer a la SEPI i van ser privatitzades. Escull cinc empreses que pertanguin actualment a la Societat Estatal de Participacions Industrials i assenyala quina activitat duen a terme.

8> Quins són els pilars bàsics de l'estat de benestar?

9> Per què Espanya va quedar fora del Pla Marshall?

10> En els anys seixanta, molts espanyols van emigrar, sobretot a Alemanya. Quines en van ser les causes?

11> La crisi de l'energia de 1973 es va deure a l'augment dràstic dels preus del petroli per part de l'OPEP. Sabries dir per què va sorgir aquesta organització i quins països en formen part?

12> Per què Espanya es va veure particularment afectada en la crisi de 1973? Quines mesures es van adoptar? Quines van ser les seves conseqüències?

13> Troba, en la política espanyola a partir de 1975, exemples dels tipus de polítiques següents:

a) Política de concertació social.

b) Política de rendes.

c) Convergència econòmica.

14> Fes una llista amb, almenys, tres avantatges i inconvenients de la incorporació d'Espanya en la Comunitat Econòmica Europea. Centra't exclusivament en arguments econòmics.

15> El 1977 es van signar a Espanya els Pactes de la Moncloa. Contesta:

a) Per què es van signar?

b) Quines mesures s'hi van adoptar?

c) Qui va participar en la signatura d'aquests acords?

d) Quins efectes van tenir en l'economia espanyola?

16> Per a fer aquesta activitat necessitaràs consultar Internet i, en concret, la pàgina de l'INE. Analitza amb els teus companys la història, l'evolució dels seus ingressos, la seva participació en el PIB i les feines que proporciona cadascun dels sectors següents de l'economia de la teva comunitat:

a) Sector turístic.

b) Comerç.

c) Indústria.

d) Agricultura.

e) Pesca.

f) Noves tecnologies.

17> Quan s'exigeix un augment de la qualitat en el servei prestat pel sector turístic, a què ens referim? Com es podria aconseguir? Pren com a referència les dades de la teva comunitat.

18> Explica de manera simple el concepte d'*hipoteques subprime*.

19> Per què s'acostuma a parlar de «crisi de confiança» quan es fa referència a la crisi financera iniciada a partir de 2007?

20> Elabora un quadre igual que el de l'Activitat 4, però amb dades referides a la teva comunitat autònoma. Compara-les amb altres tres comunitats autònomes diferents.

21> Per a impulsar el creixement econòmic, cal disposar de recursos. On podria aconseguir-los Espanya?

22> Creus que és fonamental que les famílies estalviïn per assolir nivells superiors de benestar? Per què?

23> En quina mesura un país endeutat amb l'exterior té limitat el seu creixement econòmic en el futur?

24> El 2011, el premi Nobel d'economia va recaure en dos nord-americans: Christopher Sim i Thomas Sargent, pels seus mètodes d'anàlisi, basats en la relació causal entre la política econòmica i les diferents variables macroeconòmiques, com ara el PIB, la inflació, l'ocupació i les inversions. Tenint en compte tot el període estudiat en aquesta unitat, cita almenys una mesura concreta de política econòmica que hagi causat:

a) Un augment de la desocupació.

b) Una reducció de la desocupació.

c) Un creixement de les inversions.

d) La contenció dels salaris.

e) Un augment de la inflació.

f) El control de la inflació.

25> La crisi internacional ha obligat els països a dur a terme un pla de retallades en la despesa pública. A Espanya s'han pres mesures respecte d'això, el 2011 i 2012. Quines han estat?

26> Enumera els diferents desequilibris econòmics presents en l'economia de la teva comunitat.

27> Dins del procés de convergència amb Europa, Espanya rep fons procedents de la Unió Europea. Quin any està previst que deixin de rebre's?

28> L'entrada de països de l'Europa de l'Est en la UE ha estat beneficiosa o perjudicial per a Espanya? Per què?

29> Els països emergents asiàtics, com ara la Xina, tenen unes taxes de creixement econòmic molt més altes que les dels països europeus. Explica per què.

30> Actualment, on es troben les feines més demanades? Hi ha correspondència entre la formació dels treballadors espanyols i els canvis experimentats en l'economia?

31> Tria un banc i analitza les condicions que imposa per a concedir crèdit a les empreses.

32> Justifica la veracitat o falsedat de les afirmacions següents:

a) La crisi financera 2007-2012 és un fenomen únic i irrepetible.

b) La recessió generada per la crisi financera 2007-2012 s'ha combatut exclusivament amb els estabilitzadors automàtics.

c) Els bancs centrals han combatut la crisi financera creant liquiditat en quantitats difícilment imaginables abans de la crisi.

d) Els bancs centrals han combatut la crisi financera controlant el preu dels actius per evitar tensions especulatives.

Reportatge: Quan va deixar de ser bo el deute i va passar a ser una malaltia econòmica

Et proposem la lectura de l'article «Cuando dejó de ser buena la deuda y pasó a ser una enfermedad económica», escrit per Javier González i publicat a *El Mundo* el 10 de setembre de 2011.

El missatge d'aquest article és simple: poder endeutar-se és bo, però a partir d'un cert punt el deute es pot convertir en una malaltia (trobaràs el text complet a: **www.mhe.es/bachillerato/economia**).

Preguntes:

1> Quina és la conclusió principal a què va arribar un estudi del Banc Internacional de Pagaments sobre les causes de la crisi?

2> Sintetitza en algunes xifres el canvi en la situació produïda arreu del món en matèria d'endeutament.

3> En quin sentit la banca i els reguladors han estat els culpables de la crisi?

4> Com es podria resumir la situació de l'economia espanyola en el procés de la pèrdua de la mesura davant de l'augment de l'endeutament?

Test de repàs

1> Quina d'aquestes actuacions no va succeir durant el període de reconstrucció i autarquia (1939-1959)?

a) Creació de les empreses estatals SEAT i ENASA.

b) Política de substitució de les importacions amb productes nacionals.

c) Arribar a l'objectiu que el dèficit públic no fos superior al 3 % del PIB.

d) Regulació dels salaris i preus pel Govern.

2> Un dels factors següents és considerat com a clau per a l'èxit del Pla d'Estabilització de 1959, quin és?

a) L'auge del turisme dels espanyols cap a l'exterior.

b) L'entrada d'inversions estrangeres.

c) La disminució de la desocupació.

d) La disminució dels tipus d'interès.

3> La crisi que es va produir en l'economia en els anys setanta va ser originada per:

a) Un augment de la demanda de productes energètics.

b) Una pujada espectacular dels preus de l'energia.

c) Unes polítiques d'oferta poc apropiades a la conjuntura econòmica.

d) Unes polítiques econòmiques de demanda expansives.

4> La política econòmica durant l'etapa d'autarquia va representar a Espanya:

a) Una estratègia adequada de polítiques monetàries i fiscals per part de les autoritats econòmiques.

b) Un intent de defensa de la indústria nacional.

c) Una aplicació per a Espanya dels corrents econòmics vigents en l'època.

d) Un recurs obligat davant del bloqueig a què es va sotmetre Espanya per part de la resta del món.

5> Quin va ser el fet econòmic més significatiu durant la dècada dels seixanta?

a) El compliment dels criteris de convergència del Tractat de Maastricht.

b) El fort augment del comerç exterior i les inversions estrangeres.

c) El proteccionisme del Govern espanyol amb la indústria nacional.

d) La forta disminució de les importacions espanyoles.

6> Quin efecte va succeir les polítiques econòmiques aplicades per a sortir de la crisi dels anys setanta?

a) Un deteriorament de la balança de pagaments.

b) Un fort increment de la desocupació.

c) Una disminució brusca de la demanda interna.

d) Una falta d'abastament de petroli a Espanya.

7> El 1977 es van signar els Pactes de la Moncloa per partits polítics, empresaris i sindicats, en què s'intentava sortir de la crisi política i econòmica d'Espanya. Quin d'aquests objectius no era propi d'aquests pactes?

a) Més orientació internacional de l'economia espanyola per a integrar el nostre país en la Comunitat Econòmica Europea.

b) Lluita contra la inflació, que s'havia desbocat en aquells anys.

c) Política de rendes destinada a controlar el creixement dels salaris.

d) Imposició d'aranzels a les importacions per a protegir la indústria nacional.

8> A què va ser deguda la pèrdua de la competitivitat que va experimentar la pesseta espanyola al final de la dècada dels vuitanta?

a) A l'increment de reserves de pessetes del Banc d'Espanya.

b) A la forta política monetària restrictiva aplicada amb tipus d'interès elevats.

c) A l'increment de la pressió fiscal amb la introducció de nous impostos.

d) Cap de les respostes anteriors és correcta.

9> El Tractat de Maastricht va establir els criteris necessaris que els països europeus havien de complir per entrar en la Unió Monetària Europea. Quin d'aquests no és cert?

a) La inflació no ha de ser superior en 1,5 punts a la mitjana dels tres països amb menor taxa d'inflació.

b) La taxa de desocupació ha de ser com a màxim un 10 % de la taxa mitjana europea.

c) El dèficit públic no ha de ser superior al 3 % del PIB.

d) El deute públic no ha de superar el 60 % del PIB.

Solució: 1. a; 2. b; 3. a; 4. d; 5. b; 6. a; 7. d; 8. b; 9. b.

Annex

EINES DE L'ECONOMISTA

Aquest annex està destinat a precisar una sèrie de conceptes, utilitzats sovint en l'anàlisi econòmica, que permeten mesurar i comparar les variables econòmiques:

1. Magnituds reals i nominals.
2. Comparació de les variables econòmiques.
3. Les representacions gràfiques en economia.

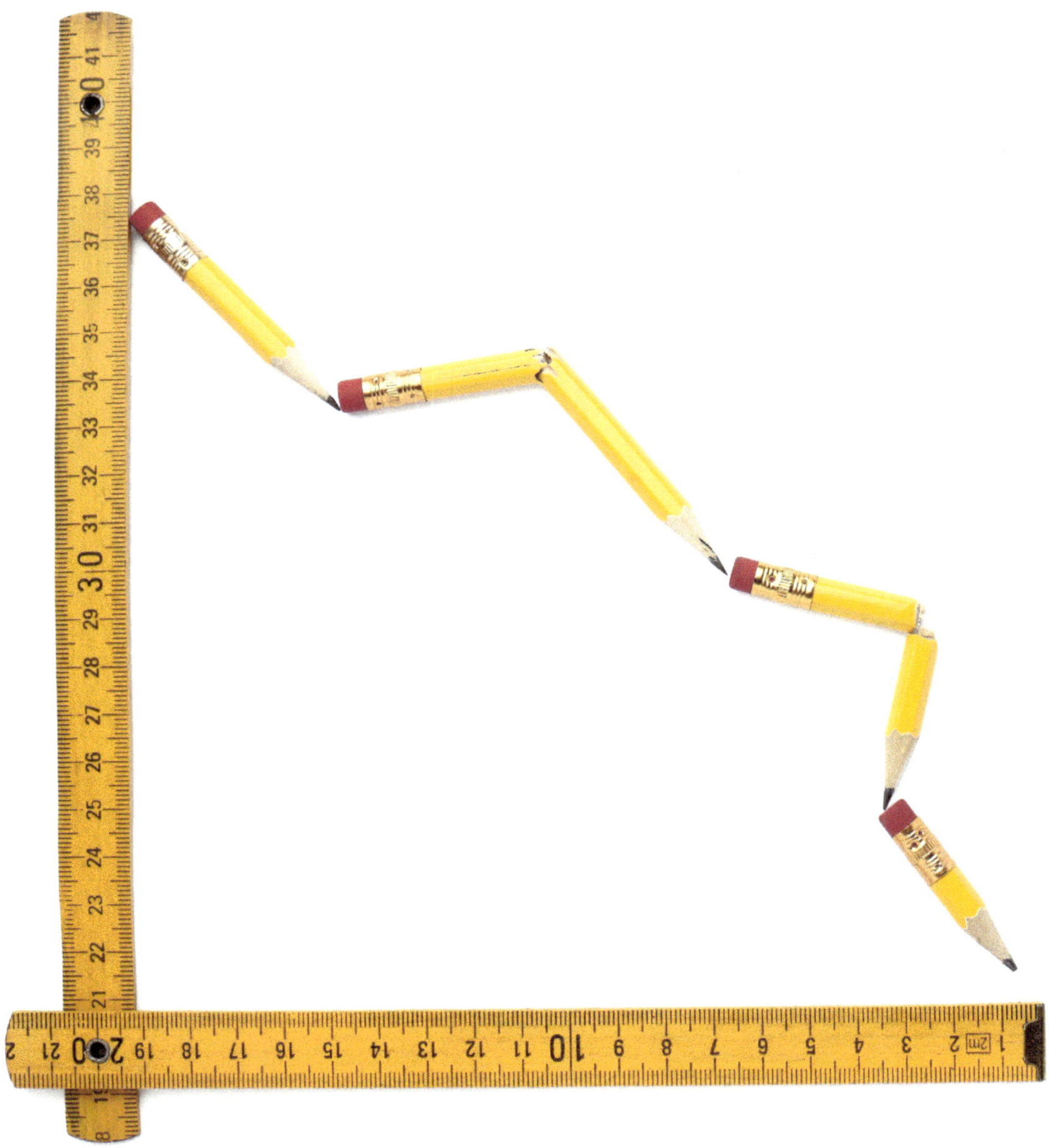

A.1 Magnituds reals i nominals

La distinció entre *magnituds reals* i *magnituds nominals* s'utilitza molt en economia, i és fonamental per a comprendre què passa en realitat quan hi ha inflació.

Les variables en unitats monetàries **corrents** es mesuren en unitats de l'any en què s'apliquen.

Les variables en unitats monetàries **constants** ajusten les variables nominals per a tenir en compte les variacions de preus.

Quan es vulgui analitzar de manera adequada l'evolució de l'activitat econòmica al llarg del temps, cal separar la influència dels preus sobre els valors dels agregats econòmics. Els preus apareixen com a variable pont entre les variables reals i les nominals.

Els índexs de preus representen el nivell mitjà de preus i s'utilitzen per a eliminar l'efecte de creixement dels preus.

Cas pràctic 1

Si un individu l'any 2012 vol calcular els seus ingressos per hora treballada en euros constants de 2000, dividirà els ingressos nominals per l'IPC corresponent a 2000 (base: 2000 = 100). Si suposem que el 2012 els ingressos en termes nominals per dia de treball d'un individu són 12 € i l'IPC és 1,38, llavors:

$$\text{Ingrés real per dia} = \frac{12{,}00\ €}{1{,}38\ €} = 8{,}69\ €$$

A.2 Comparació de les variables econòmiques

Per analitzar dades econòmiques, sovint cal cercar relacions entre les variables econòmiques. En aquest apartat es presenten dues eines bàsiques per a dur a terme aquesta tasca: els *quocients* i les *variacions percentuals*.

Cas pràctic 2

La població que treballa (població ocupada) a Espanya va ser el 2010 de 35 717 300 persones, i el 2009, de 36 394 200. Per estudiar l'evolució de l'ocupació, pot prendre's el quocient o el percentatge de la població treballadora de 2010 respecte a la de 2009. Les dues dades són:

$$\textbf{Quocient} = \frac{\text{Població ocupada el 2010}}{\text{Població ocupada el 2009}} = 0{,}981 \quad \textbf{Percentatge} = \frac{\text{Població ocupada el 2010}}{\text{Població ocupada el 2009}} \cdot 100 = 98{,}14\ \%$$

A. Proporció i percentatge de participació

Si el denominador del quocient és una suma de diversos sumands i el numerador és un qualsevol d'aquests sumands, el resultat és una proporció. Per tant, la proporció no podrà excedir mai la unitat. Si aquests quocients es multipliquen per 100, s'obtenen els anomenats percentatges de participació.

Cas pràctic 3

Suposem el cas d'una família que distribueix les seves despeses setmanals tal com recull el Quadre A.1. El percentatge indica, per exemple, que aquesta família dedica un 40,1 % del seu pressupost setmanal a alimentació.

Quadre A.1. *Proporcions i percentatges.*

Despeses setmanals d'una família	Valor absolut (euros)	Proporció	Percentatge de participació
Aliments	84,44 €	0,401 %	40,1 %
Habitatge i transport	102,21 €	0,485 %	48,5 %
Oci i altres	23,90 €	0,114 %	11,4 %
Total	210,55 €	1,000 %	100,0 %

B. Les variacions percentuals

La variació percentual s'utilitza per a tenir en compte les diferències entre les unitats de mesura (persones, euros, etc.) de les dades econòmiques. Aquesta mesura és atractiva perquè, com que no utilitza cap unitat, proporciona mesures comparables a les variacions de dues sèries diferents.

Per exemple, podríem comparar la variació percentual de la venda de llibres en un país amb la variació percentual de la venda de begudes no alcohòliques. Normalment, aquesta comparació aportaria més informació que una comparació de l'augment absolut de les dues magnituds.

C. Les taxes de creixement

És estrany fullejar un diari i no trobar les expressions *taxa d'inflació* o *creixement econòmic* entre les seves pàgines. La **taxa d'inflació** és la taxa de creixement dels preus de consum. El **creixement econòmic** fa referència moltes vegades a la taxa de creixement de la producció total de l'economia. La taxa de creixement és un instrument útil quan estudiem dades de sèries temporals, i això és així perquè molts cops és convenient examinar els augments de la variable objecte d'anàlisi per any en lloc de per llargs períodes de cinc o deu anys.

Cas pràctic 4

En el Quadre A.2 queden reflectits els valors assolits i les taxes de creixement de l'atur d'una economia en el període 2005-2010. La taxa de creixement per a un any concret, diguem 2010, s'expressa de la manera següent:

$$\text{Variació el 2010} = \frac{4\,632{,}1 \cdot 4\,149{,}5}{4\,149{,}5} \cdot 100 = 11{,}63\ \%$$

Any	Aturats (milers de persones)	Taxa de creixement (%)
2005	1 911,9	
2006	1 834,7	–4,03 %
2007	1 831,8	–0,15 %
2008	2 590,5	41,41 %
2009	4 149,5	60,18 %
2010	4 632,1	11,63 %

Quadre A.2. *Taxa de creixement de l'atur (període 2005-2010).*

A.3 Les representacions gràfiques en economia

Un gràfic no és més que una representació dels valors d'un quadre o taula en forma de diagrama i, per tant, es tracta d'una altra manera de presentar la mateixa informació.

La seva utilitat es manifesta en dos moments del procés d'anàlisi dels fenòmens:

1. Permeten reconèixer a cop d'ull la relació entre les variables representades, així com determinar-ne alguns trets clau, de manera que les conclusions obtingudes poden ser utilitzades per a formular models explicatius.
2. Poden ajudar a comparar els resultats previstos per la teoria amb els fets, mitjançant la representació gràfica de tots dos.

A. Representació gràfica d'una sèrie temporal

A més dels gràfics teòrics, que es mostren al llarg de tot el llibre (per exemple, representant mercats), és de gran utilitat construir gràfics en què es representen sèries temporals com la dels desocupats que mostra el Quadre A.2.

En la Figura A.1 s'ha representat l'evolució del nombre d'aturats en cadascun dels anys inclosos en el període 2005-2010.

La taula de la qual s'han obtingut els valors (Quadre A.2) s'anomena **sèrie temporal,** i és el conjunt de mesuraments d'una variable (en aquest cas, el nombre d'aturats) en diferents instants del temps. Cada punt de la corba «Aturats (milers de persones») correspon a dues xifres: un any i el nombre de desocupats en aquest any.

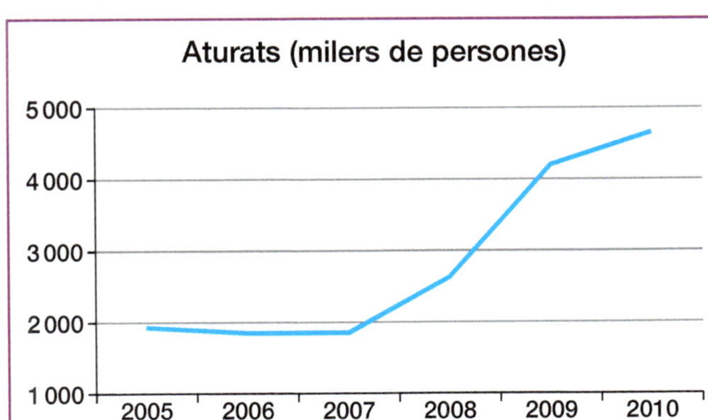

Figura A.1. *Evolució del nombre d'aturats.*